中华经典名著

全本全注全译丛书

李先耕◎译注

群书治要 一

中華書局

图书在版编目(CIP)数据

群书治要/李先耕译注. —北京:中华书局,2024. 8. —(中华经典名著全本全注全译丛书). —ISBN 978-7-101-16652-1

Ⅰ. D691. 5

中国国家版本馆 CIP 数据核字第 2024KN8799 号

书　　名　群书治要(全五册)
译 注 者　李先耕
丛 书 名　中华经典名著全本全注全译丛书
责任编辑　周　旻　刘树林　胡香玉　彭玉珊　张　敏　肖帅帅
　　　　　　周梓翔　张舣方　王守青　张彩梅　舒　琴
装帧设计　毛　淳
责任印制　陈丽娜
出版发行　中华书局
　　　　　　(北京市丰台区太平桥西里 38 号　100073)
　　　　　　http://www. zhbc. com. cn
　　　　　　E-mail:zhbc@ zhbc. com. cn
印　　刷　北京中科印刷有限公司
版　　次　2024 年 8 月第 1 版
　　　　　　2024 年 8 月第 1 次印刷
规　　格　开本/880×1230 毫米　1/32
　　　　　　印张 125¾　字数 2900 千字
印　　数　1-8000 册
国际书号　ISBN 978-7-101-16652-1
定　　价　336. 00 元

总目

第一册

第二册

第三册

第四册

第五册

目录

第一册

前言

《群书治要》是唐太宗李世民下令，由魏徵等奉敕编撰，并于贞观五年（631）编撰完毕的一部大书。唐太宗十八岁随父起兵，十余年间军旅纷繁，兵戈急迫。二十八岁即位后，为奠定文治根本，在弘文殿内聚书二十余万卷，又设弘文馆，让诸位贤士轮流值守，“听朝之暇，引入内殿，讲论经义，商略政事，或至夜分乃罢”（《旧唐书·儒学传上》）。但众贤不能时时随侍，且经典众多，不可遍览，于是太宗产生了编撰《群书治要》的想法。《新唐书·萧德言传》记载：唐太宗想了解前世得失，于是下诏让魏徵等汇集经史百家中有关帝王兴衰的内容，编辑成书以供御览。于是在贞观五年（631），魏徵等编撰而成《群书治要》，“帝爱其书博而要，曰：‘使我稽古临事不惑者，公等力也！’”（《新唐书·萧德言传》）该书摘抄了六十六种唐以前的古书（如《魏书》《蜀书》《吴书》均单列则为六十八种），编为五十卷，其采录的内容主要涉及治国纲纪，故名为《群书治要》。后来由于避唐高宗李治之讳，有唐一代改称《群书理要》。

一、《群书治要》的编撰及流传

据唐刘肃《大唐新语》记载：“太宗欲见前代帝王事得失以为鉴戒，魏徵乃以虞世南、褚遂良、萧德言等采经史百家之内嘉言善语，明王暗君之迹，为五十卷，号《群书理要》。”宋王溥《唐会要》记载：“贞观五年九月二十七日，秘书监魏徵撰《群书政要》上之。"又注曰："太宗欲览前王得失，爰自六经，讫于诸子，上始五帝，下尽晋年。徵与虞世南、褚亮、萧德言等始成凡五十卷上之。"《新唐书·萧德言传》也记载："太宗欲知前世得失，诏魏徵、虞世南、褚亮及德言裒次经史百氏帝王所以兴衰者上之。"可见在《群书治要》的编撰中，魏徵是主要负责人，萧德言、虞世南做了很多工作，起了很大作用，但褚亮、褚遂良父子究竟是谁参与编撰却有分歧。据《旧唐书》各人本传，魏徵、虞世南、萧德言与褚亮在《群书治要》编撰期内都曾在弘文馆或秘书监工作，而褚遂良在贞观十年（636）由秘书郎迁起居郎，时年三十五岁，《群书治要》编撰时他不过三十岁出头，即使有所参与，也当并未承担主要工作，所以褚亮为主要编撰者更为合适。又，清阮元在向嘉庆帝献呈此书时所做"提要"中认为"书实成于（萧）德言之手。故《唐书》于魏徵、虞世南、褚亮传皆不及也"，但这一观点并未得到学界公认。

《群书治要》在初唐至中唐一直作为唐朝皇帝的重要读本而存在。《全唐文》有唐太宗《答魏徵上〈群书理要〉手诏》云："朕少尚威武，不精学业，先王之道，茫若涉海。览所撰书，博而且要，见所未见，闻所未闻，使朕致治稽古，临事不惑。其为劳也。不亦大哉！"所以唐太宗命缮写十余部赐予太子以及诸王作为从政治理的参考。而唐玄宗"天宝十三载（754）……院中进魏文正所撰《群书政要》，上览之称善，令写十数本分赐太子以下"（《玉海》引韦述《集贤注记》）。到唐德宗时，李泌向德宗进献《群书治要》一书。据《玉海》五十四卷唐《群书治要》条所引《邺侯家传》："上曰：'朕欲知有古政理之要，而史籍广博，卒难寻究，读何书而可？'对曰：'昔魏徵为太宗略群书之言理道者，撰成五十卷，谓之群书理要。今集贤合有本。又肃宗朝，宰相裴遵庆撰自上古已来至贞观帝王成败之政，谓之王政纪，凡六十卷。比写本送臣，欲令进献于先朝，竟未果。其书见在，臣请进之，以广圣聪。'上曰：'此尤善也，宜即进来。'于是表献。"至唐宪宗时，李绛《奉命进录历代事宜疏》云："昔太宗亦命魏徵等博采历代事迹，撰《群书政要》，致在坐侧，常自省阅，书于国史，著为不刊。今陛下以天纵圣姿，日慎一日，精求道理，容纳直言，犹更参验古今，鉴美恶，朝夕观览，取则而行，诚烈祖之用心，必致贞观之盛理。”（《全唐文》）

《旧唐书·经籍志》载有《群书理要》五十卷，注云“魏徵撰”，《新唐书·艺文志·子部·杂家类》记载有魏徵《群书治要》五十卷，刘伯庄《群书治要音》五卷。但此书宋王尧臣、王洙、欧阳修《崇文总目》，宋晁公武《郡斋读书志》，宋尤袤《遂初堂书目》，宋陈振孙《直斋书录解题》，清黄虞稷《千顷堂书目》均未著录，仅元《宋史·艺文志六·子部·类事类》有《群书治要》十卷，注云“秘阁所录”。据王应麟《玉海》考证：“《群书治要》十卷，秘阁所录。唐人墨迹，乾道七年（1171）写副本藏之。起第十一，止二十卷，余不存。”可见宋、元时仅秘阁有残本，民间未见，而明、清前期直至《四库全书》编撰之时，中国本土虽偶见著录，但要么照搬《宋志》，要么未见原书，只是保留一行题录而已，当已亡佚。

不过日本却存有此书，或是遣唐使携带过去的。据日本岛田翰《古文旧书考》记载：“《续日本后记》仁明天皇承和五年六月，天皇御清凉殿，令助教直道宿称广公读《群书治要》。”承和五年即唐文宗开成三年（838）。《三代实录》记载：“清和天皇贞观十七年四月，天皇读《群书治要》。”日本贞观六年，即唐僖宗乾符二年（875）。这说明最晚在唐文宗时《群书治要》已传入日本，但主要是在日本皇室与博士家的圈子里流传。后来尾张本中林信敬《群书治要校正序》说：“我朝承和、贞观（834—877）之间，致重雍袭熙之盛者，未必不因讲究此书之力。则凡君民、臣君者非所可忽也。”

日藏《群书治要》有平安时代九条家十三卷残本（世称“九条家本”），乃平安时代中期（932—961）根据唐代（可能是初唐）抄本写成。此本彩笺墨书，笔致优雅而端正，为和样化书风。各卷纸色有深浅不同的蓝、紫、茶色，其卷子长度不一而皆有散佚残缺，书卷由数人合作写成，卷中并加入了便于阅读汉文、假名的“乎古止点”（指日本在解读中国古文时，在汉字四角或上下加上圆圈、点、线等符号），以及校勘之记录。卷中避唐太宗李世民讳，凡遇“民”字皆缺笔，故当是初唐传抄本。九条家本无篇名，当是唐写本原貌。此十三卷残本被定为日本国宝，现藏东京国立博物馆（其中七卷已可供在线浏览，其余六卷因保护情况欠佳，故未能提供学术界使用）。

镰仓时代（1185—1333）出现了《群书治要》金泽文库本（或称“卷子本”“镰仓本”），此本估计是在13世纪中叶抄写的，其祖本大约是唐玄宗天宝年间（742—756）的抄本。由于当时日本兵燹，到了江户幕府刚刚建立的17世纪初，《群书治要》仅有金泽本保存下来，成为孤本。金泽文库是在日本镰仓时代建立的最著名的文库。其创建者北条实时（1224—1276）是镰仓幕府第二代执权北条义时之孙，历任诸多幕府要职。而其建立金泽文库的主要助手则是明经博士清原教隆（1199—1265）。金泽文库的众多书籍，在弘元三年（1333，元惠宗元统元年）镰仓幕府崩溃以后，移交称名寺主持管理。15世纪初，上衫宪实出任关东管领，倾力于金泽文库的经营。这就是金泽文库经营的三个时期。金泽文库是镰仓幕府的核心文库，而《群书治要》金泽本则是该文库流传至今的最著名文献。此本各卷末基本附有识语，是建长五年（1253，宋理宗宝祐元年）至延庆元年（1308，元武宗至大元年）之间由清原教隆、北条实时、北条贞显题写的，藉以可知各卷加工的具体时间，以及该书13世纪在日本的流传情况。此本亦无篇名，跟九条家本相同。书后有清原的题跋。经历了日本战国时期的烽火战乱，金泽文库所收藏的典籍，大都散佚到日本各地。《群书治要》金泽本在17世纪初落到江户时代幕府大将军德川家康之手，江户时代基本上收藏在幕府官库红叶山文库，在明治维新后，转移到日本皇室文库官内省圈书寮，今原本藏于日本皇家私人藏书处官内厅书陵部。

日本文禄元年（1592，明神宗万历二十年）丰臣秀吉侵略朝鲜，抢走朝鲜铜活字及印刷用具,这才知道活字印书技术。庆长十年(1605,明万历三十三年),德川家康命令铸造铜活字91261枚,庆长二十年(1615,明万历四十三年)又命令在骏府城铸造铜活字10368。次年(1616,明万历四十三年)正月命令用铜活字据金泽本排印《群书治要》,五月下旬告成,这就是《群书治要》元和活字本骏河版。值得注意的是,此时铸造铜活字的技术工人是汉人林五官,所以骏河版是"朝鲜、日本、中国三国僧俗合作的成品"(见张秀民著、韩琦增订《中国印刷史》)。但是由于《群书治要》骏河版在短时间内完成,因此文献校勘方面有不少问题。比如,严可均从几部丛书和类书中辑出杜恕《体论》佚文八篇,收入《全三国文》,其中提到《群书治要》辑录的部分,篇幅最长,内容又最完整。严可均云:"《群书治要》载有六千余言,不著篇名,审观是《君》《臣》《行》《政》《法》《听察》六篇。"但是"夫听察者"以下之文并非杜恕《体论》中的一篇,严可均误收入《体论》就是因为骏河版误脱"听计察谋""断忠臣国"两个篇题造成的。

由于骏河版存在诸多问题,所以到了天明七年(1787,清乾隆五十二年),日本尾张藩版印了《群书治要》校勘整理本,该本即现在最为通行的《群书治要》尾张本(或称天明本)。尾张藩是据骏河本进行工作的,其来源即所谓"骏河御让本"(德川家康死后,他生前所搜集并保藏在骏府的大量图书转让给御三家,即尾张藩、水户藩、纪伊藩,一般称之为"骏河御让本")。工作中参照了金泽本、九条家本进行校勘。当时校勘者有细井德民、冈田挺之、大塚长干等人,都是尾张藩的重臣、藩主侍读、藩校明伦堂的教授及督学。《群书治要》尾张本的主编细井德民在《刊〈群书治要〉考例》中说:

> 是非不疑者就正之,两可者共存。又与所引错综大异者,疑魏氏所见,其亦有异本欤?又有彼全备而此甚省者,盖魏氏之志,唯主治要,不事修辞,亦足以观魏氏经国之器,规模宏大,取舍之意,大非后世诸儒所及也。今逐次补之,则失魏氏之意,故不为也。不得原

书者，则敢附臆考，以待俊贤。以是为例雠校。

这就是他们工作的原则。

必须指出天明本的校勘，尽管汇集了当时尾张藩的一级藩僚及学者，但据细井德民说，《群书治要》所引诸书“今存者十七八，乃博募异本于四方，日与侍臣照对是正”，也就是对照《群书治要》收录的原书版本进行了校改。而这样改动的结果，往往失去了唐写本的原貌。

天明本《群书治要》问世十年后，宽正八年（1796）即清嘉庆元年，此本始得回传中国。当时尾张藩主以五部移送当时掌管长崎海关的近藤重藏（近藤守重），托他转送中国。近藤氏以一部存长崎圣堂，一部赠诹访社，三部赠唐商馆，托中国商人携回本土。近藤氏在《右文故事》卷五《御本日记续录》卷中，转载当时长崎译司寄给中国商人的谕单：“《群书治要》此书系昔年赍来之书籍，而迩年绝不闻有此书题目，未识今有无原版。兹幸存于本邦而在，尾张□□着工翻刻，乃缺三卷，甚为可惜。特将该书三部发与尔等两局船主，每局各一部尚存，一部权交府学官库存贮。尔等俟其回棹之日，一并带回，必须斟酌料理。更且现在此书纵虽果无原板，或在缙绅故家历世传下至今尚存者，亦未可知，尔等细加访问寻觅。如有则务必将其所缺之三卷，抄誊带来，得将全部以副以有辅仁之意。丙辰（宽政八年，嘉庆元年，1796）七月。”（转引自金光一：《〈群书治要〉回传考》，《理论界》2011年第9期）

不过，据金光一的博士论文《〈群书治要〉研究》：“《群书治要》尾张藩于天明七年（1787）由书肆风月堂初刊以后，多次重印，其中宽政三年（1791）的印本，加以大规模的修订，而且印量也不少，因此尾张本有天明刊本与宽政刊本的两个系统。近藤所传给中国商舶的《群书治要》是宽政刊本。稍后，《群书治要》宽政刊本或者其翻刻本编入阮元嘉庆年间搜求并进呈的《宛委别藏》。”按，天明本、宽政本都属于天明本系统，后文在不区分时统称天明本。

阮元向嘉庆皇帝献呈《群书治要》时并撰有“提要”，他在引用了

《唐会要》《新唐书》等资料考证后指出此书"《宋史·艺文志》即不著录，知其佚久矣"（按，此说有误。据查证，明《宋史新编·艺文》《国史经籍志·子类》也有著录），同时对此书的政治意义与文献价值给予了高度评价，他说："今观所载专主治要，不事修辞，凡有关乎政术存乎劝戒者，莫不汇而辑之。即所采各书并属初唐善策，与近刊多有不同。如《晋书》二卷，尚为未修《晋书》以前十八家中之旧本。又桓谭《新论》、崔寔《政要论》、仲长统《昌言》、袁准《正书》、蒋济《万机论》、桓范《政要论》，近多不传，亦藉此以存其梗概，洵初唐古籍也。"阮元将此书及其他稀见难得之书共175种进献给嘉庆帝。嘉庆帝十分高兴，并据传说夏禹登宛委山得金简玉字之书之典而赐名《宛委别藏》。

此书后来又有多个刊本，主要有：(1)《连筠簃丛书》本，刊于道光二十七年（1847）；(2)《粤雅堂丛书》本，刊于咸丰七年（1857）；(3)《四部丛刊》初编本和缩印本；(4)《丛书集成》本（1936）。2002年上海古籍出版社的《续修四库全书》收有本书，是据《宛委别藏》收入的天明本影印的。2011年香港世界书局也据天明本重新修版印制了本书。至于其他标点、注释、翻译诸本，我们就不再提及了。我们这次注释翻译《群书治要》，即以《续修四库全书》收录的影印《宛委别藏》天明本为底本。

二、《群书治要》的内容

《群书治要》一书，从经、史、子等著作中选取有关修身、齐家、治国、平天下的论述，汇编成书。上始五帝，下迄晋代，采取典籍近七十种，选录五十余万言。

1、经（十二种）

典籍中，经书是根本。《群书治要》所选取的经书包括列入后来"十三经"系统的《周易》《尚书》《诗经》《左传》《礼记》《周礼》《孝经》与《论语》，还选入了未被列入经书的四部著作《周书》《国语》《韩诗外传》和《孔子家语》。

《周易》是上古卜筮之书，是中国古老的经典之一。它内容丰富，富有理论思维，是古代汉民族智慧的结晶。它所蕴含的辩证思维，特别是《易传》提出的阴阳、太极等概念对中国几千年来的政治、文化等各方面都有极其深刻的影响。《群书治要》节选的内容偏重义理，主要涉及为君、治国之道。《礼记·经解篇》云："絜净精微而不贼，则深于《易》者也。"《周易》是君子之学，学习的要旨在于指导我们明德修身，安身立命，增长处世智慧。

《尚书》是最古老的"故志""训典"等王室文件汇编，本质是史书，据说孔子曾对其进行删修，并用为教材，遂成先秦儒家主要经典之一。在远古文献缺乏的时代，要了解古圣先贤的思想、事迹，必须学习《尚书》。魏徵对《尚书》有着深入的研究，《群书治要》所节录的文字，涉及君臣修德、任贤、治民诸多方面，正如他在《群书治要序》中所说，能够起到"昭德塞违，劝善惩恶"的作用。

《诗经》先秦称《诗》或《诗三百》，后来作为儒家经典而称为《诗经》，并因传授不同而有齐、鲁、韩、毛四家，其中齐、鲁、韩三家为今文经，后多不传，而古文经《毛诗》则一家独尊。《群书治要》从《毛诗》中选录77首，以《雅》《颂》为多。其中既有歌咏赞颂周王室祖先以至武王、宣王等圣德功绩的诗作，也有讽刺幽王、厉王的作品。魏徵在《隋书·经籍志》中说："《诗》者，所以导达心灵、歌咏情志者也。故曰：'在心为志，发言为诗。'"魏徵向唐太宗进谏，前后二百余事，几乎每次都引用《诗经》。

在并立为"经"的"《春秋》三传"——《公羊传》《穀梁传》《左传》中，《群书治要》只选了《左传》，编者当是看重《左传》所记载史实的鉴戒作用。传统经学认为它是解释《春秋》的，而《春秋》是孔子据鲁国史官记载的史料编写而成的，孟子说："孔子成《春秋》而乱臣贼子惧。"（《孟子·滕文公下》）这是因为《春秋》一书通过其褒贬体现了孔子的政治态度，所谓"一字之褒，荣于华衮；一字之贬，严于斧钺"。本书的责

任者魏徵在《隋书·经籍志》中说:“《春秋》者,鲁史策书之名。昔成周微弱,典章沦废,鲁以周公之故,遗制尚存。仲尼因其旧史,裁而正之,或婉而成章,以存大顺,或直书其事,以示首恶。故有求名而亡,欲盖而彰,乱臣贼子,于是大惧。其所褒贬,不可具书,皆口授弟子。弟子退而异说,左丘明恐失其真,乃为之传。”可见其对《春秋》及《左传》的认识是和两汉学者一致的。

而“三礼”——《周礼》《仪礼》《礼记》中,除了《礼记》,《群书治要》还选取了《周礼》。选用《礼记》是因为此书围绕儒家的政治理想、治国方略、天人关系、典章文物等深入探究礼乐文明奥蕴,东汉经学大师郑玄说:“礼者,体也,履也。统之于心曰体,践而行之曰履。”(《礼序》)这也是《礼记》所要着重阐释的内容。《礼记》还引用了大量的孔子语录,而且大多不见于《论语》,所以对于研究儒家思想,弥足珍贵。而《周礼》则是一部有关国家政治制度的书。孔子不止一次地表示过对周公的崇敬,并把恢复周礼当作自己的理想。尽管《周礼》后出,但却是我们了解先秦政治制度的重要典籍。《周礼》记载了周王室各种官职377个,并且列出其职守、人员,是一部完善的行政法典。《群书治要》辑录了《周礼》中有关六卿的主要内容,体现以礼治国、以刑辅政的治国理念。而六卿的行政架构正是隋唐及以后中央政府六部的由来。

《孝经》在汉代颇受重视,实有传授。汉人重视宗法孝道,皇帝谥号中就有一个“孝”字,而举荐名目也有“孝廉”。此书文义浅白,易于阅读,用来教导一般人最为适宜。后来唐玄宗李隆基注《孝经》,《群书治要》实导其源。

《论语》的理论形成了中国传统儒家文化的核心。一般认为,此书到唐文宗时,被列入经书。但事实上《群书治要》已把它列入经部。而把《论语》排在《孝经》之后,是想要人们在力行孝道之后,再深入领会《论语》所记载的孔门思想。

《群书治要》的经部还有后来没被列入经书的四部著作:《周书》《国

语》《韩诗外传》和《孔子家语》。《周书》，今称《逸周书》（隋唐以后亦称为《汲冢周书》），旧说是孔子删定《尚书》后所剩，是为“周书”的逸篇，故得名。这也是其被《群书治要》列入经部的原因。书中主要记载从周文王、武王、周公到厉王、景王年间的时事，涉及治道、治制以及哲理等处，多与先秦古书相似。

《国语》是按国别汇集的“语”类著作，这类著作是选取有鉴戒意义的史料加以记录，其时代大致属于春秋。因其作者据称即《左传》作者左丘明，《左传》称《春秋内传》，《国语》称《春秋外传》，故亦被列入经部。本书从《周语》《楚语》《晋语》这三部分选录了片段内容，强调其对从政者的劝诫作用。

《韩诗外传》推演《诗经》大义，是《诗经》的“传”之一，与“毛传”同类，故列入经部。《韩诗外传》记述了若干中国古代史实、传闻。全书多叙述孔子逸闻，一般每条都以一句恰当的《诗经》引文作为结论，以支持政事或论辩中的观点。这或许是魏徵所嘉赏的原因。

《孔子家语》详细记录了孔子与其弟子门生的问对诘答和言谈行事，与《论语》类似，故列入经部。《四库全书》就将其列入了经部。《孔子家语》对研究儒家学派（主要是创始人孔子）的哲学思想、政治思想、伦理思想和教育思想，有巨大的理论价值。《群书治要》从《孔子家语》王肃注本中摘录了《始诛》等22篇，较为集中地阐释了儒家政治伦理思想与治国理念，以供李唐君臣参考。

2、史（六种）

马克思说过：“我们仅仅知道一门唯一的科学，即历史科学。”历史科学就是“关于人的本质的科学”。不曾中断的中华文明对历史的记载，为这门“关于人的本质的科学”提供了足够的例证，证明了人的本质就在于人的社会存在。从中华文明的萌芽时期开始，就奠定了中国社会历史发展的整体走向。《群书治要》史部的选录，就是对中国社会在唐以前发展的历史经验的总结。

《群书治要》选录了《史记》《吴越春秋》《汉书》《后汉书》《三国志》《晋书》等六部史书中的内容。

《史记》，西汉司马迁撰，是我国第一部纪传体通史，反映了汉以前三千年的历史，“网罗天下放失旧闻，考之行事，稽其成败兴坏之理，凡百三十篇，亦欲以究天人之际，通古今之变，成一家之言”（司马迁《报仁安书》）。《史记》首创纪传体，兼有编年体和纪事本末体之长。所谓纪传体就是以记载各类人物的活动为中心的史书体例。全书分五体：第一“本纪”，共十二篇，是记述帝王与王朝的“大事记”。第二“表”，共十篇，通过表格的形式依世系、年月、国别，高度浓缩地谱列了大量历史事实。第三“书”，共八篇，是关于八个专题的制度史。第四“世家”，共三十篇，主要以诸侯世系（包括自西周至西汉武帝分封的诸侯，以及西汉开国的元勋功臣），串连相应的重要历史事件。第五“列传”，共七十篇，记述各时期将相大臣及各阶层代表人物的事迹，以表现各个时期的社会内容。《群书治要》中《史记》部分节录自本纪、世家和列传，分为上下两卷，其所节录的《史记》，是唐以前南朝宋裴骃的《史记集解》本。

魏徵等编者在上卷先节选了五帝、夏、殷、周、秦、秦始皇帝、秦二世等“本纪”的片段。特别是五帝的本纪，描写了我国古史萌芽阶段五位杰出领袖，他们既是中华民族的始祖，也是中国道德、制度、文明的奠基者，他们为统一的中国奠定了思想基础。从“世家”中节选了齐太公、鲁周公、燕昭公、宋微子、晋、赵、魏、田完等篇章中的部分内容，阐释了领导者要尊贤能、远小人、不自伐骄奢、讲求诚信等观点。下卷主要选自“列传”部分，所选的人物，大都是忠臣直臣，具有仁义忠贞、廉洁奉公等美德。但也选录了李斯和赵高这两个奸臣，他们直接导致了秦帝国的灭亡。这是对统治者的警戒：臣子必须忠正，只用法吏治国，不讲求道德品质的引导，只会使国家陷入危亡。

《吴越春秋》，东汉赵晔撰，是一部记述春秋战国时期吴、越两国史事为主的史学著作。今本有所残佚。《群书治要》所节录的两则，属于正谏类，“螳螂捕蝉”行文与今本略有出入，“白龙鱼服”则不见于今本。

《汉书》，主要作者是东汉班固，我们第一部纪传体断代史。全书一百篇，八十万字，包括本纪十二篇，表八篇，志十篇，传七十篇，后人划分为一百二十卷。《汉书》客观地反映出西汉及新莽时期的社会现实。

《群书治要》选录《汉书》最多，共八卷，但亡佚首尾二卷，现存六卷。所选“志”的部分，内容是治国安邦、协和臣民的关键。“传”的部分，汉初将相的所作所为，可以为唐代君臣提供借鉴。从汉初到文帝、景帝、武帝时期的人物，或善于言说，或善于对策分析形势，鞭辟入里，发人深省。其中的治国之策，可供唐代君臣参考。他们作为大臣，在对匈政策是战是和，对周边部族小国是怀柔还是征伐等方面，建言献策，知无不言，言无不尽；在防范诸侯、积贮安边、选人用人等国计民生诸方面，或著述谈论治乱，上书言事；或执法公正，刚直无伪。他们或身处逆境，或洞察隐微，或忠节千古，或老成持重；而一些人物只知谋国不知谋身的悲剧命运也足以令人感慨。而从汉宣帝到汉哀帝期间的大臣，他们更突出地表现为直言敢谏，提醒皇帝不要重用外亲宠臣，不要奢靡放纵。而许多正人直臣或被关进秘密监狱甚至穷治而死，或被宦官逼迫自杀，可见汉朝政治走向黑暗的经过。汉朝的兴衰，对李唐皇朝是直接的经验教训。

《后汉书》是一部由南朝宋的历史学家范晔编撰的记载东汉历史的纪传体史书。此书新增的专传，多为后世史书继承沿用，因而得到很高的评价。《群书治要》的选录分为四卷，“本纪”部分选录了汉光武帝、汉明帝、汉章帝、汉和帝部分事迹，《皇后纪》选录明德马皇后、和熹邓皇后的部分事迹。其他传记有东汉初年到汉和帝时期的功臣正人，值得后人效仿。其中“光武中兴”和“明章之治”时，政治较为清明，民众生活有所改善。但皇帝也有缺点错误，如光武帝迷信谶纬，明帝、章帝时有短视褊急的行为，法令不免苛刻。本书表扬了阴氏外戚，也从侧面批评了窦氏外戚。有意思的是，选录了一位诸侯王——东平王的事迹，书写了皇帝兄弟叔侄间的情谊，作为编者的魏徵，或许是有所感受吧。此后，东汉王朝走向衰弱，外戚、宦官交相擅权，天灾人祸使得民生艰难。而秉持儒家用世理念的臣僚勉力支撑，力图挽救危机。书中选取的臣僚都有一股正气，直言劝谏，冒犯宦官、外戚乃至直批皇帝的逆鳞。尤其是汉末的人物抨击权戚，拒绝宦官，在恶劣环境中依然坚持节操，想要力挽狂澜，值得后来的君臣们尊重。作为《后汉书》开创的《宦者传》，从其选录的事情来看，宦官绝大多数弄权贪婪，操纵朝政、皇帝，展现了东汉宦官之祸的惨烈，也对唐代君臣有警示意义。

《三国志》六十五卷，是由西晋史学家陈寿所著，是纪传体国别史。其中《魏书》三十卷，《蜀书》十五卷，《吴书》二十卷，开始三书都是独自刊行的，直到北宋咸平六年（1003）三书才合为一书，故《群书治要》分别以《魏志》《蜀志》《吴志》为名节录。陈寿是私人修史，史料不足，南朝时，裴松之为其补注，这是一种“合本子注”，其收集的原始材料达一百五十多种，注文字数约超过原文的三倍，保留了大量珍贵的史料。《群书治要》所选分为四卷。所选《魏志》包括四位君主、两位皇后，及其他历史人物，内容涉及政治、军事等诸多方面。其中既有忠直聪敏者，也有圆滑巧佞者，其言行事迹均可作为借鉴。而许多臣僚几乎都有对君王的劝谏，还有对封建制的赞赏，对高尚节操的歌颂。选录的《蜀志》批评了刘璋的骄傲自大，赞扬刘备的用人气量以及托孤的真诚。其传记选择精要简约，臣子大多忠义，体现了编者以道德仁义为立国之本的思想。所选《吴志》部分包含了孙权等三位帝王以及孙吴大臣的传记，从中可见编者属意于君臣之间的相处，所谓“为君难，为臣不易”是其写照。孙登、孙和、孙霸这三位孙权之子，代表了孙权之后吴国的命运。其余诸人在孙皓的暴政下备受猜疑怨恨甚至迫害致死，而孙吴也就从此没落。

《群书治要》节录的《晋书》，据考证，当是南齐臧荣绪撰写的《晋书》。《群书治要》节录分为二卷，“纪”节录了四位皇帝，对晋惠帝司马衷没有写一般人所认为的愚笨，而着重写了贾后的专权与劝谏者的言辞，说出了八王之乱的成因，特别是引用干宝《晋纪》总论说出了西晋覆灭的历史教训。“传”中的《后妃传》节录了武元皇后杨芷与晋惠帝皇后贾南风。杨芷是贾南风成为太子妃的策划者，贾南风则是八王之乱的直接引发者。其余部分首先是晋宗室七人，除对司马冏、司马遹有所批判，其余则多为赞美。此外还有刘寔等五人，均为忠直之士。“志”节录了《刑法志》《百官志》。前者要君上“深闭慎密，以延良谟”，探讨了恢复肉刑的必要性。后者则建议简略官员品级，委任宰辅，不要屡次更变诏令，以及对晋朝政局发展的悲观预见。此外节录臣子的事迹，或批评九品中正制，或在暗主虐后之朝苦心弥缝，却不免被害的命运。除了忠直正臣，也有结为朋党、为昏聩暴虐君后效力，诋毁直臣的佞臣。其中所节录的江统《徙戎论》有很高的价值。

《旧唐书·魏徵传》载有唐太宗李世民的话：“夫以铜为镜，可以正衣冠；以古为镜，可以知兴替；以人为镜，可以明得失。”《群书治要》所节录的史书，正是通过王朝兴替，让李唐君臣深刻地认识到治国的纲要。

3、子（四十八种）

《四库总目提要》说：“自六经以外，立说者皆子书也。”自先秦至魏晋，凡是能独立提出自己观点并有所论述的一般均列入子部。这是当时素养高妙、才智杰出的智者对历史与现实的社会问题的洞见。尽管立场观点各自不同，但正如《汉书·艺文志》所说：“其言虽殊，辟犹水火，相灭亦相生也。仁之与义，敬之与和，相反而皆相成也。”

《群书治要》后二十卷节录了《六韬》《阴谋》《鬻子》《管子》《晏子》《司马法》《孙子兵法》《老子》《鹖冠子》《列子》《墨子》《文子》《曾子》《吴子》《商君书》《尸子》《申子》《孟子》《慎子》《尹文子》《庄子》《尉缭子》《孙卿子》（即《荀子》）《吕氏春秋》《韩子》《三略》《新语》《贾子》《淮南子》《盐铁论》《新序》《说苑》《桓子新论》《潜夫论》《政论》《昌言》《申鉴》《中论》《典论》《刘廙政论》《蒋子万机论》《政要论》《体论》《时务论》《典语》《傅子》《袁子正书》《抱朴子》等共计48部子书的部分内容。其中《孟子》后被列入经书，而其他则分别被列入子部的儒家、道家、法家、兵家、杂家、名家、墨家、小说家等类。

所节录的兵家部分，直接分析具体战事及其战术的不多，主要是论述治国、治军和指导战争的理论、原则。《群书治要》节录编撰兵书的根本原则是以仁义治国，所谓“王者览之，可以理国；吏者遵之，可以从政。足使贤者励志，不肖者涤心”（《鬻子序》）。如《孙子》一书，唐太宗李世民说“观诸兵书，无出孙武”，《群书治要》则节录其有关战争与治国的内容。

对道家文献，《群书治要》所录的有的论刚柔相济之理，有的辨明用人治国之道，对后世治理国家有所借鉴。这也是魏徵进谏唐太宗加强文治、居安思危的重要理论依据。

对法家著作，魏徵等人编撰《群书治要》时，并不赞同法家，而是主张要以道德仁义为治国之本，法只能作为辅助手段，因此他们非常谨慎地节录法家著作内容，仅取其中如“不法古，不循今”（《商君书·六法》），信赏必罚，法令为治国规矩等观点。

对儒家著作，《群书治要》节录侧重于修德进业，从个人修养出发，进行所谓的修身、齐家、治国、平天下。或论述关于义利、四端（仁、义、礼、智）、民本、仁政等方面的内容，或侧重于其政治理论以及治国之道。如对西汉儒家政论的代表作品，《群书治要》节录的主要是“行仁义、法先圣”，礼法结合，无为而治等内容。用魏徵的话就是“任善人则国安，用恶人则国乱”（《旧唐书·魏徵传》）。

对名家、杂家等著作，《群书治要》节录的内容强调治国要以道为尊，静心修身，匡正驱邪，努力治国，广利天下。然后再运用法、术、权、势。所谓道，即圣人之道。而圣人之道要与人共治，既不能求全责备也不能独自为善。所谓“专主治要，不事修辞”（《四库全书总目提要·群书治要》），节录多为治国之道而不涉及其他，可以说是精华中的精华，对后世治国理政有一定的意义。

对于《管子》《晏子》，《群书治要》节录的章节，是主张轻徭薄赋，提倡仁爱惠民，特别是为君要仁德惠爱，为臣要推举贤能等，这是贞观之治的重要理论来源。如“仓廪实则知礼节，衣食足则知荣辱。上服度则六亲固，四维张则君令行”（《管子》），就是如此。

对于《墨子》，《群书治要》节录的内容集中于对事业成败、国家兴衰、尚贤政治、节俭财用、否定命运、注重修身等角度的论述。

对汉代的子书，《群书治要》选录的内容以儒家治国理念为主，多祖述先王、孔、孟之言，所谓“夫道之本，仁义而已矣”（《申鉴》），论述选贤尊贤，反对卜筮祈请、神仙方术、谶纬禁忌等迷信惑众，反对大贵族大量霸占土地，讥刺当时政治黑暗，直言劝谏，提出系统的改革理论和具体方法，代表了儒家政治思想在汉代的发展。《群书治要》所选录的也有主张“统法”，提出“罚妄行，则恶不惩”（《申鉴》）等思想的篇章，则反映了法家影响在汉代的延续。

《群书治要》所录三国两晋时期子书的内容，既谈仁义，也说刑罚，还提出富民是行政的根本。或谈用人问题，指出奸佞之臣与女色之害；或论及君主政务、用人为政之道；或从根本上对国家的本体进行分析研究，并论述当时时势；或提出在国家内部腐朽、外强觊觎的乱局下，如何救治国家的政治主张；或论述时政得失，讥刺世俗，言治民之法；或臧否人事，主张藏器待时，克己思君；或直谏君主任贤举能，爱民节欲，独掌权柄。

下面我们要谈谈《群书治要》全书选文的整体特色。

第一，体例清晰，宗旨明确。

魏徵《群书治要序》说：“但《皇览》《遍略》随方类聚，名目互显，首尾淆乱，文义断绝，寻究为难。”可见《群书治要》编选时曾对标《皇览》《遍略》。《皇览》是三国魏文帝曹丕时，由刘劭、王象、桓范、韦诞、缪袭等奉敕编撰的一部经传集成，共八百余万字，被后世尊为类书始祖。《遍略》即《华林遍略》，又名《华林园遍略》《芳林遍略》，由刘杳、顾协、何思澄、锺屿、王子云等华林园学士于梁武帝天监十五年（516）奉敕编纂，历时八年而成，合七百卷，是一部大型官修类书，对后世类书编纂具有深远影响。可惜《皇览》在隋唐后已失传，《华林遍略》至北宋也已亡佚。但从后人辑佚所得可见，确如魏徵所言，二书都有编辑逻辑不清以致名目重复，断章取义以致文意不明，以及查询困难等问题。《群书治要》所选各篇章则保留了所引原书的体例，使读者能够见本知末，以探究事物发展的终始。另外，《皇览》《华林遍略》"随方类聚"，是类书，而《群书治要》依经部、史部、子部编排，其编撰宗旨是："圣思所存，务乎政术，缀叙大略，咸发神衷。雅致钩深，规摹宏远，网罗治体，事非一目。"也就是说，除了追求规模宏大、格局深远之外，《群书治要》关注重点是治国理政之道，所选的内容是古代帝王治理的精要，注重"道体"和"治体"，而非具体的某个制度。所以阮元的《四库未收书提要》将其列入子部，《续修四库全书》更将其列入子部的杂家类。《汉书·艺文志》说："杂家者流，盖出于史官……知国体之有此，见王治之无不贯，此其所长也。"《隋书·经籍志》也说："杂者，兼儒、墨之道，通众家之意，以见王者之化，无所不冠者也。古者，司史历记前言往行，祸福存亡之道。然则杂者，盖出史官之职也。"可见强调对"王治""王化"借鉴作用的《群书治要》归入此类更为合适。

第二，注重实效，兼顾文采。

魏徵《群书治要序》又说，《群书治要》"弃彼春华，采兹秋实"，也就是说，注重有经世治国实效的文章而不取辞藻华美之作。这就又与梁昭明太子萧统主持编选的《文选》有了鲜明的区别。

《文选》又称《昭明文选》，收录了自先秦至齐梁几百年间的七百余篇作品，此书在唐宋乃至后代都有极大的影响。唐人不仅将《文选》作为学习范本，而且在注释上也狠下功夫，如著名的李善注、五臣注皆出于唐朝，以至于唐朝形成了一门独特的文选学。唐代大诗人杜甫在他儿子生日时写诗道："诗是吾家事，人传世上情。熟精《文选》理，休觅彩衣轻。"要求儿子熟读精通《文选》，而不是老莱娱亲，这才能真正继承杜家的传统事业，让自己开心。宋承唐制，以诗赋取士，所以《文选》仍然是士人的必读书。宋代大诗人陆游在《老学庵笔记》里也说："国初尚《文选》，当时文人专意此书……士子至为之语曰：'《文选》烂，秀才半。'"

《文选》选录文章的范围是集部中的单篇文章，所选作品共分三十八类，大致可以归纳为辞赋、诗歌、各体骈散文三大部分。辞赋部分包括赋、骚、七、辞等类，其他除诗外，都属各体骈散文（大多数是骈体文）。《文选序》称其选文以"事出于沉思，义归乎翰藻"为标准，故不选经、史、子之文。萧统也承认经、史、子部书中有颇具文采的部分，但经部文章因出自圣人之手不能选，只选入了相传为卜商所做的《毛诗序》、孔安国所做的《尚书序》和杜预的《春秋左氏传序》；史部书中多有富有文采的篇章，但因不是单篇文章，故不予选录，只在"史论""史述赞"两类中选入史书中的十余篇富有辞采、文华的赞、论、序、述，而如李斯《上书秦始皇》、邹阳《上书吴王》、司马相如《上书谏猎》、枚乘《上书谏吴王》等篇则虽见于史乘，但还以单篇文章流传，故被收录；于诸子，则说"老庄之作，管孟之流，盖以立意为宗，不以能文为本"，故不予选入，但也有例外，如贾谊《过秦论》，原为贾谊《新书》中的一篇，曹丕《论文》是其所著《典论》中的一篇，二者都属子书。《典论·论文》提出了文学的价值、作家的个性、作品的风格、文体和文学批评的态度等问题，与《文选》的文学观、选文标准直接相关，自然应当入选；而《过秦论》的入选则主要是因为其辞藻富丽，排偶句多，开了后代论说文重文采的先河，成为后代文人学习的范本。

相较而言，《群书治要》是要严选有关治政的篇章，不论经、史、诸子，一并收录。在本书序言中，魏徵首先就批评了近代皇家文选"竞采浮艳之词，争驰迂诞之说，骋末学之博闻，饰雕虫之小伎，流宕忘反，殊涂同致。虽辩周万物，愈失司契之源；术总百端，乖得一之旨"的弊端，颇有针对《文选》之意。早在西晋，挚虞就在《文章流别论》中说："古诗之赋，以情义为主，以事类为佐；今之赋，以事形为本，以义正为助。""夫假象过大，则与类相远；逸辞过壮，则于事相违；辨言过理，则与义相失；丽靡过美，则与情相悖：此四过者，所以背大体而害政教。"对过于追求辞藻进行了批评。所以本书序言强调《群书治要》要“翦截淫放,光昭训典”,剪裁去掉浮泛之词,而发扬彰明先圣典籍的精神。

以两汉最著名的辞赋家司马相如(长卿)、扬雄(子云)为例。《汉书·艺文志·诗赋略》记载说:“司马相如赋二十九篇。”“杨雄赋十二篇。”司马相如的赋现存《子虚赋》《上林赋》《天子游猎赋》《大人赋》《长门赋》《美人赋》《哀秦二世赋》等七篇,而《文选》选录了司马相如的《子虚赋》《上林赋》《长门赋》三篇,另有《上疏谏猎》《喻巴蜀檄》《难蜀父老》《封禅文》等四篇作品,而《群书治要》只收录了司马相如《上疏谏猎》一篇,是所有这些作品中最为平实的,完全没有其他作品那种“铺采摛文”“劝百讽一”的毛病。《文选》还选录了扬雄的《甘泉赋》《羽猎赋》《长杨赋》《解嘲》《赵充国颂》《剧秦美新论》等六篇作品,而《群书治要》则没有选入一篇。这充分说明两书的旨趣不同。可以说,《群书治要》对各部文章的选取,无一不是侧重于有关经济民生、国家治乱,而不重视其辞章华美。

其实传统的文献学者早已看出其差异。于《文选》,《四库全书》将其列入集部的总集类。而总集,魏徵在《隋书·经籍志》中说是它产生于“辞赋转繁,众家之集,日以滋广”之时,是编者“苦览者之劳倦,于是采摘孔翠,芟剪繁芜,自诗赋下,各为条贯,合而编之”而成的。至于诗赋或辞赋,魏徵在《隋书·经籍志》中说,诗文是“言其因物骋辞,情灵无拥者也”,换言之,集部的诗文作品除了“缘情”之外,就是要求驰骋辞藻的华美。而《隋书·经籍志》的集部其主要内容就是班固《汉书·艺文志》的诗赋略。班固在叙述了荀卿(孙卿)、屈原之后说,“其后宋玉、唐勒;汉兴,枚乘,司马相如,下及杨子云,竞为侈俪闳衍之词,没其风谕之义。是以杨子悔之,曰:‘诗人之赋丽以则,辞人之赋丽以淫。’”司马相如、扬雄之所以有众多作品入选《文选》,正是出于集部的标准。

第三,适当裁剪,突出文意。

《群书治要》与《文选》的全文毕录不一样,也与后来出现的以《意林》为代表的摘句似的选录不同，是在保证文章体例不变的前提下，对全篇有所剪裁，以便使文意更鲜明突出。即以《汉书》为例，原书的《司马相如传》，上下两卷，长达上万字，除了记载司马相如的出身、简历，琴挑卓文君，与汉武帝及其他人物的关系之外，还全录了《子虚赋》《喻巴蜀檄》《难蜀父老》《上疏谏猎》《哀秦二世赋》《大人赋》《封禅文》等文章。而《群书治要》所录不超过四百字，除了“司马相如字长卿，蜀郡人也。为郎”这样简略的介绍外，就是录入了《上疏谏猎》之文与“上善之”的后果。这种选取方式就突出了选者要求所选之文必须为治理国家之根本服务的宗旨。

《群书治要》是一种文选，所以不能像训诂家注释或自己作文用典那样，可以檃栝或集引、断引。但是魏徵等人对原文字句，还是会进行删减拼合。我们先以史部卷十四所选《汉书·艺文志》为例。《群书治要》所选共243字，我们和《汉书》原文对比（鱼尾括号为省略说明）：

> 昔仲尼没而微言绝，七十子丧而大义乖。【略去16字】战国从横，真伪分争，诸子之言纷然殽乱。至秦患之，乃焚灭文章，以愚黔首。汉兴，改秦之败，大收篇籍，广开献书之路，【略去238字以及所叙述六艺略诸书，然后又略去233字，】书必同文，不知则阙，问诸故老。至于衰世，是非亡正，人用其私。【又省略593字】古之学者，耕且养，三年而通一艺，存其大体，玩经文而已，是故用日约少而畜德多，三十而五经立也。后世经传既已乖离，博学者又不思多闻阙疑之义，而务碎义逃难，便辞巧说，破坏形体，说五字之文，至于二三万言。后进弥以驰逐，故幼童而守一艺，白首而后能言，以安其所习，毁所不见，终以自蔽。此学者之【大】患也。

尽管省略很多，但其拼合非常自然，并无割裂之感。

再以子部《管子·牧民》为例，原文开头两段是“国颂”“四维”，共260字。而《群书治要》合成一段，共108字：

> 凡有地牧民者，务在四时，守在仓廪。【省略14字】仓廪实则

知礼节，衣食足则知荣辱。上服度则六亲固，四维张则君令行。【省略91字】四维不张，国乃灭亡。国有四维。一维绝则倾，二维绝则危，三维绝则覆，四维绝则灭。倾可正也，危可安也，覆可起也，灭不可复错也。何谓四维：一曰礼，二曰义，三曰廉，四曰耻。【后省略47字】

省略部分超过一半，但读起来文通字顺，毫无违碍之感。

不仅史部、子部如此，就是当时学者所尊奉的经部也是这样。我们以《左传·宣公二年》华元之败为例。原文（加杜注）共94字，而《群书治要》所选则为58字：

二年【春】，郑公子归生【受命于楚，】伐宋，宋华元【、乐吕】御之。【省略87字】将战，华元杀羊食士，其御羊斟不与。及战，曰："畴昔之羊，子为政；今日之事，我为政。"与入郑师，故败。

总之，《群书治要》将原书几段文字择要拼接，还不露痕迹，不仅文字水平很高，其论点也更加清晰。

三、《群书治要》的主要价值

《群书治要》作为一部"帝王术"教科书，对于治国理政有着重大的借鉴意义。魏徵在《群书治要序》中说，此书"用之当今，足以鉴览前古；传之来叶，可以贻厥孙谋"，明确表示了此书的资政目的。前面所引的唐代皇帝大臣之言也说明《群书治要》在唐代朝堂的重大影响。

唐太宗读《群书治要》后，除在《答魏徵上〈群书治要〉手诏》中感慨此书"博而且要，见所未见，闻所未闻，使朕致治稽古，临事不惑"，认为它为功甚大，贞观九年(635)，唐太宗又一次谈到读《群书治要》的感受说："贞观已来，手不释卷，知风化之本，见政理之源。"(《贞观政要》)由此可知唐太宗及其群臣之所以将《群书治要》作为开创"贞观之治"理论依据的道理了。其实"贞观"一词就源于《周易·系辞》："天地之道，贞观者也"——天地之道，是持正才能显示的。

有人说中国文化是“史官文化”，在世界各个古老文明中，只有中国保存了连续不断的历史记载，以史为鉴是中华文化的优良传统。正如前文所引“以铜为镜，可以正衣冠；以史为镜，可以知兴替；以人为镜，可以明得失”，《群书治要》所记载的理论、人物、史实无一不是证明了中国有着以人为本的优秀传统。从三皇五帝到今天，国家的治乱兴衰无一不是取决于人心向背。魏徵在本书序言的开始就说道：史书都是为了彰明德化，杜绝错误，鼓励善行，惩戒罪恶，所以有的言行值得记叙表彰，就像和风飞扬上百个世代；有的言行不合法纪情理，恶名昭彰流传千年。也像本书所选取的《孙卿子》所说：“故法不能独立，得其人则存，失其人则亡。法者，治之端也；君子者，法之源也。故有君子，则法虽省，足以遍矣；无君子，则法虽具，足以乱矣。故明主急得其人，而暗主急得其势。急得其人，则身逸而国治，功大而名美；急得其势，则身劳而国乱，功废而名辱。”法是人制定的，制定法令的好坏取决于制定者是君子还是小人。执行法令的也是人，所以“得其人则存，失其人则亡”。

从事政治的核心就是要以人为本，自身端正，道德高尚。当时道德核心就是四维、八德、五伦、五常。四维即礼、义、廉、耻，《管子》说：“礼、义、廉、耻，国之四维。四维张，则君令行，四维不张，国乃灭亡。”八德，即孝、悌、忠、信、礼、义、廉、耻。五伦，即父子有亲、君臣有义、夫妇有别、长幼有序、朋友有信。五常即仁、义、礼、智、信。居上位者必须以此来教育民众，提高全民素质。《论语·尧曰》记载孔子在回答子张如何从政时说：“尊五美，屏四恶，斯可以从政矣。”所谓五美，就是“惠而不费，劳而不怨，欲而不贪，泰而不骄，威而不猛”，即君子给民众恩惠而自己没有耗费；使唤民众而民众却没有怨恨；追求仁德而不贪图财利；安泰而不骄傲；威严而不凶猛。五美的核心就是加强自身的仁义道德修养，顺应民众的合理要求及其利益去执政。而要摒除的四恶则是“虐”——不加教育就加以杀戮，“暴”——不加告诫就要求成功，“贼”——命令下达很晚又要求限期完成，“有司”——像是给人财物却非常悭吝。这里强调的是要对民众进行教育，要分清法与非法的界限，要是没有长期的反复的教育告诫就执法，就是虐杀残暴。

中国优秀的政治家是以天下为己任的，代表着先进的文明形态。他们的理想是“大同”社会，即“天下为公，选贤与能，讲信修睦”（《礼记·礼运》），“人不独亲其亲，不独子其子，使老有所终，壮有所用，幼有所长，鳏寡孤独废疾者皆有所养”（同上）。政治家要追求社会公正，实行贤能从政，以民为本，让全社会各个阶层都能发展发达，同时还要照顾弱势群体。这就是《群书治要》给我们的启示。

《群书治要》作为一种“佚存书”也有着很高的文献价值。自《群书治要》回传后，因其“一书之内，牙角无遗；一事之中，羽毛咸尽”（《群书治要序》），选录内容多、范围广，包含了大量的佚书、佚文，对古籍的辑佚和校勘具有重要的价值，故而成为学者用以辑佚校勘的渊薮。

据统计，《群书治要》共收录亡佚典籍十五部，其中史部一部：《晋书》，是从未修“二十四史”之《晋书》前的十八家记载晋朝历史的旧著中辑录而成，其中以臧荣绪《晋书》为主。子部十四部：尸佼《尸子》、申不害《申子》、桓谭《桓子新论》、崔寔《正论》、仲长统《仲长子昌言》、曹丕《典论》、刘廙《政论》、徐幹《中论》、蒋济《蒋子万机论》、桓范《政要论》、杜恕《体论》、陆景《典语》、傅玄《傅子》、袁准《袁子正书》。至于夹注中的佚文，金光一的论文《〈群书治要〉研究》进行了考略和整理。

嘉庆之后的中国学者，充分利用此书文献价值首先是辑佚家，如孙星衍、严可均、黄奭、钱熙祚、钱培名、王仁俊等人。孙星衍辑佚《尸子》的工作为最早，其他如钱熙祚辑《慎子》、钱培名辑《徐氏中论》、汪继培辑《尸子》，都用到了《群书治要》。其中成就最大的当属严可均。据王维佳《〈群书治要〉的回传与严可均的辑佚成就》一文统计，严可均在辑录《全上古三代秦汉三国六朝文》时，共有153段辑文引用了《群书治要》。辑文涉及题名炎帝、申不害、齐太公、鬻熊、商鞅的作品，其中以齐太公《六韬》的辑文引用《群书治要》最多。他更利用《群书治要》辑成桓谭《桓子新论》、崔寔《政论》、仲长统《昌言》、蒋济《蒋子万机论》、刘廙《政论》、桓范《政要论》、杜恕《体论》、陆景《典语》、傅玄《傅子》和袁准《袁子正书》等十种书，辑出魏文帝《典论》中的《奸谗》一文，还从《晋书》的诏令奏议中辑出晋代二十二人的作品。

另外，不得不说的还有《郑注孝经》一书。日本明和（1764—1771）以后，一些学人发现《群书治要》所抄录的《孝经》为郑玄注，于是学界开始从《群书治要》中抄出《孝经》单行，如河村益根于宽政三年（1791）以家藏《群书治要》抄本为底本，参照注疏本稍加补充，刊行《孝经郑注》。稍后，参加过《群书治要》尾张本校勘的冈田挺之也刊行《郑注孝经》，而明确表明他所辑《郑注孝经》与《群书治要》的关系："右《今文孝经郑注》一卷，《群书治要》所载也。其经文不全者，据注疏本补之，以便读者。"（《郑注孝经》题识）此本后于嘉庆六年（1801）收在鲍廷博《知不足斋丛书》第二十一集中。但此书真伪曾一度引发国内学者争论，鲍廷博也在跋语中说："至考渠国所刊《七经孟子考文补遗》中，《孝经》但有孔传，并无郑注。不知所谓《群书治要》，辑自何人，刊于何代，何以历久不传，至近时实行于世，其所收是否裔然献宋原本，或由后人掇拾他书以成者，茫茫烟水，无从执而问难焉。亦俟薄海内外穷经之士论定焉可耳。"可见当时他并未知有《群书治要》一书，怀疑《郑注孝经》出处的真伪，如果能证明《群书治要》的可靠性，那么问题就迎刃而解了。后来亲眼见过《群书治要》的藏书家钱侗回答鲍廷博所提出的疑问："此本廷之后跋称，《郑注孝经》一卷，《群书治要》所载。考《群书治要》凡五十卷，唐魏郑公撰，其书久佚，仅见日本天明七年刻本。前列表文亦有冈田挺之题衔，则此书即其校勘《治要》时所录而单行者。《治要》采集经子，各注不著撰人名氏，而今本竟称郑注，或亦彼国相承云尔。而挺之始据《释文》定之，故太宰纯、山井鼎诸人俱未言及耳。"（金光一《〈群书治要〉回传考》）此后严可均又利用此书另辑成《郑注孝经》一卷。

就校勘而言，由于《群书治要》的资料来源均是贞观初期官府所存的唐前善本，多有与通行本不同的异文及佚文，因此清末俞樾、孙怡让等校勘唐前古籍时《群书治要》是重要的参考材料。即以高邮王氏父子为例，据统计，他们一共引为考证331次，其中《读书杂志》引用308次，《经义述闻》21次。虽然俞樾对王念孙经常信从《群书治要》有所批评，但不可否认，《群书治要》对于古籍校勘有着不可替代的作用，而学界也充分利用了这一点，如王念孙《读书杂志》、王引之《经义述闻》、阮元《曾子注释》、孙星衍《孔子集语》、王铸《说文解字句读》、朱彬《礼记训纂》、陈奂《诗毛氏传疏》、汪中《大戴礼记正误》、刘宝楠《论语正义》等，也都或多或少运用《群书治要》的资料。

我们这次注释翻译《群书治要》，如前所述，以《续修四库全书》收录的影印《宛委别藏》日本天明本为底本，体例、篇题等一依底本，不加篇名，只在选文下出注标明各篇出处。黑龙江大学图书馆藏有日本天明本两套，均包括天明七年丁未四月林信敬序，细井平洲《刊〈群书治要〉考例》，总目，魏徵序及原文（魏徵序及原文均有点断。阙卷四、卷十三、卷二十等三卷）。对照其板框、行数、字数、鱼尾、版心以及刻书字体，两书均同，应为同一版本。《连筠簃丛书》本一套，其扉页牌记云："道光廿七年夏，灵石杨氏刊本，道州何绍基题。"每卷卷末有校对者姓名。第五十卷卷末有一行题记云："道光二十六年八月初一日开校，二十七年三月二十八日校毕。"我们利用它们作为参校本，最后用元和活字本、镰仓金泽文库本图片校过。整理过程遵照"三全本"译注体例进行，改动处一般不出校。由于此书在日本流传时已缺三卷，我们注译本书时，这三卷便按孔子"吾犹及史之阙文也"的说法，一仍其旧，保持缺失原状，而不像有些注译本那样进行补充。一些注释以及译文采用魏徵文本所用的注释或与其同时代人的有关解释，而没有采用宋人、清人以及今人认为正确的解释，这是为了体现原编者的意图。在注释中，对于人物、处所尽量说清楚，以便于知人论世加深理解。工作中对时贤有关著述多有参考，限于体例，这里就不一一列举，仅此致谢。中华书局各位编辑在编写中多有教益，谨致谢忱。我们希望专家学者以及广大读者对不当之处有所指正。

李先耕2017年8月写成

2021年12月修改

2024年7月写定

序

窃惟载籍之兴[①]，其来尚矣[②]。左史右史[③]，记事记言，皆所以昭德塞违[④]，劝善惩恶[⑤]。故作而可纪，薰风扬乎百代[⑥]；动而不法[⑦]，炯戒垂乎千祀[⑧]。是以历观前圣，抚运膺期[⑨]，莫不懔乎御朽[⑩]，自强不息，乾乾夕惕[⑪]，义在兹乎！

【注释】

①窃：谦辞。惟：思，思考。载籍：典籍，书籍。

②尚：久，远。

③左史右史：左史和右史均为周代史官官名。《礼记·玉藻》认为左史记行动，右史记言语。而《汉书·艺文志》则云，左史记言，右史记事。

④昭德塞违：彰明美德，杜绝错误。昭，显扬，显示。塞，遏制，约束。违，过失，错误。

⑤劝：奖勉，鼓励。

⑥薰风：东南风，和暖的风。

⑦不法：不合法度。

⑧炯戒：亦作“炯诫”。明显的警戒或鉴戒。垂：流传。祀：年。

⑨抚运：顺应时运。膺期：承受期运。指受天命为帝王。

⑩懔（lǐn）：危惧，戒惧。

⑪乾乾夕惕（tì）：自强不息，直至夜晚仍像遇到危险一样保持警惧。语出《周易·乾》："君子终日乾乾，夕惕若厉，无咎。"乾乾，自强不息。夕惕，指直至夜晚仍怀忧惧，工作不懈。形容谨慎恐惧，不敢怠慢。

【译文】

我以为书籍的兴起，由来久远。古代左史、右史等史官，或记载行事，或记载言论，都是为了彰明德化，杜绝错误，鼓励善行，惩戒罪恶。所以有的言行值得记叙表彰，就像和风飞扬上百个世代；有的言行不合法纪情理，也被记载下来，明明白白地警戒子孙，流传千年。因此遍观古代圣王，顺应时运，接受天命，没有谁不是心怀危惧，犹如用腐朽的缰绳驾驭马匹，自强不息，时刻小心谨慎，不敢松懈，道理就是如此吧！

近古皇王[①]，时有撰述，并皆包括天地，牢笼群有[②]。竞采浮艳之词[③]，争驰迂诞之说[④]，骋末学之博闻[⑤]，饰雕虫之小伎[⑥]，流宕忘反[⑦]，殊涂同致[⑧]。虽辩周万物[⑨]，愈失司契之源[⑩]；术总百端[⑪]，乖得一之旨[⑫]。

【注释】

①近古：指距今不远的古代。与远古相对而言。

②牢笼：包罗，容纳。群有：指万物众生。

③浮艳：指文辞华而不实。

④迂诞：荒诞不经，不合事理。

⑤骋：施展。末学：肤浅无本的学说。

⑥饰：修饰，装饰。雕虫：比喻从事毫不足道的技艺。

⑦流宕：流连，沉迷。反：同“返”。

⑧涂：道路。

⑨辩周万物：本意是用巧妙的言辞完备描绘万事万物。出自《庄子·天道》：“辩虽雕万物，不自说也。”辩，巧言，善于言辞。周，普遍，完备。

⑩司契：指文词能恰当地传情达意。

⑪百端：多种多样，百般。

⑫乖：背离，违背。得一：得道。

【译文】

近古时代的帝王，时时也有著作，全都涵盖天地宇宙，包罗万物众生。竞相采用浮华艳丽的辞藻，争着追逐荒诞不经的学说，炫耀自己对于肤浅无本之学的广博见闻，装点雕琢词章的小技巧，极其迷恋以致流连忘返，不同表现也是殊途同归。即使巧言完备描绘万事万物，却更加失去传情达意的本源；技艺总括各种样式，也背离了得道的主旨。

皇上以天纵之多才，运生知之睿思[①]，性与道合，动妙几神[②]。玄德潜通[③]，化前王之所未化；损己利物[④]，行列圣之所不能行。翰海、龙庭之野[⑤]，并为郡国[⑥]；扶桑、若木之域[⑦]，咸袭缨冕[⑧]。天地成平[⑨]，外内禔福[⑩]，犹且为而不恃，虽休勿休[⑪]。俯协尧、舜[⑫]，式遵稽古[⑬]，不察貌乎止水[⑭]，将取鉴乎哲人[⑮]。以为六籍纷纶[⑯]，百家踳驳[⑰]。穷理尽性[⑱]，则劳而少功；周览泛观，则博而寡要。故爰命臣等采摭群书[⑲]，翦截淫放，光昭训典[⑳]。

【注释】

①生知：指不待学而知之，即生而知之。睿思：圣明的思虑。

②几神：精微神妙。

③玄德：含蓄而不外漏的道德。

④损己利物：克制自己，利于别人。

⑤翰海：又作瀚海，含义随时代而变。唐代是蒙古高原大沙漠以北及其以西今准噶尔盆地一带广大地区的泛称。龙庭：匈奴单于祭天会盟诸部所在。借指匈奴和其他边塞少数民族国家。

⑥郡国：郡与国的并称，此指朝廷直接管辖的区域。

⑦扶桑：神话中的神木，代指日出之处，亦为东方古国名。若木：神话中谓长在日入处的一种树木。一说即扶桑。

⑧缨冕：此指中国华夏的服装。缨，系冠的带子。冕，古代天子、诸侯、大夫等所戴的礼帽。

⑨成平：安宁，和平。

⑩禔（zhī）福：安宁幸福。

⑪休：美善，吉庆。

⑫协：悦服。

⑬式遵：遵行。稽古：考察古事。

⑭止水：静止的水。

⑮鉴：引为教训。

⑯六籍：六经。纷纶：杂乱，繁乱。

⑰踳（chuǎn）驳：错乱，驳杂。

⑱穷理尽性：穷究天地万物之理与性。

⑲采摭（zhí）：选取，掇拾。

⑳光昭：彰明显扬，发扬光大。训典：指先王典制之书。后泛指奉为典则的书籍。

【译文】

皇帝您凭借上天赋予的多才多艺，运用生而知之的睿智，天性合乎治道，行为精微神妙。含蓄的美德潜移默化，教化出前王不曾教化出的良好民风；克制自己，有利他人，践行了众多圣人所不能践行的大事。北方胡人的原野成为朝廷的行政区划，东方远至海外也穿戴起华夏的衣冠。天下安宁和平，内外安享幸福，而您虽大有作为却不以此为依仗，造就美善却不自以为是。心悦诚服于上古的尧、舜，遵循效法远古的情事，不用静止的水留形照影，而用明智的哲人作为镜鉴。您认为六经篇幅众多，诸子之说杂乱乖离。如果穷究性理，那就会辛苦劳累却少有收获；泛泛而读，结果是范围广博却缺乏重点。所以诏令我等臣子，选取群书，剪裁去掉浮泛之词，发扬彰明先圣典籍。

圣思所存，务乎政术①，缀叙大略，咸发神衷②。雅致钩深，规摹宏远，网罗治体，事非一目。若乃钦明之后③，屈己以救时；无道之君，乐身以亡国。或临难而知惧，在危而获安；或得志而骄居，业成以致败者；莫不备其得失，以著为君之难。

【注释】

①务：致力。

②神衷：神明的内心。旧时常用以称颂帝王的意旨。

③钦明：敬肃明察。后：君主，帝王。

【译文】

圣上心中关注的，是致力于治国之术，此书所选取的大政方针，都来自您的指示。挖掘典籍深藏的高雅意趣，突出圣贤规划制定的极其宏大深远的策略，全面搜罗治国的大体，而不是一些枝节细目。至于敬慎明察的君王，宁可委屈自己也要匡救时弊；无道昏君，却只追求自身快乐而导致亡国。有的面临灾难而晓得畏惧，于是在危险境地获得平安；有的一时得志便居功自傲，事业成功反而招致失败；对此本书完备记载其所得所失，来说明为君之艰难。

其委质策名[①]，立功树惠，贞心直道，忘躯殉国，身殒百年之中，声驰千载之外。或大奸巨猾，转日回天，社鼠城狐[②]，反白仰黑，忠良由其放逐，邦国因以危亡者，咸亦述其终始，以显为臣不易。

【注释】

①委质策名：向君上献礼，将名字记入简策以示献身为臣。后用以指因仕宦而献身于朝廷之事。

②社鼠城狐：宗庙里的老鼠，城隍庙里的狐狸，比喻有所凭依而为非作歹的人。

【译文】

那些愿意献身于国的忠臣，建立功勋广施恩惠，内心忠贞行事正直，舍生忘死为国捐躯，他们身躯虽陨落在当代，名声却流传于千载之后。还有那些罪大恶极的奸臣，窃据高位翻云覆雨，就像宗庙里的老鼠、城隍庙里的狐狸一样仗势欺人，为所欲为，颠倒黑白，忠良被他们贬斥放逐，国家因他们危难灭亡，所有这些全都叙述原委，来说明身为臣子也不容易。

其立德立言[①]，作训垂范，为纲为纪，经天纬地[②]，金声玉振[③]，腾实飞英[④]，雅论徽猷[⑤]，嘉言美事，可以弘奖名教，崇太平之基者，固亦片善不遗，将以丕显皇极[⑥]。至于母仪嫔则[⑦]，懿后良妃，参徽猷于十乱[⑧]，著深诫于辞辇[⑨]。或倾城悊妇[⑩]，亡国艳妻，候晨鸡以先鸣，待举烽而后笑者[⑪]，时有所存，以备劝戒。爰自六经，讫乎诸子，上始五帝，下尽晋年。凡为五帙[⑫]，合五十卷，本求治要，故以“治要”为名。

【注释】

①立德立言：出自《左传·襄公二十四年》："大上有立德，其次有立功，其次有立言，虽久不废，此之谓不朽。"立德，树立德业。立言，指著书立说。

②经天纬地：出自《国语·周语》："经之以天，纬之以地，经纬不爽，文之象也。"本指以天地为法度。后指经营天下，治理国家。

③金声玉振：出自《孟子·万章下》："集大成也者，金声而玉振之也。金声也者，始条理也；玉振之也者，终条理也。始条理者，智之事也；终条理者，圣之事也。"指以钟发声，以磬收韵，奏乐从始至终。也比喻声名昭著远扬。

④腾实：指功绩传扬。

⑤雅论：高论，雅正之论。徽猷（yóu）：美善之道。猷，道。

⑥丕显：大大地彰显。皇极：帝王统治天下的准则。

⑦母仪：人母的仪范。多指皇后。嫔则：为妇的准则。

⑧十乱：指辅佐周武王的十位良臣。指周公旦、召公奭、太公望、毕公、荣公、太颠、闳夭、散宜生、南宫适、文母（一说指文王之后太姒，一说指武王之妻邑姜）。乱，治理。

⑨著深诫于辞辇：此为汉成帝时班倢伃的典故。出自《汉书·孝成班倢伃传》："成帝游于后庭，尝欲与倢伃同辇载，倢伃辞曰：'观古图画，圣贤之君皆有名臣在侧，三代末主乃有嬖女，今欲同辇，得无近似之乎？'上善其言而止。"后因以辞辇为称颂后妃之德的典实。辞辇，推辞乘坐御辇。

⑩悊妇：多谋虑的妇人。悊，同"哲"，明智。

⑪待举烽而后笑：指周幽王宠溺褒姒烽火戏诸侯而博其一笑之事。喻指后妃恃宠而骄，魅惑国君误国误民。

⑫帙（zhì）：线装书之函套。

【译文】

那些明君贤臣，树立德业，著书立说，创制典则，垂范后代，制定纲纪，经营天下，声名昭著远扬，功绩传颂，那些高妙的议论、完善的道理，嘉美的言辞、美好的事物，能够弘扬名教，增强太平基业的，哪怕很细微，我们也不会遗漏点滴之善，将用来极大地彰显统治天下的准则。至于皇后的仪范，为妇的准则，美德皇后、善良嫔妃，像太姒美善有道而成为参与治国的良臣，班婕伃推辞共乘御辇而留下深远的告诫。另有会倾覆天下城邦的阴险妇人，使国家灭亡的美艳妻子，她们有的牝鸡司晨，窃权乱政，有的恃宠而骄，魅惑误国，也时有留存，以备劝诫。于是上起六经，下至诸子，从五帝开始，至晋代为止。一共五函，总共五十卷，原本就是寻求治国理政的要领，所以用“治要”为名。

但《皇览》遍略[①]，随方类聚，名目互显，首尾淆乱，文义断绝，寻究为难。今之所撰，异乎先作，总立新名，各全旧体，欲令见本知末，原始要终，并弃彼春华[②]，采兹秋实[③]。一书之内，牙角无遗；一事之中，羽毛咸尽。用之当今，足以鉴览前古；传之来叶[④]，可以贻厥孙谋[⑤]。引而申之，触类而长，盖亦言之者无罪，闻之者足以自戒。庶弘兹九德[⑥]，简而易从，观彼百王，不疾而速，崇巍巍之盛业，开荡荡之王道[⑦]。可久可大之功，并天地之贞观[⑧]；日用日新之德，将金镜以长悬。其目录次第，编之如左。

秘书监钜鹿男臣魏徵等奉敕撰

【注释】

①《皇览》：三国魏文帝时期，由桓范、刘劭等人奉敕编撰的一部类书，撰集经传，分门别类，共四十余部，约八百余万字。由于是供

皇帝阅读,故称为“皇览”。此书是中国第一部类书,但在隋唐之后即已佚失。

②春华:春天的花朵。借指辞藻华美的文章。华,同“花”。

③秋实:秋天的果实。借指具有实际效用的文章。

④来叶:后世。叶,世代。

⑤贻厥孙谋:为子孙的将来做好安排。出自《尚书·五子之歌》:“明明我祖,万邦之君,有典有则,贻厥子孙。”

⑥九德:古谓贤人应具备的九种品德,其说不一,《逸周书》记载为“忠、信、敬、刚、柔、和、固、贞、顺”。

⑦荡荡:浩大的样子。

⑧贞观:出自《周易·系辞下》:“天地之道,贞观者也。”指正大的道理。

【译文】

但是像《皇览》那样的类书,遍及所有方面,按类编排,名目交互出现,首尾混淆杂乱,文义割裂断绝,难以查考究竟。现在我们所编撰的书,跟以前完全不同,总括启用新的名称,各自保存原书大体,这是想使人们得以见本知末,明白事情的完整过程,同时采编中采取了舍弃辞藻华美的文章,选取具有实效的篇目的手法。一书之内,节录的片段完整没有遗漏;一事之中,毫毛细节全都保存。用在今天,足够以古代作为鉴戒;传到后世,能够为子孙安排打算。由此及彼地引申,触类旁通地领会,这也是言之者无罪,闻之者足戒的精神。希望能弘扬贤人众多的美德,简便易行;借鉴古代先王的经验教训,从容而迅速地取得治国的成效,建立崇高盛大的伟业,开辟浩大的王道。这是持久伟大的功绩,与天地间光明正大的道理并驾齐驱;日日使用更新的美德,会成为洞察善恶的明镜长久悬挂,光照后世。本书的目录顺序,编列在左边。

秘书监钜鹿男魏徵等臣子奉皇帝敕令撰写。

卷一

周易

【题解】

《周易》也称为《易》《易经》，是一部极其特殊的哲学著作。它源于占卜，但在其演变的过程中已经远远超越了占卜，成为“广大悉备”，“类万物之情”，“通天下之志”，“自强不息”，“厚德载物”的“君子之学”，所以又被称为“群经之首”。《周易》包括“经”“传”两部分。“经”分上经和下经，为六十四卦，每卦由卦名、卦画、卦辞、爻辞组成。这一部分成形于殷末周初，其实质是占卜之书，但其卦形与卦爻辞相组合的形式，使易象从隐晦的符号暗示发展为用文字表述的带有一定文学性的形象，也使《周易》成为卦形符号与语言文字有机结合的一部独特的哲学著作。“传”是解释“经”的，共七种十篇，又称“十翼”，它们是《彖》上下、《象》上下、《系辞》上下、《文言》《说卦》《序卦》《杂卦》。“经”与“传”原本是分开的，到了汉代，将《易传》并入《易经》，东汉郑玄将《彖》和《象》分附到相关各卦下，魏王弼又将《文言》分附到《乾》《坤》二卦下，就成了我们现在看到的《周易》的样子。《周易》内容丰富，它所蕴含的辩证思维、数理思维，提出的阴阳、太极等概念对中国几千年来的政治、文化等各方面都有极其深刻的影响。

《周易》最基本的内容是六十四卦，六十四卦是由乾、坤、震、巽、坎、离、艮、兑八卦两两相重而来。每一卦有六爻，爻又分为阳爻和阴爻，阳爻称为“九”,用“—”表示,阴爻称为“六”,用“- -”表示。爻从下向上排列成六行,依次叫做初、二、三、四、五、上。六十四个卦画共有三百八十四爻,加上《乾》卦独有的“用九”、《坤》卦独有的“用六”两爻,《周易》一共有三百八十六爻。《易经》共有六十四卦辞与三百八十六爻辞。

对于《周易》的成书和作者,《汉书·艺文志》说:“《易》道深矣,人更三圣,世历三古。”三圣,即伏羲,文王和孔子。《隋书·经籍志》也说:“昔宓羲氏始画八卦,以通神明之德,以类万物之情,盖因而重之,为六十四卦……周文王作卦辞,谓之《周易》。周公又作爻辞,孔子为《彖》《象》《系辞》《文言》《序卦》《说卦》《杂卦》,而子夏为之传。”简言之,上古时代,黄河、洛水出现《河图》《洛书》,其所呈现的奇妙图案,被圣人伏羲将其临摹下来,并仰观天文、俯察地理,而做八卦;中古时代,周文王姬昌被纣囚禁于羑里,遂体察天道人伦阴阳之理,重八卦为六十四卦,并作卦辞,即“文王拘而演《周易》”,后来,周公又作爻辞;而孔子喜《易》,感叹礼崩乐坏,故撰写《易传》十篇。今人多认为,重卦出自文王之手,卦爻辞为周公所作,《易传》成于战国。

我们知道,《群书治要》是魏徵等人奉命编撰的,而《隋书》也是魏徵主编的,所以《群书治要》当然和《隋书·经籍志》的观点相同。所以我们也按传统介绍《周易》的作者、注释者。

王弼,字辅嗣,山阳高平(今山东微山县)人。是三国时期曹魏经学家、哲学家,魏晋玄学的代表人物及创始人之一。他明察聪慧,好老庄,善清言辩论,为“正始名士”的代表。其作品主要包括解读《老子》的《老子注》《老子指略》及解读《周易》思想的《周易注》《周易略例》四部。其《周易注》,是魏晋玄学的代表作,它跳出汉代以象数解《易》的窠臼,开辟了后世以义理解《易》的先河。

韩康伯,即韩伯,字康伯,颍川长社(今河南长葛东北)人,东晋玄学家、训诂学家。他和谢安之弟谢万、桓玄等共注《系辞》以发挥玄理。其注大抵祖述王弼,不取郑注。王弼《周易注》包括经的全部及传的《文言》《彖》《象》部分，而韩康伯承继王弼补注《系辞》《说卦》《序卦》《杂卦》。到了唐孔颖达等奉诏作《周易正义》，大量采用王弼和韩康伯注，并对二注逐句加以解释，世称"孔疏"。

《群书治要》选录了六十四卦之中的四十五卦。每卦节录的内容又以《彖》《象》为主，卦爻辞占了很少一部分。此外还节录了《文言》《系辞》的部分内容。从节选的内容和注释来看，偏重义理，主要涉及为君、治国之道。《礼记·经解篇》云："洁净精微而不贼，则深于《易》者也。"《周易》是君子之学，学习的要旨在于指导我们明德修身，安身立命，增长处世智慧。

魏徵在《隋书·经籍志》中录有《周易》注疏共六十九部，五百五十一卷（亡逸不计）。其中"《周易》十卷（魏尚书郎王弼注《六十四卦》六卷，韩康伯注《系辞》以下三卷，王弼又撰《易略例》一卷）"当为《群书治要》摘录经文及注释所本。为了体现原编者的意图，注释以及译文采用魏徵文本所用的注释或与其同时代人的有关解释，而没有采用宋人、清人以及今人认为正确的解释。孔颖达的《周易正义》定稿于653年，比《群书治要》的631年略晚，但也相距不远，注释多采用孔氏《周易正义》之说。

乾①

元、亨、利、贞②。《文言》备也③。

【注释】

①乾：卦名。《乾》卦是《周易》第一卦，它的上下卦都是乾。《乾》卦为纯阳卦，六爻都是阳爻，象征天，喻龙。卦象代表天道。天道刚健自强，运行不息，变化无穷，创始万物，有才德君子当效法天道的这种精神。

②元、亨、利、贞：指乾卦的四种品德。元，创始。亨，亨通。利，和

谐。贞，正直。

③《文言》备也：本句是王弼《周易注》原注，下文原注相同。后文统称注，不再说明。《文言》，指《易传》之中的《文言传》。《文言》是对《乾》《坤》两卦的卦辞、爻辞进行的解释，对两卦的象征含义和蕴含的义理都有深刻的揭示。《文言》对《乾》卦的解释见后文。

【译文】

元始、亨通、和谐有利、贞正坚固。《文言》中的解释已经很完备了。

《象》曰[①]：天行健[②]，君子以自强不息[③]。

【注释】

①《象》：指《易传》之中的《象传》。《象传》有两篇，分《大象传》和《小象传》。《大象传》有六十四条，解释各卦的象征含义。《小象传》有三百八十六条，解释各爻辞的象征含义。

②天行健：天道运行刚健不止，周而复始，毫厘不爽。健，强有力。

③君子以自强不息：君子应该效法天道的精神勤勉自强，努力不止。

【译文】

《象传》说：天道强劲刚健，运行不止，君子应该效法天道的精神自强不息，努力不止。

九三[①]：君子终日乾乾[②]，夕惕若厉[③]，无咎[④]。处下体之极，居上体之下[⑤]。纯修下道，则居上之德废；纯修上道，则处下之礼旷[⑥]。故终日乾乾，至于夕惕，犹若厉也。

【注释】

①九三：每卦均由初、二、三、四、五、上，六个爻位组成。九代表阳爻，六代表阴爻。此爻属于阳爻，处于第三爻的位置，故称“九三”。

②乾乾：自强不息，努力不懈的样子。《周易正义》："言每恒终竟此日，健健自强，勉力不有止息。"

③夕惕若厉：到了夜晚还像身临险境一样小心谨慎。惕，畏惧，戒惧。厉，危险。

④无咎：没有灾难。

⑤处下体之极，居上体之下：第三爻位于下卦的最上爻，上卦之下，处于将变未变的状态。极，顶点，最高位。下体、上体，《周易》每卦初、二、三爻为下卦，也叫下体、内卦；四、五、上爻为上卦，也叫上体、外卦。

⑥旷：荒废。

【译文】

九三：象征着一个才德出众的君子整个白天都勤勉自强，到了晚上还像身临险境一样小心戒惧，这样就会免遭灾祸和过失。九三爻位于下卦的最上爻，又处在上卦的下面。在这个位置，如果只修下卦的义理，那么居处在上卦的德性就会荒废；如果只修上卦的义理，那么居处在下卦的礼仪也会丢弃。因此，君子整日自强不息，努力不懈，到了晚上还要保持警惕，就像身临险境一样。

九五[①]：飞龙在天，利见大人[②]。不行不跃而在乎天，故曰飞龙也。龙德在天，则大人之路亨也。夫位以德兴，德以位叙[③]，以至德而处盛位，万物之睹，不亦宜乎[④]？

【注释】

①九五：《周易正义》："言九五，阳气盛至于天，故云飞龙在天。此自然之象，犹若圣人有龙德，飞腾而居天位。"后因以"九五"指帝位。

②飞龙在天，利见（xiàn）大人：九五卦象有如圣人以龙德上飞于天，九五爻处在君王的位置，利于出现道德高尚的圣贤明君，并显现

其德行。《周易正义》:“此自然之象,犹若圣人有龙德飞腾而居天位,德备天下,为万物所瞻睹,故天下利见此居王位之大人。”见,出现。

③叙:记述。

④宜:合理,合适。

【译文】

九五:象征着龙在空中飞腾,此时有利于出现道德高尚的圣贤明君。龙不爬行、不跳跃而在天上飞腾,所以称作飞龙。具有飞龙的德性又处在上天的位置,那么通往圣贤明君的道路是畅通的。地位因为有与之相配的德行而兴盛,德行又因有与之相配的地位而显著,以高尚的品德处在君王的地位,受到天下万物的瞩目,这不是很合理吗?

上九:亢龙有悔[①]。

【注释】

①亢:极高,过分。悔:悔恨,懊悔。

【译文】

上九:龙在空中飞到极高之处,只知前进,不知后退,就会出现懊悔的事。

《彖》曰[①]:大哉乾元[②],万物资始[③],乃统天[④]。云行雨施,品物流形[⑤]。大明终始[⑥],六位时成[⑦],时乘六龙以御天[⑧]。乾道变化,各正性命[⑨]。大明乎终始之道,故六位不失其时而成也。升降无常,随时而用。处则乘潜龙,出则乘飞龙,故曰“时乘六龙”也。保合大和[⑩],乃利贞。不和而刚暴也。首出庶物,万国咸宁[⑪]。万国所以宁,各以有君也。

【注释】

①《彖(tuàn)》:指《易传》中的《彖传》。《彖传》主要解释卦辞,也解释卦名,对每卦的义理有深刻阐释。《彖传》有六十四条,原分上下两篇,今则逐条附于每卦卦辞之下,只有《乾》卦特殊,附于用九爻辞之下。

②乾元:即是天道之始。元,开始。

③万物资始:天下万物都依靠天道的力量而创始。资,获取,依靠。

④统天:被上天统率。因天道有生养万物的德性,所以万物被上天统率。统,率领。

⑤品物流形:万物流布成形,各得生养。品物,各类事物。《周易正义》:"'云行雨施,品物流形'者,此二句释亨之德也。言《乾》能用天之德,使云气流行,雨泽施布,故品类之物,流布成形,各得亨通,无所壅蔽,是其亨也。"

⑥大明终始:非常明了万事万物终始的道理。明,明白。一说大明指太阳。

⑦六位时成:六爻的位置依时机而设定。六位,六爻的位置。由于明白万事万物终始的道理,六龙的状态或潜伏或飞跃,都因时机的不同而定。《周易正义》:"'大明终始,六位时成'者,此二句总结《乾》卦之德也。以《乾》之为德,大明晓乎万物终始之道,始则潜伏,终则飞跃,可潜则潜,可飞则飞,是明达乎始终之道,故六爻之位,依时而成。若其不明终始之道,应潜而飞,应飞而潜,应生而杀,应杀而生,六位不以时而成也。"

⑧时乘六龙以御天:御,使用,应用。《周易正义》:"'时乘六龙,以御天'者,此二句申明乾元乃统天之义,言《乾》之为德,以依时乘驾六爻之阳气,以控御于天体。六龙,即六位之龙也。以所居上下言之,谓之六位也;阳气升降,谓之六龙也。"

⑨乾道变化,各正性命:性命,本性与天命。《周易正义》:"'乾道变

化，各正性命'者，此二句更申明乾元资始之义。道体无形，自然使物开通，谓之为道。言《乾》卦之德，自然通物，故云乾道也。变谓后来改前，以渐移改，谓之变也。化谓一有一无，忽然而改，谓之为化。言《乾》之为道，使物渐变者，使物卒化者，各能正定物之性命。性者天生之质，若刚柔迟速之别；命者人所禀受，若贵贱夭寿之属是也。"

⑩大和：也称"太和"，指最均衡、和谐的状态。《周易正义》："纯阳刚暴，若无和顺，则物不得利，又失其正。以能保安合会大利之道，乃能利贞于万物，言万物得利而贞正也。"

⑪首出庶物，万国咸宁：首出庶物，圣贤明君从天下万众中脱颖而出。首，元首，指有高尚德行的圣贤明君。庶，众多。物，人，众人。咸，皆，全部。《周易正义》："此二句论圣人上法《乾》德，生养万物。言圣人为君在众物之上，最尊高于物，以头首出于众物之上，各置君长以领万国，故万国皆得宁也。人君位实尊高，故于此云首出于庶物者也。"

【译文】

《彖传》说：伟大的天道啊，天下万物都依靠天道的力量创始，因此万物为上天所统率。云气飘荡，雨水普降，万物流布成形，各得生养。圣人明白万事万物终始的道理，所以六爻的位置依时机而定，又根据时机驾驭着六龙行使天道。随着天道的运行变化，万物的本性与天命各得其正。由于明白万事万物终始的道理，六爻的设置才能不错失时机。阳气升降不定，《乾》道随着时机的变化而确定所处的爻位并运用其义理。安居的时候就驾驭潜龙，外出的时候就乘驾飞龙，所以说"依时驾驭六龙"。永保万物之间融洽和顺，就会达到和谐贞正的境界。如果万物之间不和谐，纯阳就会强硬对抗，互相伤害。圣贤的君王从天下万物中脱颖而出，遵循天道来治理天下，所有的诸侯国都会和谐安宁。天下万国之所以安宁，是因为各自国家都有贤明的君主治理。

《文言》曰：元者，善之长也[①]。亨者，嘉之会也[②]。利者，义之和也[③]。贞者，事之干也[④]。君子体仁足以长人[⑤]，嘉会足以合礼，利物足以和义，贞固足以干事。君子行此四德者，故曰“乾：元、亨、利、贞”。

【注释】

①元者，善之长也：元，天道。《周易正义》：“庄氏云：‘第一节“元者善之长”者，谓天之体性，生养万物，善之大者，莫善施生，元为施生之宗，故言“元者善之长”也。’”

②亨者，嘉之会也：嘉，美。会，会聚。《周易正义》：“‘亨者嘉之会’者，嘉，美也。言天能通畅万物，使物嘉美之会聚，故云嘉之会也。”

③利者，义之和也：和，和谐，协调。《周易正义》：“‘利者义之和’者，言天能利益庶物，使物各得其宜而和同也。”

④贞者，事之干也：贞，守持正道，坚定不移。干，根本。《周易正义》：“‘贞者事之干’者，言天能以中正之气，成就万物，使物皆得干济。”

⑤君子体仁足以长人：体仁，躬行仁道。《周易正义》：“‘君子体仁足以长人’者，自此已下，明人法天之行此四德，言君子之人，体包仁道，泛爱施生，足以尊长于人也。仁则善也，谓行仁德，法天之元德也。‘嘉会足以合礼’者，言君子能使万物嘉美集会，足以配合于礼，谓法天之亨也。‘利物足以和义’者，言君子利益万物，使物各得其宜，足以和合于义，法天之利也。‘贞固足以干事’者，言君子能坚固贞正，令物得成，使事皆干济，此法天之贞也。施于王事言之，元则仁也，亨则礼也，利则义也，贞则信也。”

【译文】

《文言》说：元，是善的初始长养。亨，是美善的会聚。利，是适宜的和谐。贞，是事物的根本。君子实践仁德，就足以为人们的尊长；会聚美好的事物，就足以符合礼；有利于物，有利于人，则足以和谐正义；坚守正义、正直的品德就能做成事情。君子是践行这四种美德的人，所以说“《乾》卦是元始、亨通、和谐有利、贞正坚固”。

“君子终日乾乾，夕惕若厉，无咎”，何谓也？子曰：“君子进德修业[①]。忠信，所以进德也；修辞立其诚，所以居业也[②]。是故居上位而不骄，在下位而不忧。居下体之上[③]，在上体之下[④]，明夫终敝[⑤]，故不骄也。知夫至至[⑥]，故不忧也。故乾乾，因其时而惕，虽危无咎矣。”惕，怵惕之谓也。

【注释】

①君子进德修业：《周易正义》：“子曰：‘君子进德修业者’，德谓德行，业谓功业。九三所以终日乾乾者，欲进益道德，修营功业，故终日乾乾，匪懈也。进德则知至，将进也；修业则知终，存义也。忠信所以进德者，复解进德之事，推忠于人，以信待物，人则亲而尊之，其德日进，是进德也。”

②修辞立其诚，所以居业也：修辞，整修文章教化。《周易正义》：“‘修辞立其诚，所以居业’者，辞谓文教，诚谓诚实也。外则修理文教，内则立其诚实，内外相成，则有功业可居，故云‘居业’也。”

③下体之上：指九三这一爻处于下卦的最上方。

④上体之下：指九三处于上卦的下方。《周易正义》：“是故居上位而不骄者，谓居下体之上位而不骄也，以其知终，故不敢怀骄慢。在下位而不忧者，处上卦之下，故称下位，以其知事将至，务几欲进，故不可忧也。”

⑤敝：衰败。

⑥至至：至于至极，谓达到最高境界。

【译文】

“君子整个白天都勤勉自强，到了晚上还像身临险境一样小心谨慎，这样就会免遭灾祸和过失”，这说的是什么？孔子说：“这是说君子增进德行建立功业的根本。忠信，是增进美德的依据；修饰文教，必须树立真诚意图，这是积聚功业的根基。所以居于上位时不会骄傲，处在下位时不会忧伤。九三这一爻居于下卦的最上，又在上卦之下，明白最终会结束于破败，所以不骄傲。知道事物会走向极致，所以不忧伤。所以勤勉自强，顺应时机而小心戒惧，即使遇到危险也会免除灾祸和过失。”惕，说的是小心戒惧。

“飞龙在天，利见大人”，何谓也？子曰：“同声相应，同气相求。水流湿，火就燥，云从龙，风从虎，圣人作而万物睹①。”

【注释】

①“同声相应”几句：孔子这段话是从不同角度阐释同类相感、相招、相从的道理。《周易正义》：“因大人与众物感应，故广陈众物相感应，以明圣人之作而万物瞻睹以结之也。‘同声相应’者，若弹宫而宫应、弹角而角动是也。‘同气相求’者，若天欲雨而柱础润是也。此二者声气相感也。‘水流湿，火就燥’者，此二者以形象相感。水流于地，先就湿处；火焚其薪，先就燥处。此同气水火，皆无识而相感，先明自然之物，故发初言之也。‘云从龙，风从虎’者，龙是水畜，云是水气。故龙吟则景云出，是云从龙也。虎是威猛之兽，风是震动之气，此亦是同类相感。故虎啸则谷风生，是风从虎也。此二句明有识之物感无识，故以次言之，渐就有识而言也。‘圣人作而万物睹’者，此二句正释‘飞龙在天，利见大人’之义。‘圣人作’则‘飞龙在天’也，‘万物睹’则‘利见大人’也。陈上数事之名，本明于此，是有识感有识也。此亦同类相感，圣人有生养之德，万物有生养之情，故相感应也。”

【译文】

“龙在空中飞腾，此时有利于出现道德高尚的圣贤明君”，说的是什么？孔子说：“同样的声音会互相呼应共鸣，同样的气息会互相需求融合。水流向低湿的地方，火烧向干燥之处，云随从龙，风随从虎，圣人一旦兴起，万民都会瞻仰跟从。”

“亢龙有悔”，何谓也？子曰：“贵而无位，高而无民[1]，下无阴也。贤人在下位而无辅[2]，贤人虽在下而当位，不为之助[3]。是以动而有悔也。”

【注释】

①贵而无位，高而无民：九五贵为“大人”，上九处于九五之上，更“贵”于九五；然上爻当为阴爻，上九是阳爻，失位，故曰“无位”。《乾》卦六爻都是阳爻，没有阴爻，而阴爻象征民众，所以高而无民。《周易正义》：“子曰‘贵而无位’者，以上九非位而上九居之，是无位也。高而无民者，六爻皆无阴，是无民也。”

②贤人在下位：指下卦的九三爻。

③不为之助：九三与上九同为阳爻，不相应，所以不能辅佐。

【译文】

“龙在空中飞到极高之处，只知前进，不知后退，就会出现懊悔的事”，说的是什么？孔子说：“上九显贵却没有实位，居高却没有民众，下面没有阴爻。贤人居于下位而不能辅佐，贤人虽在下卦处于阳爻之位，却不能成为助力。因此行动就会懊悔。”

君子学以聚之，问以辨之，以君德而处下体，资纳于物者也。宽以居之，仁以行之[1]。

【注释】

①"君子学以聚之"几句：此四句解释九二爻辞"见龙在田，利见大人"。在田，指未在君位，即"以君德而处下体"，所以要加深学养积蓄德行。问以辨之，指尚未学透，更需要具体细致地询问，才能对疑问辨别决断。《周易正义》："君子学以聚之者，九二从微而进，未在君位，故且习学以畜其德。'问以辨之'者，学有未了，更详问其事，以辨决于疑也。""'宽以居之'者，当用宽裕之道，居处其位也。'仁以行之'者，以仁恩之心，行之被物。"

【译文】

君子要加深学养来聚集德行，通过审慎细致地询问辨别决断，拥有君德而处于下位，拥有接纳外物的资质。应当用宽裕的心态来居处，用仁德的爱心来践行。

夫大人者，与天地合其德，与日月合其明，与四时合其序，与鬼神合其吉凶，先天而天弗违，后天而奉天时[①]。天且弗违，而况于人乎？况于鬼神乎[②]？

【注释】

①"夫大人者"几句：此七句解释九五爻辞"飞龙在天，利见大人"。论述大人德行，无所不合。与天地合其德，是指上天覆盖，大地承载。与日月合其明，是说如同太阳月亮照临一切。与四时合其序，是说如同春夏秋冬四季变化而生长肃杀。与鬼神合其吉凶，是说善吉恶凶如同鬼神相报。先天而天弗违，是说在天时之先行动，天便居于后位而不违背，这就像上天跟大人相合。后天而奉天时，是说在天时之后行动，就能顺奉上天，还是大人跟上天相合。《周易正义》："此论大人之德，无所不合，广言所合之事。'与天地合其德'者，庄氏云：'谓覆载也。''与日月合其明'者，谓照

临也。'与四时合其序'者，若赏以春夏、刑以秋冬之类也。'与鬼神合其吉凶'者，若福善祸淫也。'先天而天弗违'者，若在天时之先行事，天乃在后不违，是天合大人也。'后天而奉天时'者，若在天时之后行事，能奉顺上天，是大人合天也。"

②"天且弗违"几句：这三句是说孔子认为高远的上天尚且不相违背，何况又小又近的人和鬼神呢？《周易正义》："夫子以天且不违，遂明大人之德，言尊而远者尚不违，况小而近者可有违乎？况于人乎？况于鬼神乎？"

【译文】

九五爻辞的大人，他的德行如同上天覆盖、大地承载一样普遍，他的英明如同太阳月亮那样照临一切，他的行为顺应春夏秋冬四季变化，他显示的吉凶祸福如同鬼神那样必定相报，他在天时之前行动，天便居于后位而不违背，他在天时之后行动，自然能顺奉天时。高远的上天尚且不相违背，何况又小又近的人呢？何况又小又近的鬼神呢？

亢之为言也，知进而不知退，知存而不知亡，知得而不知丧，其唯圣人乎[①]？知进退存亡而不失其正者，其唯圣人乎[②]？

【注释】

①"亢之为言也"几句：这是继续阐明上九的含义。上九之所以极高而有懊悔，正是由于有这三件事。如果能完全了解这三件事，即使处在上位，也不至于"亢"。《周易正义》："此明上九之义也。'知进而不知退，知存而不知亡，知得而不知丧'者，言此上九所以亢极有悔者，正由有此三事。若能三事备知，虽居上位，不至于亢也。此设诫辞。庄氏云：'进退据心，存亡据身，得丧据位。'"

②知进退存亡而不失其正者，其唯圣人乎：能知道进退存亡，又能不失正道，大概只有圣人吧！《周易正义》："言唯圣人乃能知进退

存亡也。何不云得丧者？得丧轻于存亡，举重略轻也。而‘不失其正者，其唯圣人乎’者，圣人非但只知进退存亡，又能不失其正道，其唯圣人乎！此经再称‘其唯圣人乎’者，上称圣人为‘知进退存亡’发文，下称‘其唯圣人乎’者，为‘不失其正’发文，言圣人非但知进退存亡，又能不失其正，故再发圣人之文也。”

【译文】

上九爻辞所用的“亢”字，是说如果只知前进而不知后退，只知生存而不知灭亡，只知获得而不知丧失，结果是处于极高而必定懊悔，不陷入这种境地的大概只有圣人吧？知道进退存亡又能不失正道的，大概只有圣人吧？

坤[①]

《象》曰：地势坤[②]，君子以厚德载物[③]。

【注释】

①坤：《坤》卦为《周易》的第二卦。它的上下卦同是坤，六爻都是阴爻。属性阴，象征地，在天之下，美德是顺从。

②地势坤：古人认为天圆地方，地势方直，不符合上天的圆形。但地势承载上天，这又是顺了。王弼《周易注》曰：“地形不顺，其势顺。”

③君子以厚德载物：坤象大地，德行厚重，能够承载万物。《周易正义》：“君子用此地之厚德容载万物。言‘君子’者，亦包公卿诸侯之等，但厚德载物，随分多少，非如至圣载物之极也。”

【译文】

《象传》说：地势平直而又和顺，君子从中悟出做人道理，修养深厚德行，像大地一样包容、承载万事万物。

《彖》曰：至哉坤元①，万物资生②，乃顺承天③。坤厚载物，德合无疆④。含弘光大，品物咸亨⑤。

【注释】

①至哉坤元：这是感叹赞美《坤》卦德行。坤元，与乾元对应，指大地滋养万物之德。《周易正义》："'至哉坤元'者，叹美坤德，故云'至哉'。至谓至极也，言地能生养至极，与天同也。但天亦至极，包笼于地，非但至极，又大于地。故乾言'大哉'，坤言'至哉'。"

②万物资生：资生，赖以生长，赖以为生。《周易正义》："'万物资生'者，言万物资地而生。初禀其气谓之始，成形谓之生。乾本气初，故云'资始'；坤据成形，故云'资生'。"

③乃顺承天：是说阴柔的坤顺承上天。顺承，顺从承受。《周易正义》："'乃顺承天'者，乾是刚健，能统领于天；坤是阴柔，以和顺承平于天。"

④坤厚载物，德合无疆：大地宽广深厚，承载万物，生长万物的德行无边无际。无疆，即指空间无边无际，也指时间无始无终。《周易正义》："'坤厚载物，德合无疆'者，以其广厚，故能载物，有此生长之德，合会无疆。凡言'无疆'者，其有二义，一是广博无疆，二是长久无疆也。自此已上，论坤元之气也。"

⑤含弘光大，品物咸亨：《周易正义》："'含弘光大，品物咸亨'者，包含以厚，光著盛大，故品类之物，皆得亨通。但坤比元，即不得大名，若比众物，其实大也，故曰'含弘光大'者也。此二句释'亨'也。"品物，各类事物。

【译文】

《彖传》说：真是至高无上啊，《坤》卦的美德！万物赖以资生，又能顺承上天。坤德广博深厚承载万物，天地相合，阴阳相生的德性广大无边，包含万物，并使之发扬光大，万物都能亨通和顺。

《文言》曰：坤至柔而动也刚[①]，至静而德方[②]。含万物而化光[③]。坤道其顺乎？承天而时行[④]。

【注释】

①坤至柔而动也刚：这是说《坤》卦六爻皆阴，所以至柔；卦体虽是至柔，但它的运动刚健。《周易正义》："'坤至柔而动也刚'者，六爻皆阴，是至柔也。"

②至静而德方：至静，大地不动，这是极致的安静。德方，长养万物没有私心，这是德能方正。《周易正义》："'至静而德方'者，地体不动，是至静。生物不邪，是德能方正。"

③含万物而化光：《坤》卦含养万物，德化光大。《周易正义》："'含万物而化光'者，自明《象》辞'含弘光大'，言含养万物而德化光大也。"

④坤道其顺乎？承天而时行：承天而时行，行动按四时变化，不敢领先。《周易正义》："'坤道其顺乎，承天而时行'者，言坤道柔顺，承奉于天，以量时而行，即不敢为物之先，恒相时而动。"

【译文】

《文言》说：《坤》卦六爻皆阴，形体最为柔顺但运行却极其刚健，形体最为安静但德行十分方正。坤涵养万物而德化光大。《坤》卦大概是柔顺的吧？顺承上天而按季节践行。

积善之家，必有余庆；积不善之家，必有余殃[①]。

【注释】

①"积善之家"几句：这是解释初六的爻辞。积累善行的人家，一定

会有德泽留给子孙后辈;而积累恶行的人家,一定会留下祸害后患。《周易正义》:"'积善之家,必有余庆;积不善之家,必有余殃'者,欲明初六其恶有渐,故先明其所行善恶事,由久而积渐,故致后之吉凶。"

【译文】

积存善行的人家,一定有多多的吉庆传承子孙;积存恶行的人家,一定有多多的祸殃贻害后人。

君子敬以直内,义以方外,敬义立而德不孤①。

【注释】

①"君子敬以直内"几句:这三句是说六二的爻辞。君子敬以直内,是说君子恭敬肃穆以表明内心正直。义以方外,是说君子效法大地正直而生养外物,各自适宜方正。敬义立而德不孤,是说《坤》卦树立恭敬肃穆的德义,与人接触,人们也用敬肃回应,这就是"德不孤"。《周易正义》:"'君子敬以直内'者,覆释'直其正'也,言君子用敬以直内。内谓心也,用此恭敬以直内理。'义以方外'者,用此义事,以方正外物。言君子法地正直而生万物,皆得所宜。……'敬义立而德不孤'者,身有敬义,以接于人,则人亦敬,义以应之,是德不孤也。"

【译文】

君子行为恭敬肃穆,内心端方正直,效法大地长养外物适宜方正,恭敬肃穆的德义树立了,在德行上就不会孤独。

屯①

《象》曰:云雷②,屯。君子以经纶③。君子经纶之时。

【注释】

①屯（zhūn）:《屯》卦是《周易》的第三卦，震下坎上。震象征雷电，是运动；坎象征水，有危险。屯字原指植物萌生大地，象征万物初生之时，充满艰难险阻，然而顺时应运，一定会欣欣向荣。

②云雷：密云不雨，比喻恩泽未降；雷鸣电闪，说明天刑已临。《象传》认为《屯》有聚集之义，所以其卦象是云雷相聚。

③君子以经纶：经纶，是整理丝缕，用来把经线纬线编在一起成为绳。引申为筹划治理国家大事。《周易正义》："经谓经纬，纶谓纲纶。言君子法此《屯》象有为之时，以经纶天下，约束于物。"

【译文】

《象传》说:《屯》卦的卦象是云雷相聚，象征恩泽与刑罚并施，万物萌生。君子由此领会应该抓住有所作为的时机治理国家。《屯》卦正代表君子领会要抓住治国的时机。

《彖》曰：天造草昧，宜建侯而不宁[①]。《屯》体不宁，故利建诸侯也。《屯》者，天地造始之时也。造物之始，始于冥昧，故曰"草昧"也。处造始之时，所宜之善，莫善于建侯。

【注释】

①天造草昧，宜建侯而不宁：二句以人事释《屯》之义。建侯，封立诸侯。不宁，不可安居。《周易正义》："草谓草创，昧谓冥昧。言天造万物于草创之始，如在冥昧之时也。于此草昧之时，王者当法此《屯》卦，宜建立诸侯以抚恤万方之物，而不得安居于事。"

【译文】

《彖传》说：上天创造万物的时候，如同昏暗蒙昧之时，君王应该效法《屯》卦，建立诸侯安抚四方，而不能安然自处。《屯》卦的卦体不安宁，所以适宜建立诸侯。《屯》卦是天地创始的时候。创造万物的开端，从昏暗蒙昧开始，所以说“草昧”。处在开始创造的时候,最适宜的善行好事,没有比建立诸侯更好的了。

蒙[①]

《象》曰:山下出泉[②],蒙。君子以果行育德[③]。

【注释】

①蒙:《蒙》卦是《周易》第四卦,坎下艮上。艮为山为阻止,坎为水为危险。《蒙》意味蒙昧幼稚。卦形为山下有险,仍不停止前进,是为蒙昧,故称《蒙》卦。因而《蒙》卦强调的是如何启蒙、如何教育的问题。

②山下出泉:山下流出泉水,不知流向何处,遇到危险能停止。《周易正义》:“山下出泉,未有所适之处,是险而止,故蒙昧之象也。”

③君子以果行育德:果,果决。育德,是说隐默之中育养其德。《周易正义》:“君子当发此《蒙》道,以果决其行,告示蒙者,则‘初筮’之义。‘育德’谓隐默怀藏,不自彰显,以育养其德。‘果行’‘育德’者,自相违错。若童蒙来问则果行也,寻常处众则育德,是不相须也。”

【译文】

《象传》说:《蒙》卦下艮是泉,上坎是山,卦象是高山下流出泉水,如同蒙昧渐渐开启。君子就要用果决的行动育成自己的德行。

《彖》曰:“匪我求童蒙,童蒙求我”[①],志应也[②]。“我”谓非童蒙者。暗者求明者,明者不咨暗。故《蒙》之为义,匪我求童蒙,童蒙求我也。童蒙之来求我,志应故也。蒙以养正,圣功也[③]。

【注释】

①匪我求童蒙，童蒙求我：这是《蒙》卦卦辞中的话。卜筮者说，不是我求幼稚愚昧的人占卜，而是幼稚愚昧的人求我占卜。匪，非。童蒙，指幼稚愚昧的人。

②志：指童蒙来求的心志。

③蒙以养正，圣功也：教养子弟除去蒙昧，使其正直，这是圣人的功业。

【译文】

《彖传》说："不是我求着幼稚愚昧的人来占卜，而是幼稚愚昧的人求我占卜"，是我们心志相应的缘故。"我"，不是幼稚愚昧的人。暗昧者向明智者求助，明智者不会向暗昧者咨询。所以《蒙》卦的含义，不是我求着幼稚愚昧的人，而是幼稚愚昧的人求我来启发蒙稚。幼稚愚昧的人来求我，是与我心志相应的缘故。能教养子弟除去蒙昧，使其正直，就会达成至圣之功。

师①

《象》曰：地中有水②，师。君子以容民畜众③。

【注释】

①师：《师》卦是《周易》第七卦，坎下坤上。坎为水，为险；坤为地，为顺。《师》卦强调两点：一是用兵的前提要"正"，只有正义之师才有资格用兵；二是出师的关键在于任用贤人，不能用小人。

②地中有水：是说《师》卦外卦为坤，象地；内卦为坎，象水。卦象表现出地能包容众水，水喻群众，所以是包容蓄养民众之象。

③君子以容民畜众：言君子应效法《师》卦，容纳畜养民众。《周易正义》："'君子以容民畜众'者，言君子法此《师》卦，容纳其民，畜养其众。若为人除害，使众得宁，此则'容民畜众'也。又为师之，主虽尚威严，当赦其小过，不可纯用威猛于军师之中，亦是'容

民畜众'之义。"

【译文】

《象传》说:《师》卦的卦象是地中有水,象征大地容纳民众。君子应该效法《师》卦蓄养保护民众。

初六[①]:师出以律[②],否臧,凶[③]。为师之始[④],齐师者也。失令有功,法所不赦。故师出不以律,否臧皆凶也。

【注释】

①初六:六为阴爻,这是《师》卦第一爻,是《师》卦的开始。

②师出以律:军队行动必须遵行国法军纪。律,法令,军纪。《周易正义》:"'初六师出以律'者,律,法也。初六为《师》之始,是整齐师众者也。既齐整师众,使师出之时,当须以其法制整齐之,故云'师出以律'也。"

③否(pǐ)臧,凶:如果军队行动不按律令,无论好坏,结果都是凶。否,恶。臧,善,好。《周易正义》:"'否臧凶'者,若其失律行师,无问否之与臧,皆为凶也。否谓破败,臧谓有功。然否为破败,即是凶也。何须更云否臧凶者,本意所明,虽臧亦凶。"

④为师之始:初六是《师》卦的初爻,所以表示军队行动的开始。

【译文】

初六:军队出征要按照国法军纪,不如此无论好坏都是凶兆。军队行动的开始,必须发号施令,整治军队。不听从军令即使立功,军法也绝不宽赦。所以说军队出动不听军律,好坏都是凶兆。

上六[①]:大君有命[②],开国承家,小人勿用[③]。处师之极,师之终也。大君之命,不失功也。开国承家,以宁邦也。小人勿用,非其道也。

【注释】

①上六:是《师》卦最后一爻,是阴爻。

②大君:指天子。

③开国承家,小人勿用:开国承家,建立邦国,继承封邑。这两句说明《师》卦之终,正当班师告捷,有开国承家之赏,不可任用小人。《周易正义》:"'大君有命'者,上六处《师》之极,是《师》之终竟也。大君,谓天子也。言天子爵命此上六,若其功大,使之开国为诸侯;若其功小,使之承家为卿大夫。'小人勿用'者,言开国承家,须用君子,勿用小人也。"

【译文】

上六:天子颁布命令,按功劳大小分封功臣,功劳大的封为诸侯,功劳小的继承封邑,成为卿大夫,小人不能任用。上六这一爻处在《师》卦的极点,是《师》卦的终结。天子的命令,不能离开功劳的依据。建立邦国,继承封邑,都是为了邦国安宁。小人不能任用,因为他们不是正道。

《象》曰:"大君有命",以正功也①。"小人勿用",必乱邦也②。

【注释】

①正功:指按照上六所说的功劳进行评定。

②乱邦:让国家混乱。《周易正义》:"'大君有命,以正功也'者,正此上六之功也。'小人勿用,必乱邦也'者,若用小人,必乱邦国,故不得用小人也。"

【译文】

《象传》说:"天子颁布命令",是公正地评定功劳大小。"小人不能任用”,任用了必定搞乱邦国。

比[1]

《象》曰:地上有水,比[2]。先王以建万国,亲诸侯[3]。万国以《比》建,诸侯以《比》亲。

【注释】

①比:《比》卦是《周易》的第八卦,坤下坎上。坤为地,坎为水。与《师》卦完全相反。此卦水附大地,地纳河海,相互依赖,精诚团结,强调人与人的和谐关系。比,辅助。可喻君臣辅佐。

②地上有水,比:这是解释《比》卦卦象坤(地)下坎(水)上,所以是地上有水。水喻民众,这么多民众需要分封诸侯来辅佐治理,所以命名为比。

③先王以建万国,亲诸侯:建,分封建邦。万国,指众多的诸侯国。亲,亲近,依附。《周易正义》:"'建万国,亲诸侯',非诸侯以下之所为,故特云'先王'也。建万国,谓割土而封建之。亲诸侯,谓爵赏恩泽而亲友之。万国据其境域,故曰'建'也。诸侯谓其君身,故云'亲'也。地上有水,犹域中有万国,使之各相亲比,犹地上有水,流通相润及物,故云地上有水,比也。"

【译文】

《象传》说:《比》卦的卦象是地上有水,比喻辽阔大地上的民众需要分封诸侯来辅佐治理。先代的天子因此效法《比》卦封建众多诸侯国,让诸侯亲近依赖。众多诸侯国按照《比》卦建立,诸侯按照《比》卦互相亲近依赖。

履[1]

《象》曰:上天下泽[2],履。君子以辩上下,定民志[3]。

【注释】

①履:《履》卦是《周易》第十卦,兑下乾上。兑为泽,恩泽;乾为天,有刚健之德。履为践行之意。《说文》云:"履,足所依也。"

②上天下泽:这是说明卦象,天尊贵在上,泽卑下处下。

③君子以辩上下,定民志:天在上,泽处下,上下既分,然后民志有定。《周易正义》:"天尊在上,泽卑处下,君子法此《履》卦之象,以分辩上下尊卑,以定正民之志意,使尊卑有序也。"

【译文】

《象传》说:《履》卦的卦象,上卦乾象征天,如君尊贵在上,下卦兑象征泽,如民低卑在下。君子应该效法践行此卦象,制定礼仪。君子以其卦象来明辨上下尊卑的地位,端正民众的心志。

泰[①]

《象》曰:天地交,泰[②]。后以财成天地之道[③],辅相天地之宜[④],以左右民[⑤]。上下大通,则物失其节,故财成而辅相,以左右民也。

【注释】

①泰:《泰》卦是《周易》第十一卦,乾下坤上。坤为地,为阴,却在上;乾为天,为阳,却在下。两者相向运行交会,天地阴阳和谐,万物生长,一切通泰。用于社会,君是阳,臣是阴,君子是阳,小人是阴。阴阳交会,则君臣推诚志通。君子居内,小人居外,君子小人各得其所。而且双方向相反方向运行,则物极必反,否极泰来。

②天地交,泰:天地交会,万物皆通泰。

③后以财成天地之道:在此时君王应当剪裁节制来成就天地大道。后,君王。财,通"裁"。裁制,节制,裁断。天地之道,指四

季变化的道理。《周易正义》："'后以财成天地之道'者，由物皆通泰，则上下失节。后，君也。于此之时，君当翦财，成就天地之道。……'天地之道'者，谓四时也，冬寒、夏暑、春生、秋杀之道。若气相交通，则物失其节。物失其节，则冬温、夏寒、秋生、春杀。君当财节成就，使寒暑得其常，生杀依其节，此天地自然之气，故云'天地之道'也。"

④辅相天地之宜：辅助天地以适当的方式运行。相，助。《周易正义》："'天地之宜'者，谓天地所生之物各有其宜。"

⑤左右：即佐佑，等于说帮助，护佑。《周易正义》："'以左右民'者，左右，助也，以助养其人也。"

【译文】

《象传》说：《泰》卦的卦象是乾为天在下，坤为地在上，两者发展运行必定相交，象征和顺通泰。君王效法体会，由此裁制以成就天地之道，辅助、顺应天地化生万物的规律，来帮助护佑民众生存。天在下向上回归运行，地在上向下回归运行，两者交会必有极大的变通，那么万物会失去节制，所以君王要顺应天地变化，裁制和辅佐天地之道，来护佑民众生存。

《彖》曰：天地交而万物通也[①]，上下交而其志同也[②]。内君子而外小人[③]，君子道长，小人道消也。

【注释】

①天地交而万物通：这是解释《泰》卦得名的来由。天地气息交会而生养万物，万物大通，所以命名为泰。

②上下交而其志同：这是用天地交会象征人事。上指君，下指臣，君臣交好，志意和同。

③内君子而外小人：内、外指内卦和外卦。内卦乾三阳爻指君子，外卦坤三阴爻指小人。

【译文】

《象传》说：天地交会使得万物通泰，君臣上下交好，志意相同。君子在朝廷内健于行事，小人在外顺以听命，说明君子之道生长，小人之道消亡。

否[①]

《象》曰：天地不交，否[②]。君子以俭德避难[③]，不可荣以禄[④]。

【注释】

①否（pǐ）：《否》卦是《周易》第十二卦，坤下乾上，与《泰》卦相反。天上地下固定很难变化，所以上下不能交会，闭塞不通。这时事物处于由安泰到混乱、由通畅到闭塞的黑暗时期，君子应当努力修习德行，以防患于未然。然而否极泰来，黑暗不会长久，君子要坚定信心，切勿动摇。否，闭塞，阻隔不通。

②天地不交，否：《否》卦是上乾为天、下坤为地之象。天气上升而不下降，地气沉下而不上升，二气阻隔，所以是否。

③君子以俭德避难：君子在这否塞时节，要用节俭之德躲避危难。俭德，俭约的品德。《周易正义》："'君子以俭德辟难'者，言君子于此否塞之时，以节俭为德，辟其危难，不可荣华其身，以居倖位。此若据诸侯公卿言之，辟其群小之难，不可重受官赏；若据王者言之，谓节俭为德，辟其阴阳已运之难，不可重自荣华而骄逸也。"

④不可荣以禄：君子不能追求高贵荣华、安享福禄。

【译文】

《象传》说：《否》卦的卦象是天在上、地在下，不能交会，闭塞不通。君子此时要用俭约之德躲避危难，不能追求高贵荣华，安享福禄。

《象》曰：天地不交而万物不通，上下不交而天下无邦也[①]。内阴而外阳，内柔而外刚[②]，内小人而外君子，小人道长，君子道消也。

【注释】

①天地不交而万物不通，上下不交而天下无邦也：《否》卦与《泰》卦相反，天上地下固定难变，所以阻隔不通。上为君，下为臣，而上下阻隔，就会邦国灭亡，所以说天下无邦。《周易正义》："'上下不交而天下无邦'者，与《泰》卦反也。《泰》卦云'上下交而其志同'，此应云上下不交则其志不同也。非但其志不同，上下乖隔，则邦国灭亡，故变云'天下无邦'也。"

②内阴而外阳，内柔而外刚：内卦阴柔而外卦阳刚，即内在极其柔弱，外表却十分刚强，这就象征着小人于朝内当道，君子流放在外，君子小人失位。

【译文】

《象传》说：天地上下不交会万物就不能通泰，君臣上下不沟通国家就会灭亡。《否》卦内卦坤属阴，外卦乾属阳，这是内柔外刚，象征朝廷接纳小人却外放君子，小人之道生长，君子之道消亡。

九五：休否[①]，大人吉[②]。其亡其亡，系于苞桑[③]。居否之世，能全其身者，唯大人耳。巽为木[④]，木莫善于桑，人虽欲有亡之者，众根坚固，弗能拔之也。

【注释】

①休否：指在闭塞之时却能行美善之事。休，美善。《周易正义》："'休否'者，休，美也，谓能行休美之事于否塞之时。能施此否闭

之道，遏绝小人，则是否之休美者也，故云休否。”

②大人吉：这句是说只有身居高位的大人在此境遇下仍能得吉。大人，指位居高位的人。《周易正义》：“‘大人吉’者，唯大人乃能如此而得吉也，若其凡人，则不能。”

③其亡其亡，系于苞桑：苞桑，桑树之本。《周易正义》说：“在道消之世，居于尊位而遏小人，必近危难，须恒自戒慎其意，常惧其危亡，言丁宁戒慎如此也。”“凡物系于桑之苞本则牢固也。若能‘其亡其亡’，以自戒慎，则有系于苞桑之固，无倾危也。”

④巽为木：《说卦传》解释说木可以铄制，弯直随意，这就是巽顺。本句以下，今本《周易正义》无。

【译文】

九五：否塞之时能行美善之事，只有大人君子在此境遇下仍能得吉。要常常用“不久就要灭亡，不久就要灭亡”这样的警句来提醒戒慎自己小心谨慎，这样自身与邦国才能像把东西绑在桑树根上那样牢固。在大道衰歇闭塞的世道，能保全自身的，只有大人君子罢了。巽象征树木，树木没有比桑树更好的了，即使有人想要除去它，桑树众多的树根十分坚固，也不能拔动它。

同人[①]

《象》曰：天与火，同人[②]。天体于上，而火炎上，同人之义。君子以类族辩物[③]。君子小人，各得所同。

【注释】

①同人：《同人》卦是《周易》第十三卦，离下乾上，象征着与人同志。《同人》卦对中国大同思想有着深远的影响。

②天与火，同人：乾为天，在上；离为火，在下，火焰向上。属性相同，所以叫同人。《周易正义》：“天体在上，火又炎上，取其性同，故云‘天与火，同人。’”

③君子以类族辨物：族，聚集。《周易正义》："族，聚也。言君子法此《同人》，以类而聚也。辨物，谓分辨事物，各同其党，使自相同，不间杂也。"

【译文】

《象传》说：乾为天在上，离为火向上，一同亲和向上，所以叫同人。天体在上，火焰向上，这就是《同人》的意义。君子用同类聚集的方法分辨事物。君子小人，各自与自己的同党相和，不会混杂。

《彖》曰：文明以健，中正而应，君子正也[①]。行健不以武，而以文明用之，相应不以邪，而以中正应之，君子正也。唯君子为能通天下之志[②]。君子以文明为德者也。

【注释】

①"文明以健"几句：《同人》卦，上为乾，属刚健；下为离，象文明，所以说"文明以健"。中正而应，是说六二、九五两爻，各自居于内外卦中正之位，而又互相呼应。《周易正义》："'中正而应'，谓六二、九五，皆居中得正，而又相应，是君子之正道也，故云'君子正'也。若以威武而为健，邪僻而相应，则非君子之正也。"

②唯君子为能通天下之志：只有君子在志同道合之时，才能用正道通达天下之志。《周易正义》："此更赞明君子贞正之义。唯君子之人于同人之时，能以正道通达天下之志，故利君子之贞。"

【译文】

《彖传》说：《同人》卦是文明而刚健，上下阴阳中正呼应，这是君子的正道。君子行为刚健不用武力，而采用文明教化方式，阴阳相应，却不邪僻，而且所处之位居中得正，正好相应，这是君子的正道。只有君子在志同道合之时，才能用正道通达天下之志。君子是把文明当做德行的人。

大有[1]

《象》曰：火在天上，大有[2]。君子以遏恶扬善，顺天休命[3]。大有，包容之象也。故遏恶扬善，成物之美，顺奉天德，休物之命也。

【注释】

①大有：《大有》卦是《周易》第十四卦，乾下离上。大有，意味着盛大丰有。

②火在天上，大有：《大有》卦上卦为离，象火，下卦为乾，象天，所以卦象是火在天上。火在天上，普照万物，大有所成。

③君子以遏恶扬善，顺天休命：遏恶扬善，意为遏阻奸邪，称扬善良。休，休美，用如动词。《周易正义》："'君子以遏恶扬善'者，大有包容之义，故君子象之。亦当包含遏匿其恶，褒扬其善，顺奉天德，休美物之性命，巽顺含容之义也。"

【译文】

《象传》说：《大有》的上卦是离，象火，下卦是乾，象天，卦象是火焰高悬在天上，象征大获所有。君子从卦象中领悟，要遏阻邪恶，褒扬美善，顺奉天德，使万物性命美善。大有，象征包容。所以要遏阻邪恶，褒扬美善，成就万物的美好，顺承上天的美德，使万物的性命更美善。

《彖》曰：柔得尊位，大中[1]，而上下应之，曰大有。处尊以柔，居中以大，上下应之，靡所不纳，大有之义也。其德刚健而文明[2]，应乎天而时行，是以元亨[3]。德应于天，则行不失时矣。刚健不滞[4]，文明不犯[5]，应天则大[6]，时行无违[7]，是以元亨也。

【注释】

①柔得尊位，大中：是指六五爻以阴爻处在五爻尊位，这就叫柔处尊位，即所谓“大”；居于上卦离卦正中，即所谓“中”。《周易正义》：“释此卦称大有之义。‘大中’者，谓六五处大以中，柔处尊位，是其大也；居上卦之内，是其中也。”

②刚健：指下卦的乾卦，乾有刚健之德。文明：指上卦的离卦，离为火，火有文明之象。

③应乎天而时行，是以元亨：离为日，日行天上，顺应天道，以时而行。运行不失时机，万物都能亨通。《周易正义》：“释‘元亨’之义。刚健谓乾也，文明谓离也。‘应乎天而时行’者，褚氏、庄氏云：‘六五应乾九二。亦与五为体，故云应乎天也。德应于天，则行不失时，与时无违，虽万物皆得亨通，故云“是以元亨”。’”

④滞：壅塞阻滞。

⑤犯：触犯，冒犯。

⑥应天则大：能顺应上天就会盛大。

⑦时行无违：按时运行，事物没有违背。

【译文】

《彖传》说：《大有》六五是阴爻，性柔却得到尊位，博大中正，而且上下应和，所以叫大有。因为阴柔处于尊贵地位，中正有德，君臣上下呼应，没有什么不能容纳，这就是大有的意义。**《大有》卦乾下离上，乾的德行刚健，离的德行文明，顺应上天按时运行，万物都能亨通。**德行顺应上天，运行就不会失去天时。刚健不阻滞，文明不触犯，顺应上天就能盛大，按时运行，事物就没有违背，因此万物都能亨通。

上九：自天佑之，吉，无不利[1]。居大有之上，而不累于位，志尚于贤者也。

【注释】

①自天佑之,吉,无不利:上九以阳刚居《大有》卦之终,安然处于无位境地,如获天佑,永保富有,所以吉,无有不利。《周易正义》解释《大有》卦的上九爻说它有三德:"五为信德,而己履焉,履信之谓,是一也。以刚乘柔,思顺之义,是二也。不以物累于心,高尚其志,尚贤者,是三也。"所以从天以下,全都福佑。

【译文】

上九:拥有来自上天的福佑,凡事吉祥,没有不利的。九五处在《大有》卦最上方,意味君子没有受到地位的拖累,他的志向是成为高洁的圣贤。

谦[①]

《象》曰:地中有山[②],谦。君子以裒多益寡,称物平施[③]。多者用谦以为裒,少者用谦以为益,随物而与,施不失平也。

【注释】

①谦:《谦》卦是《周易》第十五卦,艮下坤上。外卦坤象地,内卦艮象山。原本地卑山高,而此卦山在地中,象征谦虚。

②地中有山:《谦》卦外为坤,内为艮,坤为地,艮为山,山高而处地下,为内高峻而外卑下之象。

③君子以裒(póu)多益寡,称物平施:裒多,是说君子如果谦虚,就能增广补益更多。裒,聚集。益寡,是指寡少者如能谦虚就会进益。《周易正义》:"'裒多'者,君子若能用此谦道,则裒益其多,言多者得谦,物更裒聚,弥益多也,故云'裒多',即谦尊而光也,是尊者得谦而光大也。'益寡'者,谓寡者得谦而更进益,即卑而不可逾也,是卑者得谦而更增益,不可逾越也。'称物平施'者,称此物之多少,均平而施,物之先多者而得其施也,物之先寡者而亦得其施也,故云'称物平施'也。此《谦》卦之象以山为主,是于

山为谦，于地为不谦，应言山在地中。今乃云‘地中有山’者，意取多之与少皆得其益，似地中有山，以包取其物以与于人，故变其文也。”

【译文】

《象传》说：《谦》卦的卦象是高山藏在地中，也就是内里才德高崇而表现出来却非常谦卑，这就是谦虚。君子如果谦虚，多的就能更多，少的也能增多，衡量物的多少公平给予。多的以谦虚行事就能聚集，少的以谦虚行事就能增益，随着事物的多少给予，施予不失公平。

《彖》曰：谦，亨。天道下济而光明，地道卑而上行①。天道亏盈而益谦②，地道变盈而流谦③，鬼神害盈而福谦④，人道恶盈而好谦⑤。谦，尊而光⑥，卑而不可逾⑦，君子之终也⑧。

【注释】

①天道下济而光明，地道卑而上行：下济，是说下降济生万物。光明，是说日月星三光下照光显明亮。上行，坤卦象地，地本来处在卑下，但是本卦坤卦却在上位，所以说“地道卑而上行”。地既上行，天地相对，那么天道只能“下济”了。《周易正义》：“‘谦亨，天道下济而光明，地道卑而上行’者，释‘亨’义也。欲明天地上下交通，坤体在上，故言‘地道卑而上行’也。其地道既上行，天地相对，则‘天道下济’也。且艮为阳卦，又为山。天之高明，今在下体，亦是‘天道下济’之义也。下济者，谓降下济生万物也。而光明者，谓三光垂耀而显明也。‘地道卑而上行’者，地体卑柔而气上行，交通于天以生万物也。”

②天道亏盈而益谦：上天之道是使盈者亏减更为谦退。亏盈，如同日中则昃，月盈则食一样，使盈者亏减。益谦，增益谦退。

③地道变盈而流谦：大地之道是改变盈满，流传散布谦德。变盈，是

说如同丘陵川谷那样，高的逐渐低下，低下的日益增高。流谦，流传散布谦德。

④鬼神害盈而福谦：鬼神之道是骄盈者被害，谦退者受福。

⑤人道恶盈而好谦：人道的规律是厌恶盈溢骄慢，喜好谦退恭顺。《周易正义》："'天道亏盈而益谦'者，从此已下，广说谦德之美，以结君子能终之义也。亏谓减损，减损盈满而增益谦退。若日中则昃，月盈则食，是亏减其盈。盈者亏减，则谦者受益也。'地道变盈而流谦'者，丘陵川谷之属，高者渐下，下者益高，是改变盈者，流布谦者也。'鬼神害盈而福谦'者，骄盈者被害，谦退者受福，是'害盈而福谦'也。'人道恶盈而好谦'者，盈溢骄慢，皆以恶之，谦退恭巽，悉皆好之。"

⑥尊而光：尊贵者有谦德就更为光明盛大。

⑦卑而不可逾：卑谦者不可逾越。

⑧君子之终：君子能把谦德奉行始终，就会有好的结果。《周易正义》："'谦尊而光，卑而不可逾'者，尊者有谦而更光明盛大，卑谦而不可逾越，是君子之所终也。言君子能终其谦之善事，又获谦之终福，故云君子之终也。"

【译文】

《彖传》说：谦德就是亨通。天道下降济生万物，天体就会光显明亮，地道卑下，但规律是向上运行。上天之道是使盈者亏减更为谦退；大地之道是改变盈满，流传散布谦德；鬼神之道是骄盈者被害，谦退者受福；为人之道是厌恶盈溢骄慢，喜好谦退恭顺。谦德，意味着尊贵者有它就更为光明盛大，卑谦者不可逾越，君子把谦德奉行始终就能获得最终之福。

初六：谦谦君子[①]，用涉大川，吉。能体谦谦，其唯君子，用涉大难，物无害也。

【注释】

①谦谦：谦而又谦。

【译文】

初六：谦而又谦的君子，凭借谦德可以涉越大河急流，吉利。能够体味谦而又谦美德的，只有君子，借此渡过难关，事物都没有损害。

《象》曰：谦谦君子，卑以自牧也[①]。牧，养也。

【注释】

①卑以自牧：卑，谦卑。《周易正义》说："'卑以自牧'者，牧，养也，解'谦谦君子'之义，恒以谦卑自养其德也。"

【译文】

《象传》说：谦而又谦的君子，用谦卑修养自身恒久的德行。牧是修养的意思。

九三：劳谦[①]，君子有终，吉。劳谦匪懈[②]，是以吉也。

【注释】

①劳谦：勤劳谦恭。《周易正义》："'劳谦君子'者，处下体之极，履得其位，上下无阳以分其民，上承下接，劳倦于谦也。唯君子能终而得吉也。"

②匪：同"非"。

【译文】

九三：勤劳谦恭，君子能善始善终，吉利。勤劳谦恭不松懈，因此吉利。

《象》曰：劳谦君子，万民服也[①]。

【注释】

①万民服:服,归服。指九三爻是《谦》卦中唯一的阳爻,上下都是阴爻,阳为君,阴为臣民,象征万民归服。《周易正义》:"万民服者,释所以'劳谦'之义。以上下群阴,象万民皆来归服,事须引接,故疲劳也。"

【译文】

《象传》说:勤劳谦恭的君子,万民都来归服。

豫[1]

《象》曰:雷出地奋,豫[2]。

【注释】

①豫:《豫》卦是《周易》第十六卦,坤下震上。坤为地,为顺;震为雷,为动。雷依时出,顺时而动,乃和乐之源。豫,快乐,欢喜。

②雷出地奋,豫:奋,震动。上震象雷,下坤象地。卦象为雷出现,地震动。《周易正义》:"案诸卦之象,或云'云上于天',或云'风行天上',以类言之,今此应云'雷出地上',乃云'雷出地奋,豫'者,雷是阳气之声,奋是震动之状。雷既出,地震动,万物被阳气而生,各皆逸豫,故曰雷出地奋,豫也。"

【译文】

《象传》说:雷声发出,大地震动,这是大地回春,万物苏生的喜乐。

《彖》曰:豫,顺以动[1],故天地如之[2]。天地以顺动,故日月不过,而四时不忒[3]。圣人以顺动,则刑罚清而民服[4]。豫之时义大矣哉[5]。

【注释】

①顺以动：坤在下是顺，震在上是动。

②故天地如之：《周易正义》："若圣人和顺而动，合天地之德，故天地亦如圣人而为之也。"

③"天地以顺动"几句：不过，指日月运行符合规律，没有超过或未到的情况。不忒，指四季寒暑没有差错。忒，差错。《周易正义》："自此以下，广明天地圣人顺动之功也。若天地以顺而动，则日月不有过差，依其晷度，四时不有忒变，寒暑以时。"

④圣人以顺动，则刑罚清而民服：刑罚清，指不会宽赦罪人，不会对无辜者滥用刑罚。《周易正义》："'圣人以顺动，则刑罚清而民服'者，圣人能以理顺而动，则不赦有罪，不滥无辜，故'刑罚清'也。刑罚当理，故人服也。"

⑤时义：指《豫》卦顺时而动的意义。

【译文】

《彖传》说：《豫》卦，坤在下是顺，震在上是动，如果圣人行动和顺，与天地之德相合，那么天地也会如此。天地行动和顺，所以日月运行没有误差，四季寒暑按时轮替。圣人行动和顺，刑罚就会明白清楚，既不会宽赦罪人，也不会对无辜者滥用，民众就能服从。《豫》卦所蕴含的和顺之义真伟大啊。

随[①]

《象》曰：泽中有雷[②]，随。君子以向晦入宴息[③]。泽中有雷，动悦之象也[④]。物皆悦随，可以无为，不劳明监，故君子向晦入宴息也。

【注释】

①随：《随》卦是《周易》第十七卦，震下兑上。震为动，象雷。兑为

柔，为悦，象泽。动而悦就是随。《随》卦意味着天下万事万物都要随时而动。随，追随，随从。

②泽中有雷：上兑象泽，下震象雷，雷动入于泽中，雷在泽下，故曰“泽中有雷”。

③君子以向晦入宴息：向晦，向晚。宴息，休息。《周易正义》：“‘君子以向晦入宴息’者，明物皆说豫相随，不劳明鉴，故君子象之。郑玄云：‘晦，宴也。犹人君既夕之后，入于宴寝而止息。’”

④泽中有雷，动悦之象：《说卦传》曰：“动万物者，莫疾乎雷……说（悦）万物者，莫说（悦）乎泽。”

【译文】

《象传》说：《随》卦的卦象是沼泽中有雷电，这是随从天时休息。君子效法随天应时，也会向晚进入屋室睡觉休息。沼泽中有雷电，是迅动喜悦的象征。万物全都喜悦随从，君子就能无为而治，用不着明察监督，所以君子向晚进入屋室按时睡觉休息。

《彖》曰：随时之义大矣哉[①]！得时则天下随之矣。随之所施，唯在于时，时异而不随，否之道也。故随时之义大矣哉！

【注释】

①随时之义大矣哉：随时，随从天时。《周易正义》：“‘随时之义大矣哉’，若以元亨利贞，则天下随从，即随之义意广大矣哉。谓随之初始，其道未弘，终久义意而美大者。特云‘随时’者，谓随其时节之义，谓此时宜行元亨利贞，故云随时也。”

【译文】

《彖传》说：随从天时的意义真伟大啊！君子随从天时天下就会随从他。实施随从只在于天时，天时有异而不去随从，是闭塞之道。所以随从天时的意义真伟大啊！

观[①]

《象》曰：风行地上，观[②]。先王以省方观民设教[③]。

【注释】

①观：《观》卦是《周易》第二十卦，坤下巽上。观，观察。

②风行地上，观：《观》卦上巽为风，下坤为地，所以卦象是风行地上。风行地上，比喻德教遍施，意为在上者观察民风发布命令，在下者瞻仰。《周易正义》："'风行地上者'，风主号令，行于地上，犹如先王设教在于民上，故云'风行地上，观'也。"

③先王以省方观民设教：先代的圣王省视万邦，观察民风民俗，设置教化。方，邦国。《周易正义》："'先王以省方观民设教'者，以省视万方，观看民之风俗，以设于教。非诸侯以下之所为，故云先王也。"

【译文】

《象传》说：《观》卦的卦象是地在下，风在上，所以是风吹拂大地，有如观察。依此先代的圣王省视万邦，观察民风民俗，设置教化。

《彖》曰：顺而巽[①]，中正以观天下[②]。观天之神道，而四时不忒[③]。圣人以神道设教，而天下服[④]。

【注释】

①巽：卑顺，谦让。

②中正以观天下：中正，指九五爻以阳爻得位居上卦之中位。《周易正义》："顺而和巽，居中得正，以观于天下，谓之观也。此释《观》卦之名。"

③观天之神道，而四时不忒（tè）：神道，指上天的道理极其微妙，无法认知，无法看见，不知缘由。忒，差错。《周易正义》："'观天之

神道而四时不忒'者,此盛名《观》卦之美,言观盥与天之神道相合,观此天之神道而四时不有差忒。神道者,微妙无方,理不可知,目不可见,不知所以然而然,谓之神道,而四时之节气见矣。岂见天之所为,不知从何而来邪?盖四时流行,不有差忒,故云'观天之神道,而四时不忒'也。"

④圣人以神道设教,而天下服:圣人以神道设教,圣人用天之神道设立教化。《周易正义》:"'圣人以神道设教,而天下服矣'者,此明圣人用此天之神道,以观设教而天下服矣。天既不言而行、不为而成,圣人法则天之神道,本身自行善,垂化于人,不假言语教戒,不须威刑恐逼,在下自然观化服从,故云'天下服'矣。"

【译文】

《彖传》说:具备温顺谦逊的美德,居中得正位,从而考察天下民风。观察四季运转丝毫不差就能懂得其中存在着神妙的天道。圣人能够领悟神妙的天道设立教化,天下宾服。

六四:观国之光,利用宾于王①。居观之时,最近至尊,观国之光者也。居近得位,明习国仪者也,故曰"利用宾于王"也。

【注释】

①观国之光,利用宾于王:六四爻与九五爻最近,所以是观看国家政绩的光辉。光,光辉。《周易正义》:六四爻"最近至五,是'观国之光,利用宾于王'者,居在亲近而得其位,明习国之礼仪,故曰'利用宾'于王庭也"。

【译文】

六四:瞻仰上国的光辉,利于成为君王的宾客。在瞻仰上国的时候,最接近至尊天子,是最能瞻仰上国大治光辉的人。靠近君王并得到职位,明白通晓国家礼仪,所以说"有利于成为君王的宾客"。

九五：观我生，君子无咎[①]。上之化下，犹风靡草，故观民之俗，以察己道。百姓有罪，在余一人，君子风著，己乃无咎。上为化主，将欲自观，乃观民也。

【注释】

①观我生，君子无咎：九五居于尊位，是《观》卦的主宰。四海之内，由我而观。我的教化善，那么天下有君子的风尚；我的教化不善，那么天下就会变向小人的习俗。民众追随我的教化，君子的风尚就显著，就没有祸咎。《周易正义》："九五居尊，为《观》之主。四海之内，由我而观。而教化善，则天下有君子之风；教化不善，则天下著小人之俗。故则民以察我道，有君子之风著，则无咎也。故曰'观我生，君子无咎'也。"

【译文】

九五：君王观察天下，了解教化民风的善恶，如果君子之风显著，那就没有祸患。上层教化下层，就像风吹倒草木，所以观看民风民俗，可以用来体察自己的教化之道。如果百姓有罪，责任在君主自己，君子之风显著有力，自己就没有祸咎。上层是教化的主宰，要观察自己实施的教化如何，就要观察民众如何。

噬嗑[①]

《象》曰：雷电，噬嗑[②]。先王以明罚整法[③]。

【注释】

①噬嗑（shì hé）：《噬嗑》卦是《周易》第二十一卦，震下离上。噬，啮咬。嗑，闭合。噬嗑，咬合，这里象征把事物运行中间的障碍咬碎，就可以亨通了。这就象征刑罚就是要铲除构成障碍的不良分子。《周易正义》在解释本卦卦辞时说："'噬嗑，亨'者，噬，啮也，

嗑，合也。物在于口，则隔其上下，若啮去其物，上下乃合而得亨也。此卦之名，假借口象以为义，以喻刑法也。凡上下之间，有物间隔，当须用刑法去之，乃得亨通，故云'噬嗑，亨'也。'利用狱'者，以刑除间隔之物，故'利用狱'也。"

②雷电，噬嗑：《噬嗑》卦，上卦为离，象闪电，下卦为震，象雷。所以其卦象是电雷并作。

③明罚整法：先王观察本卦卦象，就会修明刑罚，知其利弊。明，严明，修明。整，整饬。

【译文】

《象传》说：《噬嗑》的卦象，震卦在下，象雷，离卦在上，象电。所以是雷电合并，有如咬合。通过咬合咀嚼才能把食物咬碎，先代君王观察体味，就会严明法律，公正刑罚。

《彖》曰：刚柔分，动而明，雷电合而彰[①]。刚柔分动，不溷乃明[②]；雷电并合，不乱乃章。皆利用狱之义也。

【注释】

①"刚柔分"几句：下卦为震，为阳卦，属阳刚，代表动、雷；上卦为离，为阴卦，属阴柔，代表明、电。刚柔分别，动作分明。雷电相合，行事彰著。《周易正义》："'雷电并合，不乱乃章'者，《彖》文唯云'雷电合'，注云'不乱乃章'者，'不乱'之文，以其上云'刚柔分'。刚柔分则是不乱，故云'雷电并合，不乱乃章'也。"

②溷（hùn）：混杂。

【译文】

《彖传》说：《噬嗑》卦，刚柔分别，不相混杂，所以动作分明；雷电合并，不相错乱，所以行事昭彰。刚柔分开，不相混杂就能明显；雷电并合，不相混乱就能昭彰。这都是有利于明法断狱的义理。

贲[1]

《象》曰：山下有火，贲[2]。君子以明庶政，无敢折狱[3]。

处贲之时，止物以文明，不可以威刑，故君子以明庶政，而无敢折狱也。

【注释】

①贲（bì）：《贲》卦是《周易》第二十二卦，离下艮上。离为火为明，艮为山为止。贲，文饰。

②山下有火，贲：《贲》卦下卦为离，象火；上卦为艮，象山。所以卦象是“山下有火”。山上生长草木，草木花叶为山之文。火光明亮，上照山间，有光明文饰，所以叫贲。

③君子以明庶政，无敢折狱：这是说君子观《贲》卦卦象，悟知当以文明理政，但不可以只凭果敢断狱。庶政，各种政务。敢，果敢。折狱，断狱。《周易正义》：“‘以明庶政’者，用此文章明达以治理庶政也。‘无敢折狱’者，勿得直用果敢，折断讼狱。”

【译文】

《象传》说：《贲》卦的卦象是山下有火，火光照亮山间草木，有光明文饰，所以叫贲。君子从中领会要用文明通达处理众多政务，不要贸然断狱。处在《贲》卦的时机，君子要明察政事制止犯罪，不能只靠威严刑罚，所以君子领会文明，要明达地处理众多政务，而不能贸然断狱。

《彖》曰：观乎天文，以察时变[1]；观乎人文，以化成天下[2]。

【注释】

①观乎天文，以察时变：观察天象，可以察觉四季变化规律。天文，上天刚柔交错，四时变化，成为天文。圣人观察天文的刚柔演化以便领会季节变化规律。《周易正义》：“‘观乎天文，以察时变’

者，言圣人当观视天文，刚柔交错，相饰成文，以察四时变化。若四月纯阳用事，阴在其中，靡草死也。十月纯阴用事，阳在其中，荠麦生也。是观刚柔而察时变也。”

②观乎人文，以化成天下：观察社会的人文现象，可以用教化治理天下。人文，指社会制度、文化教育等，也即传统的礼乐文明。圣人观察人文，领会典籍，效法教化，成就天下。《周易正义》：“‘观乎人文，以化成天下’者，言圣人观察人文，则诗、书、礼、乐之谓，当法此教而化成天下也。”

【译文】

《彖传》说：观察天象，察觉领会四季变化；观察人文社会，可用教化治理天下。

六五：贲于丘园，束帛戋戋[①]。吝，终吉[②]。为饰之主，饰之盛者也。施饰于物，其道害矣；施饰丘园，盛莫大焉。故曰“贲于丘园”，束帛乃戋戋。用莫过俭，泰而能约，故必吝焉，乃得终吉也。

【注释】

①贲于丘园，束帛戋戋（jiān）：丘园，意谓质朴素净的地方。六五处在尊位，是修饰主宰。在质朴素净的地方修饰，不追求华丽奢侈。孔颖达解释王弼注说：“丘谓丘墟，园谓园圃。唯草木所生，是质素之所。”戋戋，很少的样子。《周易正义》：“‘贲于丘园’者，丘园是质素之处。六五处得尊位，为饰之主，若能施饰在于质素之处，不华侈费用，则所束之帛，戋戋众多也。”《周易正义》孔颖达疏对“戋戋”的解释与王弼注不合，取王弼注之意。

②吝，终吉：俭约吝啬，才能最终吉利有喜。《周易正义》：“‘吝，终吉’者，初时俭约，故是其吝也。必俭约之吝，乃得终吉。”

【译文】

六五：装饰质朴素净的丘园，只用很少的一束绸帛。节俭吝啬，最终吉利有喜。六五是装饰的主宰，一般装饰都很盛美。施加奢华的装饰，会对大道造成损害；施加有如质朴素净的丘园的装饰，才是真正的盛美，盛美没有比这更大的了。所以说“装饰质朴素净的丘园”，使用成捆的绸帛很少很少。用度没有什么比节俭更重要，安泰而又节俭，所以一定是节俭吝啬，才能最终吉利有喜。

大畜①

《象》曰：天在山中，大畜②。君子以多识前言往行，以畜其德③。物之可畜于怀，令德不散，尽于此也。

【注释】

①大畜：《大畜》卦是《周易》第二十六卦，乾下艮上。乾为天，在下而刚健向上；艮为山，在上而笃实聚止。畜，积蓄，积聚。大畜就是大积聚。《周易正义》：“谓之‘大畜’者，乾健上进，艮止在上，止而畜之，能畜止刚健，故曰‘大畜’。”

②天在山中，大畜：《大畜》卦下卦是乾，象天；上卦是艮，象山。所以卦象是“天在山中”。天光山色辉映，草木鸟兽滋生，积蓄极大，所以叫大畜。

③君子以多识（zhì）前言往行，以畜其德：君子借鉴《大畜》卦象，就应该大大积蓄德行，所以要多多记住前代圣贤的言行，多闻多见，才能蓄积自己的德行。识，记住。前言往行，前代圣贤的言行。《周易正义》：“‘君子以多识前言往行，以畜其德’者，君子则此《大畜》，物既大畜，德亦大畜，故多记识前代之言、往贤之行，使多闻多见，以畜积己德，故云以畜其德也。”

【译文】

《象传》说：《大畜》卦的卦象是天在山中，天光山色辉映，万类生物

极大丰富，这就是大有积蓄。君子有所借鉴，多多识记前代圣贤的言行，借此积蓄自己的德行。能够积蓄在自己怀中，让自己的德行不散失，全在这个“大畜”了。

《象》曰：大畜，刚健笃实，晖光日新其德[1]。凡物能晖光日新其德者，唯刚健笃实者也。

【注释】

①刚健笃实，晖光日新其德：刚健，指下卦乾刚劲强健。笃实，指上卦艮静止充实。日新，日日增新。《周易正义》：“言‘大畜，刚健笃实’者，此释《大畜》之义。刚健谓乾也。乾体刚性健，故言刚健也。笃实谓艮也。艮体静止，故称笃实也。‘辉光日新其德’者，以其刚健笃实之故，故能辉耀光荣，日日增新其德。若无刚健，则劣弱也，必既厌而退；若无笃实，则虚薄也，必既荣而陨。何能久有辉光，日新其德乎？”

【译文】

《象传》说：《大畜》卦，性质刚健笃实，辉耀其光芒以日日增新德行。凡是能辉耀光芒，日日增新自己德行的，只有刚健笃实的事物。

颐[1]

《象》曰：山下有雷，颐[2]。君子以慎言语，节饮食[3]。言语饮食，犹慎而节之，而况其余乎！

【注释】

①颐：《颐》卦是《周易》第二十七卦，震下艮上。艮为山，震为雷。卦象为雷出山中，是春暖之际，养育万物之时。颐，《尔雅·释

诂》:“颐,养也。”

②山下有雷,颐:艮为山,震为雷,所以卦象是“山下有雷”。山下有雷的季节天气和暖,是天地生养万物之时,所以卦名为《颐》。

③君子以慎言语,节饮食:颐,本义是下巴。人们言语、咀嚼、饮食,都要动下巴,所以君子观察《颐》卦的卦象,就要谨慎言语,裁节饮食。所谓“祸从口出,患从口入”,因此要颐养,谨慎节制。《周易正义》:“人之开发言语、咀嚼、饮食,皆动颐之事,故君子观此《颐》象,以谨慎言语,裁节饮食。先儒云:‘祸从口出,患从口入。’故于颐养而慎节也。”

【译文】

《象传》说:《颐》卦的卦象是山下有雷,季节和暖,长养万物,这就是颐养。君子因此要谨慎言语,节制饮食。言语饮食,尚且谨慎节制,何况其他的呢!

《彖》曰:颐,贞吉,养正则吉也①。天地养万物②,圣人养贤,以及万民③。颐之时大矣哉④!

【注释】

①养正则吉也:颐养奉行正道,那就吉利。《周易正义》:“‘颐,贞吉,养正则吉’者,释颐贞吉之义。颐,养也。贞,正也。所养得正,则有吉也。其养正之言,乃兼二义:一者养此贤人,是其养正,故下云‘圣人养贤,以及万民’;二者谓养身得正,故《象》云:‘慎言语,节饮食。’”

②天地养万物:《周易正义》:“‘天地养万物’者,自此已下,广言《颐》卦所养事大,故云‘天地养万物’也。”

③圣人养贤,以及万民:圣人奉养贤人,使其治理民众。先养贤作为辅佐,才能养民。《周易正义》:“‘圣人养贤,以及万民’者,先须养

贤，乃得养民，故云‘养贤以及万民’也。圣人但养贤人使治众，众皆获安，有如虞舜五人、周武十人、汉帝张良、齐君管仲，此皆养得贤人以为辅佐，政治世康，兆庶咸说（悦），此则‘圣人养贤，以及万民’之养也。”

④颐之时大矣哉：颐养济时的意义广大深远，所以用“大矣哉”来称赞。

【译文】

《彖传》说：颐养能够奉行正道，那就吉利。天地奉养万物，圣人奉养贤人，贤人辅佐，惠及万民。颐养济时的意义真的伟大啊！

习坎[①]

《象》曰：水洊至，习坎[②]。君子以常德行，习教事[③]。至险未夷，教不可废，故以常德行而习教事也。习于坎，然后能不以险难为困，而德行不失常。

【注释】

①习坎：《坎》卦是《周易》第二十九卦，上下卦都是坎。《坎》卦与《屯》卦、《蹇》卦、《困》卦并称四大难卦，预示着危机、困难、凶险。坎为水，为险。习坎，指人遇困难险阻之事，必须经过反复练习才可以顺利处理。《周易正义》：“坎是险陷之名。习者，便习之义。险难之事，非经便习，不可以行。故须便习于坎，事乃得用，故云‘习坎’也。”

②水洊（jiàn）至，习坎：《坎》卦的上卦下卦都是坎，坎为水，坎为险，所以卦象有如大水接连而至，反映的是重重危险。洊，屡次，再，接连。

③君子以常德行，习教事：这是说君子应当效法《坎》卦，长久固守德行，熟习政教之事。常，恒久，长久不变，恒久保持。教事，政教

之事。

【译文】

《象传》说：《坎》卦的卦象有如大水接连到来，是重重危险。君子由此感悟，应当长久固守德行，熟习政教事务。最险恶之处没有夷平消除，政教就不能废掉，所以要长久固守德行、熟习政教事务。在危难之中不断学习锻炼，然后才能不把危难当成险阻被困，而自己的德行也不失去常态。

《彖》曰：习坎，重险也①。天险，不可升也②。不可得升，故得保其威尊。地险，山川丘陵也③。有山川丘陵，故物得保以全也。王公设险以守其国。国之为卫，恃于险也。言自天地以下，莫不须险也。险之时用大矣哉④！非用之常，用有时也。

【注释】

①习坎，重险也：指上下坎两险相重。《周易正义》："释'习坎'之义。言'习坎'者，习行重险。险，难也。若险难不重，不为至险，不须便习，亦可济也。今险难既重，是险之甚者，若不便习，不可济也，故注云习坎者，习重险也。"

②天险，不可升也：上天悬邈高远，升不上去，这就是天险。如果能够登天，天就失去尊严，所以"不可升"才是天险。《周易正义》："言天之为险，悬邈高远，不可升上，此天之险也。若其可升，不得保其威尊，故以不可升为险也。"

③地险，山川丘陵也：大地把山川丘陵作为险难。如果没有山川丘陵，那么大地失去承载的功能，万物不能保全，会遭逢危险。《周易正义》："言地以山川丘陵而为险也，故使地之所载之物保守其全。若无山川丘陵，则地之所载之物失其性也。故地以山川丘陵而为险也。"

④王公设险以守其国,险之时用大矣哉:这是说王公效法天地,加固城池,严肃法纪,保护国家。所以是天地以下,都必须用“险”,险的应用非常盛大!时用,指在特定时间的作用,后指为当世所用。《周易正义》:“言王公法象天地,固其城池,严其法令,以保其国也。(险之时用大矣哉)言天地已下,莫不须险,险虽有时而用,故其功盛大矣哉!”

【译文】

《彖传》说:**习坎是重重险阻。天险不能攀登上升。**不能攀登上升,所以能保持天的尊严。**地险是山川丘陵。**有了山川丘陵生养万物,所以万物才能保全。**天子公侯效法天地,加固城池,严肃法纪,保护国家。**国家实施守卫,是要依赖险阻的。这是说自天地之下,都必须用“险”。**险的应用非常盛大啊!**不是时常需要用险,是特定时间使用险。

离[①]

《象》曰:明两作,离[②]。大人以继明,照于四方[③]。继,谓不绝。

【注释】

①离:《离》卦是《周易》第三十卦,上下卦都是离。离,象日,象火。《离》卦阐释的是依附的原则。《周易正义》:“离,丽也。丽谓附着也。言万物各得其所附著处,故谓之离也。”

②明两作,离:此释《离》卦之象。离为日,日为明。上下卦都是离,所以是明两作。《周易正义》:“明两作,离者,离为日,日为明。今有上下二体,故云‘明两作,离’也。”

③大人以继明,照于四方:两明前后相继,这是《离》卦之美,大人体味这点,于是明亮的德行相继,照亮四方。《周易正义》:“若一明暂绝,其离未久,必取两明前后相续,乃得作《离》卦之美,故云

‘大人以继明，照于四方’。”

【译文】

《象传》说：光明再次相续，这是《离》卦的卦象。大人体味这点，于是明亮的德行相继，照亮四方。继，是说绵绵不绝。

《彖》曰：离，丽也[①]。丽，犹著也，各得所著之宜者也。日月丽乎天，百谷草木丽乎土[②]，重明以丽乎正，乃化成天下[③]。

【注释】

①离，丽也：丽，附着。《周易正义》：“释《离》卦之名。丽谓附着也。以阴柔之质，附着中正之位，得所着之宜，故云丽也。”

②日月丽乎天，百谷草木丽乎土：《离》卦二爻与五爻都是阴爻，处于上下两卦之中，以柔处中而通于外阳，故《周易正义》说：“‘日月丽乎天，百谷草木丽乎土’者，此广明附着之义。以柔附着中正，是附得宜，故广言所附得宜之事也。”

③重明以丽乎正，乃化成天下：重明，《离》卦上下卦都是离，离为日，为明，所以是“重明”。丽乎正，指附着于正道，才能够教化天下。《周易正义》：“‘重明以丽乎正，乃化成天下’者，此以卦象，说《离》之功德也，并明利贞之义也。”

【译文】

《彖传》说：离是附着。丽，就是附着，各自柔顺地附着在中正的物体上，这是附着适宜。日月附着上天，百谷草木附着土地，双重的光明附着在正道上，这样才能将天下教化成功。

咸[①]

《象》曰：山上有泽，咸[②]。君子以虚受人[③]。以虚受人，物乃感应也。

【注释】

①咸:《咸》卦是《周易》第三十一卦,也是《下经》的首卦,艮下兑上。艮为山,兑为水。兑柔在上,艮刚在下,水向下渗,柔上而刚下,交相感应。咸借为感,感动,感应。《咸》卦象征感应,而男女相感、天地感应,都是感的意义。《周易正义》:"咸,感也。此卦明人伦之始,夫妇之义,必须男女共相感应,方成夫妇。既相感应,乃得亨通。若以邪道相通,则凶害斯及,故利在贞正。既感通以正,即是婚媾之善。"

②山上有泽,咸:《咸》的下卦为艮,象山,上卦为兑,象泽,所以卦象是"山上有泽"。泽性下流,润下;山体上承,受润。山感受泽,所以卦名为《咸》。《周易正义》:"'山上有泽,咸',泽性下流,能润于下;山体上承,能受其润。以山感泽,所以为咸。"

③君子以虚受人:君子应该效法《咸》卦,要虚怀若谷,受纳万物,用这样的态度来感动人,就都会响应。《周易正义》:"'君子以虚受人'者,君子法此《咸》卦,下山上泽,故能空虚其怀,不自有实,受纳于物,无所弃遗。"

【译文】

《象传》说:《咸》卦的下卦为艮,象山,上卦为兑,象泽,所以卦象是山上有泽,山泽上下相通感应,所以卦名叫咸。君子应该效法《咸》卦,要虚心受纳,感化众人。用虚心感人,万物都会感动响应。

《彖》曰:咸,感也。柔上而刚下,二气感应以相与[①]。天地感而万物化生,二气相与,乃化生也。圣人感人心而天下和平[②]。观其所感,而天地万物之情可见矣[③]。天地万物之情，见于所感也。

【注释】

①柔上而刚下，二气感应以相与：《咸》的下卦艮刚而上卦兑柔，于是二气感应互相授予。《周易正义》："'柔上而刚下，二气感应以相与'者，此因上下二体，释'咸，亨'之义也。"

②天地感而万物化生，圣人感人心而天下和平：天地二气感应，是万物化生之源。圣人教化感动人心，使得众人变恶从善，然后天下和平。《周易正义》："'天地感而万物化生'者，以下广明感之义也。天地二气，若不感应相与，则万物无由得应化而生。……'圣人感人心而天下和平'者，圣人设教，感动人心，使变恶从善，然后天下和平。"

③观其所感，而天地万物之情可见矣：这是感叹《咸》卦广博，能够包容天地万物。《周易正义》："'观其所感，而天地万物之情可见矣'者，结叹《咸》道之广，大则包天地，小则该万物。感物而动，谓之情也。天地万物皆以气类共相感应，故'观其所感，而天地万物之情可见矣'。"

【译文】

《彖传》说：咸，就是感应。阴柔在上而阳刚在下，阴阳二气互相感应授受。天地感应化生万物，阴阳二气互相授受，就可化生生命。圣人教化感动人心，使得众人变恶从善，然后天下和平。观察这些感应，天地万物的情况就可以显现了。天地万物的情况，就都展现在这些感应之中了。

恒[①]

《象》曰：雷风，恒[②]。长阳长阴[③]，合而相与，可久之道也。君子以立不易方[④]。得其所久，故不易也。

【注释】

①恒:《恒》卦是《周易》第三十二卦,巽下震上。下卦为巽,巽为风;上卦为震,震为雷。恒,恒久。《周易正义》:"恒,久也。恒久之道,所贵变通。必须变通随时,方可长久。能久能通,乃无咎也。"

②雷风,恒:《恒》卦下卦是巽,象风,阴柔,上卦是震,象雷,阳刚,所以卦象也是雷与风,雷在上,风在下,这是天地间的永恒。

③长阳长阴:《周易正义》注:"震为长男,故曰长阳;巽为长女,故曰长阴。"

④君子以立不易方:君子领悟恒久之道立身,所以不会改变思想。《周易正义》:"君子立身得其恒久之道,故不改易其方。方,犹道也。"

【译文】

《象传》说:《恒》卦的卦象是雷与风,刚柔相济,上下恒定。上卦震是长子,所以叫长阳,下卦巽是长女,所以叫长阴,二气相合交相授受,这是能够长久的道理。君子领悟恒久之道立身,不会改变思想。得到了恒久之道,所以不会变易。

《彖》曰:天地之道,恒久而不已也[①]。得其所久,故不已也。日月得天而能久照,四时变化而能久成,圣人久于其道而天下化成[②]。言各得所恒,故皆能久长也。观其所恒,而天地万物之情可见矣。天地万物之情,见于所恒也。

【注释】

①天地之道,恒久而不已也:已,止。《周易正义》:"举天地以为证喻,言天地得其恒久之道,故久而不已也。"

②"日月得天而能久照"几句:天地之道,恒久不停,所以日月在天空运行能够长久地照亮人间大地。四季更代,寒暑交替,所以能

长久养成万物。圣人应变随时，得到长久之道，所以能使教化有成就。《周易正义》："'日月得天而能久照'者以下广明《恒》义。上言'天地之道，恒久而不已也'，故日月得天，所以亦能久照。'四时变化而能久成'者，四时更代，寒暑相变，所以能久主成万物。'圣人久于其道而天下化成'者，圣人应变随时，得其长久之道，所以能光宅天下，使万物从化而成也。"

【译文】

《彖传》说：**天地之道，恒久不停。**观察到天地恒久的原因，所以不会停止。**日月得到天道才能长久照临，四季寒暑变化才能长久养成万物，圣人长久地领悟实施这一道理就能成功教化天下。**这是说各自得到恒久之道，所以都能长久。**观察这些之所以恒久的原因，那么天地万物的情况就可以显现了。**天地万物的情况，都显现在这恒久之中。

九三：不恒其德，或承之羞[①]，德行无恒，自相违错，不可致诘[②]，故"或承之羞"也。不恒其德，无所容也[③]。

【注释】

①不恒其德，或承之羞：羞，羞辱。九三是阳爻，处在下卦最上，又在上卦之下，在三个阳爻（九二、九三、九四）之中，却不在上下卦的中位，向上不是全尊，向下不是全卑，心情不定，德行不恒。既然德行无恒，自相违背，就会承受羞辱。《周易正义》："执心不定，德行无恒，故曰'不恒其德'。德既无恒，自相违错，则为羞辱承之，所羞非一，故曰'或承之羞'也。

②不可致诘：诘，问。《周易正义》："违错处多，不足问其事理，所以明其羞辱之深，如《论语》云'于予与何诛'。"

③不恒其德，无所容也：德行不能恒常，那就没有容身之地。《周易正义》："'无所容'者，谓不恒之人，所往之处，皆不纳之，故'无所

容'也。"

【译文】

九三：不能长久地保持自己的美德，就会受到羞辱。德行不能长久保持，自己违背德行、产生很多过失，则不足以向其问明事理，所以说"会受到羞辱"。**德行不能长久保持，就不能为人容纳。**

遁[1]

《象》曰：天下有山，遁[2]。天下有山，阴长之象也[3]。君子以远小人，不恶而严[4]。

【注释】

①遁：《遁》卦是《周易》第三十三卦，艮下乾上。遁，隐退，逃避。《周易正义》："遁者，隐退逃避之名。阴长之卦，小人方用，君子日消。君子当此之时，若不隐遁避世，即受其害。须遁而后得通，故曰遁亨。"

②天下有山，遁：《遁》卦的下卦是艮，象山，属阴。上卦是乾，象天。山属阴，在天下，其山势将要逼上天穹，天性不受逼，就会遁避。《周易正义》："'天下有山，遁'者，山者阴类，进在天下，即是山势欲上逼于天，天性高远，不受于逼，是遁避之象，故曰'天下有山，遁'。"

③阴长：山是地的高峻处，如今上逼天穹，象征阴长。《周易正义》："积阳为天，积阴为地。山者，地之高峻，今上逼于天，是阴长之象。"

④君子以远小人，不恶而严：恶，憎恶，怨恨。严，威严。在此时小人道长，君子只能远避。自己力量不能惩治，所以一方面不可恶意相向，另一方面又不能对小人轻慢不恭，随时保持威严，所以叫"不恶而严"。《周易正义》："君子当此遁避之时，小人进长，理须远避，力不能讨，故不可为恶，复不可与之亵渎，故曰'不恶而严'。"

【译文】

《象传》说:《遁》卦的上卦是乾,为天,下卦是艮,为山,所以卦象是天下有山,山势高峻上逼天穹,天穹只好隐退。天下有山,山为阴,其势高峻上逼所以是阴长。君子因此疏远小人,不恶意相向,也不轻慢不恭,并且要保持威严,使小人不敢冒犯。

九五:嘉遁,贞吉[①]。遁而得正[②],反制于内,小人应命,率正其志[③]。不恶而严,得正之吉,遁之嘉者也。

【注释】

①嘉遁,贞吉:嘉,美,善。《周易正义》:"遁而得正,反制于内,不恶而严,得正之吉,为遁之美,故曰'嘉遁,贞吉'也。"

②遁而得正:九五阳爻处在外卦阳位,即得位,又在外卦正中,即得中,象征隐退到恰当的位置。《周易正义》:"五居于外,得位居中,是'遁而得正'。"

③"反制于内"几句:九五为君子在外卦,六二为小人在内卦,六二须上应九五,不敢违背,是君子在外制约小人,矫正其志意。《周易正义》:"二为己应,不敢违拒,从五之命,率正其志。"

【译文】

九五:嘉美地隐退,占问吉利。隐退能处在正位,反能控制内部,使得小人也听从命令,都能矫正志向。不轻慢不恭而有威严,得到中正的吉利,是退隐中的嘉美者。

《象》曰:嘉遁贞吉,以正志也[①]。

【注释】

①嘉遁贞吉,以正志也:正志,小人应命,不敢为邪,矫正志向。《周

易正义》认为九五阳爻能矫正六二阴爻之志，"'以正志'者，小人应命，不敢为邪，是五能正二之志，故成遁之美也"。

【译文】

《象传》说：九五是嘉美地隐退，占问吉利，这是因为能端正心态，矫正心志。

上九：肥遁，无不利[①]。最处外极，无应于内，超然绝志，心无疑顾[②]。忧患不能累，矰缴不能及[③]，是以"肥遁，无不利"也。

【注释】

①肥遁，无不利：肥遁，遁世隐居。肥，通"蜚"，即"飞"。传统或以为遁的繁体字形为遯，借为豚，所谓"遁而得肥，无所不利"。

②"最处外极"几句：上九阳爻处在外卦至极之处，没有内应，也没有怀疑顾虑，超然退隐。

③矰缴（zēng zhuó）：系着丝绳的短箭。

【译文】

上九：飘然隐退，没有不吉利的。上九阳爻处在外卦至极之处，没有内应，超然物外，心里没有怀疑顾虑。忧患不能拖累，绳箭不能射到，因此是"飘然隐退，没有不吉利的"。

《象》曰：肥遁，无不利，无所疑也[①]。

【注释】

①疑：怀疑，疑虑。

【译文】

《象传》说：飘然隐退，没有不吉利的，这是没有任何疑虑的。

大壮[1]

《象》曰：雷在天上，大壮[2]。君子以非礼弗履[3]。壮而违礼则凶，凶则失壮矣，故君子以大壮而顺礼也。

【注释】

①大壮：《大壮》卦是《周易》第三十四卦，乾下震上。上震为雷，乾刚震动，下乾为天，天鸣雷震，两阳相叠，万物生长，刚壮有力，所以叫大壮。大壮，非常强盛。《周易正义》："壮者，强盛之名。以阳称大，阳长既多，是大者盛壮，故曰大壮。"

②雷在天上，大壮：本卦上卦震为雷，象征威动，下卦乾为天，象征刚健，雷在天上，所以是非常强盛。《周易正义》："震雷为威动，乾天主刚健，雷在天上，是刚以动，所以为大壮。"

③君子以非礼弗履：履，践行。极盛之时，容易骄傲，在非常强盛的时候告诫君子不去做非礼的事。《周易正义》："盛极之时，好生骄溢，故于大壮诫以非礼勿履也。"

【译文】

《象传》说：《大壮》上卦是震，象雷，下卦是乾，象天，所以卦象是雷在天上，非常强盛。君子此时不要去做非礼的事。强壮盛大的时候行为不符合礼仪就凶险，凶险就会失去强盛了，所以君子在非常强盛的时候要顺应礼仪。

《彖》曰：大壮利贞，大者正也[1]。正大，而天地之情可见矣[2]。天地之情，正大而已。弘正极大，则天地之情可见矣。

【注释】

①大者正：内卦为乾，乾为大，秉强健刚正之德，故曰"大者正"。

②正大，而天地之情可见矣：《大壮》卦内有正直而强大的秉性。宇

宙万物中，阳刚为正，天正，则地正，君正则臣正，上正则下正。概观其形势，大略如此。故观“正大”之事物，可以发现天地之情。

【译文】

《彖传》说：大为强盛时有利于做事，这说明刚健强大者必然要守正不阿。弘正壮大，天地情形就可以展现。天地的情形，就是正大罢了。正大至极，就能发现天地的情形。

晋①

《象》曰：明出地上，晋②。君子以自昭明德③。以顺著明，自显之道。

【注释】

①晋：《晋》卦是《周易》第三十五卦，坤下离上。上离为明，下坤为地。晋的含义是升进。《周易正义》：“晋之为义，进长之名。此卦明臣之升进，故谓之《晋》。”

②明出地上，晋：《晋》卦是坤下离上。坤为地，离为日，为明，所以是“明出地上”。明已经升起就会上进。

③君子以自昭明德：自昭明德，是说自己显明德行。昭，显示，显扬。明德，即光明的美德。《周易正义》：“‘自昭明德’者，昭亦明也，谓自显明其德也。周氏等为照以为自照己身。《老子》曰：‘自知者明。’用明以自照为明德。”

【译文】

《象传》说：《晋》卦的卦象是光明从地上升起，象征着上进。君子自己要使德行昭明。顺应光明，是自我显明的方法。

明夷①

《象》曰：明入地中，明夷②。君子以莅众③，莅众显明，蔽伪百姓者也，故以蒙养正，以明夷莅众矣。**用晦而明。**藏明于内，乃得明也；显明于外，乃所避也。

【注释】

①明夷：《明夷》卦是《周易》第三十六卦，离下坤上。离为明，为日，坤为顺，为地。《明夷》卦意味着日落入地，光明陨灭。明，日。夷，灭，没。《周易正义》："夷者，伤也。此卦日入地中，明夷之象。施之于人事，暗主在上，明臣在下，不敢显其明智，亦明夷之义也。时虽至暗，不可随世倾邪，故宜艰难坚固，守其贞正之德。"

②明入地中，明夷：《明夷》卦下卦是离，为日，为明；上卦是坤，为地。所以卦象是光明没入地中。

③君子以莅众，用晦而明：君子用"明夷"之道治民，无为清静，民众就会顺从。莅众，治理民众。晦，韬晦。《周易正义》："'莅众显明，蔽伪百姓者也'，所以君子能用此《明夷》之道，以临于众，冕旒垂目，黈纩塞耳，无为清静，民化不欺。若运其聪明，显其智慧，民即逃其密网，奸诈愈生，岂非藏明用晦，反得其明也？故曰'君子以莅众，用晦而明'也。"

【译文】

《象传》说：《明夷》卦的卦象是光明没入地中，象征光明陨落。君子要用明夷之道治民，君子如果治理民众时显示自己的聪明智慧，民众就会逃避，奸诈虚伪，所以要用蒙昧来保养正道，用明夷显示的道理治民。**这就是掩藏自己的聪明，清静无为反而能使政治清明，百姓顺从。**掩藏聪明在自己内心，才是真正聪明；显示聪明在外，才是应该避忌的。

《彖》曰：内文明而外柔顺，以蒙大难，文王以之[①]。利艰贞，晦其明也[②]。内难而能正其志，箕子以之[③]。

【注释】

①"内文明而外柔顺"几句:内怀文明德行,外在表现柔顺,周文王被殷纣王囚禁而蒙受大难时,使用这种方法。《周易正义》:"'内文明而外柔顺,以蒙大难,文王以之'者,既释'明夷'之义,又须出能用'明夷'之人,内怀文明之德,抚教六州,外执柔顺之能,三分事纣,以此蒙犯大难,身得保全,惟文王能用之,故云'文王以之'。"

②利艰贞,晦其明也:利艰贞,利在艰难中固守贞正。贞,正。晦,掩蔽,隐秘。《周易正义》:"'利艰贞,晦其明也'者,此又就二体释卦之德。明在地中,是晦其明也。既处明夷之世,外晦其明,恐陷于邪道,故利在艰固其贞,不失其正,言所以利艰贞者,用'晦其明'也。"

③内难而能正其志,箕子以之:箕子之时,内有险难,而能端正自己的心志,不堕落邪恶。箕子,商纣王的叔父,因直言劝谏,纣王不听,佯狂为奴。《周易正义》:"'内难而能正其志,箕子以之'者,既释'艰贞'之义,又须出能用'艰贞'之人。内有险难,殷祚将倾,而能自正其志,不为而邪谄,惟箕子能用之,故云'箕子以之'。"

【译文】

《彖传》说:内怀文明德行,外在表现柔顺,用这一态度应付蒙受大难的境遇,周文王就是凭借这个躲过劫难。利在艰难中保守正道,隐藏贤能聪明。内有险难又能端正心志,箕子就是凭借这个渡过难关。

家人[①]

《象》曰:风自火出[②],家人。由内相成,炽也。君子以言有物而行有恒[③]。家人之道,修于近小而不妄者也。故君子言必有物,而口无择言,行必有恒,而身无择行也。

【注释】

①家人:《家人》卦是《周易》第三十七卦,离下巽上,象征家庭。《周易正义》:"明家内之道,正一家之人,故谓之家人。"

②风自火出:《家人》外卦为巽,象风,内卦为离,象火,所以卦象是风自火出。《周易正义》:"巽在离外,是风从火出。火出之初,因风方炽。火既炎盛,还复生风。内外相成,有似家人之义。故曰'风自火出,家人'也。"

③君子以言有物而行有恒:物,事物。恒,指常规,常道。《周易正义》:"物,事也。言必有事,即口无择言。行必有常,即身无择行。正家之义,修于近小。言之与行,君子枢机。出身加人,发迩化远,故举言行以为之诫。言既称物,而行称恒者,发言立行,皆须合于可常之事,互而相足也。"

【译文】

《象传》说:《家人》卦的卦象是风自火出,这种情景如同一家人一样。火焰燃烧,风吹更为炽烈。君子借鉴本卦,教化家人必定言之有物,行动有恒常之道。教化家人的道理,修养从身边小事开始,从不轻举妄动。所以君子言必有物,用不着临时选择语言,行动有恒,用不着临时选择行为。

《彖》曰:家人,女正位乎内,男正位乎外①,天地之大义也。家人有严君焉,父母之谓也②。父父、子子、兄兄、弟弟、夫夫、妇妇,而家道正。正家而天下定矣③。

【注释】

①女正位乎内,男正位乎外:女,指六二;男,指九五。这是以六二、九五两爻得正于内、外卦之象,说明女主内,男主外。《周易正义》:"此因二、五得正以释《家人》之义,并明女贞之旨。家人之道,必须女主于内,男主于外,然后家道乃立。今此卦六二柔而得

位，是女正位乎内也；九五刚而得位，是男正位乎外也。家人以内为本，故先说女也。”

②家人有严君焉，父母之谓也：这是以治国比齐家，父母是一家之主，家人尊敬侍从，等同于国家的严君。《周易正义》：“‘家人有严君焉，父母之谓’者，上明义均天地，此又言道齐邦国。父母一家之主，家人尊事，同于国有严君，故曰‘家人有严君焉，父母之谓’也。”

③“父父、子子、兄兄、弟弟、夫夫、妇妇”几句：这是说齐家之功，可以定天下。既然家有严君，那么父不失父道直至妇不失妇道，尊卑有序，上下不失，然后家道正。所有家庭没有不正的，那么天下之治也就确定了。《周易正义》：“‘父父、子子、兄兄、弟弟、夫夫、妇妇，而家道正，正家而天下定矣’者，此叹美正家之功，可以定于天下，申成道齐邦国。既家有严君，即父不失父道，乃至妇不失妇道，尊卑有序，上下不失，而后为家道之正。各正其家，无家不正，即天下之治定矣。”这同《大学》的“修齐治平”相同。

【译文】

《彖传》说：《家人》一卦是说，女子居家主内，男子事业在外，这是天地阴阳正确的大道。一家之中要有严明的主人，这就是指父母。父亲有为父之道，儿子有为子之道，兄长有为兄之道，弟弟有为弟之道，丈夫有为夫之道，妻子有为妻之道，这样一家之道就得以端正。家道端正，那么天下也就安定了。

睽[①]

《象》曰：上火下泽，睽[②]。君子以同而异[③]。同于通理，异于职事。

【注释】

①睽（kuí）:《睽》卦是《周易》第三十八卦。兑下离上。离为火，兑为泽。上火下泽，相违不相济。有所不同，必有乖异，相互矛盾。睽，不顺，乖离。《周易正义》:“睽者，乖异之名，物情乖异，不可大事。大事谓与役动众，必须大同之世，方可为之。小事谓饮食衣服，不待众力，虽乖而可。”

②上火下泽，睽:《睽》卦上卦是离，为火，下卦是兑，为泽，所以卦象是上火下泽。火焰本来向上，又居于上位，泽水本来下流，又居于下位，这是两相乖离，所以卦名为《睽》。

③君子以同而异:君子辅佐君王治理民众，用意相同，职掌相异。《周易正义》:“‘君子以同而异’者，佐王治民，其意则同，各有司存，职掌则异，故曰‘君子以同而异’也。”

【译文】

《象传》说:《睽》卦的卦象是上火下泽，两相乖离，所以叫睽。君子辅佐君王治理民众，用意相同，职掌相异。君子在共同的道理上相通，各自的执掌不同。

《彖》曰:睽，火动而上，泽动而下[①]。天地睽而其事同也，男女睽而其志通也，万物睽而其事类也[②]。睽之时用大矣哉[③]。睽离之时，非小人之所能用也。

【注释】

①火动而上，泽动而下:《周易正义》曰:“此就二体释卦名为《睽》之义，同而异者也。水火二物，共成烹饪，理应相济。今火在上而炎上，泽居下而润下，无相成之道。”

②“天地睽而其事同也”几句:睽离有时，相合也有时，能理解运用这离合互相依存的道理，不是大德之人是不行的。《周易正义》:

"'天地睽而其事同',此以下历就天地男女万物,广明《睽》义体乖而用合也。天高地卑,其体悬隔,是'天地睽'也;而生成品物,其事则同也。'男女睽而其志通'者,男外女内,分位有别,是'男女睽'也;而成家理事,其志则通也。万物殊形,各自为象,是'万物睽'也;而均于生长,其事即类,故曰'天地睽而其事同也,男女睽而其志通也,万物睽而其事类也'。"

③睽之时用大矣哉:《周易正义》:"'睽之时用大矣哉',既明《睽》理合同之大,又叹能用《睽》之人,其德不小。睽离之时,能建其用使合其通理,非大德之人,则不可也,故曰'睽之时用大矣哉'也。"

【译文】

《彖传》说:《睽》卦是火焰向上又居于上卦,水泽下流又居于下卦。天地悬殊相隔,但是生养化育万物相同;男女内外不同,但料理家事的思想相通;万物各自的形状不同,但发育生长的道理是类似的。睽的时机用意太大了。睽离的时机,不是小人能用的呀。

蹇[①]

《象》曰:山上有水,蹇[②]。君子以反身修德[③]。除难莫若反身修德也。

【注释】

①蹇(jiǎn):《蹇》卦是《周易》第三十九卦,艮下坎上。坎为水,艮为山。山高水深,险难在前,难以前进。蹇,难。《周易正义》:"蹇,难也。有险在前,畏而不进,故称为蹇。"

②山上有水,蹇:《蹇》卦下卦是艮,为山,上卦是坎,为水,所以卦象是山上有水。水在山上会受到山石阻碍而运行困难,所以卦名是《蹇》。

③君子以反身修德:蹇难之时,不能冒进,只适宜反求自身,加强自

身道德修养，方能度过艰险。反身，反求自身。《周易正义》："蹇难之时，未可以进，惟宜反求诸身，自修其德，道成德立，方能济险，故曰'君子以反身修德'也。陆绩曰：'水在山上，失流通之性，故曰蹇。'通水流下，今在山上，不得下流，蹇之象。陆绩又曰：'水本应山下，今在山上，终应反下，故曰反身。'处难之世，不可以行，只可反省察，修己德用，乃除难。君子通达道畅之时，并济天下，处穷之时则独善其身也。"

【译文】

《象传》说：蹇卦的卦象是山上有水，水的运行充满艰难险阻，所以卦名叫《蹇》。君子在蹇难之时，不能冒进，只适宜反求自身，加强自身道德修养。消除艰难险阻没有比反省加强自身修养更好的了。

《彖》曰：蹇，难也，险在前也，见险而能止，智矣哉[①]！

【注释】

①"蹇，难也"几句：《蹇》卦外卦是坎，坎为险，又处在上位，所以是险在前，如果冒险前行恐怕遭受祸害。艮卦是内卦，艮为山表示阻止，阻止不前，时机适宜再有动作，这是智慧。《周易正义》："蹇，难也，险在前也。见险而能止，'知矣哉'者，释卦名也。蹇者，有难而不进，能止而不犯，故就二体，有险有止，以释《蹇》名。坎在其外，是'险在前也'。有险在前，所以为难。若冒险而行，或罹其害。艮居其内，止而不往，相时而动，非知不能，故曰'见险而能止，知矣哉'也。"

【译文】

《彖传》说：蹇是艰难，阻险在前，见到阻险能够主动停止，时机适宜再有所行动，真是智慧呀！

六二：王臣蹇蹇，匪躬之故[①]。处难之时，履当其位，执心不回，志匡王室者也，故曰“王臣蹇蹇，匪躬之故”也。履中行义[②]，以存其上，处蹇以此，未见其尤也。

【注释】

①王臣蹇蹇，匪躬之故：蹇蹇，忠直的样子。王指九五阳爻，臣指六二阴爻。躬，自身。《周易正义》：“王谓五也，臣谓二也。九五居于王位而在难中，六二是五之臣，往应于五，履正居中，志匡王室，能涉蹇难，而往济蹇，故曰‘王臣蹇蹇’也。尽忠于君，匪以私身之故而不往济君，故曰‘匪躬之故’。”

②履中行义：指九五、六二两爻分别在内外卦中得位居中，所以能践行君臣大义。

【译文】

六二：君王的臣子忠心直谏，不是为了自身的缘故。处在危难之时，履行职位的正当职责，心志坚定不移，定要匡扶王室，所以说“君王的臣子忠心直谏，不是为了自身的缘故”。履行中道实施君臣大义，用来保存君上，危难时刻用这种方式处事，看不见什么过失。

《象》曰：王臣蹇蹇，终无尤也[①]。

【注释】

①王臣蹇蹇，终无尤也：尤，过失。《周易正义》：“‘终无尤’者，处难以斯，岂有过尤也？”

【译文】

《象传》说：君王的臣子忠心直谏，最终不会有什么过失。

解[①]

《象》曰：雷雨作，解[②]。君子以赦过宥罪[③]。

【注释】

①解：《解》卦是《周易》第四十卦，坎下震上。震为雷，为动，坎为水，为险。险在内，动在外，意为解除险难。《周易正义》："《序卦》云：'物不可以终难，故受之以解。解者，缓也。'然则解者，险难解，释物情舒缓，故为解也。"

②雷雨作，解：《解》卦的上卦是震，象雷，下卦是坎，象雨，所以卦象是雷雨作。天地开解之后雷雨交加，所以卦名为《解》。

③君子以赦过宥罪：赦，赦免。过，过失，失误。宥，原谅，赦免。《周易正义》："赦谓放免，过谓误失，宥谓宽宥，罪谓故犯。过轻则赦，罪重则宥，皆解缓之义也。"

【译文】

《象传》说：雷雨大作，天地开解舒缓。君子因此赦免过失，宽赦有罪的人。

《彖》曰：天地解而雷雨作，雷雨作而百果草木皆甲坼[①]。天地否结，则雷雨不作；交通感散，雷雨乃作也。雷雨之作，则险厄者亨，否结者散，故百果草木皆甲坼也。解之时大矣哉[②]。无所而不释也。

【注释】

①天地解而雷雨作，雷雨作而百果草木皆甲坼（chè）：甲坼，指草木种子开裂出芽。甲，植物某些部分的外层，如种皮、花萼、果实、外壳等。坼，开裂。《周易正义》："'天地解而雷雨作，雷雨作而百

果草木皆甲坼’者，此因震、坎有雷雨之象，以广明解义。天地解缓，雷雨乃作。雷雨既作，百果草木皆孚甲开坼，莫不解散也。”

②解之时大矣哉：《周易正义》：“结叹《解》之大也。自天地至于草木，无不有解，岂非大哉！”

【译文】

《彖传》说：天地舒缓开解雷雨大作，雷雨大作各种果实草木种子都开裂出芽。 天地闭结，雷雨就不会发生；天地交通感应，雷雨这才发生。雷雨的发生，使得艰险恶阻变成亨通，闭结阻塞变成散开，所以各种果实草木种子都开裂出芽。**解的时效功用真大呀。** 解的功用是开释舒解一切。

六三[①]：负且乘，致寇至，贞吝[②]。 处非其位，履非其正，以附于四，用夫柔邪以自媚者也。乘二负四，以容其身，寇之来也，自己所致矣，虽幸而免，正之所贱也。

【注释】

①六三：六三是阴爻，下面九二，上面九四都是阳爻。

②“负且乘”几句：负，背负重物，指在九四之下。乘，乘车，指六三在九二之上。致寇至，这些东西不是六三自己所有，于是争相抢夺。贞，占卜。吝，艰难。《周易正义》：“‘负且乘，致寇至’者，六三失正无应，下乘于二，上附于四，即是用夫邪佞以自说媚者也。乘者，君子之器也。负者，小人之事也。施之于人，即在车骑之上，而负于物也。故寇盗知其非己所有，于是竞欲夺之，故曰‘负且乘，致寇至’也。‘贞吝’者，负乘之人，正其所鄙，故曰‘贞吝’也。”

【译文】

六三：背负重物乘坐大车，招致强盗抢夺，占卜会遇到灾难。 六三阴爻处于阳位，所处位置不当，做着不该做的事情，上附九四，意味着用邪佞来取悦献媚。欺凌九二攀附九四，用来容纳自身，强盗的到来，是自己招致的，即使幸免于难，也是君子所鄙视的。

损[1]

《象》曰：山下有泽，损[2]。君子以惩忿窒欲[3]。可损之善，莫善损忿欲。

【注释】

①损：《损》卦是《周易》第四十一卦，兑下艮上。艮为阳卦，为止。兑为阴卦，为悦。损，减损。《周易正义》："损者，减损之名，此卦明损下益上，故谓之损。损之为义，损下益上，损刚益柔。损下益上，非补不足者也。损刚益柔，非长君子之道者也。"

②山下有泽，损：《损》卦上卦是艮，象山，下卦是兑，象泽，所以卦象是山下有泽。泽水侵蚀山陵造成损害，所以卦名为《损》。

③君子以惩忿窒（zhì）欲：窒，阻塞不通。君子效法《损》卦的道理，要抑制愤怒，堵塞情欲。《周易正义》："泽在山下，泽卑山高，似泽之自损以崇山之象也。君子以法此《损》道，以惩止忿怒，窒塞情欲。夫人之情也，感物而动，境有顺逆，故情有忿欲。惩者息其既往，窒者闭其将来。忿欲皆有往来，惩窒互文而相足也。"

【译文】

《象传》说：《损》卦的卦象是山下有泽，泽水侵蚀山陵，所以叫损。君子借鉴领悟要抑制愤怒，堵塞情欲。可以减损的好处，没有比抑制愤怒，堵塞情欲更好的了。

《彖》曰：损益盈虚，与时偕行[1]。自然之质，各定其分，损益将何加焉！非道之常，故必与时偕行也。

【注释】

①损益盈虚，与时偕行：损，减损。益，增益。与时偕行，指应时而行。《周易正义》："盈虚者，凫足短而任性，鹤胫长而自然。此又云'与时偕行'者，上既言损刚益柔，不可常用，此又泛明损益之事，体非恒理，自然之质，各定其分。凫足非短，鹤胫非长，何须损我以益人，虚此以盈彼？但有时宜用，故应时而行，故曰'损益盈虚，与时偕行'也。"这是强调损益之道重在时机。

【译文】

《彖传》说：使丰盈的减损，使虚少的增益，应和时机采取行动。自然的性质是万物各自确定自己的名分，减损增益又如何施加呢！这不是正常的道理，所以必须应和时机采取行动。

益[①]

《象》曰：风雷，益[②]。君子以见善则迁，有过则改矣[③]。从善改过，益莫大焉。

【注释】

①益：《益》卦是《周易》第四十二卦，震下巽上。巽为风，震为雷。风雷激荡，交相助益。此卦与《损》卦相反，巽为柔顺在上，震为刚动在下。益，增益。《周易正义》："益者，增足之名，损上益下，故谓之益。下已有矣，而上更益之，明圣人利物之无已也。《损》卦则损下益上，《益》卦则损上益下，得名皆就下而不据上者，向秀云：'明王之道，志在惠下，故取下谓之损，与下谓之益。'"

②风雷，益：《益》卦上卦是巽，阴柔为风，下卦是震，阳刚为雷，所以卦象是风雷。风本在下，现在上行，风势益增，雷本在上，现在下击，雷势益增，所以卦名为《益》。

③君子以见善则迁，有过则改矣：《周易正义》："迁谓迁徙慕尚，改谓

改更惩止。迁善改过，益莫大焉，故君子求益，‘以见善则迁，有过则改’也。”

【译文】

《象传》说：《益》卦巽象风，震象雷，气势交相增益，所以叫益。君子借鉴《益》卦，对好事崇尚学习，有过错就改正。追随美善，改正过失，没有比这更好的了。

《彖》曰：益，损上益下，民悦无疆。自上下下，其道大光①。利有攸往，中正有庆②。五处中正，自上下下，故有庆也。以中正有庆之德，有攸往也，何适而不利哉！

【注释】

①“损上益下”几句：在《益》卦中，巽阴柔代表民众却居于上位，震阳刚代表君王却居于下位。这是说君王居上位者要自我减损来增益下民，那么下民的欢悦无边无际。能从上位向下层施恩，那么为君之道也发扬光大了。

②利有攸往，中正有庆：攸，所。中正有庆，这是就九五爻进行解释。九五处在中正位置，为君之道发扬光大，使得天下喜庆顺从。《周易正义》：“此就九五之爻，释‘利有攸往，中正有庆’也。五处中正，能自上下下，则其道光大，为天下之所庆顺也。以中正有庆之德，故所往无不利焉。益之所以‘利有攸往’者，正谓‘中正有庆’故也。”

【译文】

《彖传》说：《益》卦是说居上位的君王要自我减损，有益于民众，民众的喜悦无边无际。君王能从上面将恩惠施予下面的臣民，那么为君之道也就发扬光大了。利益无所不在，以中正之道让天下人受益，天下都能得到喜庆。九五爻处于中正之位，能从上位向下施恩，所以会有喜庆之象。用中正和喜庆的德行行事，一切都能马到成功，到什么地方去能不有利呢！

升[1]

《象》曰：地中生木，升[2]。君子以慎德，积小以成高大[3]。

【注释】

①升：《升》卦是《周易》第四十六卦，巽下坤上。坤为地，为顺，巽为木。树木从大地中生长出来，日渐高大，喻步步高升，所以叫做升。升，上升。《周易正义》："升者，登上之义，升而得大通，故曰'升，元亨'也。"

②地中生木，升：《升》卦上卦是坤，象地，下卦是巽，象木，所以卦象是地中生木。树木从地上出生，渐渐成长高大，所以卦名为《升》。

③君子以慎德，积小以成高大：君子借鉴《升》卦，就要谨慎修养自己的德行，积累小善，成就美名。今本"慎"作"顺"。《周易正义》："君子以顺德，积小以高大者，地中生木，始于毫末，终至合抱。君子象之，以顺行其德，积其小善，以成大名，故《系辞》云'善不积不足以成名'是也。"

【译文】

《象传》说：《升》卦的卦象是树木从大地中生长出来，渐渐升高，所以叫升。君子借鉴此卦，要谨慎修养自己的德行，积累小善，成就美名。

革[1]

《象》曰：泽中有火，革[2]。

【注释】

①革：《革》卦是《周易》第四十九卦，离下兑上。离为火，兑为泽，泽水在上，而下火上烧。火旺水干，水大火熄。水火相生相克，必

然变革。革，更革，改革。《周易正义》："革者，改变之名也。此卦明改制革命，故名《革》也。"

②泽中有火，革：《革》卦上卦是兑，象泽，下卦是离，象火，所以卦象是泽中有火。沼泽本为水域，现在起火，是泽水干枯，变易起火，所以命名为《革》。《周易正义》："'泽中有火，革'者，火在泽中，二性相违，必相改变，故为革象也。"

【译文】

《象传》说：《革》卦的卦象是泽中有火，水火相反，必须更革，所以名称叫革。

《彖》曰：革，水火相息[①]。凡不合而后变生。火欲上，泽欲下，水火相战，而后变生者也。天地革而四时成，汤、武革命，顺乎天而应乎人。革之时大矣哉[②]。

【注释】

①革，水火相息：水火本来不能共处，如果共处，一定互相克制，于是水被加热，火被浇灭变冷，这就是更革改变。《周易正义》："此就二体释卦名也。'水火相息'，先就二象明'革'。息，生也。火本干燥，泽本润湿。燥湿殊性，不可共处。若其共处，必相侵克。既相侵克，其变乃生，变生则本性改矣。水热而成汤，火灭而气冷，是谓'革'也。"

②"天地革而四时成"几句：天地革而四时成，天地阴阳交替变革，温暑凉寒四季相成。汤、武革命，指商汤灭夏桀、周武王伐殷纣。以此来赞扬变革顺天应人，功效宏大。《周易正义》："'天地革而四时成'者，以下广明'革'义。此先明'天地革'者，天地之道，阴阳升降，温暑凉寒，迭相变革，然后四时之序皆有成也。'汤、武革命，顺乎天而应乎人'者，以明人革也。夏桀、殷纣，凶狂无度，

天既震怒，人亦叛主。殷汤、周武，聪明睿智，上顺天命，下应人心，放桀鸣条，诛纣牧野，革其王命，改其恶俗，故曰‘汤、武革命，顺乎天而应乎人’。计王者相承，改正易服，皆有变革，而独举汤、武者，盖舜、禹禅让，犹或因循，汤、武干戈，极其损益，故取相变甚者，以明人革也。‘革之时大矣哉’者，备论《革》道之广讫，总结叹其大，故曰‘大矣哉’也。”

【译文】

《彖传》说：革是水火相战而发生变化。事物凡是不能相合就要生变。火焰向上，水流向下，水火大战，然后变化发生。**天地变革，四季生成，商汤、周武革除夏桀、殷纣的天命，上顺天命，下应人心。革的时义真伟大啊！**

上六：君子豹变，小人革面[①]。居变之终，变道已成。君子处之，能成其文。小人乐成，则变面以顺上也。

【注释】

①君子豹变，小人革面：上六爻位于《革》卦的最终，象征变革之道已经完成，君子处在这一形势下，有如豹皮花纹变得润泽光辉，小人处在这一形势下，只能改变脸色，顺应上峰罢了。豹变，指如豹纹那样发生显著的变化。幼豹长大褪毛，然后疏朗焕散，其毛光泽有文采。喻人的行为变好或势位显贵。革面，改变脸色或态度。《周易正义》：“上六居《革》之终，变道已成，君子处之，虽不能同九五革命创制，如虎文之彪炳，然亦润色鸿业，如豹文之蔚缛，故曰‘君子豹变’也。‘小人革面’者，小人处之，但能变其颜面，容色顺上而已，故曰‘小人革面’也。”

【译文】

上六：君子处在这一位置，有如豹皮花纹变得润泽光辉；小人处在这一位置，只能改变脸色，顺应上峰。上六爻，处在《革》卦的变革的终点，变革之道已经大成。君子处在这一情况，能够成就文采。小人乐于成就，改变脸色顺从上峰。

鼎[1]

《象》曰：木上有火，鼎[2]。

【注释】

①鼎：《鼎》卦是《周易》第五十卦，巽下离上。巽为木，离为火，下木上火，有鼎之象。烹饪成新，化生为熟，有除旧布新之意。鼎，古代烹饪的器皿，也是国家重器，禹铸九鼎，象征天下大权。《周易正义》："鼎者，器之名也。自火化之后铸金，而为此器以供烹饪之用，谓之为鼎。亨饪成新，能成新法。然则鼎之为器，且有二义，一有亨饪之用，二有物象之法，故《彖》曰'鼎，象也，明其有法象也'。《杂卦》曰'革去故'而'鼎取新'，明其亨饪有成新之用。此卦明圣人革命，示物法象，惟新其制，有鼎之义，以木巽火，有鼎之象，故名为《鼎》焉。"

②木上有火，鼎：《鼎》卦的下卦是巽，为木，上卦是离，为火，所以卦象是木上有火，表示点燃柴火用鼎烹煮。《周易正义》："木上有火，即是以木巽火，有亨饪之象，所以为鼎也。"

【译文】

《象传》说：《鼎》卦的卦象是木上有火，这是点燃柴火用鼎烹煮。

《彖》曰：鼎，象也[1]。以木巽火，亨饪也[2]。圣人以享上帝，而大亨以养圣贤[3]。亨者，鼎之所为也。革去故而鼎成新，故为亨饪调和之器也。去故取新，圣贤不可失也。饪，熟也。天下莫不用之，而圣人用之，乃上以亨上帝，下以大亨养圣贤焉。

【注释】

①鼎,象也:鼎有烹饪的法象。

②以木巽火,亨饪也:亨,同"烹",烹饪。《周易正义》:"此明上下二象有亨饪之用,此就用释卦名也。"

③圣人以享上帝,而大亨以养圣贤:鼎用来烹饪作用有二:一供祭祀,二享宾客。祭祀就要祭享上帝,享宴就以圣贤为主,故举其重大,那么就知道轻小。享帝直接说"亨",养人那就要说"大亨",是因为享帝崇尚质朴,用特性罢了。圣贤人数多,供养吃饱,所以说"大亨"。《周易正义》:"此明鼎用之美。亨饪所须,不出二种,一供祭祀,二当宾客。若祭祀则天神为大,宾客则圣贤为重。故资其牲大,则轻小可知。享帝直言'亨',养人则言'大亨'者,享帝尚质,特性而已,故直言'亨'。圣贤既多,养须饱饫,故'亨'上加'大'字也。"

【译文】

《象传》说:鼎有烹饪的形象。用柴火进行烹饪。圣人用它来祭享上帝,还用盛大的享宴来供养圣贤。烹饪是鼎的功能。《革》卦去除故旧,《鼎》卦成就新鲜,所以鼎是烹饪调和的器皿。去除故旧取得新鲜,这是圣贤也不能丢失的。饪是熟。天下没有不使用鼎的,而圣人用它,对上才可以祭享上帝,对下就能用盛大的享宴来供养圣贤。

震[1]

震惊百里,不丧匕鬯[2]。威震惊乎百里,则足可以不丧匕鬯矣。匕,所以载鼎实。鬯,香酒,奉宗庙之盛者也。

【注释】

①震:《震》卦是《周易》第五十一卦,上下卦都是震。两震相叠,亨通畅达。《周易正义》:"震,动也。此象雷之卦。天之威动,故以

震为名。震既威动，莫不惊惧，惊惧以威则物皆整齐，由惧而获通，所以震有亨德，故曰‘震亨’也。”

②震惊百里，不丧匕鬯（chàng）：百里，古代诸侯国封地为百里，喻地之广大。匕，古代取食的用具。鬯，用黑黍与郁金草香料酿成的香酒，为祭祀宗庙盛典所用。巨雷震惊百里，而祭祀的人匕鬯不失，可见其敬肃镇定。《周易正义》：“先儒皆云：雷之发声，闻乎百里。故古帝王制国，公侯地方百里，故以象焉。窃谓天之震雷，不应止闻百里，盖以古之启土，百里为极。文王作爻在殷时，明长子威震于一国，故以百里言之也。匕所以载鼎实，鬯香酒者。……今特言匕鬯者，郑玄云：‘人君于祭祀之礼，尚牲荐鬯而已，其余不足观也。’”

【译文】

巨雷震惊百里，主持祭祀的人手中的勺子与香酒都没有掉下。巨雷之威震惊百里，提醒人们小心谨慎严肃认真，这就足以不丢掉勺子和香酒了。匕是用来盛鼎中食物的勺子。鬯是用黑黍与郁金草香料酿成的香酒，用来敬献祭祀宗庙的盛典。

《象》曰：洊雷，震[①]。君子以恐惧修省[②]。

【注释】

①洊（jiàn）雷，震：洊，屡次，再，接连。雷相因袭，成为威震。《震》卦是重震之卦，所以说“洊雷，震”。《周易正义》：“洊者，重也，因仍也。雷相因仍，乃为威震也。此是重震之卦，故曰‘洊雷，震’也。”

②君子以恐惧修省：君子本来就战战兢兢，不敢懈怠，现在看到天怒雷威，就会更加修养自身，省察过失。《周易正义》：“‘君子以恐惧修省’者，君子恒自战战兢兢，不敢懈惰，今见天之怒，畏雷之威，弥自修身省察己过，故曰‘君子以恐惧修省’也。”

【译文】

《象传》说：接连而响的巨雷，使人震动。君子因此心生敬畏恐惧之感，自我修身省过。

《彖》曰：震，亨。震来虩虩，恐致福也[①]。震惊百里，惊远而惧迩也[②]。威震惊乎百里，则惰者惧于近矣。出，可以守宗庙社稷，以为祭主也[③]。明所以堪长子之义也。不丧匕鬯，则己出可以守宗庙也。

【注释】

①震来虩虩（xì），恐致福也：虩虩，恐惧的样子。两句是说在巨雷震惊之后，当初虽说恐惧，但是能由惧反省自修，所以能得福。《周易正义》："'震来虩虩，恐致福也'者，威震之来，初虽恐惧，能因惧自修，所以致福也。"

②震惊百里，惊远而惧迩也：迩，近。这是说巨雷震惊百里之远，而靠近的更加恐惧。《周易正义》："'震惊百里，惊远而惧迩'者，言威震惊于百里之远，则惰者恐惧于近也。"

③出，可以守宗庙社稷，以为祭主也：出，指君王外出巡狩等事情。据《说卦》，震为长子，君王外出，长子要留守宗庙社稷，代理祭主主持典礼。《周易正义》："出，谓君出巡狩等事也。君出，则长子留守宗庙社稷，摄祭主之礼事也。"

【译文】

《彖传》说：雷震，亨通。巨雷震动，令人震惊害怕，但是惊惧之后反省自修，却能够得福。震惊百里，远处人震惊，近处人惊惧。巨雷威力震惊百里，那么近处懒惰的人就会害怕。君王外出巡狩，可以让长子留守宗庙社稷，代理祭主主持典礼。这是说明委任长子的道理。只要长子不丢掉勺子鬯酒，在君王已经外出时就可以留守宗庙了。

艮[1]

《象》曰:兼山,艮[2]。君子以思不出其位[3]。各止其所,不侵官也。

【注释】

①艮:《艮》卦是《周易》第五十二卦,上下卦都是艮。艮为山,二山重叠,喻静止,抑止。艮,止。

②兼山,艮:艮为山,上下卦都是艮,所以叫兼山。一山已能镇止,现在两山重叠,更能停止,所以说"兼山,艮"。《周易正义》:"兼山艮者,两山义重,谓之兼山也,直置一山,已能镇止。今两山重叠,止义弥大,故曰'兼山,艮'也。"

③君子以思不出其位:位,《说文》:"列中廷之左右谓之位。"郭璞说:"群臣之列位也。"可见位指公卿大夫的职位、地位。所以君子在这时的思虑,不要逾越自己的地位。《周易正义》:"'君子以思不出其位'者,止之为义,各止其所。故君子于此之时,思虑所及,不出其已位也。"

【译文】

《象传》说:艮象山,艮卦上下都是艮,所以是两山相叠,更能静止。君子在这时的思虑,不要逾越自己的地位。各自处在各自的位置工作,不要有非分之想。

《彖》曰:艮,止也[1]。时止则止,时行则行,动静不失其时,其道光明[2]。止道不可常用,必施于不可以行,适于其时,道乃光明。

【注释】

①艮，止也：这是解释本卦卦名，艮就是静止。《周易正义》："'艮，止也'者，训其名也。"

②"时止则止"几句：这是说该静止时就要静止，该施行时就要施行，行动静止不失时机，然后静止之道一片光明。《周易正义》："'时止则止，时行则行，动静不失其时，其道光明'者，将释施止有所光明，施止有时，凡物之动息，自各有时运。"

【译文】

《彖传》说：**艮就是静止。该静止时就要静止，该施行时就要施行，行动静止不失时机，然后静止之道一片光明。**静止之道不能常用，必须在不可施行的时候才静止，适逢其时，静止之道才会光明。

丰[①]

亨，王假之[②]。大而亨者，王之所至也。**勿忧，宜日中[③]。**《丰》之为义，阐宏微细，通夫隐滞者也。为天下之主，而令微隐者不亨，忧未已也，故至丰亨，乃得勿忧也。用夫丰亨不忧之德，宜处天中以遍照者也，故曰"宜日中"也。

【注释】

①丰：《丰》卦是《周易》第五十五卦，离下震上。离为火，震为雷，火焰熊熊，电闪雷鸣，象征盛大。丰，大，多。《周易正义》："《彖》及《序卦》皆以大训丰也，然则丰者，多大之名，盈足之义，财多德大，故谓之为丰。德大则无所不容，财多则无所不齐。"

②亨，王假（gé）之：亨，通。假，至。大通的结果，如果没有君王的盛德是不能得到的。《周易正义》："无所拥碍谓之为亨，故曰'丰，亨'。'王假之'者，假，至也。丰亨之道，王之所尚，非有王

者之德不能至之，故曰‘王假之’也。”

③勿忧，宜日中：勿，无，不要。《周易正义》：“勿，无也。王能至于丰亨，乃得无复忧虑，故曰勿忧也。用夫丰亨无忧之德，然后可以君临万国，遍照四方，如日中之时遍照天下，故曰‘宜日中’也。”

【译文】

亨通，君王可以达到盛大的境界。巨大且亨通的境界是只有君王才能达到。**不用忧虑，君王应该如日在中天，光芒四射，普照人间。**《丰》卦的意义，是使细密微暗宏大光明，使隐藏停滞畅通无阻。作为天下之主，却让微隐之物不能畅通，这样忧患就会没完没了，所以只有达到丰亨大通，这才没有忧患。凭借这一丰亨大通不忧的德行，应该像中午那遍照四方的太阳一样，所以说“应该像日在中天”。

《象》曰：雷电皆至，丰①。君子以折狱致刑②。文明以动，不失情理。

【注释】

①雷电皆至，丰：《丰》卦的上卦是震，为雷，下卦是离，为电。雷是天威震动，电是天光闪耀。雷电一起发生，是威严光明齐聚，所以叫《丰》。

②君子以折狱致刑：君子应该效法天威断案判刑。折狱，判决案件。致刑，动用刑罚。《周易正义》：“‘君子以折狱致刑’者，君子法象天威而用刑罚，亦当文明以动，折狱断决也。断决狱讼，须得虚实之情；致用刑罚，必得轻重之中。若动而不明，则淫滥斯及。故君子象于此卦而折狱致刑。”

【译文】

《象传》说：《丰》卦的卦象是雷声电光齐聚，象征着盛大。君子借鉴《丰》卦的威严光明来精准断案判刑。文明断案判刑，就是不失情理。

《象》曰：日中则昃，月盈则食，天地盈虚，与时消息，而况于人乎？况于鬼神乎[①]？《丰》之为用，困于昃食者也。施于未足则尚丰，施于已盈则方溢，不可以为常，故具陈消息之道也。

【注释】

①“日中则昃”几句：这是借《丰》卦来告诫，兴盛必有衰亡，这是自然常理。日中最盛，过午太阳就要偏斜；月圆时盈满，过了之后就会缺食；上天寒来暑往，大地陵谷变迁，盈虚都要追随时间生长消亡。天地日月，尚且如此，何况人跟鬼神呢？昃，太阳偏西。《周易正义》：“此孔子因《丰》设戒，以上言王者以丰大之德，照临天下，同于日中。然盛必有衰，自然常理。日中至盛，过中则昃；月满则盈，过盈则食。天之寒暑往来，地之陵谷迁贸，盈则与时而息，虚则与时而消。天地日月，尚不能久，况于人与鬼神，而能长保其盈盛乎？勉令及时修德，仍戒居存虑亡也。此辞先陈天地，后言人、鬼神者，欲以轻譬重，亦先尊后卑也。”

【译文】

《象传》说：太阳过了中午就会偏斜，月亮满月之后就会缺蚀，天地丰盈虚损，都会随着时间生长消亡，盛衰无常，何况人呢？何况鬼神呢？《丰》卦的应用，针对偏斜缺蚀的困境。施用于尚不丰足的情况能让它丰大，施用于已经盈满的情况那就会马上溢出，所以不可作为常规，因此一一陈述天地万物生长消亡的道理。

兑[①]

《象》曰：丽泽，兑[②]。君子以朋友讲习[③]。

【注释】

①兑:《兑》卦是《周易》第五十八卦,上下卦都是兑。兑象泽,两泽相连,两水交流,欢欣喜悦。兑,喜悦。《周易正义》:"兑,说(悦)也。《说卦》曰:'说万物者莫说乎泽。'以兑是象泽之卦,故以兑为名。泽以润生万物,所以万物皆说;施于人事,犹人君以恩惠养民,民无不说也。惠施民说,所以为亨。"

②丽泽,兑:本卦上下两卦都是兑,兑为泽,所以卦象是两泽相连。两泽相连,泽水交流润泽。君子看到,感悟喜悦之极。丽,连接。

③君子以朋友讲习:朋友,同门曰朋,同志曰友。同门是指同师受业的人,同志是指志趣相同的人。讲习,研讨学习。也就是以文会友,以友辅仁。《周易正义》说:"'君子以朋友讲习'者,同门曰朋,同志曰友,朋友聚居,讲习道义,相说之盛,莫过于此也,故君子象之以朋友讲习也。"

【译文】

《象传》说:《兑》卦上下两卦都是兑,兑为泽,互相交流,相互受益,令人喜悦。君子因与朋友讲习切磋,非常高兴。

《彖》曰:兑,悦也。刚中而柔外,悦以利贞①。悦而违刚则谄,刚而违悦则暴。刚中而柔外,所以悦以利贞也。是以顺乎天而应乎人②。天,刚而不失悦者也。悦以先民,民忘其劳;悦以犯难,民忘其死③。悦之大,民劝矣哉④。

【注释】

①刚中而柔外,悦以利贞:九二、九五以阳刚各处于下卦和上卦的中央,上六、六三以阴柔处于各自最外边。所以是外虽柔悦,而内德刚正;内虽刚正,而外表柔悦。贞,正。《周易正义》:"'刚中而柔

外，说以利贞’者，此就二、五以刚居中，上六、六三以柔处外，释‘兑亨利贞’之义也。外虽柔说，而内德刚正，则不畏邪谄。内虽刚正，而外迹柔说，则不忧侵暴。只为刚中而柔外，中外相济，故得说亨而利贞也。”

②是以顺乎天而应乎人：说明本卦的喜悦，源于天人相通。《周易正义》：“广明说义，合于天人。天为刚德而有柔克，是刚而不失其说也。今说以利贞，是上顺乎天也。人心说于惠泽，能以惠泽说人，是下应乎人也。”

③“悦以先民”几句：先用喜悦爱抚民众，然后让他们工作，那么民众都会尽力工作而忘掉劳苦。同样先用喜悦慰劳民众，然后让他们面对困难，那么民众都舍生忘死拼命向前。《周易正义》：“‘说以先民，民忘其劳’以下叹美说之所致，亦申明应人之法。先以说豫抚民，然后使之从事，则民皆竭力忘其从事之劳，故曰‘说以先民，民忘其劳’也。‘说以犯难，民忘其死’者，先以说豫劳民，然后使之犯难，则民皆授命，忘其犯难之死，故曰‘说以犯难，民忘其死’也。”

④悦之大，民劝矣哉：喜悦意义重大，能够让民众获得勉励。《周易正义》：“施说于人，所致如此，岂非说义之大，能使民劝勉矣哉！故曰‘说之大，民劝矣哉’。”

【译文】

《彖传》说：兑就是喜悦。卦象表明内有刚健德行而外表柔悦顺从，喜悦而有利于守持正道。柔悦违背刚直是谄媚，刚健违背柔悦是粗暴。内有刚健德行而外表柔悦顺从，所以说喜悦而有利于守持正道。因此上顺应天下顺应人。天是刚健而又不失柔悦的。君子先用愉悦爱抚民众，再让他们工作，那么民众都会尽力工作而忘掉劳苦；同样先用愉悦慰劳民众，再让他们面对困难，那么民众都舍生忘死拼命向前。喜悦意义重大，能够让民众获得勉励。

涣[1]

《象》曰：风行水上，涣[2]。

【注释】

①涣：《涣》卦是《周易》第五十九卦，坎下巽上。坎为水，巽为风，风行水上，波澜流溢。涣，指水流流散无阻，也指离散。《周易正义》："《序卦》曰：'说而后散之，故受之以涣。'然则涣者，散释之名。《杂卦》曰：'涣，离也。'此又涣是离散之号也。盖涣之为义，小人遭难，离散奔迸而逃避也。大德之人，能于此时建功立德，散难释险，故谓之为《涣》。"

②风行水上，涣：《涣》卦的上卦是巽，巽为风，下卦是坎，坎为水，所以卦象是风行水上。水借风势，汹涌澎湃，所以是涣散。《周易正义》："'风行水上，涣'者，风行水上，激动波涛，散释之象，故曰'风行水上，涣'。"

【译文】

《象传》说：《涣》卦的卦象是风行于水面上，这种景象象征着涣散。

九五：涣汗其大号，涣，王居无咎[1]。处尊履正，居巽之中，散汗大号，以荡险厄者也。为《涣》之主，唯王居之，乃得无咎也。

【注释】

①涣汗其大号，涣，王居无咎：涣汗，形容大汗淋漓的样子。九五爻得位中正，比喻君王处于尊正的地位，即使在汗出淋漓的险境也可以发号施令，荡涤险厄。九五是《涣》卦之主，只有君王处于此位才能没有过错，所以说"涣，王居无咎"。《周易正义》："'涣汗其大号'者，人遇险厄，惊怖而劳，则汗从体出，故以汗喻险厄也。

九五处尊履正，在号令之中，能行号令，以散险厄者也，故曰‘涣汗其大号’也。‘涣，王居无咎’者，为《涣》之主，名位不可假人，惟王居之，乃得无咎，故曰‘涣，王居无咎’。”

【译文】

九五：因受惊于险厄之事而散出汗水，但还是发布了大的号令，九五是《涣》卦之主，只有君王处于此位才能没有灾祸。九五爻得位中正，居于上巽中央，象征君王处于尊贵的位置，履行正道，可以在大汗淋漓时发号施令，荡涤险厄。作为《涣》卦之主，只有君王居处，才能没有灾祸。

节[①]

《象》曰：泽上有水，节[②]。君子以制度数，议德行[③]。

【注释】

①节：《节》卦是《周易》第六十卦，兑下坎上。兑为泽，坎为水。泽水有限，多必溢出，因此要有节度，所以要节。节，节度，节制。《周易正义》：“《象》曰：‘节以制度。’《杂卦》云：‘节，止也。’然则节者制度之名。”

②泽上有水，节：节的下卦是兑，为泽，上卦是坎，为水，所以卦象是水在泽上，需要节制。

③君子以制度数，议德行：度数，今本《周易·节》卦作“数度”，指礼数、法度。德行，指人才的优劣。《周易正义》：“‘君子以制数度，议德行者’，数度，谓尊卑礼命之多少；德行，谓人才堪任之优劣。君子象《节》以制其礼数等差，皆使有度，议人之德行任用，皆使得宜。”

【译文】

《象传》说：《节》卦的卦象是泽上有水，需要节制。君子取象《节》卦，制定礼教衡量人们的德行。

《彖》曰：苦节不可贞，其道穷①。为节过苦，则物不能堪也，物不能堪，则不可复正也。悦以行险，当位以节，中正以通②。无悦而行险，过中而为节，则道穷也。天地节而四时成。节以制度，不伤财，不害民③。

【注释】

①苦节不可贞，其道穷：节制要适中，过分节制就是苦节，太刻薄，令人不能忍受。如果把苦节当做正常，那就会遭遇困境无路可走。《周易正义》："为节过苦，不可为正。若以苦节为正，则其道困穷，故曰'苦节不可贞，其道穷'也。"

②"悦以行险"几句：这是申明节制必须不违喜悦，适当而不过中的道理。《周易正义》："行险以说，则为节得中。当位以节，则可以为正。良由中而能正，所以得通，故曰'中正以通'，此其所以为亨也。"

③"天地节而四时成"几句：君王用制度来节制，使得民众劳役有时，就不伤财，不害民。《周易正义》："'天地节而四时成'者，此下就天地与人广明节义。天地以气序为节，使寒暑往来，各以其序，则四时功成之也。王者以制度为节，使用之有道，役之有时，则不伤财，不害民也。"

【译文】

《彖传》说：过分的节制是苦节，苦节失于中正，这样只会遭遇困境无路可走。从事节制过分辛苦，那么万物不能忍受，万物不能忍受，就不能返回正道。走危险的路却能喜悦地节制行为，就如同本卦九五爻处于尊位，当位中正以行节道，光明正大万事亨通。在险厄的道路上行走却不能喜悦地节制，超过限度去节制，那只会走上穷途末路。天地的节制形成四季寒暑变化。君王用典章制度来节制统治，既不会浪费财货，又不会妨害民众。

中孚[①]

《象》曰：泽上有风，中孚[②]。君子以议狱缓死[③]。信发于中，虽过可亮。

【注释】

①中孚：《中孚》卦是《周易》第六十一卦，兑下巽上。中孚，诚信从心中发出。《周易正义》："信发于中，谓之'中孚'。"

②泽上有风，中孚：《中孚》卦上卦是巽，巽为风，下卦是兑，兑为泽，所以卦象是风行泽上，无所不周。故又以指恩泽普施。《周易正义》："'泽上有风，中孚'者，风行泽上，无所不周，其犹信之被物，无所不至，故曰'泽上有风，中孚'。"

③君子以议狱缓死：讲求诚信的时代，只是故意犯法的才予以治罪，案件有可以宽恕的情节就要研判，宽缓死刑。《周易正义》："中信之世，必非故犯过失为辜，情在可恕，故君子以议其过失之狱，缓舍当死之刑也。"

【译文】

《象传》说：《中孚》卦的卦象是泽上有风吹动，这种情境象征着心怀诚信。君子因此断案要研判一切可以宽恕的情节，宽缓死刑。诚信发自内心，即使有过失也能原谅。

《彖》曰：中孚，柔在内而刚得中，悦而巽，孚[①]，有上四德，然后乃孚。乃化邦也[②]。信立而后邦乃化也。柔在内而刚得中，各当其所也。刚得中，则直而正；柔在内，则静而顺。悦而以巽，则乖争不作。如此，则物无巧竞。敦实之行著，而笃信发乎其中矣。豚鱼吉，信及豚鱼[③]。鱼者，虫之潜隐者也；豚者，兽之微贱者也。争竞之道不兴，忠信之德淳著，则虽微隐之物，信皆及之也。中孚以利贞，乃应天[4]。盛之至也。

【注释】

①"柔在内而刚得中"几句：《中孚》的六爻，六三、六四两阴爻阴柔居中，剩下四阳爻阳刚各居外，是为外刚内柔，柔在内，柔顺谦虚。但九二、九五在上下两卦正中，所以是刚得中，中正充实。《中孚》卦，柔内刚中，各当其所。喜悦谦逊，没有乖戾，诚信发于内，就是"中孚"。《周易正义》："柔内刚中，各当其所，说而以巽，乖争不作，所以信发于内，谓之'中孚'，故曰'柔在内而刚得中，悦而巽，孚'也。"

②乃化邦也：诚信发于内，那么外部的邦国也被教化，所以说"乃化邦也"。

③豚鱼吉，信及豚鱼：豚，小猪。这是解释卦辞"豚鱼吉"的。《周易正义》："释所以得吉，由信及豚鱼故也。"

④中孚以利贞，乃应天：中孚意味正信，如果信不失正，就能上应于天。《周易正义》："释中孚所以利贞者。天德刚正而气序不差，是正而信也。今信不失正，乃得应于天，是中孚之盛故须济以利贞也。"

【译文】

《彖传》说：《中孚》，阴柔在内这是心中谦虚诚恳，阳爻在中，这是阳刚居中充实，喜悦且谦逊就是诚信，有以上四种美德，才能使人信服。如此诚信就能教化外国。诚信确立了，外国才能被教化。阴柔在内阳刚在外，各得其所。阳刚得到中位，就是耿直刚正；阴柔处在内部，就是沉静安顺。喜悦而又顺从，就不会产生乖戾。这样万事万物就没有投机取巧的竞争。敦厚诚实的行为彰显，笃厚诚信就会发自内心了。小猪小鱼都有吉利，这是说，诚信都延伸到小猪小鱼身上了。鱼是深藏在水中的生物，猪是不起眼的低贱牲畜。争竞之道不兴盛，忠信的德行就更加笃厚纯正，那么即使是隐匿微小的生物，诚信都会波及感化到。

不失诚信则会有利，就能上应天意。盛大达到了极致。

小过[①]

《象》曰：山上有雷，小过[②]。君子以行过乎恭，丧过乎哀，用过乎俭[③]。

【注释】

①小过：《小过》卦是《周易》第六十二卦，艮下震上。艮为山，震为雷。山路雷鸣，不可不惧。阳大，阴小，卦外四阴超过卦中二阳，故称小过，即小有越过。《周易正义》："王（弼）于《大过》卦下注云：'音相过之过。'恐人作罪过之义，故以音之。然则《小过》之义，亦与彼同也。过之小事，谓之小过，即'行过乎恭，丧过乎哀'之谓是也。"

②山上有雷，小过：《小过》卦上卦是震，为雷，下卦是艮，为山，所以卦象是山上有雷。《周易正义》："雷之所出，本出于地。今出山上，过其本所，故曰'小过'。"

③"君子以行过乎恭"几句：小人的过错是傲慢奢侈，而君子矫正，可能矫枉过正：行为过于谦恭，居丧过于哀伤，日用过于节俭。《周易正义》："小人过差，失在慢易奢侈，故君子矫之，以行过乎恭，丧过乎哀，用过乎俭也。"

【译文】

《象传》说：《小过》的卦象是山上有雷震动，象征着小小的过越。君子矫枉过正，就会有小的差错：行为过于谦恭，居丧过于哀伤，日用过于节俭。

《彖》曰：小过，小者过而亨也[①]。小者，谓凡诸小事也。过于小事而通者也。**过以利贞，与时行也**[②]。过而得以利贞，应时宜也。施过于恭俭，利贞者也。**柔得中，是以小事吉；刚失位而不中，是以不可大事**[③]。成大事者，必在刚也。柔而侵大，剥之道也。

【注释】

①小过，小者过而亨也：《周易正义》："此释《小过》之名也，并明《小过》有亨德之义。过行小事谓之'小过'，顺时矫俗，虽过而通，故曰'小者过而亨'也。"

②过以利贞，与时行也：《小过》应行于正当之时，不可任意妄为。《周易正义》："此释利贞之德，由为过行而得利贞。然矫枉过正，应时所宜，不可常也，故曰'与时行'也。"

③"柔得中"几句：《小过》卦的六二、六五两爻以阴柔居中，九三、九四两阳不在中位。阴柔居中，这是做小事适宜，所以说"小事吉"。刚，指九三、九四。柔顺之人，做小事还好；刚健之人，才能干大事。九三、九四阳爻刚健，但失位不中，是做大事不合时宜，所以说"不可大事"。《周易正义》："柔顺之人，惟能行小事，柔而得中，是行小中时，故曰'小事吉'也。刚健之人，乃能行大事，失位不中，是行大不中时，故曰'不可大事'也。"

【译文】

《彖传》说：小过，是指在上述小事上稍有过越，反而会亨通。小，是指所有的小事。在小事上稍有过越反而能够亨通。**持稍有过越之态反而有利于保持操守，这是因为适时而行的缘故。**稍稍过越而有利于守持正道，是因为行动符合时宜。在恭让节俭上略有所过，就会和谐贞正。**阴柔居中，因此在小事情上会获得吉祥；阳刚不在中位，因此不可以做大事。**成就大事业的人，一定是阳刚之才。阴柔侵害正大，是衰败的做法。

既济[1]

《象》曰：水在火上，既济[2]。君子以思患而豫防之[3]。存不忘亡，既济不忘未济也。

【注释】

①既济：《既济》卦是《周易》第六十三卦，离下坎上。坎为水，离为火。既济，事情已经成功。《周易正义》："济者，济渡之名，既者，皆尽之称，万事皆济，故以《既济》为名。"

②水在火上，既济：《既济》卦上卦是坎，为水，下卦是离，为火。所以卦象是水在火上。有火在水下烧，饮食可以做熟；人有饮食可以活命，所以卦名《既济》。《周易正义》："水在火上，炊爨之象，饮食以之而成，性命以之而济，故曰'水在火上，既济'也。"

③君子以思患而豫防之：已然成功，但未必无患，所以要思虑预防。《周易正义》："但《既济》之道，初吉终乱，故君子思其后患，而豫防之。"

【译文】

《象传》说：《既济》卦的卦象是水在火上，表明事情已经成功。但是君子面对患难想的是在发生之前就先为预防。生存不忘灭亡，已经成功不能忘记尚未成功。

《彖》曰：既济，亨。利贞，刚柔正而位当[1]。刚柔正而位当，则邪不可以行矣，故唯正乃利贞也。

【注释】

①"既济"几句：《既济》卦的初九、九三、九五都是阳爻，是刚居阳位（奇数），六二、六四、上六都是阴爻，是柔居阴位（偶数）。所

以是刚柔位置正当。这象征君臣上下各在其位，各正其职，那么邪恶就不能施行了。《周易正义》："'利贞，刚柔正而位当'，此就二、三、四、五并皆得正，以释利贞也。刚柔皆正，则邪不可行，故'惟正乃利贞'也。"

【译文】

《彖传》说：事已成功，亨通。有利于持正，这是因为它的阳爻阴爻位置适当。这象征君臣上下各在其位，各正其职，那么邪恶就不能施行了，所以持正才能有利。

九五：东邻之杀牛，不如西邻之禴祭，实受其福[①]。牛，祭之盛者也。禴，祭之薄者也。居既济之时，而处尊位，物皆济矣，将何为焉？其所务者，祭祀而已。祭祀之盛，莫盛修德。故沼沚之毛、蘋蘩之菜[②]，可羞之于鬼神。"黍稷非馨，明德惟馨"，是以"东邻杀牛，不如西邻之禴祭，实受其福"也。

【注释】

①"东邻之杀牛"几句：东邻，指殷人。西邻，指周人。禴（yuè），古代祭名，是俭薄的祭礼。这是说九五爻居于尊位，事成物盛，所以因东、西邻之祭祀盛薄的不同，而勉励其敬慎修德，以求神明降福。《周易正义》说："牛，祭之盛者也。禴，殷春祭之名，祭之薄者也。九五居既济之时，而处尊位，物既济矣，将何为焉？其所务者，祭祀而已。祭祀之盛，莫盛修德。九五履正居中，动不为妄，修德者也。苟能修德，虽薄可飨。假有东邻不能修德，虽复杀牛至盛，不为鬼神歆飨；不如我西邻禴祭虽薄，能修其德，故神明降福。"

②毛：指可供食用的野菜或水草。蘋蘩（píng fán）：两种可供食用的水草。蘋，也称四叶草。蘩，白蒿。

【译文】

九五：东边邻居隆重地杀牛准备厚祭，不如西边邻居俭薄的禴祭，反而实在地受到降福。牛是祭礼中最隆重的祭品。禴祭是祭礼中最俭薄的。居于已经成功的时机，而又处在尊贵的位置，万物齐备各得其所，还能干什么？应该从事的只不过祭祀罢了。丰盛的祭祀，不如加强德行修养。所以沼泽里的草芽，蘋草和白蒿的嫩叶，可以祭奠鬼神。所谓“不是黄米小米谷物芳香，而是高明的德行最芳香”，因此“东边邻居隆重地杀牛准备厚祭，不如西边邻居俭薄的禴祭，反而实在地受到降幅”。

天尊地卑，乾坤定矣①。卑高以陈，贵贱位矣②。动静有常，刚柔断矣③。刚动而柔止也，动止得其常体，则刚柔之分著矣。方以类聚，物以群分，吉凶生矣④。方有类，物有群，则有同有异，有聚有分也。顺其所同则吉，乖其所趣则凶，故“吉凶生矣”。在天成象，在地成形，变化见矣⑤。象，况日月星辰；形，况山川草木也。悬象运转以成昏明，山泽通气而云行雨施，故“变化见也”。

【注释】

①天尊地卑，乾坤定矣：本段摘录自《系辞上》第一章。《系辞》上下两篇可以看成《周易》通论，主要论述《周易》的意蕴与功用。本书分章根据《周易正义》。镰仓本本段开头眉批有“系辞”二字。此二句是说天尊地卑，就能确定乾坤。《周易》以此阐明天地之德。《周易正义》：“天以刚阳而尊，地以柔阴而卑，则乾坤之体安定矣。乾健与天阳同，坤顺与地阴同，故得乾坤定矣。若天不刚阳，地不柔阴，是乾坤之体不得定也。此《经》明天地之德也。”

②卑高以陈，贵贱位矣：地卑天高已经陈列，那么万物贵贱就能归位。这是《周易》阐明天地本体，并且涉及万物形态。《周易正

义》："卑，谓地体卑下；高，谓天体高上。卑高既以陈列，则物之贵贱得其位矣。若卑不处卑，谓地在上，高不处高，谓天在下。上下既乱，则万物贵贱则不得其位矣。此经明天地之体，此虽明天地之体，亦涉乎万物之形。此贵贱总兼万物，不唯天地而已。先云卑者，便文尔。"

③动静有常，刚柔断矣：天阳为动，支配地，是刚；地阴为静，顺承天，是柔。天地动静各有常度，那么刚柔就断定了。这是《周易》论述天地本性。《周易正义》："天阳为动，地阴为静，各有常度，则刚柔断定矣。动而有常则成刚，静而有常则成柔，所以刚柔可断定矣。若动而无常，则刚道不成；静而无常，则柔道不立。是刚柔杂乱，动静无常，则刚柔不可断定也。此经论天地之性也。"

④"方以类聚"几句：人的性行与万物都有自己的分类与群体，如果顺从赞同，那就吉利；如果乖异背离，那就凶险。所以说"吉凶生矣"。《周易正义》："方，谓法术性行，以类共聚，固方者则同聚也。物，谓物色群党，共在一处，而与他物相分别。若顺其所同，则吉也；若乖其所趣，则凶也。故曰'吉凶生'矣。"

⑤"在天成象"几句：这是说天地万物的变化。《周易正义》："象谓悬象，日月星辰也。形谓山川草木也。悬象运转而成昏明，山泽通气而云行雨施，故变化见也。"

【译文】

天尊贵在上，地卑微在下，这样乾坤的位置就确定了。地体卑下、天体高上已经陈列，万物贵贱就能归位。天阳为动，支配地，是刚；地阴为静，顺承天，是柔。天地动静各有常度，那么刚柔就断定了。阳刚运动而阴柔静止，运动静止遵循恒常，那么刚柔的区分就明显了。**人的性行按类别聚集，万物用族群分开，党同伐异，吉凶因此发生。**性行有类别，万物有族群，于是有同有异，有聚有散。顺从赞同就吉利，乖异背离就凶险，所以说"吉凶因此发生"。**在天上呈现出各种天象，在地上成就了万物形状，变化由此展现。**象，如日月星辰；形，如山川草木。太阳月亮等天象运转形成黑夜白天，山丘沼泽气息交通形成云彩雨水，所以说“变化由此展现”。

是故，鼓之以雷霆，润之以风雨，日月运行，一寒一暑[①]。乾知大始[②]，坤作成物[③]。乾以易知[④]，坤以简能[⑤]。天地之道，不为而善始，不劳而善成，故曰“易”“简”。

【注释】

①“是故”几句：本段节录自《系辞上》第一章。八卦中震为雷，离为电，巽为风，坎为雨，离为日，坎为月。这是用雷霆、风雨、日月、寒暑为例，说明天象的阴阳变化。

②乾：天。大始：指创始万物。

③坤：地。成：成就，养成。

④乾以易知：易，平易，简约。知，同“智”。《周易正义》：“‘乾以易知’者，易谓易略，无所造为，以此为知，故曰‘乾以易知’也。”

⑤坤以简能：简能，指简省宁静，不须烦劳。《周易正义》：“‘坤以简能’者，简谓简省凝静，不须繁劳，以此为能，故曰‘坤以简能’也。”

【译文】

因此，雷电鼓动万物，风雨润泽万物，日月运行，寒暑交替。乾为天创始万物，坤为地养成万物。乾以其平易而充满智慧，坤以其简易而大有作为。天地运行的道理，不故意作为而善于创始，不烦劳而善于养成，所以说是“易”“简”。

易则易知，简则易从[①]。易知则有亲，易从则有功[②]。有亲则可久，有功则可大[③]。有易简之德，则能成可久可大之功。可久则贤人之德，可大则贤人之业[④]。天地易简，万物久载其形;圣人不为,群方各遂其业。德业既成,则入于形器,故以贤人目其德业也。易简而天下之理得矣[⑤]。

【注释】

①易则易知,简则易从:本段节录自《系辞上》第一章。易知,指天道易知。易从,指地道易从。《周易正义》:"'易则易知'者,此复说上'乾以易知'也。乾德既能说易,若求而行之,则易可知也。'简则易从'者,复说上'坤以简能'也。于事简省,若求而行之,则易可从也。上'乾以易知,坤以简能',论乾坤之体性也。'易则易知,简则易从'者,此论乾坤既有此性,人则易可做效也。"

②易知则有亲,易从则有功:天道易知,人能适应相和相亲;地道易从,人能利用成功生产。《周易正义》:"'易知则有亲'者,性意易知,心无险难,则相和亲,故云'易知则有亲'也。'易从则有功'者,于事易从,不有繁劳,其功易就,故曰'易从则有功'。此二句,论圣人法此乾坤易简,则有所益也。"

③有亲则可久,有功则可大:天道被人亲近相和,成为永久规律;地道被人利用成功,就可以逐渐扩大。《周易正义》:"'有亲则可久'者,物既和亲,无相残害,故可久也。'有功则可大'者,事业有功,则积渐可大。此二句,论人法乾坤,久而益大。"

④可久则贤人之德,可大则贤人之业:天道恒久,贤人适应成就其德行;地道生养,贤人利用成就其事业。《周易正义》:"'可久则贤人之德'者,使物长久,是贤人之德,能养万物,故云'可久则贤人之德'也。'可大则贤人之业'者,功劳既大,则是贤人事业。"

⑤易简而天下之理得矣:阐明《周易》道理之美。易简二字足以阐明天地变化,于是天下道理就都可知晓。

【译文】

平易那就容易知晓,简约那就容易遵从。天道容易知晓,人们适应就能亲近凭依；地道容易遵从，人们适应就能成功生产。天道被人亲近凭依，成为恒久规律；地道被人利用成功，就可以逐渐扩大。天地有平易简约的德行，就能成就恒久广大的功劳。天道恒常，贤人适应成就其德行；地道生养，贤人利用成就其事业。天地平易简约，万物形状就能恒久；圣人无为而治，人类群体都能各自成就自己的功业。德行功业已经成就，就进入有形的领域，所以就用贤人来命名他们的德行功业。易简二字足以阐明天地变化，于是天下道理就都可知晓了。

《易》与天地准[①]，作《易》以准天地也。故能弥纶天地之道[②]。仰以观于天文，俯以察于地理，知幽明之故[③]，知死生之说也[④]。幽明者，有形无形之象；死生者，始终之数也。

【注释】

①《易》与天地准：本段节录自《系辞上》第三章。准，齐等，相同。《周易正义》："言圣人作《易》，与天地相准。"

②故能弥纶天地之道：这是说《周易》与天地齐等，所以能普遍包络天地之道。《周易正义》："'故能弥纶天地之道'者，以《易》与天地相准，为此之故圣人用《易》，能弥纶天地之道。弥谓弥缝补合，纶谓经纶牵引。能补合牵引天地之道，用此易道也。"

③"仰以观于天文"几句：天文，天象排列成文（纹），所以叫天文。地理，大地有山地河流原野湖泽，各有条理，所以叫地理。《周易正义》："'仰以观于天文，俯以察于地理'者，天有悬象而成文章，故称文也。地有山川原隰，各有条理，故称理也。是故'知幽明之故'者，'故'谓事也。故以用易道，仰观俯察，知无形之幽、有形之明，义理事故也。"

④知死生之说也：《周易正义》："故'知生死之说'者，言用易理，原穷事物之初始，反复事物之终末，始终吉凶，皆悉包罗，以此之故，

知死生之数也。止谓用易道参其逆顺，则祸福可知；用蓍策求其吉凶，则死生可识也。”

【译文】

《周易》与天地齐等，圣人制作《周易》是要齐等天地。所以能补合牵引天地之道。抬头观察天象的排列纹路，低头观看大地的纵横条理，所以能知晓幽隐无形与明显有形的义理事故，知晓死亡与生息的发展规律。幽暗明显是指有形无形的事物表象，死亡生息是由始至终的自然规律。

知鬼神之情状[①]。与天地相似[②]。德合天地，故曰“相似”也。知周乎万物，而道济天下[③]。知周万物，则能以道济天下也。乐天知命，故不忧[④]。顺天之化，故曰“乐”也。范围天地之化而不过，范围者，拟范天地而周备其理也。曲成万物而不遗[⑤]，曲成者，乘变应物，不系一方者也，则物得宜矣。故神无方而《易》无体[⑥]。神则阴阳不测，《易》则唯变所适，不可以一方、一体明也。

【注释】

①知鬼神之情状：本段节录自《系辞上》第四章。鬼神，指天地间一种精气的聚散变化。《周易正义》：“能穷易理，尽生死变化，以此之故，能知鬼神之内外情状也。物既以聚而生，以散而死，皆是鬼神所为，但极聚散之理，则知鬼神之情状也。言圣人以《易》之理而能然也。”

②与天地相似：圣人与天地相似，知晓一切，所以所作所为，不违背天地，能与天地相合。《周易正义》：“天地能知鬼神，任其变化。圣人亦穷神尽性，能知鬼神，是与天地相似，所为所作，故不违于天地，能与天地合也。”

③知周乎万物，而道济天下：周，周遍。济，接济，成就。圣人无物不

知，也就是对万物普遍了解。天下万物因而生养，这就是道济天下。《周易正义》："'知周乎万物，而道济天下'者，圣人无物不知，是'知周于万物'；天下皆养，是'道济天下'也。"

④乐天知命，故不忧：措施顺应上天，所以是乐天；认识万物开始终结，所以是知命。顺应天道恒常，认知性命始终，任其自然，所以不忧。《周易正义》："顺天施化，是欢乐于天；识物始终，是自知性命。顺天道之常数，知性命之始终，任自然之理，故不忧也。"

⑤范围天地之化而不过，曲成万物而不遗：圣人所作所为，效法天地规范周围的化生养育，因而不会有过失。《周易正义》："范谓模范，围谓周围。言圣人所为所作，模范周围天地之化养。言法则天地以施其化，而不有过失违天地者也。"曲成万物而不遗，《周易正义》："言圣人随变而应，屈曲委细，成就万物，而不有遗弃细小而不成也。"

⑥故神无方而《易》无体：无方，没有固定的方所。无体，没有一体可以确定。《周易正义》："神则寂然虚无，阴阳深远，不可求难，是无一方可明也。《易》则随物改变，应变而往，无一体可定也。"

【译文】

能够知晓鬼神的形状与情况。圣人跟天地相似。圣人的德行跟天地相合，所以说"相似"。**对万物的认知周密普遍，所以其道成就天下。**圣人彻底明白万物的道理，所以能够成就天下万物。**顺应上天变化规律，知晓万物首尾命运，放任自然，所以不忧。**顺应上天变化，所以说是"喜乐"。**按自然规范天地变化而没有过失，**范围，是说模拟规范天地变化规律而且周遍完备。**屈曲细致地成就万物，而没有任何遗漏，**曲成，是说运行变化顺应万物，不是绑在一处，于是万物全都各自适宜。**所以神妙的变化之道不会拘泥于一种方法，《易》道的变通也不会局限于一个卦体之中。**神妙变化阴阳不测，《易》道则适应变化，不能够用一个处所、一种形体来拘束。

仁者见之谓之仁,智者见之谓之智[①],百姓日用而不知,故君子之道鲜矣[②]!君子体道以为用者也,体斯道者,不亦鲜乎?

【注释】

①仁者见之谓之仁,智者见之谓之智:本段节录自《系辞上》第四章。在道面前显现的是人的本性,所以如果是仁者成就此道那就是仁德,智者成就此道那就是智慧。这说明事物复杂多变,因而人的认知也复杂多变。《周易正义》:"若性仁者成就此道为仁性,知者成就此道为知也。故云'仁者见之谓之仁,知者见之谓之知'。是仁之与知,皆资道而得成仁知也。"

②百姓日用而不知,故君子之道鲜矣:天下百姓,日日依赖这个道才得以生存,但不知道是靠了道的力量。能够全面认识体味到道的君子太少了。《周易正义》:"'百姓日用而不知'者,言万方百姓,恒日日赖用此道而得生,而不知道之功力也。言道冥昧不以功为功,故百姓日用而不能知也。'故君子之道鲜矣'者,君子谓圣人也。仁知则各滞于所见,百姓则日用不知,明体道君子,不亦少乎?"

【译文】

仁者成就道那就是仁德,智者成就道那就是智慧,百姓天天依靠着道却不知道,能全面认识体味道的君子太少了啊!君子是指能够全面认识体味到道的人,能体味这个道的,不也是稀少吗?

显诸仁,藏诸用[①],衣被万物,故曰"显诸仁";日用而不知,故曰"藏诸用"也。盛德大业至矣哉!富有之谓大业。广大悉备,故曰"富有"。日新之谓盛德[②]。体化合变,故曰"日新"。生生之谓易[③]。阴阳转易,以成化生。阴阳不测之谓神[④]。神也者,变化之极也,妙万物而为言,不可以形诘者也,故曰"阴阳不测"也。

【注释】

①显诸仁，藏诸用：本段节录自《系辞上》第五章。这两句是说道的显见就是仁德，覆盖万物，道的功用潜藏于日常之中。《周易正义》："'显诸仁'者，言道之为体，显见仁功，衣被万物，是'显诸仁'也。'藏诸用'者，谓潜藏功用，不使物知，是'藏诸用'也。"

②"盛德大业至矣哉"几句：德对行为而言，业对事功而言。这是说事物源于道，而圣人体同于道，万物因此亨通，万事因此有理，这说明圣人的盛德广大至极了。大业，道的本体广大悉备，万事富有，所以叫做大业。盛德，圣人之德，日日增新，所以叫做盛德。《周易正义》："圣人为功用之母，体同于道，万物由之而通，众事以之而理，是圣人极盛之德、广大之业，至极矣哉！于行谓之德，于事谓之业。"

③生生之谓易：生生，指生生不绝。《周易正义》："生生，不绝之辞。阴阳变转，后生次于前生，是万物恒生，谓之易也。前后之生，变化改易。生必有死，易主劝戒，奖人为善，故云生不云死也。"

④阴阳不测之谓神：神，天下万物，都是阴阳变化生成，可测度的是规律，不可测度就叫做神。《周易正义》："神也者，变化之极，妙万物而为言，不可以形诘者也，故曰阴阳不测。"

【译文】

道的显见就是仁德，隐藏在日常运用之中，覆盖万物，所以说"显现为仁德"；民众天天利用却不知道，所以说是"隐藏在日常运用之中"。行为体现盛德，事功成就大业，这说明圣人的盛德广大至极了！《周易》之道富有万事万物，所以叫做大业。道体广大，事物全都具备，所以叫做"富有"。圣人之德天天增新，所以叫做盛德。本体运化融合变动，所以是"天天增新"。新陈代谢，万物生生不息，所以叫做易。阴阳变转，事物新陈代谢不断新生。阴阳变化，可测度的是规律，不可测度叫做神。神，是变化的极至，用来称呼最奇妙的万物变化，是不能够形容追问的，所以说是"阴阳不测"。

夫《易》，广矣大矣，以言乎天地之间则备矣[①]。广大配天地，变通配四时，阴阳之义配日月，易简之善配至德[②]。《易》之所载，配此四义也。子曰："《易》，其至矣乎！夫《易》，圣人所以崇德而广业也[③]。穷理入神，其德崇也；兼济万物，其业广也。天地设位，而《易》行乎其中矣[④]。"

【注释】

①"夫《易》，广矣大矣"几句：本段摘录自《系辞上》第五章。《周易》变通之道，布满天地，无所不包，极其完备。《周易正义》："'夫《易》广矣大矣'者，此赞明《易》理之大。《易》之变化，极于四远，是广矣，穷于上天是大矣"

②"广大配天地"几句：《周易》广大，配合天地——大配天，广配地。四季变通，《周易》也能变通。阴阳配合太阳月亮。《周易》平易简约，长久广大，能够配合天地至极微妙的德行。《周易正义》："广大配天地者，此经申明《易》之德，以《易》道广大，配合天地，大以配天，广以配地。'变通配四时'者，四时变通，《易》理亦能变通，故云'变通配四时'也。'阴阳之义配日月，易简之善配至德'者，案初章论乾坤易简，可久可大，配至极微妙之德也。然《易》初章易为贤人之德，简为贤人之业，今总云至德者，对则德业别，散则业由德而来，俱为德也。"

③圣人所以崇德而广业也：先赞美《易》的至极，然后说《易》道至极，圣人用它能够增崇自己的德行，扩大自己的功业。《周易正义》："言《易》道至极，圣人用之，增崇其德，广大其业，故云'崇德而广业'也。"

④天地设位，而《易》行乎其中矣：《周易》运行之道，就在这天地之中。《周易正义》："天地陈设于位，谓知之与礼，而效法天地也。

'而《易》行乎其中矣'者,变易之道,行乎知礼之中,言知礼与《易》而并行也。若以实象言之,天在上,地在下,是天地设位;天地之间,万物变化,是《易》行乎天地之中也。"

【译文】

《周易》,是真正的宽广博大呀,这是说它布满天地,无所不包,极其完备。广大配合天地,变通配合四季,阴柔阳刚的义理配合太阳月亮,它平易简约,长久广大,能够配合天地至极微妙的德行。《周易》记载的道理,匹配这四种意义。孔子说:"《周易》的道理应该是至善至美的吧!《周易》,圣人用它能够增崇自己的德行,扩大自己的功业。道理穷究入神,德行尊崇;恩惠施及万物,功业广泛。天地设定位置,《周易》运行之道,就在这天地之中了。"

圣人有以见天下之赜[①],而拟诸其形容,象其物宜[②]。乾刚坤柔,各有其体,故曰"拟诸其形容"也。拟之而后言,议之而后动,拟议以成其变化[③]。拟议以动,则尽变化之道也。

【注释】

①圣人有以见天下之赜(zé):本段节录自《系辞上》第六章。赜,幽深奥妙。《周易正义》:"'圣人有以见天下之赜'者,赜谓幽深难见,圣人有其神妙,以能见天下深赜之至理也。"

②而拟诸其形容,象其物宜:圣人把这深奥的道理,用八卦以至六十四卦拟测的方式来形容。万物各有适宜,圣人又用卦象来象征万物的适宜。《周易正义》:"'而拟诸其形容'者,以此深赜之理,拟度诸物形容也。见此刚理,则拟诸乾之形容;见此柔理,则拟诸坤之形容也。象其物宜者,圣人又法象其物之所宜。若象阳物,宜于刚也;若象阴物,宜于柔也,是各象其物之所宜。六十四卦,皆

拟诸形容，象其物宜也。若《泰》卦比拟泰之形容，象其泰之物宜；若《否》卦则比拟否之形容，象其否之物宜也。举此而言，诸卦可知也。”

③“拟之而后言”几句：圣人要说话时，一定拟测之后说。圣人要行动时，一定审议之后动。说话先拟测，行动先审议，就能确定事物的变化。拟，比拟，模拟。言，指言说易理。议，审议物情。动，变动，这里指揭示变动规律。拟之而后言，《周易正义》：“圣人欲言之时，必拟度之而后言也。”议之而后动，《周易正义》：“谓欲动之时，必议论之而后动也。”拟议以成其变化，《周易正义》：“言则先拟也，动则先议也，则能成尽其变化之道也。”

【译文】

圣人因为看到天下万物复杂多样，便用卦模拟出它们的形态，用合适的物来进行取象。乾道刚健，坤道柔顺，各自有它的体，所以说“模拟出它们的形态”。先模拟好物象然后再揭示其中的道理，先讨论事物的情形然后揭示其中变动的规律，通过模拟和讨论而确定万事万物的变化规律。通过模拟和讨论而揭示万事万物的变化规律，就能够彻底明白变化之道了。

“鸣鹤在阴，其子和之。我有好爵，吾与尔縻之[①]。”鹤鸣则子和，修诚则物应。我有好爵，与物散之，物亦以善应也。鹤鸣乎阴，气同则和。出言户庭，千里应之。出言犹然，况其大者乎？千里或应，况其迩者乎？子曰：“君子居其室，出其言善，则千里之外应之，况其迩者乎？居其室，出其言不善，则千里之外违之，况其迩者乎？言出乎身，加乎民；行发乎迩，见乎远[②]。言行，君子之枢机。枢机，制动之主。枢机之发，荣辱之主也[③]。言行，君子之所以动天地，可不慎乎！”

【注释】

①“鸣鹤在阴”几句：本段节录自《系辞上》第六章。这里所引是《中孚》九二爻辞。爵，酒器，形如雀。縻，通“靡”，分散。鹤在幽阴处鸣叫，它的小鹤在远处应和，这是同类感召。我有好酒爵，但不独自享有，我跟你共同享用。《周易正义》：“‘鸣鹤在阴’者，上既明拟议而动，若拟议于善，则善来应之；若拟于恶，则恶亦随之。故引鸣鹤在阴，取同类相应以证之。此引《中孚》九二爻辞也。鸣鹤在幽阴之处，虽在幽阴而鸣，其子则在远而和之，以其同类相感召故也。我有好爵者，言我有美好之爵，而在我身。吾与尔靡之者，言我虽有好爵，不自独有，吾与汝外物共靡散之。谓我既有好爵，能靡散以施于物，物则有感我之恩，亦来归从于我。是善往则善者来，皆证明拟议之事。我拟议于善以及物，物亦以善而应我也。”

②“君子居其室”几句：出言无论善或不善，遥远的千里之外都能响应，何况近处呢？这说明拟测议论后的言论行动对民众的巨大影响。《周易正义》：“‘子曰君子居其室’者，既引《易》辞，前语已绝，故言子曰。况其迩者乎者，出其言善，远尚应之，则近应可知，故曰况其迩者乎。此证明拟议而动之事。言身有善恶，无问远近，皆应之也。”

③“言行，君子之枢机”几句：说明自身言行实施后，会波及影响事物状态。言行虽初在自身，其善恶积而不止，能够感动天地，怎么可以不审慎呢？枢机，比喻事物的关键。枢是门枢，用来使门转动。机是弩牙，控制弩箭发射。转动门，结果是或开或闭；发射弩，结果是有的射中有的不中。《周易正义》：“‘言行，君子之枢机’者，枢谓户枢，机谓弩牙。言户枢之转，或明或暗；弩牙之发，或中或否。犹言行之动，从身而发，以及于物，或是或非也。”

【译文】

《中孚》九二的爻辞说：“鹤在幽阴处鸣叫，它的孩子在远处应和，这是同类感召。我有好的酒杯，但不独自享有，我跟你共同享用。”老鹤鸣叫小鹤呼应，君子修养诚意事物就呼应。我有好的酒杯盛着美酒，散发给别人，别人也会用好善来应答。鹤在幽阴处鸣叫，气息相同就会应和。君子在自家门庭言语，千里之外就会呼应。言语都这样，何况更大的呢？千里之远都能呼应，何况近处呢？孔子说：“君子居处在家，发出善言，那么千里之外就会呼应，何况近处呢？君子居处在家，发言不善，那么千里之外也会违逆，何况近处呢？言语从自身发出，施加影响到民众；行动从近处发动，展现影响在远方。言行对君子而言非常关键，有如门枢弩机一样。门枢弩机是控制行动的主宰。关键的启动，是荣耀耻辱的主宰。君子可以用言行来撼动天地，能够不谨慎吗！”

《同人》：“先号咷而后笑①。”子曰：“君子之道，或出或处，或默或语。二人同心，其利断金②。《同人》终获后笑者，以有同心之应也。夫所况同者，岂系乎一方哉？君子出处默语，不违其中，则其迹虽异，道同则应也。同心之言，其臭如兰③。”

【注释】

①《同人》：先号咷而后笑：本段节录自《系辞上》第六章。这里所引是《同人》九五的爻辞。《同人》，传注解释为跟别人同心同行。《周易正义》：“以同人初未和同，故先号咷；后得同类，故后笑也。”

②“君子之道”几句：出，指出仕。处，指在家闲居，退隐不出仕。《周易正义》：“‘子曰君子之道’者，各引《易》之后，其文势已绝，故言‘子曰’。‘或出或处，或默或语’者，言同类相应，本在于心，不必共同一事。或此物而出，或彼物而处；或此物而默，或彼物而语，出处默语，其时虽异，其感应之事，其意则同，或处应于出，或默应于语。‘二人同心，其利断金’者，二人若同齐其心，其纤利能

断截于金。金是坚刚之物，能断而截之，盛言利之甚也。此谓二人心行同也。”

③同心之言，其臭如兰：臭，气味。《周易正义》：“言二人同齐其心，吐发言语，氤氲臭气，香馥如兰也。此谓二人言同也。”

【译文】

《同人》卦九五的爻辞说：“先由于孤独而号啕大哭，然后由于成群而欢笑。”孔子说：“君子之道有时出仕，有时闲居，有时沉默，有时言语。二人心意相同，其力量就可以如切断金属的利刃一样强有力。《同人》卦最终能得以欢笑，是因为有心意相同的呼应。比况相同的对象，难道只能关系某一方面吗？君子或出仕或隐居、或沉默或言语，不会违背内心，这样虽然行迹不同，大道相同就能呼应。心意相同的言语，它的气味犹如芬芳的兰花。”

“藉用白茅，无咎[①]。”子曰：“苟错诸地而可矣，藉之用白茅，何咎之有？慎之至也[②]。”

【注释】

①藉用白茅，无咎：本段节录自《系辞上》第七章。这里所引是《大过》卦初六爻辞。用洁白茅草垫祭品，说明极其谨慎。藉，衬垫。白茅，洁白的茅草。

②“苟错诸地而可矣”几句：错，放置。《周易正义》：“‘子曰苟错诸地而可矣’者，苟，且也，错，置也。凡荐献之物，且置于地，其理可矣。言今乃谨慎，荐藉此物而用洁白之茅。可置于地，藉之用茅，‘何咎之有’者，何愆咎之有，是谨慎之至也。”

【译文】

“用洁白的茅草垫祭品，没有差错。”孔子说：“就是把祭品放在地上也行，用洁白的茅草垫祭品，能有什么差错呢？这是谨慎的极致。”

“劳谦，君子有终，吉[①]。”子曰：“劳而不伐，有功而不德，厚之至也。语以其功下人者也[②]。德言盛，礼言恭。谦也者，致恭以存其位者也[③]。”

【注释】

①劳谦，君子有终，吉：本段节录自《系辞上》第七章。这里所引是《谦》卦九三的爻辞。九三为卦中唯一的阳爻，居下卦之终，以刚健承应于上，故以“有终”获“吉”。这里强调，想要外界呼应，不仅要谨慎，还要谦虚。《周易正义》：“‘劳谦君子有终吉’者，欲求外物来应，非唯谨慎，又须谦以下人。故引《谦》卦九三爻辞以证之也。”

②“劳而不伐”几句：伐，自夸。厚，敦厚。语，告诉。《周易正义》：“‘劳而不伐’者，虽谦退疲劳，而不自伐其善也。‘有功而不德，厚之至’者，虽有其功，而不自以为恩德，是笃厚之至极。‘语以其功下人’者，言《易》之所言者，语说其《谦》卦九三，能以其有功卑下于人者也。”

③“德言盛”几句：《周易正义》：“‘德言盛，礼言恭’者，谓德以盛为本，礼以恭为主，德贵盛新，礼尚恭敬，故曰‘德言盛，礼言恭’。‘谦也者，致恭以存其位’者，言谦退致其恭敬，以存其位者也。言由恭德，保其禄位也。”

【译文】

《谦》卦九三爻辞说：“有功劳而谦虚，君子因此会有一个完美的结果，吉利。”孔子说：“有功劳却不自夸，立了功也不自以为恩德，这真是敦厚至极啊。这是告诉人们，有了功劳也要谦恭对人。德行要用盛大来论定，礼仪要用恭敬来论定。谦虚的含义，就在于对人恭敬以保存自己的地位。”

“不出户庭，无咎[①]。”子曰：“乱之所生也，则言语为之阶[②]。君不密则失臣，臣不密则失身，机事不密则害成[③]。是以君子慎密而不出也。”

【注释】

①不出户庭，无咎：本段节录自《系辞上》第七章。这里所引是《节》卦初九爻辞。初九居《节》卦之始，上应六四，但前路被九二阻塞，故节制慎守，遂以“不出户庭”免“咎”。爻辞言不但要做到谦虚不骄傲，还强调要谨慎周密。《周易正义》：“‘不出户庭，无咎’者，又明拟议之道，非但谦而不骄，又当谨慎周密，故引《节》之初九周密之事以明之。”

②乱之所生也，则言语为之阶：阶，阶梯，此处指导引。《周易正义》：“言乱之所生，则由言语以为乱之阶梯也。”

③“君不密则失臣”几句：密，慎重而周密。失臣，失掉或害死臣子。国君不慎密暴露臣子的作为，使别的臣子嫉怒，就会伤害甚至杀死他。失身，害死自身。机事，机密之事。处理机密之事当须密慎，预防祸害。若其不密而漏泄，祸害交起，就是害成。《周易正义》：“‘君不密则失臣’者，臣既尽忠，不避危难，为君谋事，君不慎密，乃彰露臣之所为，使在下闻之，众共嫉怒，害此臣而杀之，是失臣也。‘臣不密则失身’者，言臣之言行，既有亏失，则失身也。‘几事不密则害成’者，几谓几微之事，当须密慎，预防祸害。若其不密而漏泄，祸害交起，是害成也。是以君子慎密而不出者，于《易》言之，是身慎密不出户庭，于此义言之，亦谓不妄出言语也。”

【译文】

《节》卦初九爻辞说：“不走出门户庭院，就没有祸患。”孔子说：“祸乱的发生，往往是因为言语所致。君王言语不谨慎周密就会失去臣子，臣子言语不谨慎周密就会丧失生命，处理机密之事不谨慎周密就造成祸害。因此君子谨慎周密不轻易发言。”

子曰：“为《易》者，其知盗乎[①]？言盗亦乘衅而至也。《易》曰：‘负且乘，致寇至。’负也者，小人之事也。乘也者，君子之器也。小人而乘君子之器，盗思夺之矣；上慢下暴，盗思伐之矣。慢藏诲盗，冶容诲淫[②]。《易》曰：‘负且乘，致寇至。’盗之招也[③]。”

【注释】

①“为《易》者，其知盗乎”：本段节录自《系辞上》第七章。指出如果失密，就会被人乘机危害，所以财不露白，否则就会招致盗窃。《周易正义》：“此结上不密失身之事。事若不密，人则乘此机危而害之，犹若财之不密，盗则乘此机危而窃之。《易》者，爱恶相攻，远近相取，盛衰相变，若此爻有衅隙衰弱，则彼爻乘变而夺之。故云：作《易》者，其知盗乎？”

②“负且乘”几句：“负且乘，致寇至”，是《解》卦六三爻辞。六三在《解》卦，阴柔失正，乘凌九二阳刚之上而攀附于九四，犹如小人窃据高位，故以负重乘车而招致强寇抢夺为喻，说明非分之位，不能长久。但爻辞又有规劝小人改邪向善之意，故特诫其趋正自守，以防憾惜。负，背着，扛着。乘，指乘车者。车是君子器物，因为君子才有资格乘车。慢藏，疏于治理或保管。诲盗，诱人盗窃。冶容，打扮得很妖媚。《周易正义》：“‘《易》曰：负且乘，致寇至’者，此又明拟议之道，当量身而行，不可以小处大，以贱贪贵，故引《解》卦六三以明之也。‘负也者，小人之事也’，负者，担负于物，合是小人所为也。‘乘也者，君子之器’者，言乘车者，君子之器物。言君子合乘车，今应负之人而乘车，是小人乘君子之器也，

则盗窃之人，思欲夺之矣。'上慢下暴，盗思伐之矣'者，小人居上位必骄慢，而在下必暴虐。为政如此，大盗思欲伐之矣。'慢藏诲盗，冶容诲淫'者，若慢藏财物，守掌不谨，则教诲于盗者，使来取此物；女子妖冶其容，身不精悫，是教诲淫者，使来淫已也。以此小人而居贵位，骄矜而不谨慎，而致寇至也。"

③盗之招也：招，招来，招致。《周易正义》："又引《易》之所云，是盗之招来也，言自招来于盗。以慎重其事，故首尾皆称'《易》曰'，而载《易》之爻辞也。"

【译文】

孔子说："创作《周易》的人，大概了解盗贼的心理吧？这是说盗贼也会乘机而来。《周易》的《解》卦六三爻辞说：'担负重物的人却乘坐车辆，这会招致盗贼前来。'担负重物，这是小人的事务。乘坐车辆，这是君子的特权。小人却乘坐君子的器具，盗贼就会谋划抢夺了；上位的人傲慢，下位的人暴虐，盗贼就会谋划侵伐了。收藏财物漫不经心疏于保管，就会招致盗贼；容貌打扮妖冶，就会招致淫贼。《周易》上说：'担负重物的人却乘坐车辆，这会招致盗贼到来。'这说的就是招来盗贼啊。"

子曰："《易》有圣人之道四焉：以言者尚其辞，以动者尚其变，以制器者尚其象，以卜筮者尚其占[①]。此四存乎器象，可得而用者也。"

【注释】

①"《易》有圣人之道四焉"几句：本段节录自《系辞上》第九章。《周易》这部书，含有圣人运用的四种道理和方法。尚，崇尚。辞，指卦辞爻辞。动，举动，作为。变，指卦爻的变化。象，卦象。制造有形之器，要效法爻卦之象。卜筮，卜用龟甲，筮用蓍策，这里偏指筮。占，爻卦变动而兆示吉凶的占卜原理。《周易正义》：

"'《易》有圣人之道四焉'者，言《易》之为书，有圣人所用之道者凡有四事焉。'以言者尚其辞'者，谓圣人发言而施政教者，贵尚其爻卦之辞，发其言辞，出言而施政教也。'以动者尚其变'者，谓圣人有所兴动营为，故法其阴阳变化。变有吉凶，圣人之动，取吉不取凶也。'以制器者尚其象'者，谓造制形器，法其爻卦之象。若造弧矢，法《睽》之象，若造杵臼，法《小过》之象也。以卜筮者尚其占者，策是筮之所用，并言卜者，卜虽龟之见兆，亦有阴阳三行变动之状。故卜之与筮，尚其爻卦变动之占也。"

【译文】

孔子说："《周易》含有圣人运用的四种道理和方法：运用语言就崇尚爻卦辞蕴涵的意义，采取行动就崇尚爻卦的变化，用来制作器物就崇尚卦象，用来卜筮就崇尚爻卦变动的占卜原理。这四种存在于蓍策卦象之中，可以获得并使用。"

是以君子将有为也，将有行也，问焉而以言，其受命也如响，无有远近幽深，遂知来物。非天下之至精，其孰能与于此[①]？参伍以变，错综其数。通其变，遂成天下之文；极其数，遂定天下之象。非天下之至变，其孰能与于此[②]？《易》无思也，无为也，寂然不动，感而遂通天地之故。非天下之至神，其孰能与于此[③]？

【注释】

①"是以君子将有为也"几句：本段节录自《系辞上》第九章。响，回声。物，事。与，涉及，参与。《周易正义》："'是以君子将有为也，将有行也，问焉而以言'者，既《易》道有四，是以君子将欲有所施为，将欲有所行，往占问其吉凶，而以言命蓍也。'其受命也

如响’者，谓蓍受人命，报人吉凶，如响之应声也。‘无有远近幽深’者，言《易》之告人吉凶，无问远之与近，及幽遂深远之处，悉皆告之也。‘遂知来物’者，物，事也。然《易》以万事告人，人因此遂知将来之事也。‘非天下之至精，其孰能与于此’者，言《易》之功深如此，若非天下万事之内，至极精妙，谁能参与于此，与《易》道同也。”

②“参伍以变”几句：参，三。伍，五。变，指爻变以致卦变。错，交错。综，总聚。数，指爻的位次。成，成就，确定。文，纹样。《周易正义》：“‘参伍以变’者，参，三也。伍，五也。或三或五，以相参合，以相改变。略举三五，诸数皆然也。‘错综其数’者，错谓交错，综谓总聚，交错总聚其阴阳之数也。‘通其变’者，由交错总聚，通极其阴阳相变也。‘遂成天地之文’者，以其相变，故能遂成就天地之文。若青赤相杂，故称文也。‘极其数，遂定天下之象’者，谓穷极其阴阳之数，以定天下万物之象。犹若极二百一十六策，以定乾之老阳之象，穷一百四十四策，以定坤之老阴之象，举此余可知也。‘非天下之至变，其孰能与于此’者，言此《易》之理，若非天下万事至极之变化，谁能与于此者，言皆不能也。此结成《易》之变化之道，故更言与于此也。”

③“《易》无思也”几句：至神，至极神妙。与，参与。《周易正义》：“‘《易》无思也，无为也’者，任运自然，不关心虑，是无思也；任运自动，不须营造，是无为也。‘寂然不动，感而遂通天下之故’者，既无思无为，故寂然不动。有感必应，万事皆通，是‘感而遂通天下之故’也。故谓事故，言通天下万事也。‘非天下之至神，其孰能与于此’者，言《易》理神功不测，非天下万事之中，至极神妙，其孰能与于此也。此经明《易》理神妙不测，故云‘非天下之至神’，若非天下之至神，谁能与于此也。”

【译文】

因此君子将有所作为，将采取行动时，就要用《周易》来占问，而《周易》也能如回声一样响应占筮者的要求，不管远近还是幽深，都能知晓未来的事情。不是天下至极深奥的道理，谁能做到这样？三变五变之后，各爻的位置交错综聚。通晓爻卦的变化，就能确定天下的文采；穷尽筮策的数目，就能确定天下的物象。如果不是天下至极的变化，谁能做到这样？《周易》没有思虑，清静无为，寂静不动，一有感受就能通达天下的事情。不是天下至极神妙，谁能做到这样？

夫《易》，圣人之所以极深而研几也。唯深也，故能通天下之志；唯几也，故能成天下之务[①]。极未形之理则曰深，适动微之会则曰几也。唯神也，故不疾而速，不行而至[②]。子曰"《易》有圣人之道四焉"者[③]，此之谓也。四者由圣道以成，故曰圣人之道也。

【注释】

①"夫《易》"几句：本段节录自《系辞上》第九章。深，指圣人的认识深入。通，贯通。几，几微，隐微。《周易正义》："'夫《易》，圣人之所以极深而研几也'者，言《易》道弘大，故圣人用之，所以穷极幽深，而研覆几微也。……'唯深也，故能通天下之志'者，圣人用《易》道以极深，故圣人德深也，故能通天下之志意。……'唯几也，故能成天下之务'者，圣人用《易》道以研几，故圣人知事之几微。……几者离无入有，是有初之微。以能知有初之微，则能兴行其事，故能成天下之事务也。"

②故不疾而速，不行而至：疾，急。行，行动。《周易正义》："'唯神也，故不疾而速，不行而至'者，此覆说上经下节《易》之神功也。

以无思无为，寂然不动，感而遂通，故不须急疾，而事速成；不须行动，而理自至也。案下节云唯深也言通天下之志，唯几也言成天下之务。今唯神也直云不疾而速，不行而至，不言通天下者，神则至理微妙，不可测知。无象无功，于天下之事，理绝名言，不可论也。故不云成天下之功也。”

③圣人之道四焉：即尚其辞、尚其变、尚其象、尚其占。

【译文】

《周易》是圣人穷极幽深用来研究精微道理的书。只有圣人认识深入，才能贯通世人心志；只有圣人研究精微，才能确定天下事务。极尽尚未成形的道理叫做深，切合精微运动的叫做几。只有掌握《易》道的神妙，才能不急迫地做事，就能迅速地办成事情。孔子说“《周易》拥有圣人常用的四种道理和方法”，说的就是这个意思。这四种是由圣人研究的道理成就的，所以说是圣人之道。

夫《易》，开物成务，冒天下之道，如斯而已者也[①]。冒，覆也。言《易》通万物之志，成天下之务，其道可以覆冒天下也。是故圣人以通天下之志，以定天下之业，以断天下之疑[②]。其孰能与于此哉？古之聪明睿智神武而不杀者夫[③]！服万物而不以威刑者也。是以明于天之道，而察于民之故[④]，以神明其德[⑤]。一阖一辟谓之变，往来不穷谓之通[⑥]。见乃谓之象[⑦]，兆见曰象。形乃谓之器[⑧]，成形曰器。制而用之谓之法，利用出入，民咸用之谓之神[⑨]。

【注释】

①“夫《易》，开物成务”几句：本段节录自《系辞上》第十章。冒，覆盖，包容。《周易正义》：“‘夫《易》，开物成务，冒天下之道，如斯而

已者’，此夫子还自释《易》之体，用之状言《易》能开通万物之志，成就天下之务，有覆冒天下之道。斯，此也，《易》之体用如此而已。”

②“是故圣人以通天下之志”几句：《周易正义》：“‘是故圣人以通天下之志’者，言《易》道如此，是故圣人以其《易》道通达天下之志，极其幽深也。‘以定天下之业’者，以此《易》道定天下之业，由能研几成务，故定天下之业也。‘以断天下之疑’者，以此《易》道决断天下之疑，用其蓍龟占卜，定天下疑危也。”

③其孰能与于此哉？古之聪明睿智神武而不杀者夫：《周易正义》：“‘其孰能与此哉’者，言谁能同此也，盖是古之聪明睿知神武而不杀者夫。《易》道深远，以吉凶祸福，威服万物。故古之聪明睿知神武之君，谓伏牺等，用此《易》道，能威服天下，而不用刑杀而畏服之也。”

④是以明于天之道，而察于民之故：《周易正义》：“‘是以明于天之道’者，言圣人能明天道也。‘而察于民之故’者，故，事也。《易》穷变化而察知民之事也。”

⑤以神明其德：《周易正义》：“言圣人既以《易》道自斋戒，又以《易》道神明其己之德化也。”

⑥一阖一辟谓之变，往来不穷谓之通：阖，闭。辟，开。《周易正义》：“‘一阖一辟谓之变’者，开闭相循，阴阳递至，或阳变为阴，或开而更闭，或阴变为阳，或闭而还开，是谓之变也。‘往来不穷谓之通’者，须往则变来为往，须来则变往为来，随须改变，不有穷已，恒得通流，是谓之通也。”

⑦见乃谓之象：象，指事物的萌芽征兆。《周易正义》：“‘见乃谓之象’者，前往来不穷，据其气也。气渐积聚，露见萌兆，乃谓之象。言物体尚微也。”

⑧形乃谓之器：《周易正义》：“体质成器，是谓器物。故曰形乃谓之

器，言其著也。”

⑨“制而用之谓之法”几句：《周易正义》：“言圣人裁制其物而施用之，垂为模范，故云‘谓之法’。‘利用出入，民咸用之谓之神’者，言圣人以利而用，或出或入，使民咸用之，是圣德微妙，故云‘谓之神’。”

【译文】

《周易》揭开事物真相，成就天下事物，覆盖包容天下万物的道理，就是这样罢了。冒，是覆盖包容的意思。是说《周易》贯通万物心志，成就天下事物，它的道理可以覆盖包容天下。所以圣人用它来贯通天下的心志，成就天下的事业，决断天下的疑难。那么谁能做到这样呢？古代聪明智慧、神明勇武而不残暴嗜杀的人才可以吧！让万物服从但不使用严酷刑罚暴力的人。因此圣人能明白天道，穷究变化察知民事，用《周易》神明之道化育自己的德行。一闭一开叫做变，来来往往变化无穷叫做通。发现萌芽征兆就叫做象，征兆呈现叫做象。具有形体就叫做器，形成形体叫做器。裁制天下万物来使用，其所遵循的方法叫做法，圣人利用它有出有入，民众全都用它就是神妙。

法象莫大乎天地，变通莫大乎四时，悬象著明莫大乎日月，崇高莫大乎富贵[①]。位，所以一天下之动而济万物也。备物致用，立成器以为天下利，莫大乎圣人[②]。探赜索隐，钩深致远，以定天下之吉凶，成天下之亹亹，莫善乎蓍龟[③]。

【注释】

①“法象莫大乎天地”几句：本段节录自《系辞上》第十一章。法象，总称自然界一切事物现象。悬象，天象，日月星辰之类。著明，显明。《周易正义》：“‘法象莫大乎天地’者，言天地最大也。‘变通莫

大乎四时’者，谓四时以变得通，是变中最大也。‘悬象著明莫大乎日月’者，谓日月中时，遍照天下，无幽不烛，故云‘著明莫大乎日月’也。‘崇高莫大乎富贵’者，以王者居九五富贵之位，力能齐一天下之动，而道济万物，是崇高之极，故云‘莫大乎富贵’。”

②“备物致用”几句：谓备天下之物，招致天下所用，建立成就天下之器，以为天下之利，只有圣人能做到。

③“探赜索隐”几句：探，窥探求取。赜，指幽深难见。索，求索。隐，隐藏。亹亹（wěi），勤勉奋进。《周易正义》：“探，谓窥探求取。赜，谓幽深难见。卜筮则能窥探幽昧之理，故云‘探赜’也。索，谓求索。隐，谓隐藏。卜筮能求索隐藏之处，故云‘索隐’也。物在深处，能钩取之；物在远方，能招致之。卜筮能然，故云‘钩深致远’也。以此诸事，正定天下之吉凶，成就天下之亹亹者，唯卜筮能然，故云‘莫善乎蓍龟’也。”

【译文】

使人取法的现象没有比天地更大的，变化贯通没有比四季更大的，悬挂物象显示光明没有比日月更显著的，尊崇高贵没有比富有和尊贵更高的了。因王者处在九五尊位，凭借其能力只要有所行动就能帮助到天下万物。完备地研究出万物的道理而能使人们应用，创立造成各种器具来给天下人带来利益，没有比圣人更伟大的了。探求万事万物的复杂情况，探索隐含着的道理，挖掘深刻的哲理，搜罗幽远的事物，用来确定天下万事万物的吉凶，鼓励天下之人勤勉奋进，没有比卜筮更好的了。

子曰：“天之所助者，顺也；人之所助者，信也。履信思乎顺，是以自天佑之，吉，无不利[①]。”

【注释】

①“天之所助者”几句：本段节录自《系辞上》第十一章。这是说上

九能践行诚信，永久顺从；既有诚信顺从，又能尊尚贤人，天下都能佑助，卜筮得吉，无所不利。《周易正义》："天之所助者，顺也；人之所助者，信也。履信思乎顺者，人之所助，唯在于信，此上九能履践于信也；天之所助，唯在于顺，此上九恒思于顺。既有信思顺，又能尊尚贤人，是以从天已下，皆佑助之，而得其吉，无所不利也。"

【译文】

孔子说："上天所辅佐帮助的是能够顺应天道的人，人们所辅佐帮助的是诚实守信的人。践行诚信想着顺从，因此有来自上天的福佑，吉祥，没有不利的。"

天地之道，贞观者也；明夫天地万物，莫不保其贞，以全其用也。日月之道，贞明者也；天下之动，贞夫一者也[①]。天地之大德曰生，圣人之大宝曰位[②]。何以守位？曰仁。何以聚人？曰财[③]。财所以资物生也。理财正辞，禁民为非，曰义[④]。

【注释】

①"天地之道"几句：本段节录自《系辞下》第一章。贞观，以贞正示之于人。一，纯一。《周易正义》："'天地之道，贞观者也'，谓天覆地载之道，以贞正得一，故其功可为物之所观也。'日月之道，贞明者'也，言日月照临之道，以贞正得一而为明也。若天覆地载，不以贞正而有二心，则天不能普覆，地不能兼载，则不可以观，由贞乃得观见也。日月照临，若不以贞正，有二之心，则照不普及，不为明也，故以贞而为明也。'天下之动，贞夫一者'也，言天地日月之外，天下万事之动，皆正乎纯一也。若得于纯一，则所动遂其性；若失于纯一，则所动乖其理。是天下之动，得正在一也。"

②天地之大德曰生，圣人之大宝曰位：这两句是说天地盛德，在于常

生；圣人最宝贵的是地位。《周易正义》："言天地之盛德，在乎常生，故言曰生。不常生，则德之不大。以其常生万物，故云大德也。"圣人之大宝曰位，《周易正义》："言圣人大可宝爱者在于位耳。位是有用之地，宝是有用之物。若以居盛位，能广用无疆，故称大宝也。"

③"何以守位"几句：《周易正义》："'何以守位曰仁'者，言圣人何以保守其位，必信仁爱，故言曰仁也。'何以聚人曰财'者，言何以聚集人众，必须财物，故言曰财也。"

④"理财正辞"几句：理财，管理财务。《周易正义》："言圣人治理其财，用之有节，正定号令之辞，出之以理，禁约其民为非僻之事，勿使行恶，是谓之义。义，宜也。言以此行之，而得其宜也。"

【译文】

天地之道，是持正才能显示的；明确了天地万物，没有什么不是确保了持正才能保全其功用的。日月之道，持正才能明亮；天下万事万物一切的运动，持正才能纯一。天地最大的盛德是生养，圣人最可宝贵的是地位。拿什么守住地位？回答是仁爱。拿什么聚集民众？回答是财货。财货是滋生万物的凭借。管理财货，端正辞令，禁止民众为非作歹，就叫做义。

《易》曰："困于石，据于蒺藜[①]。"子曰："非所困而困焉，名必辱；非所据而据焉，身必危[②]。"

【注释】

①困于石，据于蒺藜：本段节录自《系辞下》第四章。这里所引是《困》卦六三的爻辞。蒺藜，一种带刺的植物。《周易正义》："《困》之六三，履非其位，欲上乾于四，四自应初，不纳于己，是困于九四之石也。三又乘二，二是刚阳，非己所乘，是下向据于九二之蒺藜也。"

②"非所困而困焉"几句：《周易正义》："'子曰，非所困而困焉'者，

夫子既引《易》文，又释其义，故云‘子曰’。‘非所困’，谓九四。若六三不往犯之，非六三之所困，而六三强往干之而取困焉。‘名必辱’者，以向上而进取，故以声名言之，云‘名必辱’也。‘非所据而据焉’者，谓九二也。若六三能卑下九二，则九二不为其害，是‘非所据’也。今六三强往陵之，是‘非所据而据’焉。‘身必危’者，下向安身之处，故以身言之，云‘身必危’也。”

【译文】

《周易·困》六三的爻辞说：“被石头绊倒，后退又抓到带刺的蒺藜。”孔子说：“不应该受困的地方而受困，名声一定受辱；不应该凭依据守的而去凭依据守，自身一定危险。”

子曰：“小人不耻不仁，不畏不义，不见利不劝，不威不惩。小惩而大诫，此小人之福也①。”《易》曰：“屦校灭趾，无咎②。”此之谓也。

【注释】

①“子曰：小人不耻不仁”几句：本段节录自《系辞下》第四章。《周易正义》：“明小人之道，不能恒善，若因惩诫而得福也，此亦证前章安身之事。”

②屦校灭趾，无咎：屦，戴着。校，木制刑具。这里所引是《噬嗑》卦初九的爻辞。《周易正义》：“故引《易·噬嗑》初九以证之。以初九居无位之地，是受刑者以处卦初，其过未深，故‘屦校灭趾’而‘无咎’也。”

【译文】

孔子说：“小人行不仁之事却不以为羞耻，做了不义的事也不害怕，不见到功利就不努力去做，不用刑威就不能使他得到惩戒。小的惩罚使他受到大的戒惧，以致不犯大罪，这是小人之福。”《周易·噬嗑》初九爻辞说："最初犯罪之人，将他的脚趾纳入刑具里，把足趾都灭没了，虽受刑，但过失尚小，能从此改过自新，也就没有灾祸了。"说的就是这个道理。

善不积，不足以成名；恶不积，不足以灭身。小人以小善为无益而弗为也，以小恶为无伤而弗去也，故恶积而不可掩，罪大而不可解也。《易》曰："荷校灭耳，凶[①]。"

【注释】

①荷校灭耳，凶：本段节录自《系辞下》第四章。荷，负荷。这是《噬嗑》卦上九爻辞。《周易正义》："明恶人为恶之极以致凶也。此结成前章不能安身之事，故引《噬嗑》上九之义以证之。上九处断狱之终，是罪之深极者。故有'何校灭耳'之凶。"

【译文】

善行不积累，不足以成就好名；恶行不积累，不足以消灭自身。小人认为小的善事没有什么好处，因而不去做，认为小的恶事没有什么伤害，因而去做而不是离开，所以恶行积聚到无法掩盖的程度，罪行大到无法化解的程度。正像《周易·噬嗑》上九爻辞所说的那样："刑罚严重到戴上枷锁伤没耳朵，这是凶险啊。"

子曰："危者，安其位者也；亡者，保其存者也；乱者，有其治者也[①]。是故君子安不忘危，存不忘亡，治不忘乱，是以身安而国家可保也。《易》曰：'其亡其亡，系于苞桑[②]。'"

【注释】

①"危者，安其位者也"几句：本段节录自《系辞下》第四章。这是说明"危""亡""乱"，均来自昔日自恃其"安""存""治"。《周易

正义》："'危者，安其位者也'，言所以今有倾危者，由往前安乐于其位，自以为安，不有畏慎，故致今日危也。'亡者，保其存者'，所以今日灭亡者，由往前保有其存，恒以为存，不有忧惧，故今致灭亡也。'乱者，有其治者'，所以今有祸乱者，由往前自恃有其治理也，谓恒以为治，不有忧虑，故今致祸乱也。是故君子今虽复安，心恒不忘倾危之事；国之虽存，心恒不忘灭亡之事；政之虽治，心恒不忘祸乱之事。"

②其亡其亡，系于苞桑：这里所引是《否》卦九五的爻辞。苞桑，桑树之本。这是告诫九五之"君"要"心存将危，乃得固"。《周易正义》："'其亡其亡，系于苞桑'者，言心恒畏慎：其将灭亡！其将灭亡！乃系于苞桑之固也。"

【译文】

孔子说："危险，是因为安乐于原有的地位而没有畏惧心；衰亡，是因为以为存活长远而没有忧惧心；祸乱，是因为认为治理太平而没有忧虑心。所以君子安乐时不忘危险，存活时不忘衰亡，太平时不忘祸乱，因此自身平安国家得以保全。正像《周易·否》卦九五爻辞所说：'要灭亡啊要灭亡！于是警惕长存，有如绑在桑树根上那样牢固。'"

子曰："德薄而位尊，知小而谋大，力少而任重，鲜不及矣①。《易》曰：'鼎折足，覆公𫗧，其形渥，凶②。'言不胜其任也。"

【注释】

①"德薄而位尊"几句：本段节录自《系辞下》第四章。这是说不能安身，智慧少图谋大必定遇祸。《周易正义》："言不能安其身，知小谋大而遇祸。"

②"鼎折足"几句：这里所引是《鼎》卦九四爻辞。覆，倾倒。𫗧（sù），

鼎中的食物。渥，沾湿，浸润。《周易正义》："引《易·鼎》卦九四以证之。'鼎折足，覆公𫗧，其形渥，凶'者，处上体之下，而又应初，既承且施，非己所堪，故有折足之凶。既覆败其美道，灾及其形，以致渥凶也。"

【译文】

孔子说："德行浅薄而地位尊崇，智慧稀少而图谋极大，力量很少而承担重任，很少有不遭受灾祸的。正像《周易·鼎》卦九四爻辞所说：'鼎足折断，倾覆了国公的美味，打湿了大鼎的形体，这是非常凶险的。'这就是说才德不能胜任的结果。"

子曰："知几，其神乎！君子上交不谄，下交不渎，其知几乎①！几者，动之微②，君子见几而作，不俟终日③。《易》曰：'介于石，不终日，贞吉④。'定之于始，故不待终日。君子知微知彰，知柔知刚，万夫之望⑤。此知几其神者也。"

【注释】

①"知几，其神乎"几句：本段节录自《系辞下》第四章。几，隐微。多指事物的迹象、先兆。渎，轻慢不恭。《周易正义》："'知几，其神乎'者，神道微妙，寂然不测。人若能豫知事之几微，则能与其神道合会也。'君子上交不谄，下交不渎'者，上谓道也，下谓器也。若圣人知几穷理，冥于道，绝于器，故能上交不谄，下交不渎。若于道不冥而有求焉，未能离于谄也；于器不绝而有交焉，未能免于渎也。能无谄、渎，知几穷理者乎？"

②几者，动之微：见机而作，指事前明察事物细微的变化，抓住有利时机而有所动作。《周易正义》："几，微也，是已动之微。动谓心动、事动。初动之时，其理未著，唯纤微而已。若其已著之后，则

心事显露，不得为几。若未动之前，又寂然顿无，兼亦不得称几也。几是离无入有，在有无之际，故云‘动之微’也。”

③君子见几而作，不俟终日：《周易正义》：“言君子既见事之几微，则须动作而应之，不得待终其日。言赴几之速也。”

④介于石，不终日，贞吉：此引《豫》卦六二的爻辞。比喻六二柔顺中正、耿介如石。介，坚固。喻耿介正直之状。贞，贞卜。《周易正义》：“此豫之六二辞也。得位居中，故守介如石，见几则动，不待终其一日也。”

⑤“君子知微知彰”几句：微，隐微。万夫，万人，指很多人。望，仰望。《周易正义》：“‘君子知微知彰’者，初见是几，是知其微；既见其几，逆知事之祸福，是知其彰著也。知柔知刚者，刚柔是变化之道，既知初时之柔，则逆知在后之刚。言凡物之体，从柔以至刚，凡事之理，从微以至彰，知几之人，既知其始，又知其末，是合于神道，故为万夫所瞻望也。万夫举大略而言。若知几合神，则为天下之主，何直只云万夫而已，此知几其神乎者也。”

【译文】

孔子说：“知道事物的征兆，那就进入神妙的境地了！君子对上交往不说好话谄媚，对下交往不轻慢不恭，那就算知道事物的征兆和趋势了吧！征兆是行为开端的隐微表现，君子见到它就行动，用不着整天等待。正像《周易·豫》六二爻辞所说：‘刚硬如同石头，用不着等待一整天，占卜吉利。’从事物的开始就确定行动，所以用不着等待一整天。君子见到隐微，而知道彰显，见到柔软，而知道刚硬，使得万民仰望。这就是知道征兆的神妙啊。”

子曰：“颜氏之子，其殆庶几乎！有不善，未尝不知，知之，未尝复行也[①]。《易》曰：‘不远复，无祇悔，元吉[②]。’”

【注释】

①“子曰：颜氏之子”几句：本段节录自《系辞下》第四章。颜氏之子，颜回。殆庶几，大概，差不多。《周易正义》：“此节论贤人唯庶于几，虽未能知几，故引颜氏之子以明之也。‘其殆庶几乎’者，言圣人知几，颜子亚圣，未能知几，但殆近庶慕而已，故云‘其殆庶几乎’，又以殆为辞。‘有不善，未尝不知’者，若知几之人，本无不善。以颜子未能知几，故有不善。不近于几之人，既有不善，不能自知于恶。此颜子以其近几，若有不善，未尝不自知也。‘知之，未尝复行’者，以颜子通几，既知不善之事，见过则改，未尝复更行之。但颜子于几理暗昧，故有不善之事，于形器显著，乃自觉悟，所有不善，未尝复行。”

②不远复，无祇悔，元吉：这里所引是《复》卦初九爻辞。不远复，指初九以一阳居群阴之下，为复之始，最得《复》道，故有不远即复之象。元吉，大吉。《周易正义》：“以去几既近，寻能改悔，故引《复》卦初九以明之也。以《复》卦初九既在卦初，则能复于阳道，是速而不远，则能复也。所以无大悔而有元吉也。”

【译文】

孔子说：“颜家的孩子颜回，那大概差不多算是“知几”了吧！一旦有什么不好的事，没有他不知道的，知道了就不再重复错误。正像《周易·复》初九爻辞所说：‘走得不远就回头，没有大的懊悔，大吉。’”

子曰：“君子安其身而后动，易其心而后语，定其交而后求。君子修此三者，故全也①。危以动，则民不与也；惧以语，则民不应也；无交而求，则民不与。莫之与，则伤之者至矣。”

【注释】

①“君子安其身而后动”几句：本段节录自《系辞下》第四章。易，

平易，和易。《周易正义》："'子曰君子安其身而后动'者，此明致一之道，致一者，在身之谓。若己之为得，则万事得；若己之为失，则万事失也。欲行于天下，先在其身之一，故先须安静其身而后动，和易其心而后语，先以心选定其交而后求。若其不然，则伤之者至矣。"

【译文】

孔子说："君子安定自身然后行动，平和心情然后交谈，确定人选然后寻求交往。君子修养这三种品性，所以安全。冒着危险行动，那样民众就不会帮助你；心怀恐惧交谈，那样民众就不会应和你；没有确定人选就去寻求交往，那样民众就不会答理你。如果不是这样，那么伤害就会到来。"

子曰："《履》，德之基也①。基，所蹈也。《谦》，德之柄也②。《复》，德之本也③。《恒》，德之固也④。固，不倾移也。《损》，德之修也⑤。《益》，德之裕也⑥。能益物者，其德宽大也。《困》，德之辩也⑦。困而益明。"

【注释】

①《履》，德之基也：本段节录自《系辞下》第六章。《履》卦，象征践履，人能践履礼道，就加强防患而不逾越礼，所以是立德之基。《周易正义》："此第六章。明所以作《易》，为其忧患故。……以为忧患，行德为本也。六十四卦悉为修德防患之事，但于此九卦，最是修德之甚，故特举以言焉，以防忧患之事。故《履》卦为德之初基。故为德之时，先须履践其礼，敬事于上，故履为德之初基也。"

②《谦》，德之柄也：《谦》卦，象征谦虚。行德必须谦虚，谦虚就是德行的把柄，如同斧子的把柄。《周易正义》："'《谦》，德之柄也'者，

言为德之时，以谦为用，若行德不用谦，则德不施用，是《谦》为德之柄，犹斧刃以柯柄为用也。

③《复》，德之本也：《复》卦象征回复静默，这是行德的根本。《周易正义》："'《复》，德之本'者，言为德之时，先从静默而来，《复》是静默，故为德之根本也。"

④《恒》，德之固也：《恒》卦象征恒久。恒心守道，德行坚固。《周易正义》："言为德之时，恒能执守，始终不变，则德之坚固，故为德之固也。"

⑤《损》，德之修也：《损》卦，象征减损。减损不善，德行增新。《周易正义》："'《损》，德之修'者，行德之时，恒自降损，则其德自益而增新，故云'《损》，德之修也'。《谦》者，论其退下于人；《损》者，能自减损于己，故《谦》《损》别言也。"

⑥《益》，德之裕也：《益》卦象征增益。对人对物增益宽裕，德行广大。《周易正义》："'《益》，德之裕'者，裕，宽大也。能以利益于物，则德更宽大也。"

⑦《困》，德之辩也：《困》卦象征困穷，困穷境地，更要持正，所以君子固穷。《周易正义》："若遭《困》之时，守操不移，德乃可分辨也。"

【译文】

孔子说："《履》卦，是树立德的基础。基础，是所应该遵循的。《谦》卦，是实行德的把手。《复》卦，是遵循德的根本。《恒》卦，是巩固德的前提。固，是不倾倒移动的意思。《损》卦，是修养德的方法。《益》卦，是充裕德的途径。能增益事物的，它的德必定宽大。《困》卦，是辨别德的标准。德行在困穷中更为明显。"

夫乾，天下之至健也，德行恒易以知险[①]；夫坤，天下之至顺也，德行恒简以知阻[②]。

【注释】

①夫乾，天下之至健也，德行恒易以知险：本段节录自《系辞下》第九章。义与《系辞上》第一章“乾以易知”相应。《周易正义》：“‘德行恒易以知险’者，谓乾之德行，恒易略，不有艰难，以此之故，能知险之所兴。若不有易略，则为险也，故‘行易以知险’也。”

②夫坤，天下之至顺也，德行恒简以知阻：简，简约，简静。义与《系辞上》第一章“坤以简能”相应。《周易正义》：“‘德行恒简以知阻’者，言坤之德行，恒为简静，不有烦乱，以此之故，知阻之所兴也。若不简则为阻难，故行简静以知阻也。”

【译文】

乾象是天下最刚健的，它的德行恒久平易，可以照出天下危险的事情；坤象是天下最柔顺的，它的德行恒久简静，可以明察天下困阻之事的原因。

能悦诸心，能研诸侯之虑[①]。诸侯，物主有为者也。能悦万物之心，能精为者之务也。定天下之吉凶，成天下之亹亹者[②]。

【注释】

①能悦诸心，能研诸侯之虑：本段节录自《系辞下》第九章。研，精妙。本节说明领会乾坤平易简约，而知危险阻碍的意义。即心情愉悦，思虑精妙，确定吉凶，成就勤勉。《周易正义》：“能说诸心者，万物之心，皆患险阻。今以阻险逆告于人，则万物之心，无不喜说，故曰‘能说诸心’也。‘能研诸侯之虑’者，研，精也。诸侯既有为于万物，育养万物，使令得所，《易》既能说诸物之心，则能精妙诸侯之虑。谓诸侯以此《易》之道，思虑诸物，转益精粹，故云研诸侯之虑也。”

②定天下之吉凶，成天下之亹亹者：亹亹（wěi），勤勉不倦的样子。

《周易正义》："'定天下之吉凶'者，言《易》道备载诸物得失，依之则吉，逆之则凶，是《易》能定天下之吉凶也。'成天下之亹亹'者，亹亹，勉也。天下有所营为，皆勉勉不息。若依此《易》道，则所为得成，故云'成天下之亹亹'也。"

【译文】

领会这些道理能够让心情愉悦，能够使诸侯思虑精妙。诸侯是万物之主。能够使万物心情愉悦，能够精通养育者所从事的工作。**裁定天下的吉凶，促成天下人勤勤恳恳。**

凡《易》之情，近而不相得，则凶[1]。近，况比爻也。

【注释】

①凡《易》之情，近而不相得，则凶：本段节录自《系辞下》第九章。近，指两爻相近。《周易正义》："近，谓两爻相近而不相得，以各无外应，则致凶咎。若各有应，虽近不相得，不必皆凶也。"

【译文】

凡是《周易》的情状，相近的两爻却不相合，那就是凶。近，比况两爻相近而不相得。

将叛者其辞惭，中心疑者其辞枝，吉人之辞寡，躁人之辞多，诬善之人其辞游，失其守者其辞屈[1]。

【注释】

①"将叛者其辞惭"几句：本段节录自《系辞下》第九章。游，游移，指言辞虚漫浮游。屈，指言辞亏屈不展。《周易正义》："'将叛者其辞惭'者，此已下说人情不同，其辞各异。将欲违叛己者，貌虽相亲，辞不以实，故'其辞惭'也。'中心疑者其辞枝'者，枝，谓

树枝也。中心于事疑惑，则其心不定，其辞分散若闲枝也。'吉人之辞寡'者，以其吉善辞直，故辞寡也。'躁人之辞多'者，以其烦躁，故其辞多也。'诬善之人其辞游'者，游，谓浮游。诬罔善人，其辞虚漫，故言其辞游也。'失其守者其辞屈'者，居不值时，失其所守之志，故其辞屈挠不能申也。凡此辞者，皆论《易经》之中有此六种之辞，谓作《易》之人，述此六人之意，各准望其意而制其辞也。"

【译文】

将要叛变的人言辞羞惭，心中怀疑的人言辞枝蔓，吉祥的人言辞少而精，浮躁的人言辞多而乱，污蔑良善的人言辞游移，失去操守的人言辞屈曲。

昔者圣人之作《易》也[①]，将以顺性命之理也[②]。是以立天之道曰阴与阳，立地之道曰柔与刚，立人之道曰仁与义[③]。

【注释】

①昔者圣人之作《易》也：本段节录自《说卦》第二章。《说卦传》主要是记述八卦所象的事物。镰仓本正文开头有红点标记，并在眉批上说："'昔者圣人'以下四十一字，《说卦》文也，非《系辞》文。"镰仓本、元和活字本无"之"字。

②将以顺性命之理也：《周易正义》："'将以顺性命之理'者，本意将此《易》卦，以顺从天地生成万物性命之理也。其天地生成万物之理，须在阴阳必备。是以造化辟设之时，其立天之道，有二种之气，曰成物之阴与施生之阳也。其立地之道，有二种之形，曰顺承之柔与特载之刚也。"

③立人之道曰仁与义：《周易正义》："天地既立，人生其间。立人之道，有二种之性，曰爱惠之仁，与断刮之义也。既备三才之道，而

皆两之，作《易》本顺此道理，须六画成卦，故作《易》者，因而重之，使六画而成卦也。六画所处，有其六位，分二、四为阴位，三、五为阳位，迭用六、八之柔爻、七、九之刚爻而来居之，故作《易》者分布六位而成爻卦之文章也。”

【译文】

从前圣人创作《周易》，是要用它顺从天地万物性命的道理。因此立天之道有阴有阳，立地之道有刚有柔，立人之道有仁有义。

卷二

尚书

【题解】

《尚书》或称《书经》,先秦称为《书》,是最古老的王室文件汇编,据说孔子曾用为教材,是先秦儒家主要经典之一。

在汉代,《尚书》出现了不同的本子,并有今古文的差异。今文有伏生所传二十八篇,古文有孔壁本、河间本、杜林漆书本,魏晋又有石经本、梅赜本,梅赜本有题名为孔安国所作的传。唐孔颖达据梅赜本作《尚书正义》。宋以后学者开始怀疑梅赜本之真伪,清阎若璩作《古文尚书疏证》后,梅赜本为伪几成定论,但今天学术界仍有不同观点。《群书治要》所据即为梅赜本。尽管后人对《尚书》文字训释有许多新的解释,但考虑《群书治要》成书的时代,我们大抵依据与其时代相近的孔颖达《尚书正义》的训诂。

《汉书·艺文志》说:"左史记言,右史记事,事为《春秋》,言为《尚书》。"它本是史书,但是经过孔子删修而成为经书。在远古文献缺乏的时代,要了解古圣先贤的思想、事迹,必须学习《尚书》。正如唐孔颖达《尚书正义》里所说:"道本冲寂,非有名言。既形以道生,物由名举,则凡诸经史,因物立名。物有本形,形从事著。圣贤阐教,事显于言,言惬群心,书而示法。既书有法,因号曰'书'。后人见其久远,自于上世。'尚'者,上也。言此上代以来之书,故曰'尚书'。"

孔安国，字子国，汉代鲁国人，孔子十一代孙，孔滕之孙，孔忠之子，孔臧从弟。西汉经学家。是司马迁的古文经学老师。后世尊其为先儒。他受《诗》于申公，受《尚书》于伏生。武帝末，鲁共王坏孔府旧宅，于壁中得《古文尚书》《礼记》《论语》及《孝经》，皆蝌蚪文字，当时的人都不识，安国以今文读之，即隶定古文，又奉诏作书传，定为五十八篇，谓之《古文尚书》。

魏徵对《尚书》有着深入的研究，他从书中三十四篇（篇名据孔颖达《尚书正义》）节录了若干片段，还包括孔安国传，内容涉及君臣修德、任贤、治民诸多方面，如他在《序》中所说，能够起到"昭德塞违，劝善惩恶"的作用。魏徵的《十渐不克终疏》是贞观十三年五月应诏之作，疏文中引用《尚书》"民惟邦本，本固邦宁，为人上者，奈何不敬"的古训，批评太宗说："自古以来，未有由百姓逸乐而致倾败者也，何有逆畏其骄逸而故欲劳役者哉？"太宗读后"深加奖叹"，为了"反覆寻研，朝夕瞻仰"，又把这篇奏疏陈列在皇宫的屏障上，以示"闻过能改"。这足以证明《尚书》在当时已经成为唐朝治国安邦的重要指南。

魏徵在《隋书·经籍志》中叙述《尚书》在汉魏的流传后说："及永嘉之乱，欧阳、大、小夏侯《尚书》并亡。济南伏生之传，唯刘向父子所著《五行传》是其本法，而又多乖戾。至东晋，豫章内史梅赜，始得安国之传，奏之，时又阙《舜典》一篇。齐建武中，吴姚方兴于大桁市得其书，奏上，比马、郑所注多二十八字，于是始列国学。梁、陈所讲，有孔、郑二家，齐代唯传郑义。至隋，孔、郑并行，而郑氏甚微。自余所存，无复师说。"但在其所收录的《尚书》著作"三十二部，二百四十七卷"中，我们无法确定《群书治要》所用的底本，所以只能以孔颖达的《尚书正义》为主要参考。

历来注释和研究《尚书》的著作很多，除了唐孔颖达的《尚书正义》外，常见的还有宋蔡沈的《书集传》、清孙星衍的《尚书今古文注疏》等。

昔在帝尧[①]，聪明文思[②]，光宅天下[③]，言圣德之远著。作《尧典》[④]。典者，常也。言可为百代常行之道。

【注释】

①昔在帝尧：本段节录自《尧典序》。帝，本指天帝，后作为上古时代君王的称呼。司马迁《五帝本纪》的五帝是黄帝、颛顼、帝喾、帝尧、帝舜。《尚书》则以记载帝尧的《尧典》为开端。尧，名为放勋，因为封地在唐，所以号为陶唐氏，尧是他的谥号。

②聪明：听远见微。《尚书正义》："聪明者，据人近验，则听远为聪，见微为明，若离娄之视明也，师旷之听聪也；以耳目之闻见，喻圣人之智慧，兼知天下之事，故在于闻见而已，故以'聪明'言之。"文：指治理天下。《谥法》："经天纬地谓之文。"思：指思虑通达敏捷。郑玄说："虑事通敏谓之思。"

③光宅天下：孔传："言圣德之远著。"《尚书正义》认为，"圣德"解"聪明文思"，"远著"解"光宅天下"。

④尧典：《尚书》开篇。记载了唐尧、虞舜的功德、言行。《尚书正义》："德既如此，政化有成，天道冲盈，功成者退，以此故将逊遁避于帝位，以禅其有圣德之虞舜。史序其事，而作《尧典》之篇。"

【译文】

从前在唐尧称帝的时代，他听远见微，明达事理，经纬天地，思虑精明，德化的光辉充满天下，是说他的圣德影响深远。史官据此写作了《尧典》。典，是常的意思。这是说可以成为后世百代永恒奉行的道理。

曰若稽古帝尧[①]，言能顺考古道而行之者，帝尧也。曰放勋[②]，钦明文思安安[③]，勋，功也。言尧放上世之功化，而以敬、明、文、思之四德，安天下之当安者也。允恭克让[④]，光被四表[⑤]，格于上下[6]。既有四德，又信恭能让，故其名闻充溢四外，至于天地也。**克明俊德[7]，以亲九族[8]。**能明俊德之士任用之，以睦高祖、玄孙之亲也。**九族既睦，平章百姓[9]。**百姓，百官。**百姓昭明，协和万邦[10]，黎民于变时雍[11]。**时，是也。雍，和也。言天下众人皆变化从上，是以风俗大和也。

【注释】

①曰若稽古帝尧：以下节录自《尧典》。曰若，发语词。常用在追叙往事的开端。《尚书正义》解释若为顺，遵循。稽古，考察古事。

②勋：功勋。孔传："勋，功。"

③安安：安所当安。

④允：诚信。恭：恭谨。

⑤被：覆盖。四表：四方以外的地方。

⑥格：至。孔传："允，信。克，能。光，充。格，至也。"

⑦克：能。俊：通"骏"。大。

⑧亲：亲近，亲睦。九族：《尚书正义》："上至高祖，下及玄孙，是为九族。"

⑨平章百姓：《尚书正义》："使之和协显明于百官之族姓。"平章，《尚书正义》："谓九族与百官皆须导之以德义，平理之使之协和，教之以礼法，章显之使之明著。"百姓，百官。

⑩协和：调和。万邦：众多邦国，众氏族。

⑪黎：众。雍：和睦。

【译文】

考察往事，能够遵循和考察古道的人是帝尧，这是说能考察并遵循古道而行的是帝尧。**帝尧名叫放勋，有钦敬严肃、明达事理、经纬天地、思虑精明四德，以此使天下安定，**勋，是功的意思。这是说尧仿效前代圣王的事功教化，而用敬、明、文、思这四德，安定天下。**他诚信、恭敬、克己、谦让，功德充满四方之外，一直到天地之间。**已经有了四德，又诚实守信恭敬谦让，所以名声横溢四方边远之外，达到天地之间。**他能任用才能杰出的人，亲近从高祖到玄孙的九族。**能够任用才能杰出的人，使从高祖到玄孙的九族都亲近和睦。**九族已经亲近和睦之后，还分别赐予百官姓氏，彰明他们的宗族。**百姓，就是百官。**百官礼仪彰明了，就能调和天下所有的邦国，进而黎民跟着和睦亲近。**时，是是的意思。雍，是和睦的意思。这是说天下民众都跟随上面变化，因此风俗变得非常和睦。

虞舜侧微[①]，尧闻之聪明，侧，侧陋。微，微贱。将使嗣位[②]，历试诸难。历试之以难事。慎徽五典[③]，五典克从[④]；五典，五常之教也。谓父义、母慈、兄友、弟恭、子孝。舜举八元[⑤]，使布五教于四方。五教能从，无违命也。纳于百揆[⑥]，百揆时叙[⑦]；揆，度也。舜举八颉以度百事[⑧]，百事时叙也。宾于四门[⑨]，四门穆穆[⑩]；宾，迎也。四门，宫四门也。舜流四凶族[⑪]，诸侯来朝者，舜宾迎之，皆有美德，无凶人也。纳于大麓[⑫]，烈风雷雨弗迷。纳舜于尊显之官，使大录万机之政，于是阴阳清和，烈风雷雨，各以期应，不有迷错愆伏[⑬]，明舜之行合于天心也。

【注释】

①虞舜侧微：以下节录自《舜典》。舜，名重华，国号有虞氏，故称虞舜。他受尧的禅让而称帝。侧，侧陋。微，微贱。孔传："为庶人，故微贱。"《尚书正义》："虞舜所居侧陋，身又微贱。"

②嗣位：继承帝位。

③徽：美善。

④五典：五常。指父子、君臣、夫妇、长幼、朋友之间的伦常。即父子

有亲、君臣有义、夫妇有别、长幼有序、朋友有信。

⑤八元：指高辛氏的八位才子，包括伯奋、仲堪、叔献、季仲、伯虎、仲熊、叔豹、季狸。《左传·文公十八年》："高辛氏有才子八人：伯奋、仲堪、叔献、季仲、伯虎、仲熊、叔豹、季狸，忠肃共懿，宣慈惠和，天下之民，谓之'八元'。"

⑥百揆：国家军政大事。

⑦时叙：顺从。

⑧八觊：又叫八恺。指高阳氏的八位才子，包括苍舒、隤敳、梼戭、大临、龙降、庭坚、仲容、叔达。《左传·文公十八年》："昔高阳氏有才子八人：苍舒、隤敳、梼戭、大临、龙降、庭坚、仲容、叔达，齐圣广渊，明允笃诚，天下之民，谓之'八恺'。"

⑨宾：迎宾。

⑩穆穆：肃穆恭谨的样子。

⑪流：流放。四凶族：指尧舜时的四大凶族，包括穷奇（共工）、浑敦（驩兜）、饕餮（三苗）、梼杌（鲧）。《左传·文公十八年》："舜臣尧，宾于四门，流四凶族浑敦、穷奇、梼杌、饕餮，投诸四裔，以御魑魅。是以尧崩而天下如一，同心戴舜以为天子，以其举十六相、去四凶也。"

⑫大麓：泰山之麓。《尚书正义》解释为"又纳于大官，总录万机之政"。

⑬愆（qiān）伏：气候失常，冷暖不调，冬温夏寒。愆，错误过失。

【译文】

虞舜出身平民，住在僻陋之处而又微贱，尧得知他聪明睿智，侧，是僻陋的意思。微，是微贱的意思。**将要让他继承帝位，于是用各种困难考察他试炼他。**用各种困难的事情来试炼他。**让他谨慎地教化五典伦常，让民众能够顺从父义、母慈、兄友、弟恭、子孝的伦常之教；**五典，是指五常的教化。就是父义、母慈、兄友、弟恭、子孝。舜推举高辛氏的八位才子，让他们在全国各地传布五伦教化。能够顺从五伦，就不会违抗命令。**又让舜处理百官事务，一切都处**

理得井井有条；揆，是测度的意思。舜推举高阳氏的八位才子衡量帮办所有事务，所有事务得以顺利进行。**让他打开四门迎接诸侯宾客，四门景象雍容肃穆**；宾，是迎宾的意思。四门，是宫廷四面的大门。舜流放了四大凶族，诸侯来朝见的，舜亲自迎宾，处处显示美德，再也没有凶族恶人。**又让舜到泰山山麓祭祀，狂风暴雨也不迷失。**让舜担任尊贵的高官，使得他能够总领所有机要事务，于是阴阳调和，暴风骤雨雷电都按季节时令到来，没有迷失错谬以及气候失常。这说明舜的德行上合于天，天人和协，大功告成。

正月上日①，受终于文祖②。尧天禄永终，舜受之也。文祖，是五庙之大名也。五载一巡狩③，群后四朝④；敷奏以言⑤，明试以功，车服以庸⑥。敷奏，犹遍进也。诸侯每见，皆以次序遍进而问焉，以观其才。既则效试其居国为政，以著其功；赐之车服，以旌其所用任也⑦。

【注释】

①上日：善日，吉日。孔安国传："上日，朔日也。"《尚书正义》："上日，言一岁日之上也。"

②终：指尧终帝位。文祖：尧的祖庙。孔安国传："文祖，是五庙之大名也。"今本孔传作"文祖者尧文德之祖庙"。而《礼记·王制》："天子七庙，三昭三穆，与太祖之庙而七。"《礼记·祭法》："诸侯立五庙、一坛、一墠。曰考庙，曰王考庙，曰皇考庙，皆月祭之。显考庙、祖考庙享尝乃止。"然则五庙显非《礼记》之说，译文只能按原书处理。

③巡狩：指天子出行，视察邦国。

④群后：指诸侯。四朝：虞舜巡狩各地之时，诸侯按所在方位，分别在四岳朝见。孔安国传："各会朝于方岳之下，凡四处，故曰四朝。"

⑤敷奏：陈述奏进。

⑥庸：酬其功劳。

⑦旌：旌表，表彰。

【译文】

正月初一，舜在尧的祖庙接受帝位。帝尧完成了上天的禄命，舜接受了帝位。文祖，是五庙的正式名称。**此后每五年巡狩一次，诸侯在四岳朝见；朝见之时，诸侯全都要陈述他们的治理教化，舜明察他们实际的功劳，赐予相应的车马服饰。**敷奏，等于说普遍进奏。诸侯每次朝见，都要按照次序觐见，并且舜还询问他们的情况，以观察他们的才干。然后用担当政事的方法检验他们的才干，使他们建功立业；赐予他们车马服饰，来表彰他们的政绩。

象以典刑①，典，常也。象用之者，谓上刑赭衣不纯②，中刑杂履，下刑墨幪③，以居州里，而民耻之，而反于礼。**流宥五刑**④，流，放也。宥，三宥也⑤。言所流宥，皆犯五刑之罪也。**眚灾肆赦**⑥，眚，过也。灾，害也。肆，失也。言罪过误失，以为当赦之也。**怙终贼刑**⑦。怙，谓怙赦宥而为者也。终为残贼⑧，当刑之也。

【注释】

①象：象刑。据说上古无肉刑，仅用与众不同的服饰加之于犯人以示侮辱。典刑：恒常不变的刑罚。今本孔传："象，法也。法用常刑，用不越法。"《尚书正义》："是象为仿法，故为法也。五刑虽有常法，所犯未必当条，皆须原其本情，然后断决。或情有差降，俱被重科；或意有不同，失出失入，皆是违其常法。故令依法用其常刑，用之使不越法也。"

②赭（zhě）衣：古代囚衣。用赤土染成赭色。纯（zhǔn）：衣服的边缘，镶边。

③墨幪（méng）：古代象刑的一种。在犯人头部蒙上黑巾。

④流：流放。宥：宽宥。五刑：五种轻重不等的刑罚：墨、劓（yì）、剕（刖）、宫、大辟（杀）。这是说流放是对五刑的宽宥。

⑤三宥：指对犯罪者可从轻处理的三种情况。据《周礼·秋官·司刺》："壹宥曰不识，再宥曰过失，三宥曰遗忘。"今本孔传是："宥，宽也。以流放之法宽五刑。"

⑥眚（shěng）：过失，失误。赦：赦免。

⑦怙：仗恃。

⑧残贼：指凶残暴虐的人。

【译文】

法要用常规的刑罚，典，是常。象刑使用的方法，重刑犯的衣服是赭色而且不镶边，中等刑罚鞋履不同颜色，轻刑在头部蒙上黑巾，让他们居住乡里，民众耻笑他们，使他们能够回归礼仪。**对犯有五刑的人用流放来宽宥**，流，流放。宥，对不知道触犯刑罚、仅仅是过失犯罪以及偶尔遗忘的三种情况可以宽宥。这是说用流放宽宥的都是犯了刺墨、割鼻、断足、宫刑、杀头五刑之罪的人。**过错、伤害、失误引起的罪行可以宽赦**，眚，是过错的意思。灾，是伤害的意思。肆，失误。这是说这些罪过误失，可以宽赦。**而对那些有所依仗，不思悔改，最终成为残忍祸害的罪犯要执行严刑。**怙，指依仗宽赦而故意犯罪的人。这些人最终会成为凶残暴虐的家伙，应予以严重的刑罚。

流共工于幽洲①，共工，穷奇也。幽洲，北裔也②。放驩兜于崇山③，驩兜，浑敦。崇山，南裔也。窜三苗于三危④，三苗，国名也。缙云氏之后，为诸侯，号饕餮也。三危，西裔也。殛鲧于羽山⑤。鲧，梼杌也。殛，诛也。羽山，东裔也。四罪而天下咸服⑥。美舜之行，故本其征用之功也。

【注释】

①共工：又名穷奇，尧的大臣。他与谨兜、三苗、鲧，被称为“四凶”。幽：即幽州。九州之一，位于北方。

②裔：边，指边远之地。

③谨兜：又名浑敦、驩兜，尧时佞臣，“四凶”之一。

④三苗：古族名。又名饕餮（tāo tiè）。

⑤殛（jí）：流放，放逐。鲧：又名梼杌（táo wù），大禹之父，相传曾奉命治水失败。

⑥罪：惩罚，治罪。

【译文】

舜把共工流放到北边的幽州，共工，是穷奇。幽州，是北方边远之地。**把谨兜流放到南边的崇山，**谨兜，是浑敦。崇山，是南方边远之地。**窜逐三苗到西边的三危，**三苗，是国名。缙云氏的后裔，担任诸侯，号称饕餮。三危，西方边远之地。**流放鲧到东方的羽山。**鲧，是梼杌。殛，是诛责贬斥的意思。羽山，东方边远之地。**四个罪人得到应有的处罚，天下人心悦诚服。**赞美舜的德行，所以引证他运用刑罚治理国家的功绩。

二十有八载，放勋乃徂落①。百姓如丧考妣②。三载，四海遏密八音③。遏，绝也。密，止也。尧崩，百姓如丧父母，绝止金石八音之乐也。

【注释】

①放勋：帝尧。徂落：指死。孔安国传：“殂落，死也。尧年十六即位，七十载求禅，试舜三载，自正月上日至崩二十八载，尧死寿一百一十七岁。”

②百姓：百官。考：死去的父亲。妣：死去的母亲。孔安国传：“考妣，父母。言百官感德思慕。”《尚书正义》：“知此‘百姓’是百官

者，以《丧服》庶民为天子齐衰三月，畿外之民无服，不得如考妣，故知百官也。”

③三载，四海遏密八音：三载之内，四海之人，皆绝静八音而不复作乐。这是说尧盛德恩化到达很远的地方。《尚书正义》引《尔雅·释地》云：“九夷八狄七戎六蛮谓之四海。”遏密，遏止，断绝。八音，当时对乐器的统称，是由金、石、丝、竹、匏、土、革、木八种不同质材所制。

【译文】

舜摄政二十八年后，尧帝死去。百官有如失去父母一样。三年，全天下都停止了音乐娱乐。遏，断绝的意思。密，停止的意思。尧死去，百官如同丧失父母一样悲痛，停止了一切音乐娱乐。

舜格于文祖[①]，询于四岳[②]，辟四门，开辟四方之门，广致众贤也。明四目，明视四方也。达四听；听达于四方也。柔远能迩[③]，能安远者，则能安近也。不能安近，则不能安远也。敦德允元[④]，所厚而尊者德也，所信而行者善也。而难任人[⑤]，任，佞也。辩给之言[⑥]，易悦耳目，以理难之也。蛮夷率服。远无不服，迩无不安。三载考绩，三考，黜陟幽明，黜，退也。陟，升也。三岁考功，九载三考，退其幽暗无功者，升其昭明有功者也。庶绩咸熙[⑦]。九载三考，众功皆兴也。

【注释】

①格：至，到。

②四岳：四方诸侯之长。

③柔：怀柔，安抚。迩：近。

④敦：敦厚。允：信任。元：善。

⑤任：奸佞。

⑥给（jǐ）：敏捷。

⑦庶：众多。熙：兴起，兴盛。

【译文】

舜到帝尧祖庙祭告，向四方诸侯首领咨询治理政要，打开四方大门，开辟四方大门，广泛招徕众多贤才。通明四方耳目，明察四方情况。博听四方资讯；听觉通达四方。怀柔远方就能安定近处的民众，能安定远方的人，就能安定近处。不能安定近处，就不能安定远方。使德行敦厚，信任善人，所厚待尊重的是德行，所信任奉行的是善良。用正理责难花言巧语的佞人，任，是佞的意思。能言善辩，专说好听的悦耳之言，对他们要用正理责难。四方蛮夷相率归服。远方没有不归服的，近处没有不安定的。三年一次考察政绩，三次考察，贬退那些昏庸没有功绩的人，升任那些贤明的人，黜，是贬退的意思。陟，是升职的意思。三年考察政绩，九年三次考察，贬退那些昏暗没有功绩的人，提升那些贤明有功绩的人。于是众多事业全都兴盛起来。九年三次考察，众多政绩显现，一派兴盛。

曰若稽古①，大禹曰："后克艰厥后②，臣克艰厥臣，政乃乂③，黎民敏德④。"敏，疾也。能知为君之难、为臣不易，则其政治，而众民皆疾修德也。

【注释】

①曰若稽古：以下节录自《大禹谟》。

②后：君王。

③乂：安定。

④敏德：勉力修德。

【译文】

考察古代传说，大禹说："君王要是能够明了前代君王的艰难，臣子要是能够了解前代臣子的艰难，政事就能治理好，民众就能勉力修养德行。”敏，是迅疾的意思。能够知道作为国君的艰难、作为臣子的不容易，那么就会国政太平，民众勉力修养德行。

帝曰：“俞[①]！允若兹[②]，嘉言罔攸伏[③]，野无遗贤，万邦咸宁。”攸，所也。嘉言无所伏，言必用也。如此，则贤材在位，天下安也。稽于众，舍己从人，弗虐无告[④]，弗废困穷[⑤]，惟帝时克[⑥]。帝谓尧也。舜因嘉言无所伏，遂称尧德以成其义。考众从人，矜孤愍穷[⑦]，凡人所轻，圣人所重也。

【注释】

①俞：叹词。表示应答、允诺。相当于然、是。

②允：果真。

③嘉言：善言。罔：无，没有。攸：助词。所。伏：隐藏。

④无告：指无处求告的人。

⑤废：废弃，抛弃。困穷：指无路可走的人。

⑥惟帝时克：《尚书正义》云：“惟帝尧于是能为此行，余人所不能。”

⑦孤：《尚书正义》云：“少而无父谓之孤，老而无子谓之独，老而无妻谓之鳏，老而无夫谓之寡。此四者天民之穷而无告者。故此‘无告’是彼四者。彼四者而此惟言孤者，四者皆孤也，言‘孤’足以总之。”愍：怜悯，哀怜。穷：处境恶劣，无路可走。

【译文】

舜帝说：“是的！如果真能这样，天下的善言就没有隐藏的，民间贤才也没有遗漏的，天下万国全都安宁。”攸，是所。善言没有隐藏的，是说一定会践行。这样，贤才就能任职就位，天下安定。考察众人，能够放弃自己的私见而听从大家公论，不虐待无门求告的人，不放弃走投无路的人，只有帝尧才能这样做。帝，是指尧。舜有感于善言没有隐藏，就称颂尧的盛德来阐明其中的义理。考察众人听从众人，哀怜孤苦穷困的人，这是凡人轻视不看重的，却是圣人重视的。

益曰[①]："都[②]！帝德广运[③]，乃圣乃神[④]，乃武乃文[⑤]。益因舜言，又美尧也[⑥]。广谓所覆者大，运谓所及者远，圣无不通，神妙无方，文经纬天地，武定祸乱也。皇天眷命[⑦]，奄有四海[⑧]，为天下君。言尧有此德，故为天所命，所以勉舜也。"

【注释】

①益：伯益，舜的大臣。舜时东夷部落的首领，为嬴姓各族的祖先。相传伯益助禹治水有功，禹欲让位于益，益避居箕山之北。

②都：叹词。表示赞美。

③广运：广大辽远。

④乃圣乃神：《尚书正义》："乃圣而无所不通，乃神而微妙无方。"

⑤乃武乃文：《尚书正义》："乃武能克定祸乱，乃文能经纬天地。"

⑥美：赞美。

⑦眷命：垂爱并赋予重任。

⑧奄有：全部占有。

【译文】

伯益说："啊！尧帝的德行广阔辽远，圣明通达，神奇微妙，武能平定祸乱，文能安定天下。伯益因为舜的话，又赞美尧。广是指覆盖面积广大，运是指涉及地方辽远，圣是无所不通，神是神妙无边，文能治理天地，武能平定祸乱。上天眷顾授予天命，领有四海，成为天下的君王。这是说尧有如此德行，所以被上天授命，用来勉励舜。"

禹曰："惠迪吉，从逆凶，惟影响[①]。"迪，道也。顺道吉，从逆凶。吉凶之报，若影之随形、响之应声，言不虚。

【注释】

①"惠迪吉"几句：惠，顺从。迪，道理。从逆，向反方向，背道而行。响，回声。《尚书正义》："禹因益言谋及世事，言人顺道则吉，从逆则凶。吉凶之报，惟若影之随形、响之应声。言其无不报也。"

【译文】

大禹说："顺从大道就吉利，跟着悖逆就凶险，就像影子跟随形体、回声应和原声一样。"迪，是道。顺从道就吉利，跟着悖逆就凶险。吉凶的回报，就像影子跟随形体、回声应和原声，这话绝对不假。

益曰："吁[①]，戒哉[②]！敬戒无虞[③]，罔失法度，罔游于逸，罔淫于乐[④]；淫，过也。游逸过乐，败德之源，富贵所忽，故特以为戒也。任贤勿贰，去邪勿疑，疑谋勿成，百志惟熙[⑤]；一意任贤，果于去邪，疑则勿行，道义所存于心者，日以广也。罔违道以干百姓之誉，干，求也。失道求名，古人贱之也。罔咈百姓以从己之欲[⑥]，咈，戾也。专欲难成，犯众兴祸，故戒也。无怠无荒，四夷来王[⑦]。言天子常戒慎，无怠惰荒废，则四夷归往之也。"

【注释】

①吁：惊怪的叹声。

②戒：戒慎，谨慎。

③敬戒：即儆（jǐng）戒。警戒，戒惧。无虞：没有忧患，看起来太平无事。

④"罔失法度"几句：罔，不，不可。《尚书正义》："无失其守法度，使

行必有恒，无违常也。无游纵于逸豫，无过耽于戏乐，当诫慎之以保己也。”

⑤“任贤勿贰”几句：志，志向，德行。熙，兴起，兴盛。《尚书正义》：“任用贤人勿有二心，逐去回邪勿有疑惑。所疑之谋勿成用之，如是则百种志意惟益广也。”

⑥罔违道以干百姓之誉，罔咈（fú）百姓以从己之欲：干，求，求取，旧指追求职位俸禄。咈，违背。《尚书正义》：“无违越正道以求百姓之誉，无反戾百姓以从己心之欲。”

⑦无怠无荒，四夷来王：王，用如动词。指“以……为王”，归顺的意思。《尚书正义》：“常行此事，无怠惰荒废，则四夷之国皆来归往之。”

【译文】

伯益惊惧地说：“哎呀，要谨慎啊！要谨慎地警戒那些看起来没有忧虑的事情，不要违失法度，不要逸乐游玩，不要过分沉迷于享乐；淫，是过分的意思。游玩逸豫过分享乐，是败坏德行的源头，这是富贵时容易忽视的，所以特地作为警戒。任用贤才不要三心二意，除去邪恶不要犹豫不决，有怀疑的谋略不会成功，如此各种道义兴盛发达；一心一意任用贤才，果断地除去奸邪，怀疑就不要实行，存在于心中的道义日益推广扩大。不要违背道义去贪求百官的赞誉，干，是求的意思。丧失道义追求名声，古人是瞧不起的。不要违逆百官去追求自己的私欲，咈，是乖戾的意思。专门追求私欲难以成就，冒犯众人兴起灾祸，所以要警戒。不懒惰慢待、不荒废懈怠，四方蛮夷就会归附君王。这是说天子日常警戒谨慎，不要怠惰荒废，那么四方蛮夷就会归附君王。”

禹曰：“於①！帝念哉②！德惟善政③，政在养民。水、火、金、木、土、谷惟修④，言养民之本在先修六府也。正德、利用、厚生惟和⑤。正德以率下，利用以阜财⑥，厚生以养民，三者和，所谓善政也。九功惟序，九序惟歌⑦。言六府三事之功有次序，皆可歌乐，乃德政之致。**戒之用休[⑧]，董之用威[⑨]，劝之以九歌[⑩]，俾勿坏。**休，美也。董，督也。言善政之道，美以戒之，威以督之，歌以劝之，使政勿坏，在此三者也。”

【注释】

①於（wū）：叹词。表示赞美。

②念：思虑。

③德惟善政：善，善于，擅长。《尚书正义》：“所谓德者惟是善于政也。”

④水、火、金、木、土、谷惟修：修，修治，整治，使完美。《尚书正义》：“养民者，使水、火、金、木、土、谷此六事惟当修治之。”

⑤正德：端正德行。利用：指物尽其用，使事物或人发挥效能。厚生：使人们生活充裕。《尚书正义》：“正身之德，利民之用，厚民之生，此三事惟当谐和之。”

⑥阜：大，多，盛。

⑦九功惟序，九序惟歌：九功，指六府三事都有事功。《尚书正义》：“修和六府三事，九者皆就有功，九功惟使皆有次叙，九事次叙惟使皆可歌乐，此乃德之所致。”

⑧休：美善。

⑨董：监督，督查。

⑩九歌：禹时乐歌。《左传·文公七年》云：“九功之德皆可歌也，谓之九歌。”

【译文】

大禹说：“啊！这些话，帝舜您值得思考啊！帝王的德行就在于推行善政，善政就在于养民。水、火、金、木、土、谷这六府要妥善治理，这是说养活民众的根本在于先修治六府。端正人的品行、物尽其用、充分发挥人和物的效能，使人民生活充裕，这三事都能和谐进行。端正自身德行来给下面做表率，物尽其用以广开财源，使民众生活富裕以实现养民，这三事和谐，就是所说的善政。**九功按次序进行，九件事有条不紊地进行，就可以将这些事迹配乐歌唱加以称颂。**这是说六府、三事这九种事功都能有条不紊地进行，并被人们称颂，就是德政的极致。**用美善来劝诫他们，用威罚来监督他们，用九歌来劝勉他们，使得善政不至于败坏。**休，是美善的意思。董，是监督的意思。这是说施行善政的方法，用美德来劝诫，用威罚来监督，用九歌来劝勉，使得善政不败坏，就在于这三件事情。”

帝曰："俞①！地平天成②，六府三事允治③，万世永赖，时乃功。"水土治曰平，五行叙曰成，因禹陈九功而叹美之，言是汝之功也。

【注释】

①俞：叹词。然，是的。

②地平天成：指大禹平治水土，安排五行，万事妥帖。《尚书正义》引《尔雅·释诂》云："平，成也。是平、成义同，天、地文异而分之耳。天之不成，由地之不平，故先言地平，本之于地以及天也。禹平水土，故水土治曰平。"

③允：确实，果真。

【译文】

帝舜回答说："是的！你平治水土，妥帖安排五行顺序，六府、三事处理得十分恰当，千秋万代都永久依靠这种德政，这是你的功绩。"水土治理好叫做平，五行按顺序排列各就其位叫做成，借着大禹陈述九功而赞美他，说这是你的功绩。

曰："咎繇①，惟兹臣庶②，罔或干予正③。或，有也。无有干我正，言顺命也。汝作士④，明于五刑⑤，以弼五教⑥，期于予治。欲其能以刑辅教，当于治体也。刑期于无刑[7]，民协于中[8]，时乃功，懋哉[9]！虽或行刑，以杀止杀，终无犯者，刑期于无所刑，民皆合于大中[10]，是汝之功，勉之也。"

【注释】

①咎繇（gāo yáo）：一作皋陶，帝舜的臣子。

②庶：众。

③干：干犯。正：正道。

④士：士官，掌管刑罚治狱的官员。

⑤明：明白，晓得。五刑：我国古代的五种刑罚，通常指墨、劓、剕、宫、大辟。

⑥弼：帮助，辅佐。五教：五伦的教化。

⑦刑：用刑。期：期望。

⑧协：协和，相合。中：中正之道。

⑨懋：勉励，鼓励。

⑩大中：帝王统治天下的准则。即所谓大中至正之道。换言之，即无过与不及的中正之道。《尚书正义》："民皆合于大中，言举动每事得中，不犯法宪，是合大中，即《洪范》所谓皇极是也。"

【译文】

帝舜说："咎繇，你们这些臣僚，没有谁干犯我的治国正道。或，是有的意思。没有干犯我的治国正道，这是说顺从天命。你作为主管刑罚治狱的士官，知晓五种刑罚，用来辅佐五伦教化，协助我治理国家。想让他用刑罚辅佐教化，跟治国体制相合。使用刑罚希望能达到没有刑罚，民众合于中正之道和谐，这就是你的功绩，努力吧！虽然有时执行刑罚，是用杀人来制止杀人，最终没有犯法的，运用刑罚是期望将不再运用刑罚，民众的举动都合乎中正之道，这是你的功绩，是对臣子的勉励。"

咎繇曰："帝德罔愆[1]，临下以简，御众以宽；愆，过也。善则归君，人臣之义也。罚弗及嗣[2]，赏延于世[3]；嗣，亦世也。延，及也。父子罪不相及也，而及其赏，道德之政也。宥过无大[4]，刑故无小[5]；过误所犯[6]，虽大必宥，不忌故犯，虽小必刑也。罪疑惟轻[7]，功疑惟重[8]；刑疑附轻，赏疑从重，忠厚至也。与其杀弗辜，宁失不经[9]。好生之德，洽于民心，兹用弗犯于有司。咎繇因帝勉己，遂称帝之德，所以明民不犯上也。宁失不常之罪，不枉不辜之善，仁爱之道也。"

【注释】

①愆（qiān）：过失。

②及：到，赶上。嗣：后嗣，后代。

③延：延及，延长到。

④宥过：指宽恕别人的过错。

⑤刑故：处罚故意罪犯。故，故意犯罪。

⑥过误：过失引起的失误犯罪。

⑦罪疑：罪有疑点。

⑧功疑：功有疑点。

⑨不经：不合常法。

【译文】

咎繇说："帝舜您的德行毫无过失，对待臣子态度平易，驾驭民众优裕宽容；愆，是过失的意思。善就归功给君王，这是作为臣子的道义。惩罚不会延及后嗣子孙，赏赐却可以延及后代；嗣，跟"世"一样，也是后代。延，是延及的意思。父子之间罪过不会累及，赏赐却能延及，这是有道德的国政啊。对一般过失犯罪不管多大都会宽宥，对故意犯罪的人不管多小都要严惩；因过失而犯罪，即使罪过大也一定宽宥；肆无忌惮故意犯罪，即使罪过小也一定严惩。罪行有疑点从轻处罚，功劳有疑点却要重赏；量刑有疑点从轻处置，赏赐有疑点从重奖赏，这是最为忠厚的了。与其杀无罪的人，宁可承担不按法度行事的责任。您怜爱生命的美德，跟民众内心融洽，因此民众不会冲犯官府。咎繇由于帝舜勉励自己，于是就称颂帝舜的德行，用来阐明民众不会违抗君上。宁可失误在轻判罪过上，也不能冤枉无罪的良善，这是仁爱之道。”

帝曰：“来，禹！汝惟弗矜①，天下莫与汝争能；汝惟弗伐②，天下莫与汝争功。自贤曰矜，自功曰伐。言禹推善让人而不失其能，不有其劳而不失其功，所以能绝众人也。人心惟危③，道心惟微④；惟精惟一⑤，允执厥中⑥。危则难安，微则难明，故戒以精一，信执其中也。无稽之言勿听⑦，弗询之谋勿庸⑧。无考，无信验也。不询，专独也。终必无成，故戒勿听用也。可爱非君⑨？可畏非民⑩？众非元后何戴⑪？后非众罔与守邦。庶民以君为命，故可爱。君失道，民叛之，故可畏。言众戴君以自存，君恃众以守国，相须而成也。惟口出好兴戎⑫，朕言弗再。好谓赏善，戎谓伐恶。言口荣辱之主，虑而宣之，成于一也。”

【注释】

①矜：自夸，自以为贤能。

②伐：自夸，自以为有功。

③人心：指普通人的内心沾染欲望。

④道心：指对伦常道德的中正之心。《尚书正义》：“道者经也，物所从之路也。……人心惟万虑之主，道心为众道之本。”

⑤精：精心，精进。一：专一，恒一。

⑥允执厥中：指言行符合不偏不倚的中正之道。

⑦稽：考察，验证。

⑧询：咨询，特指向众人咨询。庸：用。

⑨可爱非君：《尚书正义》："民以君为命，故爱君也。"

⑩可畏非民：《尚书正义》："君失道则民叛之，故畏民也。"

⑪元后：指天子。戴：拥戴，奉戴。这里是尊奉并依靠的意思。

⑫出好兴戎：指言出于口，可以导致好或坏两种截然不同的结果。好，好事。兴戎，兴兵打仗。

【译文】

帝舜说："过来，大禹！你只要不自矜夸，天下就没有人跟你争能力大小；你只要不居功自傲，天下就没有人跟你争功劳大小。自己以为能力大叫做矜，自己以为功劳大叫做伐。这是说大禹推举并让位给贤能的人，但不因此丧失自己的贤能，不居功自傲也不丧失自己的功劳，所以能够超绝众人。人心欲望是危险的，道心伦常是隐微的；只能专心致志一心一意向前修养，践行中正之道，才能个人平安大道彰明。危险就难以安定，隐微就难以彰明，所以告诫他要专精恒一，真正践行中正之道。没有考察核实的话不听，没向众人咨询的谋略不用。无考，是说没有验证。不询，是指独断专行。这两者最终一定不能成功，所以告诫不要听取采用。民众所敬爱的难道不是君王吗？君王所畏惧的难道不是民众吗？民众没有天子他拥戴谁？君王没有民众就没人守卫国家。庶民把君王当做性命，所以要敬爱。君王如果失去君道，民众就会背叛，所以畏惧害怕。这是说民众拥戴君王来使自己存活，君王依靠民众来守卫国家，这是相辅相成的。张口说话，可以奖赏美善，也可以兴兵打仗，我的话不说第二遍。好是指奖赏美善，戎是指讨伐打仗。这是说，口是荣誉耻辱的主宰，一定要深思熟虑后再宣泄言辞，只有专一精思才能成功。"

帝曰："咨①，禹！惟时有苗弗率②，汝徂征③。"三苗之民，数干王诛。率，循也。徂，往也。不循帝道，言乱逆也。命禹讨之。

【注释】

①咨:叹词。多表赞赏。

②有苗:古部族,也叫三苗。率:遵循,依从。

③徂:往。

【译文】

帝舜说:"哎呀!禹!现在有苗不遵循天道,你前去征讨。"三苗的民众,屡次触犯天子的威严。率,是遵循的意思。徂,是前往的意思。不遵循天道,是指作乱背叛。命令禹讨伐他们。

禹乃会群后①,誓于师曰:"济济有众②,咸听朕命。会诸侯共伐有苗也。军旅曰誓。济济,众盛之貌也。蠢兹有苗③,昏迷弗恭④;蠢,动也。昏,暗也。言其所以宜讨也。侮嫚自贤⑤,反道败德;狎侮先王⑥,轻嫚典教,反正道,败德义也。君子在野,小人在位;废仁贤,任奸佞。民弃弗保,天降之咎⑦。言民叛之,天灾之也。肆予以尔众士⑧,奉词伐罪。肆,故也。尔尚一乃心力⑧,其克有勋⑩。"

【注释】

①群后:指群臣诸侯。

②济济:众盛的样子。

③蠢:虫子蠕动的样子,后用来指坏人伺机而动。有苗:这里指的是三苗的国君。

④昏:昏聩。迷:迷乱。弗恭:不逊。

⑤侮嫚(màn):对人轻忽,态度傲慢。自贤:自以为贤。

⑥狎:轻慢。

⑦咎:灾祸。

⑧肆：故，因此。以：率领。

⑨尚：庶几，也许可以。一：同一。

⑩克：能够。勋：功勋，功劳。

【译文】

禹于是会合群臣诸侯，当众誓师说："众官兵，都要听从我的命令。这是会合诸侯一起讨伐有苗。军旅出征前的盟约叫誓。济济，是众多兴盛的样子。现在蠢蠢欲动的三苗国君，昏聩迷乱毫不恭敬；蠢，是蠢动的意思。昏，是昏暗的意思。这是说应该征讨的原因。傲慢无礼自以为了不起，违背正道，败坏德义；轻慢侮辱先代的天子，亵渎典章教化，违反正道，败坏德义。君子隐伏在民间草野，小人居于庙堂高位；废弃仁德贤才，任用奸佞小人。民众都背弃自己的国家而不愿保有它，上天也降下祸患。这是说民众都背叛他，上天也降灾祸害他。因此我率领你们众位将士，奉帝舜之命讨伐有苗的罪行。肆，是因此的意思。希望你们同心协力，这样才能建立功勋。"

三旬，有苗民逆命①，益赞于禹曰②："惟德动天，无远弗届③。满招损，谦受益，时乃天道④。自满者人损之，自谦者人益之，是天道之常。至诚感神，矧兹有苗⑤！至和感神，况有苗也。言易感也。"

【注释】

①逆命：抗命。《尚书正义》："经三旬，苗民逆帝命，不肯服罪。"

②赞：帮助，辅佐。这里指出谋划策。

③届：至。

④时：是。

⑤矧（shěn）：何况，况且。

【译文】

经过三十天，有苗的民众仍然违抗帝命，不肯服罪，伯益向大禹进献谋略说："只有德行能感动上天，不管多远也没有不能来到的。自满招致损害，谦虚带来利益，这就是天道。自满的人别人损害他，自谦的人别人增益他，这是天道的常规。至上的真诚感动神灵，何况这个有苗呢！最和谐的德行能感动神灵，何况有苗。这是说容易感动。"

禹拜昌言曰[①]："俞[②]！"班师振旅[③]。以益言为当，故拜受，遂班师。兵入曰振旅，言整众也。帝乃诞敷文德[④]，远人不服，大布文德以来之也。儛干羽于两阶[⑤]。七旬，有苗格[⑥]。讨而不服，不讨自来，明御之必有道也。

【注释】

①昌言：善言，美言，正当的言论。

②俞：表示应答和首肯，等于说是、对。

③振旅：指整队班师。

④诞敷：广泛宣布。诞，大。文德：文教礼乐等德化。

⑤儛（wǔ）：同"舞"。干羽：古代舞者所持的舞具。文舞持羽，武舞持干。象征文德教化。两阶：宫廷的东、西阶梯。主人走东阶，客人走西阶。

⑥格：至，来。

【译文】

禹拜谢伯益的美言说："是的！"就整队回军。认为伯益的话有理，所以下拜接受，于是就班师回去。军队回归叫振旅，这是说整顿军众。帝舜于是就广泛宣布文教德化以便招徕有苗的民众，边远的人不归服，就广泛宣布文教德化招徕他们。手持盾牌、羽具在东西两阶之间跳舞。七十天后，有苗自己心服前来归顺。征讨内心不服，不征讨却自己归来，说明驾驭管理有道。

咎繇曰："允迪厥德①，谟明弼谐②。"迪，蹈。厥，其也，其古人。谟，谋也。言人君当信蹈行古人之德，谋广聪明，以辅谐其政也。**禹曰："俞，如何？"**然其言，问所以行也。

【注释】

①允迪厥德：以下节录自《皋陶谟》。迪，践行，实行。厥，代词。其，此处指古代君王。

②谟：谋划，谋略。弼：辅弼，辅佐。

【译文】

咎繇建言说："作为君王应当诚信践行古人德教，让有计谋的人来辅佐自己，使自己英明，朝政就能和谐。"迪，是蹈行、践行。厥，是其，指古人。谟，是谋略。这是说，君王应当诚信践行古人的德行，这样才能听到许多好的谋略，明察事理，以此来辅佐朝政，并使朝政和谐。**禹说："是啊，要怎么办呢？"**大禹认同他的话，问他行动的方法。

咎繇曰："都！慎厥身修①，思永②。叹美之重也。慎修其身，思为长久之道也。**惇叙九族③，庶明厉翼④，迩可远在兹⑤。"**言慎修其身，厚次叙九族，则众庶皆明其教，而自勉厉，翼戴上命，迩可推而远者在此道也。**禹拜昌言曰⑥："俞！"**以咎繇言为当，故拜受而然之。

【注释】

①慎：谨慎。

②思永：考虑长久之道。

③惇（dūn）：敦厚，笃实。

④庶：众庶。厉翼：奋勉辅佐。

⑤迩可远：由近可以及远。

⑥拜：拜受，接受他人指教的敬辞。

【译文】

咎繇说："啊！您应当谨慎修养自己的品德，考虑长久之道。感叹美德的重要。谨慎地修养自身，为的就是思考治国的长久之道。对九族要敦厚团结而不遗弃，那么众人就都能明白君王的意图，努力辅佐尊长，于是从近到远地推行德化从此开始。"这是说要谨慎地修养自身，优厚地按秩序对待九族，那么众人都能明白君上的教诲，各自勉励，从自觉辅佐拥戴尊长一直到忠于君上，由近可以推远的道理就在于此。禹于是诚恳地感谢他得当的言辞说道："是啊！"禹认为咎繇的话正当有理，所以诚恳地接受指教并肯定他。

咎繇曰："都！在知人，在安民。"叹修身亲亲之道在知人[①]，所信任在能安民也。禹曰："吁！咸若时[②]，惟帝其难之。言帝尧亦以知人安民为难也。知人则哲[③]，能官人[④]；安民则惠，黎民怀之。哲，知也。无所不知，故能官人。惠，爱也。爱则民归之也。能哲而惠，何忧乎驩兜？何迁乎有苗[⑤]？何畏乎巧言令色孔壬[⑥]？"孔，甚也。壬，佞也。巧言，静言庸违也[⑦]。令色，象恭滔天也[⑧]。禹言有苗、驩兜之徒，甚佞如此，尧畏其乱政，故迁放之也。

【注释】

①亲亲：亲近亲人，爱自己的亲属。

②咸若时：如果都能这样的话。

③哲：聪慧。

④官人：选取人才，给以适当官职。

⑤迁：迁徙，流放。

⑥巧言令色：指用花言巧语和媚态伪情来迷惑、取悦他人。令色，伪

善、谄媚的脸色。孔壬：非常奸佞的人。

⑦静言：巧饰之言。庸违：用意邪僻。

⑧象恭滔天：意谓貌似恭敬，实则傲慢到极点。

【译文】

咎繇说："啊！践行这个道理在于要知道人的善恶好坏，选择好善之人而任用他们，还在于能安定民心。"感叹要让民众提升自身修养、亲近亲人在于知人善任，能够得到民众信任在于能安定民心。禹惊讶地说："唉！君王要成为这样，就是帝尧尚且难以做到，何况别人呢！这是说，帝尧也把知人善任、安定民心看成难事。知道人的善恶好坏，那就是大智慧，就能把合适的人任用为官员；能安定民心，就是有恩惠的国政，民众都会怀归。哲，是智慧。没有不知道的，所以能任命官员。惠，是仁爱的意思。仁爱那么民众就会归服他。如果帝尧能智慧仁爱，那何必担忧驩兜而流放他？何必迁徙流放有苗？何必畏惧那些花言巧语、察言观色的奸佞之人？"孔，是很、非常的意思。壬，是奸佞。巧言，就是花言巧语，用意邪僻。令色，看似恭敬其实极其傲慢的意思。禹说有苗、驩兜这帮人，就是这样的奸佞，帝尧怕他们扰乱国政，所以把他们流放了。

咎繇曰："都！亦行有九德[①]：言人性行有九德，以考察真伪，则可知也。宽而栗[②]，性宽宏而能庄栗也。柔而立[③]，和柔而能立事。愿而恭，悫愿而恭恪也[④]。乱而敬[⑤]，乱，治也。有治而能谨敬也。扰而毅[⑥]，扰，顺也。致果为毅也。直而温，行正直而气温和也。简而廉，性简大而有廉隅也[⑦]。刚而塞[⑧]，刚断而实塞也。强而义[⑨]。无所屈挠，动必合义。彰厥有常[⑩]，吉哉！彰，明也。吉，善也。明九德之常，以择人而官之，则政之善也。

【注释】

①行：品行。九德：指以下的九种美德。

②宽：宽宏，胸怀宽阔，气量弘深，能容人。栗：庄重，严肃。

③立：立事，建立功业。

④悫（què）愿：谨慎老实，谨慎善良。悫，恭谨，诚实。愿，老实善良。恭恪：恭敬谨慎。

⑤乱：治理。

⑥扰：安抚，和顺。

⑦简大：简脱大气。廉隅：棱角。比喻端方不苟的行为、品性。

⑧塞：实在，诚实。

⑨强：坚强不屈。义：符合道义。

⑩彰：彰明，表彰。常：规律，通例。这里指道德标准。

【译文】

咎繇说："啊！人性虽然难知，也应当考察人所具有的九种美德：这是说人的品性大致有九种美德，用来考察善恶真假，那就可以知道了。一是宽弘而庄重，胸怀宽阔，气量弘深，能容人，而又不失庄重。二是柔和而能建立功业，柔和而又能建立功业。三是谨慎善良而又恭敬能干，老实善良而又恭敬谨慎。四是善于治理而又能谨慎严肃，乱，是治理的意思。有治国的才干而又能谨慎严肃。五是和顺而又能果决刚毅，扰，是和顺的意思。得以果决叫刚毅。六是正直而又能温和，行为正直而气度温和。七是性情直爽简脱而又有棱角操守，性情豪爽大度而又有棱角操守。八是性格刚毅而又能实实在在，刚毅果断而又实实在在。九是坚强不屈而又能合乎道义。没有任何屈服，举动一定合乎道义。君王要表彰具有这九种美德的人，天下就会吉利昌盛！彰，是表彰的意思。吉，是善。彰明了具有九种美德的人，并选择他们为官，那就是善政。

"九德咸事①，俊乂在官②。使九德之人皆用事，则俊德治能之士并在官也。百僚师师③，百工惟时，僚、工，皆官也。师师，相师法也。百官皆是，言政无非也。庶绩其凝④。凝，成也，言百事功皆成也。无教逸欲有邦⑤，不为逸豫贪欲之教，是有国者之常也。**兢兢业业**[⑥]**，一日二日万几**[⑦]，兢兢，戒慎。业业，危惧。戒惧万事，微也。**无旷庶官**[⑧]**，天工，人其代之。**旷，空也。位非其人为空官。言人代天理官，不可以天官私非其才也。**政事懋哉**[⑨]。言无非天意者，故人君居天官，听政治事，不可以不自勉也。"

【注释】

①事：从事，任职。

②俊乂：才德出众的人。在官：任职于官署，在职为官。

③师师：互相学习、效法。

④庶绩：各种事业。凝：成就，成功。

⑤逸欲：贪图安逸，嗜欲无节。

⑥兢兢业业：指做事谨慎，勤奋刻苦，认真负责。兢兢，小心谨慎的样子。业业，危惧的样子。

⑦一日二日：日日。万几：众多事务细微之处。《尚书正义》："一日二日之间而有万种几微之事，皆须亲自知之，不得自为逸豫也。"

⑧旷：空缺。庶官：各种官职。

⑨政事：政务。懋（mào）：勤奋努力。

【译文】

"使具有九种美德的人都能任职，才德出众的人都在官府干事。使具有九种美德的人都能任职，那么那些贤德能干的人就都在官府了。**百官都能互相学习，那么百官都能办好自己的分内之事，**僚、工，都是指官员。师师，是说互相学习。百官都如此，是说国政没有错误。**所有事业都能获得成功。**凝，是成功，这是说所有的事业都能成功。**君上的所作所为，臣下一定效仿，所以不要让享乐腐化的臣下窃据国家职位，**不要让享乐腐化成风，这是国家的常规。**君王应当谨慎诚慎，畏惧地观察每日千万事物的细微之处，**兢兢，是诚慎的意思。业业，是畏惧的意思。诚慎畏惧万千事物，是说要重视细节。**不要让众多的官员旷废了政事职位，官员的位置实际上是上天的职位，只不过是人**

代理上天执行。旷,是空旷的意思。职位安排的人不正确就成为空官。这是说人代理上天管理官职,不能用天官来私下安排不合适的人选。**君王处理政事,一定要勤奋努力啊!**这是说一切都是上天的意旨,所以作为人君,肩负着上天赋予的职责、使命,执政处理国家事务,不能不勉励自己啊。”

帝曰:“吁!臣哉邻哉[①]!邻哉臣哉!”禹曰:“俞。”邻,近也。言君臣道近,相须而成也[②]。

【注释】

①臣哉邻哉:以下节录自《益稷》。邻,亲近。

②须:依靠。

【译文】

帝舜惊叹道:“啊!大臣是君王亲近的人呀!君王亲近的人是大臣呀!”邻,是亲近,这是说为君为臣的道理相近,互相依靠才能成功。**禹回应说:“是啊。”**

帝曰:“臣作朕股肱耳目[①],言大体若身也。予欲左右有民,汝翼[②]。左右,助也。助我所有之民,富而教之,汝翼成我也。予欲观古人之象[③],欲观示法象之服制也。以五采彰施于五色作服,汝明[④]。天子服日月以下,诸侯自龙衮以下[⑤],上得兼下,下不得僭上[⑥]。以五采明施于五色,作尊卑之服,汝明制之也。予欲闻六律五声八音[⑦],以出纳五言[⑧],汝听。言欲以六律和声音,出纳仁、义、礼、智、信五德之言,施于民以成化,汝当听审之。予违[⑨],汝弼汝无面从[⑩],退有后言。我违道,汝当以义辅正我。无得面从我违,退后言我不可弼也。”

【注释】

①朕：我，我的。从秦始皇时起专门用作皇帝自称。股肱：大腿和胳膊。引申为辅佐君主的大臣。

②翼：辅佐。

③观古人之象：这里是重新恢复古人衣着服制等礼仪的意思。古人之象，指古人不同等级的礼仪制度所显示的衣服色彩等形象。象，法象，是古人对自然界一切事物现象的总称，这里特指礼仪制度在服饰色彩等方面的显现。

④以五采彰施于五色作服，汝明：五采，即青、赤、黄、白、黑五色。明，弄清楚，明白。《尚书正义》："以五种之彩明施于五色，制作衣服，汝当为我明其差等而制度之。"

⑤龙衮：上绣龙纹的礼服。

⑥僭上：指越分冒用尊者的仪制或宫室、器物等。

⑦六律：古代乐音标准名。乐律有十二，阴阳各六，阳为律，阴为吕。六律即黄钟、大蔟、姑洗、蕤宾、夷则、无射。五声：也叫五音，我国古代五声音阶中的五个音阶，即宫、商、角、徵、羽。八音：我国古代统称乐器，由金、石、丝、竹、匏（páo）、土、革、木八种不同质材所制。

⑧出纳：传达帝王命令，反映下面意见。

⑨违：违背（道义）。

⑩弼：纠正，辅佐。面从：当面顺从。

【译文】

帝舜说："**大臣有如我的胳膊大腿耳朵眼睛，**这是说君臣是一个大的整体，就像共有一个身体一样。**我要教化民众，你们应当辅佐我。**左右，是帮助的意思。帮助我所有的民众，让他们富裕并教化他们，你们要辅佐我成功。**我想看到古人的样子，**想要观察显示礼仪等级的服饰制度。**用五种颜料将布帛染成五种鲜明的色彩来制作礼服，你们应当为我弄清楚它们的差别和所形成**

的制度。天子穿着有日月形象的服饰及以下等级的服饰，诸侯穿绘有龙形的衮龙袍及以下等级的服饰，尊上者可以穿卑下者的服饰，卑下者不能僭越尊上者的服饰。用五种颜料将布帛染成五种色彩鲜明的色彩，制作不同尊卑等级的服饰，你们要明明白白制定成制度。**我要听到六种乐律、五种音阶、八种乐器演奏的音乐，凭借这些音乐来观察政治以及仁、义、礼、智、信的五德之言，你们应当为我好好审听。**这是说要用六律和各种音声，传达仁、义、礼、智、信的五德之言，施加给民众来成就教化，你们应当为我好好审听。**我如果有违背大道的地方，你们应当用正义匡正辅佐我。你们不要当面唯唯诺诺顺从，背后却说我的坏话。**我如果违背大道，你们应当用正义匡正辅佐我。不要当面顺从我的错误，背后却说我不值得辅佐。”

禹曰：“俞哉！万邦黎献[①]，共惟帝臣，惟帝时举[②]。敷纳以言[③]，明庶以功，车服以庸[④]。献，贤也。万国众贤，共为帝臣，帝举是而用之，使陈布其言，明之皆以功大小为差，以车服旌其能用之也。谁敢弗让？敢弗敬应？上唯贤是用，则下皆敬应上命而让善也。帝弗时[⑤]，敷同日奏，罔功。帝用臣不是，则远近布同，而日进于无功，以贤愚并位、优劣共流故也。无若丹朱奡[⑥]，惟慢游是好[⑦]，丹朱，尧子，举以戒也。傲虐是作[⑧]，罔昼夜頟頟[⑨]，傲戏而为虐，无昼夜常頟頟，肆恶不休息也。罔水行舟，朋淫于家，用殄厥世[⑩]。朋，群也。丹朱习于无水陆地行舟，言无度也。群淫于家，妻妾乱也。用是绝其世，不得嗣也。帝其念哉！”

【注释】

①黎献：黎民中的贤人。

②时：时时。举：举用，选用。

③敷纳：谓臣下陈奏善策，天子择善采纳。

④庸：用。

⑤弗时：不是这样。时，代词。相当于“此”“这”。

⑥丹朱：尧的儿子。奡（ào）：傲慢。

⑦慢游：浪荡遨游。

⑧傲虐：遨游嬉戏，残害百姓。

⑨额额（é）：不休息的样子。

⑩用殄厥世：指其世子爵位从此被取消。殄，灭绝、绝尽。世，指父子相继。

【译文】

禹说：“是啊！天下千万个国家的众多贤才，都是陛下的臣子，全在于陛下时时举用他们。普遍采纳他们的言语心声，明察众人的功绩，按照功劳的大小，赐给不同等级的车马服饰，用来表彰他们的功勋。献，就是贤。上万个国家众多贤人，共同成为陛下的臣子，陛下举用他们，让他们陈述宣布自己的言语心声，再按照他们功绩的大小明白地查验其差别，用不同等级的车马服饰表扬彰显他们的能力功绩。这样，谁还敢不谦让？谁还不恭恭敬敬地回应？君上只任用贤才，那么臣下都恭恭敬敬地回应君上的命令，并互相推让功绩。如果陛下不是这样任用臣子，那么群臣不分好坏一样得到举用，治国理政就不能成功。如果陛下任用臣子不是这样，不分好坏，远近相同，天天举用都不会成功，那是因为贤愚并列在位、优劣合流的缘故。不要像丹朱那样傲慢，只喜好游玩，丹朱，是尧的儿子，举出他来作为警戒。他遨游嬉戏，残害百姓，不分昼夜地胡闹，遨游嬉戏而且残害百姓，不分昼夜常不休息，是说他放肆作恶不休息。河道没有水而他却硬要在陆上行船，满家妻妾在住宅之内淫乱，因此被取消了他的嗣子地位。朋，是群。丹朱喜欢在没有水的陆地上推船前行，这是说他没有法度节制。成群地在家中胡搞，是说他妻妾淫乱。因此断绝了他的嗣子地位，不能继承王位。陛下您还是要深入思考念念不忘啊！”

夔曰①：“於！予击石拊石②，百兽率儛③，庶尹允谐④。”

尹，正也。众正官之长，信皆和谐，言神人治也，始于任贤，立政以礼，治成以乐，所以致太平也。**帝庸作歌，曰："敕天之命[5]，惟时惟几[6]。"**敕，正也。奉正天命以临民，惟在顺时，惟在慎微也。**乃歌曰："股肱喜哉！元首起哉[7]！百工熙哉[8]！"**元首，君也。股肱之臣，喜乐尽忠，君之治功乃起，百官之业乃广也。

【注释】

①夔（kuí）：帝舜时的乐官。

②拊石：敲击石磬。拊，本是抚摸，这里是轻轻击打。石，指石磬。

③百兽率儛（wǔ）：音乐和谐之声感动群兽相率起舞。儛，舞蹈，跳舞。

④庶尹：百官。《尚书正义》："夔又曰：'呜呼！'叹舜乐之美。'我大击其石磬，小拊其石磬，百兽相率而舞，鸟兽感德如此，众正官长信皆和谐矣。'言舜致教平而乐音和，君圣臣贤，谋为成功所致也。"

⑤敕（chì）：古时自上告下之词。

⑥几：几微，细微。

⑦元首：指君王。起：奋起。

⑧熙：兴盛。

【译文】

乐官夔感叹说："哎呀！我依着节拍大击那石磬，小敲那石磬，百兽受到感染随之起舞，百官互相信任，和睦团结。"尹，是主管官员。众多官员中的尊长，都真诚和谐，这是说神灵和民众都治理太平，从任用贤才开始，用礼制规范人的行为确立为政之道，用乐教成就治理，这就是天下得以太平的原因。**帝尧因此高兴地作歌，在歌唱前先说道："人君上奉天命治理下民，就应该顺时，就应该谨慎及于细微之处。"**敕，是上面端正下面。就是上奉天命来端正下民，只在于顺时，只在于谨慎细微之处。**于是歌唱道："股肱大臣非常欢喜啊！君王功业兴起啊！百官事业兴盛扩大啊！"**元首，是说君王。股肱大臣，喜乐地为君王竭尽全力工作，君王的太平功业才能兴起，百官的事业才能兴盛扩大。

咎繇拜手稽首[①]，乃赓载歌曰[②]："元首明哉！股肱良哉！庶事康哉！"赓，续也。载，成也。帝歌归美股肱，义未足，故续歌，先君后臣，众事乃安，以成其义也。又歌曰："元首丛脞哉[③]！股肱惰哉！万事堕哉！"丛脞，细碎无大略也。君如此则臣懈隋[④]，万事堕废，其功不成。歌以申戒也。帝拜曰："俞，钦哉[⑤]！"拜受其歌，戒群臣自今已往敬职也。

【注释】

①拜手：亦称拜首，古代男子跪拜礼的一种。跪后两手相拱，俯头至手。稽首：古时一种跪拜礼，叩头至地，是九拜中最恭敬的。

②赓载：相续而成的意思。

③丛脞（cuǒ）：琐碎，杂乱。《尚书正义》："既言其美，又戒其恶：'元首之君丛脞细碎哉！则股肱之臣懈怠缓慢哉！众事悉皆堕废哉！'言政之得失由君也。"

④隋：通"惰"。懒惰。

⑤钦：谨慎，戒慎。

【译文】

咎繇跪拜拱手叩头，接着歌唱道："君王真英明啊！股肱大臣真贤良啊！天下万事都安宁啊！"赓，是继续的意思。载，是完成的意思。帝尧唱的歌把美好归于股肱大臣，意思没完，所以继续歌唱，先唱君王，后唱臣子，众多事情才能安定，整体意义才能完整。又歌唱道："如果君王在细碎琐事中忙忙碌碌啊！如果股肱大臣懈怠懒惰啊！天下万事就全都坠毁废弃啊！"丛脞，是指忙于细碎琐事而没有远大谋略。君王如此那么臣下就会懈怠懒惰，天下万事就会陷入荒废的境地，治理天下的大业就难以完成。因此歌唱用以警诫。帝尧下拜感谢道："啊，唱得好啊！你们群臣今后都要尽心敬业啊！"拜谢他的歌唱，告诫群臣从今往后要尽心敬职。

太康尸位以逸豫[①]，启子也。尸，主也。以尊位为逸豫，不勤也。灭厥德，黎民咸贰[②]。君丧其德，则众民二心也。乃盘游无度[③]，盘乐游逸，无法度也。畋于有洛之表[④]，十旬弗反。洛水表也。有穷后羿因民弗忍[⑤]，拒于河[⑥]。有穷，国名。羿，诸侯名也。拒太康于河，遂废之也。厥弟五人御其母以从，御，侍。言从畋也。徯于洛之汭[⑦]。五子咸怨，待太康，怨其久畋失国也。述大禹之戒以作歌。述，循也。

【注释】

①太康尸位以逸豫：以下节录自《五子之歌》。太康，大禹之孙，夏启之子。尸位，指居位而无所作为。

②贰：不专一，怀有二心。

③盘游：游乐。

④畋（tián）：打猎。有洛之表：洛水之南。有洛，洛水。

⑤有穷：夏代国名。

⑥河：黄河。

⑦徯：等候。汭（ruì）：河流会合或弯曲的地方。

【译文】

太康居于君王的尊位却无所作为，只因为贪图安逸享乐，太康，是夏启的儿子。尸，代替死者接受祭祀，所以象征祭祀的主宰。把君王的尊位作为安乐的处所，根本不勤政。丧失了他作为君王的德行，黎民百姓都有二心。君王丧失了应有的德行，那么民众就有二心。太康又喜爱游乐，放纵没有节制，娱乐游逸，没有节制。在洛水之南田猎，一百天后也不回来。有洛之表，指的是洛水之南。有穷国国君名叫羿，因为民众不堪忍受太康的恶行，领导民众在黄河阻止太康，不让他回国。有穷，是国家的名称。羿，是诸侯的名字。在黄河阻止太康，于是就废黜罢免了他。当初，太康的五个弟弟侍奉母亲跟从太康田猎，御，是侍奉的意思。这是说随从去田猎。在黄河洛水交汇的地方等候他。五个弟弟都埋怨他，等候太康，埋怨他长久田猎以致丧失国家。于是追述大禹的告诫作歌而唱。述，是遵循的意思。

其一曰："民惟邦本，本固邦宁。言人君当固民以安国也。予视天下，愚夫愚妇，一能胜予[①]。言能敬畏小民，所以得众心也。怨岂在明？不见是图[②]。不见是谋，备其微也。予临兆民[③]，懔乎若朽索之驭六马[④]。懔，危貌也。朽，腐也。腐索御马，言危惧甚也。为人上者，奈何弗敬？能敬则不骄，在上不骄，则高而不危也。"

【注释】

①一能：都能，全能。

②图：图谋。

③兆：数词。众多。

④懔乎：畏惧的样子。朽索之驭六马：意思是用腐朽的绳索驾驭六匹马，形容危险得很。

【译文】

第一位唱道："民众是邦国的根本，根本牢固邦国才能安宁。这是说君王应当稳固民心来安定国家。我看天下的民众，愚夫愚妇，都能胜过我，我怎能不敬畏他们呢？这是说能够敬畏小民，所以能够获得民心。凡是过失都被人怨恨，难道要等到怨恨明显？所以要在看不见的细微之时预先图谋。要图谋在看不见之时，是说在细微时就要先防备。我在亿万民众之上，经常懔懔畏惧，就像用腐朽的绳索驾驭六匹马拉的车一样。懔，是畏惧的样子。朽，是腐朽的意思。用腐朽的绳索驾驭马车，比喻极其危险十分畏惧。作为居于民众之上的人，怎么能不谨慎严肃呢？能够认真严肃就不会骄傲，居于上位不骄傲，那么地位再高也不危险。”

其二曰：“训有之①，内作色荒②，外作禽荒③。迷乱曰荒。甘酒嗜音④，峻宇雕墙⑤。有一于此，未或弗亡。此六者，有一必亡，况兼有乎！”

【注释】

①训：训典。王者教导民众的法则。

②色荒：沉迷女色。

③禽荒：沉迷田猎。

④甘：喜好。

⑤峻：高峻。雕墙：在墙上雕刻图饰，形容极其奢华。

【译文】

第二位唱道：“先帝的训典有这样的话，在内迷乱于女色，在外迷乱于田猎。迷乱叫作荒。饮酒贪杯，迷恋歌舞，高墙大屋，奢华无度。有其中一样，没有不灭亡的。这六样，有一样就灭亡，何况兼有呢！”

其三曰：“惟彼陶唐，有此冀方①。陶唐，帝尧氏，都冀州也。今失厥道，乱其纪纲②，乃底灭亡③。言失尧之道，乱其法制，自致亡灭也。”

【注释】

①冀方：指冀州等中原地区。冀，冀州，古九州之一。《尚书正义》：

“《世本》云：‘帝尧为陶唐氏。’韦昭云：‘陶、唐皆国名，犹汤称殷商也。’案书传皆言尧以唐侯升为天子，不言封于陶唐，陶唐二字或共为地名，未必如昭言也。以天子王有天下，非独冀州一方，故以冀方为‘都冀州，统天下四方’。尧都平阳，舜都蒲坂，禹都安邑，相去不盈二百，皆在冀州，自尧以来其都不出此地，故举陶唐以言之。”

②纪纲：纲领，法度。

③底：至，达到。

【译文】

第三位唱道：“当年帝尧成为帝王，定都冀州统领天下四方。陶唐，是帝尧，都城是冀州。现在失去了他的大道，扰乱了他建立的法度，就只能走向灭亡。这是说，失去了帝尧的大道，扰乱了他的法令制度，自己招致灭亡。”

其四曰：“明明我祖①，万邦之君②。有典有则③，贻厥子孙。典，谓经籍也。则，法也。荒墮厥绪④，覆宗绝祀⑤！言古制存，而太康失其业以亡也。”

【注释】

①明明：使光明的美德更加光明。前面的明是彰显的意思，后面的明是明德的意思。我祖：指大禹。《尚书正义》：“有明明之德，我祖大禹也。”

②万邦之君：指天子。

③典：经书典籍。则：规章，法度。

④荒：废弃。墮：荒废，废弃。绪：本是丝头，这里指先王留下的基业。

⑤覆宗：毁败宗族。宗，宗庙，宗族。绝祀：断绝祭祀。

【译文】

第四位唱道：“我那德行辉煌灿烂的祖先大禹，他是千万邦国的天子。天子的府库有足够多的经书典籍、礼仪法则，留给他的子子孙孙。典，是指经书典籍。则，是指法度。现在太康全都荒废丧失了这些基业，倾覆了宗族，断绝了祭祀！这是说，古代帝王的制度还存在，但太康丧失了基业而灭亡。”

其五曰：“乌乎曷归[①]？予怀之悲[②]。曷，何也。言思而悲也。万世仇予，予将畴依[③]？仇，怨也。言当依谁以复国乎。郁陶乎予心[④]，颜厚有忸怩[⑤]。郁陶，言哀思也。颜厚，色愧。忸怩，心惭也。惭愧于仁人贤士也。弗慎厥德[⑥]，虽悔可追？言人君行已，不慎其德，以速灭败，虽欲改悔，其可追及乎？言无益也。”

【注释】

①乌乎：亦作呜呼，叹词。曷归：归往何方。

②怀：想，思。

③万世仇予，予将畴依：万世，万姓，指民众、百姓。畴依，依靠谁。《尚书正义》：“太康为恶，毒遍天下，万姓皆共仇我，我将谁依就乎？”

④郁陶：忧思积聚的样子。

⑤颜厚：羞愧的脸色。忸怩：羞惭，羞愧。

⑥慎：谨慎地从事。

【译文】

第五位唱道：“哎呀！太康已经失败，我们将归往何方？我想起来是多么的悲伤。曷，是什么的意思。这是说一想起来就悲伤。百姓全都仇视怨恨我，我将依靠谁呢？仇，是怨恨的意思。这是说应当依靠谁才能恢复故国。我的心中忧思积聚，外颜羞惭内心愧疚。郁陶，是说哀思积聚的样子。颜厚，是愧色满面。忸怩，内心羞惭。对仁人贤才十分惭愧。太康对德行毫不谨慎才造成这种后果，虽然懊悔，难道还可以补救吗？这是说君王要把握自己的行为，如果不谨慎修德，就会迅速败亡，即使想改悔，难道还能追回来吗？唉，说也没用。”

成汤放桀于南巢[①]，惟有惭德[②]，有惭德，惭德不及古也。曰：“予恐来世，以台为口实[③]。”恐来世论道，我放天子，常不去口也。

【注释】

①成汤放桀于南巢：以下节录自《仲虺之诰》。成汤，汤伐桀功成，所以叫成汤。放，放逐，流放。南巢，古地名。在今安徽巢湖境内。

②有惭德：指对自己言行有羞惭之心。

③台（yí）：我。口实：话柄。

【译文】

成汤灭夏后，把夏桀放逐到南巢，对自己德行赶不上古帝王怀有羞惭之心，有惭德，是说对德行赶不上古帝王有羞惭之心。说：“我害怕后世，会把我的行为当成话柄。”害怕来世谈论治理之道，会把我放逐天子常常挂在嘴边。

仲虺乃作诰[①]，陈义告汤可无惭也。曰：“乌乎[②]！惟天生民有欲[③]，无主乃乱，民无君主，则恣情欲，必致祸乱也。惟天生聪明时乂[④]。言天生聪明，是治民乱也。有夏昏德[⑤]，民坠涂炭[⑥]。夏桀暗乱，不恤下民，民之危险，若陷泥坠火，无救之者。惟王弗迩声色，弗殖货利[⑦]；迩，近也。德懋懋官[⑧]，功懋懋赏；用人惟己[⑨]，改过弗吝。勉于德者，则勉之以官；勉于功者，亦勉之以赏。用人之言，若自己出。有过则改，无所吝惜，所以能成王业者也。克宽克仁，彰信兆民。言汤宽仁之德，明信于天下也。

【注释】

①仲虺(huǐ):成汤的左相,奚仲的后裔,汤灭夏的主要领导者之一。诰:为《尚书》六体之一,用于告诫或勉励。

②乌乎:叹词。表感叹,相当于哎呀。

③欲:贪欲,情欲。

④时乂(yì):治理民众。乂,治理。

⑤有夏:指夏桀。昏德:昏乱而无仁德,德行昏聩。

⑥涂炭:比喻极困苦的境遇。

⑦殖:生财兴利。

⑧德懋懋官:德盛的用官职劝勉他。第一个懋是盛大义,第二个懋是勉励义。

⑨用人:指听取他人进言。惟己:指如同自己。

【译文】

仲虺于是写作了诰文,文中向汤陈述了不必愧疚的道理。说道:"哎呀!上天造就的民众都有情欲,没有君主领导就会混乱,民众没有君主,就会放纵情欲,一定导致祸患混乱。因此上天诞生了聪明睿智的人来治理混乱。这是说上天降生聪明睿智的人担任君主,这样就能治理民众混乱。夏桀昏聩败德,民众处于水深火热之中。夏桀朝政黑暗混乱,不体恤下层民众,民众生活危险,就像陷入泥潭落进火海,没有人来挽救。只有君王您不近声乐和女色,不去贪求搜刮财物;迩,是近的意思。德行高尚者,君王就用官职勉励他,事功显著者,君王就用赏赐勉励他;采用别人的进言,就像实行自己的意见一样,改悔过失,没有任何迟疑。在德行上努力的人,就用官职勉励他;在功业上努力的人,就用奖赏勉励他。采用他人进言,就像自己说出;有过失就改正,没有任何吝惜,这就是能够成就君王伟业的原因。宽厚仁慈,德行昭著,诚信彰明于天下亿万民众。这是说汤宽厚的仁德,彰明于天下。

"乃葛伯仇饷[①],初征自葛,东征,西夷怨,南征,北狄怨，葛伯游行，见农民之饷于田者，杀其人，夺其饷，故谓之仇饷。仇，怨也。曰：'奚独后予？'怨者辞也。攸徂之民[②]，室家相庆，曰：'徯予后[③]，后来其苏。'汤所往之民，皆喜曰："待我君，君来其可苏息也[④]。"右贤辅德，显忠进良[⑤]。贤则助之，德则辅之，忠则显之，良则进之，明王之道。推亡固存[⑥]，邦乃其昌。有亡道则推而亡之，有存道则辅而固之。王者如此，国乃昌盛也。德日新[⑦]，万邦惟怀[⑧]；志自满，九族乃离[⑨]。日新，不懈怠也。自满，志盈溢也。王懋昭大德[⑩]，建中于民[⑪]，以义制事，以礼制心，垂裕后昆[⑫]。欲王自勉，明大德，立大中之道于民。率义奉礼，垂优足之道示后世也。予闻曰：'能自得师者王，求圣贤而事之。谓人莫己若者亡。自多足，人莫之益，己亡之道。好问则裕，自用则小[⑬]。问则有得，所以足也。不问专固，所以小也。'乌乎！慎厥终[⑭]，惟其始。靡不有初，鲜克有终[⑮]，故戒慎终如其始也。殖有礼，覆昏暴。有礼者封殖之，昏暴者覆亡之。钦崇天道，永保天命。王者如此上事，则敬天安命之道也。"

【注释】

①葛伯：葛国的国君。仇饷：无故杀害给耕田的农夫送饭的人。饷，给田间劳作的人送饭。《尚书正义》："饷田之人不负葛伯，葛伯夺其饷而杀之，是葛伯以饷田之人为己之仇。"

②攸徂：去往的地方。

③徯（xī）：等待。

④苏息：休养生息。

⑤右贤辅德，显忠进良：《尚书正义》："贤是德盛之名，德是资贤之实，忠是尽心之事，良是为善之称，俱是可用之人，所从言之异耳。

佑之与辅、显之与遂，随便而言之。”右，同“佑”。帮助，辅助。

⑥推亡：推动走灭亡之路的灭亡。固存：帮助走存活之路的存活。

⑦日新：日日更新。

⑧怀：怀归。

⑨九族：从高祖至玄孙一共九族。

⑩懋昭：勉力宣明。

⑪建中：是指建立中正之道，作为共同的准则。

⑫垂裕：指为后人留下业绩或名声。后昆：后代，后嗣。

⑬自用：自行其是，不接受别人的意见。

⑭慎：谨慎小心地做。

⑮鲜：少。

【译文】

“从前葛国国君无故杀害给耕田的农夫送饭的人，汤初次征伐从葛开始，向东方征伐，西方夷人就埋怨他，向南方征伐，北方狄人就埋怨他，葛伯出游，看见往田间给农夫送饭的人，他杀死了送饭人，抢夺饭食，所以叫仇饷。仇，是怨恨的意思。他们说：‘为什么后到我们这儿来？’这是埋怨者的话。汤大军所去往地方的民众，家家互相庆祝，说：‘等着我们的君王吧，君王来到我们就能复生。’汤去往地方的民众，都高兴地说：“等候我的君王，君王来到我们就能休养生息。”佑护和帮助贤才，表彰和辅佐有德的人，彰显忠臣，举进良臣。贤才就帮助他，有德者就辅佐他，忠臣就彰显他，良臣就举荐进用他，这是英明君王的举措。该灭亡的就推动他灭亡，能存活的就帮他稳稳地存活。走灭亡之路的就推动使他灭亡，有生存之路的就帮助他稳固地存活。君王这样做，国家就昌盛。德行日日更新，远方万国都来归附；心意自满傲气凌人，即使九族亲人，也会别离。日新，是说日日更新毫不懈怠。自满，是说骄傲充盈盛气凌人。君王您勉力宣明伟大的德行，在民众中建立中正之道作为准则，用道义来行事，用礼仪教化民心，把优裕富足的功业传给后代。想要让汤王自我勉励，彰明伟大的德行，在民众中建立中正之道。遵循道义，敬奉礼仪，把各种道理完备地彰显给后代。我听说：'能自己得到老师的人成为君王，寻求圣贤去当自己的老师。认为没有人比得上自己的就会灭亡。完全自满骄傲，没有谁能帮他，这是自我灭亡的道路。喜好提问求教的人道路就越来越宽广，自以为是道路就越来越狭小。去问就有收获，是越来越宽广的道路。不问而故步自封，是越来越狭小的道路。'哎呀！谨慎地走到终了，要像开始一样小心翼翼。没有什么事情不是有一个好的开始，但是很少能有一个好的结束，所以要自始至终警诫谨慎。要让遵行礼仪之道的人发展，倾覆严惩那些昏乱残暴的人。要培育扶持彬彬有礼的人，要严惩灭亡昏乱残暴的人。钦敬推崇天道，永远保有天命。君王这样处理国政，就是敬奉上天安邦定国的方法。"

王归自克夏，至于亳[①]，诞告万方[②]。诞，大也。以天命大义告万方之众人。曰："夏王灭德作威[③]，以敷虐于尔万方百姓[④]。夏桀灭道德，作威刑，以布行虐政于天下百官，言残酷也。肆台小子[⑤]，将天命明威[⑥]，弗敢赦。其尔万方有罪，在予一人；自责化不至也。予一人有罪，无以尔万方[⑦]。无用汝万方，言非所及也。乌乎！尚克时忱[⑧]，乃亦有终。忱，诚也。庶几能是诚道，乃亦有终世之美也。"

【注释】

①王归自克夏，至于亳（bó）：以下节录自《汤诰》。亳，古都邑名。商汤的都城。

②诞：大。程度、情势等不同一般。

③作威：指利用威权滥施刑罚。

④敷：施加，施行。

⑤肆：迨，及至，等到。台小子：汤谦虚的自称。

⑥将（qiāng）：愿，请。明威：指上天圣明威严的旨意。

⑦无以：不用。万方：万邦，各方诸侯。

⑧尚：常。忱：真诚。

【译文】

打败夏桀后，君王从战场归来，到达亳都，隆重地诏告万国诸侯。诞，是大的意思。汤将天命大义昭告万邦众人。说道："夏王丧失道德作威作福，暴虐地对待你们各国百官。夏桀丧失道德，施行残暴的刑罚，对天下百官遍行暴虐的统治，这就是说他极其残酷。等到我这个小辈，奉请上天圣明威严的旨意，不敢赦免夏桀的罪行。倘若你们各国的人都有罪，那就全降在我一个人身上；这是自责教化没有深入到所有民众。我一个人承担所有的惩罚，不要降在你们各国身上。不用降在你们各国身上，这是说灾祸不会涉及你们。哎呀！常常保持这种真诚，就也能善始善终了。忱，是真诚的意思。希望为人君者都能拥有这样真诚的大道，也就能保有善始善终的美德了。"

成汤既殁①，伊尹作《伊训》②，作训以教道太甲也③。曰："乌乎！古有夏先后④，方懋厥德，罔有天灾。先君，谓禹以下、少康以上贤王，言能以德禳灾也⑤。于其子孙弗率⑥，皇天降灾，假手于我有命⑦。言桀不循其祖道，天下祸灾，借手于我，有命商王诛讨之也。惟我商王，布昭圣武⑧，代虐以宽，兆民允怀⑨。言汤布明武德，以宽政代桀虐政，兆民以此皆信怀我商王之德也。今王嗣厥德⑩，罔弗在初，言善恶之由，无不在初，欲其慎始也。立爱惟亲⑪，立敬惟长⑫，始于家邦，终于四海。言立爱敬之道，始于亲长，则家国并化，终洽四海也⑬。

【注释】

①成汤既殁：以下节录自《伊训》。成汤既殁之年是为太甲元年。殁，死，去世。

②伊尹：商汤大臣，名伊，尹是官名。辅佐商汤征伐夏桀，被尊为阿衡。汤去世后历佐卜丙（即外丙）、仲壬二王。后太甲即位，因荒淫失度，被伊尹放逐到桐宫，三年后迎之复位。《伊训》：伊尹为教导太甲而写的一篇训诫文章。

③太甲：商朝第二位君主。

④有夏：夏朝。先后：故去的先王。

⑤禳：禳除，祭神除灾。

⑥率：遵行，遵循。

⑦皇天降灾，假手于我有命：皇天，对天及天神的尊称。假手，借别人之手来达到自己的目的。《尚书正义》："天不能自诛于桀，故借手于我有命之人，谓成汤也。言汤有天命，将为天子，就汤借手使诛桀也。"

⑧圣武：圣明英武。这是颂扬帝王的话。

⑨允怀：思念。

⑩嗣：继承，接续。

⑪立爱惟亲：《尚书正义》："行之所立，自近为始。立爱惟亲，先爱其亲，推之以及疏。"

⑫敬：敬畏之心。

⑬洽：和谐，融洽。

【译文】

成汤已经故去，伊尹创作了《伊训》，创作训词来教导太甲。**说道："哎呀！古代夏朝故去的贤王，努力践行道德，所以没有天灾。**先君，是指禹以下、少康以上的贤王，这是说能够用德行除去灾祸。**夏朝先君的子孙，不遵循先祖的道路理念，于是上天降下灾祸，借助我们先王之手执行天命，征伐夏桀。**这是说夏桀不遵循先祖的正道理念，上天降下灾祸，借助商汤之手，让商王完成征讨他的天命。**现有我们商王，圣明英武昭示天下，用宽弘代替暴虐，赢得亿万民众的真心思念。**这是说商汤彰明武德，用宽缓的政治代替夏桀暴虐的政治，亿万民众因此都真诚地思念我商王的盛德。**现在陛下您继承这一盛德，不应不在起初就实施**，这是说善恶的由来，没有不在于开端的，想要他谨慎处理这个开端。**建立仁爱之心要从亲族开始，建立敬畏之心要从长者开始，爱敬之心从家庭、邦国开始，最终会扩展到整个天下。**这是说树立尊敬仁爱的道路，要从亲人长者开始，那么私家邦国就一齐教化，最终天下都和谐融洽。

“乌乎！先后敷求哲人[①]，俾辅于尔后嗣[②]，敷求贤智，使师辅于尔嗣王，言仁及后世也。制官刑，儆于有位[③]。言汤制治官刑法，儆戒百官也。曰：‘敢有恒舞于宫，酣歌于室[④]，时谓巫风[⑤]；常舞则荒淫也[⑥]。乐酒曰酣，事鬼神曰巫也。敢有殉于货色，恒于游畋，时谓淫风[⑦]；殉，求也。昧求财货美色，常游戏田猎，是淫过之风俗。敢有侮圣言，逆忠直，远耆德，比顽童，时谓乱风[⑧]。狎侮圣人之言而不行[⑨]，拒逆忠直之规而不纳，耆年有德疏远之，童稚顽嚚亲比之[⑩]，是谓荒乱之风俗也。惟兹三风十愆[⑪]，卿士有一于身，家必丧；有一过则德义废，失位亡家之道也。邦君有一于身，国必亡。诸侯犯此，国亡之道也。臣下弗匡[⑫]，其刑墨[⑬]。邦君卿士，则以争臣自匡正，臣不正君，服墨刑，凿其额，涅以墨也[⑭]。’

【注释】

①先后：先王。敷求：广求，遍求。哲人：卓越智慧的人。

②俾：使。尔后嗣：你们这些继承者。

③儆（jǐng）：儆戒。

④酣歌：沉湎于饮酒歌舞。

⑤巫风：指歌舞作乐的风俗。巫觋用歌舞敬神，所以有这个说法。

⑥荒淫：迷于逸乐，沉湎酒色。

⑦“敢有殉于货色”几句：殉，谋求。《尚书正义》：“货色人所贪欲，宜其以义自节，而不可专心殉求，故言殉于货色。心殉货色，常为游畋，是谓淫过之风俗也。”

⑧“敢有侮圣言”几句：耆德，称呼年高德劭、素孚众望的人。比，勾结，亲近。乱风，坏风气。《尚书正义》：“侮慢圣人之言，拒逆忠直之谏，疏远耆年有德，亲比顽愚幼童，爱恶憎善，国必荒乱，故为荒乱之风俗也。”

⑨狎侮：轻慢侮弄。

⑩顽嚚：愚妄奸诈。

⑪三风十愆（qiān）：愆，罪过，过失。《尚书正义》：“三风十愆，谓巫风二，舞也，歌也；淫风四，货也，色也，游也，畋也；与乱风四为十愆也。”

⑫匡：匡正。

⑬其刑墨：对其使用墨刑。墨刑，古代五刑之一，在被刑者的面额上刺字，染成黑色，作为处罚的标志。

⑭涅：染黑，染污。指在人身上刺涂黑色文字或图纹。

【译文】

“哎呀！先王成汤广泛寻求聪明睿智的人，让他们辅佐你们这些继承人，广泛寻求贤能智者，让他们作为太师，辅佐你们这些继承王位的人，这是说商汤的仁德泽及后代。**商汤创制治理百官的刑法，警醒在位的官员，不让他们犯错误。**这是说商汤创制治理官员的刑法，警醒官员，不让他们犯错误。**其中说道：‘胆敢常常在宫中跳舞，恣意酣畅地在室内醉酒唱歌，这叫做巫风；**经常舞蹈就会荒淫。痛快饮酒叫酣，侍奉鬼神叫巫。**胆敢谋求财货女色，经常游玩田猎，这叫做淫风；**殉，是谋求的意思。愚昧地追求财货美色，经常游戏田猎，这是放纵沉湎的风俗习惯。**胆敢轻慢侮辱圣人的言辞，拒绝背逆忠直劝谏，疏远年高德劭的长者，亲近年幼刁蛮的家伙，这叫做乱风。**轻慢戏弄圣人的言辞并且绝不施行，拒绝背逆忠臣刚直的劝谏而不采纳，年高有德的人疏远他们，幼童顽劣奸诈却勾结亲近他们，这就叫荒乱的风俗。**上述这三类恶劣风俗十种罪行，公卿大夫自身有一种，私家食邑一定丧亡；**有一种罪过就意味着道德仁义被废弃，这是失去职位丧亡家族的道路。**诸侯国君自身有一种，国家必定灭亡。**诸侯犯了这罪过，是国家灭亡的道路。**臣下不去匡正，就该受到墨刑刺字。**国君公卿士大夫，应该作诤臣匡正君王，臣子不纠正君王，就要接受墨刑，凿向额头刺字，用墨染黑。'

"乌乎！嗣王祇厥身[①]，念哉！言当敬身，念祖德也。惟上帝弗常[②]，作善，降之百祥；作不善，降之百殃。祥，善也。天之祸福，唯善恶所在，不常在一家也。尔惟德罔小[③]，万邦惟庆[④]。修德无小，则天下赖庆也[⑤]。尔惟弗德罔大[⑥]，坠厥宗[⑦]。苟为不德无大，必坠失宗庙，此伊尹至忠之训也。"

【注释】

①祇：敬，恭敬严肃。

②弗常：没有固定的（眷顾）。

③惟德：为德。

④庆：庆幸。

⑤赖：得益，受益。

⑥弗德：不合德行。

⑦宗：宗庙。这里代指国家。

【译文】

"哎呀！继承的君王要自身恭敬严肃，念念不忘先祖呀！这是说要敬肃自身，思念先祖的恩德。**上帝的眷顾并不固定，行为良善，就降下各种吉祥；行为不善，就降下各种祸殃。**祥，是良善的意思。上天降福还是降祸，只看善恶在哪儿，并非固定在一家。**你修德不要怕小，即使小德万国也会感到庆幸。**修德不要怕小，即使修小德万国都会得益庆幸。**你不修德而作恶，即使不大，也会毁坏宗庙亡国。**如果行为不合德行，就算这种行为不大，也必定毁坏宗庙亡国。这是伊尹至诚尽忠的训诫。”

太甲既立[1]，弗明[2]。不用伊尹之训，不明居丧之礼。伊尹放诸桐[3]。汤葬地也。王徂桐宫居忧[4]，往入桐宫居忧位也[5]。克终允德。言能思念其祖，终其信德也。

【注释】

①太甲既立：以下节录自《太甲上》。立，指立为君王，即位。

②明：明察。

③放：放逐。桐：商汤墓地处。孔安国传：“不知朝政，故曰放。”《尚书正义》：“舜放四凶，徙之远裔；春秋放其大夫，流之他境；嫌此亦然，故辨之云‘不知朝政，故曰放’。使之远离国都，往居墓侧，与彼放逐事同，故亦称放也。”

④徂（cú）：往。桐宫：桐地的宫室。故址在今河北临漳。

⑤居忧：指为父母服丧。

【译文】

太甲已经即位为君，不明白居丧礼法。不听伊尹的训诫，不明白服丧的礼法。**伊尹把他放逐到桐宫。**桐是商汤墓地所在。**太甲前往桐宫为商汤服丧，**进入桐宫服丧，处在忧思的位置。**最终能成就真诚的德行。**这是说能够思念自己的祖先，最终成就真诚美德。

惟三祀[1]，伊尹奉嗣王归于亳[2]，王拜稽首，曰：“予小子弗明于德[3]，自底弗类[4]。类，善也。暗于德，故自致不善也。欲败度，纵败礼，以速戾于厥躬[⑤]。速，召也。言己放纵情欲，毁败礼仪法度，以召罪于其身也。天作孽[⑥]，犹可违；自作孽，弗可逭[⑦]。孽，灾也。逭，逃也。言天灾可避，自作灾不可逃也。既往背师保之训[⑧]，弗克于厥初，尚赖匡救之德，图惟厥终[⑨]。言己已往之前，不能修德于其初，今庶几赖教训之德，谋终于善。悔过之辞也。"

【注释】

①惟三祀：以下节录自《太甲中》。惟三祀，太甲即位的第三年。

②奉：伺候，侍奉。

③予小子：太甲的谦称。

④底：招致，达到。弗类：不善，不好。

⑤速戾：招致罪责。

⑥孽：灾祸。

⑦逭（huàn）：逃避。

⑧师保：古时任辅弼帝王和教导王室子弟的官，有师有保，统称师保。

⑨图：希图，希望。

【译文】

太甲即位的第三年，伊尹迎候继承王位者太甲回到了亳都，太甲跪拜叩头至手，说："我年纪轻轻不明白德行修养，才弄到如此不堪的地步。类，是善的意思。不明白德行，所以自己导致不善的境地。欲望败坏法度，放纵败坏礼制，结果给自身招来了罪过。速，是征召的意思。这是说自己放纵情欲，毁弃礼仪法度，结果给自身招来了罪过。上天降下灾祸，还可以逃避；自己造成灾祸，那是不能逃避的。孽，是灾祸的意思。逭，是逃避的意思。这是说天灾可以逃避，自己造成的灾祸不可逃避。以前，我违背了老师您的训导，没能在一开始就做好，还是依靠您匡正挽救的恩德，希望得到善终。这是说自己在此以前，不能在起初修养德行，现在或许能依靠您教训的恩德，谋求一个善终。这是发自内心悔过的话。”

伊尹拜手稽首，拜手，首至手也。曰：“修厥身，允德协于下[①]，惟明后。言修其身，使信德合于群下，惟乃明君。先王子惠困穷[②]，民服厥命，罔有弗悦。言汤子爱困穷之人，使皆得其所，故民心服其教令，无有不欣喜也。奉先思孝[③]，接下思恭。以念祖德为孝，以不骄慢为恭也。视远惟明[④]，听德惟聪[⑤]，言当以明视远，以聪听德。朕承王之休无斁[⑥]。王所行如此，则我承王之美无厌也。”

【注释】

①允德：诚信之德。协：协和。

②子惠：施以仁惠。子，待如己子，慈爱。

③奉先：敬奉祭祀先祖。

④明：好视力。

⑤听德：听取用有德之言。聪：好听力。

⑥休：美善。斁（yì）：终止，终了。

【译文】

伊尹跪下叩头至手，拜手，是叩头叩到手。说道：“加强自身修养，以诚信的美德和谐民众，这就是英明的君王。这是说要修养自身，以诚信的美德协和下层群众，这就是英明的君王。先代君王仁爱，对困苦贫穷的人像爱护子女一样爱护，民众服从他的命令，没有不兴高采烈的。这是说商汤仁爱，对困苦贫穷的人像爱护子女一样爱护，使他们能够安居，所以民众从内心服从他的教化命令，没有不欣喜的。敬奉祭祀祖先一心孝顺，接待下层民众一心谦恭。把思念先祖恩德作为孝顺，把不骄纵傲慢看作谦恭。能够看得长远叫做眼明，能够听取有德之言叫做耳聪，这是说要眼明以看得长远，要耳聪以听取善言。如果能够这样，我会长久地蒙受君王您无尽无休的美德。君王您行事如此，那么我会承蒙君王美德而至于无限。”

伊尹申诰于王曰[①]：“乌乎！惟天无亲，克敬惟亲；言天于人无所亲疏，唯亲能敬身者。民无常怀[②]，怀于有仁；民所归无常，以仁政为常也。鬼神无常享[③]，享于克诚。言鬼神不保一人，能诚信者，则享其祀。天位难哉[④]！言居天子之位难，以此三者。德惟治，否德乱[⑤]。为政以德则治，不以德则乱也。与治同道[⑥]，罔弗兴；与乱同事，罔弗亡。言安危在所任，治乱在所法也。若升高，必自下；若陟遐[⑦]，必自迩。言善政有渐，如登高升远，必用下近为始，然后致高远也。无轻民事[⑧]，惟难；无轻为力役之事，必重难之乃可也。无安厥位，惟危。言当常自危惧，以保其位也。慎终于始。于始虑终，于终虑始。有言逆于汝心，必求诸道；人以言咈违汝心[⑨]，必以道义求其意，勿拒逆之也。有言逊于汝志[⑩]，必求诸非道。逊，顺也。言顺汝心，必以非道察之，勿以自臧也[⑪]。乌乎！弗虑胡获？弗为胡成？一人元良[⑫]，万邦以贞。胡，何也。贞，正也。言常念虑道德，则得道德；念为善政，则成善政也。一人，天子也。天子有大善，则天下得正也。君罔以辨言乱旧政[⑬]，利口覆国家，故特慎焉。臣罔以宠利居成功，成功不退，其志无限，故为之极以安之也。邦其永孚于休[⑭]。言君臣各以其道，则国长信保于美也。”

【注释】

①伊尹申诰于王曰：以下节录自《太甲下》。申诰，反复告诫。

②常怀：固定不变的归向。怀，怀归，归往。

③享：鬼神享用祭品。

④天位：天子之位，帝位。

⑤否德：鄙陋之德，微德。

⑥同道：治国的途径、办法相同。

⑦陟遐：远行。

⑧无轻：不要轻视。民事：民众从事的劳力之事。

⑨咈（fú）：违背。

⑩逊：谦虚，顺从。

⑪臧：善，好。

⑫一人：指天子。元良：大善，至德。

⑬辩言：巧辩之言，美丽动听而奸诈虚伪的言辞。旧政：既定国政。

⑭孚：保。

【译文】

伊尹反复告诫君王太甲，说："哎呀！上天没有私亲，只亲近那些恭敬的人；这是说上天对人没有所谓亲近疏远，只亲近能够敬德修身的人。民众没有固定的归向，只归向有仁德的人；民众的归往不固定，把归往仁政当成常规。鬼神并非固定地享用祭祀，只享用诚信者的祭祀。这是说鬼神不保佑具体哪一个人，能够诚信的人，鬼神就会享用他的祭祀。处在天子的位置上太难啦！这是说处在天子的位置极其困难，就因为这三条。用美德执政就太平，德行鄙陋就混乱。执政靠德行就太平，不靠德行就混乱。与治世之君走相同的道路，就不会不兴盛；与乱世之君行事相同，就不会不灭亡。这是说平安还是危险在于所任用的人，太平还是混乱在于所执行的法。假如要上到高处，一定要从下面开始；假如要去往远方，一定要从近处开始。这是说善政要逐渐推行，就像登高行远必须从下面、近处开始，然后才能到达高处、远方。不要轻视民众劳作，要从难着想；不要轻视从事体力行役的事情，一定要看重它并视为困难。不要安居沉溺天子王位，要时刻想到危险。这是说要常怀畏惧之心，用这样的心理来保有王位。**谨慎的终了从谨慎的开端开始。**在开始就要考虑事情的终了，而好的终了来自开始的考虑。**有背逆你内心的话语，一定要从道义去衡量；**别人的言辞违背你的心意，一定用道义寻求他的本意，不要轻易地拒之门外。**有顺从你心志的话语，一定要从是否违背道义去探求。**逊，是顺从的意思。这是说言辞顺从你的心志，一定要从违背道义的角度去观察，不要自我感觉良好。**哎呀！不思虑体察能获得什么？不亲自行动能成就什么？天子至善，万国纯正。**胡，是什么的意思。贞，是正的意思。这是说常常想到道德，就会得到道德；想到善政，就会成就善政。一人，是说天子。天子有至善，那么天下就都淳正。**君王不要听从虚伪巧辩的言辞而搅乱既定方针，**锋利的口舌会倾覆国家，所以特别指出要谨慎对待。**臣子不要邀宠得利以功臣自居自傲。**大功告成却不谦退，这样一发展就会贪欲无限，所以事先说到极致趋势使他警戒，令其私心安定下来。**君臣如此，国家就会长保安宁美好。**这是说君臣各自遵循他们的道义，那么国家就能长久保有安宁美好。”

伊尹既复政厥辟[①]，还政太甲。将告归，乃陈戒于德，告老归邑，陈德以戒。曰：“乌乎！天难忱[②]，命靡常。以其无常，故难信也。常厥德，保厥位。厥德匪常，九有以亡[③]。人能常其德，则安其位。九有，诸侯也。夏王弗克庸德[④]，慢神虐民。言桀不能常其德，不敬神明，不恤下民。皇天弗保，言天不安桀所为。眷求一德[⑤]，俾作神主[⑥]。天求一德使代桀，为天地神祇之主[⑦]。惟尹躬暨汤，咸有一德，克享天心[⑧]，受天明命。享，当也。非天私我有商，惟天祐于一德；非天私商而王之也，祐助一德，所以王也。非商求于下民，惟民归于一德；非商以力求民，民自归于一德。德惟一，动罔弗吉；德二三[⑨]，动罔弗凶。惟吉凶不僭[⑩]，在人；惟天降灾祥，在德。行善则吉，行恶则凶，是不差也。

德一，天降之福；不一，天降之灾。是在德也。**今嗣王新服厥命，惟新厥德；**其命，王命也。新其德，戒勿怠也。**终始惟一，时乃日新。**言德行终始不衰杀[11]，是乃日新之义也。**任官惟贤材，左右惟其人。**官贤才而任之，非贤才不可任也；选左右必忠良，不忠良非其人也。**其难其慎，惟和惟一。**其难，无以为易也。其慎，无以轻之也。群臣当和，一心事君，政乃善也。**后非民罔使[12]，民非后罔事。**君以使民自尊，民以事君自生。**无自广以狭人[13]，匹夫匹妇弗获自尽[14]，民主罔与成厥功[15]。**上有狭人之心，则下无所自尽矣。言先尽其心，然后乃能尽其力，人君所以成功也。"

【注释】

①伊尹既复政厥辟：以下节录自《咸有一德》。复，返回，还。辟，天子，君主。

②忱（chén）：相信。

③九有：原为九州，这里指天下诸侯。

④庸德：常保修德。庸，经常，常常。

⑤眷求：殷切寻求。一德：始终如一的德行。

⑥神主：天地神明之主。

⑦祇（qí）：地神。

⑧享：当，符合。

⑨二三：指不专一，反覆无定、变化无常。

⑩僭（jiàn）：差失。

⑪衰杀：减缩。

⑫后：君王。使：役使，使唤。

⑬广：自以为广博，骄傲自大。狭：小看，鄙视。

⑭匹夫匹妇：男女平民，泛指普通民众。自尽：各尽自己的才力。

⑮民主：民众的主宰，指君王。与：党与，同盟者。

【译文】

太甲已经回到亳都，伊尹把国政交还给君王，把国政还给太甲。将要告老回到他的私邑，于是陈述告诫君王有关德行之事，告老回到自己的私邑，陈述德行之事来告诫君王太甲。说："哎呀！上天难以信任，命运没有定准。因为无常，所以难以相信。经常修养德行，才能确保君位。德行不能常保，诸侯因此灭亡。人能够经常修养德行，就能安居君位。九有，是指九州诸侯。夏朝的君王桀不能经常修德，怠慢神明虐害民众。这是说夏桀不能常保德行，不尊敬神明，不体恤民众。上天不保佑他，这是说上天对夏桀的所作所为不满。殷切寻求德行专一之人，让他作为天地神明之主。上天寻求德行恒一者让他代替夏桀，成为天神地祇之主。当时只有我跟汤王还坚守这专一德行，能够符合上天心意，承受上天圣明的天命。享，是当的意思。这并非上天偏私我商国，而是上天护佑专一德行；不是上天偏私商王让他统一天下，而是护佑辅助专一德行，所以让他称王。并非商国有求于民众，而是民众归心于专一德行；不是商国用武力寻求民众，民众自动归附于专一德行。德行专一守恒，行动没有不吉祥的；德行反复变化，行动没有不凶险的。吉凶回报是没有差错的，全在人为；上天降下灾难或吉祥，在于人的德行。行善就吉祥，作恶就凶险，这是没有差错的。德行专一，上天就降幅；德行不专一，上天就降祸。这就是在于德行。现在，君王您刚刚继承了王命，更要勤修德行，使自己日有所进，其命，是指君王的使命。新其德，是告诫不要懈怠。始终如一坚守专一，这就能日日更新。这是说德行始终没有减缩，就是日日更新的含义。任命官员只看重贤才，左右亲信只看重人品。贤才的官员要任用，不是贤才不能任用；选择左右亲信必定要忠良，不是忠良就不是该选的人。选人很艰难，选人要谨慎，君臣要和谐，君臣要一心。艰难，是说没办法容易的意思。谨慎，是说不可以轻慢的意思。群臣应当和谐，一心侍奉君王，国政才会好。君王没有民众就没有奉命的手下，民众没有君王自己就没有做事的能力。君王用让民众办事的方法而自尊，民众用侍奉君王的办法而自生。君王不要骄傲自大鄙视别人，普通民众遭受鄙视就不能自愿尽心竭力，那么君王就会没有人来帮助他成就丰功伟绩。君上如果有鄙视别人的心理，那么臣下就不会自愿尽心竭力了。这是说首先要让他尽心，然后才能让他尽力，这就是君王成就功业的缘由。”

高宗梦得说[①]，小乙子也，名武丁，梦得贤相，其名曰说也。使百工营求诸野[②]，得诸傅岩[③]。使百官以所梦之形象，经营求之于外野[④]，得之于傅岩之溪也。曰：“朝夕纳诲[⑤]，以辅台德！言当纳谏诲直辞以辅我。若金，用汝作砺[⑥]；若济巨川[⑦]，用汝作舟楫[⑧]；若岁大旱，用汝作霖雨[⑨]。启乃心，沃朕心[⑩]！若药弗瞑眩[⑪]，厥疾弗瘳[⑫]；开汝心以沃我心，如服药必瞑眩极，其病乃除。欲其出切言以自警也。若跣弗视地[⑬]，厥足用伤。跣必视地，足乃无害。言欲使为己视听也。惟暨乃僚[⑭]，罔弗同心，以匡乃辟[⑮]。与汝并官[⑯]，皆当倡率[⑰]，无不同心，以匡正汝君也。”

【注释】

①高宗梦得说（yuè）：以下节录自《说命上》。高宗，殷王，名武丁，是盘庚弟弟小乙的儿子。说，就是傅说，高宗的贤相。

②百工：指百官。营求：寻访。野：草野，指民间。

③傅岩：地名。在今山西平陆。

④经营：周旋，往来。

⑤朝夕：时时，经常。纳诲：进献善言。

⑥砺：磨石。

⑦济：渡河。

⑧舟楫：船只。楫，划船的工具。

⑨霖雨：久下不停的雨。

⑩沃：灌溉，浇灌。

⑪瞑眩：眩晕。指药物的副作用。当时药物副作用巨大。

⑫瘳（chōu）：疾病痊愈。

⑬跣（xiǎn）：赤足，光着脚。

⑭僚：同僚，朋辈。

⑮匡：匡正，辅佐。辟：君王。

⑯并官：共同为官，等于说同僚。

⑰倡率：率先从事，引导。

【译文】

高宗做梦得到贤相，名叫说，殷高宗是小乙的儿子，名叫武丁，他做梦得到贤相，名叫说。群臣之中没有这个人，于是让百官到民间草野寻访符合梦中形象的人，在傅岩这个地方找到了他，于是任命他作相。让百官按照高宗梦中人的形象，四处奔波到民间草野寻访，终于在傅岩的溪流边找到了他。高宗见到傅说后说："我将朝夕接受您的教诲，希望您能辅佐我的德行！这是说我会接受采纳您的教诲劝谏，请您用耿直的言辞辅佐我。如果我是铜，就用您当磨石；如果我要渡过大河，就用您当船只；如果灾年大旱，您就是连绵不停的雨。开启您智慧的心灵，浇灌我干涸的心田！就好像吃药不眩晕，疾病就不会痊愈一样；开启您的心智来浇灌我的心灵，如同吃药必定眩晕至极，疾病才能除去。这是想让傅说言辞恳切，忠诚直谏，以警诫自己。就好像光着脚却不看地上，脚一定会受伤一样。光脚行走一定要观察地上，脚才不会受害。这是说想让傅说替自己看，替自己听。希望您跟您的同僚，无不同心同德，来匡正辅佐你们的君王。您跟您的同僚，都应当率先从事，无不同心同德，来匡正辅佐你们的君王。"

说复于王曰："惟木从绳则正①，后从谏则圣。言木以绳直、君以谏明也。后克圣，臣弗命其承。君能受谏，则臣不待命，其承意而谏也。谁敢弗祗若王之休命②？言如此，谁敢不敬顺王之美命而谏也？"

【注释】

①从绳：依照绳墨取直。

②祗：敬。若：顺。休命：美善的命令。多指天子或神明的旨意。

【译文】

傅说回复高宗说："木头按绳墨加工就笔直，君王听臣下劝谏行政就圣明。这是说木头依绳墨加工而笔直，君王因听从劝谏而圣明。君王能够圣明，臣子不用吩咐就秉承劝谏。君王能接受劝谏，那么臣下不用等待命令，就能承受君王意向而劝谏。谁还敢不恭恭敬敬听从君王英明的命令而放言直谏呢？说的是如果能这样做，谁敢不敬从君王美善的命令而放言直谏呢？"

惟说命总百官①，在冢宰之任也②。乃进于王曰③："乌乎！明王奉若天道④，建邦设都；天有日月五星⑤，皆有尊卑相正之法⑥，言明王奉顺此道，以立国设都也。树后王君公⑦，承以大夫师长⑧，言立君臣上下也。将陈为治之本，故先举其始也。弗惟逸豫，惟以乱民⑨。不使有位者，逸豫于民上也，言立之主使治民也。

【注释】

①惟说命总百官：以下节录自《说命中》。总，总领，统摄。这是指傅说接受王命总理百官。

②冢宰：官名。为六卿之首，也叫太宰。

③进：进奏，进言。

④明王：圣明的君主。若：顺从。

⑤五星：指水、木、金、火、土五大行星，即东方岁星（木星）、南方荧惑（火星）、中央镇星（土星）、西方太白（金星）、北方辰星（水星）。

⑥相正：等于说偏正。相，指处于辅佐地位。正，指处于正位。

⑦树:设立。后王:指天子。君公:指诸侯。

⑧承:继,接续。大夫:古职官名。周代在国君之下有卿、大夫、士三等;各等中又分上、中、下三级。后因以大夫为任官职者之称。师长:等于说尊长。

⑨乱:治理。

【译文】

傅说接受王命总领百官职务,就是担任冢宰的职务。**于是向高宗进言说:"哎呀!圣明的君王敬奉顺应天道,建立国家,设置国都;**上天有日月普照白天黑夜,有五大行星在黄道运行,天象都有尊卑偏正,这是说圣明的君王敬奉这一天道,建立王国,设置国都。**依次设立天子、诸侯,又用大夫、师长敬奉君王,**这是说建立君臣上下的名分职务。在陈述治国根本大计之前,先举出王政的开端。**不要安逸享乐,要治理民众。**不让有职位的官员,高居民众之上享乐,这是说建立尊卑秩序,设立官员是为了治理民众。

"惟口起羞①,惟甲胄起戎②;言不可轻教令,易用兵也。惟衣裳在笥③,惟干戈省厥躬④。言服不可加非其人,兵不可任非其才也。王惟戒兹!允兹克明,乃罔弗休。言王戒慎四惟之事⑤,信能明政,乃无不美也。惟治乱在庶官⑥。所官得人则治、失人则乱也。官弗及私昵⑦,惟其能⑧;不加私昵,唯能是官也。爵弗及恶德⑨,惟其贤⑩。言非贤不爵也。虑善以动,动惟厥时。非善非时⑪,不可动也。有其善⑫,丧厥善,矜其能⑬,丧厥功。虽天子亦必让以得之。无启宠纳侮⑭,开宠非其人,则纳侮之道也。无耻过作非⑮。耻过误而文之,遂成大非。"

【注释】

①起羞:招致羞辱。

②甲胄：铠甲和头盔，这里指武力。起戎：引起战争。

③衣裳：此处指官服。笥（sì）：盛衣物或饭食等的方形竹器。

④干戈：干是盾牌类的防守武器，戈是长柄横刃的刺杀类武器，均为古代常用武器，这里指武力。省：反省，审察。

⑤四惟之事：指前面说的四件事。

⑥庶官：百官。多指一般官员。官，指治理政事的人。

⑦及：授予。私昵：指所亲近、宠爱的人。

⑧能：贤能。指有能力的人。

⑨爵：指拥有贵族封号的人。恶德：不良的品德。也指有不良品德的人。

⑩贤：指品德高尚的人。

⑪善：指符合道义的善政。时：时机。

⑫有：专有，领有。

⑬矜：骄傲自夸，自恃。

⑭启宠：启用自己私下宠爱、亲近的人。启，启用。纳：接受，招来。侮：轻慢，轻贱。

⑮耻过：耻于承认过失。作非：等于说做出大的错事。

【译文】

"君王举止不可不慎，要知道，祸从口出会引起羞辱，炫耀武力会引起战争；这是说不可以轻易张口发布命令，不可以轻易用兵。**官服要放在衣箱里，不要随便赐给他人，武器要放在府库里，审察清楚将帅再授权。**这是说官服不能赐给不合适的人，军队不能交给没有军事才能的人。**君王一定要对这四件事警戒啊！要真的对这些能够清楚明白，王政就不会不美善吉庆了。**这是说君王对上面四件事警戒小心，确实能英明行政，就不会不美好了。**天下是太平还是混乱在于众位官员的任用。**官职选对了人天下就太平，选错了人天下就混乱。**官员任命不要选择宠爱亲信之人，要根据才能任命；**不赐给宠爱亲信之人，只按能力授予官职。**爵位不能给那些品德恶劣的人，只能给**

品德高尚的人。这是说不是贤德不赐给爵位。考虑到是符合道义的善政才实施，行动还要选择时机。不是善政或者时机不成熟，就不能行动。自以为有善德，本身就是一种失德；自我骄傲夸耀能力，本身就会使功绩大打折扣。即使是天子之位也要谦让才能得到。不要打开任用宠信之门，那会招致侮辱；任用不该用的宠臣亲信，就是招致侮辱的道路。不要耻于承认过失，掩饰会铸成大错。耻于承认过失而文过饰非，就会造成大错误。”

王曰：“旨哉①！说，乃言惟服。旨，美也。美其所言，皆可服行也。乃弗良于言②，予罔闻于行。汝若不善于所言，则我无闻于所行之事。”说拜稽首，曰：“非知之艰，行之惟艰。言知之易而行之难，以勉高宗也。”

【注释】

①旨：美好。

②良于：善于。

【译文】

高宗说：“好啊！傅说，你的话都切实可行。旨，是美好的意思。赞美他所说的话都可以实施。你要不是善于进言，我恐怕难以入耳实行。你如果不善于言辞，那么我就听不见该实行的事情。”傅说下拜叩头，说：“知道这些道理不难，而实行这些道理很难。是说知道容易而实行艰难，是为了勉励高宗。”

王曰①：“来，汝说！尔惟训于朕志②。言汝当教训于我，使我志通达也。若作酒醴③，尔惟曲蘖④；酒醴须曲蘖以成，亦我须汝以成也。若作和羹⑤，尔惟盐梅⑥。盐醎⑦，梅酢⑧，羹须醎酢以和之。”

【注释】

①王曰：以下节录自《说命下》。

②训：教诲，教导。志：德行。

③酒醴：酒和甜酒。也泛指各种酒。醴，甜酒。

④糵（niè）：酒曲。酿酒用的发酵物。

⑤和羹：配上不同调味品而制成的羹汤。

⑥盐梅：盐和梅子。指盐味咸，梅味酸，均为调味所需。亦指国家所需人才。

⑦鹹（xián）：同“咸”。

⑧梅酢（cù）：梅汁，腌咸梅子的汁液。酢，同“醋”。

【译文】

高宗说：“过来，傅说！请你教导我心志通达。这是说你应当教育训导我，让我心志通达。就好像酿造各种美酒，需要酒曲一样；各种美酒必须用酒曲才能酿成，也就是说我需要你来成就我。也像是制作和羹，需要用盐跟梅一样。盐是咸的，梅是酸的，羹汤需要咸酸来调和。”

说曰：“王！人求多闻，时惟建事[①]，学于古训乃有获[②]。王者求多闻以立事，学古训乃有所得也。事弗师古[③]，以克永世，匪说攸闻。事不法古训而以能长世，非所闻。”

【注释】

①时惟：为此。建事：指建立功业。

②古训：古代流传下来的典籍或可以作为准绳的话。

③师古：以古为师，向古人学习。

【译文】

傅说说：“大王！人们追求见闻广博，是想建立功业，学习古人的遗训才能有所收获。君王追求见闻广博来建功立业，学习古人遗训才有收获。事业不师法古人，却想能永世长久，傅说我闻所未闻。做事不效法古人的遗训而能够长久，从未听说过。”

王曰：“乌乎，说！四海之内，咸仰朕德[①]，时乃风[②]。风，教也。使天下皆仰我德，是汝教也。股肱惟人[③]，良臣惟圣。手足具乃成人，有良臣乃成圣也。昔先正保衡[④]，作我先王[⑤]，保衡，伊尹也。作，起也。正，长也。言先世长官之臣也。乃曰：‘予弗克俾厥后惟尧、舜[⑥]，其心愧耻，若挞于市[⑦]。’言伊尹不能使其君如尧、舜，则心耻之，若见挞于市也。一夫弗获[⑧]，则曰：‘时予之辜[⑨]。’伊尹见一夫不得其所，则以为己罪也。右我烈祖[⑩]，格于皇天[⑪]。言以此道左右成汤，功至大天。尔尚明保予[⑫]，罔俾阿衡专美有商。汝庶几明安我事，与伊尹同美也。惟后非贤弗乂[⑬]，惟贤非后弗食[⑭]。言君须贤以治，贤须君以食也。其尔克绍乃辟于先王[⑮]，永绥民[⑯]。能继汝君于先王，长安民，则汝亦有保衡之功也。”

【注释】

①仰：敬仰。

②风：教化。

③股肱：大腿和胳膊。均为躯体的重要部分。引申为辅佐君主的大臣。又比喻左右辅助得力的人。

④先正：亦作“先政”。前代的贤臣。保衡：伊尹的尊号。又称阿衡。

⑤作：兴起。使兴起。

⑥克：能。俾：使。后：君王。

⑦挞：鞭打。市：闹市。

⑧弗获：不得其所。获，指获得的对象。

⑨辜：罪过。

⑩右：同“佑”。帮助。烈祖：指建立功业的祖先。多用来称呼开基创业的帝王。

⑪格：至。皇天：对天及天神的尊称。皇，大。

⑫明保：尽力保护，指努力辅助。

⑬乂：治理。

⑭食：指给俸禄。

⑮绍：继承。乃辟：你的君王。辟，君王。

⑯绥：安抚。

【译文】

高宗说：“哎呀，傅说！如果四海之内都仰慕我的德行，这都是蒙你教导的功劳。风，就是教化。让天下都仰慕我的德行，这是你的教化。有胳臂大腿才能成人，有贤良臣子才能成圣。手足具备才成为人，有贤良臣子才成为圣。从前先代君王的贤臣伊尹，使我们先代君王兴起。保衡，就是伊尹。作，是兴起的意思。正，是长官。这是说先代任长官的臣子。他开始说过：‘我如果不能让君王成为尧、舜，内心就会惭愧羞耻，像在闹市挨鞭子抽打一样。’这是说伊尹如果不能让他的君王如同尧、舜一样，他的内心会深感耻辱，好像在闹市被鞭子抽打一样。如果有一个人没有得到该得的，他就会说：‘这是我的罪过啊！’伊尹见到一人没有得到适当的安顿，就认为是自己的罪过。他辅佑我那开创基业的显赫先王成汤，功至上天。这是说用这个方法辅佐成汤，功劳伟大直至上天。今天你努力辅助我，不要让伊尹在殷商一朝专享美名。你或许可以努力帮助我安定天下，这样可以跟伊尹同样受到赞美。君王没有贤才就不能治理国家，贤才没有君王赏识就不能施展抱负。这是说君王要用贤才来治理，贤才要靠君王施展抱负。你大概能让你的君王继承先代君王的辉煌，长久地安抚民众。能够让你的君王继承先代君王，长久安民，那你也就有伊尹的功劳。”

说拜稽首，曰："敢对扬天子之休命[①]！"受美命而称扬之也。

【注释】

①敢：谦词。犹冒昧。对扬：古代常见于金文用语。凡臣受君赐时多用之，兼有答谢、颂扬之意。休命：美善的命令。多指天子或神明的旨意。

【译文】

傅说下拜叩头说："请让我冒昧颂扬天子尽善尽美的训令吧！"傅说接受美好的训令而称颂赞扬。

武王伐殷[①]，师渡盟津[②]。王曰："今商王受[③]，弗敬上天，降灾下民；沈湎冒色[④]，敢行暴虐[⑤]；沉湎嗜酒，冒乱女色，敢行酷暴[⑥]，虐杀无辜也。罪人以族[⑦]，官人以世[⑧]；一人有罪，刑及父母、兄弟、妻子，言淫滥也[⑨]。官人不以贤才，而以父兄，所以政乱也。焚炙忠良[⑩]，刳剔孕妇[⑪]。忠良无罪，焚炙之；怀子之妇，刳剔视之，言暴虐也。皇天震怒，惟受罔有悛心[⑫]，乃夷居[⑬]，弗事上帝神祇[⑭]，遗厥先宗庙弗祀[⑮]。悛，改也。言纣纵恶无改心，平居无故废天地百神宗庙之祀，慢甚也。乃曰：'吾有民有命！'罔惩其侮[⑯]。纣言吾所以有兆民，有天命故也。群臣畏罪不争[⑰]，无能止其慢心。同力度德，同德度义[⑱]。力钧则有德者胜[⑲]，德钧则秉义者强。揆度优劣[⑳]，胜负可见。受有臣亿万，惟亿万心；人执异心，不和谐也。予有臣三千，惟一心。三千一心，言同欲也。商罪贯盈[㉑]，天命诛之；予弗顺天，厥罪惟钧。纣之为恶，一以贯之，恶贯已满，天毕其命。今不诛纣，则为逆天，与纣同罪。天矜于民[㉒]，民之所欲，天必从之。矜，怜也。言天除恶树善，与民同也。

时哉不可失㉓！言今我伐纣，正是天人合同之时，不可违失也。”

【注释】

①武王伐殷：以下节录自《泰誓上》。武王，周武王，姓姬，名发，周文王姬昌与太姒的嫡次子，岐周（今陕西岐山县）人。其正妻为邑姜，西周王朝的开国君主，在位十五年。他约于前1044年消灭商朝，建立了西周王朝，是历史上的一代明君。

②师：指武王率领的诸侯联军。盟津：即孟津，黄河渡口，在今河南孟津境。相传周武王伐纣，八百诸侯在此不期而盟会，并由此渡黄河。历代以为会盟兴兵的要地。津，渡口。

③商王受：即商纣王，名受。

④沈湎：沉溺，多指嗜酒。冒色：贪恋女色。冒，贪恋。

⑤暴虐：凶狠残酷。

⑥酷：本指酒味醇厚的烈酒，后来泛指严烈。

⑦罪：惩治。族：指族诛，灭族。

⑧官人：任用官员。世：指世袭，世代承袭官爵。

⑨淫滥：过分，越轨。

⑩焚炙：烧烤，指商纣王炮烙酷刑。

⑪刳（kū）剔：剖杀，割剥。刳，剖开，挖开。

⑫悛（quān）：悔改，停止。

⑬夷居：即箕踞。两脚张开，两膝微曲地坐着，形状像箕。这是一种轻慢傲视对方的姿态。

⑭事：侍奉，供奉。上帝神祇（qí）：泛指天地鬼神。

⑮遗：丢失，抛弃。

⑯惩：戒止，引起警戒。侮：轻慢。

⑰畏罪：怕受到惩罚。争（zhèng）：通“诤”。诤谏，规劝。

⑱同力度德，同德度义：《尚书正义》：“‘德’者得也，自得于心。‘义’

者宜也，动合自宜。但德在于身，故言‘有德’；义施于行，故言秉执。武王志在养民，动为除害，有君人之明德，执利民之大义，与纣无者为敌，虽未交兵，揆度优劣，胜负可见。示以必胜之道，令士众勉力而战也。”

⑲钧：通“均”。相同，等同。

⑳揆度：揣度，估量。

㉑贯盈：指罪恶满盈。贯，罪恶。

㉒矜：怜惜，怜悯。

㉓时：时机。

【译文】

周武王征伐殷商，诸侯联军在孟津渡口过黄河。周武王说：“现今商纣王受，不敬奉上天，给民众带来灾祸；嗜酒成性贪恋女色，胆敢实施凶狠残酷的统治；沉溺嗜酒，贪恋女色，胆敢实施残酷暴政，虐杀无辜百姓。一人获罪就要灭全族，任命官员都是世代承袭；一人有罪，刑罚株连父母、兄弟、妻子儿女，这是说刑罚滥用。任命官员不凭贤能，而是靠父兄关系，这是国政混乱的原因。焚烧炮烙忠良臣子，挖开孕妇肚子查看。忠良臣子没有过错，却用炮烙酷刑焚烧；对怀孕的妇女，竟挖开肚腹查看，这是说他残暴酷虐。上天已经震怒，殷纣却没有悔改之心，竟然傲慢无礼，不侍奉上帝以及天地神灵，抛弃他的祖先宗庙不去祭祀。悛，是悔改的意思。这是说商纣王放纵作恶毫无悔改之心，无缘无故废弃天地所有神灵以及宗庙的祭祀，傲慢至极。竟然说：‘我有百姓就是有天命！’没有人能戒止他的轻慢行为。商纣王说我之所以有百万民众，是有天命的缘故。群臣畏惧他降罪不敢谏诤，不能制止他的傲慢之心。实力相同就衡量德行，德行相同就衡量道义。实力均等那么拥有德行的人获胜，德行均等那么秉承道义的人强大。估量优劣，胜败可见。殷纣有亿万臣民，却有亿万条心；每个人各怀异心，不和谐。我有三千臣民，大家却只有一条心。三千人一条心，这是说心往一处想。商纣恶贯满盈，上天降命征伐；我如果不顺应天意，那罪过就跟他一样。商纣作恶，一贯如此，罪恶满盈，上天要完结他的性命。现今不征伐商纣，那就是违背天意，跟商纣罪过相同。**上天怜悯民众，民众的想法，上天一定满足。**矜，是怜悯的意思。这是说上天去除罪恶树立良善，跟民众相同。**时机啊是不能失去的呀！**这是说我现在征伐商纣，正是天人一心相合的时候，不能违逆天意错失时机。”

王次于河朔[①]，次，止。群后以师毕会[②]。王乃徇师而誓[③]，曰：“我闻吉人为善[④]，惟日弗足；凶人为不善[⑤]，亦惟日弗足。言吉人竭日以为善，凶人亦竭日以行恶者也。今商王受，力行无度[⑥]，播弃犁老[⑦]，昵比罪人[⑧]，鲐背之耇称犁老[⑨]。布弃，不礼敬也[⑩]。昵，近也。罪人，谓天下逋逃小人也[⑪]。剥丧元良[⑫]，贼虐谏辅[⑬]，剥，伤害也。贼，杀也。元，善之长。良，善也。以谏辅纣，纣反杀之。谓己有天命，谓敬弗足行，谓祭无益，谓暴无伤。天其以予乂民[⑭]。用我治民，当除恶也。受有亿兆夷人[⑮]，离心离德；平人，凡人也。虽多而执心用德不同也。予有乱臣十人[⑯]，同心同德[⑰]。我治理之臣虽少，而心德同也。今朕必往。百姓懔懔[⑱]，若崩厥角[⑲]。言民畏纣之虐，危惧不安，若崩摧其角，无所容头也。乌乎！乃一德一心，立定厥功，惟克永世。汝同心立功，则能长世以安也。”

【注释】

①王次于河朔：以下节录自《泰誓中》。次，临时驻扎。河朔，黄河以北。

②群后：诸侯。后，君，这里指诸侯。师：军队。毕：全。

③徇：巡视，巡行。

④吉人：善良的人。

⑤凶人：恶人，残忍的人。

⑥力行：竭力实行。无度：无法度之事。

⑦播弃：舍弃，弃置。犁老：老人，这里指朝中忠心耿耿的老臣。犂，一作黎，老人。

⑧昵比：亲近，勾结。

⑨鲐（tái）背：指老人背上生斑如鲐鱼纹，是高寿的表征。《尚书正义》引舍人曰："鲐背，老人气衰，皮肤消瘠，背若鲐鱼也。"耇（gǒu）：指老人。

⑩播弃：捐弃。礼敬：用合乎礼仪的举动表示尊崇。

⑪逋逃：流亡，逃亡。

⑫剥丧元良：指剖比干之心。剥，伤害。元良，指有大善至德的人。

⑬贼：杀害。虐：残暴。谏辅：指谏诤辅佐的臣子。

⑭乂：治理。

⑮夷人：指古中国东部地区各部族之人，如徐夷、淮夷等。商纣王大军当时正在征讨经营这些地方。孔安国传："平人，凡人也。"《尚书正义》引昭二十四年《左传》此文："服虔、杜预以夷人为夷狄之人。即如彼言，惟云'兆夷人'，则受率其旅若林，即曾无华夏人矣？故传训夷为平，平人为凡人，言其智虑齐，识见同。人数虽多，执心用德不同。"

⑯乱臣：治乱的臣子，即能治世之臣。

⑰同心同德：谓思想行动完全一致。

⑱廪廪：惊慌、畏惧的样子。

⑲角：额头。

【译文】

武王在黄河北岸临时驻扎，次，是止息的意思。诸侯率领军队都来会合。武王于是巡视军队誓师说："我听说善人行善，整天去做都认为时间不足；恶人作恶，整天去做也认为时间不足。这是说善人从早到晚行善，恶人也从早到晚作恶。现在商纣王，竭力实施无法无天的事，抛弃忠心耿耿的老臣，亲近勾结罪恶的小人，背上有像鲐鱼花纹这种寿斑的老人叫犁老。播弃，是毫无礼敬之心。昵，是亲近的意思。罪人，是指天下那些逃亡的小人。残害大善至德的臣子，虐杀谏诤辅佐的大臣，剥，是伤害的意思。贼，是杀的意思。元，是善之最。良，是善的意思。大臣用谏诤辅佐纣，纣反而杀了他。纣以自己有天命在身，认为敬天不值得施行，祭祀没有好处，残暴没有坏处。现在上天用我治理民众。用我治理民众，当然就应该除去不听我话的恶人。纣王有千百万臣民，离心离德；平人是普通人。即使人多却离心离德。我有善于治乱的臣子十人，同心同德。我的治国之臣虽然少，但是他们同心同德。现今我必定前往征讨。百姓恐惧不安，头痛如裂。这是说民众畏惧商纣的暴虐，内心畏惧不安，就像头骨裂开一样痛苦，没有地方能容下剧痛的头颅。哎呀！你们要同心同德，建立功业，让天下能世世代代长久安定。你们要同心同德，建立功业，就能够世世代代长久安定。"

王曰[①]："商王受，自绝于天，结怨于民。不敬天，自绝之也；酷虐民，结怨也。斫朝涉之胫[②]，剖贤人之心[③]；崇信奸回[④]，放黜师保[⑤]；屏弃典刑[⑥]，囚奴正士；屏弃常法而不顾也，箕子正谏[⑦]，而以为囚奴也。郊社弗修[⑧]，宗庙弗享[⑨]；作奇伎淫巧[⑩]，以悦妇人。古人有言曰：'抚我则后，虐我则仇[⑪]。'武王述古言以明义，言非唯今恶纣也。独夫受[⑫]，洪惟作威[⑬]，乃汝世仇。言独夫，失君道也。大作威，杀无辜，乃是汝累世仇，明不可不讨也。树德务滋[⑭]，除恶务本，立德务滋长，除恶务除本，言纣为天下恶本也。肆予小子[⑮]，诞以尔众士[⑯]，殄歼乃仇[⑰]。言欲行除恶之义，绝尽纣也。"

【注释】

①王曰：以下节录自《泰誓下》。

②斫：砍，斩。胫：胫骨，小腿内侧的长骨。《尚书正义》："斩朝涉水之胫，必有所由，知冬月见朝涉水者，谓其胫耐寒，疑其骨髓有异，斩而视之。其事或当有所出也。"

③剖贤人之心：指剖比干之心。《史记·殷本纪》云："微子既去，比干曰：'为人臣者，不得不以死争。'乃强谏。纣怒曰：'吾闻圣人心有七窍。'遂剖比干，观其心。"

④崇信：宠信。奸回：奸恶邪僻。

⑤放黜：贬退。黜，降职或罢免。师保：古时任辅弼帝王和教导王室子弟的官员。这里指箕子。

⑥典刑：即典型，指旧法、常规。

⑦箕子：名胥余，是纣王的叔父，官太师，封于箕，因直言劝谏，纣王不听，箕子遂佯狂为奴。

⑧郊社：祭祀天地。古代冬至祭天称郊，夏至祭地称社。

⑨享：祭祀。

⑩奇伎淫巧：指过于奇巧而无益的技艺与制品。

⑪仇：仇敌。

⑫独夫：指残暴无道、众叛亲离的统治者。

⑬洪：大。作威：指谓利用威权滥施刑罚。

⑭务：务求。滋：长。

⑮肆：故，所以。

⑯诞：大。

⑰殄歼：歼灭。

【译文】

武王说："商纣王，自绝于上天，跟民众结怨。不敬奉上天，即自绝于天；残酷虐待民众，跟民众结怨。他曾砍断清晨蹚水人的小腿骨，看看是不是有耐寒的骨髓，还曾剖开贤人比干的心脏，看看是不是有七窍；他推重宠信奸恶邪僻小人，罢免放逐辅弼教导的师长；他摒弃常规成法，任意囚禁奴役正人君子；摒弃国家法律条文而不顾，箕子直言谏诤，却把他贬为囚犯奴隶。祭祀天地的郊社不加修整，祭祀祖先的宗庙没有享祭；制作过分奇巧无用的玩意儿，取悦妇女。古人说过：'爱抚我们的就尊奉为君王，虐待我们的就变成仇敌。'武王叙述古人之言来阐明道义，说明并不是今天才厌恶商纣。残暴无道众叛亲离的商纣，利用威权滥施刑罚，他就是你们世世代代的仇敌。说他是独夫，是因为他失去了为君之道。大逞威风，残杀无辜，就是你们世世代代的仇敌，这说明对商纣不能不进行征讨。树立德行务求长远，除掉罪恶务求去根，树立德行务求与日俱进，除掉罪恶务求断其根本，这是说商纣是天下罪恶的总根源。所以我现在会合你们众将士，大兴正义之师，去歼灭你们的仇敌。这是说要实行除恶的大义，灭绝商纣。"

武王与受战于牧野①，王曰："古人有言：'牝鸡无晨②。言无晨鸣之道。牝鸡之晨，惟家之索。索，尽也。喻妇知外事、雌代雄鸣则家尽，妇夺夫政则国亡也。'今商王受，惟妇言是用③，妲己惑纣，纣信用之。乃惟四方之多罪逋逃④，是崇是长，言纣弃其忠臣，而尊长逃亡，罪人信用之。是信是使，是以为大夫卿士，俾暴虐于尔百姓，以奸宄于商邑⑤。使四方罪人，暴虐奸宄于都邑也。今予发⑥，惟龚行天之罚⑦。"

【注释】

①武王与受战于牧野：以下节录自《牧誓》。牧野，在商都朝歌郊野，今河南淇县西南。

②牝（pìn）鸡无晨：母鸡没有清晨鸣叫的功能。牝，雌性鸟兽。晨，指鸡鸣报晓。

③惟妇言是用：即惟用妇言。妇，指妲己，商纣王的妃子。

④逋逃：逃亡的罪人。

⑤奸宄（guǐ）：亦作奸轨，指违法作乱的事情。

⑥发：周武王自称，因为武王姓姬名发，自称其名是谦称。

⑦龚行天之罚：奉天命而讨伐。龚，通“恭”。

【译文】

武王跟殷纣王在牧野作战，武王说：“古人说道：‘母鸡不会在清晨啼叫。这是说自古以来就没有母鸡清晨打鸣的道理。母鸡在清晨打鸣，这是家要败落的征兆。’索，是尽的意思。比喻妇女了解家外的事务，母鸡代替公鸡鸣叫就会把家败尽，妇人夺取丈夫的政务就会亡国。现今商纣王，只听从妇人的话，妲己迷惑纣王，商纣信任用她。就是那些罪恶昭彰逃亡四方的人，商纣也尊崇他们，重用他们，这是说商纣抛弃那些忠臣，而尊崇重用逃亡者，信用罪人。宠信他们，任用他们，任命他们担当大夫卿士等官职，让他们残暴虐害自己的百姓，在殷商的都城违法作乱。任用四方罪人，让他们在京都暴虐作乱。现今我姬发，恭奉天命实施上天的惩罚。”

王来自商①，至于丰②，乃偃武修文③，倒载干戈，示不复用也。行礼射④，设庠序⑤，修文教也。归马于华山之阳，放牛于桃林之野⑥，示天下弗服⑦。示天下不复乘用也。王若曰：“今商王为天下逋逃主，肆予东征，陈于商郊⑧，受率其旅若林⑨，会于牧野⑩，罔有敌于我师，前徒倒戈⑪，攻于后以北⑫，血流漂杵⑬。壹戎衣⑭，天下大定。一著戎服而灭纣，言与众同心，动有成功也。释箕子囚，封比干墓⑮，式商容闾⑯。封，益其土也。商容，贤人，纣所黜退。散鹿台之财⑰，发钜桥之粟⑱，纣所积之府仓也，皆散发以赈贫民也。大赉于四海⑲，而万姓悦服。施舍已责⑳，救乏赒无㉑，所谓周有大赉也。天下皆悦仁服德也。”

【注释】

①王来自商：以下节录自《武成》。王，周武王。

②丰：周文王的都城。

③偃（yǎn）武修文：停息武备，修明文教。偃，停息。修文，采取措施加强文治，主要指修治典章制度、提倡礼乐教化等。

④礼射：上古礼仪之一。在一定的礼节要求下，依循乐声而射矢。

⑤庠（xiáng）序：都是学校名。是古代的地方学校。

⑥桃林：古地区名。在今河南灵宝以西、陕西潼关以东地区。孔安国传："山南曰阳。桃林在华山东，皆非长养牛马之地，欲使自生自死，示天下不复乘用。"

⑦服：使用。

⑧陈：陈兵。

⑨受：指纣王。率：率领。旅：军队。

⑩会：会战。

⑪前徒：指前面的军队。徒，步兵。倒戈：掉转武器向己方攻击。

⑫北：败北，败逃。

⑬杵：舂米或捶衣的木棒。孔安国传："血流漂舂杵。甚之言。"

⑭壹戎衣：孔安国传以为"一著戎服而灭纣，言与众同心，动有成功"。据甲金文，衣是殷的假借字，意义是一跟殷商作战。今依旧注翻译。

⑮封：封土，指对比干坟墓进行修整。

⑯式：通"轼"。本指设在车厢前供立乘者凭扶的横木。这里用如动词，在车上扶轼以示敬意。商容：殷商的贤人。闾（lǚ）：里巷的大门。

⑰鹿台：古台名。又叫南单之台，是殷纣王贮藏珠玉钱帛的地方。故址在今河南淇县。

⑱钜桥：商纣王粮仓名。仓址在今河北曲周东北。

⑲赉（lài）：赏赐，赐予。

⑳施舍：给人财物。

㉑赒（zhōu）：周济，救济。

【译文】

周武王伐商归来，到了丰都，于是停息武备，修明文教，将兵器倒置封存，表示不再使用。举行礼射仪式，在各地设置学校，修明文教。把战马放回华山之南，把服役的牛放牧在桃林的原野，向天下表示不再使用。向天下表示不再乘坐使用。周武王这样说道："现今商纣王是天下逃亡者的魁首，所以我东征，陈兵殷商都城的郊野，商王受率领如林大军，会战在这牧野，商人没有跟我军为敌的，前军调转矛头攻向自己一方的后军，于是殷商军队败北，流血之多，漂得起木杵。我一穿战衣就使得天下完全安定。一穿战衣就消灭商纣王，这是说跟众将士同心协力，行动获得成功。然后释放囚禁的箕子，封土修整比干的坟墓，路过贤人商容所住里巷的大门而致敬。封，是培土的意思。商容，是贤人，商纣把他贬斥了。散发鹿台积聚的财物，发放钜桥的粮食，商纣积聚财物粮食的仓库，都打开散发赈济贫民。对四海百姓施行大赏，天下万民都心悦诚服。自己责成专人发放财物，救济穷乏，这就是所说的周朝对天下所有人都有重赏。天下都对此仁德心悦诚服。"

西旅献獒[①]，西旅，远国也，贡大犬。大保乃作《旅獒》[②]，用训于王[③]。陈贡獒之义，以训谏也。曰："乌乎！明王慎德，四夷咸宾[④]。言明王慎德以怀远，故四夷皆宾服。无有远近，毕献方物[⑤]，惟服食器用。天下万国，尽贡方土所生之物，惟可以供服食器用者，言不为耳目华侈。

【注释】

①西旅献獒：以下节录自《旅獒》。西旅，西方边远戎族的旅国。

獒，一种高大凶猛的狗。

②大保：即太保，古三公之一，位次太傅。周置，为辅弼国君之官。这里指召公。

③王：指周武王。

④四夷：古代中原华夏对四方少数民族的统称。宾：宾服，归顺。

⑤方物：土产，本地产物。

【译文】

西戎旅国来朝见献上獒犬，西旅，是远方的国家，进贡大狗。**于是太保召公作《旅獒》，来提醒和训诫周武王。**召公陈述献獒之事背后的道义，用来警戒劝谏。**说道："哎呀！英明的君王谨慎修德，四方蛮夷全都宾服。**这是说英明君王谨慎修德来怀归远方之人，所以四方蛮夷都归顺服从。**不管远近，全都献上地方土产，不过只是些吃穿和用具。**天下各国来朝见都会贡献地方生产的东西，这些只可用于吃穿用度而已，意思是千万不可因其稀有、能娱人耳目而生出豪华奢侈享乐之心。

"王乃昭德之致于异姓之邦[①]，无替厥服[②]，德之所致，谓远夷之贡也，以分赐异姓诸侯，使无废其职也。分琉玉于伯叔之国[③]，时庸展亲[④]。以宝玉分同姓之国，是用诚信其亲亲之道也。人弗易物[⑤]，惟德其物。言物贵由人也，有德则物贵，无德则物贱，所贵在德也。

【注释】

①王：此处泛指历代的明王。昭：显示，显扬。致：到达。异姓之邦：指不是姬姓的诸侯国。

②替：废弃。服：职事。

③琉（bǎo）：古同"宝"。伯叔之国：指同为姬姓的诸侯国。伯叔，此

处指同姓。

④庸：用。

⑤易：变易。

【译文】

“君王于是把这些贡品赐给异姓的邦国，借此来显扬恩德，使他们不要荒废职守，那些东西是德行招致的，指的是远方蛮夷的贡品，用来分别赏赐给异姓诸侯，使他们不要荒废自己的职守。把宝玉分给同为姬姓的诸侯国，用来表示亲爱之意。把宝玉分给同为姬姓的诸侯国，是借以证明不忘亲情的一片真诚，示亲情诚信。人不能变易物的品质，只有德行才能使物的品质高贵。这是说物的贵贱在于人，有德行物就贵，没德行物就贱，贵重的是德行。

“德盛弗狎侮[①]。盛德必自敬，何狎易侮慢之有也？狎侮君子[②]，罔以尽人心；以虚受人，则人尽其心矣。狎侮小人[③]，罔以尽其力。以悦使民，民忘其劳则尽力矣。玩人丧德[④]，玩物丧志。以人为戏弄，则丧其德矣；以器物为戏弄，则丧其志矣。弗作无益害有益，功乃成；弗贵异物贱用物[⑤]，民乃足[⑥]。游观为无益[⑦]，奇巧为异物[⑧]。言明王之道，以德义为益、器用为贵，所以化俗生民[⑨]。

【注释】

①狎侮：轻慢侮弄。

②君子：指官员。

③小人：指平民。

④玩：玩弄，戏弄。

⑤贵：重视。异物：珍奇的东西。贱：轻视。用物：能使用的东西。

⑥足：充足，满足。

⑦游观：等于说游玩观赏。

⑧奇巧：奇异机巧。

⑨化俗：指风俗受德教而发生变化。生民：使民生，养育民众。

【译文】

“德行高的人不轻视侮慢他人。盛德之人必定自尊自爱，怎么会有轻慢侮弄之心？轻慢侮弄了臣子，就没人为你尽心工作；用谦虚对待别人，别人就能尽心办事。轻慢侮弄平民百姓，就没人给你出力了。让民众喜悦高兴，民众就会忘掉劳累，尽力办事。玩弄别人会丧失德行，玩弄物件会丧失志气。戏弄别人就会丧失德行，玩弄物件就会丧失志气。不要干没益处的事，那会妨害有益的事，这样事功才能成就；不要看重珍奇的东西，而轻视能用的东西，民众才能丰足。游玩观赏没有好处，奇异机巧是珍奇而无用之物。这是说英明君主治国之道，是以道德仁义为有益、器物实用为可贵，一切都是为了教化和养育民众。

“犬马非其土生弗畜①，非此土所生不畜，以不习其用。珍禽奇兽弗育于国②。皆非所用，有所损害故也。弗珤远物③，则远人格④；不侵夺其利，则来服。所珤惟贤，则迩人安⑤。宝贤任能，则近人安。近人安，则远人安矣。

【注释】

①畜：饲养。

②育：生育，繁殖。《尚书正义》：“此篇为戒，止为此句，以西旅之獒，非中国之大，不用令王爱好之，故言此也。”

③珤（bǎo）：“宝”的古字。

④格：至，来。

⑤迩：近。

【译文】

“狗马不是土生土长的不能饲养，不是本土生长的不能饲养，是因为不了解它的用处。珍禽异兽不在国内繁殖。也因为没有什么用处，反而对本土普通有用的禽畜有害。不把远方的奇珍当成宝贝，那么远方的人就会来归附；不侵夺别人的利益，对方自然来归顺。所宝贵的只有贤才，那么近处的人也会安定。珍视贤才任用能人，那么近处的人就安定。近处的人安定，那么远方的人也就安定了。

“乌乎！夙夜罔或弗勤①。言当常勤于德。弗务细行②，终累大德③。轻忽小物④，积害毁大，故君子慎其微也。为山九仞⑤，功亏一篑⑥。谕向成也，未成一篑，犹不为山，故曰功亏一篑。是以圣人乾乾日侧⑦，慎终如始也。允迪兹⑧，生民保厥居，惟乃世王⑨。言其能信蹈行此诫，则生民安其居，天子乃世世王天下也。武王虽圣，犹设此诫，况其非圣，可以无诫乎？其不免于过，则亦宜矣。”

【注释】

①夙（sù）夜：朝夕，日夜。夙，清早，早晨。或：有。

②务：从事，致力于。细行：小节，小事。

③累：拖累，妨碍。

④轻忽：轻视忽略。

⑤仞：古长度单位。八尺，一说七尺。

⑥亏：亏缺。篑（kuì）：盛土的筐子。

⑦乾乾：自强不息的样子。日侧：日昃，日斜。此处是从早至晚的意思。

⑧允迪：诚实遵循。迪，实行，蹈行。

⑨世王：世世代代称王。

【译文】

“哎呀！从清晨到夜晚不可有片刻不勤勉。这是说应当勤奋修德。**不注重小节，最终会拖累大德。**轻视忽略细小的事物，害处积累就会毁坏大的，所以君子要谨慎处理细枝末节。**要积土筑成九仞的高山，最后差一筐土也无法成功。**这是比喻将要成功，就差一筐土，也不能堆成山，所以说功亏一篑。因此圣人自强不息，奋斗到太阳西斜，自始至终谨慎小心。**只要你真诚地遵循这些话语，民众就能长保安居，天子也就能世世代代称王。**这是说要能诚信地施行这些告诫，那么民众就能安居，天子就能世世代代称王天下。武王虽说是圣人，还要预设这些告诫，何况那些并非圣人的君王，怎可以没有人劝诫他？那样的话就不免犯错，这也是很自然的事。”

王若曰[①]：“小子封[②]！封，康叔名。惟乃丕显考文王[③]，克明德慎罚[④]，弗敢侮鳏寡[⑤]，庸庸[⑥]，祗祗[⑦]，威威[⑧]，显民[⑨]。惠恤穷民，不慢鳏夫寡妇。用可用，敬可敬，刑可刑，明此道以示民也。天乃大命文王[⑩]，殪戎殷[⑪]，诞受厥命[⑫]。天美文王，乃大命之杀兵殷，大受其王命。

【注释】

①王若曰：以下节录自《康诰》。王，周公称成王命。本篇的“王若曰”，虽然实际是周公说，但用的是周成王的名义。本篇译文按字面翻译。周公，西周初年政治家。名旦，也称叔旦。是文王之子，武王之弟，成王之叔。辅佐武王灭商。武王崩，成王幼，周公摄政。东平武庚、管叔、蔡叔之叛。继而厘定典章、制度，又经营洛邑为东都，作为统治中原的中心，天下臻于大治。后多作圣贤的典范。周成王，姓姬名诵，武王之子，武王死后继位，年仅13岁，在位37年病死，葬于毕原。

②小子：子弟，晚辈。称宗亲中男性同辈年轻者及下辈。封：成王弟弟康叔之名。

③丕显：伟大英明。考：先父，去世的父亲。文王：周文王，姬姓，名昌，是周太王之孙，季历之子，周朝奠基者。其父死后，继承西伯侯之位，故称西伯昌，在位50年，是中国历史上的一代明君。

④明德：光明之德，美德。慎：慎重。罚：刑罚。

⑤侮：轻慢，怠慢。鳏（guān）寡：老而无偶的人。亦泛指老弱孤苦的人。鳏，老而无妇叫做鳏。寡，老而无夫叫做寡。

⑥庸庸：用能用的人。庸，用。

⑦祇祇：尊敬值得尊敬的人。祇，尊敬。

⑧威威：威慑应该威慑的人。

⑨显：显示道理。

⑩大命：降大命于。

⑪殪（yì）：杀死。

⑫诞受：接受。

【译文】

成王这样说：“我的小弟弟封啊！封，是康叔的名。你伟大英明的先父文王，能够崇尚美德，慎用刑罚，从不怠慢鳏夫寡妇，任用可任用的人，尊敬值得尊敬的人，威慑应该威慑的人，彰显治国之道明示民众。抚恤施恩无路可走的民众，不慢待鳏夫寡妇，任用可任用的，尊敬可尊敬的，惩罚该惩罚的，并彰明这一治国之道来明示民众。上天降下大命给文王，用兵消灭殷商，于是承担接受了这一王命。上天赞美文王，于是降下大命让他消灭殷商，他承担接受了这一使命。

“往尽乃心①，无康好逸豫②。往当尽汝心为政，无自安好逸豫也。我闻曰：‘怨弗在大，亦弗在小。惠弗惠③，懋弗懋④。’不在大，起于小也；不在小，小至于大也。言怨不可为，故当使不顺者顺、不勉者勉也。**若保赤子**⑤**，惟民其康乂**⑥**。**爱养民如赤子，不失其欲，惟民其皆安治也。**非汝封刑人杀人**⑦，言得刑杀人也。**无或刑人杀人；**无以得刑杀人，而有妄刑杀也。**非汝封劓刵人**⑧，劓，截鼻也。刵，截耳也。**无或劓刵人。**所以举轻刑以戒，为人轻行之也。”

【注释】

①往：前往。尽：竭尽。

②康：安。逸豫：安乐。

③惠：顺从。

④懋：勤勉，努力。

⑤若保赤子：对待民众就像爱护婴儿一样。保，保养，养育。赤子，初生的婴儿。

⑥康：安宁。乂：治理。

⑦封：指康叔。刑：对人用刑。

⑧劓（yì）：割去鼻子。刵（èr）：割耳。劓刵是古代肉刑中较轻的。

【译文】

“**你到那里要尽心于国政，不要贪图安逸享乐。**前去应当尽心国政，不要安于自己的享受。**我听说：‘民怨不在于大，也不在于小。应当让不顺从的人顺从，不勤勉的人勤勉。’**怨恨不在大，大是从小发展起来的；也不在小，小也能发展到大。这是说民怨不可结，所以要让不顺从的顺从，不勤勉的勤勉。**要爱养民众如同保护养育婴儿一样，这样民众就能安康。**爱养民众如同婴儿，不要让他们失望，这样民众就都安康而得以治理了。**你要掌管刑罚，倘若不是你允许能施刑杀人吗？**这是说按罪用刑才能施刑杀人。**谁都不要施刑滥杀无辜；**没有能施刑杀人的原因，而妄自施刑杀人。**不是你允许能施加割鼻断耳的刑罚吗？**劓是割去鼻子。刵是截断耳朵。**都不要施加割鼻断耳的刑罚。**举出轻刑作为警戒,因为这是被人轻易触犯的刑罚。”

王曰:“封!元恶大憝[①]**,矧惟弗孝弗友**[②]**!**言人之罪恶,莫大于不孝不友。**乃其速由文王作罚**[③]**,刑兹无赦**[④]**。**言当亦速用文王所作违教之罚,刑此无得赦也。**敬哉!无作怨**[⑤]**,勿用非谋非彝**[⑥]**。**言当修己以敬,无为可怨之事,勿用非善之谋、非常之法。**小子封,惟命弗于常。**当念天命之不于常也,行善则得之,行恶则失之。”

【注释】

①元恶:大恶之人,首恶。元,首。大憝(duì):大恶人。憝,奸恶,亦指恶人。

②矧(shěn):况且,何况。

③由:用。作:造作。

④刑:惩罚,处罚。赦:宽免罪过。

⑤作怨:制造怨恨于民众。

⑥谋:计谋。彝:常,常规。

【译文】

王说:“封啊!大奸大恶之人都是罪大恶极,何况还有不孝顺父母不亲善兄弟的人呢!这是说人的罪恶,没有比不孝顺父母、不亲善兄弟更大的了。**这才要迅速采用文王制定的刑罚,严刑惩罚他们绝不宽赦。**这是说应当急速采用文王制作的针对违背教化的刑罚,施刑不能宽赦。**要严肃恭谨啊!不要做招惹怨恨的事,不要采用不好的谋略和不符常规的措施。**这是说要修养自身,严肃恭谨,不要做招惹怨恨的事,不要用不好的谋略、不符常规的办法。**我的弟弟封啊!记住,天命是没有恒常的。**应当想到天命不是恒常,行善就会得到,作恶就会失去。”

王若曰[①]:“乃穆考文王[②],诰庶邦御事[③],朝夕曰:‘祀兹酒。文王所告众国治事吏,朝夕敕之[④],唯祭祀而用此酒,不常饮也。’曰:‘小大邦用丧,亦罔非酒惟辜[⑤]。于小大之国所用丧,无不以酒为罪也。饮惟祀,德将无醉[⑥]。饮酒惟当因祭祀,以德自将,无至醉。’在昔殷先哲王,惟御事[⑦],弗敢自暇自逸[⑧],惟殷御治事之臣,不敢自宽暇、自逸豫。矧曰其敢崇饮[⑨]?崇,聚也。自逸暇犹不敢,况敢聚会饮酒乎?弗惟弗敢,亦弗暇。非徒不敢,志在助君敬法,亦不暇饮。在今后嗣王酣身[⑩],嗣王,纣也。酣乐其身,不忧政也。惟荒腆于酒[⑪],弗惟自息[⑫]。言纣大厚于酒,昼夜不念自息。庶群嗜酒,腥闻在上[⑬]。故天降丧于殷[⑭]。纣众群臣,用酒耽荒,腥秽闻在天,故下丧亡于殷也。天非虐,惟人自速辜[⑮]。言凡为天所亡,天非虐人,惟人所行恶,自召罪。古人有言曰:‘人无于水鉴,当于民鉴。’古贤圣有言,人无于水鉴,当于民鉴也。视水见己形,视民行事见吉凶。今惟殷坠命[⑯],我其可弗大鉴?今惟殷纣无道,坠失天命,我其可不大视为戒也?”

【注释】

①王若曰:以下节录自《酒诰》。王,仍为周公称成王命。

②穆:按照古代宗法制度,宗庙或宗庙中神主的排列次序,始祖居中,以下父子递为昭穆,左为昭,右为穆。

③诰:上告下为诰。庶邦:列国诸侯。御事:执事,指一般官员。

④朝夕敕之:反复强调。朝夕,早晚。敕,诫饬,告诫。

⑤辜:罪,罪过。

⑥将:辅助,约束。

⑦御:控制,约束以为用。

⑧自暇：偷懒。暇，空闲。逸：享乐。

⑨崇饮：群聚饮酒。崇，群。

⑩嗣王：指殷纣王。酣：沉湎饮酒。

⑪荒腆：沉湎，沉迷。

⑫息：停止。

⑬腥：指腥臭之气，比喻丑恶。上：上天。

⑭丧：丧亡之祸。

⑮速：招致。

⑯坠：丧失。命：天命，即上帝赐予的统治天下的大命。

【译文】

王这样说："当初尊敬的先考文王，告诫各国诸侯以及所有官吏，从早到晚反复申诫说：'只有祭祀时才能饮酒。文王告诫各国办事官员，早早晚晚申敕他们，只有祭祀才能饮酒，平常不能饮酒。'又说：'无论小国大邦，之所以灭亡，也无非是饮酒之罪。小国大邦之所以灭亡，无不是因为饮酒之罪。只能在祭祀的时候饮酒，而且要有酒德约束不能喝醉。饮酒只应当因为祭祀，用酒德约束自己，不要喝到醉。'从前殷商的先王明君在位时，约束那些治理政事的官员，官员不敢自己安闲逸乐，殷商约束治理政事的官员，他们不敢懈怠，自图安乐。何况胆敢成群聚会饮酒呢？崇，是群聚的意思。自己安闲逸乐尚且不敢，何况聚会饮酒呢？不仅不敢，也没有闲暇饮酒。不只是不敢，他们的志向在于辅助国君严肃礼法，也没有闲暇饮酒。近世继承王位的殷纣王只喜欢酣乐，嗣王，是指殷纣王。他只顾饮酒使自己快乐，不思虑国政。一味沉湎在饮酒取乐之中，不考虑停止放纵。这是说商纣太喜爱饮酒，日夜不息毫不节制。商纣群臣也随之嗜酒成性，腥臭之气升达上天。所以上天给殷商降下灭亡的灾祸。商纣和他的群臣，因为沉溺饮酒，腥臭之气升达上天，所以上天降下让殷商灭亡的灾祸。不是上天对殷商施虐，而只是殷商自己招致罪过。这是说凡是被上天灭亡的，并非上天施虐，只是人的行为恶劣，自己招来罪过。古人曾经说过：'有智慧的人不要用水来照镜子，而应当用民众来照镜子。'古代圣贤有这样的话，人不要把水当镜子，应当用民众来当镜子。用水看到的是形貌，用民众看到的是吉凶祸福。**现在殷商的天命已经坠落，我们怎能不引以为鉴呢？**现在殷纣王昏庸无道，丧失了统治天下的使命，对这深刻的教训，我们怎能不引以为戒呢？”

周公作《无逸》[①]。中人之性，好逸豫。成王即政，恐其逸豫，故以所戒名篇。**周公曰：“乌乎！君子所，其无逸。**叹美君子之道，所在念德，其无逸豫也。君子且犹然，况王者乎！**先知稼穑之艰难**[②]**，乃逸，则知小人之依**[③]。稼穑，农夫之艰难事。先知之，乃谋逸豫，则知小民所依怙。

【注释】

①周公作《无逸》：以下节录自《无逸》。无逸，意为不贪图安乐。周成王长大了，周公让他主持政事，害怕他贪图享乐，荒废懈怠，于是告诫他不要贪图逸乐。史官记录周公的诰词，取名《无逸》。

②稼穑：耕种和收获。种谷为稼，收割为穑。泛指农业劳动。

③小人：又叫野人，农夫。指百姓。依：依靠，仰赖。

【译文】

周公撰写了《无逸》。常人的秉性，喜欢安乐。成王即位，周公怕他沉溺安乐，所以用告诫的内容作为篇名。**周公说：“哎呀！君子所在之地，大概是没有安乐的。**感叹赞美君子之道，处处想着修养德行，是没有安于享乐之心的。君子尚且这样，何况君王呢！**必先知道农夫耕种劳作的艰难，然后再考虑安乐，这样就能知道农夫最需要什么了。**稼穑，是农夫艰难的活计。先要了解这些，才能谋求安乐，就知道小民依存、仰仗什么了。

“我闻曰，昔在殷王中宗[①]，大戊也。**治民祗惧**[②]**，弗敢荒**

宁[3]，为政敬，身畏惧，不敢荒怠自安。享国七十有五年。以敬畏之故，得寿考之福也[4]。其在高宗[5]，嘉靖殷邦[6]，至于小大，无时或怨，善谋殷国，至于小大之政，民无时有怨也。享国五十有九年。其在祖甲[7]，汤孙太甲。爰知小人之依，能保惠于庶民，弗侮鳏寡，知小人之所依，依仁政也，故能安顺于众民，不敢侮慢惸独也[8]。享国三十有三年。

【注释】

①殷王中宗：即殷王太戊，汤的玄孙，商朝第七代国君。

②祇惧：敬惧，小心谨慎。

③荒宁：荒废懈怠，贪图安逸。

④考：年高，长寿。

⑤高宗：殷高宗武丁，盘庚弟小乙之子。相传少时生活在民间，即位后，重用傅说、甘盘为大臣，力求巩固统治。

⑥嘉靖：指用美好的教化安定平服。

⑦祖甲：指汤的孙子太甲，并非武丁之后的祖甲。

⑧惸（qióng）独：孤苦伶仃的人。惸，指无兄弟的人。独，老而无子孙者。

【译文】

“我听说，从前殷王中宗，就是汤王的玄孙太戊。治理民众小心谨慎，不敢荒废懈怠、贪图安逸，政务敬肃，身怀畏惧，不敢荒废懈怠自求安逸。在位七十五年。由于敬肃畏惧的缘故，得到长寿的福气。到高宗时，用美好的教化去安定殷朝，大事小事，没有什么时候听到有人抱怨。善于为殷国谋划，大小政事，民众都没有过怨恨。在位五十九年。就是在祖甲之时，就是汤的孙子太甲。也知道百姓依存什么，能够保证向民众施加恩惠，不欺侮鳏寡孤独之人，知道百姓依靠什么，依靠的就是仁政，所以能让民众安宁和顺，不敢欺侮慢待孤苦伶仃的人。在位三十三年。

“自时厥后立王，生则逸，从是三王[①]，各承其后而立者，生则逸豫，无法度也。弗知稼穑之艰难，弗闻小人之劳，惟耽乐之从，过乐谓之耽。惟耽乐之从，言荒淫。亦罔或克寿[②]。以耽乐之故，无有能寿者也。或十年，或七八年，或四三年。高者十年，下者三年，言逸乐之损寿也。

【注释】

①从：追随，追求。三王：指夏、商、周三代之君。

②罔或：没有什么人。

【译文】

“从此以后所立的殷王，生来就坐享安乐，从这三位殷王之后，各自继承王位的人，活得安乐，没有法度节制。不知道种植庄稼的艰难，没听说过百姓的劳苦，只追求过度的享乐。过分享乐叫做耽。只知道沉溺享乐，是说荒淫。也没人能长寿。因为沉溺享乐的缘故，没有能长寿的。有的十年，有的七八年，有的三四年。年头多的十年，少的三年，这是说安乐折损寿命。

“惟我周大王、王季[①]，克自抑畏[②]。大王，周公曾祖。王季，即祖也。言皆能以义自抑，畏敬天命也。文王卑服[③]，文王节俭，卑其衣服。自朝至于日中昃[④]，弗皇暇食[⑤]，用咸和万民，从朝至日昳[⑥]，不暇食，思虑政事，用皆协和万民者也[⑦]。厥享国五十年。自殷王中宗，及我周文王，兹四人迪哲[⑧]。言此四人皆蹈智明德以临下也。厥或告之曰：‘小人怨汝詈汝。’则皇自敬德[⑨]。其有告之，言小人怨詈者，则大自敬德，增修善政也。此厥弗

听，人乃或诪张为幻[⑩]**，曰小人怨汝詈汝，则信之，**此其不听中正之君[⑪]，有人诳惑之，言小人怨憾樝詈汝[⑫]，则信受之也[⑬]。**乱罚无罪，杀无辜。怨有同，是丛于厥身**[⑭]。信谗含怒，罚杀无罪，则天下同怨仇之[⑮]，丛聚于其身也。**乌乎！嗣王其监于兹！**视此乱罚之祸，以为戒也。"

【注释】

①大王、王季：分别是周文王的祖父太王、父亲王季。

②抑畏：谦抑敬畏。

③服：使衣服粗劣，穿粗劣的衣服。

④自朝：从早上。昃（zè）：指太阳西斜。

⑤皇：闲暇，有空。

⑥昳（dié）：指太阳西斜。

⑦协和：和睦，融洽。

⑧迪哲：践行圣明之道。

⑨皇：大。

⑩诪（zhōu）张为幻：欺诳诈惑。诪，欺诳。张，夸大，夸张。

⑪中正：得当，不偏不倚。

⑫樝（zhā）詈：诅咒，咒骂。

⑬信受：相信并接受。

⑭丛：集中。

⑮怨仇：仇敌。

【译文】

只有我们周国的太王、王季，能够自我克制，保持敬畏。大王，是周公的曾祖。王季是周公的祖父。这是说他们都能用道义自我克制，畏惧敬奉天命。文王穿着粗劣的衣服，文王节俭，衣服粗劣。从清晨忙到中午，直至太阳偏西，都没有时间吃饭，所作所为都是为了让万民能和谐融洽地生活，从清晨到太阳偏西，没空吃饭，思考政事，用心全在让万民和谐融洽地生活之上。他在位五十年。从殷王中宗、高宗、祖甲到我们周文王，这四个人都践行圣明之道。是说这四个人都践行圣明之道治理民众。有人告诉他们说：‘百姓埋怨你，责骂你。’他们就更加谨慎自己的德行。如果有人告诉他们，说百姓有怨恨责骂之言，他们就会加倍小心谨慎，更加勤勉于仁政。不听信这些话的君王，有人欺骗他说，百姓怨恨你责骂你，他就相信，这就是不听恰当意见的君王，有人诓骗迷惑他，说百姓怨恨诅咒责骂你，他就相信接受了。乱罚无罪的人，滥杀无辜的人。民众的怨恨就有共同目标，因此就集中到他身上。相信谗言，满怀怒气，惩罚杀害无罪的人，那么天下共同怨恨仇视他，仇恨因此集中在他身上。哎呀！继承王位者应以此为鉴呀！仔细看清楚这种乱罚无辜所带来的祸患，要引以为戒啊。”

蔡叔既没[①]，以罪放而卒也。王命蔡仲践诸侯位[②]。王，成王也。父卒命子，罪不相及。王若曰：“小子胡[③]！胡仲，名也。皇天无亲，惟德是辅；民心无常，惟惠之怀。天之于人，无有亲疏，惟有德者，则辅佐之；民心于上，无有常主，惟爱己者，则归往之。为善弗同，同归于治；为恶弗同，同归于乱。尔其戒哉！慎厥初，惟厥终，康济小民[④]。率自中[⑤]，无作聪明乱旧章[⑥]；汝为政，当安小民之业，循用大中之道，无敢为小聪明，作异辩，以变乱旧典文章也。详乃视听[⑦]，罔以侧言改厥度[⑧]。则予一人汝嘉。详审汝视听，非礼义勿视听也。无以邪巧之言易其常度，必断之以义，则我一人善汝矣。小子胡，汝往哉！无荒弃朕命[⑨]。汝往之国，无废我命。欲其终身奉行之。”

【注释】

①蔡叔既没：以下节录自《蔡仲之命》。蔡叔，姓姬名度，周武王同母弟，周初三鉴之一。武王灭商后，封在蔡（今河南上蔡）。周成王时，跟兄长管叔挟纣王之子武庚叛乱，被周公旦平定，后被放逐。没，死。

②王：指周成王，武王之子。命：册封，任命。蔡仲：蔡叔之子，名胡。蔡叔死后，周成王命其子蔡仲为蔡国之君，并用策书告诫他。史官记叙这件事，写成《蔡仲之命》。践：指登上。

③小子：对同姓中弟子或晚辈的称呼。胡：蔡仲名胡。

④康济：安抚救助。

⑤率：遵循。自：用。中：正，正道。

⑥旧章：昔日的典章。

⑦详：审慎。

⑧侧言：邪巧之言。

⑨荒弃：荒废，弃置。

【译文】

蔡叔已经死去，因为有罪被流放而死。成王命令蔡叔之子蔡仲登上诸侯之位。王，是周成王。父亲死了命令儿子继承君位，罪不累及。王这样说："小弟弟胡啊！胡仲，是他的名。上天没有私亲，只辅佐有德行的人；民心向背没有定规，只感怀施加恩惠的人。天对于人，没有亲近疏远，只要是有德行的人，就会辅佐福佑他；民心之于君上，没有恒常的君主，只要是惠爱自己的，就会归往他。行善各不相同，共同归往太平；作恶各自不同，共同归往混乱。你要警戒啊！事情一开始就要谨慎对待，还要思虑它的终了，要安抚救助平民百姓。你要遵循中正大道，不要自作聪明乱改原有的规章；你执政，应当让平民百姓安居乐业，遵循正大中庸之道，不要耍小聪明，用奇谈怪论进行狡辩，来改变弄乱原有的文献典章。你要审慎对待见到的听到的，不要因为邪僻的花言巧语而改变法度。那样我个人就嘉奖你。审慎地辨察你见到的听到的，不合乎礼义的就不看不听。不要因为邪僻的花言巧语而改变先人恒常的法度，一定要依据道义决断，那样我个人就嘉奖你了。**小弟弟胡啊，你去吧！不要荒废丢掉我的命令。**你前去自己的封国，不要废弃我的命令。指望他能终身奉行。"

王若曰[①]："猷告尔四国多方[②]。顺大道，告四方。惟圣罔念作狂[③]，惟狂克念作圣。惟圣人无念于善，则为狂人；惟狂人能念善，则为圣人。言桀、纣非实狂愚，以不念善故灭亡也。自作不和[④]，尔惟和哉！尔室弗睦[⑤]，尔惟和哉！尔邑克明[⑥]，尔惟克勤乃事。小大众官，自为不和，汝有方多士，当和之哉。汝亲近室家不睦，汝亦当和之。汝邑中能明，是汝惟能勤职事也。"

【注释】

①王若曰：以下节录自《多方》。王，周成王，这是周公代替成王发布的诰命。

②猷：顺。四国：四方邻国。亦泛指四方、天下。《尚书正义》以为四方之国。多方：泛指众多邦国。方，国。

③圣：聪明睿智。念：思考，考虑。这里指的是思虑善法。狂：愚妄。

④自作：自作主张，自行其是。据注疏，自作的主语是大小官员。

⑤室：家室，家庭。

⑥邑：指领地。明：指政事清明。

【译文】

周公以成王的名义这样说："告诫你们四方各国众多诸侯。遵循大道，告诫四方诸侯。**聪明睿智的圣人如果不去思考仁善，就会成为愚妄的狂人；狂妄的人如果能思考仁善，就会成为聪明睿智的圣人。**圣人如果不思考仁善，就成为愚妄的狂人；狂妄的人如果能思考仁善，就会成为聪明睿智的圣人。这是说夏桀、商纣不是生性狂妄愚昧，是因为他们心中不思考仁善所以灭亡。

大大小小的官员们你们自己造成不和，你们应当改正一定要和睦起来！你们家庭亲人不亲和，你们也应当让他们和睦起来！你们受封的城邑能够清明和睦，就证明你们勤于自己的职事。大小众多官员，自己造成的不和，你们有各个地方众多的士人，应当让他们和睦。你们亲近的家室不和睦，你们也应当让他们和睦。你们城邑里能够政事清明，这就证明你们能够勤于职事。”

周公戒于王曰[①]：“文王罔攸兼于庶言[②]，庶狱庶慎[③]，惟有司之牧夫[④]，文王无所兼知于毁誉众言，及众刑狱，众所当慎之事，惟慎择有司牧夫而已。劳于求才，逸于任贤。是训用违[⑤]。庶狱庶慎，文王罔敢知于兹。是万民顺法用违法，众狱众慎之事，文王一无敢自知于此，委任贤能而已也。武王率惟敉功[⑥]，弗敢替厥义德[⑦]。武王循惟文王抚安天下之功，不敢废其义德，奉遵父道也。孺子王矣，稚子今已为王矣，不可不勤法祖考也[⑧]。继自今文子文孙[⑨]，其勿误于庶狱庶慎，惟正是乂之[⑩]。文子文孙，文王之子孙也。从今以往，惟以正是之道，治众狱众慎，其勿误也。”

【注释】

①周公戒于王曰：以下节录自《立政》。

②罔攸：无所。兼：兼管，兼知。庶言：众言，舆论。

③庶狱：诸凡刑狱诉讼之事。庶，众。狱，诉讼案件。庶慎：指众慎罚之事。即各种敕戒。

④有司：主管职司。古代设官分职，各有专司。牧夫：古代管理民事的地方官。

⑤是训：顺从这些，遵循这些。用违：采用跟违背，用不用。《尚书正义》：“‘是训’则称誉之事，‘用违’则毁损之事，但分析言之尔。”

⑥敉（mǐ）功：指安抚天下之功。敉，安抚，安定。

⑦替：废弃。

⑧祖考：去世的祖父和父亲。

⑨文子文孙：依注疏，为文王的子孙之意。

⑩正：长官。是：正，不偏斜。乂：治理。

【译文】

周公告诫成王说："文王在位时没有兼管舆论，各种诉讼案件，众多应该谨慎处理的政事，只是靠谨慎选择的主管职司和地方官员裁决，文王没有去一一了解舆论的毁谤赞誉，以及各种刑狱之事和众多应当谨慎处理的事务，只是谨慎选择好主管职司和地方官员罢了。在寻求人才上辛劳，在任用贤才后安逸。是否合法。对于众多诉讼案件、众多应该谨慎处理的政事，文王不敢去过问了解这些。万民顺从还是违背法令，众多案件、众多审慎处理的政事，文王一概不敢亲自去了解这些，委任贤能去处理罢了。武王遵循文王安抚天下的功业，不敢废弃他的仁义德行。武王遵循文王安抚天下的功业，不敢废弃他的仁义德行，这是尊奉父亲的做法。年轻人已经成为君王了啊，幼稚的孩童现今已经成为君王了，不能不经常尽力效法先祖先父啊。从今往后，文王的贤子贤孙，还是不要在众多诉讼案件、众多谨慎从事的政事上耽误，只是选用好贤能官吏去治理。文子文孙，是文王的子孙。从今往后，只依照先王选好官吏的方法，治理众多案件、众多需要谨慎处理的政事，不要弄错了自己的职责。"

王曰[①]："若昔大猷[②]，制治于未乱[③]，保邦于未危。"言当顺古大道，制治安国，必于未乱未危之前，思患豫防之[④]。

【注释】

①王曰：以下节录自《周官》。

②若：顺，顺从。大猷（yóu）：谓治国大道。猷，道。

③制治：统治，治理政务。

④豫：预备，事先准备。

【译文】

成王说："依从过去的治国大道，在没有动乱之前就订立法制进行治理，在国家没有出现危机前便做好保卫措施。"这是说依顺古代治国大道，制定政策，安定国家，必须在国家没有混乱没有危险之前，防患于未然。

曰："唐、虞稽古[①]，建官惟百。内有百揆四岳[②]，外有州牧、侯伯[③]。道尧、舜考古以建百官，上下相维，内外咸治也。庶政惟和[④]，万国咸宁。官职有序，故众政惟和。万国皆安，所以为至治也。夏、商官倍，亦克用乂[⑤]。禹、汤建官二百，亦能用治，言不及唐、虞之清要也。明王立政，弗惟其官，惟其人。言圣帝明王，立政修教也，不惟多其官，惟在得其人也。立太师、太傅、太保[⑥]，兹惟三公。论道经邦[⑦]，燮理阴阳[⑧]。师，天子所师法。傅，傅相天子。保，保安天子于德义者也。此惟三公之任：佐王论道，以经纬国事、和理阴阳也。官弗必备，唯其人。三公之官，不必备员，惟其人有德乃处之也。少师、少傅、少保[⑨]，曰三孤。孤，特也。卑于公，尊于卿，特置此三人也。贰公宏化[⑩]，寅亮天地[⑪]，弼予一人[⑫]。副贰三公，宏大道化，敬信天地之教，辅我一人之治。

【注释】

①唐、虞稽古：此为成王说。唐、虞，指尧、舜。稽古，考察古事。稽，考察。

②百揆：总理国政之官。四岳：四方诸侯。《尚书正义》解释，对内主管四季政务，对外主持太岳山祭祀，设立四人。

③州牧：一州之长。侯伯：原为爵位，这里泛指诸侯。

④庶政：各种政务。

⑤乂：治理。

⑥太师、太傅、太保：合称三公，均为辅助天子的高官。

⑦论道：谋虑治国的政令。经：经营，治理。

⑧燮（xiè）理：协和治理。燮，协和，调和。

⑨少师、少傅、少保：合称三孤。为君国辅弼之官，地位次于三公。

⑩贰：副职，协助。宏化：弘扬德化。

⑪寅亮：恭敬信奉。寅，恭敬。亮，相信。

⑫弼：辅助。

【译文】

成王说："考察远古唐尧、虞舜时代，设立一百种官职，朝廷之内设有总理百官的百揆统率百官并统率四方诸侯，朝廷之外设有各州的行政长官以及侯伯之类的诸侯。称道尧、舜考察古制来设立百官，上下维护，内外都得以治理。**各种政务都很和谐，众多诸侯国都太平安宁。**官制设立有序，所以各种政务十分和谐。众多诸侯国都太平安宁，有了天下大治的局面。**到了夏代和商代，官职的设立增加了一倍，也能够把国家治理好。**夏禹、商汤设立两百种官职，也能够治理国家，这是说赶不上唐尧、虞舜的清简得要。**英明的君王治理政事，不在于官员数目，而在于任用的人才称职。**这是说圣明的帝王，设置官职，推行教化，不在于增多官员，而在于得到合适的人才。**设立太师、太傅、太保，这就是三公。他们要谋划大政方针治理国家，调理阴阳，使万物和谐。**师，是天子效法师从的。傅，是教导辅助天子的。保，是保护安定天子，让他处在德行仁义之中的。这就是三公的职责：辅佐君王，论述大道，规划治理国家大事，调和阴阳万物。**这类官员不必凑数，一定要有具备这种才德之人方可担任。**三公的官职，不必都具备，必须有德行的人才能处在这个位置。**设立少师、少傅、少保，叫做三孤。**孤，是特别的意思。比公低，比卿高，所以特别设置这三个官职。**协助三公弘扬德化，恭敬信奉天地神明，辅助我一个人治理天下。**协助三公弘扬大道德化，敬奉相信天地的教化，辅助我治理天下。

“冢宰掌邦治[①]，统百官，均四海[②]。天官卿，称太宰，主国政治，统理百官，均平四海之内邦国，言任大。司徒掌邦教[③]，敷五典[④]，扰兆民[⑤]。地官卿，主国教化，布五常之教，安和天下众民，使小大协睦也。宗伯掌邦礼[⑥]，治神人，和上下。春官卿，主宗庙天地神祇人鬼之事及国之五礼[⑦]，以和上下尊卑等列也。司马掌邦政[⑧]，统六师[⑨]，平邦国。夏官卿，主戎马之事，掌国征伐，统正六军，平治王邦四方之乱也。司寇掌邦禁[⑩]，诘奸慝[⑪]，刑暴乱[⑫]。秋官卿，主寇贼，法禁治奸恶，刑强暴作乱者也。司空掌邦土[⑬]，居四民[⑭]，时地利[⑮]。冬官卿，主国空土，以居士、农、工、商四民，使顺天时、分地利，授之土。六卿分职[⑯]，各帅其属，以倡九牧[⑰]，阜成兆民[⑱]。六卿各率其属官大夫士，治其所分之职，以倡导九州之牧伯为政，大成兆民之性命，皆能其官，则政治矣。”

【注释】

①冢宰：周官名。是六卿之首，也叫太宰。掌：掌管，执掌。

②均：协调，调剂。

③司徒：官名。周时为六卿之一，地官大司徒。掌管国家的土地和人民的教化。

④敷：施行。五典：古代的五种伦理道德，即父义、母慈、兄友、弟恭、子孝。孔安国传：“五典，五常之教。父义、母慈、兄友、弟恭、子孝。”

⑤扰：安定，和顺。

⑥宗伯：官名。周六卿之春官卿。掌宗庙祭祀及礼仪、制度等事，即后世礼部之职。

⑦五礼：古代的五种礼制，即以祭祀之事为吉礼，丧葬之事为凶礼，

军旅之事为军礼，宾客之事为宾礼，冠婚之事为嘉礼。

⑧司马：周六卿之一，夏官大司马，掌军旅之事。邦政：国家军政。

⑨六师：周天子所统六军之师。《尚书正义》："其职主戎马之事，有掌征伐，统正六军，平治王邦四方国之乱者。天子六军，军师之通名也。"

⑩司寇：官名。周六卿之一，秋官大司寇，掌管刑狱、纠察等事。邦禁：国家的法禁。

⑪诘：查究，责罚。奸慝（tè）：奸诈邪恶的人。

⑫刑：处罚，惩治。

⑬司空：周六卿之一，冬官大司空，掌管国家的土地、工程。邦土：国土。

⑭四民：指士、农、工、商。《汉书·食货志上》："士、农、工、商，四民有业：学以居位曰士，辟土殖谷曰农，作巧成器曰工，通财鬻货曰商。"

⑮时地利：依时节以兴地利。时，季节，农时。

⑯六卿：即前述六官。

⑰倡：倡导。九牧：执掌九州的长官。

⑱阜成：使富厚安定。阜，富厚。

【译文】

"冢宰，掌管国家治理，统率百官僚属，均衡调和天下。作为六卿之首的天官卿，又叫太宰，主管国家治理，统领百官，均匀平衡天下邦国诸侯，这是说责任重大。**司徒掌管国家教化，广泛传布五伦教化，使天下百姓安定和谐。**作为六卿中的地官卿，司徒主管国家教化，传布五种伦常的教化，安定和谐天下民众，使得大大小小的民众都能融洽和睦。**宗伯掌管国家礼仪，治理天神地祇人鬼之事，调和上下尊卑关系。**六卿中的春官卿，宗伯主管宗庙天神地祇人鬼之事，以及国人的五礼，用来调和上下尊卑之间的关系。**司马掌管国家军政，统率六师，平定诸侯动乱。**六卿中的夏官卿，司马主管兵马，掌国家征伐之事，统帅六军，平定天下四方的动乱。**司寇掌管国家的禁令，查办奸诈邪恶的人，严刑**

惩办暴乱之徒。六卿中的秋官卿，司寇主管强寇盗贼，用法制禁令治理奸邪罪恶，严惩暴力作乱者。**司空掌管国土，让士、农、工、商安居乐业，按农业生产季节发挥地利。**六卿中的冬官卿，司空掌管空闲国土，用来安居士、农、工、商，使他们能顺应天时，分享地利，授予土地。**六卿分管自己的职务，各自统率手下僚属尽其职分，以倡导九州的州牧尽心执政，从而使亿万民众富厚安定。**六卿各自率领他们属下的大夫、士治理所分管的职务，来倡导九州州牧尽心执政，大大成就万民的天性，如果都能胜任官职，那么国政就清明了。"

王曰："乌乎！凡我有官君子，钦乃攸司[①]，慎乃出令。令出惟行，弗惟反。有官君子，大夫以上也。叹而戒之，使敬所司，慎出令，从政之本也。令出必惟行之，不惟反改。二三其令[②]，乱之道也。以公灭私，民其允怀[③]。从政以公平灭私情，则民其信归之。学古入官，议事以制，政乃弗迷[④]。言当先学古训，然后入官治政。凡制事必以古义，议度终始，政乃不迷错也。其尔典常作师[⑤]，无以利口乱厥官[⑥]。其汝为政，当以旧典常故事为师法，无以利口辩佞乱其官也。弗学墙面[⑦]，莅事惟烦[⑧]。人而不学，其犹正墙面而立，临政事必烦矣。戒尔卿士[⑨]，功崇惟志，业广惟勤。此戒凡有官位，但言卿士，举其掌事者也。功高由志，业广由勤也。位弗期骄，禄弗期侈。贵不与骄期，而骄自至，富不与侈期，而侈自来。骄侈以行，己所以速亡也。恭俭惟德，无载尔伪[⑩]。言当恭俭惟以立德，无行奸伪也。作德，心逸日休；作伪，心劳日拙[⑪]。为德，直道而行，于心逸豫，而名日美；为伪，饰巧百端，于心劳苦，而事日拙，不可为之也。居宠思危，罔弗惟畏，弗畏入畏[⑫]。言虽居贵宠，当常思危惧，无所不畏，若乃不畏，则入可畏之刑。推贤让能，庶官乃和。贤能相让，俊乂在官[⑬]，所以和谐也。

举能其官，惟尔之能；称匪其人，惟尔弗任。所举能修其官，惟亦汝之功能也。举非其人，惟亦汝之不胜其任也。”**王曰：“乌乎！三事暨大夫⑭，敬尔有官，乱尔有政⑮，**叹而敕公卿以下⑯，各敬居汝所有之官、治汝所有之职也。**以右乃辟⑰，永康兆民，万邦惟无斁⑱。**言当敬治官政以助汝君，长安天下兆民，则天下万国，惟乃无厌我周德也。”

【注释】

①钦：谨慎，戒慎。攸司：所执掌的事务。

②二三：指反复无常。

③允怀：归顺。

④“学古入官”几句：《尚书正义》：“学古之典训，然后入官治政。论议时事，必以古之制度，如此则政教乃不迷错矣。”古，指古代的典训。事，指政治、军事等重大事件。制，指古代的制度。

⑤典常：常道，常法。

⑥利口：能言善辩。

⑦墙面：面对墙看，什么都看不见。

⑧莅：临。

⑨戒：告诫。

⑩载：行。伪：不诚实，诡诈。

⑪拙：屈辱，困窘。

⑫弗畏入畏：不畏就会遭遇可畏的刑罚。入畏，指遭遇令人畏惧的刑罚。

⑬俊乂：德才出众的人。

⑭三事：三种官职。《尚书·立政》：“任人、准夫、牧，作三事。”《尚书正义》：“任人谓六卿。准夫者，平法之人，谓理狱官也。牧者，

九州之牧。”暨：和，及，到。

⑮乱：治理。

⑯公卿以下：即前文“三事暨大夫”。

⑰右：佑助，辅佐。辟：君王。

⑱斁（yì）：厌倦，厌弃。

【译文】

成王又说：“哎呀！凡是我朝在位的各位官员，你们都要严肃认真地掌管自己的职事，谨慎地发出你们的号令。号令出口，马上执行，不能反悔改动。在位的官员，是指大夫以上的。成王感叹地告诫他们，让他们严肃认真地掌管职事，谨慎地发出号令，这是执政的根本。号令一发出就必须执行，不能反悔改动。反复改变号令，是导致混乱的行为。**用公心取代私心，那么民众就会相信归向你。**执政要用公平除去私情，那么民众就会信任归顺你。**学习古代的典则，然后当官执政，讨论决定重大时事，一定要用古代的制度衡量，这样政教就不会迷失方向了。**这是说应当先学习古代的典则，然后当官主政。凡是制定大事方针一定要用古人的义理衡量，自始至终反复讨论决定，政事才不会迷失方向。**你们执政应当把古人的常道作为师法，不要用巧辩的言辞搅乱自己的政务。**你们执政，应当把古时的常道作为师法，不要因为花言巧语搅乱政务。**不学古代典则就像对墙站立，什么都看不见，这样遇到政事只能烦躁无助。**人如果不学习古代典则，就像面对墙壁站立，什么都看不见，遇到政事必定烦躁无助。**告诫你们这些主事的官员，功高只能靠意志坚定，业大只能靠勤奋为公。**这是告诫凡是有官位的人，只说“卿士”，是以长官来举例。说明功高由于意志坚定，业大由于勤奋为公。**官位高贵不要骄傲，俸禄优厚不要奢侈；**高贵不跟骄傲相期而骄傲自动找来，优厚不跟奢侈相期而奢侈自动找来。骄傲奢侈找到自己，这是迅速败亡的原因啊。**恭敬节俭是美德，别去干那些虚伪奸诈的事。**这是说应当恭敬节俭来修养德行，别去干那些虚伪奸诈的事。**修德的人，内心安宁日益美好；作伪的人，内心劳苦日益屈辱。**修德的人，径直前行不用考虑，内心安宁，他的名声一天比一天好；作伪的人，百般巧饰，费心劳累，而事情日益困窘，所以作伪不能干。**位居尊宠要想到危险，没有什么不是应该畏惧的，不去畏惧就会遭遇可畏的困境。**这是说即使位置尊宠，也应当常怀畏惧之心，没有什么可以不畏惧，如果不畏惧，那就会遭遇可畏的困境。**推让贤能，百官和睦。**贤能互相推让，德才出众之人当官任职，于是就和睦了。**推举贤能做官，就是你的贤能；举荐不该举荐的人，就是你不胜任。**推举的人能整饬吏事，这也是你的功劳。举荐了不应该举荐的人，也是你不能胜任。”**成王说：“哎呀！自三公到大夫的所有官吏，要恭敬地对待你们的职责，管理好你们的政务，**成王用谨慎之道诫训自公卿以下的官员，以敬慎之心忠于职守，做好自己的本职工作。**以此来辅佐你们的君王，使百姓永远康宁，天下万国就永远不会厌弃我们大周。**这是说应当敬畏官职政事，以此辅助你们的君王，使天下百姓长久安定，那么天下万国就不会厌弃我们周朝的德政了。”

周公既殁[①]，命君陈分正东郊成周[②]。成王重周公所营，故命君陈分居正东郊成周之邑。王若曰：“君陈，我闻曰：‘至治馨香[③]，感于神明；黍稷非馨[④]，明德惟馨[⑤]。’所闻上古圣贤之言也。政治之至者，芬芳馨气，动于神明。所谓芬芳，非黍稷之气，乃明德之馨，厉之以德也[⑥]。凡人未见圣，若弗克见；既见圣，亦弗克由圣。此言凡人，有初无终也。未见圣道，如不能得见。已见圣道，亦不能用之，所以无成也。尔其戒哉！尔惟风，下民惟草；汝戒勿为凡人之行也。民从上教而变，犹草应风而偃，不可不慎也。无依势作威，无倚法以削；无乘势位，作威民上；无倚法制，以行刻削之政。宽而有制，从容以和[⑦]。宽不失制，动不失和，德教之治也。殷民在辟[⑧]，予曰辟，尔惟勿辟；予曰宥[⑨]，尔惟勿宥。惟厥中[⑩]。殷民有罪在刑法者，我曰刑之，汝勿刑也；我曰赦宥，汝勿宥也。惟其当以中正平理断也。有弗若于汝政[⑪]，弗化于

汝训[12]，辟以止辟[13]，乃辟。有不顺于汝政、不变于汝教，刑之而惩止。犯刑者，乃刑之也。**尔无忿疾于顽，无求备于一人[14]。**人有顽嚣不喻，汝当训之，无忿怒疾之。使人当器之，无责备于一夫也。”

【注释】

①周公既殁：以下节录自《君陈》。《尚书正义》：“周公迁殷顽民于成周，顽民既迁，周公亲自监之。周公既没，成王命其臣名君陈代周公监之，分别居处，正此东郊成周之邑，以策书命之。史录其事，作策书，为《君陈》篇名。”

②君陈：人名。郑玄以为周公之子，伯禽之弟。正：治理。东郊：周都洛邑的东郊，故址据传在今河南洛阳东郊。成周：即洛邑。据说周公迁殷顽民于成周，然后周公亲自监督。周公去世，周成王命其臣君陈代替周公监查，并用策书教导君陈。

③至治：完美的政治。馨（xīn）香：散播很远的香气。

④黍稷：糜子、谷子，加工出来是黄米、小米。

⑤明德：光明之德，美德。

⑥厉：劝勉。

⑦从容：举动。

⑧在：处于。辟：法，刑法。

⑨宥：宽赦。

⑩中：指适中公正的法律。

⑪若：顺从。

⑫化：变化，改变。指因教化而改变。

⑬辟以止辟：前一辟为施加刑罚，后一辟为罪罚。

⑭求备：求全责备。

【译文】

周公去世后，成王命君陈管理东郊成周。成王重视周公经营成周，所以命令君陈分居殷民，治理东郊成周。**成王这样说："君陈啊，我听说：'最完美的治理会远播芬芳，感动神明；不是祭祀的谷物发出香气，是明德远播才发出香气。'**听到的是上古圣贤的话语。政治的极致境界，有芬芳远播，感染神明。所谓芳香，不是谷物的气味，而是美德的芳香，借此来勉励君陈修养德行。**凡人没见到圣人之道，如同不能见到；已经见到圣人之道，还是如同不能见到。**这是说凡人有始无终。没见到圣人之道，如同不能见到。已经见到圣人之道，也不能运用，还是如同不能见到一样，所以就没有成就。**你要引为警戒啊！你就像那风吹拂，民众就像那草匍匐；**告诫君陈你不要有凡人的行为。民众随从君上的教化而变化，就像草让风一吹就低伏，这说明不能不谨慎啊。**不要依仗势力耍威风，不要搬弄法制条文实行苛政；**不要依仗权势地位，在民众之上作威作福；不要搬弄法制条文，来实行苛刻的暴政。**要宽大而有所节制，举动从容而不失中和。**宽大不失节制，举动不失中和，这是用德教治理啊。**殷民落入法网，我说法办，你可以不法办；我说宽赦，你可以不宽赦。这些只能用适当公正的法律来判决。**殷民有罪该用刑法判决，我说法办，你别法办；我说宽赦，你别宽赦。你应当依据实际情况做出公正的判断。**如果有不顺从你的政令、不依从于你的训导的，施加刑罚于他可以制止犯罪，那就对他施加刑罚。**有不顺从你的政令、不依从于你的教导的，必须施加刑罚于他来制止犯罪。犯罪的人就施加刑罚。**你不要憎恶痛恨愚妄奸诈的人，不要对任何一个人求全责备。**如果有愚妄奸诈的人，你应当训导，不要愤怒痛恨。使用人要用他所长，不能什么都要求他具备。"

王曰[①]："乌乎！父师[②]！毕公代周公为大师、为东伯，命之代君陈也[③]。政贵有恒，辞尚体要[④]，弗惟好异。政以仁义为常，辞以体实为要，故贵尚之。若异于先王，君子不好也。商俗靡靡[⑤]，利口惟贤，余风未殄[⑥]，公其念哉。纣以靡靡利口为贤，覆亡国家。今殷民利口，余风未绝，公其念绝之也。我闻曰：'世禄

之家[7]**，鲜克由礼**[8]**；以荡凌德**[9]**，实悖天道**[10]**；**世有禄位而无礼教，少不以放荡陵邈有德者，如此实乱天道也。**弊化奢丽**[11]**，万世同流**[12]**。**言弊俗相化，车服奢丽，虽相去万世，若同一流者也。’**兹殷庶士，骄淫矜侉**[13]**，将由恶终，闲之惟艰**[14]**。**言殷士骄恣过制，矜其所能，以自侉大，将用恶自终，以礼御其心惟难也。**惟周公克慎厥始**[15]**，惟君陈克和厥中**[16]**，惟公克成厥终**[17]**。**周公迁殷顽民，以消乱阶[18]，能慎其始也。君陈宏周公之训，能和其中也。毕公阐二公之烈[19]，能成其终也。**钦若先王成烈**[20]**，以休于前政**[21]**。**敬顺文、武成业，以美于前人之政，所以勉毕公。”

【注释】

①王曰：以下节录自《毕命》。王曰，指周康王对毕公说。王，周康王，成王之子姬昭。

②父师：指毕公。父，对同性尊者的称呼。师，这时毕公代周公作太师。君陈死后，康王命毕公继续治理成周。

③毕公：姓姬，名高，周文王第十五子，周武王异母弟，武王灭商后，受封毕地，史称毕公高，是毕国与毕姓始祖。

④体要：体现实质最重要。

⑤靡靡：随意顺从的样子。

⑥殄：灭。

⑦世禄：世代相传享有俸禄。

⑧鲜：少。由：遵循，顺从。

⑨荡：放浪恣纵。凌：侵犯，欺侮。

⑩悖：悖犯，违背。

⑪弊化：败坏的风化。奢丽：奢侈华丽。

⑫同流：相类似。

⑬矜侉（kuā）：夸耀。侉，通“夸”。

⑭闲：防止，限制。

⑮厥始：指迁移殷之顽民于成周进行教化这一事情的开始。

⑯厥中：指这事的中途。

⑰厥终：指这事的结束。

⑱乱阶：祸根，祸端。

⑲烈：功业。

⑳若：顺从。

㉑前政：前人的政绩。

【译文】

康王说：“哎呀！父师！毕公代替周公作了太师，成为东伯，康王命令他代替君陈治理成周。**执政贵在恒常，言辞崇尚切实简要，不能只喜欢稀奇怪异。**执政要把仁义当做恒常，言辞以体现实质最为重要，所以以其为贵，并崇尚它。如果跟先代君王不同，君子不会喜好。**殷商旧俗是无原则的顺从，并以能言善辩为贤，余风至今未断，你可要好好考虑啊！**纣王把无原则地顺从和能言善辩之人当成贤才，导致国家倾覆灭亡。现在殷人能言善辩，余风尚未灭绝，您可要想着灭绝它呀。**我听说：‘世代享受俸禄之家，很少能够遵从礼。骄傲放肆，轻侮有德之人，这实际上已违背了天道。**世代拥有禄位而没有礼教，很少有不用放荡恣肆之心冒犯藐视有德之士的人，这样做实在是搅乱天道。**败坏的风俗相互感染，车马服饰奢侈靡丽，即使相隔万世，仍然相类似。**这是说败坏的风俗互相感染，车马服饰奢侈靡丽，即使相隔万代，好像依然相似。’**这些众多的殷士，骄横跋扈，自夸其能，必将从恶而终，要时刻抵御这些，实在太艰难。**这是说殷士骄横恣肆超越法制，自恃其能，来自我夸耀，势必因种种恶习泛滥而自取灭亡，用礼制抵御这种心理太困难了。**周公能够谨慎对待治理殷民的开始，君陈能够接着治理殷民使之趋于和谐而符合大道，毕公将能够取得治理殷民最后的成功。**周公迁移殷之顽民到成周，以此消除作乱的祸根，这是谨慎处理的开始。君陈弘扬周公的训导，是能够和谐处理的中段。毕公阐发二公的功业，能完满使其善终。**我们要虔敬地遵循先代君王成就的伟业，在你前任政绩的基础上做得更好。**虔敬地遵循文王、武王成就的伟业，争取做得比前任政绩更好，这是用来勉励毕公。”

穆王命君牙作周大司徒[1]。穆王，昭王子也。**王若曰：“乌乎！惟乃祖乃父，世笃忠贞**[2]**，服劳王家**[3]**，厥有成绩，纪于大常**[4]。言汝父祖世厚忠贞，服事勤劳王家，其有成功，见纪录，书于王之大常，以表显之也。**惟予小子，嗣守文、武、成、康遗绪**[5]**，亦惟先王之臣，克左右乱四方**[6]。惟我小子，继守先王遗业，亦惟父祖之臣，能佐助我治四方。言己无所能也。**心之忧危**[7]**，若蹈虎尾**[8]**，涉于春冰**[9]。言祖业之大、己才之弱，故心怀危惧也。虎尾畏噬，春冰畏陷，危惧之甚也。**今命尔予翊**[10]**，作股肱心膂**[11]。今命汝为我辅翊，股肱心体之臣，言委任之也。**尔身克正，罔敢弗正；民心罔中，惟尔之中。**言汝身能正，则下无敢不正。民心无中，从女取中。必当正身，示民以中正之道。**夏暑雨，小民惟曰怨咨**[12]。夏月暑雨，天之常道，小民惟怨叹咨嗟，言心无中正也。**冬祁寒**[13]**，小民亦惟曰怨咨。厥惟艰哉！思其艰，以图其易，民乃宁。**天不可怨，民犹怨嗟，治民其惟艰哉！当思虑其艰，以谋其易，民乃安。”

【注释】

①穆王命君牙作周大司徒：以下节录自《君牙》。穆王，周穆王姬满，周康王之子，周昭王之孙。君牙，或作君雅，臣名。大司徒，周王六卿之一，主管教化。

②笃：厚。

③服劳：服事效劳。

④纪：记，记载。大常：即太常，旌旗名。用来铭记功勋。《周礼·司勋》云："凡有功者，铭书于王之太常。"

⑤嗣守：继承并遵守和保持。遗绪：前人留下来的功业。

⑥左右：佐佑，辅佐，帮助。乱：治理。

⑦忧危：忧虑戒惧。

⑧蹈：踩，踏。

⑨涉：徒步渡水。春冰：春季的冰很薄。

⑩翊（yì）：通"翼"。帮助辅佐，护卫。

⑪股肱：比喻辅佐大臣。股，大腿。肱，手臂。心膂（lǚ）：心与脊骨，喻主要的辅佐官员。亦以喻亲信得力之人。膂，脊骨。

⑫惟曰：只是。怨咨：怨恨嗟叹。

⑬祁寒：严寒。祁，大，盛。

【译文】

穆王任命他的大臣君牙担任周朝大司徒。穆王是昭王的儿子。**穆王这样说："哎呀！你的祖父、父亲，世代笃厚忠贞，服务效劳宗周王室，很有功绩，全部记载在周王的太常旗上。**这是说你的父亲祖父世代笃厚忠贞，服务效劳于王室，大获成功，他们的功劳都有记载，被书写在周王的太常旗上，以此表彰他们。**我年龄还小，继承保守文王、武王、成王、康王遗留的基业，也只有你们这些先代君王的忠臣，能够辅佐我治理天下四方。**我年纪还小，继承保守先代君王遗留的基业，也只有我父亲祖父的旧臣，能够辅佐我治理天下四方。这是说自己没有什么能力。**内心忧虑戒惧，就好像踩到老虎的尾巴，又好似踏上春天的薄冰。**这是说祖上基业宏大，自己才能薄弱，所以心中忧虑戒惧。踩到老虎尾巴害怕被吞噬，踏上薄薄的春冰害怕会陷落，比喻非常害怕担忧。**现在任命你作大司徒辅佐我，做我的股肱心腹之臣。**现在任命你作为我的辅佐大臣，像左膀右臂、心腹骨干一样的臣子，这是说正式委任。**你自身能够端正，那么下面就没有敢不端正的；民众心中不能保持中正，就依靠取法你的中正。**

这是说你自身能端正，那么下面就没有敢不端正的。民众心中不能保持中正，就靠取法你的中正而保持。你应当端正自身，让民众看到中正之道。**夏季遇到酷暑暴雨，百姓只会怨恨叹息。**夏季的酷暑暴雨，是上天的常态，百姓只会怨恨叹息，说明他们内心没有中正。**冬季遇到严寒大雪，百姓也只会怨恨叹息。这也太难了呀！但你要思考民众的艰难，图谋将其转化为容易，民众才会安宁。**天不可怨，民众尚且埋怨叹息，治理民众那也太艰难了呀！应当思考民众的艰难，图谋将其变化为容易，民众才会安宁。”

王若曰[①]：“伯冏[②]！昔在文、武，聪明齐圣[③]，小大之臣，咸怀忠良。聪明，听视远也；齐通，无滞碍也。臣虽官有尊卑，无不忠良。其侍御仆从[④]，罔匪正人，给侍进御，仆从从官，官虽微，无不用中正之人。以旦夕承弼厥辟[⑤]，出入起居，罔有弗钦[⑥]；小臣皆良，仆从皆正，以旦夕承辅其君，故君出入起居无有不敬。发号施令，罔有弗臧[⑦]。下民祗若[⑧]，万邦咸休[⑨]。言文、武发号施令，无有不善，下民敬顺其命，万国皆美其化也。惟予一人无良，实赖左右前后有位之士，匡其弗及。惟我一人无善，实恃左右前后有职位之士，匡正其不及。言此责群臣正己者也。绳愆纠谬[⑩]，格其非心，俾克绍先烈[⑪]。言恃左右之臣，弹正过误，检其非妄之心，使能继先王之功业也。今予命汝作大仆正[⑫]，正于群仆侍御之臣[⑬]。欲其教正群仆无敢佞伪也。懋乃后德[⑭]，交修弗逮[⑮]；言侍御之臣，无小大亲疏，皆当勉汝君为德，更代修进其所不逮也。慎简乃僚[⑯]，无以巧言令色、便辟侧媚[⑰]，其惟吉士。当谨慎简选汝僚属侍臣，无得用巧言无实、令色无质、便辟足恭、侧媚谄谀之人[⑱]，其惟皆吉良正士也。仆臣正，厥后克正；仆臣谀，厥后自圣。言仆臣皆正，则其君乃能正；仆臣谄谀，则其君乃自谓圣。**后德惟臣，弗德惟臣。**君之有德，惟臣成之；君之无德，惟臣误之。言君所行善恶，专在左右也。**尔无昵于俭人[19]，充耳目之官，迪上以非先王之典[20]。**汝无亲近俭利小子之人[21]，充备侍从，在视听之官，导君上以非先王之法也。”

【注释】

①王若曰：以下节录自《冏（jiǒng）命》。王，周穆王。

②伯冏：臣名。穆王任命他作太仆正。

③昔在文武，聪明齐圣：《尚书正义》：“昔在文王、武王，聪无所不闻，明无所不见。齐，中也，每事得中。圣，通也，通知诸事。”齐圣，举止措施恰当合适，处理事务通达无碍。

④侍御：侍奉君王。仆从：侍仆、从官。

⑤承弼：承命辅佐。弼，辅助。辟：君王。

⑥钦：敬重。

⑦臧：善，好。

⑧祇若：敬顺。祇，敬。若，顺。

⑨休：喜庆，美善，福禄。

⑩绳愆（qiān）：纠正过失。绳，纠正。愆，罪咎，过失。

⑩格：匡正，纠正。非心：邪心，错误的念头、想法。

⑪俾：使。克：能。绍：承继。先烈：祖先的功业。

⑫大仆正：太仆长。

⑬正：纠正，教正。

⑭懋（mào）：劝勉。后：帝王，君长。

⑮交修弗逮：《尚书正义》：“汝与同僚交更修进汝君智所不及之事。”交，共同。修，儆诫，告诫，警告。逮，及，赶上。

⑯慎简：谨慎简选。简，选择。

⑰巧言令色：指用花言巧语和媚态伪情来迷惑、取悦他人。令色，伪善、谄媚的脸色。便嬖：亦作便僻。君主左右的宠臣。侧媚：用不正当的手段讨好别人。

⑱足恭：亦作足共。过度谦敬，以取媚于人。

⑲憸（xiān）人：小人，奸佞的人。憸，奸邪。

⑳迪：导，引导。

㉑小子：犹言小人，特指无德的人。

【译文】

穆王在任命大臣伯冏时这样说："伯冏！过去文王和武王，是高瞻远瞩、明察万里的圣人，大小官吏都心怀忠良。聪明，是说听觉视觉感知遥远；齐圣，是没有阻滞障碍的意思。臣子虽说官职有高低，但没有不是忠良的。**他那左右近臣，没有一个不是正人君子，**侍奉在君王身边的仆人、从官，官职虽然卑微，也没有不是正人君子的。**无论早晨和晚上都在辅佐他的君主，君王无论进出作息，无不恭敬从事；**小臣都是忠良，仆从也都是正人君子，因为他们每天早晚都奉命辅佐君王，所以君王出入起居，没有不恭敬的。**文王、武王发号施令没有不好的，因此，下层民众恭敬顺从王命，万国都沐浴在周王朝的美好之中。**这是说文王、武王发号施令没有不好的，因此下层民众恭敬顺从王命，万国都沐浴在周王朝的美好之中。**只我一个人不好，实在要靠我左右前后在位的贤士君子，匡正我的不足。**只我一个人不好，实在要靠我左右前后在位的贤士君子，匡正我的不足。这是要求群臣能够匡正自己。**匡正我的过失谬误，匡正我的愚妄想法，使我能够继承先代君王的伟业。**这是说，依靠身边侍奉的臣子，纠弹过失谬误，检查约束非常愚妄的念头，使我能够继承先代君王的伟业。**现今我任命你为太仆正之职，你应当教正群仆近侍之臣。**想要让他教正群仆近侍之臣，使他们不敢奸佞伪诈。**使他们勉励君王修德，一起修正君王的不足之处。**这是说侍奉君王的臣子，不论大小亲疏，都应当勉励你们的君王修德，并代行警戒进言之事，以纠正君王的不足。**作为长官你应当慎重简选你的僚属，不要用巧言令色、邪僻献媚的人，只能选择善良正直的好人。**你应当慎重简选你的僚属和侍奉的臣子，不要用花言巧语虚夸不实，和颜悦色毫无诚意，奸邪讨好献媚取宠的人，只能选用善良正直的好人。**仆从近臣端正了，他们的君王才能端正；仆从近臣谄谀，他们的君王就会自以为圣明。**这是说仆从近臣都端正，他们的君王才能端正；仆从近臣谄谀，他们的君王就会自以为圣明。**君王有德行在于臣子，没有德行也在于臣子。**君王有德行，是臣子成就的；君王没有德行，也是臣子耽误的。这是说，君王言行的善恶，专责就在左右近臣。**你不要亲近奸佞小人，不要让他们充当你的耳目近臣，以免引导君王走上否定先代君王典则的邪路。**你不要亲近奸佞巧言的无德小人，让他们充当你的视听近臣，引导君王走上否定先代君王法则的邪路。”

曰[①]：“呜呼！伯父、伯兄、仲叔、季弟、幼子、童孙，皆听朕言[②]：皆王同姓，有父兄弟子孙列者也。尔尚敬逆天命[③]，以奉我一人，虽畏勿畏，虽休勿休；汝当庶几敬逆天命，以奉我一人之戒。行事虽见畏，勿自谓可敬畏；虽见美，勿自谓有德美。惟敬五刑[④]，以成三德[⑤]。一人有庆[⑥]，兆民赖之。先戒以劳谦之德，次教以惟敬五刑，所以成刚柔正直之三德也。天子有善，则兆民赖之。”王曰：“吁！来，有邦有土，告尔祥刑[⑦]，吁，叹也。有国有土，诸侯也。告汝以善用刑之道也。在今尔安百姓，何择，非人？何敬，非刑？在今汝安百官兆民之道，当何所择？非惟吉人乎？当何所敬？非惟五刑乎？两造具备[⑧]，师听五辞[⑨]。两，谓囚、证也。造，至也。两至具备，则众狱官共听其入五刑之辞也。五辞简孚[⑩]，正于五刑[⑪]。五辞简核，信有罪验，则正之于五刑也。五刑不简，正于五罚[⑫]。不简核，谓不应五刑，当出金赎罪也。五罚弗服[⑬]，正于五过[⑭]。不服，不应罚也。正于五过，从赦免也。五刑之疑有赦，五罚之疑有赦。刑疑赦，从罚；罚疑赦，从免。

刑罚世轻世重[15]**，惟齐非齐**[16]。言刑罚随世轻重也。刑新国，用轻典；刑乱国，用重典；刑平国，用中典。凡刑所以齐非齐。**非佞折狱**[17]**，惟良折狱**[18]**，罔非在中**[19]。非口才可以断狱，惟平良可以断狱，无非在中正也。**哀敬折狱**[20]**，咸庶中正**[21]。当矜下民之犯法，敬断狱之害人，皆庶几必得中正之道也。**其刑其罚，其审克之**[22]。其所刑，其所罚，其当审能之，无失中也。"

【注释】

①曰：以下节录自《吕刑》。为周穆王所说的话。

②伯父：父亲的哥哥。伯兄：长兄。仲叔：指兄弟中排行第二者。季弟：最小的弟弟。伯、仲、叔、季是排行的次序。

③逆：迎受，接受。

④五刑：五种轻重不等的刑法：墨（在脸上刺字涂墨）、劓（yì，割掉鼻子）、剕（fèi，剁下脚）、宫（在男为阉割在女为幽闭）、大辟（杀头）。

⑤三德：三种美德。《尚书·洪范》："三德，一曰正直，二曰刚克，三曰柔克。"孔颖达《尚书正义》："此三德者，人君之德，张弛有三也。一曰正直，言能正人之曲使直；二曰刚克，言刚强而能立事；三曰柔克，言和柔而能治。"

⑥庆：善。

⑦祥刑：善于用刑。

⑧两造：孔安国传、《尚书正义》均以为是囚犯、证人两方来到。或云原告、被告两方。

⑨师：士师，等于说法官。五辞：能够进入五种刑罚的条文言辞。《尚书正义》："囚、证具备，取其言语，乃与众狱官共听其入五刑之辞。"

⑩简孚：核实。简，检查，检验。孚，信，信实。

⑪正：治罪，定罪。

⑫五罚：对罪不当五刑者处以相应的五种赎金，称为五罚。

⑬弗服：指不应罚金。

⑭五过：古代刑法规定可以宽恕的五种罪过。

⑮世轻世重：指随着时世变化而轻重不同。

⑯齐：等齐，相同。

⑰佞：佞人，巧言善辩的人。折狱：判决诉讼案件。

⑱良：指善良的人。

⑲中：指中正。

⑳哀：指有哀悯之心。敬：严肃认真。

㉑庶：庶几，差不多，近似。

㉒审：详审，详细审查。

【译文】

穆王说："哎呀！伯父、大哥、二叔、小弟还有年幼的子孙们，都来听我说话：都是周王的同姓族人，有父辈兄弟子孙。你们应当尊敬天命，一起尊奉我一个人，你们即使被人畏惧，切不可自以为值得敬畏；即使被人赞颂有美德，切勿以有美德自居；你们应当尊敬天命，一起尊奉我一人的戒令。行事即使被人敬畏，切勿自以为可敬畏；即使被人赞美，切勿自以为有美德。你们应该严格遵守法律，来成就刚柔正直的三德。天子一人有善事，那么亿万民众都可以受惠。先告诫要有勤劳恭俭的美德，其次教导要尊敬五刑，用来成就刚柔正直的三德。天子有了善事，那么亿万民众都可以受惠。"穆王呼唤大臣们说："嘿！过来！诸侯国君和诸位官员，让我告诉你们什么叫善刑。吁，是感叹的声音。有国有土是指诸侯。告诉你们善用刑罚。现在你们安治百姓，要去选择谁呢，难道不是道德高尚的人吗？谨慎地对待什么呢，难道不正是刑法吗？在今天，你们安定百官万民的方法，选择什么？难道不是选择善人吗？敬慎什么？难道不是敬慎五刑吗？诉讼的双方都来齐了，负责考察狱情的官员，便要从五个方面去考察案情。两，指的是囚犯、证人双方。造，是到来的意思。囚犯、证人双方都具备，那么法官们共同去判断他们符合五刑的言辞。**按五刑辞条检验核实，确实有罪，就按五刑治罪。**用五刑辞条检验核实，确实有罪，就按五刑治罪。**五刑辞条不能检验核实，就按五罚执行。**不简核，是说不应该用五刑治罪，那就交罚金赎罪。**罚金也不应罚，那么就按五过宽赦。**不服，指不应处以罚金。就按五种可以赦免的罪过宽赦免罪。**五刑之罪存在疑点就应宽大，采用五罚，五罚之罪存在疑点就应赦免。**刑罚存有疑点就应宽大，依从罚金；罚金存有疑点，就应赦免。**刑罚有的轻有的重，衡量随着时世变化，刑罚的等齐就体现在从实际出发的不等齐上。**这是说刑罚随时世的不同有轻有重。在新兴国家行刑，适用轻刑；在混乱国家行刑，适用重刑；在一般国家行刑，适用中等刑罚。这就是相同案件不同刑罚的原因。**并非口才好的人才可以断案，只有善良的人才可以断案，断案无非要有中正之心。**并非口才好的人可以断案，只有平正善良的人才可以断案，断案无非要有中正之心。**断案应当有哀怜敬慎之心，这样就差不多接近中正了。**应当哀悯犯法的百姓，谨防断案失误给他们带来伤害，这样就差不多得到中正之道了。**或按五刑处理，或按五罚处理，都要查清事实进行审判。**是用刑，还是用罚，应当详细审查，这样才会不失公正。”

卷三

诗

【题解】

《诗》先秦称《诗》或《诗三百》，汉时一般称《诗三百篇》，后来作为儒家经典而被称为《诗经》，并因传授不同而有齐、鲁、韩、毛四家。齐人辕固所传的叫齐诗，鲁人申培所传的叫鲁诗，燕人韩婴所传的叫韩诗，鲁人毛亨所传的叫毛诗。齐、鲁、韩三家用汉初文字，故称今文学，合称三家诗，西汉时皆立于学官，各有著作。毛诗为鲁人毛亨、毛苌所传，有《毛诗诂训传》，用古文，不立于学官，仅河间献王以毛苌为博士，平帝时始列于汉廷。后汉末北海郑玄（字康成）融合三家诗给《毛诗》作笺注，由是三家诗不被重视而渐次亡佚，仅《韩诗外传》尚存。

《诗经》现存305篇，分为风、雅、颂三大类。风分十五国风（周南、召南、邶、墉、卫、王、郑、齐、魏、唐、秦、陈、桧、曹、豳），共160篇；雅分大雅、小雅，共105篇（大雅31篇、小雅74篇）；颂分周颂、鲁颂、商颂，共40篇（周颂32篇、鲁颂4篇、商颂5篇）（毛诗另有笙诗6篇，有篇无辞，不计算在内）。风、雅、颂的区分或以作者，或以内容，或以乐调。现在一般认为，国风乃民间土风俗调，大都为百姓所作；雅为正音，多出自贵族之手；颂则为宗庙祭祀之乐舞。风、雅、颂、赋、比、兴称为诗的“六义”。

《诗》产生于西周初年至春秋中期约五百年中，基本上是使用当时士人通行的语言（雅言）记录整理的。在语言史、文学史、哲学、历史等方面都有极其重要的意义。《诗》的注释研究者甚多,现存著作不下千种。《毛诗》注疏为毛诗基本注疏,包含毛亨的序与传、郑玄笺与唐《毛诗正义》(现行版本还有陆德明《经典释文》的《诗经》部分)。宋朱熹《诗集传》为宋学代表,简明扼要较为通达,然亦有道学之处。清陈奂《诗毛氏传疏》谨严而恪守"疏不破注",故或失之曲。马瑞辰之《毛诗传笺通释》通释传、笺,而时有"通假无边"之讥。王先谦《诗三家义集疏》为清代今文诗经学集大成者。清人突破经学束缚,努力探求《诗经》本义的有崔述、姚际恒、方玉润等人。今人有关书籍更多,程俊英、蒋建元《诗经注析》较为平通,可供参看。二十世纪后期考古发掘出许多有关《诗》的资料,特别是阜阳汉简、上博简、安大简以及最近的海昏简,均可供研究参考。

鲁人毛亨世称"大毛公",赵人毛苌世称"小毛公",传世的今本《诗经》,就是汉学大儒毛亨、毛苌注释的"毛诗"。

《群书治要》从《毛诗》中选取节录了六十七篇诗,并节录了每篇诗的《毛诗序》以及部分毛传、郑笺的注释。魏徵在《隋书·经籍志》中评论说:"《诗》者,所以导达心灵、歌咏情志者也。故曰:在心为志,发言为诗。"古时候,"君尊于上,臣卑于下,面称为谄,目谏为谤,故诵美讥恶,以讽刺之",从此产生了诵美讥恶的诗歌。魏徵向唐太宗进谏,"所谏前后二百余事",几乎每次都引用《诗经》的话。

魏徵在《隋书·经籍志》中收录了《诗》的注疏"三十九部,四百四十二卷",去掉三部韩诗注疏,剩余三十六部均为《毛诗》注疏。估计《群书治要》所用是《毛诗》注疏中的一种。我们的注译基本参照孔颖达《毛诗正义》对毛郑的疏解。《群书治要》引用传、笺并未标明毛、郑。我们注释基本上也不标明。偶有需说明者,则注出毛说或郑说。注释中,稍详于鸟兽草木之名。《诗》中多数诗篇是分章的,我们按毛、郑所分划分段落。毛、郑若有歧义,则按一家之说处理。

据郑玄《诗谱》说,鲁人大毛公为训诂传于其家,河间献王得而献之，以小毛公为博士，陆玑说，荀卿授鲁国毛亨，毛亨作诂训传以授赵国毛苌，时人谓亨为大毛公，苌为小毛公。《毛诗》创始人毛亨，生平不详，是毛遂的侄儿，秦末汉初学者，一说是西汉鲁（今山东曲阜）人；一说是河间（今河北鸡泽）人，相传是古文诗学“毛诗学”的开创者。据说他学《诗》于荀子，而其诗学传自子夏，曾作《毛诗故训传》，简称“毛传”。

郑玄，字康成。北海郡高密县（今山东高密）人。东汉末年儒家学者、经学家。郑玄先学今文经学，曾入太学攻《京氏易》《公羊春秋》及历法、数学，又从张恭祖学《古文尚书》《周礼》和《左传》等，最后从马融学古文经。游学归里之后，聚徒授课，弟子数千，终为大儒。党锢之祸起，遭禁锢，杜门注疏，潜心著述。晚年守节不仕，却遭逼迫从军，最终病逝于元城，享年七十四岁。

郑玄遍注群经，以古文经学为主，兼采今文经学。使经学进入郑学时代。其著作有百万余言，世称“郑学”，为汉代经学的集大成者。他给《毛诗》注释的《毛诗笺》，影响极大，最终导致今文三家诗亡逸。

周南[①]

《关雎》，后妃之德也[②]，风之始也[③]，所以风天下而正夫妇也[④]。故用之乡人焉，用之邦国焉[⑤]。风，讽也，教也。风以动之[⑥]，教以化之[⑦]。诗者，志之所之也[⑧]，在心为志，发言为诗。情动于衷而形于言[⑨]，言之不足，故嗟叹之；嗟叹之不足，故咏歌之；咏歌之不足，不知手之舞之、足之蹈之也。情发于声，声成文谓之音[⑩]。发，犹见也。声，谓宫、商、角、徵、羽[⑪]。声成文者，宫、商上下相应也。治世之音安以乐[⑫]，其政和[⑬]；乱世之音怨以怒，其政乖[⑭]；亡国之音哀以思[⑮]，其民困。故正得失，动天地，感鬼神，莫近于诗。先王以是经夫妇[16],成孝敬[17],厚人伦[18],美教化,移风易俗[19]。故《诗》有六义焉[20]:一曰风,二曰赋,三曰比,四曰兴,五曰雅,六曰颂。上以风化下[21],下以风刺上[22]。言之者无罪,闻之者足以自诫,故曰风。以一国之事[23],系一人之本[24],谓之《风》。言天下之事,形四方之风[25],谓之《雅》。雅者[26],正也,言王政之所由废兴也[27]。政有小大[28],故有《小雅》焉,有《大雅》焉。颂者,美盛德之形容,以其成功告于神明者也[29]。是谓四始[30],《诗》之至也[31]。始者,王道兴衰之所由也。至于王道衰,礼义废,政教失,国异政[32],家殊俗,而变风、变雅作矣[33]。《周南》《邵南》,正始之道[34],王化之基[35]。是以《关雎》乐得淑女以配君子[36],忧在进贤,不淫其色,哀窈窕[37],思贤才,而无伤善之心焉,是《关雎》之义也。

【注释】

①周南:十五国风之首。南为古国,早于殷商,据说周成王将南国分封给周公旦与召公奭,是为周南、召南。今人考证其在黄河、长江之间,汉水、汝水一带,即今河南洛阳之南至湖北。毛、郑皆以为二南诗在文王时,有人以为东迁后作。本文在《诗经》第一首诗《关雎》之前,习惯称之为《诗大序》,是传统儒家政教诗论的阐释。《群书治要》本节节录的顺序与今本《毛诗注疏》不同,窃以为从作文角度观察,本书为上。开始一句与最后是《关雎序》。每首诗的《序》一般是阐释序作者所认为的这首诗的主旨及其背景。

②后妃:指周王后及周王妃嫔。这些后妃实际是宫廷里掌管各级内政的女官。德:美德。《毛诗正义》认为:"二《南》之风,实文王之

化，而美后妃之德者，以夫妇之性、人伦之重，故夫妇正则父子亲，父子亲则君臣敬。”

③风：风教，指风俗教化。

④风：教育，感化。正夫妇：端正夫妇之道。

⑤邦国：国家，指诸侯国。《毛诗正义》：“周公制礼作乐，用之乡人焉，令乡大夫以之教其民也；又用之邦国焉，令天下诸侯以之教其臣也。欲使天子至于庶民，悉知此诗皆正夫妇也。”

⑥动：指思想受风影响而改变。

⑦化：改变风俗习惯。《毛诗正义》：“风之所吹，无物不扇；化之所被，无往不沾，故取名焉。”

⑧之：往，去。

⑨衷：内心。形：赋形，使具有形体，等于说物质化。

⑩声：指言语之声。成文：指形成旋律曲调。

⑪宫、商、角、徵、羽：古代之五声音律，或称五音。

⑫治世：太平世代。安以乐：安和欢乐。

⑬和：和谐，和睦。

⑭乖：反常，谬误。

⑮思：愁思。

⑯经：常。《毛诗正义》：“经夫妇者，经，常也。夫妇之道有常，男正位乎外，女正位乎内，德音莫违，是夫妇之常。”

⑰孝敬：孝顺恭敬。

⑱人伦：封建礼教所规定的人与人之间的关系。特指尊卑长幼之间的等级关系。

⑲移风易俗：转移风气，改变习俗。

⑳六义：即后文的风、雅、颂、赋、比、兴。《毛诗正义》引《周礼注》对六诗的解释说：“风，言贤圣治道之遗化。赋之言铺，直铺陈今之政教善恶。比，见今之失，不敢斥言，取比类以言之。兴，见今之

美，嫌于媚谀，取善事以喻劝之。雅，正也，言今之正者，以为后世法。颂之言诵也，容也，诵今之德，广以美之。”作者认为这就是“解六义之名”。

㉑上：君主，皇帝。以风化：风化，教化。

㉒下：臣下，百姓。以风刺：即讽刺，讽喻箴刺，婉言规劝。

㉓事：政事。

㉔一人：指诗人自己。本：本意。

㉕形四方之风：表现天下的风气。形，流露，显示。四方，指天下。

㉖雅：雅正。

㉗王政之所由废兴：指天子用来齐正治理天下的方针政策，如果是正道就兴盛，如果不是正道就废弃灭亡。

㉘政有小大：指政教事情的小大。

㉙“颂者”几句：《毛诗正义》：“训颂为容，解颂名也。‘以其成功，告于神明’，解颂体也。”颂，形容，形状容貌。《毛诗正义》：“形容者，谓形状容貌也。作颂者美盛德之形容，则天子政教有形容也。可美之形容，正谓道教周备也。”成功，指上天圣贤保养民众成功。《毛诗正义》：“成功者，营造之功毕也。天之所营在于命圣，圣之所营在于任贤，贤之所营在于养民。民安而财丰，众和而事节，如是则司牧之功毕矣。”神明，天地间一切神灵的总称。

㉚四始：指风、大雅、小雅、颂四类之合称。始，开端。《毛诗正义》：“郑答张逸云：‘风也，小雅也，大雅也，颂也。人君行之则为兴，废之则为衰。’又笺云：‘始者，王道兴衰之所由。’然则此四者是人君兴废之始，故谓之四始也。”如今一般用司马迁的说法，《史记·孔子世家》：“《关雎》之乱以为‘风’始，《鹿鸣》为‘小雅’始，《文王》为‘大雅’始，《清庙》为‘颂’始。”

㉛至：极致，完善。

㉜国：指诸侯国。

㉝变风、变雅：皆为乱世的作品，世以为乱世之音，相对于正风、正雅代表的治世之音而言。作：创作，产生。

㉞正始：端正开始。《毛诗正义》："远以近为始。文王正其家而后及其国，是正其始也。"

㉟王化：王业风化。基：《毛诗正义》："高以下为基。化南土以成王业，是王化之基也。"

㊱淑女：贤善的女子。君子：称其夫。

㊲窈窕：娴静美好之女。

【译文】

《关雎》是颂扬后妃美德的，是风俗教化的开始，是用来讽喻天下，教正夫妇的。所以把诗用在乡野民众之中，用到各个诸侯国之中。风，就是婉言劝谏，就是教化。用风吹拂一切，用教育改变风俗习惯。诗是志向去往的地方，存在心中的是志向，出口发声的是诗歌。心中感动的情绪赋形于言辞，言辞不足以体现，所以就有叹息；叹息不足以体现，所以就有长歌；长歌还是不足以体现，那么不知不觉双手就挥动了，双脚就起舞了。哀乐之情抒发成言语之声，声音形成互相配合的旋律曲调就叫做音。发，等于说体现。声，指宫、商、角、徵、羽等音阶。声成文，是音阶形成互相配合的旋律曲调。太平年代的乐音安和欢乐，说明那时的政教和谐；混乱年代的乐音怨恨愤怒，说明那时的政教乖戾；亡国的乐音充满悲哀愁绪，说明那时的民众困苦不堪。端正人行为的得失，变动天地灵气，感动鬼神心意，没有比诗更接近的了。先代的君王用《诗》来使夫妇关系正常，使父子关系孝顺尊敬，使人伦关系笃厚，教化潜移默化和美无限，能够移风易俗。所以《诗》有六义：一是风，二是赋，三是比，四是兴，五是雅，六是颂。人君在上用这六义风动教化，人臣在下用这六义婉言规劝君上。说的人没有罪过，听到的人足够自我警戒，所以叫作风。把一国政事的善恶，都系属在一人的本意之中，这样做出的诗，叫作风。写出天下政事，发现四方风俗，这样写作的诗，叫作《雅》。雅是正，诗人叙述天子用政教治理天下，得正道就兴盛，失正道就废弃灭亡。天子政教有小事大事，所以诗人叙述也有小体的《小雅》，也有大体的《大雅》。颂是赞美盛德表现出来的状貌，是用来把天子群臣保养民众的成功告知上天神灵的诗体。这就叫作四始，是《诗》的极致。始，是王道兴盛衰亡的由来。至于王道衰微，礼义废弃不行，政教没有施加之所，于是使得诸侯各国治理不同，百姓各家习俗不一，这样变风、变雅就产生了。《周南》《邵南》二十五篇诗，是端正初始的大道，王业风化的根基。因此《关雎》这篇诗是说后妃心中乐得此贤善之女，来般配自己的丈夫，心中是在为进举贤女而忧伤，而非独自沉溺其色；又哀伤窈窕幽闲的女子还没能升进，想要得到贤才与其共事，劳神苦思没有伤害善道之心，这就是《关雎》诗篇的意义。

关关雎鸠[①]，在河之洲[②]。兴也[③]。关关，和声也。雎鸠，王雎也。鸟挚而有别[④]。后妃悦乐君子之德，无不和谐，又不淫其色，若雎鸠之有别焉，然后可以风化天下。夫妇有别，则父子亲。父子亲，则君臣敬。君臣敬，则朝廷正。朝廷正，则王化成也。窈窕淑女[⑤]，君子好仇[⑥]。窈窕，幽闲也。淑，善也。仇，逑也。后妃有关雎之德，是幽闲贞专之善女[⑦]，宜为君子仇逑也。

【注释】

①关关雎鸠：这是第一章。关关，水鸟的和鸣声。雎鸠，又名王雎，有人认为就是鱼鹰，一种凶猛的水禽。

②河：黄河。洲：水中的陆地。

③兴：起兴。

④挚：恳切，诚挚。别：区别。《毛诗正义》："定本云，鸟挚而有别，谓鸟中雌雄情意至厚，而犹能有别。故以兴后妃说乐君子情深，犹能不淫其色。"

⑤淑女：好女子。淑，善。

⑥仇（qiú）：配偶。

⑦幽闲：柔顺娴静。贞专：坚贞专一。

【译文】

关关和鸣的是雎鸠鸟，就在那黄河中的洲岛。这是起兴。关关，是鸟的和鸣声。雎鸠是王雎。这种鸟雌雄情感诚挚而又有区别，在黄河洲中，并不比翼相随，用以起兴。后妃愉悦君子之德，没有不和谐，又能不沉溺其色，就像雎鸠鸟雌雄情感诚挚而又有区别一样，然后可以教化天下。夫妇有分工区别，那么就能父子相亲。父子相亲，那么君臣就能尊敬。君臣尊敬，那么朝廷自然严正。朝廷严正，那么天下王业风化得以成就。**幽娴贞静的好女子，正是君子的好配偶。**窈窕是幽娴的意思。淑是善的意思。仇，是逑的意思。周王的后妃有《关雎》诗中的美德，这是说柔顺专一的好女子，适宜成为君子的配偶。

参差荇菜①，左右流之②。荇，接荼也。流，求也。后妃有关雎之德，乃能供荇菜、备庶物，以事宗庙也。左右助之，言三夫人九嫔以下③，皆乐后妃之事也。窈窕淑女，寤寐求之④。寤，觉也。寐，寝也。言后妃觉寐，则常求此贤女，欲与之共己职。求之不得，寤寐思服⑤。服，事也。求贤女而不得，觉寐则思己职事，当与谁共之也。悠哉悠哉，展转反侧⑥。悠，思也。言己诚思之也。卧而不周曰展也。

【注释】

①参差荇（xìng）菜：这是第二章，据毛说。参差，不齐整的样子。荇菜，多年生草本，生于淡水湖泊或池沼中。

②流：求。

③三夫人九嫔以下：指天子的妃妾。《礼记·昏义》："古者天子后立

六宫、三夫人、九嫔、二十七世妇、八十一御妻。”

④寤：睡醒。寐：入睡。

⑤服：事。

⑥展转：翻来覆去的样子。反侧：翻来覆去，转动身体。《毛诗正义》：“反侧犹反覆，辗转犹婉转，俱是回动，大同小异。”卧而不周，躺卧却躺不正，来回翻动。周，正。

【译文】

这参差不齐的荇菜，要嫔妃帮助才能求得。荇是接茶。流，是求的意思。后妃有《关雎》一诗所描绘的美德，才能提供荇菜准备众多东西，用来祭祀宗庙。左右助之，是说三夫人九嫔以下天子后宫的妃妾，都喜好协助后妃的事情。**幽娴贞静的好女子，是后妃醒中梦中时常寻求的呀。**寤，是睡醒的意思。寐，是就寝睡着的意思。这是说后妃无论是醒来还是睡着，都经常寻求得到这样的贤女，想跟她共同履行自己的职务。**后妃寻求这贤女没有得到，醒中梦中都要想起自己的职事。**服，是职事。寻求贤女没有得到，醒中梦中都会思虑自己的职事，应当跟谁共同去做呢。**后妃真想淑女啊！后妃真想淑女啊！想得辗转翻动反复转身啊。**悠，是思念的意思。是说自己真想她。躺卧却躺不正，来回翻动叫作展。

《卷耳》[①]，后妃之志也。又当辅佐君子[②]，求贤审官[③]，知臣下之勤劳。内有进贤之志，而无险诐私谒之心[④]，朝夕思念，至于忧勤[⑤]。谒，请也。

采采卷耳，不盈倾筐[⑥]。忧者之兴也。采采，事采之也。卷耳，苓耳也。倾筐，畚属也，易盈之器也。器之易盈而不盈者，志在辅佐君子，忧思深也。嗟我怀人[⑦]，寘彼周行[⑧]。怀，思也。寘，置也。行，列也。思君子，官贤人，置之周之列位也。周之列位，谓朝廷之臣也。

【注释】

①卷耳：即今苍耳，又叫枲（xǐ）耳，是菊科一年生草本植物。《毛诗序》以《周南》全是歌咏周王后妃之作，所以称本诗主旨是“后妃之志”。

②君子：指周天子。

③求贤：求贤以进用贤能的人。审官：审查提拔官员。

④险诐（bì）：阴险邪僻。私谒：因私事而干谒请托。《毛诗正义》：“私谒者，妇人有宠，多私荐亲戚，故厉王以艳妻方煽；七子在朝，成汤谢过。妇谒盛与险诐私谒，是妇人之常态，圣人犹恐不免。后妃能无此心，故美之也。”

⑤忧勤：忧思勤苦。

⑥采采卷耳，不盈倾筐：《毛诗正义》：“言有人事采此卷耳之菜，不能满此顷筐。顷筐，易盈之器，而不能满者，由此人志有所念，忧思不在于此故也。此采菜之人忧念之深矣。”采采，即连续不断地采。倾筐，斜筐。很容易装满。

⑦嗟：叹词。怀人：思念的人。

⑧寘：放置。周行：周朝廷的行列。

【译文】

《卷耳》一诗，抒写的是后妃的志向。这就是又应当辅佐天子，想让天子寻求贤德人才，审查后授予官职，还要知道臣下的劳苦与功绩，想要让天子赏赐慰劳他。内心有推举贤才的志向，没有阴险邪僻、私下请托任用亲戚之心，又朝夕思念，想要天子任命贤才官职，竟然到了忧思勤苦的程度。谒，是请的意思。

采呀采呀采卷耳，还是没有满斜筐。这是忧思人的起兴。采采，是从事采摘。卷耳，是苓耳。倾筐，畚箕一类器具，是容易装满的。器物容易装满却没有装满，是因为她的志向是辅佐天子，忧思太深啊。唉这思念的人呀，把他放到周王朝廷的官位上。怀，是思的意思。寘，是置的意思。行，是朝臣行列。思念天子，任命贤才当官,安置到周的朝廷行列的位置。周的行列的位置,说的是成为朝廷的臣子。

邵南[1]

《甘棠》[2],美邵伯也[3]。邵伯之教[4],明于南国[5]。邵伯,姬姓,名奭,作上公[6],为二伯[7]。

蔽芾甘棠[8],勿翦勿伐,邵伯所茇[9]。蔽芾,小貌。甘棠,杜也。茇,草舍也。邵伯听男女之讼,不重烦劳百姓,止舍小棠之下而听断焉。国人被其德,悦其化,敬其树也。

【注释】

①邵南:十五国风之二,为邵伯所封南国的诗歌。

②甘棠:木名,即棠梨。果实酸美可食。

③美:赞美。邵伯:指邵康公姬奭(shì)。武王时,邵公是西伯,在所封的南国执政。据说,他曾在棠梨树下判决案件。邵,又作召。

④教:教化。南国:指江汉一带的诸侯国。

⑤明:彰明,显明。

⑥上公:按周制,三公(太师、太傅、太保)八命,出封时,加一命,称为上公。

⑦二伯:指周公、邵公。

⑧蔽芾(fèi):小小的样子。

⑨茇(bá):在草房住宿。

【译文】

《甘棠》是赞美邵伯的诗篇。武王时,邵公为西伯,在所封的南国执政,在棠梨树下断案,他的教化彰明南国,爱植根在民众心中,所以作了这篇诗来赞美。邵伯，姓姬，名奭，做了上公，是武王封的二伯之一。

小小的棠梨树啊，不要剪枝不要砍伐，那是邵伯在草房断案时倚靠的呀。蔽芾，是小小的样子。甘棠，是杜树。茇，是草房。邵伯听男女诉讼，不想再麻烦百姓，就在这小棠梨树下歇息听讼断案。国内的民众蒙受他的恩德，喜欢他的教化，所以对这棵树也很尊敬。

《何彼襛矣》[①]，美王姬也[②]。虽则王姬，亦下嫁于诸侯。车服不系其夫[③]，下王后一等，犹执妇道以成肃雍之德[④]。

何彼襛矣？唐棣之华[⑤]。兴也。襛，犹戎戎也。唐棣，移也。云何乎彼戎戎者？乃移之华。兴者，喻王姬颜色之美盛也。曷弗肃雍？王姬之车[⑥]。肃，敬也。雍，和也。曷，何也。之，往也。何不敬和乎？王姬往乘车。言其嫁时始乘车，则已敬和矣。

【注释】

①襛：花木茂盛浓密。

②美：赞美。王姬：天子之女。周天子姬姓，当时女子称呼中要用出生家庭（出嫁后就是娘家）的姓，但当时有许多跟周天子同姓姬的诸侯国，为了区分，就称天子之女为王姬。

③车服：指王姬乘坐的车和穿着的衣服。系：归属，连缀。

④妇道：为妇之道。肃雍：亦作肃雝。庄严雍容，整齐和谐。

⑤唐棣（dì）：又称扶移（yí）、红栒子。是蔷薇科落叶小乔木。

⑥王姬之车：指王姬出嫁时乘坐的车队。《毛诗正义》："王姬往乘车时，则已敬和矣。以其尊而适卑，恐有傲慢，今初乘车时已能敬和，则每事皆敬和矣。"

【译文】

《何彼襛矣》，是赞美天子女儿王姬的。她虽是天子之女，也下嫁给诸侯。她乘坐的车马、穿着的衣服,都跟丈夫的尊卑无关,只是比王后低了一等,她如此尊贵,还能秉持为妇之道,成就庄严肃穆的美德。

那是什么这样茂盛浓密?那是唐棣树的花在开放。这是起兴。秾,茂盛浓密的样子。唐棣,是移。开篇说是什么呀,那茂盛浓密的树木?就是移树的花朵。兴,是用来比喻王姬容色漂亮极了。怎能不敬肃和美?那是王姬出嫁的车队。肃,是敬肃的意思。雍,是雍容和美的意思。曷,是为什么。之,是往的意思。怎能不敬肃和美呢?是王姬出嫁乘坐的车队。这是说,她开始出嫁时乘车,就已经敬肃和美了。

邶风[①]

《柏舟》[②],言仁而不遇也[③]。卫顷公时[④],仁人不遇,小人在侧。

泛彼柏舟[⑤],亦泛其流[⑥]。兴也。泛泛,流貌也。柏木,所以宜为舟也。泛其流,不以济渡也。舟,载渡物也。今不用,而与众物泛泛然,俱流水中。兴者,喻仁人之不用,与群小人并列,亦犹是也。耿耿不寐[⑦],如有隐忧[⑧]。耿耿,犹儆儆也。隐,痛也。仁人既不遇,忧在见侵害也。忧心悄悄[⑨],愠于群小[⑩]。悄悄,忧貌也。愠,怒也。觏闵既多[⑪],受侮不少[⑫]。闵,病也。

【注释】

①邶风:邶风及鄘风、卫风,是邶、鄘、卫三地的风诗,邶、鄘、卫是原来商纣京畿内方圆千里之地,郑玄说:"属古冀州。自纣城而北曰邶,南曰鄘,东曰卫。卫在汲郡朝歌县,时康叔正封于卫。其末子孙稍并兼彼二国,混其地而名之。作者各有所伤,从其本国而异之,故有邶、鄘、卫之诗。"

②柏舟：柏木做的船。

③仁：仁人。不遇：特指没有君臣遇合，就是君王没有理解因而也不会合理地聘用任职。

④卫顷公：西周时卫国第七代国君。郑玄说："七世至顷侯，当周夷王时，卫国政衰，变风始作。"

⑤泛：泛泛，流动的样子。

⑥泛：漂流，浮游。流：指水流。

⑦耿耿：烦躁不安，心事重重。

⑧隐忧：痛苦的忧虑。

⑨悄悄：担忧的样子。

⑩愠：怨恨。群小：众多奸邪的小人。

⑪覯（gòu）闵：遇到灾病。覯，遇见，遭受。闵，病痛，痛苦忧伤。

⑫受：遭受。《毛诗正义》："言覯，自彼加我之辞；言受，从己受彼之称耳。"

【译文】

《柏舟》，是写仁人不能跟国君相遇投合得到任职。卫顷公时，仁人不能跟国君遇合，小人却在国君身边。

漂来漂去的是那柏木舟，也只是在那流水中浮游。这是起兴。泛泛，是漂流的样子。柏木适宜用来做舟船。浮游在水流之中，是说不用来渡河。舟船，是装载渡河的东西的。现今不用来渡河，却跟其他东西一样漂来漂去，都漂在流水之中。兴的作用，是比喻仁人不被任用，跟成群的小人同排并列，正如能装载货物的舟船却在河中空空漂流一样。仁人既与小人并列，怕他伤害自己，夜夜不安不能睡，就像病痛让人忧。耿耿，戒惧不安的样子。隐是痛的意思。仁人不能跟君王遇合，而跟小人同在朝廷，担忧被小人侵害。心中担忧真担忧啊，怨恨群小围在君王旁。悄悄，是担忧的样子。愠，是含怒的意思。小人见我困病多，我受侵侮更不少。闵，是病痛的意思。

《谷风》，刺夫妇失道也[①]。卫人化其上[②]，淫于新婚[③]，而弃其旧室[④]。夫妇离绝，国俗伤败焉[⑤]。

习习谷风[⑥]，以阴以雨。兴也。习习，和舒之貌。东风言之谷风，阴阳和而谷风至，夫妇和则室家成也[⑦]。黾勉同心[⑧]，不宜有怒[⑨]。言黾勉，思与君子同心也。所以黾勉者，以为见谴怒非夫妇之宜也。采葑采菲[⑩]，无以下体[⑪]。葑，蕦也。菲，芴也。下体，根茎也。二菜皆上下可食，然而其根有美时，有恶时。采之者不可以根恶之时，并弃其叶。喻夫妇以礼义合，以颜色亲[⑫]，亦不可以颜色衰，而弃其相与之礼。德音莫违[⑬]，及尔同死。莫，无也。及，与也。夫妇之言，无相违者，则可长相与处至死。颜色，斯须之有也[⑭]。

【注释】

①刺：讽刺。毛、郑把《诗》分为美、刺两类。一般来说，风诗、雅诗中的美诗属于正风、正雅，刺诗属于变风、变雅。失道：指夫妇失去相处的道义。

②化：受到教化。上：君上，国君。

③淫：沉溺。

④旧室：原配。

⑤国俗：国家的风俗。

⑥习习：微风和暖舒适的样子。谷风：东风，是生长之风。

⑦室家成：指家庭成功有了后代。《毛诗正义》："夫妇和而室家成，即继嗣生矣。"

⑧黾（mǐn）勉：勉励，尽力。

⑨怒：谴责。

⑩葑（fēng）：芜菁，十字花科两年生草本植物，根叶均可食用。菲：萝卜。

⑪无以下体：是说不要因为根部不好就连茎叶也丢弃。下体，指膨大的根。

⑫颜色：姿色，美色。

⑬德音：善言，指夫妇间美好的誓言。

⑭斯须：片刻。

【译文】

《谷风》是讽刺夫妇失去相处的道义甚至离绝的诗。诗中说卫人仿效他们的国君，沉溺在新婚之中，而抛弃原来的妻子。这就是夫妇离绝，使得卫国风俗败坏。

和暖舒适是东风，天阴雨落润泽地。这是起兴。习习，是和暖舒适的样子。东风说的就是谷风，它是生长之风，阴阳调和东风才能吹起，夫妇和谐家庭才成功有后。**自己勤勉想同心，主妇不该被责备。**诗中说勤勉努力，是想跟丈夫同心协力。之所以要勤勉努力，是因为遭受谴怒责备不是夫妇适宜的。**收采芜菁跟萝卜，不要为根丢茎叶。**葑，是芜菁。菲，是萝卜。下体，是根茎。两种蔬菜地上地下部分都可食用，但是它们的根有好吃的时候，也有不好吃的时候。收采时不要在根部不好吃的时候，连叶子也一起丢掉。这是比喻一个家庭，夫妇是由于礼义而结合，不要因为容颜美丽而亲爱，更不要因为容颜衰老，连相处的德义礼法也都丢弃。**美好誓言别相违，本想跟你一同死。**莫，是不要的意思。及，是和、跟、同。夫妇间的美好誓言，不要违背，那就可以长远相处一直到死。容颜美色，那不过是瞬间的事儿。

鄘风

《相鼠》①，刺无礼也②。卫文公能正其群臣③，而刺在位承先君之化无礼仪也。

相鼠有皮，人而无仪④。相，视也。仪，威仪也。视鼠有皮，虽居高显之处，偷食苟得，不知廉耻，亦与人无威仪者同也。人而无仪，不死胡为[⑤]！人以有威仪为贵，今反无之，伤化败俗[⑥]，不如其死无所害也[⑦]。

相鼠有体[⑧]，人而无礼。体，支体也。人而无礼，胡不遄死[⑨]！

【注释】

①相：端详，仔细看。

②无礼：不合礼仪。

③卫文公：春秋时卫国国君。姬姓，名燬（huǐ），是戴公之弟。正：端正。

④仪：礼仪，威仪。

⑤胡为：做什么。

⑥伤化败俗：伤风败俗。

⑦无所害：没有害处。

⑧体：身体，肢体。

⑨遄（chuán）：急，迅速。

【译文】

《相鼠》一诗，是讽刺无礼的。卫文公能端正群臣，使他们有礼仪，但在朝廷担任职位的人还有承接先君恶俗教化而没有礼仪的，所以要讽刺。

看那老鼠还有皮，是个人却没威仪。相，是看的意思。仪，是指威仪。看那老鼠是有皮的，即使处在显赫的高位，苟且对付能吃就吃能得就得，不知廉耻，也就跟那没有威仪的人一样。是人如果没威仪，不死还能做什么！人把有威仪看得贵重，现今反倒没有，伤风败俗，不如死了还没有害处。

看那老鼠有身体，是个人却没有仪礼。体，是肢体。是人如果没有礼，真还不如快点死！

《干旄》[①]，美好善也[②]。卫文公之臣子多好善，贤者乐

告以善道也[③]。贤者,时处士也。

孑孑干旄[④]**,在浚之郊**[⑤]。孑孑,干旄貌。注旄于干首,大夫之旗也。浚,卫邑。时有建此旄来至浚之郊,卿大夫好善者也。**素丝纰之**[⑥]**,良马四之**[⑦]。纰,所以织组也。总纰于此[⑧],成文于彼,愿以素丝纰组之法御四马也[⑨]。**彼姝者子**[⑩]**,何以畀之**[⑪]?姝,顺貌。畀,与。时贤者既悦此大夫有忠顺之德,又欲以善道与之,诚爱厚之至焉。

【注释】

①干旄:旌旗的一种。以旄牛尾饰旗杆,作为仪仗。

②好:喜好。

③贤者:贤人。郑玄以为是处士,即有才德而隐居不仕的人。

④孑孑(jié):特立飘扬的样子。

⑤浚:卫国的城邑。在今河南濮阳南。

⑥纰(pí):在衣冠或旗帜上镶饰缘边。

⑦良马四之:把四匹好马按照镶嵌边缘的方法组织成两服(辕马)两骖(拉边套的马)。

⑧总:汇集,聚合。

⑨御:使用,驾驭。

⑩姝:美好。

⑪畀:给予。

【译文】

《干旄》一诗,是赞美喜爱行善的。卫文公臣子大多喜好行善,所以处士乐意告诉他们行善的正道。贤者,当时有才德而隐居不仕的人。

独立飘扬的是干旄旌旗,大夫的食邑在浚邑城郊。孑孑,是干旄飘扬的样子。干旄是把牦牛尾巴装饰在旌旗上,是大夫的旗帜。浚,是卫国的城邑。当时有人在浚邑城郊树立起干旄旌旗，是卿大夫中喜欢行善的人啊。**告诉他素丝镶边，就套上这两服两骖。**纰，是织出镶嵌的花边的方法。汇聚镶嵌在这里，文饰织成在那边，希望把这素丝编制镶嵌的方法，用来驾驭这四匹良马。**那美好忠顺的男子，还能送给他什么？**姝，是和顺的样子。畀，是给予的意思。当时贤人既喜爱这大夫有忠顺美德，又想把行善正道送给他，真是厚爱之至啊。

卫风

《淇澳》[①]，美武公之德也[②]。有文章[③]，又能听规谏[④]，以礼自防，故能入相于周，美而作是诗。

瞻彼淇澳[⑤]，绿竹猗猗[⑥]。兴也。猗猗，美貌也。武公质美德盛，有康叔之余烈也[⑦]。有斐君子[⑧]，如切如瑳，如琢如磨。斐，文章貌。治骨曰切[⑨]，象曰瑳，玉曰琢，石曰磨，道其学而成也[⑩]。听其规谏，以礼自修饰，如玉石之见琢磨。

【注释】

①《淇澳（yù）》：今本作《淇奥》。淇，淇水。澳，水边弯曲处。

②美武公之德：赞美卫武公的美好德行。武公，卫武公，西周末春秋初卫国国君。姬姓，名和。

③文章：指车服旌旗等。古代于其上加彩饰以区别尊卑贵贱。

④规谏：指劝诫谏诤的正言。

⑤瞻：看，望。

⑥绿：荩草，禾本科一年生草本植物，又叫菉蓐草。竹：萹蓄，蓼科一年生草本植物，又叫竹叶草、扁竹。猗猗（yī）：美好盛大的样子。

⑦康叔：姬封，周文王姬昌与正妻太姒所生第九子，周武王姬发同母弟，因获封畿内之地康国（今河南禹州西北），故称康叔或康叔

封。是卫国第一代国君。余烈：遗留下来的功绩、功业、风范。

⑧有斐：即斐斐，文彩鲜明的样子。

⑨治：治理，加工。

⑩道：取道，经过。

【译文】

《淇澳》一诗，是赞美武公德行的。武公既有合乎礼仪的车马服饰，又能倾听劝诫谏诤，用礼法自我防备约束，所以在周王朝入相，由此赞美他而写作了本篇诗。

看那淇水弯曲处，荩草萹蓄多茂盛。这是起兴。猗猗，是美盛的样子。武公本质美好才德隆盛，有开国君主康叔的风范。斐然文采是武公，学如切骨磋象牙，又似琢玉磨石头，打磨德行真美好。斐，是文采鲜明的样子。加工骨头叫切，加工象牙叫瑳，加工美玉叫琢，加工石头叫磨，比喻要经过刻苦学习，美德才能修养成功。倾听他们的谏诤直言，用礼法修养自己，就像玉石经受琢磨一样。

《芄兰》①，刺惠公也②。骄而无礼③，大夫刺之。惠公以幼童即位，自谓有才能而骄慢于大臣。但习威仪④，不知为政以礼也。

芄兰之支，兴也。芄兰草，柔弱，恒延蔓于地，有所依缘则起。兴者，喻幼稚之君，任用大臣，乃能成其政也。童子佩觿⑤。觿所以解结，成人之佩也。人君治成人事，虽童子犹佩觿，以早成其德也。虽则佩觿，能不我知。此幼稚之君，虽佩觿焉，其才能实不如我众臣之所知为也。惠公自谓有才能而骄慢，所以见刺也。

【注释】

①芄兰：萝藦，多年生蔓草。又叫羊婆奶、婆婆针线包、等名。

②惠公：春秋时卫国国君。姬姓，名朔。

③骄：骄横傲慢。

④威仪：古代祭享等典礼中的动作仪节及待人接物的礼仪。

⑤觿（xī）：古代解结的用具，形如锥，也用作佩饰。《礼记·内则》注云："觿貌如锥，以象骨为之。"

【译文】

《芄兰》一诗，是讽刺卫惠公的诗。他年幼即位，骄横傲慢行事无礼，大夫讽刺他。惠公即位时还是幼童，自认为有才能，对大臣骄横傲慢。只学习典礼仪式的动作姿态，却不知道要用礼法执政，不能骄慢。

萝藦柔弱枝蔓蔓，这是起兴。萝藦草，茎枝柔弱，蔓经常在地上爬，只要有能攀援的就缠绕起来爬上去。起兴是用来比喻幼稚的君主，只能依靠任用大臣，才能成功执政。**童子佩戴象牙锥。**觿是用来解开扣结的，是成年人佩戴的饰物。国君应当从事成年人的事，虽然是童子但还是佩戴了成年人的觿，当了国君，就应该早日学成国君的德才。**即使佩戴象牙锥，还是不能如我知。**这位幼稚的君主，即使佩戴了成年人的觿，但他的才能确实不如我们臣子所知所为。惠公自以为有才能因而骄横傲慢，所以被讽刺。

王风[①]

《葛藟》[②]，王族刺桓王也[③]。周室道衰，弃其九族焉[④]。

绵绵葛藟[⑤]，在河之浒[⑥]。水涯曰浒。葛也藟也，生河之涯，得其润泽，以长而不绝。兴者，喻王之同姓，得王恩施，以生长其子。终远兄弟，谓他人父[⑦]。兄弟，族亲也。王寡于恩施，今以远弃族亲矣，是我以他人为己父也。

【注释】

①王风：王是国名，是周室东都王城畿内之地，在洛阳。幽王灭，平王东迁，国政衰微，诗不能列入雅，下降成风，称为王风。

②葛藟（léi）：野葡萄。

③桓王：周桓王。姓姬，名林，周平王姬宜臼之孙，太子姬泄父之子，东周第二任君主。按，郑玄、孔颖达认为周桓王应该是周平王之误。

④弃其九族：《毛诗正义》："弃其九族者，不复以族食族燕之礼叙而亲睦之，故王之族人作此诗以刺王也。"九族，从高祖到玄孙的亲族。族食族燕，指与族人宴饮。

⑤绵绵：连绵不绝的样子。

⑥河之浒：指黄河边的湿地。浒，水边。

⑦终远兄弟，谓他人父：兄弟，古代对同姓宗亲的称呼。《毛诗正义》："王何故弃遗我宗族之人乎？王终是远于兄弟，无复恩施于我，是我谓他人为己父也。"

【译文】

《葛藟》，是周王室宗族讽刺周桓王的诗。周王室衰微，周王不再亲近和睦而是离弃亲族，所以周王族人作此诗进行讽刺。

连绵枝长野葡萄，就在黄河低湿地。水边叫做浒。葛藟是野葡萄，生长在黄河边，得到黄河的润泽，所以生长不断绝。起兴，是比喻周王的同姓宗族，得到周王施恩，能够长养子孙。**周王丢弃宗族亲人，让我们称呼他人为父亲。**兄弟，指宗族亲人。周王施恩寡少，现在又拿关系太远为借口丢弃亲族，这是让我把别人叫做父亲呀。

《采葛》①，惧谗也②。桓王之时，政事不明。臣无大小，使出者，则为谗人所毁，故惧之也。

彼采葛兮，一日不见，如三月兮。兴也。葛，所以为絺绤也。事虽小，一日不见于君，忧惧于谗矣。兴者，以采葛喻臣，以小事使出者也。

【注释】

①葛：葛藤。嫩叶可食用或作饲料，根含较多淀粉，可蒸食或作凉粉。葛根是味中药。其茎的纤维所制成的织物叫葛布，俗称“夏布”，质地细薄。

②谗：谗言。

【译文】

《采葛》一诗，写的是惧怕谗言。周桓王时候，政事处理不明不白。无论大臣小臣，一出使，就被进谗言的人陷害毁败，所以惧怕出使。

那是去采葛草藤，一日不能见君王，如同三月见不到。这是起兴。葛是用来织成细葛布的。事情虽然小，一日看不见君王，担忧畏惧被谗毁。起兴，是用采葛藤比喻臣子因为小事出使。

郑风①

《风雨》，思君子也。乱世则思君子不改其度焉②。

风雨凄凄③，鸡鸣喈喈④。兴也。风且雨凄凄然，鸡犹守时而鸣喈喈然。兴者，喻君子虽居乱世不改其节度也。既见君子，云胡不夷⑤？夷，悦也。思而见之，云何不悦也？

【注释】

①郑风：郑国之诗就是郑风。郑，国名，周宣王母弟桓公友所封。封地原在陕西棫林（有说在今陕西渭南），第二任君主郑武公跟随周平王东迁到虢、郐之间，第三任君主郑庄公迁都到郑韩故城遗址（今河南新郑附近），直到灭亡。

②度：节操。

③凄凄：寒凉。

④喈喈（jiē）：鸡鸣声。

⑤夷：喜悦。

【译文】

《风雨》一诗，是思念君子的。混乱不安的年代就会想起君子，君子虽处乱世却不会改变节操。

风起雨落冷凄凄，晨鸡鸣叫是喈喈。这是起兴。又是风又是雨寒冷凄清，鸡还是守时鸣叫，音声喈喈。起兴，是用来比喻君子虽处乱世也不改变节操。**君子节操已得见，还有什么不喜悦？**夷，是喜悦。思念成真真见到，为什么不高兴呢？

《子衿》，刺学校废也[①]。乱世则学校不修[②]。

青青子衿[③]，悠悠我心[④]。青衿，青领。学子之所服。学子而俱在学校之中，已留彼去，故随而思之。纵我不往，子宁不嗣音[⑤]？嗣，续也。汝曾不传声问我，我以恩责其忘己也。

【注释】

①学校：郑笺："郑国谓学为校，言可以校正道艺。"

②学校不修：《毛诗正义》："不修学校，学者分散，或去或留。"修，修理，整修。

③青青子衿：《毛诗正义》："父母在，衣纯以青。""青衿，青领也，学子之所服。""青青之色者，是彼学子之衣衿也。"后来用"青衿"代指学生。

④悠悠：形容思念深长的样子。《毛诗正义》："悠悠乎我心思而不见，又从而责之。"

⑤嗣音：保持音讯。

【译文】

《子衿》一诗，是讽刺学校荒废的。混乱不安的年代学校也没人整修了。

那青青衣领的学子呀，只留在我悠悠的思念中。青衿，是青色的衣领。是学子所穿服装的标志。学子本应都在学校之中，我留在校园，他却已然离去，所以思绪也追随而去。**就算我没有去见你，你怎么就能不传音？**嗣，续接的意思。你不曾传讯问候我，我要用当年的恩情责备你，怎么能忘了恩情忘了我。

齐风①

《鸡鸣》，思贤妃也。哀公荒淫怠慢②，故陈贤妃贞女③，夙夜警戒④，相成之道焉⑤。

鸡既鸣矣，朝既盈矣⑥。鸡鸣朝盈，夫人也，君也，可以起之常礼也。匪鸡则鸣，苍蝇之声⑦。夫人以蝇声为鸡鸣，则以作早于常时，敬也。

【注释】

①齐风：齐国是太师吕望的封国，疆域在今山东，都城临淄在今山东淄博境内。

②哀公：齐国第五代国君，是齐癸公之子，姜姓，名不辰。郑玄《诗谱》："哀公政衰，荒淫怠慢，纪侯谮之于周懿王，使烹焉。齐人变风始作。"

③陈：陈述。贞女：贞洁的妇女。

④夙夜：早晚。

⑤相成：互相补充，互相成全。

⑥鸡既鸣矣，朝既盈矣：《毛诗正义》："言古之夫人与君寝宿，至于将旦之时，乃言曰：'鸡既为鸣声矣，朝上既以盈满矣。'言鸡鸣，道己可起之节；言朝盈，道君可起之节。己以鸡鸣而起，欲令君以朝

盈而起也。"朝盈，指群臣天色熹微开始上朝，现在已经满了。

⑦匪鸡则鸣，苍蝇之声：不是鸡鸣声而是苍蝇的鸣叫声。意指贤德的后妃慎重看待君王上朝之事，比鸡鸣时刻还要早就叫君王起床。

【译文】

《鸡鸣》一诗，是思念有贤德的后妃。因为齐哀公荒淫女色，怠慢朝政，所以写作本诗，陈述古代有贤德的后妃与贞洁的妇女，早晚警戒君王起床，这是互相成就补益的方法。

雄鸡已经鸣叫了，朝廷已经盈满了。雄鸡鸣叫与朝廷盈满，分别是夫人跟君王可以起床的时节，这是通常的可以起床的礼仪。不是雄鸡在鸣叫，而是苍蝇嗡嗡响。夫人把苍蝇的声音当成鸡鸣，闻声起床，那是比常礼起得更早，是非常恭敬地对待君王早朝之事。

《甫田》[①]，大夫刺襄公也[②]。无礼义而求大功[③]，不修其德而求诸侯。志大心劳[④]，所以求者非其道也。

无田甫田[⑤]，维莠骄骄[⑥]。兴也。甫，大也。大田过度，而无人功，终不能获。兴者，喻人君欲立功致治，必勤身修德，积小以成高大也。无思远人[⑦]，劳心忉忉[⑧]。忉忉，忧劳。此言无德而求诸侯，徒劳其心忉忉然。

【注释】

①甫田：面积广大的田地。

②襄公：齐釐公长子，名诸儿。他是齐桓公异母兄，春秋时期齐国第十四位国君。齐襄公在位期间，荒淫无道，昏庸无能。

③求大功：指襄公想要争霸。《毛诗正义》："求大功者，欲求为霸主也。天子衰，诸侯兴，故曰霸。"

④心劳：徒劳无功。

⑤田：垦殖，耕种。

⑥莠（yǒu）：狗尾草。是中国人祖先驯化谷子的来源，又叫谷莠子。是农田常见杂草。骄骄：草又盛又高的样子。

⑦思远人：指想要让远方诸侯辅助自己。远人，指远方诸侯。

⑧忉忉（dāo）：忧思的样子。《毛诗正义》："上田谓垦耕，下田谓土地。以襄公所求非道，故设辞以戒之。言人治田，无得田此大田，若大田过度，力不充给，田必芜秽，维有莠草骄骄然。以喻公无霸德，思念远人，若思彼远人，德不致物，人必不至，维劳其心忉忉然。"

【译文】

《甫田》一诗，是齐国大夫作来讽刺齐襄公的。齐襄公自身毫无礼义修养，而追求大的功绩，不能自修德行，却想要让诸侯跟从自己。他的志向虽大，但只能是徒劳无功，因为他所追求的目标不符合道义。

不能耕种大块田，农田芜秽莠草高。这是起兴。甫，是大的意思。田地太大超过农夫耕种限度，因而没有人工跟上劳作，最终也不能有收获。起兴，是比喻人君建立功业谋求大治，必定要勤勉地修养德行，积累小功才能成就丰功伟绩。远方诸侯别想求，操心劳苦是枉然。忉忉，是指忧劳操心。这是说齐襄公没有德行而想要诸侯归附，只能是徒劳心力忧思绵绵。

魏风[①]

《伐檀》[②]，刺贪也[③]。在位贪鄙[④]，无功而受禄[⑤]。君子不得进仕尔[⑥]。

坎坎伐檀兮[⑦]，寘之河之干兮[⑧]，河水清且涟漪[⑨]。伐檀以俟世用[⑩]，若俟河水清且涟漪，是谓君子之人不得进仕也。不稼不穑[⑪]，胡取禾三百廛兮[⑫]？不狩不猎[⑬]，胡瞻尔庭有悬貆兮[⑭]？一夫之居曰廛。貆，兽名也。彼君子兮，不素餐兮[⑮]。素，空。彼君子者，斥伐檀之人[16]。仕有功，乃肯受禄。

【注释】

①魏风：魏国是西周初年周成王分封的姬姓诸侯国，册封地于今山西芮城北。郑玄说："周以封同姓，其地虞舜、夏禹所都之域，地在古冀州雷首之北，析城之西，南枕河曲，北涉汾水。"

②檀：青檀。木材坚硬贵重，可制造车辆家具以及用于建筑。

③贪：贪婪。

④鄙：卑鄙。

⑤禄：禄位，职位。

⑥进仕：进身为官。

⑦坎坎：拟声词。伐木声。

⑧干：岸。

⑨涟漪：水面波纹，微波。

⑩俟：等待，等候。

⑪稼：耕种，种植。穑：收获，收割。

⑫禾：谷子，泛指谷物。三百：言其多。廛（chán）：农夫住的地方，这里指窝棚之类。《毛诗正义》："一夫之居曰廛，谓一夫之田百亩也。《地官·遂人》云：'夫一廛，田百亩。'……此言胡取禾三百廛，取禾宜于田中，故从传一夫之居，不易之。"

⑬狩：冬季田猎。猎：夜间打猎。这里泛指打猎。

⑭貆（huán）：幼貉（hé）。貉，兽名。外形似狐，毛棕灰色。是一种重要的毛皮兽。

⑮素餐：白吃饭。无功劳而空享俸禄。

⑯斥：指，直接指明。

【译文】

《伐檀》一诗，是讽刺贪婪的。拥有官位的人贪婪卑鄙，没有功劳却接受禄位。君子正直却不能进身为官。

坎坎响起伐檀声，檀木放在黄河岸，等那河水澄清泛微波。砍伐檀木等待世人使用，就像等候黄河水变清澈，微微泛起波纹，这是说君子不能进朝当官。不耕种来不收割，为何拿走谷物三百屋？冬狩夜猎都不干，为何庭中挂幼貉？一个农夫住的地方叫做廛。貆，是野兽名。那些德行高尚的君子啊，最终不肯白吃饭。素，是空白。彼君子，是指砍伐檀木的人。当官要有功劳，这才肯接受禄位。

《硕鼠》[①]，刺重敛也[②]。国人刺其君之重敛，蚕食于民[③]，不修其政[④]，贪而畏人，若大鼠也。

硕鼠硕鼠，无食我黍[⑤]。三岁贯汝[⑥]，莫我肯顾[⑦]。硕，大也。大鼠大鼠者，斥其君。汝无复食我黍，疾其君税敛之多。我事汝已三岁矣，曾无教令恩德来顾眷我，又疾其不修德政。逝将去汝[⑧]，适彼乐土[⑨]。往矣，将去汝，与之诀别之辞。乐土，有德之国也。

【注释】

①硕鼠：大老鼠。比喻苛收重税的国君。硕，大。

②重敛（liǎn）：对百姓课以重税。敛，征收，索取。

③蚕食：像蚕吃桑叶，一点点逐渐吃光。

④修：修明，发扬光大。

⑤黍：北方多称之为糜子，加工出来是黄米，有粘性。

⑥岁：年。贯：事奉，服事。

⑦莫我肯顾：莫肯顾我，不肯顾怜我。顾，眷顾。

⑧逝：往，去。去：离开。

⑨适：往。乐土：快乐的国度，有德行的理想国。

【译文】

《硕鼠》一诗，是讽刺征收赋税太重。国人讽刺国君重重征收赋税，蚕食民众，不修明政教，生性贪婪又畏惧民众，就像大老鼠一样。

大老鼠呀大老鼠，别再偷吃我家黍。事奉老鼠三年多，根本不肯眷顾我。硕，是大的意思。大鼠大鼠，是指他们的君主。你不要再吃我的黍，这是痛恨国君税赋聚敛太多。我事奉你已经三年了，竟然没有教化命令恩德来眷顾我，又痛恨国君不修明德政。说走就走离开你，去那快乐理想国。走了，将要离开你，这是跟他诀别的言辞。乐土，是有德的国家。

唐风①

《杕杜》②，刺时也。君不能亲其宗族③，骨肉离散，独居而无兄弟，将为沃所并尔④。

有杕之杜，其叶湑湑⑤。兴也。杕，特生貌。杜，赤棠也。湑湑，枝叶不相次比之貌⑥。独行踽踽⑦，岂无他人⑧？不如我同父⑨。踽踽，无所亲也。他人，谓异姓也。言昭公远其宗族，独行国中踽踽然。此岂无异姓之臣乎？顾恩不如同姓之亲亲耳。

【注释】

①唐风：唐国是周成王同母弟叔虞的封国。地处帝尧、夏禹原来的都城，汉代的太原郡，在古冀州太行、恒山以西，太原、太岳的原野。因为南边是晋水，于是叔虞之子燮父改称为晋侯。此地风俗俭约但是缺乏礼教。这个地方的诗就是唐风。

②杕（dì）：树木独立特出的样子。杜：一种野生梨，又叫赤棠、杜梨或棠梨，是蔷薇科乔木，木材坚硬。

③君：指晋昭公，姬姓，名夷，为晋平公之子。

④沃：地名。曲沃的简称。在今山西闻喜东北。《毛诗正义》："昭公国既削小，身又无德，其国日以微弱，故晋国之人皆将叛而归于沃国焉。"

⑤湑湑（xǔ）：枝叶参差的样子。今人多从朱熹解释成茂盛的样子。《毛诗正义》云："其叶湑湑然而盛，但柯条稀疏，不相比次。"似可两义并存。

⑥次比：并列。

⑦踽踽（jǔ）：独自行走孤零零的样子。

⑧他人：指异姓的人，无血缘关系的人。

⑨同父：同一父亲所生，指兄弟，也可指有相同血缘的人。

【译文】

《杕杜》一诗，是讽刺时政的。君主不能亲近宗族，造成骨肉至亲分散离别，只剩下一人独居没有兄弟相伴，将要被曲沃吞并。

挺拔特立棠梨树，枝叶参差又茂盛。这是起兴。杕，是特立独生的样子。杜，是赤棠树。湑湑，是枝叶不相并列参差的样子。城内独行孤零零，难道没有别的人？别人不如亲弟兄。踽踽，是形容没有亲密伙伴。他人，指异姓的人，这是说晋昭公疏远他同宗同族的人，在都城中孤零零地行走。这里难道没有异姓的臣属吗？只不过不如同姓亲近的亲人罢了。

秦风①

《晨风》②，刺康公也③。忘穆公之业④，始弃其贤臣焉。

鴥彼晨风⑤，郁彼北林⑥。兴也。鴥，疾飞貌也。晨风，鹯也。郁，积也。先君招贤人，贤人归往之，驶疾如晨风之飞入北林也。未见君子，忧心钦钦⑦。言穆公始未见君子之时，思望而忧，钦钦然也。如何如何？忘我实多。此言穆公之意，责康公，如何乎？如何乎？汝忘我之事实多大也[⑧]。

【注释】

①秦风：秦本是陇西谷名，在雍州鸟鼠山东北。从前皋陶之子伯翳，辅佐禹治水有功，舜命作虞，赐姓嬴。其末孙非子，为周孝王养马于汧、渭之间，封为附庸，在秦谷建城。等到非子的曾孙秦仲，周宣王任命为大夫。仲之孙襄公，讨西戎救周，周室东迁，以岐、丰之地赐之，始列为诸侯。春秋时称秦伯。其风俗有夏之古风，诗歌就是秦风。

②晨风：鸟名。今称燕隼，又叫鹯（zhān），是体型较小的鹞类猛禽。

③康公：名罃代。是穆公太子，即位为康公。

④穆公：名任好。从他开始，秦国强大，走向争霸。

⑤鴥（yù）：飞得很快的样子。

⑥郁：丛集茂密的样子。

⑦钦钦：忧思难忘的样子。

⑧大：衍字。

【译文】

《晨风》一诗，是讽刺秦康公的。他忘记了父亲秦穆公开创的大业，开始抛弃跟随父亲的贤良大臣。

迅疾掠飞是燕隼，郁郁葱葱过北林。这是起兴。鴥，是飞得很快的样子。晨风，是鹯。郁，是积聚的意思。逝去的先君招集贤才，贤才归往他，迅疾有如燕隼飞进北林一样。贤才君子没见到，难忘忧思在缠绕。这是说，秦穆公开始没见到贤人君子的时候，思念相望，一副忧伤难过的样子。为什么呀为什么？你忘掉我的事情实在多。这是说秦穆公的心意，责备秦康公，为什么？为什么？你忘掉我的事情实在又多又大。

《渭阳》[①]，康公念母也。康公之母，晋献公之女。文公遭姗姬之难，未反而秦姬卒[②]。穆公纳文公，康公时为太子，赠送文公于渭之阳，念母之不见也。我见舅氏，如母存焉。及其即位，思而作是诗也。

我送舅氏，曰至渭阳。渭，水名也。何以赠之？路车乘黄[③]。赠，送也。乘黄，驷马皆黄也。我送舅氏，悠悠我思[④]。何以赠之？琼瑰玉佩[⑤]。琼瑰，美石而次玉者也。

【注释】

①渭：河流名称，渭水又叫渭河，是黄河最大的支流，源出甘肃鸟鼠山，横贯陕西中部，至潼关入黄河。阳：指河流的阳坡，也就是北岸。从前，山南水北称为阳，山北水南称为阴。

②文公遭姗姬之难，未反而秦姬卒：《毛诗正义》："康公思其母，自作此诗。秦康公之母，是晋献公之女。文公者，献公之子，康公之舅。献公嬖丽姬，谮文公，献公欲杀之。文公遭此丽姬之难，奔，未得反国，而康公母秦姬已卒。及穆公纳文公为晋君，于是康公为太子，赠送文公至于渭水之阳，思念母之不见，舅归也，康公见其舅氏，如似母之存焉，于是之时，思慕深极。及其即位为君，思本送舅时事，而作是《渭阳》之诗，述己送舅念母之事也。"姗，古同"骊"，古国名。今本《诗经》作骊姬。舅氏，舅父，指晋文公。

③路车：又叫辂车。是古代天子或诸侯贵族所乘的车。乘（shèng）黄：四匹马都是黄色。

④悠悠：无穷无尽思念的样子。

⑤琼瑰：次于玉的美石。

【译文】

《渭阳》一诗，是说秦康公思念母亲的事情。秦康公的母亲，是晋献公的女儿。晋献公之子晋文公重耳遭到骊姬之难，只好出逃国外，没等回到晋国，而秦康公母亲秦姬已死。等到秦穆公把重耳送回晋国当了国君就是晋文公，秦康公当时是太子，赠别晋文公到了渭水北岸的阳坡，思念永远见不到的母亲。只好说我见到舅舅，就像母亲还存活一样。等到他即位成为国君，想起这件事而作了这篇诗。

一路送别我舅父，一直送到渭水北。渭，是水流名称。赠别什么送给他？路车四匹黄马驾。赠，是送的意思。乘黄，是说一套车的四匹马都是黄颜色的。我送我的亲舅父，思绪悠悠长又长。赠别什么送给他？美石琼瑰玉佩良。琼瑰，是仅次于玉的美石。

《权舆》[①]，刺康公也。忘先君之旧臣，与贤者有始而无终也。

於[②]，我乎！夏屋渠渠[③]。夏，大也。屋，具也。渠渠，犹勤勤也。言君始于我厚，设礼食大具以食我，其意勤勤然。今也每食无余。此言君今遇我薄，其食我裁足也[④]。於嗟乎[⑤]！不承权舆[⑥]。承，继也。权舆，始也。

【注释】

①权舆：起初，开始。

②於（wū）：句首感叹词。

③夏屋：大俎，大的食器。夏，大。屋，馔具，食器。渠渠：即勤勤，是恳切至诚的样子。

④裁：通“才”。

⑤於嗟乎：悲叹声。

⑥承：继续，继承。

【译文】

《权舆》一诗，是讽刺秦康公的。秦康公遗忘先君秦穆公的旧臣，跟贤人相交起初殷勤后来疏远，有始无终。

嗨，就是我这个贤人呀！当初呢，殷勤送上大肉盘。夏，是大。屋，是祭祀、燕飨时陈置牲体或其他食物的礼器。渠渠，等于说勤勤，是恳切至诚的样子。这是说康公开始对我情谊深厚，使用礼器大馔具招待我，情谊真是恳切至诚。**今天呢，每回吃饭刚刚够。**这是说现今君上对我疏远薄情，给我饭食才刚够吃。**哎呀呀！真的赶不上开始。**承，是承继的意思。权舆，是开始的意思。

曹风[1]

《蜉蝣》[2]，刺奢也。昭公国小而迫[3]，无法以自守，好奢而任小人，将无所依焉。

蜉蝣之羽，衣裳楚楚[4]。兴也。蜉蝣，渠略也，朝生夕死，犹有羽翼以自修饰。楚楚，鲜明貌。兴者，喻昭公之朝，其群臣皆小人也，徒整饰其衣裳[5]，不知国将迫胁，君臣死亡之无日，如渠略然也。**心之忧矣，于我归处[6]？**归，依归也。君当于何依归？言有危亡之难，将无所就往也。

【注释】

①曹风：曹国是周武王的叔叔振铎的封国。爵位是伯。其封域在兖州陶丘以北，菏泽原野，济阴定陶附近（今山东菏泽定陶）。

②蜉蝣：是蜉蝣科将近两千种小型昆虫的总称，又叫渠略、蜉蝤等。幼虫需要三年多次蜕皮才能成为成虫。成虫体型细长纤弱有长尾丝二或三条，春夏黄昏，成群飞舞在河畔湿地交尾，仅仅生存几小时就死去，所以有朝生暮死之说。

③昭公：曹国第十一代国君，姬姓，名班。迫：迫胁。

④楚楚：鲜明的样子。

⑤徒整饰其衣裳：只顾着修饰他们的衣着外貌，不顾国家存亡。整饰，整饬，修饰。

⑥归处：归依之处。

【译文】

《蜉蝣》一诗，是讽刺奢侈的诗。曹昭公的曹国很小又迫胁在大国之间，没有治国方法来自我保护，曹昭公喜好奢侈又任用小人，国家危亡没几天了，国君将无所依靠了。

小虫蜉蝣有羽翅，衣裳楚楚昭公臣。这是起兴。蜉蝣又叫渠略，朝生暮死，尚且还有羽翅来自我修饰。楚楚，是鲜明的样子。起兴是用来比喻曹昭公一朝，群臣都是小人，只知道整理修饰衣服，却不知国家将要受到逼迫威胁，君臣死亡没有几天了，就像这朝生暮死的蜉蝣一样。心中忧思长漫漫，我将去往归何方？归，是依归的意思。君主将要依归什么地方？这是说要有危亡大难，将会无路可去。

《候人》[①]，刺近小人也。共公远君子[②]，而好近小人焉。

彼候人兮，荷戈与祋[③]。候人，道路送迎宾客者也。荷，揭也。祋，殳也。言贤者之官，不过候人也。彼其之子[④]，三百赤芾[⑤]。芾，韠也[⑥]。大夫以上，赤芾乘轩。之子，是子也。佩赤芾者三百人。

【注释】

①候人：古代掌管整治道路、稽查奸盗或迎送宾客的官员。此小官员为有德的君子。

②共公：曹共公，是昭公之子，名襄。

③荷：负荷，扛着，举着。戈：古代兵器，青铜或铁制，横刃，装有长把。祋（duì）：古代的兵器，即殳（shū），用竹木制造，有棱无刃。

④彼其：那样的，用来讽刺功德不称其位的人。这里指后面提到的

赤芾大臣，这些大臣皆为无德小人。

⑤赤芾（fú）：红色蔽膝。为大夫以上所服。

⑥韠（bì）：古代朝觐或祭祀时遮蔽在衣服上的一种皮制服饰。

【译文】

《候人》一诗，是讽刺国君亲近小人的。曹共公疏远君子，却喜好亲近小人。

那些迎候宾客的候人啊，扛着戈，举着祋。候人，是整治道路迎送宾客的官员。荷，是举起的意思。祋，是殳。这是说贤人的官位，不过是个候人。**冠冕堂皇那群人，三百赤芾装在身。**芾，是古代朝觐或祭祀时遮蔽在衣服上的一种服饰。大夫以上的官员，穿着赤芾，乘坐轩车。之子，是说这个人。佩戴赤芾的有三百人。

小雅

《鹿鸣》，燕群臣嘉宾也①。既饮食之，又实币帛筐篚②，以将其厚意③，然后忠臣嘉宾得尽其心矣。

呦呦鹿鸣④，食野之苹⑤。兴也。苹，大萍也。鹿得苹草，呦呦然鸣而相呼。恳诚发于中，以兴嘉乐宾客，当有恳诚相招呼以成礼也。我有嘉宾，鼓瑟吹笙⑥。吹笙鼓簧，承筐是将⑦。筐，篚属，所以行币帛也⑧。承，犹奉也。

【注释】

①燕：通“宴”。宴饮，宴请。

②实：装满，充实。币帛：缯帛，古代用于祭祀、进贡、馈赠的礼物。筐篚（fěi）：盛物竹器。方的叫筐，圆的叫篚。

③将：奉献。郑笺：“将，犹奉也。”

④呦呦：拟声词。鹿鸣声。

⑤苹：藾蒿、白蒿或青蒿等草蒿。

⑥瑟：拨弦乐器。春秋时已流行，形似古琴，但无徽位，有五十弦、二十五弦、十五弦等。笙：管乐器名。由簧片、笙管、斗子三部分组成。簧片古时用竹制，后改用响铜。簧是乐器中用以发声的片状振动体，这里指笙。

⑦承：捧上。

⑧行：赏赐，给予。《毛诗正义》："此云行币帛与宾，即主人行厚意于宾之义也。"

【译文】

《鹿鸣》一诗，是宴享群臣嘉宾。周王既设置宴席请吃饭，又在方筐圆篚中装满礼物酬谢，以示厚待之意，然后众臣嘉宾都能尽其忠心事奉君上了。

呦呦声声是鹿鸣，蒿草棵棵啃不停。这是起兴。苹是大萍草。鹿得到苹草，呦呦然发出鸣叫声，是在招呼同伴。这是诚恳从心中发出，用来比喻君主宴享嘉宾，也同样心怀诚恳之心，招呼臣下，以与臣下共成飨燕之礼。我有嘉善好宾客，为他鼓瑟又吹笙。吹笙要吹笙中簧，奉献礼物筐篚装。筐，是篚一类的器物，用来装奉献的礼物的。承，等于说捧。

《皇皇者华》[①]，君遣使臣也。送之以礼乐，言远而有光华也[②]。言臣出使，能扬君之美[③]，以延其誉于四方[④]，则为不辱君命也[⑤]。

皇皇者华，于彼原隰[⑥]。皇皇，犹煌煌也。忠臣奉使，能光君命，无远无近，如华不以高下易其色矣。无远无近，惟所之则然也。駪駪征夫[⑦]，每怀靡及。駪駪，众多之貌也。征夫，行人也。众行夫既受君命，当速行，每人怀其私相稽留，则于王事将无所及也。

【注释】

①皇皇：辉煌光明的样子，鲜艳明显的样子。华（huā）：花。

②言：君王敕遣之言，即“远而有光华”。《毛诗正义》：“言臣出使，当扬君之美，使远而有光华焉。”

③扬：传扬。

④延：播扬。

⑤不辱君命：指不辜负君王的使命。

⑥原：高的平原。隰（xí）：低湿之地。

⑦駪駪（shēn）：众多的样子。

【译文】

《皇皇者华》一诗，是写君王派遣使臣的敕言。用礼乐相送使臣，嘱咐臣子出使能远扬君王的光彩荣耀。命令说道，臣子出使，要能够传扬君王的美德，在四面八方播扬君王的美誉，那就是没有辜负君主的使命。

辉煌光明草木花，平原湿地绽无暇。皇皇，即煌煌，辉煌光明的样子。忠臣奉命出使，能光大君王的命令，无论是远还是近，就像这花朵不管是高是低都不会改变颜色一样。使臣出使不管远近，只要去就能完成使命。**出使行色人众多，私下挽留去如梭。**駪駪，众多的样子。征夫，指奉命出使的人。众多的使者既然接受君命，就应当迅速行动。每人怀着私心，互相稽留，那么君王的愿望就落空了。

《常棣》[①]，燕兄弟也。闵管、蔡之失道[②]，故作《常棣》焉。周公吊二叔之不咸[③]，而使兄弟之恩疏，召公为作是诗而歌之[④]，以亲之。

常棣之华，萼不炜炜[⑤]。承华者曰萼，不当作跗[⑥]。跗，萼足也。萼足得华之光明，炜炜然也。兴者，喻弟以敬事兄，兄以荣覆弟，恩义之显，亦炜炜然也。凡今之人，莫如兄弟[⑦]。人之恩亲，无如兄弟之最厚。鹡鸰在原[⑧]，兄弟急难。鹡鸰，雍渠也。飞则鸣，行则摇，不能自舍尔。急难，言兄弟之相救于急难矣。每有良

朋,况也永叹。况,兹也。永,长也。每,虽也。良,善也。当急难之时,虽有善同门来,兹对之长叹而已。**兄弟阋于墙**⑨**,外御其侮**⑩。阋,狠也。御,禁也。兄弟虽内阋,外犹御侮也。

【注释】

①常棣(dì):木名。一作“棠棣”,又名郁李。

②闵:怜念,哀伤。管、蔡:管叔鲜、蔡叔度。周武王的弟弟,在周公辅佐成王的时候,他们竟然挟纣王之子武庚作乱,最终被周公讨平,武庚与管叔鲜被诛杀,蔡叔度被流放,其乱始平。失道:失去准则,违背道义。

③吊:祭奠死者或对遭丧事者给予慰问。不戚:不亲密。戚,天明本及通行本作“咸”,据镰仓本、元和活字本改。

④召公:又作邵公、召康公、太保召公等。姓姬名奭,周文王的儿子,武王的弟弟。姬奭辅佐周武王灭商后,受封于蓟(今北京),建立臣属西周的诸侯国燕国(北燕)。但他派长子姬克管理燕国,自己仍留在镐京(今陕西长安)任职,辅佐朝廷。因采邑于召(今陕西岐山西南),故后代中也有人继承了召公的称号。

⑤萼不:郑玄认为应作萼跗。萼,花萼、萼片的总称。萼位于花的外轮,包在花瓣外面,花开时托着花冠,在花芽期有保护花芽的作用。炜炜(huī):光彩鲜盛的样子。

⑥跗:同“柎”。花萼房或子房。《毛诗正义》:“又古声不、拊同,不在鄂下,宜为鄂足,故知当作拊,拊为鄂足也。以鄂足比于弟,华比于兄,鄂既承华,文与拊连,则鄂、拊同比弟也。”古籍木旁、手旁常混用,“拊”同“柎”。

⑦莫如兄弟:没有谁亲如兄弟。

⑧鹡鸰:白鹡鸰或灰鹡鸰,又叫雍渠,是一种体型不大的夏候鸟。大多生活在水域附近的农田、湿地等处,飞行呈波浪式,边飞边鸣,

站立时，尾部不停摆动，这就是毛传所谓“飞则鸣，行则摇”。常单独，或成对或小群活动。原：高原。并非鹡鸰鸟习居之所。后以鹡鸰比喻兄弟。

⑨阋（xì）于墙：在家里面争吵。阋，发狠争斗，争吵。

⑩外：指对外。御：抵御。

【译文】

《常棣》一诗，是写宴请兄弟的。召公哀伤管叔、蔡叔失去兄弟和顺之道，所以作了这篇《常棣》诗。周公祭奠哀悼管叔、蔡叔不能亲近兄弟，使兄弟之间的恩情疏远，召公为此写了这篇诗歌唱，希望兄弟之间亲密相处。

常棣树上花开眩，花瓣萼片映烂漫。在外承受花瓣的托叫做萼，不字应当是跗字。跗，就是萼片的跟脚，即子房。萼足得到鲜花的光艳，相映得光彩鲜盛。这是起兴，比喻弟弟应该尊敬侍奉兄长，兄长应当用光荣覆盖弟弟，兄弟恩义彰显，也会光彩鲜盛。**而今天下众人中，恩义不如亲弟兄。**天下人的恩义亲情，都不如兄弟情感最为深厚。**鹡鸰高原飞又鸣，兄弟相救危难宁。**鹡鸰，是雍渠。它飞行时鸣叫，行走时摇尾，互相呼应不能自我舍弃。急难，是说兄弟处在危难中要互相救助。**虽有良朋危难来，对面长叹不开怀。**况，是此。永，是长的意思。每，当虽讲。良，就是善。碰到危难之时，虽有要好同门朋友来到，对这也只能长叹罢了。**兄弟不和墙内狠，墙外敌侵共御困。**阋，发狠争斗，争吵。御，禁阻，抵御。兄弟虽然内部争斗，对外还是要抵御他人侮辱。

《伐木》，燕朋友故旧也[①]。自天子以下至于庶人[②]，未有不须友以成者[③]。亲亲以睦[④]，友贤不弃[⑤]，不遗故旧，则民德归厚矣。

伐木丁丁[⑥]，鸟鸣嘤嘤[⑦]。丁丁、嘤嘤，相切直也[⑧]。言昔日未居位[⑨]，与友生于山岩伐木[⑩]，为勤苦之事，犹以道德相切正也。嘤嘤，两鸟声也。其鸣之志，似于有朋友道然，故连言之。出自幽谷，

迁于乔木[11]。迁，徙也。谓向时之鸟[12]，出从深谷，今移处高木也。**嘤其鸣矣**[13]，**求其友声**。君子虽迁处于高位，不可以忘其朋友也。**相彼鸟矣**[14]，**犹求友声**。**矧伊人矣**[15]，**不求友生**。矧，况也。相，视也。鸟尚知居高木呼其友，况是人乎？可不求乎？

【注释】

①燕：宴请。故旧：指旧交，旧友。

②庶人：平民。

③须：依靠。

④亲亲以睦：爱敬自己的亲人，能亲密和睦。

⑤友贤：跟贤人交朋友。弃：厌弃，唾弃，嫌弃。

⑥丁丁（zhēng）：拟声词。伐木声。

⑦嘤嘤：拟声词。鸟和鸣声。

⑧切直：切磋相正，等于后文的“切正”。

⑨居位：在位，指居于君主之位。

⑩友生：朋友。《毛诗正义》：“郑以为，此章远本文王幼少之时结友之事，言文王昔日未居位之时，与友生伐木于山阪，丁丁然为声也。于时虽处勤劳，犹以道德相切直。时有两鸟在傍，嘤嘤然而鸣。此鸟之鸣，似朋友之相切，故连言之。”

⑪乔木：高耸的树木。

⑫向时：前时，从前。

⑬嘤其：嘤嘤。

⑭相：看，端详。

⑮矧（shěn）：何况。伊人：那个人。指意中所指的人。

【译文】

《伐木》一诗，是写文王宴请朋友故旧的。上从天子下到平民，没有不依靠朋友帮助来成就事情的。亲近亲人使得大家和睦，跟贤才交友而不离弃，不遗忘故旧，那么民众的德行就都归于淳厚了。

伐木山中声铮铮，鸟惊飞起叫嘤嘤。丁丁，嘤嘤，是互相切磋，互相规正。这是说从前文王还没有在位，跟朋友在山岩之中伐木，从事辛苦劳作，犹如用道德互相切磋归正。嘤嘤，是两只鸟和鸣的声音。鸣声中的心意，好似有朋友相交之道存在，所以连在一起说。**鸟飞出自深谷里，迁居乔木是高登。**迁，是迁徙的意思。这是指以前那些鸟，从深谷飞出，现今迁移到高大的树木上了。**嘤嘤叫声为何鸣，求友感动是此声。**君子虽然迁升到了高位上，不可以忘记他的朋友。**请看那只鸣叫鸟，还在求友声嘤嘤。何况而今人是你，难道不发求友声。**矧，是况。相，是看的意思。鸟尚且知道飞到高耸的树木时要招呼朋友，何况是人呢？可以不寻求朋友吗？

《天保》，下报上也[①]。君能下下以成其政[②]，则臣亦归美以报其上焉[③]。

天保定尔[④]，俾尔戬穀[⑤]。罄无不宜[⑥]，受天百禄[⑦]。保，安也。尔，汝也。戬，福也。穀，禄也。罄，尽也。天使汝所福禄之人，谓群臣也。其举事尽得其宜，受天之多福禄。如月之恒[⑧]，如日之升。恒，弦也。升，出也。言俱进也。月上弦而就盈，日始出而就明也。如南山之寿，不骞不崩[⑨]。骞，亏。如松柏之茂，无不尔或承。或之言有也。如松柏之枝叶常茂盛，青青相承无衰落也。

【注释】

①下：指臣下。报：报答，回报。上：指君上。

②下下：屈身交接臣下。

③归美：把美好归于，等于说称许，赞美。

④保定：安定。

⑤戬（jiǎn）：幸福，吉祥。穀：这里指俸禄。

⑥罄（qìng）：尽。

⑦百：言其多。

⑧恒：指月相变化。初一朔，一轮新月始生；初七八上弦，半圆之月；十五望，月相盈满；二十二三下弦，半圆之月；二十九或三十晦，月相全黑不见。毛、郑均以为指从上弦到望。

⑨骞：亏损。

【译文】

《天保》一诗，是写臣下报答君上的。君上能屈身交接臣下来成就国政，那么臣下也能赞美国君来报答君上。

上天安定君王位，福禄使君赐大臣。举止行为全合适，上天赐我禄如云。保，是安的意思。尔，是你。戬，是福气。穀，指俸禄。罄，是尽的意思。上天让你授予福禄的人，是指群臣。他们举止行事全都适宜，受到上天很多福禄。月相亏盈君德运，霞散氤氲日始升。恒，是说上弦月。升，是说太阳初升。这是说全都上进。上弦月走向盈满的望，太阳初升阳光越来越明。君王基业南山寿，不会缺损不会崩。骞，是亏缺的意思。有如松柏真茂盛，基业青青永相承。或等于说是有。如同松柏的枝叶永远茂盛，新旧枝叶青青承继没有衰落。

《南山有台》[①]，乐得贤也。得贤者则能为邦家立太平之基矣。人君得贤者，则其德广大坚固，如山之有基趾也[②]。

南山有台，北山有莱[③]。台，夫须也。兴者，山之有草木以自覆盖，成其高大，喻人君有贤臣自以尊显也。乐只君子[④]，邦家之基。基，本也。只之言是也。人君既得贤者，置之于位，又尊敬以礼乐乐之，则能为国家之本也。

【注释】

①台：今日也写作薹，莎草。多生于湿地或河边沙地。可制蓑衣和

笠等。

②基趾：建筑物的地基、基础。

③莱：草的总称。《毛诗正义》："莱为草之总名，非有别草名之为莱。陆玑《疏》云：'莱，草名，其叶可食。今兖州人烝以为茹，谓之莱烝。'以上下类之，皆指草木之名，其义或当然矣。"或云即藜，灰菜。

④乐：使快乐。

【译文】

《南山有台》一诗，是写喜得贤才的。得到贤才就能给国家奠定太平的根基了。国君得到贤才，那么他的德行就博大坚固牢不可破，就像大山有牢固的根基。

南山高峻长莎草，北山茂繁覆草莱。台，是莎草。这是起兴，用大山有草木覆盖山体，这样成就了它的高大，来比喻国君有贤臣能使自己尊贵显赫。礼乐待人君子乐，邦国根基是干才。基，是本根。只说的是此。国君已经得到贤者，安置到官位，又尊敬他，用礼乐使他快乐，那就能成为国家太平的根本。

《蓼萧》[①]，泽及四海也[②]。

蓼彼萧斯，零露湑兮[③]。兴也。蓼，长大貌。萧，蒿也。湑，湑然，萧上露貌。兴者，萧，香物之微者，喻四海之诸侯，亦国君之贱者；露，天所以润万物，喻王者恩泽，不为远国则不及之[④]。既见君子[⑤]，我心写兮[⑥]。既见君子者，远国之君朝见于天子也。我心写者，舒其情意，无留恨者。燕笑语兮[⑦]，是以有誉处兮[⑧]。天子与之燕而笑语，则远国之君各得其所。是以称扬德美，使声誉常处天子也。

【注释】

①蓼（lù）：长大的样子。萧：艾蒿。

②四海：天下。毛传引用《尔雅》说，“九夷、八狄、七戎、六蛮，谓之四海”，不过是说天下所有边远国家罢了。

③湑（xǔ）：清澈的样子。

④为：从事，进行，做。

⑤见：指朝见。君子：指周王。

⑥写：喜悦，舒畅。《毛诗正义》：“自言已既得朝见君子之王者，我心则舒写尽兮，无复留恨。”

⑦燕：饮宴。

⑧处：享有，据有。

【译文】

《蓼萧》一诗，是写君王恩泽覆盖到四海所有国家。

长长粗大是萧蒿，润泽晶莹珠露摇。这是起兴。蓼，是又长又大的样子。萧，是蒿草。湑，清澈的样子，蒿草叶上露水的样子。起兴，是说萧蒿是香的东西里微小的，比喻四海遥远的诸侯，也是国君里低贱的；露水，是上天用来润泽万物的，比喻天子的恩泽，不实施那么边远国家就润泽不到。周王君子已朝见，舒畅我心乐陶陶。既见君子，是说边远国家的君主来朝见天子。我心写，是说拿出自己的全部情意，不留遗憾。春风饮宴笑谈语，周王美德声誉骄。周天子又跟他宴饮并且言谈充满笑语，边远国家的君主就各得其所。因此颂扬天子美德，使得美好声誉长久居于天子的位置。

《湛露》[①]，天子燕诸侯也。

湛湛露斯，匪阳不晞[②]。晞，干也。露虽湛湛然，见阳则干。兴者，露之在物湛湛然，使物柯叶低垂，喻诸侯受燕爵[③]，其威仪有似醉之貌[④]。唯天子赐爵，则自变肃敬承命，有似露见日而晞也。厌厌夜饮[⑤]，不醉无归。厌厌，安也。

【注释】

①湛（zhàn）：湛湛，露水很浓的样子。

②晞（xī）：干，干燥。

③燕爵：指天子所赐之酒。

④威仪：古代祭享等典礼中的动作仪节及待人接物的礼仪。

⑤厌厌（yān）：安然，安定的样子。

【译文】

《湛露》一诗，写的是天子宴饮诸侯。

浓浓露水垂枝叶，不是太阳晒不干。晞，是干燥的意思。露水虽然很浓，见到太阳就干了。起兴，是用浓重的露水落在草木，浓得枝叶都垂下来了这一景象，来比喻诸侯接受周王宴饮，喝得有关的礼仪动作纵弛像喝醉了的样子。只有在天子用爵赏酒的时候，才情不自禁地严肃恭敬地接受命令，有如露水见到太阳就干燥一样。夜色渐深安乐饮，酒不喝醉不回还。厌厌，是安然的样子。

《六月》，宣王北伐也[①]。《鹿鸣》废[②]，则和乐缺矣。《四牡》废[③]，则君臣缺矣。《皇皇者华》废[④]，则忠信缺矣。《常棣》废[⑤]，则兄弟缺矣。《伐木》废[⑥]，则朋友缺矣。《天保》废[⑦]，则福禄缺矣。《采薇》废[⑧]，则征伐缺矣。《出车》废[⑨]，则功力缺矣。《杕杜》废[⑩]，则师众缺矣。《鱼丽》废[⑪]，则法度缺矣。《南陔》废[⑫]，则孝友缺矣。《白华》废[⑬]，则廉耻缺矣。《华黍》废[⑭]，则畜积缺矣[⑮]。《由庚》废[⑯]，则阴阳失其道理矣。《南有嘉鱼》废[⑰]，则贤者不安、下民不得其所矣。《崇丘》废[⑱]，则万物不遂矣。《南山有台》废[⑲]，则为国之基坠矣[⑳]。《由仪》废[㉑]，则万物失其道理矣。《蓼萧》废[㉒]，则恩泽乖矣。《湛露》废[㉓]，则万国离矣。《彤弓》废[㉔]，则诸夏衰矣。

《菁菁者莪》废[25]，则无礼仪矣。《小雅》尽废，则四夷交侵，中国微矣[26]。

六月栖栖[27]，戎车既饬[28]。栖栖，简阅貌。饬，正也。记六月者，盛夏出兵，明其急也。猃狁孔炽[29]，我是用急。炽，盛也。孔，甚也。此序吉甫之意也[30]。北狄来侵甚炽，故王以是急遣我也。

【注释】

①宣王北伐也：周宣王之所以北伐，是由于以前周厉王时，小雅中事尽数废弃，致使四夷交相入侵，因此泛泛叙述被废弃的小雅中的事情。《毛诗正义》："六章，皆在北伐之事。序又广之，言宣王所以北伐者，由于前厉王小雅尽废，致令四夷交侵，以故泛叙所废之事焉。"周宣王，姓姬名静，周厉王之子。据称他任用贤臣，恢复旧制，使周王朝中兴。

②《鹿鸣》：《小雅》中的篇名，是写天子宴请群臣的诗。废：废弃。《毛诗正义》："《鹿鸣》言'和乐且耽'，故废则和乐缺矣。以下废缺，其义易明，不复须释。"

③《四牡》：《小雅》中的篇名，是写慰劳使臣的诗。

④《皇皇者华》：《小雅》中的篇名，是写天子派遣使臣的诗。

⑤《常棣》：《小雅》中的篇名，是写宴请兄弟的诗。

⑥《伐木》：《小雅》中的篇名，是写宴请朋友故旧的诗。

⑦《天保》：《小雅》中的篇名，是写臣下祝颂君王的诗。

⑧《采薇》：《小雅》中的篇名，是写派遣在外的驻守军队内心思念家乡的诗。

⑨《出车》：《小雅》中的篇名，是写军人从军征战的诗。

⑩《杕（dì）杜》：《小雅》中的篇名，是写妻子思念从军征战的丈夫以及想象丈夫返乡时慰劳情景的诗。

⑪《鱼丽》:《小雅》中的篇名,是宴请饮酒通用的乐歌。

⑫《南陔(gāi)》:《小雅》中的篇名,是笙诗,是宴饮的乐曲。

⑬《白华》:《小雅》中的篇名,是笙诗,是宴饮的乐曲。

⑭《华黍》:《小雅》中的篇名,是笙诗,是宴饮的乐曲。

⑮畜积:指积储的财物。

⑯《由庚》:《小雅》中的篇名,是笙诗,是宴饮的乐曲。《毛诗正义》:"《由庚》以下,不言缺者,叙者因文起义,明与上诗别主。见缺者为刚,君父之义;不言缺者为柔,臣子之义。以文、武道同,故俱言缺;周公、成王则臣子也,故变文焉。"《由庚》以下,不说缺字,叙述者要跟上面诗歌明显区分。有缺字为刚,是君父之义;没有缺字为柔,是臣子之义。因为文、武道同,所以都用缺字;周公、成王则是臣子,所以改变文字。

⑰《南有嘉鱼》:《小雅》中的篇名,是宴饮通用的乐歌。

⑱《崇丘》:《小雅》中的篇名,是笙诗,是宴饮的乐曲。

⑲《南山有台》:《小雅》中的篇名,是宴饮通用的乐歌,有祝颂客人的意思。

⑳坠:毁坏。

㉑《由仪》:《小雅》中的篇名,是笙诗,是宴饮的乐曲。《毛诗正义》:"《由仪》言万物之生,各得其宜,故废则万物失其道理矣。此与《由庚》全同。《由庚》言阴阳,此言万物者,《由庚》言由阴阳得理,万物得其道;《由仪》则指其万物生得其宜,本之于阴阳,所以异也。此二十二篇,小雅之正经,王者行之,所以养中国而威四夷。今尽废,事不行,则王政衰坏,中国不守,四方夷狄来侵之,中夏之国微弱矣。言北狄所以来侵者,为废小雅故也。厉王废之而微弱,宣王能御之而复兴,故博而详之,而因明小雅不可不崇,以示法也。"

㉒《蓼萧》:《小雅》中的篇名,是写君王宴请诸侯的诗。

㉓《湛露》:《小雅》中的篇名,是写君王宴请诸侯的诗。

㉔《彤弓》:《小雅》中的篇名,是写君王宴请诸侯并赐予弓矢的诗。

㉕《菁菁者莪》:《小雅》中的篇名,是写国家注重教育的诗。

㉖中国:指以周王朝为核心的中原地区。

㉗栖栖(xī):检阅严整的样子。一说忙碌不安的样子。

㉘戎车:兵车。饬:整顿,整齐。

㉙玁狁:即猃狁,是我国古代北方少数民族。孔炽:很猖獗。

㉚吉甫:周宣王名臣尹吉甫。

【译文】

《六月》一诗,是写周宣王北伐的。《鹿鸣》废弃,那么君臣和乐就缺失。《四牡》废弃,那么君臣关系就缺损。《皇皇者华》废弃,那么忠信就缺失。《常棣》废弃,那么兄弟之情就缺失。《伐木》废弃,那么朋友情谊就缺失。《天保》废弃,那么福禄就缺失。《采薇》废弃,那么就缺失征伐的意义。《出车》废弃,那么就缺失征伐功劳。《杕杜》废弃,那么军队就会缺失。《鱼丽》废弃,那么法度就缺失。《南陔》废弃,那么孝敬父母、友爱兄弟就缺失。《白华》废弃,那么廉耻就缺失。《华黍》废弃,那么仓储积蓄就缺失。《由庚》废弃,那么阴阳就失去道理了。《南有嘉鱼》废弃,那么贤者就不安,百姓就得不到安顿。《崇丘》废弃,那么万物就不顺遂了。《南山有台》废弃,那么为国的根基就失坠了。《由仪》废弃,那么万物就失去道理了。《蓼萧》废弃,那么恩泽就乖离了。《湛露》废弃,那么万国就离心离德了。《彤弓》废弃,那么中原诸夏就衰微了。《菁菁者莪》废弃,那么就没有礼仪了。《小雅》尽数废弃,那么四夷交相入侵,中原就衰微了。

盛夏六月王检阅,车马士兵都严整。栖栖是检阅严整的样子。饬,是整顿的意思。诗记录说,盛夏六月出兵,说明战事紧急。玁狁入寇甚嚣张,周王派我特紧急。炽,是盛大的意思。孔当甚讲。这是叙说尹吉甫心意的。北狄玁狁入侵极其猖獗,所以周王紧急派遣我。

《车攻》[①],宣王复古也[②]。宣王能内修政事,外攘夷狄[③],复文、武之境土;修车马,备器械,复会诸侯于东都[④],因田猎而选车徒焉[⑤]。东都,王城。

我车既攻,我马既同[⑥]。攻,坚也。同,齐也。四牡庞庞[⑦],驾言徂东[⑧]。庞庞,充实。东,洛邑也。萧萧马鸣[⑨],悠悠旆旌[⑩]。言不喧哗也。之子于征,有闻无声。有善闻而无喧哗。

【注释】

①攻:坚固。

②宣王复古:周宣王恢复旧的制度。

③攘:驱逐,排斥,抵御。夷狄:泛指中原华夏以外的各族。

④东都:指王城洛邑,是周王朝的东都。会:会盟。

⑤车徒:兵车和步卒。

⑥同:同步,整齐。

⑦庞庞(lóng):高大壮实的样子。

⑧徂:往。东:指东都洛邑。

⑨萧萧:拟声词。马鸣叫的声音。

⑩悠悠:飘动的样子。旆(pèi)旌:泛指旗帜。

【译文】

《车攻》一诗,是写周宣王恢复古制的。周宣王能够对内修明政事,对外攘斥夷狄,恢复原来的疆土;修整车马,准备好作战器具,重新在东都洛邑跟诸侯盟会,借助田猎活动选拔战车和步兵。东都,是王城。

我的兵车造工精,我的骏马步调同。攻,是坚固的意思。同,是步调齐整的意思。四匹公马高又壮,驾驭驰骋直向东。庞庞,是高大壮实的样子。东,是洛邑。萧萧马嘶为谁鸣,飘飘舞动军旗旌。这是形容没有喧哗的声音。君王猎罢归京城,只闻车马无人声。有威望而没有喧哗的杂音。

《鸿雁》，美宣王也。万民离散，不安其居，而能劳来[①]，还定安集之[②]，至乎鳏寡[③]，无不得其所焉。宣王承厉王衰乱之弊而兴[④]，复先王之道，以安集众民为始。

鸿雁于飞[⑤]，集于中泽[⑥]。中泽，泽中。鸿雁之性，安居泽中。今飞而又集于泽之中，犹民去其居而离散，今见还定安集之也。之子于垣[⑦]，百堵皆作[⑧]。侯伯卿士[⑨]，又于坏灭之国[⑩]，征民起屋舍、筑墙壁[⑪]。百堵同时起，言趋事也[⑫]。虽则劬劳[⑬]，其究安宅[⑭]。此劝万民之辞，汝今虽病劳，终有所安居也。

【注释】

①劳来：用恩德慰劳招徕他们。劳，慰劳，劝勉。来，招徕。

②还：回还。

③至乎：至于。鳏寡：指孤独无偶的老人。鳏，年老无妻。寡，年老无夫。

④弊：弊害。

⑤鸿雁：即大雁。

⑥中泽：沼泽中。

⑦之子：指这些高官贵族。于垣：建造墙垣。垣，矮墙，也泛指墙。

⑧百堵：众多的墙。亦指建筑群。

⑨侯伯卿士：泛指官员贵族。侯伯，当时爵位中的侯爵、伯爵。卿士，指卿、大夫，后来泛指官员。

⑩坏灭：磨灭，毁灭。

⑪征：召集。筑：夯筑。

⑫趋事：立业，办事。

⑬劬（qú）劳：劳苦，劳累。

⑭安宅：安居。

【译文】

《鸿雁》一诗，是赞美周宣王的。由于周厉王衰乱，民众分离逃散，都不能平安居住，现今周宣王刚刚即位，就能派遣侯伯卿士使者，慰劳招徕他们，回归原来的住宅安居，至于鳏寡孤独的弱势群体，也都不会没有地方去。周宣王接着周厉王的衰乱弊害而中兴，恢复先代君王之道，把安抚招徕民众当做开始。

鸿雁成群一起飞，降落聚集在沼泽。中泽，就是泽中。鸿雁生来的习性，喜好安居沼泽之中。现今飞来又聚集在沼泽中，就像民众离开故居逃离分散，现在能回来安定聚居了。**那些大人造墙垣，百面高墙都兴作。**侯伯卿士这些官员贵族，又在被毁灭的城邑，征召民众建起房屋、夯筑墙壁。让上百堵墙面一同筑起，这是说事情办得好。**筑墙造房虽苦累，毕竟安定有住宅。**这是贵族官员们劝勉民众的话，你们现今虽然苦累，最终还是有了安居的处所。

《白驹》，大夫刺宣王也。刺其不能留贤也。

皎皎白驹[①]，食我场苗。絷之维之[②]，以永今朝[③]。宣王之末，不能用贤，贤者有乘白驹而去者。絷，绊也。维，系也。永，久也。愿此去者乘白驹而来，使食我场中之苗，我则绊之系之，以久今朝，爱之欲留也。所谓伊人，于焉逍遥[④]？乘白驹而去之贤人，今于何游息乎？思之甚矣。

【注释】

①皎皎：洁白的样子。驹：泛指少壮的马。

②絷（zhí）：拴住马足。维：绑住。

③永：指长久。

④于焉：在哪儿。逍遥：缓步游走的样子。

【译文】

《白驹》一诗，是大夫讽刺周宣王的。讽刺他不能留住贤人。

皎洁白马谁乘坐？吃我场院满地苗。绊住绑住这匹马，永留乘客在今朝。周宣王末年，不能任用贤人，有贤人乘着白驹离开。絷，是绊住的意思。维，是绑上的意思。永，是长久的意思。希望这位离开的贤人乘着白马到来，让它吃我场院中的嫩苗，我就可以绊住它，绑住它，在今天早上长久停留，这是出于爱想留住人。我所说的那个人，你在哪里任逍遥？乘着白马离去的贤人，如今在哪儿游逛呢？这是非常思念。

《节南山》[①]，家父刺幽王也[②]。家父，字，周大夫也。

节彼南山，维石岩岩[③]。兴也。节，高峻貌。岩岩，积石貌。兴者，喻三公之位，人所尊严也。赫赫师尹[④]，民具尔瞻[⑤]。师，大师，周之三公。尹氏为大师。具，俱也。此言尹氏汝居三公之位，天下之民俱视汝之所为也。国既卒斩[⑥]，何用不监[⑦]？卒，尽也。斩，断也。监，视也。天下之诸侯，日相侵伐，其国已尽绝灭，汝何用为职，不监察之？

【注释】

①节：高峻的样子。南山：终南山。在今陕西西安南。

②家父：春秋时周大夫。幽王：周幽王，姓姬，名宫涅（shēng，一作宫生），周宣王之子。昏庸无道，宠幸褒姒，导致西周灭亡。

③岩岩：山岩积聚的样子。

④赫赫：权势显赫。师尹：太师尹氏。太师，周之三公。尹氏为太师。

⑤具：全部，都。瞻：观察，察看。

⑥卒斩：全都斩断。

⑦监：察看，督察。

【译文】

《节南山》一诗，是大夫家父讽刺周幽王的。家父，是字，是周幽王的大夫。

高大险峻终南山，悬崖峭壁叠石岩。这是起兴。节，是高峻的样子。岩岩，是山石积聚的样子。起兴，比喻三公的地位，是人们尊重敬畏的。**赫赫显盛师尹氏，民众都在把你看。**师，是太师，是周朝的三公之一。尹氏担任太师。具，是全都。这是说尹氏你身居太师高位，天下民众都在看着你的所作所为。**国家命脉全斩断，你为啥还是不察监？**卒，是尽的意思。斩，是斩断的意思。监，是监视的意思。天下的诸侯，日日互相侵略攻伐，那些国家已经全都灭绝，你怎么担任的职务，不去监察？

《正月》[①]，大夫刺幽王也。

正月繁霜[②]，我心忧伤。正月，夏之四月也。繁，多也。夏之四月霜多，急恒寒若之异[③]，伤害万物，故我心为之忧伤也。民之讹言[④]，亦孔之将[⑤]。将，大也。讹，伪也。人以伪言相陷入，使王行酷暴之刑，致此灾异，故言甚大。谓天盖高[⑥]，不敢不局[⑦]。谓地盖厚，不敢不蹐[⑧]。局，曲也。蹐，累足也。此民疾苦王政，上下皆可畏之言也。哀今之人，胡为虺蜴[⑨]？虺蜴之性，见人则走。哀哉今之人，何为如是？伤时政也。燎之方扬[⑩]，宁或威之[⑪]。威之以水也，燎之方盛之时，炎炽熛怒，宁有能灭息之者乎？言无有也。以无有喻有之者为甚也。赫赫宗周[⑫]，褒姒威之[⑬]。宗周，镐京也。褒，国名也。姒，姓也。威，灭也。有褒之女，幽王惑焉而以为后，诗人知其必威周也。

【注释】

①正月：正阳之月，周历六月，夏历四月。

②繁霜：频繁降霜。

③急：促。恒：常。

④讹言：虚假的话，谣言。

⑤孔：甚。将：壮，大。

⑥盖（hé）：多么。

⑦局：局促，蜷曲。

⑧蹐（jí）：后脚紧跟着前脚，小步行走。

⑨虺（huǐ）蜴：蜥蜴。蜥蜴怕人，见人就逃。

⑩燎：放在地上的火炬，在地上燃烧。扬：向上播散。

⑪烕（miè）：灭。

⑫赫赫：显赫盛大。宗周：指镐京。

⑬褒姒：幽王宠妃。褒，国名。姒，姓氏。

【译文】

《正月》一诗，是周朝的大夫讽刺周幽王的。

正阳之月繁降霜，我心寒凉实忧伤。正月，是夏历的四月。繁，是多的意思。夏历四月下霜繁多，着急于长时间不正常的寒冷伤害万物，所以我的内心为此忧伤。**民众传假信谣言，害处巨大实猖狂。**将，是大的意思。讹，是虚假的意思。人群因为传谣互相陷入其中，使得周王采用酷虐残暴的刑罚，导致天灾异变到来，所以说害处特别巨大。**人说上天多么高，可是不敢不弯腰。人说大地多么厚，可脚不敢不挨脚。**局，是弯曲的意思。蹐，是脚挨着脚小步行走。这是民众因为周王统治而痛苦痛恨，说上天下地都可畏惧的话。**哀伤当今众民人，怎么惧怕如蜥蜴？**蜥蜴习性，见到人就逃跑。可哀呀，当今的人，为什么到了这样的地步？这是感伤周王的暴政。**地上火焰正上燎，炽热谁能去灭熄？**用水来灭火，地上火焰正旺盛的时候，哪里还能有熄灭它的呢？这是说没有啊。用没有来比喻火势太厉害了。**赫赫隆盛我宗周，褒姒居然就灭之。**宗周，是镐京。褒，是国名。姒，是姓。烕，就是灭。褒国的女子，周幽王被她迷惑，让她当了王后，诗人知道她必定会毁灭周朝。

《十月之交》①,大夫刺幽王也。

十月之交,朔日辛卯②。日有蚀之③,亦孔之丑。之交,日月之交会也。丑,恶也。周十月,夏之八月也。日食,阴侵阳、臣侵君之象也。日为君,辰为臣。辛,金也,卯,木也,又以卯侵辛,故甚恶之。彼月而蚀④,则维其常⑤。此日而蚀,于何不臧⑥?臧,善也。百川沸腾⑦,山冢崒崩⑧。沸,出也。腾,乘也。山顶曰冢。崒者,崔嵬也。百川沸出,相乘凌者,由贵小人也。山顶崔嵬者崩,喻君道坏也。高岸为谷⑨,深谷为陵⑩。言君子居下,小人处上也。哀今之人⑪,胡憯莫惩⑫?憯,曾也。变异如此,祸乱方至,哀哉今在位之人,何曾无以道德止之?黾勉从事⑬,不敢告劳。诗人贤者见时如是,自勉以从王事,虽劳不敢自谓劳,畏刑罚也。无罪无辜,谗口嚣嚣⑭。嚣嚣,众多貌也。时人非有辜罪,其被谗口见椓谮嚣嚣然⑮。

【注释】

①十月:周历十月,是夏历八月。之交:指日月交会。

②朔日:初一。辛卯:用干支记日。

③日有蚀之:指日食。蚀,侵蚀。

④月而蚀:月食。

⑤常:月食比日食次数多得多,所以用“常”字。

⑥臧:善,好。

⑦沸:翻滚涌动。腾:上跳凌空。

⑧冢:山顶。崒(zú):高峻。

⑨岸:水边高起之地。谷:山间低凹的地方。

⑩陵:高山。

⑪人：指当权的人，在位者。

⑫憯（cǎn）：竟，竟然。惩：惩戒，克制，戒止。

⑬黾（mǐn）勉：勉力，尽力。

⑭谗口：进谗言的嘴，馋人。嚣嚣：众多的样子。

⑮椓（zhuó）：攻讦，告发。谮（zèn）：诬陷，中伤，说坏话。

【译文】

《十月之交》一诗，是大夫讽刺周幽王的。

周历十月日月交，初一日子是辛卯。太阳居然被吃掉，这个象征实在丑。之交，是指日月交会。丑，是丑恶。周历十月，是夏历八月。日食，是月遮掩太阳，是阴侵夺阳、臣侵夺君的天象。日子是君，时辰是臣。辛是金，卯是木，金平常胜过木，但这次又用卯木反侵辛金，这也是臣侵君的象征，是大逆，所以非常厌恶。那个月亮被吞食，虽是坏事也平常。这回太阳被吞食，还有什么不善良？臧，是善的意思。上百河流齐沸腾，崔嵬高山也塌崩。沸，是翻出的意思。腾，是上升的意思。山顶叫做冢。崒，高大雄伟。百条河流齐翻出，互相搅动又欺凌，是由于看重小人。山顶崔嵬也崩塌，比喻为君之道大破坏。高岸崩塌成深谷，深谷翻身变高陵。这是说，君子屈居人下，小人却处在人上。哀伤当今在位人，为甚竟不修德行？憯，是竟然的意思。变异这样严重，祸乱马上到来，可哀呀，当今在位的人，为什么竟然不肯修养德行来制止它？努力自勉从王事，辛劳苦累不敢言。诗人贤者见到时世这样坏，自己勉励自己去做王命差遣的事务，即使劳苦也不敢称说，是因为畏惧刑罚。那些无罪无辜者，谗人毁谤正嚣嚣。嚣嚣，众多的样子。当事人并非有罪，但是被馋人进谗，被诬陷诋毁的太多太多啊。

《小旻》，大夫刺幽王也。

谋臧不从，不臧覆用。臧，善也。谋之善者不从之，其不善者反用之。我龟既厌[①]，不我告犹[②]。犹，图也。卜筮数而渎龟[③]，龟灵厌之，不复告其所图之吉凶。谋夫孔多，是用不集[④]。

集，就也。谋事者众多，而非贤者，是非相夺，莫适可从[⑤]，故所为不成也。**发言盈庭，谁敢执其咎**[⑥]？谋事者众，讻讻满庭[⑦]，而无能决当是非，事若不成，谁云己当受其咎责者？言小人争智而让过。**如彼筑室于道谋**[⑧]，**是用不溃于成**[⑨]。溃，遂也。如当路筑室，得人而与之谋所为，路人之意不同，故不得遂成也。**不敢暴虎**[⑩]，**不敢冯河**[⑪]。**人知其一，莫知其他**。冯，凌也。人皆知暴虎冯河立至之害，而无知当畏慎小人能危亡己也。

【注释】

①厌：厌恶。

②犹：通"猷"。谋，规划。

③数：次数频繁。渎：亵渎，轻慢不恭。

④不集：不成，不就。

⑤适：往。从：听从，跟从。

⑥执：拿，承担。咎：过失，罪过。

⑦讻讻：喧争的样子，议论纷纭和惊恐不安的样子。

⑧筑室：修房子。于道谋：谋于道，就是向道路上的人问怎么修。

⑨溃：遂，完成。

⑩暴虎：徒步打老虎，用裘锡圭先生说。

⑪冯（píng）河：不乘船徒步过河。引申为有勇无谋、冒险行动。

【译文】

《小旻》一诗，是周大夫讽刺周幽王的。

计谋好善王不听，邪僻恶谋反采用。臧，是善的意思。谋略好的不听从，那些不好的反倒采用。**灼龟占卜神灵厌，不肯告我吉凶谋。**犹，是图谋的意思。用龟占卜太频繁亵渎了龟灵，灵龟不再告知计谋的吉凶。**王朝谋士特别多，庸劣相争计不成。**集，是成的意思。谋划事务的人数众多，但都不是贤人，是非争夺不决，无所适从，所以干的事不能成功。**发言纷纭人满庭，是非谁敢担责任？**谋划事务的人数众多，纷纭争论满屋子都是，但是没有人能决断对错，事情要是不成功，谁说自己是应当承担罪责的人？这是说小人争着显示智慧而推卸过错。**就像修房问路人，意见不同修不成。**溃，是完成。如同对着道路修房屋，见到个人就跟他问怎么做，路人意见不一，所以不能完成。**不敢徒步打老虎，不敢徒步蹚过河。人们只知这一事，不知世上有其他。**冯，是逾越的意思。人们都知道徒步打虎、徒步渡河马上就能带来害处，却不知道应当害怕小人，因为小人能害死自己。

《小宛》，大夫刺幽王也[①]。

温温恭人[②]，温温，和柔貌。如集于木[③]。恐坠也。惴惴小心[④]，如临于谷。恐陨[⑤]。战战兢兢[⑥]，如履薄冰[⑦]。衰乱之世，贤人君子，虽无罪，犹恐惧也。

【注释】

①《小宛》，大夫刺幽王也：《毛诗正义》："毛以作《小宛》诗者，大夫刺幽王也。政教为小，故曰'小宛'。宛是小貌，刺宣王政教狭小宛然。"

②温温：温和柔软的样子。恭人：宽厚谦恭的人。

③集：鸟栖止于树。引申为停留、栖身。

④惴惴：忧惧戒慎的样子。

⑤陨：陨落，坠落。

⑥战战兢兢：畏惧小心的样子。

⑦如履薄冰：像走在薄冰上一样。比喻行事极为谨慎，存有戒心。

【译文】

《小宛》一诗，是周大夫讽刺幽王的。

温和柔弱谦恭人，温温，温和柔软的样子。**停留树木非正途。**害怕坠落。

惴惴不安在担心，就像面对千丈谷。害怕陨落。整个世道战兢兢，如同踏上薄薄冰。衰乱时世，贤人君子，即使没有罪过，还是害怕担忧。

《小弁》，刺幽王也。太子之傅作焉①。

踧踧周道②，鞠为茂草③。踧踧，平易貌。周道，周室之通道也。鞠，穷也。我心忧伤，惄焉如捣④。假寐永叹⑤，维忧用老。心之忧矣，疢如疾首⑥。惄，思也。捣，心疾也。不脱冠衣而寐曰假寐。疢，犹病也。维桑与梓⑦，必恭敬止⑧。父之所树，己尚不敢不恭敬也。靡瞻匪父⑨，靡依匪母⑩。不属于毛⑪，不离于里⑫。此言人无不瞻仰其父取法则者，无不依恃其母以长大者。今我太子独不受父之皮肤之气乎？不处母之胞胎乎？何曾无恩于我也。无逝我梁⑬，无发我笱⑭。逝，之也。之人梁，发人笱，此必有盗鱼之罪。以言褒姒以淫色来嬖于王，盗我太子母子之宠也。我躬不阅⑮，遑恤我后⑯？念父，孝也。念父孝者，太子念王将受谗言不止，我死之后，惧复有被谗者。无如之何，故自决云：身尚不能得自容，何暇乃忧我死之后乎？

【注释】

①太子之傅作：《毛诗正义》："太子，谓宜咎也。幽王信褒姒之谗，放逐宜咎。其傅亲训太子，知其无罪，闵其见逐，故作此诗以刺王。"太子之傅，太子的老师，后世称为太子太傅。

②踧踧（dí）：平坦的样子。周道：周王朝的大道。

③鞠为茂草：指杂草塞道。形容衰败荒芜的景象。鞠，通"鞫"。困窘。

④惄（nì）焉：忧思烦躁的样子。捣：撞击，舂捣。形容心中忐忑不安。毛传："惄，思也。捣，心疾也。"

⑤假寐：不脱衣帽打盹儿。永叹：长叹。

⑥疢（chèn）：烦热，此处指烦恼忧愁。疾首：头痛。指忧苦之极。

⑦桑：桑树。是古代民宅附近栽培最多的植物之一。其叶可以养蚕。梓：梓树。古人多植于住宅附近及园亭。桑梓并称后人多指故乡。

⑧止：仪态举止。

⑨瞻：指瞻仰，仰望。

⑩依：依靠，依恃，依赖。

⑪毛：毛发，特指父亲的皮肤身体。

⑫里：胞胎，特指母亲的胞胎。毛传："毛在外阳以言父，里在内阴以言母。"郑笺："此言人无不瞻仰其父取法则者，无不依恃其母以长大者。今我独不得父皮肤之气乎？独不处母之胞胎乎？何曾无恩于我？"《毛诗正义》："此太子为父所放耳，非母放之。而并言母也，以人皆得父母之恩，故连言之，其意不怨申后也。"

⑬逝：去，往。梁：鱼梁，拦截水流以捕鱼的设施。用土石筑堤横截水中，中间留一水门，置竹笱或竹架于水门处，拦捕游鱼。

⑭发：开启。笱（gǒu）：竹制的捕鱼器，有倒须（刺），鱼进去就出不来，俗称鱼须笼。

⑮躬：指自身。阅：容，容许，容纳。

⑯遑：何暇。恤：对别人同情，怜悯，忧虑。我后：指我死后。

【译文】

《小弁》一诗，是讽刺周幽王的。太子宜臼的老师为太子被放逐而创作的。

平平坦坦周大道，如今困窘长满草。踧踧，是平坦的样子。周道，是周王室的通道。鞫，是困窘的意思。我的心中太悲伤，烦忧槌棒把心捣。和衣打盹又长叹，忧伤至此催人老。内心忧伤像什么？热昏上冲把头搅。怒，是忧思的意思。捣，是说忧伤的心病。不脱衣帽睡觉叫假寐。疢，等于说病。父亲

种植桑和梓，见到定是恭敬时。父亲种植的树木，自己尚且不敢不恭敬，何况父亲自身呢？**瞻仰效法是生父，依赖成长是生母。生我岂不属于父？分娩岂非我母腹？**这是说人无不瞻仰父亲，并效法学习，无不依赖母亲成长壮大。现今我太子单单没有承受父亲体表皮肤的气息吗？不曾处在母亲的胞胎中间吗？怎么对我这样苛刻没有恩情呢？**可恶的盗贼啊，不要爬上我鱼梁，不要打开我鱼笼。**逝，是去往的意思。去往人家的鱼梁，打开人家的鱼笼，这一定犯偷鱼的罪。用来比喻褒姒因美色受宠于大王，偷走我们太子母子的宠爱。**我的自身尚不容，没空担忧我死后。**想到父亲是孝道。这是因为太子想到父王将会无休止地听到褒姒进谗言，我死之后，恐怕还有被谗害的人。但是没有办法啊，所以决绝地想到：自己尚且不能容身，哪里有闲暇担忧我死之后呢？

《巧言》，刺幽王也。大夫伤于谗而作是诗。

乱之初生，僭始既涵[①]。僭，不信也。涵，同也。王之初生乱萌，群臣之言，信与不信，尽同之不别。乱之又生，君子信谗[②]。君子斥在位者[③]，信谗人言，是复乱之所生。君子信盗[④]，乱是用暴。盗，谓小人。盗言孔甘，乱是用餤[⑤]。餤，进也。

【注释】

①僭（jiàn）：超越本分，冒用在上者的职权、名义行事。这里指虚伪。涵：包容。

②君子：指在位朝臣。

③斥：指。

④盗：指谗人。

⑤餤（tán）：本义为进食，引申为加剧。

【译文】

《巧言》一诗，是讽刺周幽王的。周大夫被谗毁而作本诗。

祸乱当初能生成，谗人虚伪得赞成。僭，是指僭越虚饰之言本来是不应该相信的。涵，是指不信之言却被包含而跟可信之言混同。周王在祸乱开始萌生时，对待群臣的言论，可信的跟虚伪不可信的，全都同等看待没有区别。**祸乱再次大发生，在位朝臣信谗言。**君子是指在位的朝臣，他们相信进谗言人的话，于是祸乱由此再次发生。**谗人凶盗朝臣信，祸乱因此更凶残。**盗，是指小人。**险盗进谗更甘甜，祸乱由此日益进。**餤，是进的意思。

《巷伯》，刺幽王也。寺人伤于谗而作是诗[①]。巷伯，奄官。寺人，内小臣。

萋兮斐兮[②]，成是贝锦[③]。兴也。萋、斐，文章貌[④]。贝锦，锦文。兴者，喻谗人集作己过，以成于罪，犹女工之集采色成锦文也。彼谮人者[⑤]，亦已太甚。太甚者，谓使己得重罪。取彼谮人，投畀豺虎[⑥]。豺虎不食，投畀有北[⑦]。北方寒凉而不毛也。有北不受，投畀有昊[⑧]。昊，昊天也。与昊天使制其罪也。

【注释】

①寺人：古代宫中的近侍小臣。多以阉人充任。毛传："巷伯，奄官。寺人，内小臣也。奄官上士四人，掌王后之命，于宫中为近，故谓之巷伯，与寺人之官相近。谗人谮寺人，寺人又伤其将及巷伯，故以名篇。"

②萋兮斐兮：花纹错杂的样子。

③贝锦：本指像贝的文采一样美丽的织锦，本诗用来比喻诬陷他人、罗织成罪的谗言。

④文章：鲜明的、错杂的花纹或色彩。

⑤谮（zèn）人：谗毁他人。谮，造谣，诬陷。

⑥投畀（bì）：投掷，丢给。

⑦有北：北方。

⑧有昊：昊天，苍天。

【译文】

《巷伯》一诗，是讽刺周幽王的。寺人巷伯被谗害而作此诗。巷伯，是阉人官员。寺人，是宫内小臣。

采织斐然纹饰彰，罗织谗毁贝锦样。这是起兴。萋、斐，都是文采彰著的样子。贝锦，是指织锦的纹饰如贝。起兴，是比喻谗人搜集自己无心的过失，罗织成罪，就像女工聚集彩色丝线织成贝锦花纹一样。那些谗毁陷害人，诬陷太甚我重罪。太甚，是说让我得到极刑重罪。拿过那些造谣人，扔给豺虎去啃食。豺虎要是不啃食，扔到北方冻死他。北方寒冷是不长庄稼的地方。北方要是不接受，扔给昊天去治罪。昊，是昊天。让昊天治他的罪。

《谷风》[①]，刺幽王也。天下俗薄[②]，朋友道绝焉。

习习谷风[③]，维风及雨。兴也。风雨相感[④]，朋友相须[⑤]。风而有雨，则润泽行。喻朋友同志[⑥]，则恩爱成。将恐将惧[⑦]，维予与汝。将，且也。恐惧，喻遭厄难也。将安将乐，汝转弃予[⑧]。汝今已志达而安乐[⑨]，而弃恩忘旧，薄之甚也。忘我大德，思我小怨。大德，切嗟以道[⑩]，相成之谓也。

【注释】

①谷风：东风，生长之风。

②薄：指世道人心衰微。

③习习：微风和煦的样子。

④相感：相互感应。

⑤相须：互相依存，互相配合。

⑥同志：指志趣相同，志向相同。

⑦将恐将惧：喻指苦厄危难。

⑧转：转折，反转。

⑨达：通达，志向成功。

⑩切磋：比喻道德学问方面相互研讨勉励。

【译文】

《谷风》一诗，是讽刺周幽王的。周幽王之时，天下世道人心衰微，朋友相助之道断绝。

微微和煦是东风，东风带来润泽雨。这是起兴。风雨互相感应，朋友相互依存。有此风而有此雨，就能实施润泽。比喻朋友志趣相投，关爱同行。惊恐惧怕经苦厄，承受只有我和你。将，是并且的意思。恐惧，喻指遭受困苦厄难。才得平安快乐时，你却转身弃友谊。你如今已经心志通达身处安乐，却丢弃恩情忘记旧友，太薄情了。不仅忘记我大德，反而思我点滴怨。大德，是指当年一起研讨大道，互相成就。

《蓼莪》①，刺幽王也。民人劳苦②，孝子不得终养尔③。

蓼蓼者莪，匪莪伊蒿④。兴也。蓼蓼，长大貌也。莪已蓼蓼长大，我视之反谓之蒿。兴者，喻忧思心不精识其事也。哀哀父母⑤，生我劬劳⑥。哀哀者，恨不得终养父母，报其生长己之苦也。无父何怙⑦？无母何恃？出则衔恤⑧，入则靡至。恤，忧也。孝子之心，怙恃父母依依然，以为不可斯须无也⑨。出门则思之忧，旋入门又不见⑩，如入无所至也。父兮生我，母兮鞠我⑪。拊我畜我⑫，长我育我，顾我复我⑬，出入腹我⑭。鞠，养也。顾，旋视也。复，反覆也。腹，怀抱。欲报之德，昊天罔极⑮。之，犹是也。我欲报父母是德，昊天乎，我心无极也。

【注释】

①蓼（lù）：蓼蓼，又长又大的样子。莪（é）：植物名。俗称抱娘蒿。后常以蓼莪指对亡亲的悼念。

②民人：人民，百姓。

③终养：奉养父母，以终其天年。

④蓼蓼者莪，匪莪伊蒿：郑笺："莪已蓼蓼长大，貌视之以为非莪，反谓之蒿。兴者，喻忧思虽在役中，心不精识其事。"

⑤哀哀：悲伤不已的样子。

⑥劬（qú）劳：劳累，劳苦。

⑦怙（hù）：依赖，凭恃。后称父亲死去为失怙，母亲死去为失恃。

⑧衔恤：含哀，心怀忧伤。

⑨斯须：须臾，片刻。

⑩旋：不久，立刻。

⑪鞠：养育。

⑫拊：抚，抚摩。畜：养育。《毛诗正义》："畜我承拊我之后，明起止而畜爱之。"

⑬顾：回头看，引申为照顾，看顾。复：反覆，指翻来覆去地照料。

⑭腹：指怀抱。

⑮罔极：形容想念的思绪无边无际，没有极限。

【译文】

《蓼莪》一诗，是讽刺周幽王的。当时民众劳苦，连孝子也无力奉养父母，以终其天年。

又长又大是莪蒿，粗看把莪说青蒿。这是起兴。蓼蓼，是又长又大的样子。莪蒿已经又长又大，我一看反而说是青蒿。起兴，是比喻满心忧伤不能集中精力来分辨这些事。可哀可哀我父母，生我养我多辛劳。哀哀，是遗憾不能奉养父母终其天年，来报答他们生养抚育自己的辛苦。没有父亲依靠谁？没有母亲倚恃谁？出了家门心含忧，回家进门还乱撞。恤，是忧伤的意思。孝子心中，依赖父母恋恋不舍，认为不能片刻没有。出门想得忧伤，马上回家进门又看不见，好像不知道走进了哪里。**父亲啊，你给了我生命；母亲啊，你养育了我。抚摩我，养活我，成长我，抚育我，走开回头看顾我，翻来覆去照料我，进进出出怀抱我。**鞠，是养的意思。顾，是回头看的意思。复，是反覆照料的意思。腹，是怀抱的意思。**今天我报父母德，痛呼苍天无限极。**之，等于说这。我想要报答父母养育的恩德，上天啊，我的心想得没有极限。

《北山》，大夫刺幽王也。役使不均①，已劳于从事而不得养其父母焉。

溥天之下②，莫非王土。率土之滨③，莫非王臣。此言王之土地广大矣，王之臣又众矣，何求而不得，何使而不行乎。大夫不均，我从事独贤④。贤，劳也。或燕燕以居息⑤，燕燕，安息貌也。或尽瘁以事国⑥。尽力劳病，以从国事。或息偃在床⑦，或不已于行⑧。不已，犹不止也。或栖迟偃仰⑨，或王事鞅掌⑩。鞅，犹荷也。掌，谓捧持之也。负荷捧持以趋走，言促遽也⑪。或耽乐饮酒⑫，或惨惨畏咎⑬。咎，犹罪过。

【注释】

①役使：驱使，支配。

②溥（pǔ）天：遍天下。

③率：循，沿着。滨：水边，这里指边际。

④贤：多，指干活多而辛劳。

⑤燕燕：安乐。居息：安居休息。

⑥尽瘁：尽心尽力，全身心投入。

⑦息偃：安息，休息。

⑧不已：不止。

⑨栖迟：游玩休憩。偃仰：安居，游乐。

⑩鞅掌：谓职事纷扰繁忙。毛传："鞅掌，失容也。"郑笺："鞅犹何也，掌谓捧之也。负何捧持以趋走，言促遽也。"《毛诗正义》："传以鞅掌为烦劳之状，故云失容。言事烦鞅掌然，不暇为容仪也。今俗语以职烦为鞅掌，其言出于此传也。故郑以鞅掌为事烦之实，故言鞅犹荷也。"

⑪促遽：急促匆忙。

⑫耽：沉溺。

⑬惨惨：忧闷，忧愁。咎：过失，罪过。

【译文】

《北山》一诗，是大夫讽刺周幽王的。周幽王使唤人不平均，自己辛劳职事却不能供养父母。

广阔的苍天之下，哪里不是天子的土地。沿着地边走过去，哪里不是天子的臣民。这是说天子的土地广大无边，天子的臣民又人数众多，找什么找不着，干什么干不了。大夫工作不平均，单我活多乱纷纷。贤，是辛劳的意思。有的人快乐待着休息，燕燕，安适的样子。有的人干活尽力要累死。尽力劳累到重病，为了给国家干活。有的人歇息躺在床，有的人奔走忙不停。不已，等于说不止。有的人整天玩玩乐乐，有的人重担捧着扛着。鞅，等于说负荷。掌，指捧着拿着。捧着拿着重荷奔跑，是说急急忙忙。有的人沉溺享乐迷恋酒，有的人凄凄惨惨怕罪尤。咎，等于说罪过。

《青蝇》[①]，大夫刺幽王也。

营营青蝇[②]，止于樊[③]。兴也。营营，往来貌。樊，藩也。兴者，蝇之为虫，污白使黑，污黑使白，喻谗佞之人变乱善恶也。止于藩，欲外之，令远物也。恺悌君子[④]，无信谗言。恺悌，乐易也。营营青蝇，止于棘[⑤]。谗人罔极[⑥]，交乱四国。极，犹已也。

【注释】

①青蝇：一种苍蝇，今名大头金蝇。

②营营：来来往往的样子。

③樊：篱笆。

④恺悌（kǎi tì）：和乐平易。

⑤棘：酸枣树。

⑥罔极：无止，即说没个完。

【译文】

《青蝇》一诗，是周大夫讽刺幽王的。

飞来飞去大金蝇，污染万物落藩篱。这是起兴。营营，是往来的样子。樊，是藩篱。这是起兴，青蝇这个虫子，把白的污染成黑的，把黑的污染成白的，比喻谗佞之人搅乱善恶。停在藩篱上，想要让它到外面，让它远离物体。**和乐平易诸君子，千万不要信谗言。**恺悌，是和乐平易的意思。**飞来飞去大金蝇，污染万物落酸枣。谗人进谗没个停，交替祸乱四方国。**极，等于说止。

《宾之初筵》，卫武公刺时也。幽王荒废，媟近小人[①]，饮酒无度，天下化之。君臣上下，沉湎淫液[②]。武公既入[③]，而作是诗也。淫液者，饮酒时情态也。言武公入者，入为王卿士也。

宾之初筵，温温其恭[④]。温温，和柔也。其未醉止，威仪反反[⑤]。曰既醉止，威仪幡幡[⑥]。舍其坐迁，屡舞仙仙[⑦]。反反，言重慎也。幡幡，失威仪也。仙仙，僛也。此言宾初即筵之时，自敕戒以礼[⑧]，至于旅酬[⑨]，而小人之态出也。宾既醉止，载号载呶[⑩]。乱我笾豆[⑪]，屡舞僛僛[⑫]。是曰既醉，不知其邮[⑬]。侧弁之俄[⑭]，屡舞傞傞[⑮]。号呶，号呼欢呶也。僛僛，僛不能自正也。傞傞，不止也。邮，过也。侧，倾也。俄，倾貌也。

【注释】

①媟(xiè)近:狎昵亲近。媟,亲近而不庄重。

②淫液:流连贪羡的样子。郑笺:“淫液者,饮酒时情态也。”

③武公既入:指卫武公入朝为卿士。

④温温:和柔。

⑤反反(fān):举止庄重美好。郑笺:“反反,言重慎也。”

⑥幡幡:轻率不庄重的样子。

⑦仙仙:起舞轻盈的样子。

⑧敕戒:警诫,教诫。

⑨旅酬:指祭礼完毕后众亲宾一起宴饮,相互敬酒。

⑩载号载呶(náo):又是号呼又是喧哗。呶,喧闹,喧哗。

⑪笾(biān)豆:笾和豆。古代祭祀及宴会时常用的两种礼器。竹制为笾,木制为豆。

⑫僛僛(qī):醉舞身体歪斜的样子。

⑬邮:“尤”的借字。过失。

⑭弁:古代贵族的一种帽子,礼仪时用。俄:倾斜的样子。

⑮傞傞(suō):醉舞不停的样子。

【译文】

《宾之初筵》一诗,是卫武公所作,用来讽刺时世的。因为周幽王政教荒乱惰废,又狎昵亲近小人,饮酒没有节度,天下风气从而也败坏了。致使君臣上下沉湎酗酒,流连贪羡成风。卫武公既入朝成为周王卿士,见到这样的情况,而写作了这篇诗来讽刺。淫液,是饮酒时的情态。说武公入,是说他入朝成为周王的卿士。

亲宾进门刚开筵,温温和和谦恭敬。温温,柔和。亲宾饮酒未醉时,威仪慎重又和善。亲宾齐饮喝醉时,威仪轻率不庄重。座位不要到处钻,频频起舞舞翩跹。反反,是说慎重。幡幡,是失去威仪的样子。仙仙,是跳舞的样子。这是说,亲宾开始入席宴饮时,自我警戒要用礼法约束,等到祭礼完毕,亲宾一起饮酒、敬酒，小人丑态全都出现了。亲宾已经喝醉酒，又是号呼又是闹。祭礼笾豆全搅乱，醉舞东倒又西歪。这些亲宾已喝醉，迷糊自不知过失。礼帽倾斜乱歪歪，醉舞起劲跳不停。号呶，是号呼欢闹的意思。僛僛，是跳舞歪斜不能正的样子。傞傞，是不停的样子。邮，是过失的意思。侧，是倾斜的意思。俄，是倾斜的样子。

《采菽》①，刺幽王也。侮慢诸侯②，诸侯来朝，不能锡命以礼③，数征会之④，而无信义，君子见微而思古焉。

采菽采菽，筐之筥之⑤。菽，所以芼大牢而待君子也⑥。君子来朝⑦，何锡与之⑧？虽无与之，路车乘马⑨。君子，谓诸侯也。赐诸侯以车马，言虽无与之，尚以为薄也。

【注释】

①菽（shū）：豆类的总称，通常指大豆。

②侮慢：对人轻忽，态度傲慢，乃至冒犯无礼。

③锡命：敬称天子或尊长者下达命令。

④数：屡次。征会：征召诸侯会盟。

⑤筐：方形盛物竹器。筥（jǔ）：圆形的盛物竹器。

⑥芼（mào）大牢：指把黄豆跟三牲牲肉拌和制作芼羹。芼，杂，拌和。大牢，即太牢，祭祀时三牲（猪牛羊）具备的叫太牢。

⑦君子：指诸侯。

⑧与：给。

⑨路车：即辂（lù）车，古代诸侯所乘的车。乘（shèng）马：四马。

【译文】

《采菽》一诗，是讽刺周幽王的。因为幽王对人轻忽，态度傲慢，诸侯前来朝见时，不能诏命以礼相待，屡次征召诸侯会盟，却又不讲信义，君子见到细微的征兆知道会导致明显后果，于是思念古代英明的先代君王。

采大豆啊采大豆，装进方筐和圆筐。菽，是用来跟三牲肉拌和制作芼羹款待来朝诸侯的。君子诸侯来朝会，什么礼物赐予他？虽说无物可赐予，路车一乘四匹马。君子，是说诸侯。把车马赐给诸侯，嘴上却说没什么可以给的，这是自认为赐予的礼物菲薄。

《角弓》[①]，父兄刺幽王也。不亲九族而好谗佞[②]，骨肉相怨，故作是诗也。

骍骍角弓[③]，翩其反矣[④]。兴也。骍骍，调和也。不善绁檠巧用[⑤]，则翩然而反。兴者，喻王与九族不以恩礼御待之[⑥]，则使之多怨心。兄弟婚姻，无胥远矣[⑦]。胥，相也。骨肉之亲，当相亲无相疏远。相疏远，则以亲亲之望[⑧]，易以成怨也。尔之远矣[⑨]，民胥然矣。尔之教矣，民胥效矣[⑩]。尔，汝。尔，幽王也。胥，皆也。言王汝不亲骨肉，则天下之人皆如斯。汝之教令，无善无恶，所尚者天下之人皆学之。言上之化下，不可不慎也。

【注释】

①角弓：一种用角装饰的弓，《毛诗正义》以为是北狄角弓。

②九族：指从高祖到玄孙的九代直系亲属。

③骍骍（xīng）：弓调和后呈现的弯曲状。

④翩：翩翩，行动轻快的样子。这里形容迅速。反：指角弓反转过来。

⑤绁（xiè）：绳索。檠（qíng）：矫正弓弩的器具。

⑥恩礼：指尊上对下的礼遇。

⑦胥：相。

⑧望：期望。

⑨尔：你，指幽王。

⑩效：效法。

【译文】

《角弓》一诗，是周幽王宗族父兄讽刺幽王的。幽王不亲近九族的骨肉，却喜好谗佞小人，使得至亲互相怨恨，所以父兄作了这篇《角弓》诗。

弯曲调和好角弓，翩翩迅疾反过来。这是起兴。骍骍，是把弓调和好的样子。不善于用绳索和檠来矫正角弓，那就会一下子反过来。起兴，是比喻周王不礼遇九族亲人，结果使他们多有怨恨之心。**宗族兄弟结婚姻，互相之间别嫌猜。**胥，是互相的意思。骨肉之亲，应当互相亲爱而不能互相疏远。互相疏远，那么亲近亲人的期望，很容易变成怨恨啊。**幽王疏远宗族亲，民众都会学这样。你的教化善与恶，民众一概都仿效。**尔，是你，指幽王。胥，是都的意思。这是说幽王不亲近骨肉，那么天下人都会这样。你的教令，不管善还是恶，你所崇尚的天下人都会学习。说明尊上教化下层，不可以不谨慎。

《菀柳》[①]，刺幽王也。暴虐而刑罚不中[②]，诸侯皆不欲朝，言王者之不可朝事也[③]。

有菀者柳，不尚息焉[④]。尚，庶几也。有菀然枝叶茂盛之柳，行路之人，岂有不庶几欲就之止息乎？兴者，喻王有盛德，则天下皆庶几愿往朝焉。忧今不然也。俾予靖之[⑤]，后予极焉[⑥]。靖，谋也。俾，使也。极，诛也。假使我朝王，王留我使我谋政事；王信谗，不察功考绩，后反诛放我。是言王刑罚不中，不可朝事。

【注释】

①菀（yù）：菀菀，茂盛的样子。

②中（zhòng）：符合。

③朝事：朝见事奉。

④尚：差不多。

⑤靖：治理。

⑥极："殛"的假借。诛杀。

【译文】

《菀柳》一诗，是讽刺周幽王的。周幽王暴虐，刑罚不当，诸侯都不想朝见，此诗说这样的王者不可朝见事奉。

郁郁葱葱柳枝叶，行路望见谁不歇。尚，是庶几，差不多的意思。有枝叶茂盛的柳树，行路人见到，难道不会靠近停下来休息？起兴，是比喻周王要是有道德，那么天下诸侯都会前往朝见。担忧当今不是这样。**如若让我去治理，最后恐怕被诛杀。**靖，是治理的意思。俾，是使的意思。极，是诛杀的意思。假使我去朝见天子，天子留下我让我谋划政事；但是周王相信谗言，不去考察功绩，之后反而会诛杀流放我。这是说周王刑罚不当，不能朝见事奉。

《隰桑》[①]，刺幽王也。小人在位，君子在野，思见君子[②]，尽心以事之也。

隰桑有阿[③]，其叶有难[④]。隰中之桑，枝条阿然长美，其叶又茂盛，可以庇荫人。兴者，喻时贤人君子，不用而野处，有覆养之德也。既见君子，其乐如何。思在野之君子，而得见其在位，我喜乐无度也。心乎爱矣，遐不谓矣。中心臧之[⑤]，何日忘之？遐，远也。谓，勤也。臧，善也。我心爱此君子，虽远在野，岂能不勤思之乎？我心善此君子，又诚不能忘也。

【注释】

①隰（xí）：低湿的地方，湿地。

②君子：指居于民间的贤人。

③阿：通"婀"。柔美的样子。

④有难（nuó）：即难难，难然，茂盛的样子。毛传："阿然，美貌。难

然，盛貌。”

⑤臧：善，好。

【译文】

《隰桑》一诗，是讽刺周幽王的。当时小人在朝廷，君子在民间，诗人想要见到君子，尽心来事奉他。

湿地桑枝婀娜美，枝叶繁密多茂盛。低湿之地的桑树，枝条婀娜修美，桑叶又茂盛，可以用阴凉庇护人。起兴，比喻当时贤人君子，不被任用而处在民间，有覆养的美德。民间君子朝中见，心中快乐难述说。想到在民间的贤人君子，能够见到他们在朝廷任职，我喜乐无限。心于君子充满爱，殷勤思贤在田间。心中喜好君子贤，哪有一天忘容颜？遐，是远的意思。谓，是勤的意思。臧，是善的意思。我心爱这些贤人君子，即使远在民间，哪里能不勤勤思念呢？我心里喜好这些君子贤人，又真的不能忘记。

《白华》，周人刺幽后也。幽王娶申女以为后，又得褒姒而黜申后。故下国化之，以妾为妻，以孽代宗[①]，而王弗能治。申，姜姓之国。孽，支庶也。宗，適子也。王不能治，己不能正故也。

英英白云[②]，露彼菅茅[③]。英英，白云貌。白云下露，养彼可以为菅之茅。使与白华之菅，可相乱易，犹天之下妖气生褒姒，使申后见黜也。天步艰难[④]，之子不犹。步，行也。犹，图也。天行此艰难之妖久矣，王不图其变之所由。昔夏之衰，有二龙之妖，卜藏其漦[⑤]，周厉王发而观之，化为玄鼋[⑥]。童女遇之，当宣王之时而生女，惧而弃之。后褒人有狱[⑦]，而入之幽王，幽王嬖之[⑧]，是谓褒姒。鼓钟于宫[⑨]，声闻于外。王失礼于内，而下国闻知而化之[⑩]，王弗能治，如鸣钟鼓于宫中，而欲使外人不闻，亦不可得也。念子懆懆[⑪]，

视我迈迈。迈迈，不悦也。言申后之忠于王也。念之懆懆然，欲谏正之，王反不悦于其所言。

【注释】

①孽：指庶子或旁支。宗：嫡长子。《毛诗正义》解释《毛序》说："《白华》诗者，周人所作，以刺幽王之后也。幽王之后，褒姒也。以幽王初取申女以为后，后得褒姒而黜退申后。褒姒，妾也。王黜申后而立之，由此，故下国诸侯化而效之，皆以妾为妻，以支庶之孽代本適之宗，而幽王弗能治而正之，使天下败乱，皆幽后所致，故周人为之而作《白华》之诗以刺之也。申后之黜，幽王所为，而刺褒姒者，言刺褒姒则幽王之恶可知，以褒姒媚惑，以至使申后见黜，故诗人陈申后之被疏，远以主刺后姒也。"

②英英：白云飘动轻盈的样子。

③露：降下露水。菅（jiān）：又叫芒草。茎可作绳织席织履，茎叶之细者可以苫房。《诗》中称为"白华"（《群书治要》未录之首章第一句"白华菅兮"）。茅：即茅草、白茅。古代常用以包裹祭品及分封诸侯，象征土地所在方位之土。

④天步：上天行步，常用来指国运，时运。

⑤漦（chí）：鱼、龙等的涎沫。

⑥玄黿（yuán）：蜥蜴。

⑦狱：讼案。

⑧嬖（bì）：宠爱。

⑨鼓：演奏，敲击。

⑩下国：诸侯国。

⑪懆懆（cǎo）：忧愁不安的样子。

【译文】

《白华》一诗，是周人讽刺周幽王王后褒姒的。幽王起初娶申国姜女为后，后得褒姒就黜退申后。由此下国诸侯纷纷仿效，都以妾为妻，以支庶孽子替代嫡支宗子，而周幽王不能纠正。申国，是姜姓国家。孽，指旁支庶子。宗，指嫡子。幽王不能治理，是因为自己不正的缘故。

白云飘飘多润泽，露水下滴芒茅草。英英，是白云飘动的样子。白云滴下露水，润养那些可以替代白菅的茅草。使得茅草跟白菅能够胡乱变化相混，就像天下妖气化生褒姒，使得申后被废黜。上天行步多艰难，那位男子不去想。步，是行步的意思。犹，是图谋的意思。上天让妖气化生的褒姒来得艰难长久，幽王却不去谋划这一变化的缘由。从前夏朝衰微，有妖气化为两条龙，夏王卜祭请得龙的涎沫收藏起来，后来周厉王发现并打开看，已变化成蜥蜴。宫中童女遇到踩上，在周宣王时生了个女儿，害怕就丢弃了她。后来褒国人有罪，把她敬献给幽王，幽王宠爱她，这就是褒姒。宫中有人在敲钟，钟声必定传宫外。幽王既然废黜其后于宫内，天下诸侯听到后一定随之仿效，幽王也不能治，就像在宫中敲击钟鼓，想要让宫外的人听不见，也不可能。想起你来心糟糟，你却对我傲骄骄。迈迈，不悦的样子。是说申后忠于幽王，想念他忧伤不安。想要诤言劝谏，幽王听了她的话反而不高兴。

《何草不黄》，下国刺幽王也。四夷交侵，中国背叛，用兵不息，视民如禽兽。君子忧之，故作是诗也。

何草不黄？何日不行？用兵不息，军旅自岁始草生而出[①]，至岁晚矣，何草而不黄乎？草皆黄矣，于是间将率何日不行乎[②]？言常行劳苦甚也。何人不将[③]？经营四方[④]。言万民无不从役者也。匪兕匪虎[⑤]，率彼旷野[⑥]。兕、虎，野兽也。旷，空也。兕虎者，以比战士也。哀我征夫，朝夕不暇。

【注释】

①军旅：部队。

②将（jiàng）率：将帅。

③将（jiāng）：率领，领兵。

④经营：周旋，往来。

⑤兕（sì）：独角犀牛，皮厚而坚，可制甲盾。此处以兕虎等野兽比喻征夫。《毛诗正义》："言我此役人，若是野兽，可常在外。今非是兕，非是虎，何为久不得归，常循彼空野之中，与兕虎禽兽无异乎？"

⑥率：沿着，顺着。

【译文】

《何草不黄》一诗，是诸侯国讽刺周幽王的。当时四方边远夷族交相入侵，中原国家也背叛了王室，朝廷用兵不止，对待民众跟鸟兽一样。君子担忧这些，所以作了这篇诗。

什么野草不枯黄？什么日子不出行？用兵不止，军队从年初野草刚刚萌芽就出征，现在到了岁暮，还有什么草不枯黄呢？草都黄了，在这期间将帅哪一天不出行呢？是说经常行军劳苦至极。谁人不在率领下，东征西讨走四方？是说万民百姓没有不跟从服役的。不是犀牛不是虎，顺着路边旷野走。兕、虎都是野兽。旷，是空旷。兕虎，是用来比喻战士。说我这役人，像是野兽，经常在外。可哀我们出征人，早忙晚忙没闲空。

大雅

《文王》，文王受命作周也[①]。受命，受天命而王天下[②]，制立周邦。

文王在上[③]，於昭于天[④]。在上，在民上也。於，叹辞也。昭，见。文王初为西伯，有功于民，其德著见于天，故天命之以为王也。周虽旧邦[⑤]，其命惟新[⑥]。乃新在文王也。济济多士[⑦]，文王以宁。济济，多威仪也。商之孙子，其丽不亿[⑧]。上帝既命，

侯于九服[9]。丽，数也。商之孙子，其数不徒亿，多言之也。至天已命文王之后，乃为君于周之九服之中，言众之不如德也。**侯服于周**[10]，**天命靡常**[11]。则见天命之无常也。无常者，善则就之，恶则去之。**殷士肤敏**[12]，**祼将于京**[13]。殷士，殷侯也。肤，美也。敏，疾也。祼，灌鬯也[14]。将，行也。殷之臣壮美而敏，来助周祭也。

【注释】

①受命：承受天命。作：创制，建造。

②王（wàng）天下：古代指统治者谓以仁义取得天下。

③在上：指民众之上。

④於（wū）：叹词。昭：昭明，显现。

⑤旧邦：指周国自太王以来历史久远。

⑥新：指上天赋予周国姬昌以新的天命——成为文王。

⑦济济：众多的样子。

⑧丽（lǐ）：数目。不亿：不止亿，形容多。《毛诗正义》："商之孙子，其数至多，不徒止于一亿而已。言其数过亿也。"

⑨侯：君侯。九服：指周王畿之外的九个区域。《毛诗正义》认为是郑玄根据后来的《周礼》记载上推的结果。

⑩侯服：前述九服之一，即离周京畿一千里的地方。

⑪天命靡常：指天命没有恒常不变的王权受命者。

⑫殷士：指殷侯，即臣服于周的殷人诸侯国的士臣。肤：美。敏：敏捷，迅疾。

⑬祼（guàn）：用香酒（鬯）灌地而求神的一种祭祀仪式。

⑭鬯（chàng）：古代宗庙祭祀用的香酒。以郁金香合黑黍酿成。

【译文】

《文王》一诗，写的是周文王能承受天命造立周邦。受命，是说承受天命而统治天下,造立周邦。

文王西伯在民上,啊!美德显现在上天。在上,指文王时为西伯在民众之上。於,是叹词。昭,是显现的意思。文王开始为西伯,对民众有功,他的美德彰显于上天,所以上天命令他作王。**岐周虽然是旧邦,显现崭新的气象。**新在文王承前启后的新政上。**威仪济济多众士,文王赖此得安宁。**济济,是说威仪多。**子子孙孙殷商后,数目多得超过亿。上帝已授文王命,归属周朝九服中。**丽,是数目。殷商的子孙,数目不只一亿,这是往多说。到上天已经授命文王之后,殷商后裔就成为周九服之中的一个诸侯国,这是说人数众多赶不上德行广大。**而今子孙臣服周,可见天命真无常。**就可以发现天命无常。无常,是说天命见到善就走来,见到恶就离开。**殷士壮美行动疾,助周灌鬯祀宗礼。**殷士,是殷商侯国的士臣。肤,是美的意思。敏,是迅疾。祼,是用香酒灌地求神。将,是行走的意思。殷商之臣壮美敏疾,来为周王祭祀宗庙作助祭。

《大明》,文王有明德,故天复命武王也。二圣相承,其明德日广大,故曰"大明"也。

明明在下①,赫赫在上②。明明,察也。文王之德,明明在于下,故赫赫然著见于天。天难忱斯③,不易维王④。天位殷嫡⑤,使不挟四方⑥。忱,信也。挟,达也。天意难信矣,不可改易者天子也。今纣居王位,而又殷之正嫡,以其为恶,乃绝弃之,使教令不行于四方,四方共叛之,是天命无常,唯德是与耳。维此文王,小心翼翼⑦。昭事上帝⑧,聿怀多福⑨。厥德不回⑩,以受方国。回,违也。小心翼翼,恭慎貌也。聿,述也。怀,思也。方国,四方来附者也。

【注释】

①明明:明智、明察的样子。

②赫赫：显赫盛大的样子。

③忱：相信，信任。常于涉及天命、天意时用之。

④易：变易，改易。

⑤位：使占据其应有的位置。殷嫡：指商纣，他是殷王王位的嫡系继承人，拥有合法的王位。

⑥挟（jiā）：通“浃”。通达，和洽，周遍。毛传：“挟，达也。”

⑦小心翼翼：形容恭敬小心，丝毫不敢疏忽懈怠。翼翼，恭敬谨慎的样子。

⑧昭：明昭。事：事奉。《毛诗正义》：“明事上天之道。”

⑨聿：遵循。

⑩回：违逆，背叛。

【译文】

《大明》一诗，是写文王有圣明德行，所以上天又降命武王。文王、武王两位圣人递相继承，他们的圣明德行日益广大，所以篇名叫“大明”。

明明显著德在地，赫赫效应著天上。明明，是明察的意思。文王的美德，在天下明明白白，所以他的效应显赫盛大呈现在天上。上天意图难相信，不可改易王位降。殷嫡商纣曾居位，为恶天弃绝四方。忱，是相信的意思。挟，是通达的意思。天意难以相信，不可改易的是天子。现今商纣居于王位，他又是殷商的正嫡，因为他作恶，上天弃绝了他，使得他的教令不能在天下通行，天下四方一起背叛了他，这是天命无常，谁有德就给与谁。这位文王长大后，小心恭敬谨慎足。明白事奉敬天帝，遵行天道得多福。德行美好无违背，四方之国来归附。回，是违背的意思。小心翼翼，是恭敬谨慎的样子。聿，是遵循的意思。怀，是思的意思。方国，指四方来归附者。

《思齐》[①]，文王所以圣也。言其非但天性，德有所由成也。

思齐大任[②]，文王之母。思媚周姜[③]，京室之妇[④]。齐，庄也。媚，爱也。周姜，大姜。京室，王室也。常思庄敬者，太任也，乃为文王之母。又常思爱大姜之配大王之礼，以为京室之妇。言其德行纯备，以生圣子。**大姒嗣徽音⑤，则百斯男。**大姒，文王之妃也。大姒十子，众妾则宜百子也。徽，美也。嗣大任之美音，谓续行其善教令。**刑于寡妻⑥，至于兄弟，以御于家邦⑦。**刑，法也。寡妻，寡有之妻，言贤也。御，治也。文王以礼法接待其妻，至于其宗族，以此又能为政，治于家邦。

【注释】

①齐（zhāi）：庄敬。

②大任：是任姓挚氏之仲女，原称挚仲任氏，大（音太）任，是诗人及史书对她的尊称。

③媚：爱，喜爱。周姜：太姜，周太王古公之妻。

④京室：王室。

⑤大姒：有莘国人，姒姓，周文王的正妃，周武王之母。嗣：继承。徽音：德音。指令闻美誉。

⑥刑于寡妻：谓指以礼法相待贤妻。寡妻，少有的妻子，指贤妻。

⑦御：统治，治理。

【译文】

《思齐》一诗，是写文王成圣的缘由。说他不仅仅由于天性纯善，还因为他的德行成就有其特殊的缘由。

庄敬不惰是太任，拥有此德文王母。思爱周姜太王配，能为京师王室妇。齐，是庄敬的意思。媚，是爱的意思。周姜，是太姜，太王古公之妻。京室，是王室。经常想着庄敬的是大任，她是文王的母亲。她还常常思想爱慕太姜辅助配合太王的嘉言懿行，以做好周王室的媳妇。这是说她德行纯美完备，生了文王这位圣子。**太姒继续行德音，众妾生养百数男。**太姒，是文王的正妃。太姒生了十个儿子，众妾就该有一百个儿子。徽，是美的意思。嗣太任之美音，是说继续施行太任美好的教令。文王以礼待贤妻，教化推至亲兄弟，礼治天下家与国。刑，是效法的意思。寡妻，少有的妻子，是说她贤良。御，是治的意思。文王用礼法对待他的妻子，扩展到他的宗族，借此又能处理政事，治理家国。

《灵台》[①]，民始附也。文王受命，而民乐其有灵德以及鸟兽昆虫焉。文王受命，而作邑于丰[②]，立灵台也。

经始灵台[③]，经之营之[④]。庶民攻之[⑤]，不日成之[⑥]。文王应天命，度始灵台之基趾，营表其位，众民则筑作，不设期日而成之。言说文王之德，劝其事忘己劳也。经始勿亟[⑦]，庶民子来[⑧]。亟，急也。经始灵台之基趾，非有急成之意，众民各以子成父事，而来攻之。

【注释】

①灵台：周文王建造。据说是用来观察天文星象、妖祥灾异的建筑。或以为学官。

②作邑：谓建筑都城。丰：地名。周国都名。在今陕西西安西南。

③经始：开始筹办建造。

④经：量度，筹划。营：营建，制作。

⑤攻：建造。

⑥不日：不久。

⑦亟：紧急，急需。

⑧子来：像儿子一样前来。

【译文】

《灵台》一诗，是写民众开始依附了。文王承受天命，而民众喜欢文王有神灵德行，其德行甚至延及鸟兽昆虫。文王承受天命，营造了丰邑，建立了灵台。

初始量度灵台基，筹划步骤来营造。天下民众争筑作，不设日期就

造好。文王上应天命，开始筹划灵台基础，测量标志位置，民众就使用版筑建造，没有设置建造日期就完工落成。这是说文王的德行广大，民众深受感染，努力劳作，忘掉了自己的劳累。**开始营建并不急，民如孝子助父来**。亟，是急的意思。开始筹划灵台打地基，并没有急着建成的意图，民众各自用孝子帮助完成父亲的事情的态度，过来建造。

《行苇》[①]，忠厚也。周家忠厚，仁及草木，故能内睦于九族，外尊事黄耇[②]，养老乞言，以成其福禄焉。乞言，从求善言可以为政者也。

敦彼行苇[③]，羊牛勿践履[④]。方苞方体[⑤]，维叶泥泥[⑥]。敦，聚貌也。行，道也。叶初生泥泥然。苞，茂也。体，成形也。敦敦然道旁之苇，牧羊牛者，无使蹈履折伤之。草物方茂盛，以其终将为人用。故周之先王，为此爱之，况于其人乎？**黄耇台背[⑦]，以引以翼[⑧]。**台之言鲐也。大老则背有鲐文也。既告老人，及其来也，以礼引之，以礼翼之。在其前曰引，在其旁曰翼也。**寿考维祺[⑨]，以介景福[⑩]。**祺，吉。介，助也。养老人而得吉，所以助大福也。

【注释】

①行：道路。苇：芦苇。可供编织、造纸等。

②黄耇（gǒu）：年老。黄，指黄发，据说老年人头发会变黄。耇，年老，高寿。

③敦（tuán）：聚集的样子。

④践履：踩，踏。

⑤方：正当，正在。苞：茂盛。体：指成形，具有形体。

⑥泥泥：柔润的样子。

⑦台背：指老人背上生斑如鲐鱼之纹，为高寿之征。台，同“鲐”。

鱼名。

⑧引:引导。翼:辅助。

⑨寿考:年高,长寿。祺:幸福,吉祥。

⑩介:帮助。景福:洪福,大福。

【译文】

《行苇》一诗,是写忠诚笃厚的。是说周室王族世世代代能有忠诚笃厚的行为,仁恩泽及草木,所以对内能亲睦九族,对外能尊奉黄发老人,向其求得善言来执政,最终成就了周王室的福禄。乞言,是指从老人那里求得可以帮助执政的善言。

从丛茂密道旁苇,牛羊切勿来践踩。正当茂盛长成体,枝叶青青柔润美。敦,是聚集的样子。行,是道路。芦苇叶子刚生出来,一副轻柔润泽的样子。苞,是茂盛的意思。体,指成形。道路旁的芦苇茂茂密密,放牧牛羊的人,不要让牛羊踩踏弄伤了芦苇。草物刚刚茂盛,终将被人使用。所以周朝的先代君王,对此很爱惜,更何况对于人呢!黄发寿斑老年人,请来引导与辅助。台,即为鲐。人太老了背上会生出鲐鱼一样的斑纹。已经告请老人,等他们来到,赶上前去以礼迎接和搀扶。在他们前面叫引,在他们旁边叫翼。寿考老人是吉祥,帮助周室得大福。祺,是吉祥的意思。介,是帮助的意思。奉养老人获得吉祥,可以帮助获得大福。

《假乐》①,嘉成王也②。

假乐君子,显显令德③。宜民宜人④,受禄于天。假,嘉也。宜民宜人,宜安民、宜官人也。天嘉乐成王有光光之善德,安民官人,皆得其宜,以受福禄于天也。干禄百福⑤,子孙千亿⑥。穆穆皇皇⑦,宜君宜王。宜君王天下也。干,求也。成王行显显之令德,求禄得百福,其子孙亦勤行而求之,得禄千亿。故或为诸侯,或为天子,言皆相勖以道也。不愆不忘⑧,率由旧章⑨。愆,过也。率,循也。成王之令德不过误,不遗失,循用旧典之文章,谓周公之礼法。

【注释】

①假:通“嘉”。乐:喜爱,喜欢。

②嘉:赞美。成王:周成王姬诵,周武王姬发之子。成王继位时年幼,由周公旦辅政。

③显显:鲜明的样子。令:美,善,好的。

④宜民:指适宜安定民众。宜人:指给合适的人授官。

⑤干:求。

⑥千亿:虚数。极言其多。

⑦穆穆:端庄恭敬的样子。皇皇:美盛、庄重的样子。

⑧愆(qiān):过失。

⑨率:遵循,沿着。旧章:旧的文献典章制度,指周公制定的礼法。

【译文】

《假乐》一诗,是用来赞美成王的。

上天赞美喜爱成王,鲜明善德真美好。安民任贤无所不宜,承受福禄来自上天。假,就是嘉的意思。宜民宜人,是说安定民众适宜,授官给人适宜。上天高兴赞美成王有灿烂鲜亮的善德,安定民众授官给人,都能合适,因此从上天接受福禄。求天降福上百种,子孙福禄得千亿。庄严敬慕端美盛,宜为君长与天王。适宜称王统一天下。干,是求的意思。成王实行王道有光辉耀眼的美德,求福禄获得上百种之多,他的子孙也勤修德行来求福,获得千亿福禄。所以有的成为诸侯,有的成为天子,这是说他们都能相互勉励,遵循大道。没有过失不遗忘,遵循周公旧典章。愆,是过失的意思。率,是遵循的意思。成王的美德体现在对于周公遗留的典章礼法,没有过失,没有遗忘,遵照行事。

《民劳》[①],召穆公刺厉王也[②]。

民亦劳止,汔可小康[③]。惠此中国[④],以绥四方[⑤]。汔,几也。康、绥，皆安也。惠，爱也。今周民疲劳矣，王几可小安之乎？爱此京师之人，以安天下。京师者，诸夏之根本也[⑥]。

【注释】

①劳：劳苦。

②召穆公：姓姬名虎，谥号穆公，是周厉王的卿士。刺：讽喻，隐刺。

③汔（qì）：接近，庶几。小康：稍安。

④惠：恩惠。中国：指周天子直接统治的区域。

⑤绥：安抚。四方：指四方诸侯之国。

⑥诸夏：周代分封的各个诸侯国。泛指中原地区。

【译文】

《民劳》一诗，是召穆公讽刺周厉王的。

民众如今也疲劳，稍省赋役安息民。爱此中原爱京师，安定四方华夏人。汔，是庶几的意思。康、绥，都是安定、安康的意思。惠，是爱的意思。现今周朝的民众已经疲劳了，大王差不多该稍微采取措施小小地安定一下吧？爱护这京师的民众，以此安定天下。京师，是华夏的根本啊。

《板》，凡伯刺厉王也[①]。

上帝板板[②]，下民卒瘅[③]。出话不然[④]，为犹不远[⑤]。板，反也。上帝，以称王者。瘅，病也。话，善言也。犹，谋也。王为政反先王与天之道，天下民尽瘅，其出善言而不行之也。以此为谋，不能远图，不知祸之将至也。犹之不远，是用大谏[⑥]。王之谋不能图远，用是故我大谏王也。介人维藩[⑦]，太师维垣[⑧]。大邦维屏[⑨]，太宗为翰[⑩]。介，善也。藩，屏也。垣，墙也。翰，干也。太师，三公也。大邦，成国诸侯也。太宗，王之同姓，世嫡子也。王当用公卿、诸侯及宗室之贵者，为藩屏垣干，为辅弼，无疏远之也。怀德维宁[11]，宗子维城[12]。无俾城坏，无独斯畏[13]。怀，和也。斯，离也。和汝德，无行酷暴之政，以安汝国，以是为宗子之城，使免于难。宗子城坏，则乖离，而汝独居而畏矣。宗子，適子也。

【注释】

①凡伯：姬姓。据说是周公后裔，是周厉王的卿士。《毛诗正义》："知为王卿士者，以经云：'我虽异事，及尔同寮。'是为王官也。以其伯爵，故宜为卿士。《瞻仰》，凡伯之刺幽王。《春秋》隐七年，'天王使凡伯来聘'。世在王朝，盖畿内之国。杜预云：'汲郡共县东南有凡城。'共县于汉属河内郡，盖在周东都之畿内也。"或云，凡伯就是共伯和，世称他修德行，好贤仁。

②上帝：指周王，说他尊严如同上帝。板板：乖戾，反常。

③卒（zú）：尽，完毕。瘅（dàn）：病，劳苦。

④不然：不这样做。

⑤犹：通"猷"。谋。

⑥大谏：竭力劝谏。

⑦介人：善人。指有才德之士。藩：藩篱，屏障。

⑧太师：周三公之一。垣：矮墙，墙。

⑨大邦：指大国诸侯。

⑩大宗：天子同姓宗族。翰：通"榦"。枝干，骨干。

⑪怀：和，协和。

⑫宗子：嫡长子。

⑬斯：分开。

【译文】

《板》一诗，是凡伯讽刺厉王的。

厉王政教反又反，天下民众全病困。善言大王不实行，如此谋略不长远。板，是反的意思。上帝，是用来称周王的。瘅，是劳累的病。话，指善言好话。犹，是谋略。厉王执政一反先代君王跟上天的正道，天下民众全都劳累得病，因为他口出善言却不实行。用这些来谋划，不能从长远考虑，不知道祸乱即将来到。**厉王图谋不长远，因此我竭力劝谏。**厉王的谋略不能考虑长远，因为这个缘故我竭力劝谏。**善人为官成藩篱，太师大臣如墙垣。大国诸侯是屏障，大宗嫡子成骨干。**介，是善。藩，是屏障。垣，是墙。翰，是干。太师，是三公之一。大邦，指大国诸侯。大宗，指跟周王同姓的嫡长子世系。大王应当任用公卿、诸侯以及宗室贵族，作为藩篱、屏障、墙垣、骨干，让他们成为大王辅助，不要疏远他们。**安和德行安宁国，你的宗子作城墙。别叫宗子城墙坏，让王独居有所畏。**怀，是和的意思。斯，是离的意思。协和你的德行，不要施行严酷暴虐的统治，来安定你的国家。并以此治理宗子之城，使他们免于患难。宗子的城墙损坏了，就乖离分散，那么你将陷入孤独困居而畏惧的境地了。宗子是嫡子。

《荡》，召穆公伤周室大坏也。厉王无道，天下荡荡[①]，无纲纪文章[②]，故作是诗也。

荡荡上帝[③]，下民之辟[④]。上帝，以托君王也。辟，君也。荡荡，言法度废坏之貌也。厉王乃以此居人上，为天下之君，言其无可则像之甚也。疾威上帝[⑤]，其命多僻[⑥]。疾，病人矣。威，罪人矣。疾病人者，重赋敛也。威罪人者，峻刑法也。其政教又多邪僻，不由旧章也。天生烝民[⑦]，其命匪谌[⑧]。靡不有初[⑨]，鲜克有终[⑩]。天之生此众民，其教道之，非当以诚信使之忠厚乎？今则不然，民始皆庶几于善道，后更化于恶俗也。既愆尔止[⑪]，靡明靡晦[⑫]。式号式呼，俾昼作夜[⑬]。使昼为夜也。愆，过也。汝既过于沉湎矣，又不为明晦有止息也。醉则号呼相效，用昼日作夜，不视政事也。文王曰咨[⑭]，咨汝殷商。匪上帝不时[⑮]，殷不用旧[⑯]。此言纣之乱，非其生不得其时，乃不用先王之故法之所致也。虽无老成

人[17]**，尚有典刑**[18]。老成人，谓若伊尹、伊陟、臣扈之属也，虽无此臣，犹有常事故法可案用。**曾是莫听，大命以倾**[19]。莫，无也。朝廷君臣，皆任喜怒，曾无用典刑治事者，以至诛灭也。**殷鉴不远**[20]**，在夏后之世**[21]。此言殷之明镜不远也。近在夏后之世，谓汤诛桀也。后武王诛纣，今之王何以不用为戒乎？

【注释】

①荡荡：此指飘荡、动荡的样子。

②纲纪：指法度，纲常。文章：指礼乐制度。

③荡荡：此指法度废弛。

④辟：君主。

⑤疾：指用重赋让民困病。威：指用严刑判人罪。

⑥命：指政教，命令。僻：邪僻，乖谬不正。

⑦烝民：指民众，百姓。

⑧谌（chén）：诚。一说信。

⑨有初：指有好的开始。

⑩鲜：少。克：能。终：指好的结束。

⑪愆（qiān）：过错。止：举止，容止。

⑫明：指白昼。晦：指夜晚。

⑬俾昼作夜：把白天当夜晚。

⑭咨：叹词。叹息。

⑮不时：不适时，不合时。

⑯旧：指先王的礼法制度。

⑰老成人：年高有德的人。

⑱典刑：指旧法、常规。

⑲大命：指天命，称天子之命。

⑳鉴：镜子。

㉑夏后之世：指夏朝。

【译文】

《荡》一诗，是召穆公伤痛周王室大坏。因为厉王没有人君之道，致使天下动荡，不再有法度纲常礼乐制度，所以穆公作了这篇诗。

恣纵败坏是帝王，如此竟成下民君。上帝，用来指君王。辟，是君。荡荡，是说法度败坏的样子。厉王竟然用这样的方法位居人上，成为天下的君主，说他没有法则不成样子达到极点了。**重赋困人严刑罪，政教命令多邪僻。**疾，是说使人病困。威，是说威风让人入罪。使人病困，是说沉重赋敛。威风让人入罪，是说峻法严刑。他的政教命令又多邪僻，不按旧的规章制度。**原本天生此众民，政教化育要真诚。无人不是有初心，慕善少能有终行。**天生这些民众，君王教导，不是应当用诚信让他们忠厚吗？现今却不是这样，民众起初都倾向善道，以后变化跟从恶俗。**举止仪容已随意，饮酒昼夜不休息。喝醉叫号与高呼，白天醉酒夜晚继。**使白昼成为黑夜。愆，是过错。你既已过分沉湎饮酒了，又不因为白天黑夜而有所休止。醉了就相互仿效号呼，把白天变成黑夜，不理政事。**文王感慨长叹息，哎哟哎哟你殷商。殷纣生非不逢时，不遵先王旧典章。**这是说殷纣之乱，并非他生不逢时，而是他不沿用先代君王原有的礼法制度导致的。**年老有德今虽无，先王故法可遵依。**老成人，指像伊尹、伊陟、臣扈这样的人，即使没有这样的臣子，还是有常规旧法可以沿用。**常规旧法不肯听，你的天命倾覆毕。**莫，是无。朝廷君臣，都任意喜怒，竟然没有用常规旧法处理政事的人可用，以致被消灭。**殷商鉴镜并不远，近在夏桀被汤灭。**这是说殷商的明镜并不远。近在夏朝，指商汤诛灭夏桀。后来武王诛灭纣王，今天大王为什么不拿来作为警戒呢？

《抑》，卫武公刺厉王也[①]，亦以自警也。

无兢维人[②]，四方其训之[③]。有觉德行[④]，四国顺之[⑤]。无兢，兢也。训，教也。觉，直也。兢，强也。人君为政，无强于得贤人。得贤人，则天下教化于其俗。有大德行，则天下顺从其政。言在上所以倡道之。**敬慎威仪⑥，维民之则⑦。**则，法也。**慎尔出话⑧，敬尔威仪⑨，无不柔嘉⑩。**话，善言也，谓教令也。**白圭之玷⑪，尚可磨也。斯言之玷，不可为⑫！**玷，缺也。斯，此也。玉之玷缺尚可磨鑢而平，人君政教一失，谁能反复之也？

【注释】

①卫武公：春秋时卫国国君。姬姓，名和。卫釐侯之子，卫共伯之弟。前812—前758年在位。

②兢：强盛，强劲。人：人才，杰出人物。

③四方：指四方诸侯之国。训：教训，

④觉：为“梏”的假借。正直，高大。

⑤四国：指四方诸侯之国。

⑥敬慎：恭敬谨慎。威仪：庄重的仪容举止。

⑦则：效法。

⑧慎：谨慎处理。

⑨敬：恭敬从事。

⑩柔嘉：柔和美善。

⑪白圭：亦作白珪。古代白玉制的礼器，长条形，上尖下方。玷：玉的斑点，瑕疵。

⑫斯言之玷，不可为：《毛诗正义》：“白玉为圭，圭有损缺，犹尚可更磨鑢而平，若此政教言语之有缺失，则遂往而不可改。为王者安危，在于出令，故特宜慎之。”玷，比喻失误。

【译文】

《抑》一诗，是卫武公讽刺厉王的，也是用来自我警戒的。

没啥强过得贤人，得贤可以训四方。正直高大贤者德，四方美慕兼顺从。无兢，是兢。训，是教训。觉，是正直。兢，是强大。人君治国，没有什么比得到贤人更强大的了。得到贤人，那么天下就能用教化改变风俗。德行高大，那么天下就顺从他的统治。这是说居于上位的要倡导的原因。**谨慎举止和仪容，能让下民去效法。**则，是效法。**谨慎发出君教令，恭敬在朝君威仪，令威无不安详美。**话，是善言，指君王的教令。**晶莹白玉作成圭，瑕疵尚能研磨平，政教言语有缺失，一去不返不可为！**玷，是缺损。斯，是此。玉的缺损还可以研磨打平，人君政教一有失误，谁能将其返回原样？

《桑柔》，芮伯刺厉王也[①]。芮伯，王卿士也。

忧心殷殷[②]，念我土宇[③]。我生不辰，逢天僤怒[④]。自西徂东[⑤]，靡所定处。宇，居也。僤，厚也。此士卒从军，久不息，劳苦自伤之言也。人亦有言[⑥]，进退维谷[⑦]。谷，穷也。前无明君，却迫罪役，故穷也。维此良人，弗求弗迪[⑧]。维彼忍心，是顾是复[⑨]。迪，进也。良，善也。国有善人，王不求索，不进用之。有忍为恶之心者，王反顾念而重复之，言其忽贤者爱小人也。大风有隧[⑩]，贪人败类[⑪]。听言则对[⑫]，诵言如醉[⑬]。类，犹等夷也。贪恶之人，见道听之言，则应答之。见诵《诗》《书》之言，则眠卧如醉。君居上位，而行如此，人或效之也。

【注释】

①芮伯：是周厉王的卿士。其先祖姬姓，封于芮。卿士：周王朝的执政者，总管王朝的政事。

②殷殷：忧伤的样子。

③土宇：乡土住宅。

④僤（dàn）怒：疾怒。

⑤徂：往。

⑥人：指古代贤人。

⑦进退维谷：前进和后退均已穷尽而无所适从。形容处境艰难，无

退身之步。《毛诗正义》:“其进与退,维皆困穷。”

⑧维此良人,弗求弗迪:《毛诗正义》:“王不求索者,谓不肯求访搜索而觅之,假得,又不肯进用之。”迪,让其进朝廷当官。

⑨顾:眷顾。复:重复。

⑩隧:隧道,通路。一说旋转,回旋。

⑪败类:毁害族类。类,类属。

⑫听言:指在道路上听到的话,即道听途说之言。

⑬诵言:指诵读经典的话。

【译文】

《桑柔》一诗,是芮伯讽刺厉王的。芮伯,是周王的卿士。

忧心忡忡实难安,顾念我家乡土宅。生我也不得时节,正逢上天在震怒。我从西方走向东,无地安居无地住。宇,是居住的房屋。俾,是厚重的意思。这是士兵从军,长久不得休息,一直劳苦而自我哀伤的话呀。古代贤人也有话,无道之世进退困。谷,是困穷的意思。生前没有英明君王,却被迫受罪服役,所以困穷无路。这些贤良大好人,不让任职不去寻。残忍作恶大坏人,反复眷顾重复任。迪,是进用的意思。良,是善良。国家有善良好人,厉王不去寻求,不让任用他们。有残忍作恶的坏人,厉王反复顾念重复任用,这是说厉王忽视贤人而爱小人。大风吹来有通路,贪人恶行败善道。道听途说会应答,诵读《诗》《书》浑如醉。类,等于说属类。贪恶之人,对道听途说之言,非常感兴趣,能应答。听到诵读《诗》《书》的话,就睡卧跟醉了一样。君王居于上位,却这样行事,别人就会仿效他。

《云汉》①,仍叔美宣王也②。宣王承厉王之烈,内有拨乱之志,遇灾而惧,侧身修行③,欲消去之。天下喜于王化复行,百姓见忧,故作是诗也。仍叔,周大夫也。

倬彼云汉④,昭回于天⑤。云汉,谓天河也。昭,光也。倬然，天河水气也。精光转运于天，时旱渴雨，故宣王夜仰视天河，望其候也。**王曰於乎⑥！何辜今之人⑦？天降丧乱，饥馑荐臻⑧。**荐，重也。臻，至也。辜，罪也。王忧旱而嗟叹云："何罪与！今时天下之人，天仍下旱灾，亡乱之道，饥馑之害，复重至也。"**靡神不举⑨，靡爱斯牲⑩。圭璧既卒⑪，宁莫我听。**靡、莫，皆无也。言王为旱之故，求于群神，无不祭也，无所爱于三牲也，礼神之圭璧，又已尽矣。曾无听聆我之精诚，而兴云雨者与？

【注释】

①云汉：指天河，银河。

②仍叔：周宣王的大夫。

③侧身：倾侧其身，表示戒惧不安。

④倬（zhuō）：高大，显著。

⑤昭回：指星辰光耀回转。

⑥於（wū）乎：叹词。即呜呼。

⑦辜：罪，罪过。

⑧饥馑：灾荒，庄稼收成很差或颗粒无收。荐臻：接连到来，屡次降临。

⑨举：举行祭祀。

⑩爱：吝啬，舍不得。牲：祭祀用的牺牲。

⑪圭璧：指敬献神明的礼器。璧，一种玉器。扁平、圆形、中心有孔。边阔大于孔径。古代贵族用作朝聘、祭祀、丧葬时的礼器，也用作佩带的装饰。卒：尽。

【译文】

《云汉》一诗，是周大夫仍叔赞美宣王的。宣王承他父亲厉王衰乱的余政，心中有治乱之志，遇到旱灾更加忧惧，谨慎自身修养德行，想要用善政消去灾情。天下民众喜见君王的教化重新施行，百姓看见宣王的忧心，所以作了《云汉》之诗。仍叔，是周宣王的大夫。

高天巍巍是银汉，精光水气运在天。云汉，是指天河。昭，是光辉。倬然，是天河水气的样子。精光在天上运转，当时天旱少雨，所以宣王夜晚仰望天河，看看有没有下雨的征候。**宣王慨叹声哎呀！我们今人什么罪？上天竟然降祸乱，饥馑灾害重重来。**荐，是重复的意思。臻，是到来的意思。辜，是罪过。宣王担忧旱情而感叹道："什么罪呀！现今天下的人，上天竟然降下旱灾，前代亡乱的世风，眼前连年的灾荒，相继而至。"**没有神明不举祭，哪里吝惜此牺牲。礼神圭璧已尽献，为何诸神竟不听？**靡、莫，都是没有的意思。这是说，宣王因为天旱的缘故，向众神祈求，没有不祭祀的，没有吝惜三牲，敬献的圭璧，又已经用尽了。为什么不曾聆听我的精诚，而兴云作雨呢？

《崧高》①，尹吉甫美宣王也②。天下复平，能建国，亲诸侯，褒赏申伯焉③。尹吉甫、申伯，皆周之卿士也。

维岳降神④，生甫及申⑤。维申及甫，维周之翰⑥。翰，干也。申，申伯也。甫，甫侯也。皆以贤知人，为周之桢干之臣也。申伯之德，柔惠且直⑦。揉此万邦⑧，闻于四国。揉，顺也。四国，犹言四方也。

【注释】

①崧（sōng）：山大而高。

②尹吉甫：周宣王的卿士。

③申伯：周宣王的卿士。

④岳：四岳，泰山、华山、衡山、恒山的总称。《毛诗正义》："当尧之时，有姜氏者，为四方王官之伯，掌此四岳之祭祀，述其岳下诸侯之职，德当岳神之意，故此岳降神，助其子孙，使之历代有国于周之世，则有甫、有申、有齐、有许。此四国，皆姜氏之苗裔也。"降

神：神灵降临，使神灵降临。

⑤甫：甫侯，周朝大臣。申：申伯。

⑥翰：通“榦”。栋梁。

⑦柔惠：温顺柔和。

⑧揉：揉顺，顺服。万邦：所有诸侯封国。后引申为天下、全国。

【译文】

《崧高》一诗，是尹吉甫赞美宣王的。宣王使天下重新平定，能分封诸侯、建立邦国，亲爱诸侯，褒崇赏赐申国之伯。尹吉甫、申伯，都是周朝的卿士。

上天太岳降神灵，生此甫侯及申伯。有此申伯与甫侯，周朝卿士骨干臣。翰，是干。申，是申伯。甫，是甫侯。都因为贤能知人善任，成为周王朝重要的骨干大臣。卿士申伯有美德，和柔安惠且正直。揉服万邦不顺国，美名声誉四方闻。揉，是顺服。四国，等于说四方。

《烝民》[①]，尹吉甫美宣王也。任贤使能，周室中兴焉[②]。

天生烝民，好是懿德[③]。天之生众民，莫不好有美德之人也。天监有周[④]，昭假于下[⑤]。保兹天子[⑥]，生仲山甫[⑦]。监，视也。假，至也。天视周室之政教，其光明乃至于下，谓及于众民也。天安爱此天子宣王，故生仲山甫使佐也。仲山甫之德，柔嘉维则[⑧]。令仪令色[⑨]，小心翼翼[⑩]。嘉，美也。令，善也。善威仪，善颜色，容貌翼翼然，恭敬也。肃肃王命[⑪]，仲山甫将之[⑫]。邦国若否[⑬]，仲山甫明之[⑭]。将，行也。若，顺也。顺否犹臧否，谓善恶也。既明且哲，以保其身。夙夜匪懈，以事一人。夙，早也。匪，非也。一人，斥天子也。人亦有言，柔则茹之，刚则吐之。维仲山甫，柔亦不茹[⑮]，刚亦不吐。不侮鳏寡，不畏强御[⑯]。人亦有言，德輶如毛[⑰]，民鲜克举之[⑱]。我仪图之[⑲]。

辅，轻也。仪，匹也。人之言云，德甚轻，然而众人寡能独举之以行者，言政事易耳。人不能行者，无其志也。我与伦匹图之[20]，而未能为也。**维仲山甫举之。**仲山甫能独举是德而行之。**衮职有阙[21]，维仲山甫补之。**王之职有缺，辄能补之者，仲山甫也。

【注释】

①烝民：民众，百姓。

②中兴：中途振兴，转衰为盛。

③懿德：美德。

④监：监察，监视。

⑤昭：光明。假：到。下：指民众。

⑥保：抚养，保佑。

⑦仲山甫：周宣王时的贤臣。封地在樊。后因用以代称贤臣。

⑧柔嘉：柔和美善。则：楷模，准则。

⑨令仪：指美好的仪容、风范。令色：和悦的容色。

⑩小心翼翼：形容严肃虔敬的样子，后用来形容言行举动十分谨慎，丝毫不敢疏忽大意。翼翼，恭敬谨慎的样子。

⑪肃肃：庄严敬畏的样子。王命：天子的命令、诏谕。

⑫将：实施，奉行。

⑬邦国：指诸侯国。若否：指顺从与否。

⑭明之：使之明显。《毛诗正义》："畿外邦国之有善恶顺否，在远而难知者，仲山甫则能显明之。"

⑮茹：吞咽，吃。

⑯强御：强横凶暴的人。

⑰辅（yóu）：轻。

⑱举：举起来，这是比喻。

⑲我仪图之：毛传："仪，宜也。"《毛诗正义》："我以人之此言，实得

其宜，乃图谋之，观谁能行德，维仲山甫独能举此德而行之。"仪，匹配，适宜。

⑳伦匹：同辈，同流。

㉑衮职：指古代帝王的职事。亦借指帝王。衮，古代帝王及上公穿的绘有卷龙的礼服。阙：缺误，疏失。郑笺："衮职者，不敢斥王之言也。王之职有阙辄能补之者，仲山甫也。"

【译文】

《烝民》一诗，是尹吉甫赞美宣王的。因为宣王能亲任贤德使用能人，在周室衰微之后，中道复兴。

上天生养此众民，爱好美德人为君。天生养众民，没有不喜好拥有美德的人。上天监视王善恶，宣王政教光至民。上天偏爱此天子，降生樊侯仲山甫。监，是看的意思。假，是到的意思。上天看到周王室的政教，其光明竟然到了下民那里，是说恩惠施加到民众。上天喜爱这天子宣王，所以降生仲山甫来辅佐他。山甫德行怎么样？柔和美善为法则。美善威仪与容色，谨慎小心谦恭敬。嘉，是美善的意思。令，是善、好的意思。仲山甫有好的威仪、好的容色，容貌翼翼然，是恭敬的样子。庄严敬畏王教命，仲山甫能奉行它。诸侯善恶远难知，仲山甫能显明它。将，是奉行的意思。若，是顺从的意思。顺否，等于说善否，指善恶。既能明晓又辨智，择安去危保全身。早起夜卧不懈倦，只是尊奉一宣王。夙，是早的意思。匪，是非的意思。一人，指天子。世人俗谚有常言，食物柔软入口吃，又坚又硬吐一边。不同唯有仲山甫，再软也不吞进肚，再硬也是不会吐。鳏寡孤独不会欺，强横凶暴不畏惧。世人俗谚又有言，德行量轻如鸿毛，无志民众少能举。我信此言配图谋，輶，是轻的意思。仪，是匹偶。有人说，德行很轻，但是众人很少有能单独举起来去实行的人，这是说政事很容易。人们不能实施，是没有那个志向啊。我跟同辈图谋它，但是没能做到。能实行者仲山甫。仲山甫单单能举起这一德行并实施。身穿衮袍职事缺，仲山甫能补益它。王的职事有缺废，能补救的人是仲山甫。

《瞻仰》[①]，凡伯刺幽王大坏也[②]。

瞻仰昊天[③]，降此大厉[④]。昊天，斥王也。厉，恶也。邦靡有定，士民其瘵[⑤]。瘵，病也。人有土田，汝反有之。人有民人，女覆夺之。此言王削黜诸侯及卿大夫无罪者也。覆，犹反也。此宜无罪，汝反收之。彼宜有罪，汝覆说之[⑥]。收，拘收也。说，放赦也。哲夫成城[⑦]，哲妇倾城[⑧]。哲，谓多谋虑也。城，犹国也。懿厥哲妇[⑨]，为枭为鸱[⑩]。懿，有所痛伤之声也。枭鸱，恶声之鸟也。喻褒姒之言无善也。妇有长舌，维厉之阶[⑪]。乱匪降自天，生自妇人。匪教匪诲，时维妇寺[⑫]。寺，近也。长舌，喻多言语也。今王之有此乱政，非从天而下，但从妇人出耳。又非有人教王为乱、语王为恶者，是维近爱妇人，用其言，是故致乱也。如贾三倍[⑬]，君子是识[⑭]。妇无公事，休其蚕织。妇人无与外政，虽王后犹以蚕织为事。识，知也。贾而有三倍之利者，小人所宜知也；而君子反知之，非其宜也。今妇人休其蚕桑织纴之事[⑮]，而与朝廷之事，其为非宜，亦犹是也。不吊不祥[⑯]，威仪不类[⑰]。人之云亡[⑱]，邦国殄瘁[⑲]。吊，至也。王之为政，德不能至于天矣，不能致征祥于神矣，威仪又不善于朝廷矣。贤人皆言奔亡，则天下邦国将尽困病也。

【注释】

①《瞻仰》：一作《瞻卬》。瞻仰，仰望。

②凡伯：周大夫。为周公后裔，世代为周王卿士。封于凡，故称凡伯。《毛序》以为《大雅》中的《板》是凡伯刺厉王之作，《瞻仰》和《召旻》是凡伯刺幽王之作。幽、厉相距久远，故这三首诗当是两个凡伯所作。

③昊天：苍天，这里指厉王。

④厉：灾祸，祸患。

⑤士民：士卒跟民众。瘵（zhài）：病。指忧患。

⑥说：通“脱”。脱罪宽赦。

⑦哲夫：足智多谋。成城：兴邦。

⑧哲妇：多谋虑的妇人，或指乱国的妇人。《毛诗正义》：“若为智多谋虑之妇人，则倾败人之城国。妇言是用，国必灭亡。”倾：倾覆。

⑨懿（yī）：叹词。表示悲伤痛苦。郑笺：“懿，有所痛伤之声也。”

⑩枭（xiāo）：斑头鸺鹠。猫头鹰一类的鸟。旧传枭食母。

⑪厉：灾祸。阶：缘由，阶梯。

⑫寺：近侍。这里是接近的意思。《毛诗正义》：“王为恶者，是惟近爱妇人，用其言故也。”

⑬贾（gǔ）：做买卖，商贾。

⑭识：知道，认识到。

⑮蚕桑织纴：蚕桑和纺织。

⑯不吊：指幽王德行上不至天。吊，至。祥：吉祥，福佑。

⑰威仪不类：指威仪在朝廷中不好。不类，不善。

⑱亡：逃亡，出逃。

⑲殄瘁：困穷。一说灭亡。

【译文】

《瞻仰》一诗，是凡伯讽刺周幽王政教大坏。

瞻望仰视这苍天，降下如此大恶政。昊天，指厉王。厉，是恶的意思。邦国没有谁定安，士卒民众尽劳病。瘵，是病。诸侯大夫有田土，抢夺过来归属你。诸侯大夫有民众，一样抢夺还归你。这是说厉王削除没有罪过的诸侯、卿、大夫。覆，等于说反。那些本来没罪过，你却全都要拘监。那些依法定有罪，你却反而洗脱刑。收，是拘收的意思。说，是释放宽赦的意思。丈夫智多兴城邦，妇人智多倾城邦。哲，是说谋虑很多。城，等于说国。嗐！幽王智多小妇人，为恶似枭又似鸱。懿，是伤痛的叹声。枭鸱，是发出恶声的鸟。比喻褒姒说的没有好话。妇人能言舌头长，只能成为祸乱梯。祸乱并非从天降，产生就因此妇人。不是有人教混乱，就是妇人来接近。寺，是亲近。长舌，比喻话多。现在君王有乱政，并非天降之灾，而是出自女人之祸。也不是有人教唆君王施行乱政，告诉君王为非作歹，是因为宠爱亲近妇人，听她的话，导致国政混乱。买卖求利多三倍，君子对此有认知。妇人不宜参政事，她却停止养蚕织。妇人不能参与外廷政事，即使是王后还是要从事养蚕纺织等事。识，是知的意思。做买卖有三倍利益的事，是小人该知道的；但现今君子反而知道，这是不应该的。现今妇人停止了养蚕纺织的事，却参与朝廷大政，这个不应该，也同样如此。王德不至天不祥，威仪不善人相怨。贤人都说要逃亡，大周邦国陷困病。吊，是至的意思。幽王执政，德行不能至天让神灵得知，不能向神灵祈求降福了，而自身的威仪又不利于朝廷。贤人都说逃亡出奔，那么天下国家都将困穷不堪。

周颂①

《清庙》②，祀文王也。周公既成洛邑③，朝诸侯，率以祀文王焉。清庙者，祭有清明之德者之宫也，谓祭文王也。天德清明，文王象也，故祭之而歌此诗也。

於穆清庙④，肃雍显相⑤。於，叹之辞也。穆，美也。肃，敬也。雍，和。相，助也。显，光也。於乎美哉，周公之祭清庙也，其礼敬且和，又诸侯有光明著见之德者来助祭之也⑥。济济多士⑦，秉文之德⑧，对越在天⑨。对，配也。越，于也。济济之众士，皆执行文王之德，文王精神已在天矣，犹配顺其素行，如生存焉。

【注释】

①周颂：是周朝祭祀的乐歌。

②清庙：太庙，周人祭祀文王的宗庙。郑玄解释是“祭祀有清明之德者之宫”。《毛诗正义》：“以其所祭，乃祭有清明之德者之宫，故谓之清庙也。此所祭者，止祭文王之神，所以有清庙之德者，天德清明，文王象焉，以文王能象天清明，故谓其庙为清庙。”

③洛邑：地名。位于今河南洛阳，为周代的王城，称为东都。

④於（wū）：叹词。赞美声。穆：壮美。

⑤肃雍：庄严雍容。显相：谓有名望的公卿诸侯参加助祭。

⑥助祭：是指臣属出资、陪位或献乐佐君主祭祀。

⑦济济：众多的样子。

⑧秉：执，持。

⑨对越：配于。对，相配，配合。《毛诗正义》：“对，答也。答受美命而称扬之。”

【译文】

《清庙》一诗，是祭祀文王的乐歌。**周公摄政已经营建成洛邑，大朝诸侯，又率领他们到清庙来祭祀文王。**清庙，是祭祀有清明德行者的宫室，指的是祭祀文王。天德清澈明朗，是文王的形象，所以在祭祀时唱这篇诗。

啊！多么壮美祭清庙，庄重雍容助祭多。於，是叹美的辞。穆，是壮美。肃，是庄敬。雍，是和谐。相，帮助。显，光。啊呀壮美啊，是周公祭祀清庙，祭祀的礼仪庄敬和谐，又有光明正大、德行显著的诸侯前来助祭。**济济丰仪诸侯士，文王美德持不失，皆能相配在上天。**对，是相配的意思。越，于。众多的士人，都秉持文王德行，文王精神已经在上天了，贤士仍然奉行文王平时的品行，就像文王活在世上时那样。

《振鹭》[①]，二王之后来助祭也[②]。二王，夏、殷也。其后，杞、宋也。

振鹭于飞，于彼西雍[③]。我客戾止[④]，亦有斯容。兴也。振，群飞之貌也。鹭，白鸟也。雍，泽也。客，二王之后也。白鸟集于西雍之泽[5]，言所集得其处也。兴者，喻杞、宋之君有洁白之德，来助祭于周之庙，得礼之宜也。其至止亦有此容，言威仪之善，如鹭鸟然也。

【注释】

①振：成群飞动的样子。鹭：白鹭，水鸟全身白色。也叫白鸟、雪客等。《毛诗正义》："言有振振然洁白之鹭鸟往飞也……往，行也。其往而行，则来助祭于有周之庙。美威仪之人臣，而助祭王庙，亦得其宜也。"

②二王之后：这里是指夏朝、殷朝的后裔杞国、宋国的国君。二王，指夏、殷两朝。

③雍：沼泽。

④戾：安定，止息。

⑤集：群鸟栖息停在树上，聚集。

【译文】

《振鹭》一诗，是写夏、殷二王之后来助祭的乐歌。二王，是指夏、殷。其后，是杞、宋两国。

洁白鹭鸟正群飞，飞来停在西雍泽。杞、宋我客来止息，也有鹭鸟洁白容。这是起兴。振，是群飞的样子。鹭，是白色的鸟。雍，是沼泽名。客，指夏、殷二王之后裔。白鸟聚集在西雍泽，是说止息在该止息的处所。起兴，是比喻杞、宋两国国君也有着洁白的品德，前来周庙助祭，礼仪合宜。他们来到时也有这样的仪容，是说他们的仪容举止庄严肃穆，有如洁白的鹭鸟一样。

《雍》，禘大祖也[1]。禘，大祭。大祖，谓文王。

有来雍雍[2]，至止肃肃[3]。相维辟公[4]，天子穆穆[5]。相，助也。雍雍，和也。肃肃，敬也。有是来时雍雍然，既至而肃肃然者，乃助王禘祭，百辟与诸侯也[6]。天子是时穆穆然，言得天下之欢心也。

【注释】

①禘(dì)：古代帝王、诸侯举行各种大祭的总名。凡祀天、宗庙大祭与宗庙时祭均称为“禘”。这里是在宗庙祭祀文王。

②雍雍：和谐大方。

③肃肃：恭敬的样子。

④相：指助祭。辟：指卿士。毛公认为指诸侯。《毛诗正义》：“传于《烈文》辟公皆斥诸侯，无卿士之义，则此辟亦非卿士，当谓国君诸公也。”公：指诸侯。

⑤穆穆：端庄恭敬的样子。

⑥百辟：百官。

【译文】

《雍》一诗，是禘祭太祖文王的乐歌。禘，是大祭。太祖，指文王。

他国来客尽雍容，止步宗庙肃然敬。助祭卿士和诸侯，天子容色敬穆穆。相，是助祭。雍雍，是和谐的意思。肃肃，是恭敬的意思。这些人到来时雍容大方，已经到达宗庙就恭恭敬敬的，这是来给周王助祭禘祭，他们是众位卿士和诸侯。天子这时端庄恭敬，是说得到天下欢心。

《有客》，微子来见于祖庙也[1]。微子代殷后，既受命来朝见之也。

有客有客[2]，亦白其马。殷尚白也。

【注释】

①微子：子姓，名启，是商王帝乙的长子，纣王的庶兄，早年在微子

国（今山西长治）做诸侯国君。启因封国为微，姓氏为子，故后来被称为微子。纣淫乱，微子数谏不听，去之。周武王灭纣，复其官。成王时封于宋，成为宋国（今河南商丘）第一代国君。为周代宋国的始祖。世称微子、微子启、宋微子。祖庙：天子供祀先祖的庙宇。

②有客有客：客人只有微子启一位，重复表示郑重。《毛诗正义》："客止一人，而重言有客有客，是丁宁殊异以尊大之。"

【译文】

《有客》一诗，是微子启来周天子祖庙朝见的乐歌。微子代表殷商后人，接受王命前来朝见。

远方客人来造访，乘马白色志高洁。殷人崇尚白色。

《敬之》[①]，群臣进戒嗣王也[②]。

敬之敬之！天维显思[③]，命不易哉[④]！无曰高高在上，陟降厥士[⑤]，日监在兹[⑥]。显，光也。监，视也。群臣见王，谋即政之事，故因此时戒之曰：敬之哉！敬之哉！天乃光明，去恶与善，其命吉凶，不变易也。无谓天高又高，在上远人而不畏也。天上下其事，谓转运日月，施其所行，日视瞻近在此也。

【注释】

①敬之：要恭敬从事。

②进：进献。戒：告诫。嗣王：继承王位的君王，这里指成王。

③显：光明显现。

④命：天命，命运。易：变易。

⑤陟降：升降。陟，升。士：通"事"。事情，职事。毛传："士，事也。"

⑥监：监视。

【译文】

《敬之》一诗，是群臣进忠言以诫勉嗣王的乐歌。

要恭敬啊要恭敬！天临下土显光明，天命吉凶不变易！不能说苍天高高在上，有升有降在行事，天天看你神在此。显，是光明彰显的意思。监，是监视看着的意思。群臣见到成王，商讨即位处理政事的事，所以在这一时刻告诫说：恭敬地从事啊，恭敬地从事！上天就是光明，离开恶，参与善，天命的吉凶就不会变易。不要认为上天高又高，上天遥远人就不畏惧。上天有上有下地行动，是说日月运行，行使着他的职责，明察一切，每天在这里审视着我们。

鲁颂[①]

《閟宫》[②]，颂僖公之能复周公之宇也[③]。宇，居。

王曰叔父[④]，建尔元子[⑤]，俾侯于鲁[⑥]，大启尔宇[⑦]，为周室辅[⑧]。王，成王也。元，首也。宇，居也。成王告周公叔父："我立汝首子，使为君于鲁。"谓欲封伯禽也，以为周公后也。大开汝居，以为周家辅，谓封以方七百里也。乃命鲁公[⑨]，俾侯于东[⑩]。赐之山川，土田附庸[⑪]。既告周公，乃策命伯禽，使为君于东，加赐之以山川土田及附庸，令专统之也。

【注释】

①鲁颂：《诗经》三颂之一，是鲁国祭祀的乐歌。共四篇。内容均为歌颂鲁僖公。应作于春秋时鲁国的首都曲阜。可分为两类，《閟宫》和《泮水》风格似《雅》。《駉》和《有駜》体裁类《风》。

②閟（bì）宫：神庙。毛传："閟，闭也。先妣姜嫄之庙在周，常闭而无事，孟仲子曰：是禖宫也。"郑笺："閟，神也。姜嫄神所依，故庙曰神宫。"

③僖公：即鲁僖公姬申，鲁庄公之子，前659—前627年在位，国势一度较为强盛。宇：指房屋，居所。

④王：指周成王。叔父：指周公旦。

⑤元子：嫡长子。

⑥俾：使。侯：指封为诸侯国君。

⑦启：开拓，启用。

⑧辅：藩辅。

⑨鲁公：指伯禽。鲁国封爵是公爵。

⑩侯：成为诸侯。

⑪土田：田土，土地。附庸：指附庸小国。郑笺："赐之以山川土田及附庸，令专统之。"

【译文】

《闷宫》一诗，是颂美鲁僖公能恢复周公的封地居所。宇，是居处。

叔父一声成王唤，我想立您嫡长子，让他诸侯封在鲁，大大开拓您封地，永远成为周藩辅。王，是成王。元，是首。宇，是居住地。成王告诉周公叔父："我要立您的大儿子，让他成为鲁国国君。"这是说要分封伯禽，让他作为周公后裔。大大开拓您的居住地，成为周王室的藩辅，是说分封方圆七百里的土地。**又用书策命鲁公，让他为君在东方。赐他境内好河山，又赐土田附庸国。**已经告诉周公之后，就用书策任命伯禽，让他成为东方的君主，更赐给山河土地以及附庸国，让鲁国专门统率它们。

商颂①

《长发》，大禘也。大禘，郊祭天也。

汤降不迟②，圣敬日跻③。昭假迟迟④，上帝是祗⑤，帝命式于九围⑥。不迟，言疾也。跻，升也。九围，九州也。降，下也。

假，暇也。祗，敬也。式，用也。汤之下士尊贤甚疾，其圣敬之德日进，然而能以其聪明，宽暇天下之人迟迟然，言其急于己而缓于人也。天用是故爱敬之，天于是又命之，使用事于天下，言王之。不竞不絿[⑦]，不刚不柔。敷政优优[⑧]，百禄是遒[⑨]。絿，急也。优优，和也。遒，聚也。

【注释】

①商颂：商颂是殷商祭祀的乐歌。现存《商颂》是周时诸侯宋国所保存校正的。《商颂谱》："当宣王，大夫正考父者，校商之名颂十二篇于周太师，以《那》为首，归以祀其先王。"《毛诗正义》："微子为商之后，得行殷之礼乐，明时《商颂》皆在宋矣。于后不具，明是政衰而失之。"

②降：莅临，临幸。谓帝王亲临。迟：迟缓。

③圣：古之王天下者。亦为对帝王或太后的敬称。日：日益。跻：上升，提高。

④假：宽，宽容。

⑤祗（zhī）：恭敬。

⑥式：用。九围：九州。

⑦竞：争。指为名利而争逐奔走。亦泛指互相争胜。絿（qiú）：急躁。

⑧敷政：布政，施行教化。优优：和谐的样子。

⑨遒：聚集。

【译文】

《长发》一诗，是大禘的乐歌。大禘，是在郊外祭天。

尊贤下士汤不迟，圣明恭敬德日升。聪明宽暇天下缓，上天因此常爱敬，天命用事在九州。不迟，是说很快。跻，是升的意思。九围，就是九州。降，是下的意思。假，是宽暇。祗，是敬的意思。式，是用的意思。商汤尊贤下士很快，他圣敬之德日益上进，还能用他的聪明，让天下人宽暇舒缓，这是说他对自己急迫而对别人舒缓。上天因此爱敬他，上天于是又命令，让他用事全天下，就是说统一天下称王。**商汤不争不急躁，不刚强暴戾也不弱不禁风。施行政教优和美，百福千禄都聚留。**绿，是急的意思。优优，是和谐的样子。遒，是聚集的意思。

《殷武》，祀高宗也①。

天命降监②，下民有严③。不僭不滥④，不敢怠遑⑤。命于下国⑥，封建厥福⑦。不僭不滥，赏不僭，刑不滥也。封，大也。遑，暇也。天命乃下视，下民有严显之君，能明德慎罚，不敢怠惰自暇于政事者，则命之于小国，以为天子⑧。大立其福，谓命汤使由七十里王天下也。**商邑翼翼⑨，四方之极⑩。**商邑，京师也。极，中也。商邑之礼俗，翼翼然可则效，乃四方之中正也。

【注释】

①高宗：即殷高宗，也就是商王武丁。武丁在位时期，曾攻打鬼方，并任用贤臣傅说为相。

②天命：上天的旨意。降监：下视。监，视察。

③严：指严明的国君。郑笺："下民，有严明之君。"

④不僭不滥：不因为个人的私喜而过度奖赏，也不因为个人的私怒而滥用刑罚。不僭，不僭越，不超过礼法规定。不滥，不滥用。

⑤怠遑：怠惰和暇逸，即懈怠懒惰和空闲安逸。怠，怠惰。遑，闲暇。

⑥下国：下属各国诸侯。

⑦封建：大建。

⑧为：辅助。

⑨翼翼：恭敬谨慎的样子。

⑩四方：东、南、西、北，泛指天下。极：中，中正的准则。

【译文】

《殷武》一诗,是祭祀殷高宗的乐歌。

威严天命往下看,下面民众国君严。赏不僭越刑不滥,不敢怠慢与偷懒。命令小国助天子,建立大福众心安。不僭不滥,是赏赐不僭越,刑罚不滥用。封,是大的意思。遑,是闲暇的意思。天命往下看,下民有严明的君王,能光大德行谨慎刑罚,不敢怠惰,在政事上偷懒,就命令那些小国,来辅佐天子。大立其福,是说上天怎样让商汤用七十里领土统一天下称王。**礼让恭敬商都邑,四方中正应学习。**商邑,是京师。极,是中。商邑的礼俗,恭敬谨慎值得效法,的确是四方诸侯国中最纯正的。

卷四

春秋左氏传(上)

【题解】

《春秋左氏传》也称为《左氏春秋》,简称《左传》。传统经学认为它是为《春秋》作传。据称是春秋时人左丘明所作,是儒家经典之一。《左传》的记事起自鲁隐公元年(前722),终于鲁哀公二十七年(前468),而《左传》最末有鲁悼公四年(前463)之事,比《春秋》多了十七年。不过《左传》内容记叙直至知伯灭亡,韩、赵、魏三家分晋之势形成,即鲁悼公十四年(前453)。

《春秋》作为鲁国编年体史书,其记事从鲁隐公元年(前722)到鲁哀公十四年(前481),历十二公,共计二百四十二年,相传是孔子据鲁国史官记载的史料重新编写而成的。孟子说:"孔子成《春秋》而乱臣贼子惧。"这是因为《春秋》一书通过其褒贬体现了孔子的政治态度,所谓"一字之褒,荣于华衮;一字之贬,严于斧钺"。今人或有其他说法,但《群书治要》领衔编撰者魏徵在《隋书·经籍志》中说:"《春秋》者,鲁史策书之名。昔成周微弱,典章沦废,鲁以周公之故,遗制尚存。仲尼因其旧史,裁而正之,或婉而成章,以存大顺,或直书其事,以示首恶。故有求名而亡,欲盖而彰,乱臣贼子,于是大惧。其所褒贬,不可具书,皆口授弟子。弟子退而异说,左丘明恐失其真,乃为之传。"可见其对《春秋》及《左传》的认识是和两汉学者一致的。魏徵在叙述两汉魏晋的《春秋》各家之后,就《左传》而言:"《左氏》汉初出于张苍之家,本无传者。至文帝时,梁太傅贾谊为训诂,授赵人贯公。其后刘歆典校经籍,考而正之,欲立于学,诸儒莫应。至建武中,尚书令韩歆请立而未行。时陈元最明《左传》,又上书讼之。于是乃以魏郡李封为《左氏》博士。后群儒蔽固者,数廷争之。及封卒,遂罢。然诸儒传《左氏》者甚众。永平中,能为《左氏》者,擢高第为讲郎。其后贾逵、服虔并为训解。至魏,遂行于世。晋时,杜预又为《经传集解》。"魏徵在《隋书·经籍志》中录有春秋类九十七部,九百八十三卷。通计亡书,合一百三十部,一千一百九十二卷。

《左传》的真正作者,一直存在争议。西汉史学家司马迁、班固等人都认为《左传》是左丘明所写,这是目前为最多人所接受的说法。司马迁《史记·十二诸侯年表》说:"鲁君子左丘明惧弟子人人异端,各安其意,失其真,故因孔子史记具论其语,成《左氏春秋》。"

左丘明,生卒年不详,一说复姓左丘,名明;一说单姓左,名丘明。历代学者对左丘明的姓名、时代、籍贯、官职及著作一直有各种不同的说法,尚无定论。一般认为,左丘明为春秋末期鲁国人,曾任鲁太史,与孔子同时或略早于孔子。相传他为解析《春秋》而作《左传》,所以又称《左氏春秋》;又作《国语》,作《国语》时已双目失明,故后人亦称盲左。两书记录了不少西周、春秋的重要史事,保存了具有很高价值的原始资料。

左丘明知识渊博,品德高尚,孔子言与其同耻。《论语》记载:子曰"巧言、令色、足恭,左丘明耻之,丘亦耻之;匿怨而友其人,左丘明耻之,丘亦耻之"。太史公司马迁称其为"鲁之君子"。

西晋杜预所撰《春秋经传集解》是流传至今最早最完整的《左传》古注,此书考释严密,注解准确,后世多通行此本,唐孔颖达为其作疏,名为《春秋左传正义》。

杜预,字元凯,京兆郡杜陵(今陕西西安)人,曹魏幽州刺史散骑常侍杜恕之子。杜预耽思经籍,博学多通,多有建树,时誉为"杜武库"。

《群书治要》节录了《左传》一书有关政治治理方面,特别是有关统治集团内部争斗以及著名政治家言行的内容。在对晋文公、齐桓公、管仲、子产、晏婴的记述中强调了任用贤才、政治清明的意义。《群书治要》选录共分三卷,但在日本流传过程中《左传》的上卷失传,所以本书只有中、下两卷。从其文字来看,当是摘录自杜预的《春秋经传集解》。

原缺。

卷五

春秋左氏传(中)

【题解】

本卷上起鲁宣公二年(前607),下至鲁襄公三十一年(前542),包括宣公、成公、襄公三个时期,节录了六十五年间诸多事件,包括华元杀羊,未及羊斟,导致战败;晋灵公不君;楚子问鼎;楚灭若敖氏而克黄返回复命;楚灭夏徵叔县陈复陈;晋楚邲之战;宋文公厚葬,执政不臣;晋范文子鄢陵释楚;祁奚荐贤;魏绛戮扬干仆而佐新军;魏绛言和戎五利;魏绛获女乐之赏;晋命将帅,范宣子让,其下皆让;宋子罕论宝;臧武仲论鲁盗之不可禁;叔向被囚,必祁奚救之;崔杼弑庄公,晏子三踊而出;声子论楚才晋用;向戌欲弭兵,楚人衷甲;子产不毁乡校;子皮欲使尹何为邑,子产劝谏;北宫文子见楚令尹子围之威仪而言其不得善终等内容。这些段落,有的叙述描写详尽,如晋楚争霸;有的论断精辟,小事而有深意。这些事件和人物言行都值得后人深思,或学习效法,或引以为戒。

宣公①

二年②

郑公子归生伐宋③,宋华元御之④。将战,华元杀羊食士⑤,其御羊斟不与⑥。及战,曰:“畴昔之羊⑦,子为政⑧;畴昔，犹前日也。今日之事，我为政。”与入郑师[⑨]，故败。

【注释】

①宣公：鲁宣公名俀，或作倭。文公庶子，在位十八年。《左传》为鲁国编年体史书，所以纪年以鲁国国君纪年为准。

②二年：鲁宣公二年，前607年。

③郑：姬姓诸侯国，建都新郑（今河南新郑）。归生：郑国执政大夫，字子家。时楚郑联盟，此次是接受楚国命令去打宋国。宋：子姓诸侯国，其第一代国君是微子启。

④华元：春秋时宋国正卿。子姓，华氏。历事宋昭公、宋文公、宋共公、宋平公。前后执政约四十年。御：抵御，抗御。

⑤食（sì）：把食物给人吃。

⑥御：御者，当时战车上有甲士三人，普通战车是左骖、御者、车右。主帅战车上御者在左。这里是指华元战车上的御者。

⑦畴昔：以前。

⑧为政：做主。

⑨与入：指擅自驾驭战车冲入敌阵，致使宋军主帅华元被俘。

【译文】

鲁宣公二年

郑公子归生率领军队进攻宋国，宋国大司马华元领兵抵御。将要作战，华元杀羊给军士吃，却没给他的战车御者羊斟。等到开战，羊斟说：“以前的羊，你做主；畴昔，以前的日子。今天的事，我做主。”于是他驾驭战车载着华元冲入敌阵，所以宋军大败。

晋灵公不君[①]，失君道。厚敛以雕墙[②]，雕，画也。从台上弹人[③]，而观其避丸也[④]。宰夫胹熊蹯不熟[⑤]，杀之，寘诸畚[⑥]，使妇人载以过朝。畚，筥属[⑦]。赵盾、士季患之[⑧]。将谏，士季曰："谏而不入[9]，则莫之继也[10]。会请先，不入，则子继之[11]。"三进，及溜，而后视之[12]，士季，随会也。三进，三伏，公不省而又前也。公知欲谏，故佯不视[13]。曰："吾知所过矣，将改之。"稽首而对曰："人谁无过？过而能改，善莫大焉。《诗》曰：'靡不有初，鲜克有终[14]。'夫如是，则能补过者鲜矣。君能有终，则社稷之固也[15]，岂唯群臣赖之[16]。

【注释】

①晋灵公：晋国国君，文公之孙，襄公之子，姬姓，名夷皋。在位十四年，是历史上有名的暴君。不君：不行君道。

②厚敛：征收很重的赋税。雕墙：在墙上装饰花样，指奢侈享受。雕，饰以彩绘、花纹。

③台：宫中用土、石修建的高而上平的方形建筑物，供观察眺望用。弹人：用弹弓射人。

④避丸：躲避弹丸。

⑤宰夫：掌管膳食的小吏。胹（ér）熊蹯（fán）不熟：煮熊掌没有煮熟。胹，烹煮。熊蹯，熊掌。

⑥寘诸畚（běn）：把宰夫的尸体放在筐子里。寘，放置。畚，用草绳或竹篾编织的盛物器具。

⑦筥（jǔ）：圆形的盛物竹器。

⑧赵盾：赵衰之子，赵同、赵括、赵婴齐之兄。掌晋国政前后二十年，为晋国名臣。谥号宣孟，称为赵宣子或赵孟子。下文中称其谥号宣子。士季：名会，字季。食邑于随、范，故又称随会、范会、随季。谥武，故又称随武子、范武子。患：担忧，担心。

⑨谏而不入：如果您进谏而晋君还不接受。入，纳。

⑩则莫之继：就没有人接着您劝谏了。

⑪子继之：您接着劝谏。

⑫三进，及溜，而后视之：士会入门向前行走一程，就伏地行见君之礼，灵公故意装作没有看见；士会再向前行走，入庭，再行礼；再前行，到了殿堂的屋檐下，灵公才不得不抬头对士会说话。溜，通“霤”，屋檐滴水处。

⑬佯：假装。

⑭靡不有初，鲜克有终：见《诗经·大雅·荡》。是说万事无不有其开始，但很少能坚持到结束。即不能善始善终。

⑮社稷之固：国家就有保障。固，保障。

⑯赖：依靠，依仗。

【译文】

晋灵公不行君道，失去为君之道。征收沉重的赋税来绘饰宫室垣墙，雕，是画的意思。从宫中的高台上用弹弓弹人，看他们狼狈躲避弹丸。有一次，宫中的厨师炖熊掌没炖烂，灵公杀了他，放到草袋里，让宫女背着走过朝廷。畚，是筥一类的器具。赵盾、士季对此极为担忧。赵盾将要劝谏，士季说：“您劝谏而国君不听，那就没有人接着您继续劝谏了。我请求先去劝谏，国君不听，那您再劝谏。”士季三次前进施礼，一直来到屋檐下，灵公这才不得不见他，士季，是随会。三进，是三次伏地行礼，灵公没有省察只好再起身向前走。这是因为灵公知道士季要前来劝谏，所以假装没看见。说：“我知道我所犯的错误了，我将会改正。”士季叩头回答说：“谁能没有过错！错而能改，就没有比这再好的了。《诗经》上说：‘事情无不有好的开头，却很少有好的结果。’正因为这样，所以能补过的人就显得很少。国君能有好的结果，那我们的国家就有了保障，岂止是群臣有了依赖。”

犹不改。宣子骤谏[①]，公患之，使鉏麑贼之[②]。鉏麑，力士。晨往，寝门辟矣。盛服将朝[③]，尚早，坐而假寐[④]。不解衣冠而睡。麑退，叹而言曰：“不忘恭敬，民之主也[⑤]。贼民之主,不忠;弃君之命,不信。有一于此,不如死。”触槐而死。槐,赵盾庭树。

【注释】

①骤谏:屡次进谏。骤,屡次,多次。

②钼麑(chú ní):晋国力士,灵公使之为刺客。贼:杀戮,杀害。

③盛服:指穿戴好上朝用的礼服礼帽。表示态度严肃端庄。

④假寐:不脱衣服打盹儿。

⑤民之主:百姓的依靠。

【译文】

晋灵公还是不改。赵宣子多次劝谏,灵公厌恶他,派钼麑去杀他。钼麑,是晋国的力士。钼麑清晨前去,赵盾卧室的门已经打开了。他把礼服礼帽穿戴整齐准备上朝,时间还早,坐着打盹儿。假寐,是不解开衣帽瞌睡。钼麑退了出去,叹口气说道:“天天上朝还如此严肃认真,真是民众的主心骨啊。杀害民众的主心骨,这是不忠;放弃国君的命令,这是不守信。在这里选择任何一个,都不如去死。”于是一头撞在庭院的槐树上自杀了。槐树,是赵盾庭院里的树。

晋侯饮赵盾酒,伏甲将攻之[①]。其右提弥明知之[②],右,车右。趍登曰[③]:“臣侍宴,过三爵[④],非礼。”遂扶以下。公嗾夫獒焉[⑤],明搏而杀之。獒,猛犬也。盾曰:“弃人用犬,虽猛何为!责公不养士,而更以犬为己用也。”斗且出[⑥]。

【注释】

①伏甲:谓埋伏武士。甲,甲士。

②右:车右。又称骖乘。当时一辆战车乘三人,骖乘居右,但君王或

战争时的主帅居中，御者在左。车右都是勇士，任务是执干戈抵御敌人，并负责推车等力役之事。提弥明：人名。

③趍登：碎步疾行进入殿堂。趍，古代的一种礼节，以疾行，快步上前表示敬意。

④爵：饮酒器，形如雀。

⑤嗾（sǒu）：唤狗声。獒：猛犬。

⑥斗且出：一边搏斗一边冲出去。

【译文】

同年秋季九月晋灵公请赵盾喝酒，埋伏甲士将要杀害他。赵盾的车右提弥明有所发觉，右，指车右。快步登上殿堂说："臣子侍奉国君宴饮，超过三杯，不合乎礼仪。"于是就扶着他跑下去。灵公召唤猛犬去咬，提弥明跟狗搏斗并杀了狗。獒，是猛犬。赵盾说："不用人却用狗，即使勇猛又有什么用呢！这是谴责晋灵公不供养士人，却养狗来供自己使用。"他们一边搏斗一边往外冲。

赵穿攻灵公于桃园①，穿，赵盾之从父昆弟子。宣子未出山而复②。晋境之山也，盾出奔，闻公弑而还。大史书曰③："赵盾杀其君。"以示于朝。宣子曰："不然。"对曰："子为正卿④，亡不越境，反不讨贼⑤，非子而谁？"孔子曰："董狐，古之良史也，书法不隐⑥。不隐盾之罪。赵宣子，古之良大夫也，为法受恶⑦。善其为法屈也。"

【注释】

①赵穿：赵盾的族弟。攻：杀。桃园：晋灵公的园囿。

②山：指赵国边境的界山。复：回来。

③大史：太史。朝廷史官，这里指晋太史董狐。

④正卿：上卿。为诸侯国的最高执政大臣。

⑤贼：大逆不道之人。指赵穿。

⑥书法：书写史书的原则、体例。隐：隐讳，避讳。

⑦受恶：蒙受弑君恶名。

【译文】

赵盾的族弟赵穿在桃园杀死了晋灵公，赵穿，是赵盾的叔伯兄弟。赵盾还没有跑出晋国边境的界山就回来了。山是指晋国边境上的界山，赵盾逃亡外国，听说灵公被杀害就回来了。太史在史书上记载说："赵盾杀害了他的君主。"并把记载在朝廷上展示。赵盾说："不是这么回事。"太史回答说："你是正卿，逃往国外却没有越出国境，回到晋国也不诛讨作乱的贼人，不是你又是谁？"孔子说："董狐，是古代的好史官，书写史书的原则是不隐讳。不隐讳赵盾的罪过。赵宣子是古代的好大夫，为了书写史书的原则而蒙受了恶名。表扬他能尊重史书书写原则而蒙受弑君的罪名。"

三年[①]

楚子伐陆浑之戎[②]，遂至于雒[③]，观兵于周疆[④]。定王使王孙满劳楚子[⑤]，王孙满，周大夫。楚子问鼎之大小、轻重焉[⑥]。示欲逼周取天下也。对曰："在德不在鼎[⑦]。昔夏之方有德也，禹之世也。远方图物[⑧]，图画山川奇异之物而献之。贡金九牧[⑨]，使九州之牧贡金。铸鼎象物[⑩]，象所图物。使民知神奸[⑪]，图鬼神百物之形，使民逆备之。故民入川泽山林，魑魅罔两[⑫]，魑，山神。魅，怪物。罔两，水神也。莫能逢之。逢，遇。用能协于上下[⑬]，以承天休[⑭]，民无灾害，则上下和而受天佑。桀有昏德[⑮]，鼎迁于商。商纣暴虐，鼎迁于周。德之休明，虽小，重也[⑯]；不可迁。其奸回昏乱，虽大，轻也[⑰]。言可移。天祚明德[⑱]，有所厎止[⑲]。厎，致。周德虽衰，天命未改[⑳]，鼎之轻重，未可问也。”

【注释】

①三年:鲁宣公三年,前606年。

②楚子:指楚庄王,芈姓,熊氏,名旅,穆王之子,春秋五霸之一。楚国为子爵,《春秋》正名分,所以称为子。陆浑之戎:为允姓,原居敦煌,后迁居今河南伊河流域,经营农业和畜牧业。

③雒:雒水,今作洛水。杜注:“雒水出上雒冢领山,至河南巩县入河。”

④观兵:显示兵力。周疆:周王的边境。

⑤定王:周定王姬瑜,东周第九位君王。王孙满:周大夫。姬姓,名满。

⑥鼎:指九鼎。相传夏禹铸九鼎,象征九州,夏、商、周三代奉为象征国家政权的传国之宝。楚王问鼎,是想夺取天下。

⑦在德不在鼎:指鼎之轻重在于君王的德行如何,而不在鼎之本身。在德,指称王统一天下在于德。

⑧远方图物:远方的国家把山川奇异之物画成图像献给夏王。图物,画出事物的图像。

⑨贡:进贡,贡献。

⑩象物:象征图示的事物。

⑪神奸:能害人的鬼神怪异之物。

⑫魑魅罔两:害人的鬼怪的统称。

⑬协:协和。

⑭天休:天赐福佑。

⑮昏德:昏乱没有仁德。

⑯德之休明,虽小,重也:如果君王德行美好清明,九鼎虽小,亦重而不可迁。即王权稳固。

⑰其奸回昏乱,虽大,轻也:如德行不好,奸邪无道,九鼎虽大,亦会轻易被迁走。奸回,奸恶邪僻。昏乱,昏庸无道、糊涂妄为。

⑱祚:福佑。明德:光明之德,美德。

⑲底止:终止。

⑳天命:古以君权为神授,统治者自称受命于天,谓之天命。

【译文】

鲁宣公三年

楚庄王征伐陆浑戎,于是进兵洛水,在周王室边境陈兵显示武力。周定王派大夫王孙满慰劳楚庄王,王孙满,是周大夫。楚庄王问周室所藏九鼎的大小、轻重。暗示要逼迫周夺取天下。王孙满回答说:"称王取天下在于德,不在于鼎。从前夏朝有德之时,夏禹的世代。远方的国家部族画出山川物产的图像进献,画出山川物产来进献。让九州的州牧进贡青铜,让九州的州牧进贡吉金。用其铸鼎,在鼎上面纹饰图画的事物,象征所画出的事物。让民众知道鬼神怪物的样子,画出鬼神怪物的形状,使民众预先防备。所以民众进入山林沼泽,魑魅魍魉各种害人的鬼怪,魑是山神。魅是怪物。罔两是水神。都不能遇到。逢,遇到。因此能上下和谐,承受上天的福佑,民众没有灾害,那么就会上下和谐受到上天的福佑。但是夏桀昏乱没有仁德,九鼎就迁移到了商。商纣王暴虐,九鼎又迁移到了周。君王德行美好光明,鼎即使小,也很重;不可搬迁。君王奸恶邪僻,鼎即使大,也很轻。这是说可以移动。上天福佑美德,是有期限的。底,是使达到。周朝的德行虽说衰微,但是天命没有改易,鼎的轻重,还是不可以问的。"

四年[①]

楚子灭若敖氏[②]。其孙箴尹克黄[③],箴尹,官名。克黄,子文孙也。使于齐,还,及宋,闻乱[④]。其人曰[⑤]:"不可以入矣[⑥]。"箴尹曰:"弃君之命,独谁受之[⑦]?君,天也,天可逃乎?"遂归复命,自拘于司败[⑧]。王思子文之治楚国也,曰:"子文无后,何以劝善[⑨]?"使复其所。

【注释】

①四年：鲁宣公四年，前605年。

②楚子：楚庄王。若敖氏：是春秋时期楚国的芈姓家族，祖先为楚国国君熊仪，若敖氏即是以他的谥号若敖为族称，时当西周之末，其后人以若敖为氏。子文、子良等都是若敖氏子孙，是楚国显赫之族。这里是指令尹子文的家族。

③箴尹：楚官名，主规谏。

④乱：指楚王灭若敖氏的战乱。

⑤其人：特定的人，这里指克黄的随从。

⑥入：指回到楚国。

⑦受之：接受我。

⑧司败：楚官名，掌刑狱。即鲁、宋等国的司寇。

⑨劝：劝勉，鼓励。

【译文】

宣公四年

楚庄王消灭了若敖氏子文家族。子文的孙子箴尹克黄，箴尹，是楚国官名。克黄，是子文的孙子。出使到齐国，在回返的路上，到了宋国，知晓了国内庄王跟若敖氏家族的战乱。他的随从说："楚国不能回去了。"箴尹说："放弃了国君的使命，还能有谁接纳我？国君是天，天可以逃避吗？"于是回国复命，自己找司败投案接受拘禁。楚王想到子文治理楚国的功绩，说："子文没有后裔，拿什么来鼓励好人？"让克黄恢复原来的官职。

十一年[①]

楚子伐陈，十年，夏徵舒弑君也[②]。谓陈人无动，将讨于少西氏矣[③]。少西，徵舒之祖，子夏之名。遂入陈，杀夏徵舒，因县陈[④]。灭陈以为楚县。申叔时使于齐[⑤]，反，复命而退。王使让之曰[⑥]:“夏徵舒为不道,弑其君,寡人以诸侯讨而戮之,诸侯、县公皆庆寡人[⑦],楚县大夫皆僭称“公”。汝独不庆寡人,何故?”对曰:“夏徵舒弑其君,其罪大矣,讨而戮之,君之义也。抑人亦有言曰:‘牵牛以蹊人之田[⑧],抑,辞也。蹊,径也。而夺之牛。’牵牛以蹊者,信有罪矣;而夺之牛,罚已重矣。诸侯之从也,曰讨有罪也。今县陈,贪其富也。以讨召诸侯[⑨],而以贪归之[⑩],无乃不可乎?”王曰:“善哉!吾未之闻也。反之,可乎?”对曰:“可哉!吾侪小人所谓取诸其怀而与之也[⑪]。”叔时谦言,小人意浅,谓譬如取人物于其怀而还之,为愈于不还也。乃复封陈[⑫]。

【注释】

①十一年:鲁宣公十一年,前598年。

②夏徵舒:妫姓,夏氏,名徵舒,是夏御叔与夏姬之子。陈灵公在位时,夏徵舒担任司马。因为母亲夏姬与陈灵公等数人通奸,徵舒受灵公侮辱,愤怒杀死灵公,自立为陈君,后被楚庄王杀死。弑君:指杀死了陈灵公。

③少西氏:指夏徵舒家族。少西,徵舒之祖子夏之名。

④县陈:把陈国变成楚国的县。县,这里用如动词。

⑤申叔时:芈姓,申叔氏,名时,春秋时期楚国大夫。

⑥让:责备,责让。

⑦县公:楚国县尹别名。

⑧蹊(xī):小路,这里用如动词,是抄近道穿越。

⑨召:召集。

⑩以贪归之:结果是为贪图陈国。归,归宿,终结。

⑪侪:等,辈。小人:自谦之词。

⑫封：封立。陈灵公太子即位，是陈成公。

【译文】

鲁宣公十一年

楚庄王讨伐陈国，宣公十年，夏徵舒杀害了陈灵公。告诉陈国人不要有什么行动，其只要征讨少西氏一家。少西，是夏徵舒祖父子夏的名。于是进入陈国，杀死了夏徵舒，借机把陈国变成楚国的县。灭掉陈国作为楚国的县。申叔时正出使齐国，返回之后，到朝廷交完使命后就离开。楚王让人责备他说："夏徵舒行为不合道义，杀害了他的国君，我率领诸侯征讨诛杀了他，诸侯、县公都祝贺我，楚县大夫都僭越称为"公"。你单单不祝贺我，为什么？"回答说："夏徵舒杀害了他的国君，罪过很大，征讨杀死他，是您的道义。不过也有人说：'牵牛穿过别人的农田，抑，是助语辞。蹊，是捷径小路。就夺走他的牛。'牵牛穿过人家的农田，确实有罪过；但是夺走他的牛，惩罚也太重了。诸侯跟从您，是讨伐有罪的人。现在把陈国变成楚县，是贪得陈国的财富。用征讨召集诸侯，而用贪婪终结，恐怕不行吧？"楚王说："好啊！我没有听过这样的话。返还给陈国，可以吗？"回答说："可以啊！这就是我们这些小人所说的从人家怀中拿走，又还给人家啊。"这是叔时谦虚的话，小人意味认识很浅薄，是说譬如把别人东西从怀中拿走而又还回去，比起不还是强啊。于是又重新封立陈国。

十二年[①]

晋师救郑，及河，闻郑既及楚平[②]。桓子欲还[③]，桓子，林父。随武子曰[④]："善。武子，士会也。会闻用师，观衅而动[⑤]。衅，罪也。德、刑、政、事、典、礼，不易[⑥]，不可敌也。楚君讨郑，怒其贰而哀其卑[⑦]，叛而伐之，服而舍之，德刑成矣。伐叛，刑也；柔服，德也。二者立矣。昔岁入陈，讨徵舒。今兹入郑，民不罢劳[⑧]，君无怨讟[⑨]，讟，谤也。政有经矣[⑩]。经，常也。商农工贾,不败其业,而卒乘辑睦[11],步曰卒,车曰乘。事不奸矣[12]。奸,犯也。芀敖为宰[13],择楚国之令典[14],宰,令尹。芀敖,孙叔敖。百官象物而动[15],军政不戒而备[16],物,犹类也。戒,敕令也。能用典矣[17]。其君之举也,内姓选于亲[18],外姓选于旧[19],言亲疏并用也。举不失德,赏不失劳,君子小人,物有服章[20],尊卑别也。贵有常尊,贱有等威,威仪有等差也。礼不逆矣。德立刑行,政成事时,典从礼顺[21],若之何敌之?见可而进,知难而退,军之善政也。兼弱攻昧[22],武之善经也[23]。昧,昏乱也。经,法。子姑整军而经武乎[24]!姑,且。犹有弱而昧者,何必楚?"彘子曰[25]:"不可。彘子,先縠。成师以出,闻敌强而退,非夫也[26]。非丈夫。"师遂济。

【注释】

①十二年:鲁宣公十二年,前597年。

②平:媾和,和好。

③桓子:荀林父。

④随武子:士会。

⑤观衅(xìn)而动:察看到敌人有所过失而后采取行动。观,观察、察看。

⑥不易:指不违背常规。

⑦贰:有二心。

⑧罢(pí)劳:疲劳。

⑨君无怨讟(dú):楚君也未因此而招致怨谤。怨讟,怨恨诽谤。

⑩政有经:政事有常规。

⑪卒:步卒。乘:车兵。辑睦:和睦。

⑫事不奸(gān):各行其是,互不干扰。奸,干犯,扰乱。

⑬蔿（wěi）敖：孙叔敖，楚国著名政治家。宰：楚国令尹。中原各国以上卿为宰，执掌国政。

⑭令典：好的典章法度。

⑮百官象物而动：各级官吏以各种不同的旗帜作行动的标志。象物，指画有各类不同物象的旗帜。

⑯不戒而备：敕令没有下来就已做好防备。

⑰用典：用制度礼法办事。

⑱内姓：指同姓。

⑲外姓：指异姓。旧：指世家旧臣。

⑳物有服章：衣服饰物有规定的色彩纹饰。

㉑典从：典章制度能够遵从。

㉒兼弱：兼并弱国。昧：指政治昏暗的国家。

㉓善经：好的法则。

㉔经武：加强武备。

㉕彘子：先縠，先克之子，时为中军佐。

㉖非夫：谓非大丈夫。懦夫。

【译文】

鲁宣公十二年

晋国军队救助郑国，到了黄河，听说郑国已经跟楚国讲和。桓子想要撤兵，桓子，就是荀林父。随武子说："好啊。武子，是士会。我听说用兵，看到敌人有过失就行动。亹，是罪过。如果对方德行、刑罚、政治、国事、典章、礼仪，没有违背常规，是不能为敌的。楚君讨伐郑国，恼怒他怀有二心又哀怜他国力卑弱，背叛就征伐，服从就放手，恩德跟惩罚都成就了。讨伐背叛，是惩罚；怀柔安抚，是德行。两样都树立了。去年进入陈国，征讨夏徵舒。今年进入郑国，民众没有疲劳，君王也不被人怨恨诽谤，讟，毁谤。说明国政合乎常道。经，是常的意思。行商、农夫、工匠、店主，事业没有衰败，步卒车兵相处和睦，步兵叫卒，车兵叫乘。说明各种事务互不抵触。奸,是冒犯的意思。孙叔敖当国相,他选择适合楚国的法令典章,宰,令尹。蒍敖,孙叔敖。官员按照不同的旗帜行动,军政不用上面警戒就有防备,物,等于说类。戒,是敕令。这是善于运用典章制度。楚国国君选拔人才,同姓考虑亲近,异姓考虑故旧老臣,这是说亲疏并用。推举提拔不遗漏有德行的人,奖赏不遗漏有功劳的人,君子小人,服饰有不同的颜色纹饰,是要区别尊贵跟卑贱。显贵的人有固有的尊贵,卑贱的人也有不同的威仪,这是说威仪有等级差别。礼法就没有违逆的了。德行树立,刑赏施行,政令完备,事情适时,典章遵从,礼仪顺行,这个样子怎么能与之为敌?看见可以实施就前进,看到难以实施就退却,本来就是军事上好的谋略。兼并弱国,进攻昏乱国度,是实施武力的好法则。昧,是昏乱的意思。经,是法则。您姑且整理军队经营武备吧!姑,姑且。现在还有软弱混乱的国家,何必一定要打楚国?”彘子说:“不行。彘子,是先縠。整个大军出动,听到敌人强大就退兵,不是个大丈夫。不是丈夫。”晋军于是渡过黄河。

楚子北师次于管①。荥阳有管城。郑皇戌使如晋师②,曰:“楚师骤胜而骄,其师老矣③,子击之,楚师必败。”栾武子曰:“武子,栾书。楚自克庸以来④,在文十六年。其君无日不讨国人而训之⑤,讨,治也。於民生之不易,祸至之无日,戒惧之不可怠。於,曰也。在军,无日不讨军实而申儆之⑥,军实,军器。於胜之不可保,纣之百克而卒无后。箴之曰⑦:‘民生在勤,勤则不匮。’不可谓骄。箴,诫也。先大夫子犯有言⑧,曰:‘师直为壮⑨,曲为老⑩。’我不德而徼怨于楚⑪,我曲楚直,不可谓老。不德,谓以力争诸侯也。徼,要也。郑不可从。”楚人遂疾进师,乘晋军。桓子不知所为,鼓于军中曰:“先济者有赏。”中军、下军争舟,舟中之指可掬⑫。

【注释】

①北:向北前进。次:军队驻扎。管:地名。在今河南郑州。

②皇戌:郑国大夫。

③老:历时长久,军队疲劳而士气衰落。

④克庸:楚国灭庸国。

⑤讨:治理,整治。

⑥军实:军用器械和粮饷。申儆:警诫,训诫。

⑦箴:规谏,劝诫。

⑧子犯:即晋文公舅父狐偃,跟随晋文公出亡,为晋文公谋臣,辅佐有功。

⑨直:有理,理直。

⑩曲:无理,理屈。

⑪不德:没有文德,指动用武力。徼怨:招致怨恨。

⑫舟中之指可掬:渡船中的断指多得可用手捧起来。

【译文】

楚庄王北进驻扎在管城。荥阳有管城。郑国派使者皇戌出使前往晋军,说:"楚军屡次获胜会骄傲,他们军队出兵时间太长,军队疲劳,士气低落,您去攻击,楚军必定失败。"栾武子说:"武子,是栾书。楚国自从战胜庸国以来,战胜庸国是在鲁文公十六年。他们君主没有哪一天不在治理训导楚国人,讨,是治理的意思。告诉他们民生不容易,灾祸不定哪一天到来,警戒畏惧不能懈怠。於,是说的意思。在军事方面,没有哪一天不是在整顿兵器并再三警诫他们,军实,就是兵器。说打胜仗是不能保证的,并举出商纣百战百胜最终没有后裔的事例。劝诫他们说:'民众生存在于勤劳,勤劳就不会匮乏。'这不能叫骄傲。箴,是劝诫的意思。故去的大夫子犯曾经说过:'军队有理就士气壮盛高涨,没理就衰微疲惫。'我方缺乏德行又去招惹楚国怨恨,我们理屈楚国理直,不能叫疲惫。不德,是说用武力跟诸侯相争。徼,是招致的意思。郑国人的话不能听从。"楚国于是迅速进兵,偷袭晋军。桓子不知该干什么,在军中击鼓传令:"先渡河的有赏。"中军跟下军争船,舟船里砍下的手指都能双手捧握。

潘党曰[①]:"君盍筑武军[②],筑军营以彰武功也。而收晋尸以为京观[③]?积尸封土其上,谓之京观。臣闻克敌必示子孙,以无忘武功。"楚子曰:"非尔所知也。夫文[④],止戈为武[⑤]。文,字也。武王克商,作《颂》曰[⑥]:'载戢干戈[⑦],载櫜弓矢[⑧]。'戢,藏也。櫜,韬也[⑨]。诗美武王能灭暴乱而息兵也。夫武,禁暴、戢兵、保大、定功、安民、和众、丰财者也,此武七德也。故使子孙无忘其章[⑩]。著之篇章,使子孙不忘也。今我使二国暴骨[⑪],暴矣;观兵以威诸侯,兵不戢矣。暴而不戢,安能保大?犹有晋在,焉得定功?所违民欲犹多,民何安焉?无德而强争诸侯,何以和众?利人之几,几,危也。而安人之乱[⑫],以为己荣,何以丰财?兵动则年荒。武有七德,我无一焉,何以示子孙?其为先君宫,告成事而已。祀先君,告战胜。武,非吾功也。古者,明王伐不敬,取其鲸鲵而封之[⑬],以为大戮,于是乎有京观以惩淫慝[⑭]。鲸鲵,大鱼名也。以喻不义之人,吞食小国也。今罪无所,晋罪无所犯。而民皆尽忠以死君命,又可以为京观乎?"

【注释】

①潘党:又名叔党,春秋时楚大夫潘尫之子。

②武军:古代战争中,战胜者为炫耀武功,收敌尸封土而成的高垒。

③京观:意义同武军。因其状如城阙,可以观四方,故名。

④文:文字。

⑤止戈为武：止、戈二字合起来成为武字。

⑥《颂》：引自《诗经·周颂·时迈》。

⑦载戢（jí）干戈：把干戈收藏起来。戢，收藏兵器。

⑧载橐（gāo）弓矢：把弓矢装进囊鞘里。

⑨韬：弓袋。

⑩章：指以上诗篇的篇章。

⑪曝（pù）骨：暴露尸骨，指死于荒野。

⑫利人之几，而安人之乱：以人之危为己之利，以人之乱而为己之安。几，危险。

⑬鲸鲵（ní）：即鲸，雄的叫鲸，雌的叫鲵。比喻凶恶的敌人。

⑭淫慝（tè）：邪恶不正。

【译文】

潘党对楚王说："君王何不修筑一座军垒，修筑军垒来彰显武功。收集晋军尸体造一座城阙似的坟丘呢？把尸体积聚起来，上面封上土，叫作京观。我听说战胜敌人一定要向子孙展现，好不要忘记武功。"楚王说："这不是你所能知晓的。就文字来说，止戈组合成武。文，是字。武王战胜殷商，作了一篇《颂》说道：'收藏起干戈，弓箭装进弓袋。'戢，是收藏。橐，是弓袋。诗篇赞美武王消灭暴乱止息武力。武，意味着禁止暴乱、消弭战事、保有强大、奠定功业、安定民众、和睦诸侯、丰富财物，这是武的七德。所以让子孙不要忘记这些篇章。把它写进篇章，使子孙不忘。现今我让两国士兵尸骸暴露，这是暴力；阅兵向诸侯示威，使战争无法消弭。强暴而不消弭战争，怎么能保有强大？晋国还在，哪里能奠定功业？我所违背民众的愿望还不少，民众怎么能安定？没有德行，用强力跟诸侯相争，怎么能和睦诸侯？用他人的危机谋利，几，是危机。趁他人混乱自己安定，把这些当做自己的荣耀，怎么能丰富财物？兵卒一动就是荒年。武的七种德行，我一样也没有，拿什么跟子孙展示？还是在故去的先代君王宗庙举行祭祀，禀告战事成功。祭祀先君，禀告战胜。武德，不是我的功业。古时候，英明君王讨伐不敬之国，杀其首恶，埋其尸骸，封土成为高丘，把这当做大杀戮，于是有京观来惩治邪恶。鲸鲵，是大鱼的名字。用来比喻不义的人，吞并小国。现今晋国没什么罪过，晋国没有犯下罪过。而晋国民众都能尽忠为国君命令而死，又怎么可以筑成京观呢？”

晋师归，桓子请死，晋侯欲许之。士贞子谏曰[①]：“不可。贞子，士渥浊。城濮之役，晋师三日谷[②]，在僖二十八年。文公犹有忧色。左右曰：‘有喜而忧，如有忧而喜乎？’言忧喜失时也。公曰：‘得臣犹在[③]，忧未歇也[④]。歇，尽也。困兽犹斗，况国相乎！’及楚杀子玉，子玉，得臣也。公喜而后可知也[⑤]。喜见于颜色也。曰：‘莫余毒也已[⑥]。’是晋再克，而楚再败也。楚是以再世不竞[⑦]。成王至穆王也。今天或者大警晋也[⑧]，而又杀林父以重楚胜，其无乃久不竞乎？林父之事君也，进思尽忠，退思补过，社稷之卫也，若之何杀之？夫其败也，如日月之食，何损于明？”晋侯使复其位。言晋景所以不失霸也。

【注释】

①士贞子：名渥浊，晋大夫，士会庶子。又称士伯，士贞伯。

②三日谷：吃了三天缴获来的楚军食物。

③得臣：芈姓，成氏，字子玉。城濮之战时为楚国令尹，战败后自杀。

④歇：尽。

⑤可知：可以知晓，可以发现。

⑥莫余毒也已：没有谁来危害我们了。毒，危害。

⑦再世：两世，指楚成王、楚穆王两代。竞：强。

⑧大警：严厉地警告。

【译文】

晋师回到国内，桓子请求赴死，晋景公想要答应。士贞子劝谏说："不可以。贞子，就是士渥浊。城濮战役，晋师吃了三天所缴获的楚军粮饷，事情在鲁僖公二十八年。文公还是有忧伤的神色。左右说：'有喜事反而忧伤，如有忧伤的事反而会喜悦吗？'这是说忧伤喜悦跟时机不符。文公说：'得臣还活着，忧伤不能终止。歇，是尽。处于困境的野兽尚且还要搏斗，何况国相呢！'等到楚国杀死了子玉，子玉，是得臣。文公才喜形于色。喜悦显现在容色上。对群臣说：'没有人能危害我了'这等于是晋国两次战胜，而楚国两次失败。楚国因此两代君主无法争霸。指成王到穆王两代。现今上天或许严厉警戒晋国，而晋国又杀死林父来加重楚国的胜利，恐怕很久不能争强了吧？林父侍奉君王，进想着如何竭尽忠诚，退想着如何弥补过失，是国家社稷的护卫啊，怎么能杀了呢？他的失败，有如日食月食，哪里能减损明亮？"晋景公就让桓子官复原职。这是说晋景公不失去霸主的原因。

楚子伐萧[①]，申公巫臣曰[②]："师人多寒。"王巡三军，拊而勉之[③]。拊，抚，慰勉之。三军之士，皆如挟纩[④]。纩，绵也。言悦以忘寒。

【注释】

①楚子：楚庄王。萧：宋附庸国。

②申公巫臣：楚国申县大夫。屈氏，名巫臣，字子灵，又称屈巫。

③拊：安抚，抚慰。

④挟（xié）纩：披着绵衣。比喻受人慰抚而感到温暖。杜注："纩，绵也。言说以忘寒。"

【译文】

同年冬天楚庄王讨伐萧国，申公巫臣说："军队将士都很寒冷。"于是庄王巡视三军,抚慰鼓励他们。拊,跟“抚”一样,是抚慰劝勉之意。三军将士都好像披上了绵衣。纩,是丝绵。这是说将士们喜悦的忘掉了寒冷。

十五年[①]

楚子伐宋[②],宋人告急于晋。晋侯欲救之。伯宗曰[③]:“不可。伯宗,晋大夫。古人有言曰:‘虽鞭之长,不及马腹[④]。’言非所击。天方授楚[⑤],未可与争。虽晋之强,能违天乎?谚曰:‘高下在心。’度时制宜也。川泽纳污,受污浊也。山薮藏疾,山之有林薮,毒害者所居。瑾瑜匿瑕。匿,亦藏也。虽美玉之质,亦或居藏瑕秽。国君含垢[⑥],天之道也。晋侯耻不救宋,故伯宗为说小恶不损大德之喻也。君其待之。待楚衰也。”乃止。

【注释】

①十五年:鲁宣公十五年,前594年。

②楚子:楚庄王。

③伯宗:晋大夫。为孙伯纠(一名伯起)之子。

④虽鞭之长,不及马腹:即使马鞭子很长,也不能打到马腹上,否则马会跳起来摔下骑马之人。

⑤天方授楚:谓上天正给楚国强大的机会。

⑥“川泽纳污”几句:川泽之水亦容纳污浊,山林草莽亦藏有毒虫,美玉甚美亦藏疵瑕,国君忍辱亦无损其德。山薮(sǒu),山深林密的地方。瑾瑜,都是美玉名。瑕,玉石的瑕疵。含垢,包容污垢,指容忍耻辱。

【译文】

鲁宣公十五年

楚庄王讨伐宋国,宋国人到晋国告急。晋景公想要援救宋国。大夫伯宗说："不行。伯宗，是晋国大夫。古人有句话说：'即使马鞭长，也不能打马肚子。'这是说不是击打的部位。天意正授予楚国，不能跟他争。就算晋国强大，还能违背天命天意吗？谚语说：'高低在心中衡量。'要衡量时机合适不合适。河流沼泽容纳污水，接受混浊污水。深山密林隐藏毒物，大山有密林，是有毒有害东西的住所。瑾瑜美玉藏匿瑕疵。匿，也是藏的意思。即使美玉的质地，也会有瑕疵隐藏。国君就要能包容污秽耻辱，这本是上天的道理。晋景公把不救助宋国当作耻辱，所以伯宗给他讲小恶不会损害大德的比喻。您还是等待时机吧。是指等待楚国衰弱。"于是景公停止救助宋国。

使解扬如宋①，使无降楚，曰："晋师悉起，将至。"郑人囚而献楚，楚子厚赂之，使反其言②，不许，三乃许之。登诸楼车③，使呼宋人而告之。楼车，车上望橹④。遂致其君命。楚子将杀之，使与之言曰："尔既许不穀而反之⑤，何故？非我无信，汝则弃之，速即尔刑。"对曰："臣闻之，君能制命为义，臣能承命为信⑥。义无二信⑦，欲为义者不行两信。信无二命⑧，欲行信者不受二命。君之赂臣，不知命也。受命以出，有死无贾⑨，贾，废队。又可赂乎？臣之许君，以成命也；成君命。死之成命，臣之禄也⑩。寡君有信臣，己不废命也。下臣获考⑪，考，成也。死又何求？"楚子舍之以归。

【注释】

①解扬：晋国力士，字子虎，又称霍虎，其先祖食邑于解。如：往。

②使反其言：让他说反话。说晋国不会来救宋。

③楼车：古代一种战车，上有望楼，用来瞭望敌人。

④望橹（lǔ）：观察瞭望的高台。

⑤不穀：不善，国君谦称。

⑥君能制命为义，臣能承命为信：君主能制定发布正确的命令就是义，臣子能贯彻执行君主的命令就是信。制命，拟订命令。

⑦二信：指两种相反的信。

⑧二命：指两种相反的命令。

⑨受命以出，有死无霣(yǔn)：接受君命出使，宁可死也不废弃君命。霣，坠落，丧失。

⑩禄：福，幸事。

⑪获考：得到成全。考，成全。

【译文】

晋国派遣解杨到宋国去，让他们不要投降楚国，说："晋国全军兴兵，将要来到。"解杨路过郑国时，被郑国人囚禁起来献给楚国，楚庄王重金贿赂解杨，让他说反话，解杨不答应，再三劝说后才答应。让他登上有望楼的楼车，对宋国人喊话。楼车，是车上有望楼的战车。解杨就喊话传达了晋国国君的命令。楚庄王要杀他，派人对他说："你已经答应了我，却反过来这样做，这是什么缘故？不是我不讲信用，而是你自己背弃信义，赶快接受死刑。"解杨回答说："我听说，国君能拟定正确命令叫作义，臣子能承担正确命令叫作信。践行义就没有两种相反的信，想要践行义的人不能有两种相反的信。践行信就不能接受两种相反的命令，想要践行信的人不接受两种相反的命令。国君您贿赂我，是不知道命啊。我接受君命出发，身死也不会放弃君命，霣，废弃坠落。又怎么能够贿赂呢？我答应您，只是要完成我们国君的命令；完成君命。身死而完成君命，是我的福气。我们国君有守信的臣下，自己不废弃君命。我获得成全，考，成全。这样死去还有什么贪求呢？"楚庄王放他回去了。

潞子婴儿之夫人[①]，晋景公之姊也。酆舒为政而杀之[②]，又伤潞子之目。酆舒，潞相。晋侯将伐之，诸大夫皆曰："不可。酆舒有三俊才[③]，俊，绝异也。不如待后之人[④]。"伯宗曰:“必伐之。狄有五罪,俊才虽多,何补焉?不祀,一也;耆酒[⑤],二也;弃仲章而夺黎氏之地[⑥],三也;仲章,潞贤人。黎氏,黎侯国;虐我伯姬[⑦],四也;伤其君目,五也。怙其俊才[⑧],而不以茂德[⑨],兹益罪也。后之人或者将敬奉德义以事神人,而申固其命[⑩],审政令。若之何待之?不讨有罪,曰‘将待后’,后有辞而讨焉[⑪],无乃不可乎?夫恃才与众,亡之道也。商纣由之,故灭。天反时为灾[⑫],寒暑易节。地反物为妖[⑬],群物失性。民反德为乱,乱则妖灾生。尽在狄矣。”晋侯从之。夏,晋荀林父败赤狄于曲梁[⑭],灭潞。晋侯赏桓子狄臣千室,千家也。亦赏士伯以瓜衍之县[⑮],士伯,士贞子。曰:“吾获狄土,子之功也。微子,吾丧伯氏矣[⑯]。伯,桓子字也。”羊舌职悦是赏也[⑰],职,叔向父。曰:“《周书》所谓‘庸庸祗祗[⑱]’者,谓此物也夫。庸,用也。祗,敬也。言文王能用可用,敬可敬也。士伯庸中行伯[⑲],言中行伯可用。君信之,亦庸士伯,此之谓明德矣。文王所以造周[⑳],不是过也。率是道也,其何不济?”

【注释】

①潞子婴儿:潞国国君名叫婴儿。潞国是赤狄族的国家,也叫做潞氏。当时所谓夷狄之国其实只是部落,或更原始,故其国又称潞氏。春秋时称夷狄之君为“子”。其境在今山西潞城东北。

②酆舒:潞国执政国相。

③俊才:才智卓越的人。

④后:指酆舒之后的国相。

⑤耆:同“嗜”。周代禁嗜酒,故嗜酒为罪。

⑥黎氏:本是殷商古国,其地在今山西长治西南。

⑦伯姬:晋景公之姊,姬姓。

⑧怙:依仗。

⑨茂德:盛德。

⑩申固其命:巩固他国家的命运。申固,巩固。

⑪后有辞而讨焉:等到酆舒以后的人执政,晋国再去讨伐,那么后人有理,晋无理。有辞,有正当理由。

⑫反时:时令反常。

⑬地反物:地上所生之物违反物性。

⑭荀林父:晋国大夫,荀氏,名林父,字伯。因曾任中行将,以官为氏,别为中行氏,谥桓,又称荀伯、荀桓子、中行伯、中行桓子、中行林父。曲梁:在今山西潞城。

⑮士伯:士贞子,是士会庶子,名渥浊。邲之战,晋国战败,晋君要杀荀林父,士伯劝谏制止。瓜衍:在今山西孝义北。

⑯伯氏:指荀林父。

⑰羊舌职:晋大夫,叔向的父亲。

⑱庸庸祗祗(zhī):任用该任用的人,尊敬该尊敬的人。

⑲庸中行伯:谓士伯以中行桓子为可用。庸,任用。

⑳造周:创建周朝。造,造就,建立。

【译文】

潞国国君婴儿的夫人是晋景公的姐姐。潞国国相酆舒执政杀了她,又弄伤了潞国国君的眼睛。酆舒是潞国国相。晋景公将要讨伐他,诸位大夫都说:"不行。酆舒拥有三种卓越的才能,俊,是才智卓越。不如等待他的后一任再讨伐。"晋国大夫伯宗说:"一定要讨伐他。狄人有五项罪名,即使卓越的才智再多,又怎能补救呢?不祭祀,是第一项;嗜好饮酒,是第二项;抛弃贤人仲章而抢夺黎国的土地,是第三项;仲章,是潞国的贤人。黎氏,是黎侯国。虐待景公的姐姐伯姬,是第四项;弄伤他国君的眼睛，是第五项。依仗他卓越的才智，却不依靠盛德，这只会增加他的罪过。后一任的国相或许会敬奉德义来侍奉神明，从而巩固他们的国运，审定政令。怎么能等待呢？不讨伐有罪的人，说什么‘等待后一任’，后一任有正当理由却去讨伐他，恐怕不行吧？依仗自己的才智和人多，是灭亡的道路。商纣走这条道路，所以灭亡。天违反时令就是灾害，指寒暑时节变易。地违反物性成为妖异，指各个物类丧失本性。百姓行事违反德行就是乱，百姓乱了天灾地妖就都来了。这些都发生在狄人的国家了。”晋侯听从了他。夏天，晋国荀林父在曲梁打败了赤狄，灭掉了潞国。晋侯赏赐桓子一千家狄人，千室就是千家。也把瓜衍县赏赐给士伯，士伯，是士贞子。说：“我得到狄人土地，是你的功劳。没有你，我就会失去伯氏了。伯，是桓子的字。”羊舌职称赞这次赏赐，羊舌职，是叔向的父亲。说：“《周书》所说的‘任用有用的人，尊敬可敬的人’，就是指这类事情吧。庸，是任用的意思。祗，是尊敬的意思。是说文王能任用可以任用的人，尊敬可尊敬的人。士伯说应该任用中行伯，这是说中行伯可以任用。君主相信他，也任用士伯，这就叫做明德了。文王能够建立周朝，也没有超越这些道理。遵循这一道理，还有什么事情办不成呢？”

十六年[①]

晋侯命士会将中军，且为太傅[②]，于是晋国之盗逃奔于秦。羊舌职曰：“吾闻之，禹称善人[③]，称，举也。不善人远，此之谓也。夫善人在上，则国无幸民[④]。谚曰：‘民之多幸，国之不幸。’是无善人之谓也。”

【注释】

①十六年：鲁宣公十六年，前593年。

②太傅：官名。三公之一。周始置，辅弼天子治理天下。士会以中

军帅兼任。

③称:举荐任用。

④幸民:指心存侥幸的民众。也指不务正业得过且过之人。

【译文】

鲁宣公十六年

晋景公命令士会率领中军,兼任太傅,于是晋国的盗贼逃奔到秦国。羊舌职说:"我听说,禹举荐任用善人,称,是举荐任用。不善的人就会远远离开,说的就是这样的事。善人在上位,那么国家就没有心存侥幸的民众。谚语说:'民众侥幸多,国家就不幸。'这是没有善人在上位啊。"

成公[①]

二年[②]

卫侯使孙良夫侵齐[③],与齐师遇[④],师败。仲叔于奚救孙桓子[⑤],桓子是以免。既,卫人赏之以邑,赏于奚也。辞,请曲县[⑥],轩县也。繁缨以朝[⑦],许之。繁缨,马饰,皆诸侯之服也。仲尼闻之,曰:"惜也,不如多与之邑!唯器与名[⑧],不可以假人[⑨]。器,车服也。名,爵号也。君之所司也[⑩],政之大节也,若以假人,与人政也。政亡,则国家从之,不可止也已。"

【注释】

①成公:鲁成公,姬黑肱,是鲁国第二十一任君主。他是鲁宣公的儿子,母穆姜,在位十八年。

②二年:鲁成公二年,前589年。

③卫侯:卫穆公。孙良夫:卫国大夫,姬姓,孙氏,名良夫,谥桓,故称孙桓子。孙氏为卫武公之后,世袭爵位,位居卫国上卿,孙良夫曾

担任卫国执政。侵齐：司马迁认为此次卫军侵齐是为了救助鲁国。

④遇：在齐国卫国边境相遇。

⑤仲叔于奚：复姓仲叔，名于奚，春秋时新筑人。卫国人因救助孙良夫之功给他封地，于奚拒绝，后来被封为守新筑大夫。

⑥曲县：周礼，诸侯之乐，室内三面悬乐器，形曲，谓之“曲县”。

⑦繁（pán）缨：古代天子、诸侯所用辂马的带饰。此实为僭越。繁，马腹带。缨，马颈革。

⑧器：指礼器。名：指爵位名号。

⑨假：借给。

⑩司：掌管。

【译文】

鲁成公二年

卫穆公派大夫孙良夫入侵齐国，跟齐国军队在边境相遇，卫军失败。新筑人仲叔于奚救了孙良夫，使他幸免于难。不久，卫国赏赐他城邑，赏赐于奚。于奚推辞不接受，请求赐给自己诸侯用的曲县，曲县是轩县。用繁缨饰马朝见，卫君答应了。繁缨是马的带饰，跟曲县一样都是诸侯的服饰。孔子听到这件事，说：“可惜啊，不如多给他城邑！只有礼器跟名号，是不能借给别人的。器，指的是车服等礼器。名，指的是爵位名号。这些是国君所掌管的，是国政的大节，如果把它借给别人，等于把国政给别人啊。国政丧失了，那么国家也随之丧失，那就止不住了。”

宋文公卒①，始厚葬，用蜃炭②，益车马③，始用殉④，烧蛤为炭，以瘗圹。多埋车马，用人从葬也。重器备⑤。重，犹多也。君子谓：“华元、乐举⑥，于是乎不臣⑦。臣，治烦去惑者也，是以伏死而争⑧。今二子者，君生则纵其惑⑨，谓文十八年杀母弟须。死则益其侈，是弃君于恶也。何臣之为？”若言何用为臣。

【注释】

①宋文公:名鲍(一作鲍革),宋成公之子,宋昭公庶弟,春秋时期宋国第二十四任国君,前610—前589年在位。

②蜃(shèn)炭:即蜃灰,用蜃壳烧成的灰,用途同石灰。一说蜃灰与木炭。蜃,大蛤。

③益车马:增加陪葬的车马。古代天子、诸侯,用车马随葬。

④始用殉:宋国由文公开始用活人殉葬。

⑤重:多。器备:指用品。

⑥华元、乐举,二人都是当时宋国的执政大夫。

⑦不臣:不守臣节,不合臣道。

⑧伏死:甘愿舍弃生命。

⑨纵其惑:放纵他昏乱的行为。

【译文】

宋文公去世,开始实行厚葬,用大蛤烧成的灰埋葬墓穴,增加陪葬的车马,开始用人殉葬,把大蛤烧成灰,用来埋葬墓穴。增多陪葬的车马,用人来殉葬。随葬的器物也很多。重,多。君子说:“华元、乐举在这件事上的作为不合臣道。臣子是为国君处理烦乱除去迷惑的人,因此要舍生冒死地谏诤。现在这两个臣子,君主活着的时候放纵他的迷乱行为,指的是在鲁文公十八年时杀死了同母弟须。君主死的时候增添他的奢侈,这是把国君丢进作恶的境地。还算什么臣子啊?”这是说怎么做臣子。

楚之讨陈夏氏也①,在宣十一年。庄王欲纳夏姬②,申公巫臣谏曰③:“不可。君召诸侯④,以讨罪也;今纳夏姬,贪其色也。贪色为淫,淫为大罚。《周书》曰:‘明德慎罚⑤。’若兴诸侯,以取大罚,非慎之也。君其图之!”王乃止。

【注释】

①楚之讨陈夏氏也：指楚庄王讨伐陈国，杀死夏徵舒。事见鲁宣公十一年（前598）。

②夏姬：姬姓，春秋时期郑国国君郑穆公之女，母亲是少妃姚子。因为嫁给封地位于株邑（今河南柘城）的陈国司马夏御叔为妻，故称夏姬。御叔早死，与夏姬有一子夏徵舒。夏姬与陈灵公及二卿有染，导致夏徵舒杀死陈灵公等人。

③申公巫臣：春秋时楚国申县县尹。芈姓，屈氏，名巫，一名巫臣，字子灵，又称屈巫。

④召：征召，召集。

⑤明德慎罚：引文见《尚书·康诰》。彰明德行谨慎处罚。

【译文】

楚国征讨夏徵舒的时候，在鲁宣公十一年。楚庄王想要娶夏姬为妃，申公巫臣劝谏说："不行。国君征召诸侯出兵是要讨伐罪人，现在娶了夏姬，是贪念她的美色。贪念美色是淫，淫是要受到重罚的。《周书》说：'应该彰明德行谨慎刑罚。'如果让诸侯兴兵反而获取重大刑罚，可不是谨慎啊。您好好想想吧！"楚庄王于是打消了念头。

六年[①]

晋栾书救郑[②]，与楚师遇于绕角[③]。绕角，郑地。楚师还，晋师遂侵蔡。楚公子申、公子成[④]，以申、息之师救蔡[⑤]。赵同、赵括欲战[⑥]，请于武子，武子将许之。知庄子、荀首。范文子、士燮。韩献子韩厥。谏曰[⑦]："不可。吾来救郑，楚师去我[⑧]，吾遂至于此，此，蔡地。是迁戮也[⑨]。戮而不已[⑩]，又怒楚师，战必不克，迁戮不义，怒敌难当，故不克也。虽克不令[⑪]。成师以出[⑫]，而败楚二县，何荣之有焉？六军悉出[⑬]，故曰成师。

以大胜小,不足为荣也。若不能败,为辱已甚⑭,不如还也。”乃遂还。

【注释】

①六年:鲁成公六年,前585年。

②栾书:晋国中军帅,掌国政,谥武,故称栾武子。

③绕角:在今河南鲁山县东南。

④楚公子申:春秋时代楚国大夫,曾经击退过晋国军队,前571年被楚国人杀死。

⑤以:率领。申:楚县,在今河南南阳。息:楚县,在今河南息县。

⑥赵同、赵括:都是赵衰之子。赵同又称原同,为晋国下军副帅。赵括又称原括,为晋国中军副帅。

⑦知庄子:即晋将荀首,任中军佐。范文子:即晋将士燮,任上军佐。韩献子:即晋将韩厥,任新中军将。

⑧去:离开。

⑨迁戮:因迁怒而杀戮。

⑩已:止。

⑪不令:不是好事。令,善,好。

⑫成师:整顿军队。

⑬六军:晋原有上、中、下三军,后增设新上、中、下三军,合计六军。

⑭为辱已甚:受到的侮辱就太大了。

【译文】

鲁成公六年

晋国栾书领兵援救郑国,跟楚国军队在绕角相遇。绕角,是郑国地名。楚军撤回,晋军于是入侵蔡国。楚国公子申、公子成率领申、息两县的军队救助蔡国。晋国将领赵同、赵括想要作战,向栾武子请示,栾武子将要允许。知庄子、荀首。范文子、士燮。韩献子韩厥。劝谏说:“不行。我们来救助郑国，楚国军队离开我们，我们才到达此地，此，是说蔡国。这是迁怒而杀戮啊。杀戮不停止，又激怒楚国军队，作战一定不能胜利，因迁怒而杀戮无辜不合道义，激怒敌军难以抵挡，所以不能胜利。即使胜利了也不好。晋国整个大军出战，仅仅打败楚国两个县，又有什么荣耀啊？晋国所有的六军都出来了，所以叫成师。用大部队战胜小部队，不能够算荣耀。如果不能打败他们，受到的侮辱就更大了，不如返回。”于是就撤回。

于是军帅之欲战者众[①]。或谓栾武子曰：“圣人与众同欲，是以济事[②]。子盍从众？盍，何不。子之佐十一人[③]，六军之卿佐也。其不欲战者，三人而已。知、范、韩也。欲战者，可谓众矣。《商书》曰：‘三人占，从二人[④]。’众故也。”武子曰：“善钧，从众[⑤]。钧，等。夫善，众之主也[⑥]。三卿为主，可谓众矣。三卿，皆晋之贤人。从之，不亦可乎？”《传》善栾书得“从众”之义也。

【注释】

①军帅：军中的将帅、将领。

②济事：成事。

③佐：副职。栾书是主帅，六军的副帅有荀首、荀庚、士燮、却锜、赵同、韩厥、赵括、巩朔、韩穿、荀骓、赵旃十一人。

④三人占，从二人：语见《尚书·洪范》。古代卜筮，询之三人，各人判断未必相同，从其二人相同者。

⑤善钧，从众：意谓出现不同意见时，如果都是卓有见识的人，则取人数多的一方的意见。善钧，指都是出色的人。

⑥夫善，众之主：从众的根本目的是为了从善。如果贤愚参差不齐，则贤者为众人之依靠。

【译文】

当时军中想要作战的将领很多。有人对栾武子说:“圣人跟民众的期望一致,因此能够成事。您何不听从众位将领呢?盍,何不。您的副职有十一个人,指六军的副帅。其中不想作战的,只有三个人罢了。指知庄子、范文子、韩献子三人。想要作战的,可以说很多了。《商书》说:‘三人占卜,听从结果相同的两个人。’就是人多的缘故啊。”栾武子说:“如果都是贤良,才听从人数多的。钧,是均等。贤良是众人的依靠。三位将领是大家的依靠,可以称得上多数了。三位将领都是晋国的贤人。听从他们,不也应该吗?”《左传》赞美栾书得到了“从众”的真正意义。

八年[①]

晋侯使韩穿来言汶阳之田[②],归之于齐。季文子饯之[③],饯,送行饮酒也。私焉[④],私与之言。曰:“大国制义以为盟主[⑤],是以诸侯怀德畏讨,无有贰心。谓汶阳之田,弊邑之旧也,而用师于齐[⑥],使归诸弊邑。用师,鞌之战也。今有二命[⑦],曰:‘归诸齐。’信以行义[⑧],义以成命[⑨],小国所望而怀也。信不可知,义无所立,四方诸侯,其谁不解体[⑩]?言不复肃敬于晋也。《诗》曰[⑪]:‘女也不爽[⑫],士贰其行[⑬]。士也罔极[⑭],二三其德[⑮]。’爽,差也。极,中也。妇人怨丈夫不一其行也。喻鲁事晋,犹女之事夫,不敢过差,而晋有罔极之心,反二三其德也。七年之中[⑯],一与一夺,二三孰甚焉?士之二三,犹丧配耦[⑰],而况霸主乎?将德是以[⑰],以,用也。而二三之,其何以长有诸侯乎?”

【注释】

①八年:鲁成公八年,前583年。

②晋侯：晋景公。韩穿：晋国上军副帅。汶阳之田：指汶水北岸的土地。在今山东泰安、肥城一带。原属鲁国，后来被齐国侵占，齐晋鞌之战后，鲁成公二年（前589），晋国让齐国还给鲁国，现在晋侯又使韩穿来鲁，又要鲁国交给齐国。

③季文子：季友之孙，又称季孙行父，鲁卿，执国政。下文单称其名行父，又单称其氏季孙。饯：为韩穿设饯别酒宴。

④私：私下交谈。

⑤制义：制宜。指政事裁断适宜、合理。

⑥用师于齐：指齐晋鞌之战。

⑦二命：不一致的命令。

⑧行：践行，推行。

⑨成：成就，完成。

⑩解体：松散，分解。指跟晋国分离。

⑪《诗》：引自《诗经·卫风·氓》。

⑫爽：差错。

⑬士：指男人。贰：前后不一。

⑭极：定准，准则。

⑮二三：不一致。诗原意为女方毫无过失，始终如一，男方行为则有过错。男人没有准则，行为前后不一致，变化不定。季文子以"女"比"鲁"，以"士"比"晋"。

⑯七年：指从鲁成公二年到八年的时间。

⑰配耦：配偶。

⑱将德是以：唯德是用。以，用。

【译文】

鲁成公八年

晋景公派韩穿来鲁国说把汶水北岸的土地交给齐国一事。季文子为他举行饯别酒宴，饯，就是送行的酒宴。私下跟他交谈，私，就是私下跟他说。说:“贵国裁断合理成为盟主,因此诸侯国感怀恩德畏惧征讨,没有二心。说到汶水北岸的土地,本来是我们小破国原来的领土,后来被齐国占领,贵国跟齐国交战,使得它归还了我们这个小破国。用师,是指齐晋鞌之战。现在贵国又有不一样的命令,说:‘把它交给齐国。’诚信是用来推行道义的,道义是用来完成使命的,这是小国所希望并感怀的。如果诚信是不能知晓的,道义是没有立足之地的,天下四方的诸侯,还有哪一个不跟你分离?这是说不再尊重晋国了。《诗经》里说道:‘我做妻子没过错,你的行为却两样。反复无常没准则,前后不一少德行。’爽,是差错。极,是中正。诗句是写妇人怨恨丈夫前后行为不一致。比喻鲁国事奉晋国,就像女子事奉丈夫,不敢有过失差错,而晋国却有不守中正的心理,反而德行前后不一。在七年之中,一次给与,一次夺走,前后不一还有比这更厉害的吗?男人前后不一,尚且失去妻子,何况霸主呢?霸主要运用德行,以,运用。却前后不一致,那又怎么能长期地拥有诸侯的拥戴呢?”

晋讨赵同、赵括①,武从姬氏畜于公室②,赵武,庄姬之子。庄姬,晋成公女也。畜,养也。以其田与祁奚③。韩厥言于晋侯曰④:“成季之勋、宣孟之忠⑤,成季,赵衰。宣孟,赵盾。而无后⑥,为善者其惧矣!三代之令王⑦,皆数百年,保天禄,夫岂无僻王⑧?赖前哲以免也⑨。言三代亦有邪僻之君,但赖其先人以免祸耳。《周书》曰:‘不敢侮鳏寡⑩。’所以明德也⑪。”言文王不侮鳏寡,而德益明,欲使晋侯之法文王。乃立武,而反其田焉。

【注释】

①讨:这里指诛杀,杀戮。

②武从姬氏畜于公室:赵武跟随母亲庄姬寄养在舅舅晋景公宫中。武,赵武,赵朔之子,赵盾之孙,时尚年幼。姬氏,指赵武之母庄

姬，是晋成公的女儿。畜，畜养，养育。

③以其田与祁奚：把赵氏的田地赐给祁奚。祁奚，晋国大夫，是高良波的儿子，字黄羊。

④韩厥：姬姓，韩氏，讳厥，谥号献，亦称韩献子。据称他年幼时为赵盾所养，所以替赵氏进言。晋侯，指晋景公。

⑤成季，指赵衰。字季，谥成，所以称成季，是赵盾、赵同、赵括、赵婴之父。赵衰随晋文公重耳出亡，后辅佐文公成霸主，有大功。勋：功劳。宣孟：指赵盾。谥宣，称为赵孟、赵宣子，掌晋国政多年，以忠臣称于时。

⑥无后：此时赵括被杀，赵氏宗族祭祀随之废弃，故韩厥言成季、宣孟“无后”。

⑦三代：指夏、商、周三代。令王：贤明的天子。

⑧僻王：邪僻的天子。

⑨赖前哲以免也：依靠前代贤君的德行美政以免于亡国。

⑩不敢侮鳏寡：语见《尚书·康诰》。鳏寡，指老而无妻或无夫的人。

⑪所以明德也：为的就是要彰显德行。

【译文】

晋国诛杀了赵同、赵括，年幼的赵武跟随母亲庄姬养育在舅舅晋景公的宫室之中，赵武，是庄姬的儿子。庄姬，是晋成公的女儿。畜，是畜养的意思。晋景公把赵氏的土地给了祁奚。韩厥对晋景公进言说：“赵衰那样的功勋，赵盾那样的忠诚，成季，是赵衰。宣孟，是赵盾。却没有后嗣，行善的人大概会恐惧吧！夏商周三代的英明天子，都能保有几百年上天赐予的福禄，难道其中没有邪僻的天子吗？只是依靠前朝的英明天子而免祸。这是说三代也有邪僻的君王，只是依赖前朝天子而免祸罢了。《周书》说：‘不敢欺侮鳏夫寡妇这些弱势人群。’就是用这样的做法彰显德行。”这是说周文王不欺侮鳏夫寡妇这些弱势人群，德行更加昌明，想要晋景公效法周文王。于是立赵武为赵氏后嗣，并归还土地。

十六年[①]

楚子救郑[②],司马将中军[③],子反也。过申[④],子反入见申叔时[⑤],叔时老在申也。曰:“师其何如?”对曰:“德、刑、详、义、礼、信,战之器也[⑥]。器,犹用也。德以施惠,刑以正邪[⑦],详以事神,义以建利,礼以顺时,信以守物。上下和睦,周旋不逆[⑧],动顺理也。是以神降之福,时无灾害。民生敦厖[⑨],和同以听,敦,厚。厖,大。莫不尽力以从上命,此战之所由克也。今楚内弃其民,不施惠也。而外绝其好,义不建利。渎齐盟[⑩],不详事神。而食话言,信不守物。奸时以动,不顺时,妨农业。而疲民以逞[⑪],刑不正邪,而苟快意。民不知信,进退罪也。子其勉之!吾不复见子矣[⑫]。言其必败,不反也。”

【注释】

①十六年:鲁成公十六年,前575年。

②楚子:指楚共王。

③司马:主管军政的官员,当时的司马是子反。他姓芈,熊氏,名侧,字子反,是楚穆王之子,楚庄王之弟,楚共王的叔父。

④申:楚县,是申叔时的食邑,在今河南南阳。申叔时年老退休于申。

⑤申叔时:春秋时期楚国大夫,姓芈,申叔氏,名时。

⑥德、刑、详、义、礼、信,战之器也:意谓德行、刑罚、和顺、道义、礼法、信用,这是战争的必备条件。详:通“祥”,祥和,指事神的态度赤诚。

⑦正:纠正,端正。

⑧周旋:运转。

⑨敦厖:丰厚,富足。敦,厚。厖,大。

⑩渎:轻慢不恭。齐盟:同盟。

⑪奸（gān）时以动，而疲民以逞：违犯时宜而用兵，使民疲敝以逞私欲。奸时，指正当春耕之时而楚用兵。奸，干犯，违背。

⑫吾不复见子矣：申叔时预言楚必败，子反必死。《春秋左传正义》："叔时此对，首尾相成。先举六名，云'战之器也'，言有此六事，乃可以战，若器用然也。自'德以施惠'至'信以守物'，辨六事施用之处也。自'民生厚'至'所由克'，言能用六事得战胜之意也。自'今楚内弃其民'至'疲民以逞'，言楚不行六事也。'民不知信'以下言楚必败之意也。"

【译文】

鲁成公十六年

楚共王救助郑国，司马子反率领中军，司马是子反。经过申叔时的食邑申县，子反进去拜见申叔时，申叔时年老后待在申县。说："您看我军怎样？"回答说："德行、刑罚、赤诚、道义、礼法、诚信，这是作战必定使用的。器，器用。德行用来施加恩惠，刑罚用来纠正邪僻，赤诚用来事奉神明，道义用来树立功利，礼法用来顺应天时，诚信用来保有事物。上下级相处和睦，军队运转和顺没有悖逆，行动遵循事理。因此神明降下福佑，天时没有灾害。民众生活富足，同心协力，听从指挥。敦，是厚的意思。庞，是大的意思。没有人不竭尽全力听从上级命令，这就是作战胜利的原因。现在楚国对内抛弃自己的人民，不施加恩惠。对外断绝友好关系，不用道义树立功利。轻慢庄重的同盟，不赤诚事奉神明。自食其言，不用诚信保有万物。违背农时季节行动，不顺应时令，妨害农业。以民众的疲惫来满足自己的欲望，刑罚不能纠正邪僻，而只追求自己痛快。民众不懂得什么是信义，进退都会获罪。您还是自己勉励吧！我不会再见到您了。这是说他必定失败，不会返回了。"

晋、楚遇于鄢陵①。范文子不欲战②，郤至曰③："韩之战④，惠公不振旅⑤；众散败也，在僖十五年。邲之师⑥，荀伯不复从[7]。荀林父奔走,不复故道也,在宣十二年。皆晋之耻也。子亦见先君之事矣。见先君成败之事[8]。今我避楚,又益耻也!”文子曰:“吾先君之亟战也,有故。亟,数也。秦、狄、齐、楚皆强,不尽力,子孙将弱。今三强服矣,齐、秦、狄也。敌楚而已。唯圣人能外内无患。自非圣人,外宁必有内忧,骄亢则忧患生。盍释楚以为外惧乎?”

【注释】

①鄢陵:在今河南鄢陵西北。本为鄢国,为郑武公所灭,成为郑邑。

②范文子:即士燮,士会之子,当时将下军。

③郤至:姬姓,其祖步扬封于步,故为步氏。名至,谥昭,封邑于温,故又称温季,史称昭子。

④韩之战:即秦晋韩原之战,发生在鲁僖公十五年(前645),晋惠公战败被俘。韩,晋地,在今山西万荣附近。

⑤不振旅,意谓战败,不能整军而归。振旅,指整队班师。

⑥邲之师:指晋楚邲之战,发生于鲁宣公十二年(前597)。战斗中,晋中军帅荀林父战败溃逃。

⑦荀伯:荀林父。不复从:即失败。

⑧成败:偏指失败。

【译文】

晋楚两军在鄢陵相遇。范文子不想作战,郤至说:“韩原之战,惠公没能整队班师;军队溃散失败,事情发生在鲁僖公十五年。邲之战,荀伯溃逃不能走原来的道路;荀林父逃跑,不能重走原来的道路,事情发生在鲁宣公十二年。都是晋国的耻辱啊。您也知道先代国君的这些事。见到先代国君失败的事情。现在我军避开楚军,又会更加耻辱啊!”文子说:“我们先代国君之所以屡次打仗,是有缘故的。亟,屡次。这些战争的对象,秦、狄、齐、楚都很强大，不尽力对付，子孙就会削弱。现在三大强敌已经顺服了，指齐、秦、狄。敌人只有楚国了。只有圣人才能内外都没有祸患。倘若不是圣人，国外安宁了指定有国内的担忧，骄傲亢盛那就会产生忧患。为什么不留下楚军作为我们国外的忧惧呢？”

襄公①

三年②

祁奚请老③，老，致仕④。晋侯问嗣焉⑤。嗣，续其职者。称解狐⑥，其仇也，将立之而卒。解狐卒也。又问焉，对曰：“午也可⑦。”午，祁奚子。于是羊舌职死矣⑧，晋侯曰：“孰可以代之？”对曰：“赤也可⑨。”赤，职之子伯华。于是使祁午为中军尉，羊舌赤佐之。各代其父。君子谓：“祁奚于是能举善矣。称其仇，不为谄；立其子，不为比⑩；举其偏⑪，不为党⑫。偏，属也。能举善也！夫唯善，故能举其类也。”

【注释】

①襄公：姬午，鲁成公之子，鲁国第二十二任君主，前572—前542年在位。

②三年：鲁襄公三年，前570年。

③祁奚：晋中军尉，字黄羊。请老：请求告老退休。

④致仕：辞去官职。

⑤晋侯：指晋悼公。嗣：继承人。

⑥称：举荐。解狐：晋大夫。

⑦午：祁午，祁奚之子。

⑧羊舌职：晋国大夫，羊舌突之子，叔向之父，时任中军尉之佐。

⑨赤：羊舌职的儿子，叔向之兄，字伯华。

⑩比：为私利而无原则地结合。这里指勾结，偏私。

⑪偏：部下，属下。

⑫党：朋党。

【译文】

鲁襄公三年

祁奚请求告老退休。老，指辞去官职。晋悼公向他询问谁可接替他的官职。嗣，是继承他官职的人。祁奚举荐解狐，这是他的仇人，将要接任时解狐去世。指解狐去世。国君又问他，回答说："祁午可以。"祁午是祁奚的儿子。这时羊舌职死了，晋悼公说："谁能接替他？"回答说："羊舌赤可以。"羊舌赤是羊舌职的儿子，字伯华。于是就让祁午担任中军尉，羊舌赤任他的副职。两人各自接替了自己父亲。君子说："祁奚在这件事上能够举荐贤善的人。举荐他的仇人，不能算谄媚；让自己儿子接任，不能算偏私；举荐自己的部下，不能算结党营私。偏，属下。这就是能举荐贤善啊！只有自己是贤善，才能举荐同样的贤善啊。"

晋侯之弟扬干[①]，乱行于曲梁[②]，行，陈次也。魏绛戮其仆[③]。仆，御。晋侯怒，谓羊舌赤曰："合诸侯以为荣也[④]，扬干为戮，何辱如之[⑤]？必杀魏绛，无失之也。"对曰："绛无贰志[⑥]，事君不避难，有罪不逃刑，其将来辞，何辱命焉[⑦]？"言终，魏绛至，授仆人书[⑧]，仆人，晋侯御仆。将伏剑[⑨]。士鲂、张老止之[⑩]。公读其书曰："日君乏使[⑪]，使臣斯司马。斯，此也。臣闻'师众以顺为武，顺，莫敢违。军事有死无犯为敬'[⑫]。守官行法，虽死不敢有违。君合诸侯，臣敢不敬乎？君师不武[⑬]，执事不敬[⑭]，罪莫大焉。臣惧其死，以及扬干[⑮]，无所逃罪。惧自犯不武不敬之罪也。不能致训，至于用钺[⑯]。用钺，斩扬干之仆也。臣之罪重，敢有不从，以怒君心，言不敢不从戮。请归死于司寇[17]。”公跣而出[18]，曰：“寡人之言，亲爱也[19]；吾子之讨，军礼也。寡人有弟，弗能教训，使干大命[20]，寡人之过也。子无重寡人之过，听绛死，为重过。敢以为请。请使无死。”反役，使佐新军。

【注释】

①晋侯：指晋悼公。

②乱行：扰乱军队行列。曲梁：在今河北永年东南。

③魏绛：晋国武将，魏氏，名绛，谥号昭、庄，又称魏昭子、魏庄子，时任掌管军法的中军司马。仆：赶车的马夫。

④合：会合。

⑤扬干为戮，何辱如之：杀扬干之御车者，就等于扬干被侮辱。对我来说还有什么侮辱能比得上它。此指晋悼公自以为受辱。如，比得上。

⑥贰志：二心。

⑦其将来辞，何辱命焉：他将会自己来陈述的，何必劳烦国君下令追究呢？辞，讲话，陈述。

⑧书：指给君主的奏疏。

⑨伏剑：指用剑自刎。

⑩士鲂：晋卿，士会之子，士燮之弟。张老：名老，字孟，官侯奄。

⑪日：往日。

⑫师众以顺为武，军事有死无犯为敬：军队的士兵们以顺从军纪军法为勇武，在军旅做事宁死也不犯军纪是恭敬。下文反言之，不武即犯军纪，不敬即不执行军法。师众，指军中士卒群体。军事，军中行事。

⑬不武:不合武德。指扰乱行列一事。

⑭执事:从事工作,执行公务。不敬:指没把宁可一死也不违反军纪当作恭敬,也就是没有执行军法。

⑮臣惧其死,以及扬干:下臣怕不执行军法而有不敬之罪当死,以至连累扬干。

⑯用钺:杀死。此指用大斧杀死扬干之仆。钺,本是斧状兵器,礼仪仪式象征君王权力。

⑰归死:请死,接受死刑。司寇:主管司法的长官。

⑱跣(xiǎn):赤脚,光着脚不穿鞋袜。

⑲亲爱:对亲人的痛爱。

⑳干:干犯,冒犯。大命:指军令。

【译文】

晋悼公举行鸡泽之会,他的弟弟扬干在附近的曲梁扰乱军队行列,行,是说军阵的排列。魏绛杀了他的马夫。仆,是赶车的马夫。晋悼公大怒,对羊舌赤说:"我会合诸侯是为了荣耀,扬干的马夫被杀戮,还有什么侮辱比这更大呢?一定要杀了魏绛,不能失误。"回答说:"魏绛没有二心,他事奉君主不避危难,有了罪过不会逃脱刑罚,他将要来陈词供述,何必麻烦您下命令呢?"话刚说完,魏绛来到,交给晋悼公侍臣一封奏疏,仆人,指晋悼公的侍臣。将要自刎。士鲂、张老制止了他。晋悼公看他的奏疏写道:"往日君王您缺少能使用的人,让我当了这个司马。斯,是这个。我听说'军中将士把服从命令当作武德,顺,是不敢违背的意思。军中行事把宁可一死也不违反军纪当作恭敬'。遵循官员职责执行军法,即使一死也不敢违背。君上会合诸侯,臣子我怎敢不恭敬呢?君上队伍行列混乱不合武德,我主管这事没能执行军法,罪过没有比这更大的了。我惧怕自己犯了不武、不敬的死罪,还连累了扬干,这罪过无可逃避。惧怕自己犯了不武、不敬的罪过。我没能事先进行教导,以至动用大刑杀死扬干的马夫。用钺,指把扬干马夫斩首。我的罪责严重,怎敢不接受死刑惩罚,而使君主发怒，这是说不敢不接受杀戮。请让我到司寇那里接受死刑。”晋悼公光着脚急忙跑出来，说：“我刚才的话，是由于痛爱兄弟；您的惩治，是军队的礼法。我有个弟弟，自己不能教训，让他冒犯军事命令，这是我的过错。您不要加重我的过错，听任魏绛去死，就是加重晋悼公的过错。谨把这些作为我的请求。请求魏绛别去死。”鸡泽之会结束返回后，魏绛成为新军副帅。

四年[①]

无终子嘉父使孟乐如晋[②]，无终，山戎国名也。因魏庄子纳虎豹之皮[③]，以请和诸戎。欲戎与晋和。庄子，魏绛。晋侯曰：“戎狄无亲而贪，不如伐之。”魏绛曰：“诸侯新服，陈新来和，将观于我，我德则睦，否则携贰[④]。劳师于戎，而楚伐陈，必不能救，是弃陈也，诸华必叛。诸华，中国。戎，禽兽也。获戎失华，无乃不可乎？昔周辛甲之为太史也[⑤]，命百官，官箴王阙[⑥]。辛甲，周武王太史也。阙，过也。使百官各为箴辞，戒王过也。于《虞人之箴》虞人，掌田猎者。曰[⑦]：‘茫茫禹迹，画为九州，茫茫，远貌。画，分也。经启九道[⑧]。启开九州之道。民有寝庙[⑨]，兽有茂草。各有攸处，德用不扰。人神各有所归，故德不乱也。在帝夷羿[⑩]，冒于原兽[⑪]，冒，贪也。忘其国恤[⑫]，而思其麀牡[⑬]。言但念猎。武不可重[⑭]，重，犹数。用不恢于夏家[⑮]。羿以好武，虽有夏家，而不能恢大之也。兽臣司原[⑯]，敢告仆夫[⑰]。’兽臣，虞人也。告仆夫，不敢斥尊也。《虞箴》如是，可不惩乎？”于是晋侯好田，故魏绛及之。及后羿事也。

【注释】

①四年：鲁襄公四年，前569年。

②无终子:指无终国国君嘉父。无终,山戎之国,建立于周武王伐纣灭商、分封诸侯之时,灭亡于战国前期。起初在今山西太原以东,后战败迁徙到今河北涞源一带,又逃往今张家口附近。此时仍在山西。《春秋》对文化较落后之国,其君例称为子。

③魏庄子:即魏绛,时任新军副帅。

④携贰:有二心,离心。

⑤辛甲:商末周初史官。原事商纣王,后为周太史。

⑥箴:古代的文体,主要用来告诫规劝。阙:过错。

⑦虞人之箴:又称《虞箴》。此箴规谏君王勿田猎过度以误国事。虞人,掌管田猎的官员。

⑧"茫茫禹迹"几句:夏禹的遗迹到达遥远的地方,他把天下划分为九州,开通了九州大道。禹迹,相传夏禹治水,足迹遍九州,后因称中国的疆域为禹迹。画,分。经,经界,划分疆界。

⑨寝庙:住宅和宗庙。

⑩夷羿:指后羿,是夏代有穷国的国君,名羿,因居东夷,故称夷羿。

⑪冒:贪恋。

⑫恤:忧患。

⑬麀(yōu)牡:指公鹿母鹿。泛指兽类。

⑭武不可重:田猎不可过分。田猎是准军事行动,也可称为武。重,屡次。

⑮用不恢于夏家:因此不能使夏朝恢大。指使国家因此灭亡。恢,使宽阔,扩大。夏家,指夏朝。

⑯兽臣:即虞人,主管田猎。司:主管。原:指野兽,意为田猎。

⑰仆夫:驾驭车马的人,这里指君王的左右。

【译文】

鲁襄公四年

无终国国君嘉父派遣使者孟乐到晋国,无终,是山戎的国名。通过魏庄子敬献虎皮、豹皮，请求晋国跟各个戎狄部族讲和。想要戎族跟晋国讲和。庄子，就是魏绛。晋悼公说："戎狄没有亲情而且贪心，不如讨伐他。"魏绛说："诸侯新近归服我们，陈国新近跟我们讲和，大家都在观察我们，我们有恩德他们就会和睦亲近，否则就会怀有二心。折腾军队去打戎狄，如果楚国进攻陈国，一定不能去救，这就是抛弃陈国，中原各国一定背叛。诸华，是中原各国。戎狄，是跟禽兽一样。得到戎狄失去中原，恐怕不行吧？当初周辛甲任太史的时候，命令百官，制作官箴来劝谏天子的过失。辛甲，是周武王的太史。阙，过失。让百官各自作箴辞，劝诫天子的过失。在《虞人之箴》里虞人，是掌管田猎的官员。说道：'苍茫辽阔的大禹走过的大地，划分为九州，茫茫，辽远的样子。画，划分。确定疆界开辟九州大道。开辟九州的道路。民众有自己的住处宗庙，野兽有丰盛茂密的青草。人兽各有所处，德行没有扰乱。人跟神都有归往的处所，所以德行没有扰乱。在后羿称帝的时候，贪恋猎取野兽，冒，贪恋。忘掉了国家的忧患，只想着公鹿母鹿等飞禽走兽。这是说只想田猎。田猎之事不能太频繁，重，屡次。那样做不利于扩大夏朝国力，其后导致国家灭亡。后羿因为喜好田猎，即使有了夏朝，也不能让它扩大。主管田猎的虞人，谨禀告君王左右。'兽臣，是虞人。告仆夫，不敢直接说至尊的君王。《虞箴》这样说的，难道不应该警戒吗？"这时晋悼公喜好田猎，所以魏绛有所涉及。涉及后羿的事情。

公曰："然则莫如和戎乎？"对曰："和戎有五利焉：戎狄荐居[①]，贵货易土[②]，荐，聚也。易，犹轻也。土可贾焉[③]，一也；边鄙不耸[④]，民狎其野[⑤]，穑人成功[⑥]，二也；耸，惧也。狎，习也。戎狄事晋，四邻振动，诸侯威怀，三也；以德绥戎[⑦]，师徒不勤，甲兵不顿[⑧]，四也；顿，坏也。鉴于后羿，而用德度，以后羿为鉴戒。远至迩安[⑨]，五也。君其图之！"公悦，使魏绛盟诸戎，修民事[⑩]，田以时。言晋侯能用善谋也。

【注释】

①荐居:指逐水草而居。

②贵:看重。易:看轻。

③贾:交易,买卖。

④耸:惊悚,恐惧。

⑤狎:熟习,习惯。

⑥穑人:农夫。功:指农功,收成。

⑦绥:安抚。

⑧甲兵不顿:武器不会损坏。顿,毁坏,败落。

⑨远至迩安:远国来服,近国安心。后以"迩安远至"指政治清明。

⑩修:修治,修整。

【译文】

晋悼公说:"既然如此那么就没有比跟戎人讲和更好的对策吗?"回答说:"跟戎人讲和有五大好处:戎狄逐水草而居,看重财货看轻土地,荐,聚集。易,看轻。可以向他们收买土地,这是第一;边境不再恐惧,民众安心于农事,农夫可获收成,这是第二;耸,恐惧。狎,习惯。戎狄事奉晋国,四方邻国震动,诸侯都感怀威德,这是第三;用德行安抚戎狄,将士免去辛劳,武器不被损坏,这是第四;顿,损坏。以后羿为鉴戒,用德行当法度,用后羿作为鉴戒。远方来归,近处安宁,这是第五。请您好好考虑考虑吧!"晋悼公很满意魏绛这一番话,派魏绛跟那些戎人结盟,又致力于治理民事,打猎合乎时令。这是说晋悼公能采用好谋略。

九年①

秦景公使乞师于楚②,将以伐晋,楚子许之③。子囊曰④:"不可。当今吾不能与晋争也。晋君类能而使之⑤,随所能也。举不失选⑥,得所选也。官不易方⑦。方,犹宜也。其卿让于善[8]，让胜己者。其大夫不失守[9]，各任其职也。其士竞于教[10]，奉上命也。其庶人力于农穑[11]。种曰农，收曰穑。商工皂隶，不知迁业[12]。四民不杂也[13]。君明臣忠，上让下竞。尊官相让，劳职力竞。当是时也，晋不可敌，事之而后可。君其图之！"冬，诸侯伐郑[14]，郑从楚也。郑人行成[15]。与晋成也。

【注释】

①九年：鲁襄公九年，前564年。

②秦景公：姓嬴，名石，秦桓公之子，春秋时期秦国国君，扩张秦国势力到中原。乞师：请求出兵援助。

③楚子：指楚共王。芈姓，熊氏，名审，楚庄王之子，春秋时期楚国国君。楚共王年幼即位，由重臣子重专政。前590年，发生子重之乱，大夫申公巫臣逃到晋国，成为谋士，这是"楚才晋用"的典故。

④子囊：楚国令尹，姓芈，名贞，字子囊。楚庄王的儿子，楚共王之弟。

⑤类能，按照能力大小分类。

⑥举不失选：举拔人才没有选用不当的，各得其所。选，量才授官。

⑦官不易方：官员不擅自改变原则。方，合适的原则。

⑧善：指胜过自己的人。

⑨守：职守。

⑩竞：努力竞争。教：教化。

⑪庶人：平民。农穑：耕种收获。泛指农业生产。

⑫商工皂隶，不知迁业：商贾、技工、役夫、奴仆不改变职业，即各安其业。皂，从事贱役的人。隶，奴仆。

⑬四民：士农工商。

⑭诸侯伐郑：《春秋》经文云："冬，公会晋侯、宋公、卫侯、曹伯、莒子、邾子、滕子、薛伯、杞伯、小邾子、齐世子光伐郑。"十二诸侯国

伐郑,以晋为主。因为此年六月,郑朝楚,故晋必伐郑。

⑮行成:议和。今《春秋左传正义》作"郑人恐,乃行成"。

【译文】

鲁襄公九年

秦景公派使者到楚国请求援兵,将要征伐晋国,楚共王答应了。子囊说:"不行。现今我们不能跟晋国争。晋国国君按照能力大小使用官员,随他们的能力情况任用。举荐任职没有不恰当的,得到选拔出来的官员。官员不擅自改变合适的原则。方,合适的原则。晋国的卿谦让胜过自己的人,谦让胜过自己的人。晋国的大夫不失职守,各自胜任自己的职守。晋国的士努力教化民众,教化民众奉行君上命令。晋国的百姓致力于农事。耕种叫农,收获叫穑。商人、工人、役夫、奴仆,各安其业。四种民众不相杂厕。君主英明臣子忠诚,上级谦让下级努力。尊贵的官员互相谦让,从事体力职业的努力竞争。在目前这个时候,晋国不能为敌,事奉他为妙。您还是考虑考虑吧!"冬天,诸侯讨伐郑国,因为郑国依从楚国。郑国请求跟晋国和解。跟晋国议和。

十一年[①]

诸侯复伐郑[②],郑人赂晋侯以师觸、师蠲[③],觸、蠲,皆乐师名。歌钟二肆[④],肆,列也。悬钟十六为一肆。女乐二八[⑤]。十六人也。晋侯以乐之半赐魏绛,曰:"子教寡人和诸戎狄以正诸华。在四年。八年之中,九合诸侯[⑥],如乐之和,无所不谐。谐,亦和也。请与子乐之。共此乐也。"辞曰:"夫和戎狄,国之福也。八年之中,九合诸侯,诸侯无慝[⑦],君之灵也[⑧],二三子之劳也,臣何力之有焉?抑臣愿君安其乐而思其终也[⑨]!"公曰:"子之教,敢不承命[⑩]?抑微子,寡人无以待戎,待遇接纳。不能济河[⑪]。度河南服郑。夫赏,国之典也,不可废也,子其受之!”魏绛于是乎始有金石之乐,礼也。礼,大夫有功则赐乐。

【注释】

①十一年:鲁襄公十一年,前562年。

②复伐郑:十一年四月合十二诸侯国伐郑,九月再伐,所以说复伐郑。

③师触、师蠲:都是乐师名。

④歌钟:指编钟。二肆:两排。

⑤女乐二八:能歌能舞的女乐十六人。古乐舞八人为一列,二八即为二列。

⑥九合诸侯:九次会合诸侯。鲁襄公五年(前568)会于戚,又会于城棣,七年(前566)会于鄬,八年(前565)会于邢丘,九年(前564)盟于戏,十年(前563)会于柤,又戍郑虎牢,十一年(前562)盟于亳城,又会于萧鱼。

⑦无慝(tè):无恶意,不变心。

⑧灵:威灵。

⑨安:安于。思其终:想到如何善终。此时郑国归服,晋悼公复霸中原,魏氏恐其骄怠,故作此言。终,指善终。

⑩承命:指接受指教。

⑪济:渡河。河:黄河。

【译文】

鲁襄公十一年

诸侯联军再次讨伐郑国,郑人献给晋悼公乐师触、乐师蠲,触、蠲,都是乐师名。编钟两排,肆,是行列。悬挂十六枚钟是一肆。能歌善舞的美女一十六人。二八是十六人。晋悼公把一半女乐赏赐给魏绛,说道:“您教我跟那些戎狄讲和来端正中原各国。事情发生在鲁襄公四年。在八年之中,我九次会合诸侯,就如同音乐的和鸣,没有不和谐的。谐也是和。让我跟你一起共有这歌乐。共享这歌乐。”魏绛推辞说:“跟戎狄讲和,是国家的福气。八年之中,九次会合诸侯,诸侯没有不顺从的,这是君王的威灵,也和诸位同僚的辛劳分不开,我哪里出过什么力呢?不过我希望君王能安享歌乐并思考善始善终!”晋悼公说:“您的指教,我怎敢不接受?不过要是没有您,我也没办法正确对待戎人,指接纳他们。也不能渡过黄河去讨伐郑国。指渡过黄河到南边打服郑国。赏赐,是国家的典章制度,不能作废,您还是接受吧!”魏绛从此开始有了金石之乐,这是符合礼法的。礼法,大夫有功就要赏赐歌乐。

十三年[①]

晋侯蒐于绵上以治兵[②],为将命军帅也。使士匄将中军[③],辞曰:“伯游长[④]。伯游,荀偃。昔臣习于知伯[⑤],是以佐之,非能贤也,七年,韩厥老[⑥],知罃代将中军[⑦],士匄佐之,匄今将让,故谓尔时之举,不以己贤也。请从伯游。”荀偃将中军,代荀罃。士匄佐之。位如故。使韩起将上军[⑧],辞以赵武[⑨]。又使栾黡[⑩],以武位卑,故不听,更命黡也。辞曰:“臣不如韩起,韩起愿上赵武,君其听之!”使赵武将上军,武自新军超四等。韩起佐之;位如故也。栾黡将下军,魏绛佐之。黡亦如故,绛自新军佐超一等。晋国之民,是以大和,诸侯遂睦。

【注释】

①十三年:鲁襄公十三年,前560年。

②晋侯:晋悼公。蒐(sōu):春猎阅兵仪式。绵上:晋地,在今山西翼城。

③士匄(gài):即范宣子。时为晋国中军副帅,祁姓,士氏,按封地又为范氏,谥号宣,是范文子士燮之子。

④伯游：即荀偃，姬姓，中行氏，名偃，字伯游，谥号献，又称中行偃，因中行氏出自荀氏，故又多称荀偃，时人尊称其中行伯，史称中行献子。荀偃是春秋中期晋国卿大夫，六卿之一，晋悼公时升任晋国中军元帅，即正卿。

⑤习于知伯：和荀罃相互了解。谓能密切合作。

⑥韩厥：姬姓，韩氏，名厥，今陕西韩城人，因其谥号献，故亦称韩献子。

⑦知罃：字子羽，亦称荀罃，是晋大夫荀息的后裔，时任中军帅。

⑧韩起：韩氏，名起，谥号宣，故称韩宣子，韩献子韩厥之子，晋国卿大夫，六卿之一。

⑨赵武：嬴姓，赵氏，讳武，谥文，世人尊称为赵孟，史称赵文子，赵盾之孙，赵朔之子，晋文公外曾孙。春秋中期晋国六卿，后升任正卿，执掌国政。

⑩栾黡（yǎn）：晋国将军，栾氏，名黡，号栾桓子，是栾书之子，娶范宣子之女，生栾盈。

【译文】

鲁襄公十三年

晋悼公在绵上举行春猎阅兵仪式并以此来任命军中将帅，将要任命军中将帅。让士匄率领中军，他推辞说："伯游年长，应该任命他。伯游，就是荀偃。从前我跟智伯熟习，所以辅佐他，不是我贤明有能力，鲁襄公七年，韩厥年老退休，知罃代理率领中军，士匄辅佐他，士匄现在要谦让，所以说当初的推举，不是因为自己贤明。请让我跟从伯游。"荀偃率领中军，取代知罃。士匄辅佐他。位置跟原来一样。让韩起率领上军，韩起辞让给赵武。晋悼公又让栾黡担当此职，认为赵武地位卑下就没有听从，更改为栾黡。他推辞说："我不如韩起，韩起希望赵武担当此职，君王您还是听从吧！"让赵武率领上军，赵武从新军帅连升四级。韩起辅佐他；位置跟原来一样。栾黡率领下军，魏绛辅佐他。栾黡也跟原来一样，魏绛从新军佐提升一级。晋国的民众因此大为和谐，诸侯也和睦。

君子曰:"让,礼之主也。范宣子让,其下皆让;栾黡为汰[①],弗敢违也。晋国以平,数世赖之[②]。刑善也夫[③]!刑,法也。一人刑善,百姓休和[④],可不务乎[⑤]?世之治也,君子尚能而让其下,能者在下位,则贵尚而让之。小人农力以事其上,是以上下有礼,而谗慝黜远[⑥],由不争也,谓之懿德[⑦]。及其乱也,君子称其功以加小人[⑧],加,陵也。君子,在位者也。小人伐其技以冯君子[⑨],冯,亦陵也,自称其能为伐。是以上下无礼,乱虐并生,由争善也,争自善也。谓之昏德[⑩]。国家之弊,恒必由之。"《传》言晋之所以兴也。

【注释】

①汰:骄横。

②赖:获利,得益。

③刑善:效法良善。刑,效法。

④休和:安定和平。

⑤务:致力于,从事。

⑥谗慝黜远:邪恶之人被废黜而远贬。

⑦懿德:美德。

⑧称其功以加小人:自夸其功而凌驾于小人之上。加,驾凌。小人,指其属下。

⑨伐其技以冯君子:自夸其能而凌驾于其上位的人。伐,自傲。

⑩昏德:恶德,昏乱无仁德。

【译文】

君子说:"谦让,是礼的主旨。范宣子谦让,他的下级也都谦让;栾黡算是骄横的,也不敢违背。晋国因此平安,几代人都获利。这就是效法良善啊!刑,是效法的意思。在上者一人效法良善,百姓安定和平,能不致力于此吗？天下太平的时代，君子崇尚贤能并能谦让他的下级，如果贤能居于下位，那么显贵的人就崇尚他谦让他。小人努力干活以事奉其上司，因此上下都讲礼法，邪恶奸佞被废黜贬到远方，这是由于不争斗啊，这就叫作美德。等到乱世，君子称美自己的功德而凌驾小人之上，加，是凌驾的意思。君子，是指占据统治地位的人。小人以自己的技能自傲并凌驾君子，冯，也是凌驾的意思。自己夸耀能力叫伐。因此上下没有礼法，混乱虐害一起发生，这是由于争相夸耀自己，争相夸耀自己。这就叫昏德。国家的弊害，总是如此造成的。"《左传》是指出晋国兴盛的原因。

十四年[①]

卫献公戒孙文子、甯惠子食[②]，敕戒二子[③]，欲共宴食。日旰不召[④]，旰，晏也。而射鸿于囿[⑤]。二子怒。公使子蟜、子伯、子皮与孙子盟于丘宫[⑥]，孙子皆杀之。三子，卫群公子也。公出奔齐[⑦]，师旷侍于晋侯[⑧]。师旷，子野。晋侯曰："卫人出其君[⑨]，不亦甚乎？"对曰："或者其君实甚。良君养民如子，盖之如天，容之如地。民奉其君，爱之如父母，仰之如日月，敬之如神明，畏之如雷霆，其可出乎？夫君，神之主，而民之望也[⑩]。若困民之主，匮神乏祀[⑪]，百姓绝望，社稷无主，将安用之？弗去何为？天生民而立之君，使司牧之[⑫]，勿使失性。有君而为之贰，贰，卿佐。使师保之[⑬]，勿使过度[⑭]，善则赏之，赏，谓宣扬之也。过则匡之[⑮]，匡，正。患则救之，救其难也。失则革之[⑯]。自王以下，各有父兄子弟，以补察其政。补其愆过[⑰]，察其得失。史为书[⑱]，谓大史君举必书。瞽为诗[⑲]，为诗以风刺。工诵箴谏[⑳]，工，乐人也。诵箴谏之辞。大夫规诲，规正谏诲其君。士传言[㉑]，闻君过失，传告大夫。庶人谤[㉒]，庶人不与政,闻君过,得从而诽谤。**商旅于市**,旅,陈也。陈其货物以示时所贵尚也。**百工献艺**。献其伎艺,以喻政事也。**天之爱民甚矣,岂其使一人肆于民上**,肆,放也。**以从其淫**㉓**,而弃天地之性?必不然矣。"**《传》言师旷能因问尽言也。

【注释】

①十四年:鲁襄公十四年,前559年。

②卫献公:姬姓,卫氏,名衎,卫定公之子,卫殇公之兄(一说卫献公叔父),春秋时期卫国第二十五任国君。戒:教诫,下令。孙文子:姓孙,名林父,谥文,故称孙文子。卫国孙良夫之子,世袭卫卿。甯惠子:即甯殖,他先后辅佐定公、献公、殇公三君,成为卫国的股肱重臣,地位仅次于卫国上卿孙林父,此时为卫卿。

③敕:古时自上告下之词。后专指君王的命令、诏书。

④日旰(gàn):时间很晚。旰,晚。

⑤鸿:鸿雁,大雁。囿:指卫献公饲养动物的园林。

⑥子蟜、子伯、子皮:都是卫国公子。丘宫:卫国的宫殿。孙文子兵已迫临公宫,故卫侯使三子请盟求和。

⑦出奔:逃亡,出走。

⑧师旷:字子野,春秋时著名乐师,他生而无目,故自称盲臣、瞑臣。为晋大夫,亦称晋野。晋侯:指晋悼公。

⑨出:逐出。

⑩"夫君"几句:国君是神灵的主祭者,是人民的希望。主,主祭人。

⑪若困民之主,匮神乏祀:《新序》《说苑》叙此事作"若困民之生"。"主"字当是"生"字形近而误。言使人民生计困难。《群书治要》作主字,故译文仍以主解释之。

⑫司牧:统治,管理。

⑬师保：古时辅弼帝王和教导王室子弟的官员。

⑭过度：超越常度。

⑮匡：匡正，纠正。

⑯失：指君王失去为君之道。革：革除，下台。

⑰愆：过失，罪过。

⑱史为书：太史记载国君的言行。史，太史，史官。

⑲瞽为诗：盲乐师作诗歌。瞽，指盲乐师。

⑳工：指乐工。箴谏：规诫劝谏的话。

㉑士传言：杜注："士卑，不得径达，闻君过失，传告大夫。"

㉒庶人谤：《春秋左传正义》："庶人卑贱，不与政教，闻君过失，不得谏争，得在外诽谤之……亦是谏之类也。"

㉓从：放肆，放纵。

【译文】

鲁襄公十四年

卫献公告请孙文子、甯惠子来吃饭，告诉二人，要跟他们一起吃饭。可是天色很晚也没有召见，旰，晚。而是在园林里射鸿雁。二人大怒。卫献公让子蟜、子伯、子皮跟孙文子在丘宫订立盟约，孙文子杀了他们。三位都是卫国的公子。卫献公出逃到齐国，师旷侍奉在晋悼公身旁。师旷，字子野。晋悼公说："卫国人逐出他们的君主，不也太过分了吗？"师旷回答说："或许他们国君实在太过分了。好的国君养育民众如同子女，像天一样覆盖民众，像地一样包容民众。民众事奉他们的国君，爱他如同父母，仰视他如同日月，尊敬他如同神明，畏惧他如同雷霆，难道可以放逐吗？君王，是祭祀神灵的主祭人，是民众的希望。如果使百姓财货匮乏，神明失去祭祀，百官贵族绝望，江山社稷无人主持，那国君还有什么用呢？不放逐他还干什么？上天生养民众为他们设立君主，让人管理统治他们，不要让他们失去天性。有了国君之后又给他设立卿佐，贰，是卿佐。让师保辅弼他，不让他超越限度，好的就要宣扬，赏，是指宣扬。过错就要匡正，匡,是匡正的意思。**祸患就要挽救,**救助他的危难。**失去为君之道就要更革改换。从天子往下,各自都有父兄子弟来补救察觉国政的得失。**补救他的失误过失,观察国政得失。**太史记录国君的一言一行,**是说国君的举动太史一定要记录。**盲乐师用诗歌来讽谏,**用诗来委婉地讽刺。**乐工诵读规诫劝谏的话,**工,是乐人。诵读规诫劝谏之辞。**大夫规劝教诲,**规正劝谏教诲他的国君。**士人把问题反映给大夫,**士人听到君王的过失,上传报告大夫。**平民背后议论批评,**平民不能参与国政,听说国君的过失,可以议论。**商人在集市上陈列君上喜好的物品,**旅,是陈列的意思。陈列他的货物来展示君上所崇尚的。**各种工匠呈献出自己的技艺。**献出自己的技艺,以比喻国政事务。**上天爱民爱到极致,怎么能让某一个人放肆地高居民上,**肆,是放肆的意思。**放纵其邪恶,却丢弃天地本性?肯定不会这样。"**《左传》是说师旷能由于君王的问话而毫无保留地畅言。

十五年①

宋人或得玉,献诸子罕②。子罕不受。献玉者曰:"以示玉人③,玉人,能治玉者。玉人以为宝也,故敢献之。"子罕曰:"我以不贪为宝,尔以玉为宝,若以与我,皆丧宝也,不若人有其宝。"稽首而告曰:"小人怀璧,不可以越乡。言必为盗所害。纳此以请死④。请免死。"子罕寘诸其里⑤,使玉人为之攻之,攻,治也。富而后使复其所⑥。卖玉得富。

【注释】

①十五年:鲁襄公十五年,前558年。

②子罕:即乐喜。子姓,乐氏,字子罕,是春秋时期宋国贤臣。在宋平公时任司城,位列六卿。

③玉人:加工玉的工匠。

④纳:贡献。请死:请求免死。

⑤寘:安置。

⑥富:服虔谓"卖玉得富"。

【译文】

鲁襄公十五年

有一个宋国人得到宝玉,把玉献给子罕。子罕不接受。献玉的人说:"我让玉匠看过,玉人,是能加工玉的人。玉匠认为是宝贝,所以才敢奉献。"子罕说:"我把不贪财当做宝,你把玉当做宝,如果把玉给我,就都丧失了宝,不如各人保有各人的宝贝。"献玉的人叩头禀告说:"小人怀藏宝玉,没办法带它越境回乡。这是说必定被盗贼杀害。献上它以免一死。请求免死。"子罕把他安置在自己的乡里,让玉匠替他加工,攻,是加工。卖掉玉致富之后才让他回乡。卖掉加工后的玉得以致富。

二十一年[①]

邾庶其以漆、闾丘来奔[②]。庶其,邾大夫也。季武子以公姑姊妻之[③],皆有赐于其从者。于是鲁多盗。季孙谓臧武仲曰[④]:"子盍诘盗[⑤]?诘,治也。"武仲曰:"不可诘也,纥又不能。"季孙曰:"子为司寇,将盗是务去,若之何不能?"武仲曰:"子召外盗而大礼焉,何以止吾盗?吾,谓国中也。子为正卿,而来外盗,使纥去,将何以能?庶其窃邑于邾以来,子以姬氏妻之,而与之邑,使食漆、闾丘也。其从者皆有赐焉。若大盗,礼焉以君之姑姊,与其大邑,其次皂牧舆马[⑥],给其贱役,从皂至牧。其小者衣裳剑带,是赏盗也。赏而去之,其或难焉。纥也闻之,在上位者,洒濯其心[⑦],壹以待人,轨度其信[⑧],可明征也[⑨],征,验也。而后可以治人。夫上之所为,民之归也。上所不为,而民或为之,是以加刑罚焉,而莫敢不惩[10]。若上之所为,而民亦为之,乃其所也[11],又可禁乎?"

【注释】

①二十一年:鲁襄公二十一年,前552年。

②邾庶其:邾国大夫庶其。漆、闾丘:二邑名,在今山东邹城东北。

③季武子:即季孙宿。姬姓,季氏,名宿(一作夙),谥武,故称季武子。后文称为季孙。公姑姊:鲁襄公的姑母。

④臧武仲:即臧孙纥(hé),又称臧孙、臧纥,谥武,是臧文仲之孙,臧宣叔之子。

⑤诘:查办,惩治。

⑥皂牧:八种奴隶,自皂至牧有八等。皂牧泛指奴隶。

⑦洒濯:洗涤,涤荡。

⑧轨度:使之合于轨范法度。

⑨征:征验,验证。

⑩惩:惩戒。

⑪乃其所也:那是在上者诱导的结果。意谓势所必然。

【译文】

鲁襄公二十一年

邾国大夫庶其带着漆、闾丘两邑叛逃到鲁国来。庶其,是邾国大夫。鲁国季武子把襄公的姑母姬氏嫁给他当妻子,对他的随从都有赏赐。从此鲁国多盗贼。季孙对臧武仲说:"您为什么不惩治盗贼呢?诘,是惩治的意思。"武仲说:"不能惩治啊,我没有这个能力。"季孙说:"您是司寇,一定要除去盗贼,怎么能说没有能力呢?"武仲说:"您召来国外的大盗而且大加礼遇,又怎么能制止我们国内的盗贼?吾,指国内。您是执政的正卿,弄来国外的盗贼,让我去除掉,我有什么能力办到呢?庶其从邾国盗窃城邑逃来,您把姬氏嫁给他,还给他封邑,让他把漆、闾丘作为食邑。他的随从都有赏赐。对大盗，礼敬他，把国君的姑母嫁给他，给他大城邑，次一等的也赏赐给奴隶车马，给他们提供下等劳役，从皂到牧这些奴隶。最差的也赏赐衣裳佩剑，这是奖赏盗贼啊。上边奖赏盗贼又要我除去盗贼，那大概很困难吧。我听说，在上位的人，要清洗自己的内心，待人要专一，使言行诚信而合于法度，有明确的行动做证明，征，是征验的意思。然后才能够治理别人。上面的所作所为，是民众的榜样。上面不干的，有的民众尚且去做，因此要施加刑罚，没有人敢不当心。如果上面的干了，民众也跟着干，那就是必然的结果，又怎么能禁止呢？”

晋栾盈出奔楚[1]，宣子杀羊舌虎[2]，栾盈之党。囚叔向[3]。乐王鲋见叔向曰[4]：“吾为子请！”叔向不应。乐王鲋，晋大夫乐桓子。其人皆咎，叔向曰：“必祁大夫[5]。”祁大夫，祁奚。室老闻之曰[6]：“乐王鲋言于君无不行，求救吾子，吾子不许。祁大夫所不能也，何为也？”叔向曰：“祁大夫外举不弃仇，内举不失亲，其独遗我乎？《诗》曰：‘有觉德行，四国顺之[7]。’言德行直则天下顺也。夫子觉者也[8]。觉，较然正直[9]。”

【注释】

①栾盈：姬姓，栾氏，名盈，一作“逞”（避汉惠帝讳），栾黡之子，栾书之孙，谥怀，故称栾怀子。

②宣子：即士匄，晋国执政。羊舌虎：复姓羊舌，名虎，也称叔虎，晋国大夫，是羊舌职幼子，叔向同父异母的兄弟，美而有力，因党于栾盈被杀。

③叔向：即羊舌肸（xī），复姓羊舌，名肸，字叔向，又称叔肸、杨肸。晋国大夫，历事晋悼公、晋平公、晋昭公三世。执掌晋国国政近五十年，与郑国的子产、齐国的晏婴齐名。

④乐王鲋：谥号桓，史称乐桓子，晋国大夫，为人有谋而贪财。

⑤祁大夫：指祁奚，字黄羊，食邑于祁，以邑为氏，本为晋中军尉，后为公族大夫，鲁襄公三年告老居家。

⑥室老：家臣之长。大夫手下的臣子叫家臣。

⑦有觉德行，四国顺之：语见《诗经·大雅·抑》。意谓德行正直无私，四方各国都顺从他。有觉，正直的样子。

⑧夫子：指祁大夫祁奚。

⑨较然：明显的样子。

【译文】

晋国栾盈出逃楚国，赵宣子杀了羊舌虎，是栾盈的同党。囚禁了叔向。乐王鲋去见叔向说："我替您请求免罪吧！"叔向没有回应。乐王鲋，是晋国大夫乐桓子。叔向的随从都埋怨他，叔向说："一定要请祁大夫为我求情。"祁大夫，是祁奚。家宰听说后对他说："乐王鲋对国君说的话没有不被采纳的，他去请求赦免您，您却不答应。祁大夫是不能做到这些的，为什么选择他呢？"叔向说："祁大夫举荐外族人不避开私仇，举荐族内人不回避亲人，难道会特地扔下我吗？《诗经》里说道：'那样正直的德行啊，天下四方都会顺从。'这是说德行正直那么天下顺从。祁大夫就是这样正直的人。觉，是显然正直的样子。"

晋侯问叔向之罪于乐王鲋，对曰："不弃其亲，其有焉[①]。"言叔向笃亲亲，必与叔虎同谋。于是祁奚老矣，老，去公族大夫。闻之，乘驲而见宣子[②]，曰："《诗》云：'惠我无疆，子孙保之[③]。'言文武有惠训之德，加于百姓，故子孙保赖之。夫谋而鲜过、惠训不倦者，叔向有焉，社稷之固也，犹将十世宥之，以劝能者。今壹不免其身，壹，以弟故。以弃社稷，不亦惑乎？鲧殛而禹兴[④]，言不以父罪废其子也。管、蔡为戮，周公右王[⑤]。言兄弟罪不相及也。若之何其以虎也弃社稷乎？子为善，谁敢不勉，多杀何为？”宣子悦，与之乘，以言诸公而免之。共载入见公也。不见叔向而归，言为国，非私叔向也。叔向亦不告免焉而朝。不告谢之，明不为己。

【注释】

①不弃其亲，其有焉：谓叔向不弃兄弟羊舌虎之亲情，大概是有同谋的。乐氏因叔向不应，反而落井下石。

②驲（rì）：驿站的驿车。祁奚或距晋都较远，故乘驿车，取其快速。

③惠我无疆，子孙保之：引自《诗经·周颂·烈文》。意谓赐给我们无限的恩惠，子孙永远保有它。

④鲧殛而禹兴：鲧是夏禹的父亲，因治水无功，被舜流放于羽山。舜起用禹治水成功。此言不以父罪而废其子。殛，流放。

⑤管、蔡为戮，周公右王：管叔、蔡叔，周文王之子，周公之弟，管叔鲜、蔡叔度于武王死后散布流言中伤周公，并裹挟纣王之子武庚叛乱，周公东征，杀武庚与管叔鲜，流放蔡叔度。此言兄弟罪不相及。

【译文】

晋平公向乐王鲋寻问叔向的罪过，乐王鲋回答说：“他这人不会背弃自己的亲人，他可能参与了叛乱的策划。”这是说叔向亲情笃厚，一定跟羊舌虎同谋。这时候祁奚年老退职了，老，指离开了公族大夫的位置。听到这件事，乘坐驿车赶来见宣子，说：“《诗经》里说道：‘文王武王施加给我无穷的恩惠，子子孙孙永保依赖。’这是说，文王武王有恩惠教导的德行，施加给百官贵族，所以子子孙孙保有依赖。说到谋略很少失误，施恩教导诲人不倦，叔向就拥有这些，他是江山社稷的保障，就是他的子孙十代有罪也要宽宥，以此来勉励贤能的人。现在因为弟弟的缘故而丧失自身生命，壹，指因为弟弟的缘故。以致丢弃国家栋梁，不也令人迷惑吗？鲧被处死而大禹受重用，这是说不因为父亲的罪过废弃儿子。管叔蔡叔被杀戮，周公佑助周成王。这是说兄弟之间罪过不能互相牵累。为什么要因为羊舌虎而丢弃国家栋梁呢？您施行善政，谁敢不努力，多杀人干什么？”宣子听了很高兴，跟他一起乘车入朝，把他的话告诉给晋平公从而赦免了叔向。一同乘车去见晋平公。祁奚没见叔向就回去了，这是说祁奚是为了国家，不是偏私叔向。叔向也不向祁奚道谢，只是朝见晋平公。不去道谢，说明不是为了自身。

二十三年①

孟孙恶臧孙②，季孙爱之③。孟孙卒，臧孙入，哭甚哀，多涕。出，其御曰④：“孟孙之恶子也，而哀如是。季孙若死，其若之何？”臧孙曰：“季孙之爱我，疾疢也；志相顺从，身之害。孟孙之恶我，药石也⑤。志相违戾，犹药石疗疾。美疢不如恶石。夫石犹生我，愈己疾也。疢之美，其毒滋多。孟孙死，吾亡无日矣。”

【注释】

①二十三年：鲁襄公二十三年，前550年。

②孟孙：即孟庄子，即鲁国大夫仲孙速，孟献子仲孙蔑之子，鲁卿。臧孙：即臧武仲，又称臧孙纥（hé）、臧纥，谥武，臧文仲之孙，臧宣叔之子。

③季孙：即季武子，又称季孙宿。姬姓，季氏，名宿（一作夙），谥武。

④御：驾驭车马的车夫。

⑤“季孙之爱我”几句：意谓季孙之爱我，多是赞扬我，好比热病，实是害我；孟孙厌恶我，好比能治病的药石，虽苦虽痛，却能治好病。疢（chèn），烦热，疾病。

【译文】

鲁襄公二十三年

孟庄子厌恶臧孙，季武子喜爱他。孟庄子死了，臧孙进去吊丧，哭得非常悲伤，掉了很多眼泪。出门后，他的车夫说："孟庄子厌恶您，您哀伤成这个样子。季武子要是死了，又会怎样呢？"臧孙说："季庄子喜爱我，就像得了没有痛苦的热病；心志相投，顺从己意，是自身的祸害。孟献子厌恶我，像治病的药石。心志相互违背，就像用药石治疗疾病。没有痛苦的热病不如痛苦的药石。药石还能使我生存，治愈自己的疾病。热病越厉害，它的毒害越多。孟庄子死了，我灭亡的日子也不远了。"

二十五年①

齐棠公之妻②，东郭偃之姊也③。棠公，齐棠邑大夫。棠公死，武子取之。武子，崔杼④。庄公通焉⑤，骤如崔氏⑥，崔杼杀庄公。晏子立于崔氏之门外⑦，闻难而来。其人曰："死乎⑧？"曰："独吾君也乎哉？吾死也？"言己与众臣无异也。曰："行乎？"曰："吾罪也乎哉？吾亡也？"自谓无罪。曰："归乎？"曰："君死安归？言安可以归也。君民者，岂以陵人？社稷是主；臣君者，岂为其口实⑨？社稷是养。言君不徒居民上，臣不徒求禄，皆为社稷也。故君为社稷死，则死之；为社稷亡，则亡之。谓以公义死亡也。若为己死，而为己亡，非其私昵，谁敢任之⑩？私昵，所亲爱也。非所亲爱，无为当其祸。"门启而入，枕尸股而哭，以公尸枕己股。兴，三踊而出⑪。

【注释】

①二十五年：鲁襄公二十五年，前548年。

②齐棠公：齐国棠邑大夫。棠，本来是莱国属邑，齐灭莱后属齐。其

地疑在今山东平度东南。其妻即棠姜。

③东郭偃:东郭姜之弟,齐国崔杼的家臣。

④武子:即崔杼。又称崔子、崔武子。他执政二三十年,骄横异常。前548年他联合棠无咎杀庄公,立庄公弟杵臼为君,即景公,自己为右相。两年后,其子崔成等互相争权,家族发生内讧,左相庆封乘机攻灭崔氏,他上吊自杀,尸体为景公戮曝。

⑤庄公通焉:齐庄公和棠姜私通。庄公,齐庄公,姜姓,吕氏,名购,齐国第十二代国君。

⑥骤如崔氏:频繁地到崔家去。骤,屡次。

⑦晏子:名婴,字仲,谥号平,是齐国著名大臣。历任灵公、庄公、景公三朝,辅政长达五十余年。以政治远见、外交才能和作风朴素闻名诸侯。立于崔氏之门外:庄公被杀于崔氏门内,崔杼就紧闭大门,所以晏子只能立于门外。

⑧死:指殉死。

⑨口实:指俸禄。

⑩非其私昵,谁敢任之:不是他个人所亲近宠爱的人,谁敢跟着殉死或逃亡,而承担不义的名声呢?私昵,指所亲近、宠爱的人。

⑪兴,三踊而出:站起来,三次顿足,而后出门。踊,向上跳,此为顿足,表示哀痛。

【译文】

鲁襄公二十五年

齐棠公的妻子,是东郭偃的姐姐。棠公,是齐国棠邑大夫。棠公死了,崔武子娶了她。武子是崔杼。齐庄公跟她私通,屡次去到崔家,崔杼杀了庄公。晏子站在崔氏门外,听到危难而来。随从问他说:“要殉死吗?”晏子说:“单单是我自己的君主吗?我殉什么死?”这是说自己跟群臣没有不同。又问:“逃亡吗?”晏子说:“我有罪吗?我逃什么亡?”自己认为没罪。继续问道:“回去吗?”晏子说:“君主死了回什么家?这是说能回到哪儿去呢。民众的君主，难道是用来凌驾他人之上的吗？是要他主持国政的呀；君主的臣子，难道只是为了那些俸禄？是要奉养国家的呀。这是说君主不能只是高居民众之上，臣子不能只是追求俸禄，都是为了国家。所以君主为了国家而死，那就殉死；为了国家逃亡，那就逃亡。是指为了公义去死去逃亡。如果为了自己死，为了自己逃亡，不是他亲信宠爱的人，谁敢承担这个责任？私昵，是他所亲近宠爱的人。不是亲近宠爱的人，不能承担他的祸患。"门开之后进入崔家，晏子把尸体枕在自己的大腿上号哭，把庄公的尸体枕在自己大腿上。然后站起来，顿足三次而后出去。

晋程郑卒[①]，子产始知然明[②]。前年，然明谓程郑将死，今如其言，故知之。问为政，对曰："视民如子。见不仁者，诛之，如鹰鹯之逐鸟雀也[③]。"子产喜，以语子大叔[④]，且曰："他日吾见蔑之面而已，蔑，然明名。今吾见其心矣[⑤]。"

【注释】

①程郑：晋大夫，荀氏别族，他开始是晋悼公的乘马御，后被晋平公宠信。

②子产：郑国著名大臣。姬姓，公孙氏，名侨，字子产，又字子美，谥成，是郑国贵族，又被称为公孙侨、公孙成子、东里子产、国子、国侨、郑乔。始知：指才开始真正知晓。然明：名蔑，郑国大夫，是智者。

③鹯（zhān）：鹞鹰一类猛禽，又名晨风。

④子大叔：子太叔，即游吉。姬姓，游氏，名吉。春秋时期郑国正卿。

⑤他日吾见蔑之面而已，今吾见其心矣：往日我只看到然明的面貌，现在我看到他的内心是很有见识的。据说然明的相貌丑陋。

【译文】

晋国大夫程郑死去，子产才开始真正认识了解然明。前一年，然明认为程郑要死,现在果然如同他所说,所以才说了解。子产问然明如何处理国政,然明回答说:“看待民众如同自己的子女。见到不仁的人就诛灭他,就像鹞鹰追逐鸟雀一样。”子产听后很高兴,把这话告诉给子太叔,并且说:“以前我只是见到公孙蔑的面貌,蔑,是然明的名字。现在我见到他的内心了。”

二十六年[①]

初,楚伍参与蔡太师子朝友[②],其子伍举与声子相善[③]。声子,子朝子也。伍举,椒举也。伍举奔晋,声子通使于晋。还如楚,令尹子木与之语[④],曰:“晋大夫与楚孰贤?”对曰:“晋卿不如楚,其大夫则贤,皆卿才也。如杞梓、皮革[⑤],自楚往也。杞、梓,皆木名也。虽楚有材,晋实用之。言楚亡臣多在晋。”子木曰:“夫独无族姻乎[⑥]?”夫,谓晋也。对曰:“虽有,而用楚材实多。归生闻之,归生,声子名也。曰:‘善为国者,赏不僭而刑不滥[⑦]。’赏僭,则惧及淫人[⑧];刑滥,则惧及善人。若不幸而过,宁僭无滥;与其失善,宁其利淫。无善人,则国从之。从,亡也。《诗》曰:‘人之云亡,邦国殄瘁[⑨]。’无善人之谓也。故《夏书》曰:‘与其杀不辜[⑩],宁失不经[⑪]。’惧失善也。逸书也。不经,不用常法。古之治民者,劝赏而畏刑,乐行赏,而惮用刑也。恤民不倦[⑫],赏以春夏,刑以秋冬。顺天时。是以将赏,为之加膳,加膳则饫赐[⑬],饫,厌也。酒食赐下,无不餍足,所谓加膳也。此以知其劝赏也;将刑,为之不举,不举则彻乐,不举盛馔也。此以知其畏刑也;夙兴夜寐,朝夕临政,此以知其恤民也。三者,礼之大节也。有礼无败。

【注释】

①二十六年：鲁襄公二十六年，前547年。

②伍参：伍氏，名参，楚国大夫，伍子胥曾祖父，楚庄王宠臣。太师：古三公之最尊者，是辅弼国君之官。子朝：蔡文公之子，蔡景公之弟，官太师。

③伍举：楚国大夫，因封于椒（今安徽阜南），又称椒举，曾任楚庄王右司马。子伍奢，孙伍子胥。声子：又名公孙归生，子朝之子，是蔡国大夫。

④令尹：楚国执政官员。子木：芈姓，屈氏，名建，字子木，是楚国贵族。

⑤杞梓：杞木和梓木，都是良材。

⑥夫独无族姻乎：他们晋国难道没有同宗和姻亲吗？族，指宗族，同宗的人。姻，指姻亲，由于婚姻形成的亲戚。

⑦赏不僭而刑不滥：赏赐不过分，刑罚不滥用。僭，超越本分。

⑧淫人：邪恶的人，不正派的人。

⑨人之云亡，邦国殄瘁：善人尽亡，国家遭殃。人，指善人。殄瘁，困苦，困穷。语见《诗经·大雅·瞻卬》。

⑩与其杀不辜：与其滥杀无罪的人。

⑪宁失不经：宁可失之于不用常法。不经，不用常法。

⑫恤：抚恤，体恤。

⑬饫（yù）：饱食。

【译文】

鲁襄公二十六年

当初，楚国大夫伍参跟蔡国太师子朝为友，他的儿子伍举跟子朝的儿子声子相好。声子，是子朝的儿子。伍举，就是椒举。伍举逃亡晋国，声子出使晋国。回来又到楚国去，楚国令尹子木跟他谈话，说道：“晋国大夫跟楚国大夫哪一个更贤能？”回答说：“晋国的卿不如楚国，晋国的大夫却更贤能，都拥有卿的才干。就好像杞木梓木、皮革，都从楚国来。杞、梓，都是树名。虽然说楚国有人才，其实都让晋国使用了。这是说楚国逃亡的臣子多数在晋国。”子木说：“难道晋国没有宗族跟姻亲可用吗？”夫，指晋国。回答说：“虽然有，但更多的是使用楚国人才。归生我听说归生，是声子的名字。：‘善于治理国家的人，赏赐不僭越刑罚不滥用。’赏赐如果僭越，害怕会给了邪恶的人；刑罚如果滥用，害怕会伤害了好人。如果不幸赏罚过分，宁可僭越也不要滥用；与其失去好人，宁可赏给坏人。没有好人，国家也会随着灭亡。从，是灭亡。《诗经》说道：‘好人如果死亡，国家就陷入困境。’这就是说没有好人呀。所以《夏书》说：‘与其杀了没罪的人，宁可失误在不遵循常法。’这是惧怕失去好人呀。逸失的《夏书》。不经，指不用常法。古代治理民众的人，乐于赏赐而谨慎刑罚，乐于实施赏赐，忌惮使用刑罚。抚恤民众不知疲倦，在春夏实施赏赐，在秋冬实施刑罚。顺应四季天时。因此将要赏赐，就要为此增加膳食，增加膳食之后可以把剩余的食品赏赐给下边，饫，是饱食的意思。酒水食物赏赐臣下，没有不满足的，就是所说的增加膳食。从而让人明白他是乐于赏赐的；将要刑罚，就要为此减膳，减膳就要撤去音乐，不举是不准备丰盛的饭食。由此可以知道他畏惧刑罚；早早起来很晚才睡，日日夜夜处理朝政，由此可以知道他体恤民众。这三样，是礼法的大节。有了礼法就不会失败。

“今楚多淫刑，其大夫逃死于四方，而为之谋主，以害楚国，不可救疗[①]，所谓不能也。疗，治也。所谓楚人不能用其材也。子仪之乱[②]，析公奔晋，在文十四年。晋人以为谋主。绕角之役[③]，楚师宵溃。楚失华夏[④]，则析公之为也。雍子之父兄谮雍子[⑤]，君与夫人不善是也，不是其曲直。雍子奔晋，晋人以为谋主。彭城之役[⑥]，楚师宵溃，晋降彭城而归诸宋。在元年。楚失东夷，则雍子之为也。楚东小国，见楚不能救彭城，皆叛也。子反与子灵争夏姬[⑦]，子灵，巫臣。子灵奔晋，晋人以为谋主。通吴于晋，教吴叛楚，楚疲于奔命[8]，至今为患，则子灵之为也。事见成七年。若敖之乱[9]，伯贲之子贲皇奔晋[10]，晋人以为谋主。鄢陵之役[11]，在成十六年。楚师大败，王夷师熸[12]。夷，伤也。吴、楚之间谓火灭为熸。郑叛吴兴，楚失诸侯，则苗贲皇之为也。”子木曰：“是皆然矣。”声子曰：“今又有甚于此者。椒举娶于申公子牟，子牟得戾而亡[13]，君大夫谓椒举：‘汝实遣之！’惧而奔郑，今在晋矣。晋人将与之县，以比叔向。以举才能比叔向。彼若谋害楚国，岂不为患？”子木惧，言诸王[14]，益其禄爵而复之。

【注释】

①救疗：救治。

②子仪：即斗克，芈姓，斗氏，名克，字子仪，若敖氏后裔，楚之申公斗班之子，是楚大司马。后被杀。子仪之乱，鲁文公十四年（前613）秋，楚庄王继位，当时楚庄王年幼，楚庄王的太师斗克和公子燮作乱，挟持楚庄王离开郢都，结果被庐邑大夫庐戢黎及其助手叔麇设计引诱，杀死斗克和公子燮，叛乱遂告平息。

③绕角之役：鲁成公六年（前585），楚国令尹子重攻打郑国，栾书带领晋国六军救郑，在绕角与楚军相遇，晋军采纳析公的建议，使得楚军连夜溃逃。

④华夏：指中原。

⑤雍子：楚国申公巫臣之子。谮：说别人坏话，中伤，诬陷。

⑥彭城之役：鲁襄公元年（前572），晋国救援宋国，出兵帮助宋国收复了郑楚联军占领的彭城，又在靡角之谷与救援的楚军对阵，使得楚军连夜逃跑。

⑦子反与子灵争夏姬：陈灵公与夏姬通奸淫乱而被夏徵舒所杀，楚

庄王入陈杀夏姬之子夏徵舒。子反欲娶夏姬,子灵止之。后子灵携夏姬奔晋,晋使为邢大夫。子反,即公子侧,芈姓,熊氏,名侧,字子反,楚穆王之子,楚庄王之弟,楚共王的叔父,楚司马。子灵,即申公巫臣。

⑧疲于奔命:指因忙于奔走应付而劳累不堪。

⑨若敖:氏族名,又称若敖族或若敖氏之族。是活跃于春秋时期楚国的芈姓家族,祖先为楚国国君熊仪,若敖氏即是以他的谥号若敖为族称,在其内部又分斗氏和成氏两个支系。若敖族的成员在楚武王至楚庄王时代长期担任军政要职。若敖之乱,是横跨楚国三代君王的动乱,从斗子文晚年时期成得臣(子玉)在城濮之战(前632)的一意孤行开始,到斗越椒政变(前605)被楚庄王平定结束,时间的跨度有27年。事见《左传·宣公四年》。

⑩伯贲:楚令尹。又作伯棼、子越、斗椒。

⑪鄢陵之役:是鲁成公十六年(前575),晋国和楚国为争夺中原霸权,在鄢陵地区(在今河南鄢陵北)发生的战争。楚军于鄢陵战败。

⑫王夷师熸:楚共王受伤,军队溃败。夷,受伤。鄢陵之战中,晋吕锜射楚共王,中其目。熸(jiān),熄灭,这里指溃败。

⑬戾:罪。

⑭王:指楚康王。

【译文】

“现今楚国有很多滥用的刑罚,它的大夫为逃避一死跑到四方诸侯国,充当他们的谋主,伤害楚国,到了无法制止挽救的地步,这就是所说的不能用人啊。疗,是治疗。就是所说的楚国不能使用自己的人才。子仪叛乱时,析公逃奔晋国,在鲁文公十四年。晋人用他当谋主。晋楚绕角之战,使得楚军连夜溃逃。楚国失去了中原,就是析公的作为。雍子的父亲兄长诬陷雍子,国君和大夫不好好地分辨是非,不分辨是非曲直。雍子逃奔到晋国,晋人用他当谋主。彭城之战,楚军连夜溃逃,晋军降服了彭城交还给宋国。发生在鲁襄公元年。楚国失去了东夷，就是雍子的作为。楚国东方的小国，看到楚国不能救助彭城，都背叛了。子反跟子灵争夺夏姬，子灵，是申公巫臣。子灵逃奔晋国，晋人用他当谋主。他沟通了吴国跟晋国，教给吴国背叛楚国，让楚人忙于奔走而疲惫不堪，到今天还成为祸患，就是子灵的作为。事情见于鲁成公七年。若敖之乱，令尹伯贲的儿子贲皇逃奔到晋国，晋人让他当谋主。鄢陵之战，在鲁成公十六年。楚军大败，楚共王受伤，军队溃败。夷，受伤。吴楚之间把火熄灭叫做熸。郑国背叛，吴国兴起，楚国失去诸侯信任，是苗贲皇的作为。”子木说：“这些确实如此。”声子说：“现今又有比这些更厉害的了。椒举娶了申公子牟的女儿，子牟获罪逃亡，国君和大夫对椒举说：‘实际是你弄出去的！’他因恐惧逃奔郑国，现今已在晋国了。晋人要给他一个县，拿他跟叔向比。认为椒举的才能比得上叔向。他要是谋害楚国，难道不会成为祸患吗？”子木害怕了，把这事跟楚康王讲了，楚康王增加了椒举的俸禄爵位请他回来。

二十七年[①]

宋向戌欲弭诸侯之兵[②]，为会于宋。将盟于宋西门之外，楚人衷甲[③]。甲在衣中，欲因会击晋。伯州犁曰[④]：“合诸侯之师，以为不信，无乃不可乎？夫诸侯望信于楚也，是以来服。若不信，是弃其所以服诸侯也。”固请释甲。子木曰：“晋、楚无信久矣，事利而已。苟得志焉，焉用有信？”大宰退，大宰，伯州犁。告人曰：“令尹将死矣，不及三年。求逞志而弃信，志其逞乎？信亡，何以及三？”明年，子木死也。赵孟患楚衷甲[⑤]，以告叔向。叔向曰：“何害也？匹夫一为不信，犹不可也，若合诸卿，以为不信，必不捷矣。非子之患也。夫以信召人，而以僭济之[⑥]，济，成。必莫之与也[⑦]。安能害我？子何惧焉？”

【注释】

①二十七年:鲁襄公二十七年,前546年。

②向戌:宋国大夫,子姓,向氏,名戌,任左师,食邑在合,一称合左师。第二次弭兵运动的发起者。弭:止息。

③衷甲:在衣服里穿铠甲。

④伯州犁:子姓,伯宗之子,原为晋国贵族,其父伯宗被迫害奔楚,为楚国太宰。其孙即伯嚭,为吴王太宰。

⑤赵孟:时人对晋国赵氏历代宗主的尊称。这里是指赵武。

⑥而以僭济之:而利用虚伪求取成功。僭,虚伪。

⑦与:相与,相交。

【译文】

鲁襄公二十七年

宋国向戌想要诸侯休战,因此众诸侯在宋国相会。将要在宋国国都西门外结盟,楚人在衣服里面穿上铠甲。铠甲穿在衣服里面,想要在会盟时攻击晋人。伯州犁说:“会合诸侯的大军,要去做不守信的事,恐怕不行吧?诸侯希望楚国有信用,因此前来顺服。如果不守信用,是丢弃诸侯顺服的因由啊。”坚持请求解下铠甲。子木说:“晋楚之间没有信用很久了,事情有利就行。只要能够达到目的,哪里用得着讲信用?”太宰退出,太宰,是伯州犁。对别人说:“令尹快要死了,用不了三年。追求得志而丢弃信用,志向能够得逞吗?信用没了,怎么能等到三年呢?”第二年,子木死。赵武担忧楚人在衣服里穿上铠甲,把自己的担忧告诉给叔向。叔向说:“有什么害处呢?一般人一旦不守信用,尚且不行,如果会合诸侯众卿,去做不守信用的事,一定不会成功。不用您担忧了。用信用召集人,却想用不实之词成事,济,是成就的意思。一定没人跟他相交。怎么能害我们?您又惧怕什么呢?”

宋左师请赏[①],曰:“请免死之邑[②]。”欲宋君称功加厚赏,故谦言免死之邑。公与之邑六十。以示子罕，子罕曰："凡诸侯小国，晋、楚所以兵威之。畏而后上下慈和，慈和而后能安静其国家[③]，以事大国，所以存也。无威则骄，骄则乱生，乱生必灭，所以亡也。天生五材[④]，金、木、水、火、土也。民并用之，废一不可，谁能去兵？兵之设久矣，所以威不轨而昭文德[⑤]。圣人以兴，谓汤、武。乱人以废，谓桀、纣。废兴存亡，昏明之术[⑥]，皆兵之由也。而子求去之[⑦]，不亦诬乎？以诬道蔽诸侯[⑧]，罪莫大焉。纵无大讨[⑨]，而又求赏，无厌之甚也！"削而投之[⑩]。削赏左师之书。左师辞邑。

【注释】

①宋左师：即向戌。

②请免死之邑：为弭兵之会成功而请求赏赐。孔颖达说："若使计谋不当，则罪合死。自矜其功，言己得免死，故请赏邑也。"

③安静：安定，平静。

④五材：五种材质，指金木水火土。

⑤不轨：超出常规，不合法度。

⑥术：本是城邑中的道路，这里是途径。

⑦子：指向戌。孔颖达说："向戌之意，以废兴存亡不须用兵，是实须，而诬罔云不须，故云'不亦诬乎。'"

⑧以诬道蔽诸侯：用欺骗的办法来蒙蔽诸侯。诬，欺骗。

⑨讨：惩治有罪。

⑩削：削去文字。当时书写用简策，去除文字只能削去。

【译文】

宋左师向戌请求赏赐，说："若休兵不成，难免一死，幸而计谋成功，可以免死，请求赏赐食邑。"想要宋国国君衡量自己的功绩重重赏赐，所以谦虚地说是免除一死的食邑。宋平公给了他六十城邑。拿给子罕看,子罕说:“凡是诸侯小国,晋国楚国都用兵力威慑他们。他们畏惧之后上下慈爱祥和,慈爱祥和之后能使国家安定平静,如此来事奉大国,这就是生存的原因。没有兵力的威慑就会骄傲,骄傲就会使混乱产生,混乱产生必定灭亡,这就是灭亡的原因。上天诞生五种材质,指金、木、水、火、土。民众一并使用,缺少哪一种都不行,谁能去掉武器?战争的设置已经很久了,是用来威慑不合法度行为并使文德昭明的。圣人因它兴起,指商汤、周武王。作乱的人因它而被废掉,指夏桀、商纣王。废弃兴起,生存灭亡,昏聩和英明的办法,都是由战争而来的。而向戌想谋求去掉,不也是欺骗吗?用欺骗的方法蒙蔽诸侯,罪过没有比这更大的了。纵使没有大加惩治,却又来要求赏赐,太不知足了!”子罕把简册上的文字削掉扔到地上。削去奖赏左师向戌的文字。向戌于是推辞不接受赐给的城邑。

二十九年[①]

吴公子札来聘[②],见叔孙穆子曰[③]:“子其不得死乎?不得以寿死也。好善而不能择人。吾子为鲁宗卿[④],而任其大政,不慎举,何以堪之?祸必及子焉。”昭四年[⑤],竖牛作乱[⑥]。

【注释】

①二十九年:鲁襄公二十九年,前544年。

②吴公子札:即季札,姬姓,寿氏,名札,又称公子札、延陵季子、延州来季子、季子,《汉书》中称为吴札,是吴王寿梦第四子,封于延陵(今江苏常州),后又封州来。聘:即聘问。专指天子与诸侯或诸侯与诸侯间的遣使通问。

③叔孙穆子:即叔孙豹。鲁公族,姬姓,叔孙氏,名豹,谥号曰穆,故史称叔孙穆子,亦称叔孙穆叔。

④宗卿:跟国君同宗的大臣。

⑤昭四年：鲁昭公四年，前538年。

⑥竖牛：叔孙穆子跟庚宗妇人所生之子，号曰“牛”，官为“竖”，称“竖牛”。颇受宠爱，年长，使参与政事，后酿成祸乱。穆子即死于竖牛之乱。

【译文】

鲁襄公二十九年

吴国公子季札前来鲁国聘问，见到叔孙穆子说：“您怕要不得好死吧！不能寿终正寝。您喜好善良但不能正确选拔人才。您是跟鲁国国君同宗的大臣，担任着国家大政，不谨慎地选拔人才，怎么能经受的了呢？灾祸一定会累及您。”鲁昭公四年，竖牛作乱，叔孙穆子死在乱中。

三十年[①]

楚公子围杀大司马苏掩而取其室[②]。申无宇曰[③]：“王子必不免[④]。善人，国之主也。王子相楚国[⑤]，将善是封殖[⑥]，而虐之，是祸国也。且司马，令尹之偏[⑦]，偏，佐也。而王之四体也[⑧]。绝民之主，去身之偏，刈王之体[⑨]，以祸其国，无不祥大焉！何以得免？”为昭十三年弑灵王传[⑩]。

【注释】

①三十年：鲁襄公三十年，前543年。

②公子围：即楚灵王，初名围，后改名虔，是楚康王弟，当时为令尹。大司马：官名，掌管国政。苏掩：姓芈，氏苏，名掩，父是苏子冯。

③申无宇：楚国大夫。

④王子：指公子围。

⑤相：指担任令尹。

⑥将善是封殖：应培养这些贤善的人。封殖，本是壅土培育，这里是

培育,培养。

⑦偏:辅佐。

⑧四体:四肢。

⑨刈王之体:斩除国王的四肢。刈,割除。

⑩昭十三年:鲁昭公十三年,前529年。

【译文】

鲁襄公三十年

楚国令尹公子围杀死大司马芳掩并夺去了他的家室。大夫申无宇说:"王子一定不能幸免。善人是国家的支柱。王子当了楚国的令尹,应该培育善人,现今反而加以残害,这是祸害楚国啊。况且司马是令尹的辅佐,偏,是辅佐的意思。是国君的四肢。断绝国家的支柱,除去自身的辅佐,割掉君王的四肢,如此祸害国家,没有比这更大的不祥了!他怎么能幸免于祸难呢?"这是为了解说鲁昭公十三年楚灵王因内乱走投无路而自杀之事。

郑子皮授子产政①。子产使都鄙有章②,国都及边鄙,车服尊卑,各有分部也。上下有服③,公卿大夫服不相逾。田有封洫④,封,疆也。洫,沟也。庐井有伍⑤。庐,舍也。九夫为井,使五家相保也。大人之忠俭者,谓卿大夫。从而与之;泰侈者⑥,因而毙之⑦。从政一年,舆人诵之曰⑧:"取我衣冠而褚之⑨,褚,畜也。奢侈者畏法,故畜藏也。取我田畴而伍之⑩。孰杀子产,吾其与之!"并畔为畴⑪。及三年,又诵之曰:"我有子弟,子产诲之;我有田畴,子产殖之。殖,生也。子产而死,谁其嗣之?嗣,续也。"

【注释】

①子皮:即罕虎,姬姓,罕氏,名虎,字子皮。郑国七穆之一,罕氏宗

主,郑穆公曾孙。以荐子产而为人称道。

②都:指国都。鄙:靠近边境的城邑。有章:有法度。

③上下有服:上下各有制度。服,指规定的车服制度。

④封洫(xù):区分田界的水沟。

⑤庐井:井田制八家共一井,于是称呼共一井的八家庐舍为庐井。也有九夫共井。《周礼·地官·小司徒》:"乃经土地而井牧其田野,九夫为井,四井为邑,四邑为丘,四丘为甸,四甸为县,四县为都,以任地事而令贡赋,凡税敛之事。"《左传》采用后说。伍:指当时民户编制单位。五家编为一伍。

⑥泰侈:骄纵奢侈。

⑦毙:扑倒,垮台。

⑧舆人:众人。

⑨衣冠:指富人逾越规定的衣帽。褚:储藏。

⑩田畴:封地。

⑪畔:田界。畴:田间的分界,这里指大的田界。

【译文】

郑国执政子皮把国政交给子产。子产让国都跟边境城邑事事都有法度,国都以及边境城邑,车舆礼服的尊卑等级,各自都有区分。上下级都有规定的车服制度,公、卿、大夫的车服制度不会超越混淆。农田有疆界和沟渠,封,是疆界。洫,是水沟。耕地房舍合理配套。庐,是庐舍,房屋。九个农夫构成一井,让五家编织成一伍互相担保。官员忠心节俭,大人,指卿大夫。就听从他亲近他;骄纵奢侈的就惩罚他。执政一年,众人吟诵道:"拿走我的衣冠藏起来,褚,是储藏的意思。奢侈的人怕犯法,所以把逾制品藏起来。取走我的田地重新安排。谁要是杀了子产,我会帮他忙!"把原来小封地的田界合并成大的田界。等到三年,又吟唱道:"我有子弟,子产教诲他;我有田地,子产增殖它。殖,是增生的意思。子产要是死了,谁还能继承他?嗣,继承的意思。"

三十一年[①]

郑人游于乡校[②],校,学之名也。以论执政。论其得失。然明谓子产曰[③]:“毁乡校,如何?”患人于中谤议国政。子产曰:“何为?夫人朝夕退而游焉[④],以议执政之善否。其所善者,吾则行之;其所恶者,吾则改之。是吾师也,若之何毁之?我闻忠善以损怨[⑤],为忠善,则怨谤息也。不闻作威以防怨[⑥]。欲毁乡校,即作威也。岂不遽止,然犹防川也[⑦]。遽,畏惧也。大决所犯[⑧],伤人必多,吾不克救也[⑨],不如小决使道[⑩],道,通。不如吾闻而药之。以为己药石。”然明曰:“蔑也今而后知吾子之信可事,小人实不才。若果行此,其郑国实赖之,岂唯二三臣?”仲尼闻是语也,曰:“以是观之,人谓子产不仁,吾不信也。”

【注释】

①三十一年:鲁襄公三十一年,前542年。

②游:指从容行走聚会。乡校:古代地方学校,也是国人议论政治的地方。

③然明:即前文提到的郑国大夫鬷蔑。

④退:离开工作返归。

⑤损:减损,减少。

⑥防:防止。

⑦防:堤防,用如动词,筑堤堵水。

⑧决:河流的决口。

⑨克:能。

⑩道(dǎo):疏通。

【译文】

鲁襄公三十一年

郑国人在乡校里游玩聚会，校，是学校的名称。来议论执政好坏。议论他的成功失误。然明对子产说："毁掉乡校，怎么样？"担忧人们在这里诽谤议论国政。子产说："为什么？人们早晚休息时来这里游玩，议论执政好坏。他们认为好的，我就实行；他们厌恶的，我就改正。这是我的老师啊，为什么要毁掉呢？我听说做忠诚善良的事情来减少怨恨，行忠诚善良之事，那么埋怨毁谤就止息。没听说靠耍威风来防止怨恨。想要毁掉乡校，就是耍威风。用强硬办法难道不能立刻把人们的口堵住？但这就像预防河水决口一样。遽，是畏惧的意思。如果大决口，伤人一定很多，我没办法挽救，不如先用小的决口来引导，道，是通开的意思。不如我听到后把它当成治病的药物。拿它当做自己的药物。"然明说："我从今往后知道您确实是可以事奉的，我真的没什么才能。倘若果真这样做，那郑国就有了可靠的保障，岂止是我们几个臣子得到好处？"仲尼听到这些话，说："由此看来，有人认为子产不仁，我才不信。"

郑子皮欲使尹何为邑[①]。为邑大夫。子产曰："少，未知可否？"尹何年少。子皮曰："愿[②]，吾爱之，不吾叛也。愿，谨善也。使夫往而学焉，夫亦愈知治矣。夫，谓尹何。"子产曰："不可。人之爱人，求利之也。今吾子爱人，则以政，以政与之。犹未能操刀而使割也，其伤实多。多自伤。子之爱人，伤之而已，其谁敢求爱于子？子于郑国，栋也，栋折榱崩[③]，侨将厌焉[④]，敢不尽言[⑤]？子有美锦，不使人学制[⑥]。制，裁。大官、大邑，身之所庇也[⑦]，而使学者制焉[⑧]，其为美锦，不亦多乎？言官邑之重，多于美锦。侨闻学而后入政，未闻以政学者也。若果行此，必有所害。譬如田猎，射御贯则能获禽[9]，贯，习也。若未尝登车射御，则败绩厌覆是惧[10]，何暇思获？”子皮曰：“善哉！虎不敏。吾闻君子务知大者、远者[11]，小人务知小者、近者。我小人也。衣服附在吾身[12]，我知而慎之；大官、大邑，所以庇身也，吾远而慢之[13]。慢，易[14]。微子之言，吾不知也。他日，我曰：‘子为郑国，我为吾家，以庇焉，其可也。’今而后知不足。自知谋虑不足谋其家。自今请，虽吾家，听子而行。”子产曰：“人心不同也，如其面焉[15]，吾岂敢谓子面如吾面乎？抑心所谓危，亦以告也。”子皮以为忠，故委政焉[16]。子产是以能为郑国。《传》言子产之治，乃子皮之力。

【注释】

①尹何：子皮的家臣。为邑：当封邑大夫。

②愿：恭谨，老实谨慎。

③栋折榱（cuī）崩：栋梁折断，屋椽就会崩塌。栋，房屋的脊檩。榱，椽子。

④侨将厌焉：我将会被压在下面。时子皮当国，子产执政，故以此作为比喻。

⑤尽言：竭尽其言。

⑥制：剪裁。

⑦所庇：庇护所。

⑧制：治理。

⑨射御贯则能获禽：射猎驾车熟练了方能猎获禽兽。贯，熟习。

⑩败绩：指翻车倾覆。

⑪务：致力于，从事。

⑫附：附着，穿。

⑬远：疏远。慢：慢待。

⑭易：轻慢。

⑮面：脸面。

⑯委政：把大政交付给人。

【译文】

郑国执政子皮想让尹何当封邑大夫。当封邑大夫。子产说："年轻，不知道行不行?"尹何年轻。子皮说："他老实谨慎，我喜爱他，他不会背叛我的。愿，是恭谨的意思。让他前去学习，他也就更了解治理了。夫，指尹何。"子产说："不行。别人喜爱人，求的是对这个人有利。现今您喜爱人，却是把政事治理交给他，把政事交给他。就好像还不能拿刀就让他去切割一样，他会受到很多伤害。多数会自己伤害自己。您喜爱人，其实是伤害他罢了，还有谁敢奢求让您喜爱呀？您对于郑国来讲，是栋梁，栋梁折断，屋椽就会崩塌，我将被压住，怎敢不把话全部说出来？您有漂亮的缎锦，是不会让人用它来学裁剪的。制，是剪裁的意思。大官、大邑，是您身家性命的庇护，反而让人去学着治理，岂不是比让不会裁缝的人去剪裁美锦更糟糕吗？这是说官员、城邑的重要，比漂亮的织锦多得多。我听说学习之后进入政坛，没听说拿从政来学习的。倘若真的这样做，一定会有害处。譬如田猎，熟悉了射箭赶车就能猎到禽兽，贯，是熟悉的意思。倘若不曾上过车射过箭，那么只会惧怕翻车倾覆挨压，哪里有空想到猎获?"子皮说："好啊！我实在考虑不周。我曾听说，君子致力于知道大的、远的，小人致力于知道小的、近的。我是小人。衣服附着在我身上，我知道要谨慎；大官、大城，是用来庇护自身的，我却疏远它，慢待它。慢，轻慢的意思。没有您的话，我还不明白。从前，我说：'你治理郑国，我治理我家，让我有所依托庇护，就行了。'现今我知道我没有能力治家。自知谋略不足以治家。今后请求您，即使我家的事，也听您处理。"子产说："人心不相同，就像人的面目各不相同一样，我哪敢说您的面目就跟我的一样呢？不过我是觉得这有危险，所以就实言相告。"子皮认为子产忠诚，所以把国政权柄交给他。子产因此能够治理郑国。《左传》的意思是，子产的政绩背后是子皮的功劳。

卫侯在楚[①]，北宫文子见令尹围之威仪[②]，言于卫侯曰："令尹似君矣，将有他志[③]。言语瞻视[④]，行步不常。虽获其志，不能终也。《诗》云：'靡不有初，鲜克有终[⑤]。'终之实难，令尹其将不免乎？"公曰："何以知之？"对曰："《诗》云：'敬慎威仪，惟民之则[⑥]。'令尹无威仪，民无则焉。民所不则，以在民上，不可以终。"

【注释】

①卫侯：即卫襄公，姬姓，卫氏，名恶。他是卫献公之子，卫灵公之父。

②北宫文子：即北宫佗，任卫卿，北宫括之子。令尹围：即前文之公子围。他杀了侄儿楚郏敖自立，即位后改名熊虔。威仪：庄重的仪容举止。

③他志：别的志向，指想当楚王。

④瞻视：观瞻，指外观。

⑤靡不有初，鲜克有终：语见《诗经·大雅·荡》。靡不，没有什么不是。初，指好的开端。鲜，少。克，能。终，指好的终了。

⑥敬慎威仪，惟民之则：语见《诗经·大雅·抑》。举止言谈要表现出恭敬和谨慎，这是百姓效法的准则。

【译文】

卫襄公在楚国，北宫文子见到令尹围的举止仪表，对卫襄公说："令尹像国君一样了，他将要有其他的打算。言语外观，行走异常。不过他虽然能满足愿望，却不能善终。《诗经》说：'都可以有开头，却很少有好的结果。'好的结果实在太难，令尹他将不免于祸难吧！"卫襄公说："你是从哪里看出来的？”北宫文子回答说：“《诗经》说：‘举止行为要谨慎，因为人民以此为标准。’令尹举止没有威仪，人民就不仿效。民众不愿意效法的人，却高居民众之上，是不会有好结果的。”

公曰：“善哉！何谓威仪？”对曰：“有威而可畏谓之威，有仪而可象谓之仪①。君有君之威仪，其臣畏而爱之，则而象之②，故能有其国家，令闻长世③。臣有臣之威仪，其下畏而爱之，故能守其官职，保族宜家。顺是以下，皆如是，是以上下能相固也④。《卫诗》曰⑤：‘威仪棣棣，不可选也⑥。’棣棣，富而闲也。选，犹数也。言君臣、上下、父子、兄弟、内外、大小，皆有威仪也。《周书》数文王之德，逸书。曰：‘大国畏其力，小国怀其德。’言畏而爱之也。《诗》云：‘不识不知，顺帝之则⑦。’言则而象之⑧。言文王行事无所斟酌，唯在则象上天。纣囚文王七年，诸侯皆从之囚，可谓爱之矣。文王伐崇⑨，再驾而降为臣⑩，文王闻崇德乱而伐之，三旬不降，退修教而复伐之，因垒而降。蛮夷帅服，可谓畏之矣。文王之功，天下诵而歌舞之，可谓则之矣。文王之行，至今为法，可谓象之。有威仪也。故君子在位可畏，施舍可爱，进退可度，周旋可则，容止可观，作事可法，德行可象，声气可乐，动作有文⑪，言语有章⑫，以临其下，谓之有威仪也。”

【注释】

①有仪而可象谓之仪：有仪容举止可以让人效仿的叫仪。可象，可以仿效学样。

②则：当成榜样学习。

③令闻:好的名声。

④相固:相互关系稳固。

⑤《卫诗》:邶风、鄘风、卫风合称“三卫”。

⑥威仪棣棣,不可选也:语见《诗经·邶风·柏舟》。仪容安详,优点说不完。棣棣,雍容娴雅的样子。选,数,计算。

⑦不识不知,顺帝之则:语见《诗经·大雅·皇矣》。是说文王行事不任意妄为,只是顺应天地的法则。

⑧则而象之:把上天当榜样效法他。

⑨文王伐崇:崇是商朝的诸侯,文王讨伐崇侯虎,使之降服为臣。

⑩再驾:两次出征。

⑪动作有文:动作举止文雅、有修养。

⑫言语有章:说话有条理。有章,有章法条理。

【译文】

卫襄公说:“说的好啊!什么叫做威仪呢?”回答说:“有威严让人畏惧叫做威,有仪表可以让人仿效叫做仪。国君有国君的威仪,臣下就会敬畏并拥护他,以他为榜样而效仿他,所以能保有他的国家,美名流芳百世。臣子有臣子的威仪,他的下属就敬畏并拥护他,所以能保住他的官职,保护家族使家庭和睦。依此类推都是如此,所以上上下下能相互巩固。《卫诗》说:‘威仪安详,优点说不完。’棣棣,是宽绰娴雅的样子。选,数数、计算。这是说,君臣、上下、父子、兄弟、内外、大小,都是有威仪的。《周书》列举文王的美德,亡逸的《周书》。说:‘大国畏惧他的力量,小国感怀他的恩德。’是说怕他并拥护他。《诗经》说:‘无识无知,顺着天帝的准则。’是说以上天为法则去效法他。这是说文王行事没有什么深深地考虑,只是学样效法上天。商纣王囚禁文王七年,诸侯都跟随他一起去坐牢,可以说得上爱戴他了。文王讨伐崇国,两次出征就投降成为臣子,文王听到崇国德行昏乱去讨伐他,三十天不投降,退兵修行德教,二次征讨,营垒如旧而崇国投降了。落后的蛮夷相继归服可以说是敬畏他了。文王的功绩,天下赞诵歌舞，可称得上以他为榜样。文王的举措，至今仍然被奉为法则，可称得上被人仿效。这就是因为他有威仪啊。因此君子在位使人敬畏，赏赐给人让人拥戴，进退可以作为法度，行礼揖让可以作为准则，仪容举止值得观摩，做事可以让人效法，德行可以视为典范，声音气度可以使人高兴，举止文明优雅，言语有条有理，这样对待下人，就叫做有威仪了。”

卷六

春秋左氏传（下）

【题解】

本卷上起鲁昭公元年（前541），下至鲁哀公二十四年（前471），包括昭公、定公、哀公三个时期。

节录内容有楚晋会盟于虢，赵文子言守信；晏婴使晋，与叔向谈季世；景公欲更晏子之宅；楚子使椒举如晋求诸侯；女叔齐论鲁昭公不知礼；韩宣子如楚送女；郑铸刑鼎；晋平公迎接楚公子弃疾及；芋尹无宇断楚子之游；石言于晋魏榆；周甘人与晋阎嘉争阎田；季平子筑郎囿；楚子次于乾谿；南蒯以费叛；晋荀吴帅师伐鲜虞、围鼓；平王为太子建聘于秦；龙斗于时门之外洧渊；司马奋扬遣楚太子建；晏子论和与同；会于黄父，郑子大叔见赵简子言礼；齐侯与晏子论陈氏；费无极陷害楚大夫郤宛；晋魏献子为政；魏献子拒梗阳人贿赂；郑子大叔卒；吴子伐楚，五战及郢；申包胥如秦乞师等内容。

这一时期已进入春秋后期，楚国霸权衰落，诸侯国公室衰落而大夫当政。礼节仪式虽存，而礼制的大义已经隐而不彰。子产铸刑书、鲁国季孙氏改赋法，隐现时代的巨变。然而昭公九年（前533）周王责让晋侯，显示出周王室仍然是诸侯名义上的共主，得到了某种程度的尊重。此外，节录内容也记录了吴越争霸的若干片段，突出了吴王夫差因缺乏深谋远虑而亡国的历史教训。

昭公[①]

元年[②]

楚公子围会于虢[③]，虢，郑邑也。寻宋之盟也[④]。宋盟，在襄二十七年。晋祁午谓赵文子曰[⑤]："宋之盟，楚人得志于晋[⑥]。得志，谓先歃也[⑦]。午，祁奚子也。今令尹之不信，诸侯之所闻也，子弗戒，惧又如宋。恐楚复得志也。楚重得志于晋，晋之耻也，吾子其不可以不戒！"文子曰："然宋之盟也，子木有祸人之心[⑧]，武有仁人之心，是楚所以驾于晋也。驾，犹陵也。今武犹是心也，楚又行僭[⑨]，僭，不信。非所害也。武将信以为本，循而行之。譬如农夫，是穮是蓘[⑩]，穮，耘也。壅苗为蓘。虽有饥馑，必有丰年。言耕锄不以水旱息，必获丰年之收。且吾闻之，能信不为人下，吾未能也。自恐未能信也。《诗》曰：'不僭不贼，鲜不为则[⑪]。'信也。僭，不信。贼，害人。能为人则者，不为人下矣。吾不能是难，楚不为患也。"

【注释】

①昭公：鲁昭公，名姬裯，或名姬稠、姬袑，鲁襄公之子。在位期间曾屡次朝晋，时公室益衰，"三桓"（孟孙、叔孙、季孙）专国政。

②元年：鲁昭公元年，前541年。

③公子围：为楚令尹，楚共王之次子，楚康王之弟，后来之楚灵王。虢：指东虢，此时为郑邑，故地在今河南郑州北。

④寻：重温，重申。

⑤祁午：晋人，中军尉祁奚之子。在祁奚告老后接替其父职位。赵文子：即赵武，谥文，世人尊称为赵孟，史称赵文子，赵盾之孙，赵朔之子，晋文公外曾孙。春秋中期晋国六卿之一，赵氏宗主，后升

任正卿，执掌国政。

⑥得志：指实现其志愿，名利欲望得到满足。此指盟会时先歃。古代诸侯会盟时，先歃血者为盟主。

⑦歃：即歃血，古代盟会中的一种仪式，盟约宣读后，参加者用口微吸所杀牲之血，以示诚意。一说，以指蘸血，涂于口旁。

⑧子木：楚国贵族屈建，字子木。

⑨僭：虚伪。

⑩穮（biāo）：锄地，耘田除草。蓘（gǔn）：给苗根培土。

⑪不僭不贼，鲜不为则：语见《诗经·大雅·抑》。不骗人不害人，待人以信，很少有不成为榜样的。贼，残害。则，榜样。

【译文】

鲁昭公元年

楚国令尹公子围到郑国虢邑开会，虢，是郑国的城邑。重温在宋国的盟约。跟宋国的会盟是在鲁襄公二十七年。晋国的祁午跟赵文子说："在宋国的盟会，楚国占了晋国的先。得志，指在晋国之前先歃血为盟。祁午，是祁奚的儿子。现在楚国令尹不守信用，是诸侯们所知道的。您要是不加戒备，怕又会像在宋国那样。惧怕楚国又会得逞。楚国再一次在晋国身上得逞，这会是晋国的耻辱，您不能不戒备！"赵文子说："宋国的会盟，子木有害人之心，我有爱人之心，这就是楚国凌驾晋国的原因。驾，凌驾。现今我还是这种内心，楚国行动又不守信，僭，不诚信。不是害处。我要用诚信做为根本，遵循它前行。譬如农夫，只要勤于除草培土，穮，耕耘。壅培苗根叫做蓘。即使有荒年，也一定丰收。这是说耕种锄地不会由于水灾旱灾停止，一定获得丰年的收成。况且我听说，能够践行诚信，不会居于人下，我还不能这样。自己恐怕不能坚守诚信。《诗经》说道：'不虚伪，不残害，很少不能成为榜样。'这就是说诚信啊。僭，不诚信。贼，害人。能作为榜样的人，不会居于人下。我只是难于不能这样诚信，楚国是不足以成为祸患的。"

三年[①]

齐侯使晏婴于晋[②]，叔向从之宴[③]，相与语。叔向曰："齐其何如？"问兴衰也。晏子曰："此季世也[④]，齐其为陈氏矣[⑤]！公弃其民，而归于陈氏。弃民，不恤之也。公聚朽蠹[⑥]，而三老冻馁[⑦]。三老，谓上寿、中寿、下寿，皆八十以上。国之诸市，屦贱踊贵[⑧]。踊，刖足者屦也[⑨]，言刖多也。民人痛疾，而或燠休之[⑩]。燠休，痛念之声，谓陈氏也。其爱之如父母，而归之如流水，欲无获民，将焉避之？"

【注释】

①三年：鲁昭公三年，前539年。

②齐侯：齐景公，姜姓，吕氏，名杵臼，齐灵公之子，齐庄公之弟。晏婴：字仲，谥号平，是齐国上大夫晏弱之子。历任齐灵公、庄公、景公三朝，辅政长达五十余年。《左传》原文为"齐侯使晏婴请继室于晋"。继室，续娶之妻。杜注："复以女继少姜。"

③叔向：即羊舌肸（xī），字叔向，又称叔肸、杨肸。历事晋悼公、晋平公、晋昭公三世。执掌晋国国政近五十年。

④季世：末世。

⑤陈：前672年，陈完入齐，事齐桓公。陈完传五世至陈桓子。景公时，陈桓子施惠于民，民归陈氏，陈氏因而强大。

⑥朽蠹：朽腐虫蛀，指齐国国君府库积聚太多，以至朽腐虫蛀。

⑦三老：三种老人，都八十岁以上。杜注："三老，谓上寿、中寿、下寿。皆八十已上。"

⑧踊（yǒng）：古代受刖刑的人所穿的一种特制鞋子。

⑨刖（yuè）：古代把脚砍掉的酷刑。

⑩燠（yù）休：抚恤，安慰。

【译文】

鲁昭公三年

齐景公让晏婴出使晋国,叔向陪他饮宴,一起谈话。叔向说:"齐国怎么样?"这是问齐国的兴衰。晏子说:"这是末世啊,齐国大概会成为陈氏的了!君主抛弃了他的民众,民众从而都归往陈氏了。弃民,不抚恤他们。国君积聚的财物多得朽腐虫蛀,老人却挨饿受冻。三老,指上寿、中寿、下寿三种老人,都八十岁以上。国都的集市上,鞋子便宜踊很贵。踊,是受到砍脚刑罚的人穿的鞋子,这是说受过砍脚刑罚的人多。民众百姓痛苦,陈氏能够抚恤安慰他们。燠休,是心痛安慰的声音,指的是陈氏。他爱护民众如同父母,民众归附他如同水流汇聚,想要他不获得民心,又怎么可能呢?"

叔向曰:"然。虽吾公室,今亦季世也。庶人罢弊①,而宫室滋侈。滋,益也。道殣相望②,饿死为殣。而女富溢尤③。女,嬖宠之家也。民闻公命,如逃寇仇。政在家门④,大夫专政。民无所依。公室之卑,其何日之有?言今至也。《谗鼎之铭》谗,鼎名。曰⑤:'昧旦丕显⑥,后世犹怠⑦。'昧旦,早起。丕,大也。言夙兴以务大显,后世犹懈怠。况日不悛⑧,悛,改也。其能久乎?晋之公族尽矣。肸闻之,公室将卑,其宗族枝叶先落,则公从之。"

【注释】

①罢(pí)弊:疲劳困敝。

②道殣相望:谓路上饿死的人很多。

③女富溢尤:嬖宠之家的富贵更加过分。溢尤,过甚。杜注:"女,嬖宠之家也。"

④家门:指卿大夫之门。

⑤谗鼎：鲁国的鼎名。

⑥昧旦：破晓，天要亮没亮的时候。丕显：大显。因勤奋而声名显赫。

⑦怠：懈怠。

⑧不悛：不悔改。

【译文】

叔向说："是啊。即使我们晋国公室，现在也是末世。平民疲惫困敝，但是君王宫殿日益奢侈。滋，增益。道路上饿死者的尸体相连，饿死叫殣。而嬖宠之家的财富却非常多。女，是君主宠爱之人的家庭。民众听到国君的命令，如同逃避仇敌一样。国家大政落在大夫手中，大夫专擅国家朝政。民众没有依靠。王室卑弱到如此地步，还能有多少日子？这是说今天达到极致。《谗鼎之铭》谗，是鼎名。说：'早起勤奋声名显，后代还是会懈怠。'昧旦，早起。丕，是大的意思。这是说早早起来工作致力于声名大大显赫，后世还是会懈怠。何况天天不知悔改，悛，改正。这样还能长久吗？晋国的公族完了。我听说，王室将要卑弱，他的宗族像树的枝叶先落下来，然后公室随着完结。"

初，景公欲更晏子之宅，曰："子之宅近市，湫隘嚣尘[①]，不可以居，湫，下。隘，小也。嚣，声。尘，土也。请更诸爽垲者[②]。爽，明也。垲，燥也。"辞曰："君之先臣容焉[③]，先臣，晏子之先人也。臣不足以嗣之，于臣侈矣。侈，奢也。且小人近市，朝夕得所求，小人之利也。"公笑曰："子近市，识贵贱乎？"对曰："既利之，敢不识乎？"公曰："何贵何贱？"于是景公繁于刑，有鬻踊者[④]，故对曰："踊贵屦贱。"景公为是省于刑[⑤]。君子曰："仁人之言，其利博哉！晏子一言而齐侯省刑。"

【注释】

①湫隘（jiǎo ài）：低下狭小。嚣尘：喧嚣吵闹尘土飞扬。

②爽垲（kǎi）：高爽干燥。

③容：指居住。

④鬻：卖。

⑤省：减省，削减。

【译文】

当初，齐景公要更换晏子的住宅，说："您的住宅靠近集市，低矮狭窄尘土喧嚣，不能住了，湫，低下。隘，小。嚣，是声音喧嚣。尘，是尘土飞扬。请让我更换个高大明亮的房子吧。爽，明亮。垲，干燥。"晏子推辞说："国君的先臣就住在这里，先臣，指晏子的先人。下臣不足以继承祖业，住在这里已经是奢侈了。侈，奢侈。况且小人住得靠近市场，早晚可以随时得到所需要的，这是小人的便利之处。"景公笑着说："你靠近市场，了解物品的贵贱吗？"晏子回答说："既然感到便利，怎么会不知道呢？"景公问："什么东西贵什么东西贱？"当时景公滥用刑罚，街市上有卖踊的，所以晏子回答说："踊贵鞋贱。"齐景公为此减少了刑罚。君子说："仁德之人的话，带来的利益是多么广大啊！晏子一句话就让齐景公减少了刑罚。"

四年[①]

楚子使椒举如晋求诸侯[②]，晋侯欲勿许[③]。司马侯曰[④]："不可。楚王方侈[⑤]，天或者欲逞其心，以厚其毒而降之罚[⑥]，未可知也。其使能终，亦未可知也。唯天所相，相，助也。不可与争。君其许之，而修德以待其归。若归于德，吾犹将事之，况诸侯乎？若适淫虐，楚将弃之，弃，不以为君也。吾又谁与争？"

【注释】

①四年：鲁昭公四年，前538年。

②楚子使椒举如晋求诸侯：楚灵王派椒举到晋国去请求诸侯盟会，寻求称霸的机会。楚子，指楚灵王，即前文公子围。椒举，即伍举，楚右司马，因封于椒（今安徽阜南附近），又称椒举。求诸侯，指求得诸侯拥护。

③晋侯：指晋平公。

④司马侯：晋大夫，位列九卿，又名女齐，女叔侯，女叔齐。"女"或作汝。

⑤侈：自高自大，盛气凌人。

⑥毒：罪恶。

【译文】

鲁昭公四年

楚灵王让伍举到晋国去请求诸侯盟会，晋平公不想答应。司马侯说："不行。楚王正狂妄自大，上天或许要让他得意，来加重他的罪过好降下惩罚，这是未可知的事。他或许能够善终，也是说不定的事。晋、楚两国都依靠上天的帮助，相，帮助。不能跟他争。请国君同意他的要求，修明德行等待其最后的结果。如果楚王最终有德行，我国都将要事奉他，更何况诸侯呢？如果走向荒淫暴虐，楚国自己会抛弃他，弃，指不让他当国君。我们又跟谁去争？"

公曰："晋有三不殆，其何敌之有？殆，危也。国险而多马，齐、楚多难，多篡弑之难也。有是三者，何向而不济？"对曰："恃险与马，虞邻国之难，是三殆也。四岳、岱、华、衡、常。三涂、阳城、太室、荆山、中南①，九州之险也②，是不一姓。虽是天下至险，无德则灭亡。冀之北土，燕、代也。马之所生，无兴国焉。恃险与马,不可以为固也,从古以然。是以先王务修德音[③],以亨神人,亨,通也。不闻其务险与马也。邻国之难,不可虞也[④]。或多难以固其国,启其疆土;或无难以丧其国,失其守宇[⑤]。于国则四垂为宇[⑥]。若何虞难?齐有仲孙之难而获桓公[⑦],至今赖之;仲孙,公孙无知。晋有里、丕之难而获文公[⑧],是以为盟主;卫、邢无难,敌亦丧之。闵二年,狄灭卫;僖二十五年,卫灭邢。故人之难,不可虞也。恃此三者,而不修政德,亡于不暇,又何能济?君其许之!纣作淫虐,文王惠和[⑨],殷是以殒,周是以兴,夫岂争诸侯?”乃许楚子,合诸侯于申[⑩]。

【注释】

①三涂:山名,在河南嵩县西南,伊水之北,也叫崖口,又叫水门。阳城:山名,在今河南登封东南。太室:即嵩山。荆山:在今湖北南彰西。中南:即终南山。

②九州:据说古中国分为九州,《尚书·禹贡》说是冀、衮、青、徐、扬、荆、豫、梁、雍九州。

③德音:好名声。

④虞:预料。

⑤守宇:领土,疆土。

⑥四垂:四边,四境。

⑦仲孙之难:仲孙即齐僖公的侄子公孙无知。仲孙之难见于《左传》鲁庄公八年、九年。前686年,齐国大夫管至父、连称发动叛乱,杀害了当时的国君齐襄公,立公孙无知为齐国国君,但无知继承国君之位后不久即被雍廪(齐地)的国人所杀,最终导致齐桓公即位。

⑧里、丕之难：里克、丕郑的祸乱，见于《左传》鲁僖公九年（前651）。里克是晋国卿大夫，晋献公的股肱之臣，拥护公子重耳（后来的晋文公）。晋惠公即位后，派兵包围里克家，里克自尽而亡。丕郑是晋国大夫，前650年，晋惠公即位后派丕郑出使秦国。他对秦穆公表示，晋惠公不同意按照约定给秦国土地，建议秦国立重耳。事泄，晋惠公杀死丕郑。

⑨惠和：仁爱和顺。

⑩合诸侯于申：楚灵王即位的第三年，于楚国的申地大会诸侯。申，本为姜姓古国，此时为楚地，在今河南南阳。

【译文】

晋平公说："晋国有三个条件可以免于危险，有谁能和我国匹敌？殆，是危险的意思。国家地势险要而且多出产马匹，齐、楚二国祸难频发，发生多次篡权弑君的危难。有这三条，做什么不能成功？"司马侯回答说："倚仗险要与多马，并把希望寄托在邻国的祸难上，恰恰是三个危险。四岳、岱山（东岳）、华山（西岳）、衡山（南岳），常山（恒山，北岳）。三涂山、阳城山、太室山、荆山、终南山，都是九州中的险要之地，它们并不归一姓所有。即使是天下最险要的地方，没有德行就要灭亡。冀州北部的土地，燕地、代地。是马蓄育之地，并无一个强盛的国家。倚仗险要与多马，并不能作为巩固自己的条件，自古以来都是这样的。所以先王致力于修明德行，使神明和人民高兴，亨，是通的意思。没听说致力于地势险要与多马。邻国的危难是不可预料的。有的多难反而使国家巩固，开疆辟土；有的无祸难反倒丧失国家，失掉疆土。对国家来讲四境是宇。又怎么能预料呢？齐国有仲孙的祸难，却得到了桓公，齐国至今还靠着他的余荫；仲孙，是公孙无知。晋国有里克、丕郑的祸乱，而得到了晋文公，因此成为盟主；卫国、邢国没有危难，敌国却灭亡了它们。鲁闵公二年，狄人灭了卫国；鲁僖公二十五年，卫人灭了邢国。所以说别人的危难是不可预料的。靠这三条理由，而不修政事德行，挽救灭亡还顾不上，又如何能够得到成功？所以国君还是同意了楚国的要求吧！纣王淫佚暴虐，文王仁爱和顺，殷因此灭亡，周因此兴起，难道在于争夺诸侯吗?”晋平公便同意了楚国使者的要求，在申地会合诸侯。

椒举言于楚子曰：“臣闻诸侯无归，礼以为归。今君始得诸侯，其慎礼矣。霸之济否，在此会也。夏启有钧台之享[①]，启，禹子。河南阳翟县南有钧台陂。商汤有景亳之命，亳，即偃师。周武有孟津之誓[②]，成有岐阳之蒐[③]，康有酆宫之朝[④]，穆有涂山之会[⑤]，齐桓有召陵之师[⑥]，在僖四年。晋文有践土之盟[⑦]。在僖二十八年。皆所以示诸侯礼也，诸侯所由用命也[⑧]。夏桀为仍之会，有缗叛之[⑨]；仍、缗，皆国名。商纣为黎之蒐[⑩]，东夷叛之；黎，东夷国名。周幽为大室之盟，戎狄叛之。大室，中岳也。皆所以示诸侯汰也，诸侯所由弃命也。今君以汰[⑪]，无乃不济乎?”王弗听。子产见左师曰[⑫]：“吾不患楚矣！汰而愎谏[⑬]，不过十年。”左师曰：“然。不十年侈，其恶不远，远恶而后弃[⑭]。恶及远方，则人弃之。善亦如之，德远而后兴。”十三年，楚弑其君。

【注释】

①夏启：是大禹的儿子，他改变禅让制，开创了夏朝。钧台：在今河南禹州南，据说夏启在这里享宴诸侯。

②孟津：在今河南孟津东北。是武王两次会盟诸侯的地方。

③成：周成王姬诵。岐阳：岐山的阳坡。蒐：田猎。

④康：周康王姬钊。酆宫：在今陕西西安鄠邑区东，据说这里有灵台，是周康王让诸侯朝见的地方。

⑤穆:周穆王姬满。涂山:在今安徽怀远东南。

⑥召陵之师:指齐桓公率齐、宋、陈、卫、郑、许、鲁、曹、邾等诸侯联军讨伐楚国的军队。召陵,在今河南郾城附近。见于《左传》鲁僖公四年,前656年。楚国派大夫屈完与齐讲和。齐见楚国无隙可乘,便退军到召陵,双方在召陵结盟,史称"召陵之盟"。

⑦晋文:晋文公重耳。践土之盟:指前632年城濮之战后,晋文公为确立霸主地位而在践土举行的会盟。参加会盟的有晋、鲁、齐、宋、蔡、郑、卫等国,晋被推为盟主。周襄王命令王室大臣尹氏、王子虎和内使叔兴父策命晋文公为"侯伯"。践土,在今河南原阳西南。

⑧用命:听命。

⑨缗:古国名。

⑩黎:是东夷国名。

⑪汰:通"泰",骄泰,奢侈。

⑫左师:春秋时宋国设左师、右师,均为执政官。

⑬愎:固执,任性。

⑭远恶:罪恶遍及远方。

【译文】

椒举对楚灵王说:"我听说诸侯不归服别的,只归服有礼者。现今国君刚刚得到诸侯的拥护,对礼仪要慎重。称霸成功与否,就在这次盟会了。夏启有宴享诸侯的钧台之会,启,是夏禹的儿子。河南阳翟县南有钧台陂。商汤有在景亳获得的天命,亳,在今天偃师。周武王有在孟津盟会诸侯的立誓,周成王有在岐阳的田猎仪式,周康王有在酆地宫中的诸侯朝见,周穆王有涂山的会见,齐桓公有召陵的会师,事情在鲁僖公四年。晋文公有在践土跟诸侯的会盟。事情在鲁僖公二十八年。都是向诸侯显示礼仪啊,诸侯由此听命。夏桀在仍国搞会盟,缗国叛乱;仍、缗,都是国名。商纣在黎国田猎,东夷叛乱;黎是东夷国名。周幽王在太室山盟会,戎狄叛乱。

大室,是中岳嵩山。都是由于向诸侯表现出骄纵,这是诸侯抛弃王命的原因啊。现今国君骄纵傲慢,怕是不能成事吧?”楚灵王不听。子产见到左师说:“我不担忧楚国了!楚王骄纵固执听不进劝谏,在位不会超过十年。”左师说:“是啊。不经过十年的骄纵,他的罪恶不会远远传播,罪恶远传之后人们就会抛弃他。罪恶传到远方,那么人们就会抛弃他。善良也是这样,德行远远传播,然后就会兴起。”鲁昭公十三年楚灵王被杀。

五年[①]

公如晋[②],自郊劳至于赠贿[③],往有郊劳,去有赠贿。无失礼。揖让之礼[④]。晋侯谓汝叔齐曰[⑤]:“鲁侯不亦善于礼乎?”对曰:“鲁侯焉知礼!”公曰:“何为?自郊劳及赠贿,礼无违者,何故不知?”对曰:“是仪也,不可谓礼。礼,所以守其国家,行其政令,无失其民者也。今政令在家,在大夫。不能取也;有子家羁[⑥],不能用也;羁,庄公玄孙。奸大国之盟[⑦],凌虐小国[⑧];谓伐莒取郓[⑨]。利人之难,谓往年莒乱而取鄫[⑩]。不知其私;不自知有私难。公室四分[⑪],民食于他;他,谓三家[⑫]。思莫在公,不图其终。无为公谋终始也。为国君,难将及身,不恤其所[⑬]。礼之本末[⑭],将于此乎在,而屑屑焉习仪以亟[⑮]。言以习仪为急。言善于礼,不亦远乎?”君子谓:“叔侯于是乎知礼。”时晋侯亦失政,叔齐以此讽谏[⑯]。

【注释】

①五年:鲁昭公五年,前537年。

②公如晋:鲁昭公到晋国去。

③郊劳:到郊外迎接并慰劳。赠贿:赠送财物。

④揖让：指宾主相见的礼仪。

⑤晋侯：指晋平公。汝叔齐：晋大夫，即前文司马侯，位列九卿。

⑥子家羁：即子家懿伯，鲁国大夫，是鲁庄公的玄孙，孟献子的儿子，孟庄子、仲孙它的弟弟。他多次劝谏鲁昭公振作朝政，抵制以季平子为首的三桓势力，鲁昭公不听。

⑦奸大国之盟：指干犯前文虢之会盟。奸，干犯，扰乱。

⑧凌虐小国：指鲁国伐莒取郓。凌虐，欺压虐待。

⑨莒：西周诸侯国名，前431年为楚所灭。故址在今山东莒县。郓：指东郓，本莒地，后归鲁，在今山东沂水北。

⑩鄅：古国名。在今山东兰陵西北。

⑪公室：指君王之家，这里指鲁国权柄。四分：指鲁君跟三家共分。

⑫三家：即三桓，当时鲁国大夫孟孙（仲孙）、叔孙、季孙都是鲁桓公的后代，是鲁国实际权力的掌控者。

⑬恤：忧虑。

⑭本末：根本枝节，主次轻重。杜注："在恤民与忧国。"

⑮屑屑：琐屑，细碎。习仪：演习礼仪。

⑯讽谏：委婉劝谏。

【译文】

鲁昭公五年

昭公去到晋国，从郊外迎接慰劳到赠送财物，前去时有郊外迎接慰劳的礼仪，离开时有赠送财物的礼仪。没有失礼的地方。指宾主相见的礼仪。晋平公对汝叔齐说："鲁侯不也很善于礼吗？"回答说："鲁侯哪里知晓礼！"平公说："为什么？从郊外迎接慰劳到赠送财物，没有违背任何礼节，为什么说他不知晓呢？"回答说："这是仪式，不能叫礼。礼，是用来保守国家，实行政令，不失去自己的民众的。现今鲁国的政令在三家大夫手里，家，指在大夫那里。不能收取；有一个子家羁，又不能任用；子家羁，是鲁庄公的玄孙。冒犯订过的会盟，欺压虐待小国；指征伐莒国，夺取其郓地。利用别人的危难，指从前莒国内乱乘机夺取了鄫地。不知道自身的危难；不自知有季氏驱逐的危难。鲁国权柄被分成四份，民众靠三家大夫养活；他，指三家大夫。无人思念国君，他自己也不考虑后果。没有谁替国君整体考虑。作为君主，危难将要涉及自身，却不忧虑自己的处境。礼的根本与枝节，就在于恤民与忧国的差异，却还把学习烦琐的礼仪当作急事。这是说把学习礼仪当作急事。说他善于礼，不也差得太远了吗？”君子说：“叔侯的这些看法说明他是真正知晓礼的。”当时晋平公也失去国政，叔齐用这些来委婉劝谏。

晋韩宣子如楚送女①，叔向为介②。及楚，楚子朝其大夫曰：“晋，吾仇敌也。苟得志焉，无恤其他。今其来者，上卿、上大夫也。若吾以韩起为阍③，刖足使守门也。以羊舌肸为司宫④，加宫刑也。足以辱晋，吾亦得志矣，可乎？”大夫莫对。薳启彊曰：“可。苟有其备，何故不可？耻匹夫不可以无备，况耻国乎？是以圣王务行礼⑤，不求耻人。城濮之役⑥，在僖二十八年。晋无楚备，以败于邲⑦。在宣十二年。邲之役，楚无晋备，以败于鄢⑧。在成十六年。自鄢以来，晋不失备，而加之以礼，重之以睦⑨，君臣和也。是以楚弗能报而求亲焉。既获姻亲，又欲耻之，以召寇仇，备之若何？言何以为备。谁其重此⑩？言怨重也。若有其人，耻之可也；谓有贤人以敌晋，则可耻之。若其未有，君亦图之。晋之事君，臣曰可矣。求诸侯而麇至⑪，麇，群也。求婚而荐女⑫，荐，进。君亲送之，上卿及上大夫致之。犹欲耻之，君其亦有备矣。不然，奈何？君将以亲易怨，失婚姻之亲。实无礼以速寇，而未有其备，使群臣往遗之禽⑬，以逞君心。何不可之有？”王曰：“不穀之过也，大夫无辱⑭。”谢薳启彊。厚为韩子礼。

【注释】

①韩宣子：即韩起，谥号宣，史称韩宣子，韩献子韩厥之子，春秋时期晋国卿大夫，六卿之一，即后文之上卿。如楚送女：上一年，椒举为楚灵王出使晋国求婚，晋答应了，所以让上卿韩宣子送女至楚。

②叔向：即羊舌肸。介：副职。

③阍（hūn）：守门人。

④司宫：管理宫内之事，以阉人充任。孔颖达："欲以叔向为司宫，为奄官之长，则韩起为阍，亦欲令为门官之长。"

⑤圣王：指德才超群达于至境之帝王。

⑥城濮之役：指前632年，晋国楚国在城濮（今山东鄄城附近）发生的战争，晋国战胜，奠定了其霸主的地位。

⑦败于邲：指前597年，晋楚在邲（今河南荥阳附近）进行的战争，在这次战争中，楚庄王率军在郑地邲大败晋军。

⑧败于鄢：指前575年晋楚鄢陵之战，楚国失败。这是晋楚争霸战争中继城濮之战、邲之战后第三次，也是两国最后一次主力军队的会战。鄢，即鄢陵（今山东沂水附近）。

⑨重：重视。

⑩谁其重此：谁来承担这个责任。重，担当，负责。

⑪麇（qún）至：群集。

⑫荐：进献，送上。

⑬遗：给。禽：擒。

⑭无辱：谦辞，等于说不劳枉驾，不劳费力。是臣子竭力劝谏，国君已知过错而表示歉意时的习惯用语。

【译文】

晋国韩宣子到楚国送亲，叔向担任副使。到了楚国，楚灵王在朝廷对大夫说："晋国是我们的仇敌。如果我们能达到目的，不要顾忌其他。现在到我国来的人，是晋国的上卿、上大夫。如果我们让韩起看门，砍脚让他守门。让羊舌肸管理宫中阉人，对其施加宫刑。这就足够羞辱晋国，我们也就满足愿望了，行不行？”大夫没人回答。薳启彊说：“行。如果有了防备，为什么不行？羞辱普通人都不能没有防备，何况羞辱一个国家呢？因此圣王致力于遵行礼，不追求羞辱人。城濮之战，发生在鲁僖公二十八年。晋国胜利后没有对楚国加以防备，因而在邲地战争中失败。发生在鲁宣公十二年。邲之战，楚国胜利后也没有对晋国加以防备，因而在鄢地战争中失败。发生在鲁成公十六年。自鄢之战以后，晋国没有疏于防备，对我们又加以礼遇，重视和睦，指君臣和睦。所以楚国无法报复雪耻，而向晋国求亲。我们已经得到了婚姻之亲，又想羞辱人家，来召集仇敌，怎么防备他？这是说拿什么来防备。还有谁能承担这个责任？这是说怨恨重大。倘若有这个人，羞辱晋国是可以的；这是指如有贤人能跟晋国敌对，那就能羞辱他。倘若还没有，君王您还是考虑考虑吧。晋国事奉君王，要我说还可以。您要求会合诸侯，诸侯成群而来，麇，是成群的意思。您请求婚姻，就进献女子，荐，进献。国君亲自送行，上卿跟上大夫把她送来。还想要羞辱晋国，君王您大概也是有了防备了。不这样，怎么办？君王您将要拿姻亲交换仇怨，失去婚姻之亲。实在是用无礼来招致敌寇，而又没有该有的防备，将群臣送去当俘虏，以满足君王的心愿。又有什么事不可以做呢？”楚灵王说：“我的过错啊，您别再说了。”跟薳启彊道歉。对韩宣子厚加礼遇。

六年[①]

郑人铸刑书[②]。铸刑书于鼎，以为国之常法。叔向使诒子产书曰[③]：“昔先王议事以制[④]，不为刑辟[⑤]，惧民之有争心也。临事制刑，不豫设法[⑥]。法豫设，则民知争端[⑦]。犹不可禁御[⑧]，是故闲之以义[⑨]，闲，防也。纠之以政[⑩]，行之以礼，守之以信，奉之以仁，奉，养也。制为禄位，以劝其从[⑪]，劝从教也。

严断刑罚[12]，以威其淫[13]。淫，放也。惧其未也，故诲之以忠，耸之以行[14]，耸，惧也。教之以务，时所急也。使之以和，悦以使民。临之以敬[15]，莅之以强[16]，施之于事为莅。断之以刚。义断恩也[17]。犹求圣哲之上，明察之官[18]，上，公王也。官，卿大夫也。忠信之长，慈惠之师，民于是乎可任使也，而不生祸乱。民知有辟[19]，则不忌于上，权移于法，故民不畏上也。并有争心，以征于书，而徼幸以成之，因危文以生争[20]，缘徼幸以成其巧伪也。弗可为矣。为，治也。夏有乱政而作《禹刑》[21]，商有乱政而作《汤刑》[22]，夏、商之乱，著禹、汤之法，言不能议事以制。周有乱政而作《九刑》[23]。周之衰，亦为刑书，谓之《九刑》也。三辟之兴[24]，皆叔世也[25]。言刑书不起于始盛之世。今吾子相郑国，制参辟[26]，铸刑书，制参辟，谓用三代之末法。将以靖民[27]，不亦难乎？《诗》曰[28]：'仪式刑文王之德[29]，日靖四方。'言文王以德为仪式，故能日有安靖四方之功。刑，法也。又曰：'仪刑文王[30]，万邦作孚[31]。'言文王作仪法[32]，为天下所信也。如是，何辟之有？言《诗》唯以德与信，不以刑。民知争端矣[33]，将弃礼而征于书[34]，以刑书为征。锥刀之末[35]，将尽争之。锥刀末，喻小事。乱狱滋丰[36]，贿赂并行，终子之世，郑其败乎！肸闻之：'国将亡，必多制[37]。'数改法也。其此之谓乎！"复书复，报也。曰："若吾子之言，侨不才，不能及子孙，吾以救世也。"

【注释】

①六年：鲁昭公六年，前536年。

②铸刑书：把刑法铸在鼎上。

③诒:送给,给与。

④事以制:衡量犯罪事实的轻重,而据以裁断其罪。

⑤刑辟:刑律,刑法。

⑥豫:预先。

⑦端:端倪,头绪。

⑧禁御:禁止,制止。

⑨闲:防范。

⑩纠:约束。

⑪制为禄位,以劝其从:设立官阶高下、俸禄厚薄的制度,来勉励顺从教诲的人。

⑫严断刑罚:严厉地断案判刑。

⑬以威其淫:来威慑放纵的人。

⑭耸:通"悚",惊悚,惧怕。

⑮敬:严肃认真,庄重。

⑯莅之以强:用庄重威严治理他们。莅,治理。

⑰义断恩:用正义断绝私恩。

⑱明察:指观察入微,不受蒙蔽。

⑲辟:法,指法律条文。

⑳危:怀疑,疑惧。

㉑乱政:指败坏政令。《禹刑》:应是夏代法律文书,或云名为《赎刑》。

㉒《汤刑》:商汤制定的刑法。

㉓《九刑》:是西周时期成文刑书的总称,全书共9篇。

㉔三辟:谓夏、商、周三代之刑法。

㉕叔世:末世,衰乱的时代。

㉖制:使用。

㉗靖:平定,安定。

㉘《诗》:引文分别见《诗经·周颂·我将》《诗经·大雅·文王》。

㉙仪式：取法。刑：效法。

㉚仪刑：效法。

㉛作孚：信从，信服。

㉜仪法：礼仪法度。

㉝争端：争讼的依据。指刑书。

㉞征：征引，验证。

㉟锥刀：小刀。末：指尖端。

㊱乱狱：不容易判决的案件。

㊲多制：多次制定，屡次修订更改。

【译文】

鲁昭公六年

郑国人铸造有刑法条文的鼎。在鼎上铸造刑书，作为国家的常法。叔向派使者送给子产书信说："从前先代君王衡量犯罪的轻重来判定刑罚，不制订刑法，这是惧怕民众有相争的心理。根据事情的具体情节裁断刑罚，不预先设置法条。法条如果预设，那么民众就能知晓相争的端倪。那样都不能制止，因此用道义来防范，闲，是防备的意思。用政令来约束，用礼仪来奉行，用信用来保持，用仁爱来奉养，奉，奉养。制定出俸禄爵位，来奖励顺从的人，鼓励顺从教化的人。用严格的刑罚来威慑放纵的人。淫，放纵。担心不能奏效，所以用忠教诲他们，用行为使他们惧怕，耸，是使惧怕的意思。用专业知识教育他们，是当时的急务。和蔼慈爱地使用他们，用和悦来役使他们。敬重地面对他们，威严地管理他们，莅是施之于事。坚决地判定他们的罪行。用正义断绝私恩。还要访求道德才智超人的君王，观察入微不受蒙蔽的官员，上，指公跟王等君主。官，指卿大夫。忠贞诚信的长老，慈善恩惠的老师，人民在这种情况下才可以任凭使唤，而不会生出祸乱。如果民众知道了法条，就不畏忌上层，权力转移到法律文本，所以不畏忌上层。并且怀有争竞之心，征引法律条文作为依据，以求侥幸逃避刑法，凭借有疑问的条文生出争端，沿着侥幸来成就他的巧辩虚伪。这就不好治理了。为，是治理的意思。夏朝有违犯政令的人，于是制订《禹刑》；商朝有违犯政令的人，于是制订《汤刑》；夏朝、商朝的混乱，产生了禹、汤的刑法，这是说不能依靠议定犯事的情节轻重来裁断。周朝有违犯政令的人，于是制订《九刑》。周朝衰败，也制作刑书，叫做《九刑》。三代刑法的产生，都是在末世。这是说刑书不是产生在起初兴盛的世代。现今您辅佐郑国，仿效三种乱世的刑法制定法律，并把它铸在鼎上，制参辟，是说采用了夏商周三代末世的刑法。想以此来安定民众，不也困难吗？《诗经》里说：'学习效法文王的美德，天天安定四面八方。'这是说文王用德作为仪式，所以能日日有安定四方的功劳。刑，效法。又说道：'学习效法我文王，天下万国都信从。'这是说文王制定了礼仪法度，被天下信任。像这样，还要什么刑法？这是说《诗经》教导只用德行和诚信治国，不用刑法治国。人民知道了争端的依据，将会抛弃礼仪而征引法律条文，把刑书作为证明。就是小刀刀尖这样的细微小事，也要尽力争夺。锥刀末，比喻小事。不易判决的案件会愈来愈多，钱财贿赂并起风行，这样一来，至多到你去世，郑国就将衰败了吧？我听说：'国家将要灭亡，必然会屡次更改法律。'屡次更改法律。大概说的就是这样的事啊！"子产回信复，回报。说："若按照您所说的那样，我才干不足，不能考虑到子孙，我只是考虑如何救世。"

晋韩宣子之适楚，楚人弗逆①。公子弃疾及晋境②，晋侯将亦弗逆③。叔向曰："楚僻我衷④，僻，邪。衷，正。若何效僻！《书》曰：'圣作则。'则，法也。无宁以善人为则，无宁，宁也。而则人之僻乎？匹夫为善，民犹则之，况国君乎？"晋侯悦，乃逆。

【注释】

①逆：迎接。此指郊迎。

②公子弃疾：即后来的楚平王，芈姓，熊氏，名弃疾，继位后改名居，又称陈公、蔡公，是楚共王幼子，楚灵王弟，春秋时期楚国国君。公子弃疾如晋，为报前年韩宣子送女如楚之事。

③晋侯：指晋平公。

④僻：邪僻。衷：中正。

【译文】

晋国韩宣子到楚国去的时候，楚人不迎接。楚公子弃疾到了晋国边境，晋平公也不想迎接。叔向说："楚国邪僻我们中正，僻，邪僻。衷，中正。为什么要仿效邪僻呢！《尚书》说：'效法圣人。'则，效法。宁肯拿善人当榜样，无宁，宁肯。反而效法别人的邪僻吗？普通人做好事，人们尚且效法，何况国君呢？"晋平公听后很高兴，于是迎接了弃疾。

七年[①]

楚子之为令尹也[②]，为王旌以田[③]。王旌，游至于轸[④]。芋尹无宇断之曰[⑤]："一国两君，其谁堪之？"及即位，为章华之宫[⑥]，纳亡人以实之[⑦]。无宇之阍入焉[⑧]。有罪亡入章华宫。无宇执之，有司弗与，曰："执人于王宫，其罪大矣。"执而谒诸王。执无宇也。无宇辞曰："天子经略[⑨]，经营天下，略有四海。诸侯正封[⑩]，封疆有定分。古之制也。封略之内，何非君土？食土之毛[⑪]，谁非君臣？毛，草也。天有十日[⑫]，甲至癸。人有十等[⑬]。王至台。下所以事上，上所以供神也。今有司曰：'汝胡执人于王宫？'将焉执之？周文王之法曰：'有亡，荒阅[⑭]。'荒，大也。阅，蒐也。有亡人，当大蒐其众也。所以得天下也。吾先君文王，楚文王也[⑮]。作《仆区》之法[⑯]，《仆区》，刑书名。曰：'盗所隐器，隐盗所得器。与盗同罪。'所以封汝也[⑰]。

行善法,故能启疆北至汝水也。若从有司,是无所执逃臣也。逃而舍之,王事无乃阙乎?昔武王数纣之罪以告诸侯曰:‘纣为天下逋逃主[18],萃渊薮[19],萃,集也。天下逋逃,悉以纣为渊薮,集而归之。故夫致死焉。人欲致死讨纣也。’君王始求诸侯而则纣,无乃不可乎?若以二文之法取之,盗有所在矣。”言王亦为盗。王曰:“取而臣以往[20]。往,去也。盗有宠[21],未可得也。盗有宠,王自谓也。”遂舍之。赦无宇也。

【注释】

①七年:鲁昭公七年,前535年。

②楚子之为令尹也:楚灵王还是令尹之时。楚子,楚灵王,即公子围。前544年,子木(屈建)去世,公子围为令尹。

③为王旌以田:打着楚王的旌旗去打猎。王旌,君王才能用的旌旗。

④轸:车厢后面的横木。《春秋左传正义》引《礼纬·稽命征》,《周礼·夏官·节服氏》疏引《礼纬·含文嘉》,都说旌有飘带,古谓之旒。天子之旗,十二旒,长九仞(七尺曰仞),插于田车,旒曳地;诸侯旌九旒七仞,下端与轸齐高;卿大夫旌七旒五仞,下端与车较(车两旁之横木,亦名车耳)齐高。

⑤芋(yǔ)尹:楚国官名。盖田猎时驱赶野兽的官员。断之:斩断了其旌旒。

⑥章华之宫:章华宫,楚王的离宫。在今湖北监利附近。

⑦亡人:逃亡的人,流亡的人。实:充实。

⑧阍:守门人。

⑨经:经营管理。略:疆界。

⑩正封:端正封地的疆界,使之合乎定分。封,疆域,封界。

⑪毛:草苗,指庄稼粮食。

⑫十日：指表示日子的天干，从甲到癸一共十个。

⑬人有十等：即省略的后文所说的“王臣公，公臣大夫，大夫臣士，士臣皂，皂臣舆，舆臣隶，隶臣僚，僚臣仆，仆臣台”，一共十等人。

⑭荒阅：大力搜捕。

⑮楚文王：芈姓，熊氏，名赀，楚武王之子。

⑯《仆区》：楚国刑书名，杜注引服虔说：“仆，隐也；区，匿也。为隐亡人之法也。”

⑰所以封汝也：这就是楚文王扩大封疆直到汝水流域的原因。《春秋左传正义》：“仆区之法，所以封汝，言去盗贼，所以大启封疆也。”汝，古水名，源出河南鲁山县大盂山，流经宝丰、襄城、郾城、上蔡、汝南，注入淮河。

⑱逋逃：逃亡，流亡。

⑲萃渊薮：是说天下罪人逋逃者，以纣为主，集而归之，如鱼藏于深渊、兽聚于薮泽。萃，丛生，聚集。渊，鱼聚之处。薮，兽聚之处。

⑳而臣：你的手下臣子，指守门人。

㉑盗有宠：杜注：“盗有宠，王自谓，为莽灵王张本。”

【译文】

鲁昭公七年

楚灵王还在做令尹的时候，打着君王的旌旗去田猎。君王车上的旌旗，流苏到达车后的横木。芋尹官无宇弄断旌旗的流苏说：“一个国家两位君主，谁能忍受？”等到灵王当了楚王，造了章华宫，收纳流亡者来充实它。无宇的守门人进去了。他是有罪逃进章华宫。无宇去抓捕他，主管官员不允许，说：“到王宫抓人，这个罪很大了。”抓住他谒见楚王。抓住无宇。无宇辩解说：“天子经营治理天下，经营天下，据有四海。诸侯确定自己的疆界，疆界有确定的分布。这是古代的制度。据有的疆界以内，哪里不是君王的土地？食用土地上长出的庄稼，谁不是国君的臣子？毛，是草苗。天有十个天干，从甲到癸。人有十等。从王到台。下等人要事奉上等人,上等人要供奉神明。现今主管官员说:'你为什么到王宫抓人?'那又能到哪儿去抓他呢?周文王的法律说:'有逃亡的人,要大力搜捕。'荒,是大的意思。阅,是搜捕的意思。有逃亡的人,应当大力搜捕那些人。因此得到了天下。我们楚国先代的君主楚文王,是楚文王。制作了《仆区》法,《仆区》,是刑书的名称。上面说:'隐藏盗贼赃物,隐藏盗贼偷盗的器物。跟盗贼罪名相同。'因此封疆扩大到了汝水。实行好刑法,所以能开辟疆土北至汝水。倘若服从主管官员,那就没地方抓逃亡的臣下了。逃亡了就放弃抓回,君王的政事恐怕会有缺陷吧?以前武王列举商纣的罪状通告诸侯说:'商纣是天下逃亡者的窝主,殷都是他们聚集的地方。萃,是聚集的意思。天下逃亡者,都把商纣那里当成聚集地,汇集到他那里。所以人们死力讨伐他。人们死力讨伐商纣。'君王您开始想求得会合诸侯结果却效法商纣,恐怕不行吧?倘若按照两位文王的法律抓捕,盗贼就有他在的地方了。"这是说君王也跟盗贼同罪。灵王说:"把你的守门人带走吧。往,是去的意思。至于我这个盗贼还有上天的宠爱,还不能抓。盗有宠,灵王指自己。"于是放了他。赦免了无宇。

八年[1]

石言于晋魏榆[2]。魏榆,晋地。晋侯问于师旷曰[3]:"石何故言?"对曰:"石不能言,或凭焉。谓有精神凭依石而言也。不然,民听滥。滥,失也。抑臣又闻之,抑,疑辞也。曰:'作事不时,怨讟动于民[4],则有非言之物而言。'今宫室崇侈,民力雕尽,雕,伤也。怨讟并作,莫保其性[5]。性,命也。民不敢自保其性命也。石言,不亦宜乎?"于是晋侯方筑虒祁之宫[6],虒祁,地名。叔向曰:"子野之言,君子哉!子野,师旷字也。君子之言,信而有征,故怨远于其身;怨咎远其身也。小人之言,僭而无征,故怨咎及之。是宫也成,诸侯必叛,君必有咎,夫子知之矣。”叔弓如晋[7]，贺虒祁也。贺宫成。游吉相郑伯以如晋[8]，亦贺虒祁也。史赵见子大叔曰[9]：“甚哉，其相蒙！蒙，欺也。可吊也，而亦贺之。”大叔曰：“若何吊也？其非唯我贺，将天下实贺。言诸侯畏晋，非独郑。”

【注释】

①八年：鲁昭公八年，前534年。

②魏榆：晋国地名。战国时属赵，在今山西晋中榆次区西北。

③晋侯：指晋平公。师旷：字子野，春秋时著名乐师。

④怨讟（dú）：怨恨诽谤。

⑤性：性命，生机。

⑥虒（sī）祁：地名，在今山西侯马附近。

⑦叔弓：即鲁大夫公孙婴齐，字叔弓。曾随鲁成公伐宋、郑二国立大功，受封世代为鲁国大夫。

⑧游吉：字太叔，公孙虿之子，郑国大夫，年少有仪度，支持子产改革，后继子产执政。郑伯：指郑简公。姬姓，郑氏，名嘉，郑僖公子。在位期间，任子产为卿，郑赖以存。

⑨史赵：晋国史官。嬴姓赵氏。

【译文】

鲁昭公八年

在晋国的魏榆有块石头会说话。魏榆，是晋国地名。晋平公问师旷说：“石头为什么说话？”回答说：“石头不能说话，可能是其他东西凭附在上面。是说有精怪鬼神依附在石头上说话。不这样的话，就是民众听错了。滥，是失误的意思。不过，我又听说抑，是表示有疑问的词。：‘做事不合时宜，激起民众的怨恨诽谤，便有不会说话的物体开口说话。’现今宫室高大奢侈，民力损伤已尽，雕，是伤的意思。怨恨诽谤一起产生，没人能保住性命。性,是性命。民众不敢想保住自己的性命。石头说话,不也适宜吗?"这时,晋平公正修筑虒祁宫,虒祁,是地名。叔向说:"子野的话,真是君子之言啊!子野,是师旷的字。君子的话,诚实而有根据,所以怨恨远离他自身;埋怨责备远离自身。小人的话,虚假而没有根据,所以怨言灾祸降临其身。这个宫室如果落成,诸侯必定背叛,君王必定有祸,师旷已经预见到了。"鲁国大夫叔弓到晋国,去庆贺虒祁宫落成。祝贺宫室落成。游吉陪同郑简公到晋国,也去庆贺虒祁宫落成。史赵见到子太叔说:"太过分了,你们这样互相欺骗!蒙,欺骗。本来是可堪哀悼的事情,你们反而来祝贺。"子太叔说:"为什么要哀悼?不仅仅我国前来祝贺,各国也都会来祝贺。这是说诸侯畏惧晋国,不单是郑国。"

九年[①]

周甘人与晋阎嘉争阎田[②]。甘人,甘大夫。阎嘉,阎县大夫。晋梁丙、张趯率阴戎伐颍[③]。阴戎,陆浑之戎。颍,周邑。王使詹桓伯辞于晋[④],辞,责让之也。桓伯,周大夫。曰:"文、武、成、康之建母弟[⑤],以藩屏周[⑥],亦其废坠是为[⑦],为后世废坠,兄弟之国当救济之也。先王居梼杌于四裔[⑧],以御螭魅[⑨],言梼杌,略举四凶之一也[⑩]。故允姓之奸[⑪],居于瓜州。允姓,阴戎之祖,与三苗俱放于三危也[⑫]。瓜州,今敦煌也。伯父惠公归自秦[⑬],而诱以来,僖公十五年,晋惠公自秦归。二十二年,秦、晋迁陆浑之戎于伊川[⑭]。使逼我诸姬,入我郊甸[⑮]。戎有中国,谁之咎也?咎在晋。后稷封殖天下,今戎制之,不亦难乎!后稷修封疆,殖五谷,今戎得之,唯畜牧也。伯父图之[⑯]。我在伯父,犹衣服之有冠冕,木水之有本源,民人之有谋主也。民人谋主,宗族之师长。伯父若裂冠毁冕,拔本塞源,专弃谋主,虽戎狄其何有余一人[17]？伯父犹然，则虽戎狄无所可责。”叔向谓宣子曰：“文之伯也[18]，岂能改物[19]？言文公虽霸，未能改正朔、易服色。翼戴天子而加之以恭[20]。翼，佐也。自文以来，世有衰德，而暴蔑宗周[21]，宗周，天子。以宣示其侈[22]，诸侯之贰，不亦宜乎？且王辞直[23]，子其图之。”宣子悦，使赵成如周[24]，致阎田，反颍俘。

【注释】

①九年：鲁昭公九年，前533年。

②甘人：周甘地大夫襄。甘地在今河南洛阳附近。阎嘉：是晋国阎县大夫嘉。阎县未详，大概跟甘地边界相连，所以有争田之事。

③阴戎：当时戎族的一支，即陆浑戎，是允姓戎的别部，西周初年迁到陕西秦岭以北。西周末年与申侯一道杀了周幽王。前638年，被秦晋两国迁到今河南伊川鹿蹄山南（今属河南洛阳）。前525年，晋国把陆浑戎剿灭。颍：周邑，在今河南登封附近。

④王：即周景王姬贵，周灵王的儿子。詹桓伯：周大夫，是詹父的后人。辞：斥责，谴责。

⑤文、武、成、康之建母弟：文王、武王、成王、康王，他们分封母弟，以土建国。建，分封。母弟，同母之弟。《春秋左传正义》：“传称虢仲、虢叔，王季之穆，是文王母弟也。管、蔡、郕、霍、鲁、卫、毛、聃，《史记》以为武王之母弟也。唐叔，成王之母弟也。其康王之母弟，则书传无文。文王，周之始王，故言文王。文王未得封诸侯也。弟以同母为亲，故言母弟耳，所封非同母者亦多矣。”

⑥以藩屏周：即作周屏障，护卫周朝。藩屏，捍卫。《春秋左传正义》：“建为国君，所以为藩篱，屏蔽周室，使与天子蔽郭患难。”

⑦亦其废坠是为：废坠，衰亡，灭绝。《春秋左传正义》：“亦其虑后世

子孙,或有废队王命,望诸侯共救济之,是为此也。"

⑧四裔:指幽州、崇山、三危、羽山四个边远地区。

⑨螭魅:古指能害人的山泽神怪。亦喻各种坏人。

⑩四凶:相传为尧舜时代四个恶名昭彰的部族首领,即浑敦、穷奇、梼杌、饕餮。

⑪奸:恶人,歹徒。这是轻蔑的称呼。

⑫三苗:古国名,或云即饕餮。三危:古代西部边疆山名,在甘肃敦煌东南,属祁连山脉。

⑬伯父惠公:这是周王称晋国先君晋惠公为伯父。当时天子于同姓诸侯,无论其生其死,皆称伯父或叔父。晋惠公,名夷吾,前651年,在秦国的帮助下继位。

⑭伊川:指伊水所流经的伊河流域。

⑮郊甸:城邑外百里及二百里之内,泛指郊畿。

⑯伯父:这里指晋平公。

⑰余一人:指周天子。

⑱文:指晋文公。伯:通"霸",称霸,做诸侯的盟主。

⑲改物:改变已有的文化传承。即杜注所说的改正朔,易服色等。

⑳翼戴:辅佐拥戴。

㉑暴蔑:欺罔蔑视。宗周:周王室。因周为所封诸侯国之宗主国,故称。

㉒宣示:显示,展示。侈:自夸自大,盛气凌人。

㉓直:理直,正直。

㉔赵成:晋国六卿之一,是赵武之子,赵简子之父。

【译文】

鲁昭公九年

周甘地大夫跟晋国阎县大夫嘉争夺阎县田地。甘人,是甘地大夫。阎嘉,是阎县大夫。**晋国大夫梁丙、张趯率领阴戎进攻周的颍邑。**阴戎,陆浑之戎。颍，是周邑。周景王让大夫詹桓伯去责备晋国，辞，是斥责的意思。桓伯，是周大夫。说道："文王、武王、成王、康王分封同母之弟，用来捍卫周室，也是为了防止周室的毁坏堕落，后代衰微灭绝时，兄弟国家应当救济。先代的天子把梼杌等流放在幽州、崇山、三危、羽山四个边远地区，用来抵御山泽神怪，说梼杌，是大略举出四凶之一。所以允姓中的坏人住在瓜州。允姓，是阴戎的祖先，跟三苗一起流放到三危。瓜州，是现今的敦煌。伯父晋惠公从秦国归来，引诱陆浑戎前来，鲁僖公十五年，晋惠公从秦国回国。鲁僖公二十二年，秦、晋把陆浑戎迁移到伊川。使得戎族逼迫诸多的姬姓国家，进入我们的郊野。戎人据有中原，是谁的罪过？罪过在晋国。在这块土地上后稷让天下人壅土培育庄稼，现今却被戎人控制，不是让人难以接受吗！后稷修整疆界，种植五谷，现今戎人得到，只能畜牧。请伯父好好考虑考虑。我对于伯父，就像衣服要有礼帽，树木和水要有本根源头，民众百姓要有出谋划策的主导。百姓谋主，是宗族的老师尊长。伯父倘若撕裂毁坏礼帽，拔掉树根，填塞水源，抛弃谋主，即使是戎狄，他们心里哪里还会有我周天子一个人？伯父都这个样子，即使对戎狄也没什么可以谴责的了。"叔向对韩宣子说："晋文公称霸的时候，哪能改易礼制？这是说晋文公即使称霸也没能改变历法，更易车马牺牲的颜色。他辅佐拥戴天子，而且十分恭敬。翼，是辅佐的意思。自从文公以来，晋国世代德行衰减，却欺罔蔑视周天子，宗周，是周天子。来表现自己的骄奢，诸侯有二心，不也应该吗？况且周王的言辞理直，您还是考虑考虑吧。"宣子认为他说得对，让赵成到周都去，交还阎邑田土，返还颍地俘虏。

筑郎囿，季平子欲其速成[①]，叔孙昭子曰[②]："《诗》云：'经始勿亟，庶人子来[③]。'言文王始经营灵台，非急疾之。众民自以子义来劝乐为之。焉用速成？其以勦民也[④]。勦，劳也。无囿犹可，无民，其可乎？"

【注释】

①季平子:即季孙意如,鲁国正卿。姬姓,季氏,谥平,史称季平子。季平子辅佐鲁昭公、鲁定公,专鲁国之政,甚至摄行君位将近十年。

②叔孙昭子:姬姓,叔孙氏,名婼,一名舍,谥号曰昭,故称叔孙昭子。叔孙豹之子,是鲁国三桓之一的叔孙氏宗主,是尽忠为国的纯臣。叔孙婼主要从事外交工作,对内和睦诸卿,尽力抵制季氏的扩张,对外为鲁国奔走诸侯各国,以其优异的外交辞令与坚贞不二的政治节操为世人所敬仰。

③经始勿亟,庶人子来:开始营建灵台并不着急,百姓却踊跃而来,如同儿子一样。经始,开始营建。子来,像孩子一样前来。语见《诗经·大雅·灵台》。

④勦民:劳民。劳扰百姓。

【译文】

鲁国修建郎囿,季平子想要想迅速落成,叔孙昭子说:“《诗经》说道:‘开始修建灵台并不着急,平民百姓像孩子为父母一样前来。’这是说文王开始营建灵台,不着急迅速建成。民众自己将其作为孩子对父母的义务,快乐而努力地修筑。哪里用得着迅速落成?那会让民众劳累的。勦,是劳累的意思。没有园囿还可以,没有民众,那还可以吗?”

十二年[①]

楚子次于乾谿[②],在谯国城父县南。仆析父从[③]。楚大夫。右尹子革夕[④],子革,郑丹也。夕,暮见也。王见语曰:“今吾使人于周求鼎[⑤],其与我乎?”对曰:“与君王哉!今周服事君王[⑥],将唯命是从,岂其爱鼎!”王曰:“昔我皇祖伯父昆吾[⑦],旧许是宅[⑧]。陆终氏生六子,长曰昆吾,少曰季连。季连,楚之祖,故谓昆吾为伯父也。昆吾尝居许,故曰“旧许是宅”也。今郑人贪赖其田，而不我与，我若求之，其与我乎？”对曰：“与君王哉！周不爱鼎，郑何敢爱田？”王曰：“昔诸侯远我而畏晋[⑨]，今我大城陈、蔡、不羹[⑩]，赋皆千乘，诸侯其畏我乎？”对曰：“畏君王哉！是四国者[⑪]，专足畏也[⑫]，四国，陈、蔡、二不羹也。又加之以楚，敢不畏君王乎？”

【注释】

①十二年：鲁昭公十二年，前530年。

②楚子：指楚灵王。乾谿：地名，在今安徽亳州东南。

③仆析父：楚大夫，楚灵王的侍从。

④右尹：楚国官名，后为复姓。子革：即郑丹，其父子然为郑穆公子，死于子孔之难，他跟子良出奔楚，此时为右尹。夕：晚上晋见君王。

⑤鼎：指九鼎，相传夏禹铸九鼎，象征九州，夏商周三代奉为象征国家政权的传国之宝。后遂以指代国家政权和帝位。

⑥服事：五服之内所封诸侯定期朝贡，各依服数以事天子。也泛指尽臣道。

⑦昆吾：人名。杜注：“陆终氏生六子，长曰昆吾，少曰季连。季连，楚之祖，故谓昆吾为伯父。”

⑧许：古国名，后为楚地，在今河南许昌附近。

⑨远：疏远。

⑩城：筑城。陈：原诸侯国，后为楚地，在今河南淮阳、安徽亳州一带。蔡：原诸侯国，周武王弟叔度始封于蔡，后因反叛，被流放而死。周成王复封其子蔡仲于此。后为楚地，在今河南上蔡一带。不羹：楚地名，有二不羹，东在河南舞阳西北，西在河南襄城东南。

⑪四国：指陈、蔡、两个不羹。

⑫专：完全。

【译文】

鲁昭公十二年

楚灵王驻扎在乾谿,在谯国城父县南。大夫仆析父侍从。仆析父是楚大夫。右尹子革晚上晋见楚王,子革,是郑丹。夕,是晚上晋见。楚王见到他跟他说:“现今我让人到周人那里去要九鼎,他们能给我吧?”回答说:“给君王您啊!现今周事奉君王,只要是您的命令都听从,哪里会舍不得鼎呢!”楚王说:“从前我皇祖伯父昆吾,居住在旧许地。楚先祖陆终氏生了六个儿子,老大叫昆吾,小的叫季连。季连是楚人先祖,所以称昆吾为皇祖伯父。昆吾曾经住在许地,所以说“旧许是宅”。现今郑国人贪婪赖去了许地的田地,不还给我们,我如果去要,他们能给我吧?”回答说:“给君王您啊!周人不吝啬鼎,郑人怎敢吝啬田地?”楚王说:“从前诸侯畏惧晋国疏远我们,现在我们在陈、蔡、不羹这些大城,兵车都有千辆,诸侯会畏惧我们吧?”回答说:“畏惧君王您啊!这四个城池完全够他们畏惧的了,四国,是指陈、蔡和二不羹。再加上楚国本土的军力,怎敢不畏惧君王您啊!”

王入,析父谓子革曰:“吾子,楚国之望也①!今与王言如响,国其若之何?”讥其顺王心如响应声。子革曰:“摩厉以须②,王出,吾刃将斩之矣。”以己喻锋刃,欲自摩厉以断王之淫慝③。王出,复语。左史倚相趍过④。倚相,楚史名也。王曰:“是良史也,能读《三坟》《五典》《八索》《九丘》⑤。”皆古书名。对曰:“臣尝问焉。昔穆王欲肆其心,周穆王。肆,极也。周行天下⑥,将皆必有车辙马迹焉。祭公谋父作《祈招》之诗⑦,以止王心。谋父,周卿士也。祈父,司马掌甲兵之职。招,其名。王是以获没于祗宫⑧,获没,不见篡弑。臣问其诗而不知也。若问远焉,其焉能知之?”王曰:“子能乎?”对曰:“能。其诗曰:‘祈招之愔愔⑨,式昭德音⑩。愔愔,安和貌也。式,用也。昭，明也。**思我王度，式如玉，式如金**[11]。金、玉，取其坚重。**形民之力，而无醉饱之心。'"**言国之用民，当随其力任，如金冶之器，随器而制形。故言形民之力，去其醉饱过盈之心。**王揖而入，馈不食、寝不寐数日，**深感子革之言。**不能自克，以及于难。**克，胜也。**仲尼曰："古也有志**[12]**：'克己复礼，仁也。'信善哉！楚灵王若能如此，岂其辱于乾谿？"**

【注释】

①望：指有声望、名望的人。

②摩厉以须：磨好刀等待。比喻做好准备，等待时机。

③淫慝：邪恶。

④趍：古代的一种礼节，以碎步疾行表示敬意。

⑤《三坟》《五典》《八索》《九丘》：都是古书名。孔颖达引《尚书序》云："伏牺、神农、黄帝之书，谓之《三坟》，言大道也。少昊、颛顼、高辛、唐、虞之书，谓之《五典》，言常道也。""八卦之说，谓之《八索》，求其义也。九州之志，谓之《九丘》。丘，聚也。言九州所有，土地所生，风气所宜，皆聚此书也。"

⑥周行：巡行。

⑦祭公谋父：是周穆王当政时期的大臣，周公的后人，封于祭，故叫祭公，谋父为其名。《祈招》：逸诗。祈招，人名，即祈父招。

⑧祗宫：孔颖达云："以为王离宫之名。"《竹书纪年》："穆王元年筑祗宫于南郑。"南郑（在今陕西渭南华州北）是周畿内邑，周穆王都此，因在镐京南，故称。又因在新郑西，也叫西郑。

⑨愔愔：安舒和悦的样子。

⑩式昭德音：式，用。昭，使昭明。德音，善言。《春秋左传正义》："穆王之时，有祈父官，名招，即是司马官也，职掌兵甲，常从王

行。祭公谏王游行,设言以戒司马也。言'祈招之愔愔',美其志性,安和愔愔然也。女当用此职掌,以明我王之德音也。"

⑪"思我王度"几句:《春秋左传正义》:"思使我王之德度,用如玉然,用如金然,使之坚而且重,可宝爱也。"王度,君王的德行气度。

⑫志:记载。

【译文】

楚王进去了,仆析父对子革说:"您是楚国有声望的人啊!现今跟君王说话如同回声一样,国家将要怎么办?"这是讥讽他顺着君心说话,跟回声应和原声一样。子革说:"我磨好刀等着,君王出来,我的锋刃就会斩断他的邪恶了。"把自己比喻成锋刃,磨快了好斩断君王的邪恶。楚王出来,又进行谈话。左史倚相快步走过。倚相,是楚国史官的名字。楚王说:"这是位好史官,能读《三坟》《五典》《八索》《九丘》。"这都是古书名。子革回答说:"我曾经问过他事情。从前穆王想要放纵自己的欲望,穆王,是周穆王。肆,是放纵、放飞的意思。于是巡行天下,打算到处留下自己的车辙和马蹄印迹。祭公谋父作了《祈招》一诗,来劝阻穆王的欲望。谋父,是周王朝的卿士。祈父,是司马掌甲兵的职务。招,是他的名字。穆王因此得以善终,死在了祗宫。获没,指没有死于篡逆。我问他这首诗他说不知道。倘若问更遥远的事,他又怎能知道呢?"楚王说:"你能知道吗?"子革回答说:"能。那首诗说:'祈招和悦安闲,德音宏大深远。愔愔,是安静和悦的样子。式,是用。昭,是明。想起我们君王的风度,如玉如金般温润坚强。金、玉,是取其坚重的寓意。他谋求保存人民的力量,而没有醉饱之心。'"这是说国家使用民力,应当按照能力承担,像金匠铁匠制作器皿,造什么器皿就成什么形状。所以说形民之力,去除他醉饱过分之心。楚王向子革作个揖就进去了,吃饭吃不下,睡觉睡不着,过了好几天,深深地被子革的话语感动。但还是不能克制战胜自己,以至于罹难。克,是胜过的意思。孔子说:"古代有这样的记载:'克制自己回到礼制,就是仁。'说得真好啊!楚灵王如果能够这样,难道还会在乾谿受辱?"

十三年[①]

季平子立，而不礼于南蒯[②]。南蒯，季氏费邑宰也。南蒯以费叛，叔弓围费[③]，弗克，败焉。为费人所败。平子怒，令见费人执之以为囚俘。冶区夫曰："非也。区夫，鲁大夫。若见费人，寒者衣之[④]，饥者食之[⑤]。为之令主[⑥]，而共其乏困，费来如归，南氏亡矣。民将叛之，谁与居邑？若惮之以威，惧之以怒，民疾而叛，为之聚也。若诸侯皆然，费人无归，不亲南氏，将焉入乎？"平子从之。费人叛南氏。

【注释】

①十三年：鲁昭公十三年，前529年。今本《左传》此条在昭公十二年"楚子次于乾谿"条前。

②南蒯：是南遗之子，任季氏费邑宰。此记载在昭公十二年。

③叔弓围费：事在昭公十三年春。叔弓，鲁国大夫，是鲁文公的玄孙，叔肸的曾孙，子叔声伯之孙，叔老之子。费，古地名。春秋鲁邑，在今山东费县西北。

④衣：给衣服穿。

⑤食：给饭食吃。

⑥令主：贤德的君主。

【译文】

鲁昭公十三年

季平子即位，对费邑宰南蒯无礼。南蒯，是季氏封邑费邑的长官。南蒯凭借费邑叛乱，叔弓围攻费邑，没攻下，失败了。被费人打败。季平子大怒，下令看见费邑的人就抓起来囚禁。冶区夫说："不该这样做。区夫，是鲁国大夫。倘若看见费人，寒冷的就给衣服穿，饥饿的就给饭食吃。当他们贤德的君主，供应他们的不足，费人前来就跟回归一样，南氏因此就会灭亡。民众将要背叛他,他还跟谁待在城邑里?倘若用威力恐吓,用愤怒使他们惧怕,民众就会痛恨背叛,这是替南氏聚集民众啊。倘若诸侯都这样暴虐,费人没有可去的地方,不亲近南氏,还能到哪里去呢?"季平子听从了他的建议。费人背叛了南氏。

十五年①

晋荀吴帅师伐鲜虞②,围鼓③。鼓,白狄之别。鼓人请以城叛④,穆子弗许⑤。左右曰:"师徒不勤,而可以获城,何故不为?"穆子曰:"吾闻之叔向曰:'好恶不愆⑥,民知所适⑦,事无不济⑧。'愆,过也。适,归也。或以吾城叛,吾所甚恶也;人以城来,吾独何好焉?赏所甚恶,若所好何?无以复加所好。若其弗赏,是吾失信也,何以庇民?力能则进,否则速退,量力而行。吾不可以欲城而迩奸⑨,所丧滋多。"使鼓人杀叛人,而缮守备。围鼓三月,鼓人或请降,使其民见,曰:"犹有食色⑩,姑修而城。"军吏曰:"获城而弗取,勤民而顿兵⑪,何以事君也?"穆子曰:"吾以事君也。获一邑而教民怠⑫,将焉用邑?邑以贾怠⑬,不如完旧⑭。完,犹保守。贾怠无卒,卒,终也。弃旧不祥。鼓人能事其君,我亦能事吾君。率义不爽,好恶不愆,城可获而民知义所,知义所在。有死命而无二心⑮,不亦可乎!"鼓人告食竭力尽,而后取之。克鼓而反,不戮一人。

【注释】

①十五年:鲁昭公十五年,前527年。

②荀吴:姬姓,中行氏,名吴,谥穆。因中行氏出自荀氏,故亦称荀

吴，史称中行穆子。荀偃之子，是中行氏四世祖。率军多与戎狄部落作战，扫平晋国周边的游牧部落。周灵王十八年（前554）春，荀偃病卒，范丐、荀吴迎丧以归，晋侯使范丐为中军元帅，以荀吴为晋中军副帅。鲜虞：古族名，白狄的一支，分布在今河北境内，以正定为中心，春秋末年曾建立中山国。

③鼓：古国名，为白狄的一支。春秋时鼓国，在今河北晋州以西。

④叛：投降。

⑤穆子：即荀吴。

⑥好恶：喜好与嫌恶。愆：过错。

⑦民知所适：所适，去往的地方。《春秋左传正义》："言皆知归于善也。"

⑧济：成功。

⑨迩：近，接近。

⑩食色：没挨饿的气色。

⑪勤民：劳苦百姓。顿兵：损坏兵器，指作战受损。

⑫教民怠：让民众怠惰。

⑬贾怠：招致民众怠惰。

⑭完旧：保留原来的样子。

⑮死命：效死，献身。

【译文】

鲁昭公十五年

晋国荀吴率领军队征伐鲜虞，围攻鼓国人。鼓，是白狄的别种。鼓国有人请求献城投降，穆子不答应。身边侍从说："军队将士不用费力，就可以获得城池，为什么不答应呢？"穆子说："我听叔向说过：'喜好和厌恶不犯错，民众知晓归向何处，事情没有不成功的。'愆，是过错。适，是归往的意思。假如有人献出我的城邑投降，我是非常厌恶的；有人献城来投降，对此我喜好什么呢？奖赏那些非常厌恶的事，对于喜好的事又怎么办呢?没有什么能奖赏喜好的了。倘若不奖赏,这是我失信啊,拿什么来庇护民众?有战力就前进,没有的话迅速撤退,量力而行。我不能因为想要城邑就走向奸邪,那样丧失的就更多。”于是让鼓人杀掉想投降的叛徒,修缮守城装备。围攻鼓三个月,有的鼓人请求投降,就让其中的百姓出城相见,回复说:“看你们还没有挨饿的气色,姑且去修缮你们的城池,继续防守吧。”军中的将官说:“能得到城池却不去取,劳苦百姓损坏兵器,拿什么来事奉君王呢?”穆子说:“我就是用这些来事奉君王。如果得到一座城池却让晋国民众懈怠懒惰,要这个城池干什么?得到城池而招致怠惰,不如保持原先的状态。完,保守。招致怠惰没有好结果,卒,终了。抛弃原先所有不吉利。鼓人能事奉他们的君王,我也能事奉自己的君王。实施正义没有差错,喜好厌恶没有过失,城池能够得到,民众知晓正义所在,知道正义所在。拼死效命而没有二心,不也可以吗?”当鼓人来告知食物告罄兵力竭尽,这才占领了它。战胜鼓人之后返回,不曾杀一人。

十八年[①]

火始昏见[②]。火,心星也。梓慎曰[③]:“七日,其火作乎[④]!宋、卫、陈、郑也[⑤]。”数日,皆来告火。裨灶曰[⑥]:“不用吾言,郑又将火。”前年,裨灶欲用瓘斝禳火[⑦],子产不听。郑人请用之,子产不可。子大叔曰:“宝,以保民也。若有火,国几亡。可以救亡,子何爱焉?”子产曰:“天道远,人道迩,非所及也,何以知之[⑧]?灶焉知天道?是亦多言矣,岂不或信?多言者或时有中也。”遂不与,亦不复火。

【注释】

①十八年:鲁昭公十八年,前524年。

②火:星名,即大火。又名心宿二、大辰、商星、鹑火、天司空。它是

夏季第一个月应候的星宿，常和房宿连用，用来论述中央支配四方。按当时的分野对应之地，大概是今河南东部及山东、江苏、安徽之间。

③梓慎：鲁国大夫，阴阳家。

④七日，其火作乎：火，火灾。作，兴起、发生。杜注："从丙子至壬午七日。壬午，水火合之日，故知当火作。"

⑤宋、卫、陈、郑：当时诸侯国名。宋，子姓。周武王将商旧都之地封与纣的庶兄微子启，号宋公，为宋国。辖地在今河南东部及山东、江苏、安徽之间。卫，古国名。周公封周武王弟康叔于卫，先后建都于朝歌（今河南淇县）、楚丘（今河南滑县）、帝丘（今河南濮阳）和野王（今河南沁阳）等地。陈，在今河南淮阳及安徽亳州一带。郑，周宣王封弟友于此，在今陕西渭南华州区西北。平王东迁，郑徙于溱洧之上，是为新郑，即今河南新郑。

⑥禆灶：郑国大夫，阴阳家。

⑦瓘斝（guàn jiǎ）：杜注："瓘，珪也。斝，玉爵也。"都是贵重的祭器、礼器。禳（ráng）：祈祷消除灾祸。

⑧"天道远"几句：天道遥远，人道很近，两不相关，怎么能从天道知人道？

【译文】

鲁昭公十八年

大火星开始在黄昏时出现。火，是心星。梓慎说："七天后，大概会发生火灾吧！在宋国、卫国、陈国、郑国。"几天之后，都来告诉有火灾。禆灶说："不采用我的建议，郑国又要发生火灾。"前年，禆灶想要用瓘斝来祈祷消除灾祸，子产不听他的话。郑人请求采用禆灶的建议，子产不同意。子太叔说："宝物，是用来保护民众的。倘若有火灾，国家差不多要灭亡。能够挽救危亡，您何必吝啬呢？"子产说："天道远，人道近，两者并不相连，怎能由天道而知人道？禆灶怎么能知晓天道？这也就是说了很多话，难道不能偶尔说中吗?说很多话的人或许有偶尔说中的时候。”于是不采用,也没有再发生火灾。

十九年[①]

楚子之在蔡也[②],生太子建[③]。及即位,使伍奢为之师[④],费无极为少师[⑤],无宠焉,欲谮诸王,曰:“建可室矣[⑥]。”王为之聘于秦[⑦],无极与逆[⑧],劝王取之。楚子为舟师以伐濮[⑨],濮,南夷也。无极言于楚子曰:“晋之伯也[⑩],迩于诸夏[⑪],而楚僻陋[⑫],故弗能与争。若大城城父而寘太子[⑬],城父,今襄城城父县。以通北方,王收南方,是得天下。”王说,从之,故太子建居于城父。

【注释】

①十九年:鲁昭公十九年,前523年。

②楚子:指楚平王。在蔡:杜注:“盖为大夫时往聘蔡。”

③太子建:楚平王之子,名建,字子木,前528年,其父楚平王即位后,立为太子,并以伍奢、费无极为辅。

④伍奢:楚庄王时重臣伍举之子,伍子胥的父亲,春秋后期楚国大夫,楚平王时担任太子太傅,后来由于费无极陷害太子建,牵连伍奢被捕,与其子伍尚一同遇害。

⑤费无极:亦作费无忌,春秋末年楚国佞臣,官至太子少师。楚平王本为了联秦制晋,让其子太子建与秦女孟嬴联姻。派费无极到秦国去迎接秦女孟嬴,费无极劝平王自己娶她。平王强纳儿媳,费无极也转为侍奉平王。由于担心太子建登位后对自己不利,于是不断离间平王和太子建。迫害太子建与伍奢全家,后被令尹囊瓦(子常)所杀并灭其族。少师:古代官名,即太子少师。

⑥室：娶妻成家。

⑦聘：聘娶正妻。《礼记·内则》："聘则为妻，奔则为妾。"楚平王二年（前527），平王为太子建聘下秦景公之女、秦哀公的长妹孟嬴作妻子。

⑧逆：指迎亲。

⑨舟师：水军。濮：古族名，为商周时八个少数民族之一。分布在江汉之南或楚国西南。曾参加周武王伐纣会盟。

⑩伯：通"霸"，称霸。

⑪诸夏：指周代分封的中原各个诸侯国，泛指中原地区。

⑫僻陋：指地处僻远，风俗粗野。

⑬大城：大力修筑城池。城父：在今安徽亳州东南。

【译文】

鲁昭公十九年

楚平王以大夫的身份在蔡国时，生了太子建。楚平王即位后，就派伍奢做太子建的师傅，费无极为少师，可是太子建对费无极并没有好感，于是费无极想在平王面前陷害太子，说："太子建可以娶妻成家了。"楚平王派人到秦国给太子建聘娶正妻，费无极参与迎娶，然而费无极却劝平王纳娶了这位秦国女子。楚平王建立水军以攻打濮，濮，是南夷。费无极对平王说："晋国称霸诸侯，是因为它与中原各国相距较近，而楚国地处僻远，所以不能和晋争霸。如果大力修筑城父的城墙，把太子建安排在那里驻守，城父，在今襄城城父县。来和北方通好，而君王自己收服南方，如此就可以称霸天下了。"楚平王很高兴，听从了他的话，所以就让太子建镇守城父。

郑大水，龙斗于时门之外洧渊[①]。时门，郑城门也。国人请为禜焉[②]，子产弗许，曰："我斗，龙不我觌[③]；觌，见也。龙斗，我何觌焉？禳之，则彼其室也。渊，龙之室。吾无求于龙，龙亦无求我。”乃止也。言子产之智。

【注释】

①时门：郑国都南门。洧（wěi）渊：古潭名，在今河南新郑东。

②国人：指住在郑国国都的人。禜（yǒng）：古代禳灾之祭。为禳风雨、雪霜、水旱、疠疫而祭日月星辰、山川之神。

③觌（dí）见：相见。

【译文】

郑国发大水，有龙在郑国都城南城门时门之外的洧渊相斗。时门，是郑国国都的城门。国都的人请求举行禳灾的禜祭，子产不答应，说：“我们人相斗，龙不会来看我们；觌，是见的意思。龙相斗，我们何必管它呢？如果祭祀祈祷除掉它们，那洧渊本来就是龙的居室。渊，是龙的居室。我对龙没什么可求的，龙对我也没什么可求的。”于是没有祭祀。这是说子产的智慧。

二十年[①]

费无极言于楚子曰[②]：“建与伍奢将以方城之外叛，齐、晋又交辅之[③]，将以害楚。其事集矣。”王信之，问伍奢，奢对曰：“君一过多矣，一过纳建妻。何信于谗？”王执伍奢，忿奢切言。使城父司马奋扬杀太子[④]。未至，而使遣之。知太子冤，故遣令去。太子建走宋。王召奋扬，奋扬使城父人执己以至。王曰：“言出于余口，入于尔耳，谁告建也？”对曰：“臣告之。君王命臣曰：‘事建如事余。’臣不佞[⑤]，佞，才也。不能苟贰[⑥]。奉初以还，奉初命以周旋。不忍后命，故遣之。既而悔之，亦无及已[⑦]。”王曰：“而敢来，何也？”对曰：“使而失命[⑧]，召而不来，是再奸也。奸，犯也。逃无所入。”王曰：“归！从政如他日。善其言，舍使还。”

【注释】

①二十年：鲁昭公二十年，前522年。

②楚子：指楚平王。

③交辅：在左右辅助。

④司马：管理军赋的官员。奋扬：人名，任楚城父邑司马。

⑤不佞：谦辞，不才，没有才能。

⑥苟：随便，马虎。贰：背叛，违背。

⑦无及：来不及。及，赶上。

⑧使：奉使。失命：违误命令。

【译文】

鲁昭公二十年

费无极对楚平王说：“太子建跟伍奢将要领着方城以外地区的人叛乱，齐国、晋国又从旁辅助他，将会危害楚国。这件事就要成功了。”楚王相信了，问伍奢，伍奢回答说：“君王有了一次过错已经很严重了，一次过错是纳太子建妻。为什么还信谗言？”楚王逮捕伍奢，怨恨伍奢切直的语言。让城父司马奋扬去杀太子。他还没到，就先派人通知太子逃走。知道太子冤枉，所以派人告诉他离开。太子建出走宋国。楚王召见奋扬，奋扬让城父大夫逮捕自己送来。楚王说：“话从我嘴里出来，进到你耳朵里，又是谁告诉太子的？”回答说：“我告诉的。当初君王命令我说：‘事奉太子建跟事奉我一样。’我没有才能，佞，是才能。不能随便违背命令。奉守当初的命令来行动，奉守当初的命令来行动。不忍心执行后面的命令，所以让他逃走。不久就后悔了，也来不及改正了。”楚王说：“你还敢来，为什么？”回答说：“奉使却没完成使命，君王召见却不来，这第二次冒犯君命啊。奸，冒犯。逃都没地方逃。”楚王说：“你回去吧！任职跟以前一样。认为他说得好，放他回去。”

无极曰：“奢之子才，若在吴，必忧楚国，盍以免其父召之。彼仁必来。不然，将为患。”王使召之，曰：“来，吾免而父。”棠君尚谓其弟员棠君，奢之长子。曰[①]：“尔适吴，我将归死。吾智不逮，自以智不及员。我能死，尔能报。闻免父之命，不可以莫之奔也；亲戚为戮，不可以莫之报也。父不可弃，俱去为弃父也。名不可废，俱死为废名。尔其勉之。”伍尚归。奢闻员不来，曰：“楚君、大夫其旰食乎[②]！将有吴患，不得早食。”楚人皆杀之。员如吴，言伐楚之利于州于[③]。州于，吴子僚也。

【注释】

①棠君：棠邑（在今江苏六合附近）的封君。尚：伍尚，伍子胥的哥哥，伍奢的长子。员：伍员，即伍子胥。因封于申，也称申胥。

②旰（gàn）食：晚食，指事务繁忙不能按时吃饭。

③州于：即吴王僚。

【译文】

费无极说：“伍奢的儿子有才能，倘若留在吴国，必定会成为楚国的忧患，何不以免去他们父亲罪责的理由召回他们。他们仁义，必然前来。不然的话，将会成为祸患。”楚王派使者召回他们，说：“你们回来，我就赦免你们父亲。”棠邑封君伍尚对他弟弟伍员棠邑封君，是伍奢的长子。说：“你到吴国去，我将回去赴死。我的智谋赶不上你，自以为智谋赶不上伍员。我能赴死，你能报仇。听到赦免父亲的命令，不能没人回去；亲人被害，不能没人报仇。父亲不能抛弃，都离开是抛弃父亲。名声不能废毁，都死了是废毁名声。你还是努力吧。”伍尚回去了。伍奢听到伍员没回来，说：

“楚国君王、大夫恐怕要吃不上饭了吧！是说将要有吴国的忧患，不能早早吃饭。”楚人把伍奢和伍尚都杀了。伍员到了吴国，向吴王僚进言征伐楚国的好处。州于，是吴王僚。

齐侯疥[①]，遂痁[②]。痁，疟疾也。期而不瘳[③]，诸侯之宾问疾者多在。多在齐。梁丘据与裔款二子，齐嬖大夫。言于公曰[④]：“吾事鬼神也丰，于先君有加矣。今君疾病，为诸侯忧，是祝、史之罪[⑤]，诸侯不知，其谓我不敬。君盍诛于祝固、史嚚以辞宾[⑥]？”欲杀嚚、固以辞谢来问疾之宾。公悦，告晏子。晏子对曰：“日宋之盟[⑦]，屈建问范会之德于赵武[⑧]。武曰：‘夫子之家事治，言于晋国，竭情无私[⑨]。其祝、史祭祀，陈信不愧；其家事无猜，其祝、史不祈。家无猜疑之事，故祝、史无求于鬼神。’建以语康王[⑩]。楚王也。康王曰：‘神人无怨，宜夫子之光辅五君，以为诸侯主也。’五君，文、襄、灵、成、景也。”

【注释】

①齐侯：指齐景公，姜姓，吕氏，名杵臼，齐灵公之子，齐庄公之弟。疥：通“痎”，隔日疟。《春秋左传正义》：“疥当为痎，痎是小疟，痁是大疟。”

②痁（shān）：疟疾。

③期：时间周而复始，这里指周年。瘳（chōu）：痊愈。

④梁丘据：姜尚的后裔，字子犹，齐国大夫，深受齐景公宠信，后受封地于山东梁丘（今山东成武），以封地为姓。裔款：齐大夫。

⑤祝：祝人，祭祀时司礼仪的人。史：指在王左右的史官，担任祭祀、星历、卜筮、记事等职。

⑥祝固：固是祝人名字。史嚚（yín）：嚚是史官名字。

⑦日：往日。宋之盟：杜注："宋盟在襄二十七年。"

⑧屈建：屈氏，名建，字子木。屈到之子，是楚国令尹。范会：即士会，因被封于随、范，以邑为氏。士会因迎公子雍之事流亡秦国，河曲之战中为秦国献计，成功抵御晋军，后被赵盾用计迎回晋国。邲之战中看到晋军内部不和，主张班师。荀林父死，升任执政，专务教化，使晋国之盗皆逃于秦。郤克使齐受辱，请求伐齐不得，士会担心晋国发生内乱，告老让郤克为执政。二十年后，晋悼公犹修"范武子之法"，百年之后，赵武、叔向等犹追思士会，欲从之游。赵武：嬴姓，赵氏，讳武，谥文，世人尊称为赵孟，史称赵文子，是赵盾之孙。

⑨竭情：尽心。

⑩康王：楚康王，楚国国君，芈姓，熊氏，名招，楚庄王之孙，楚共王之子。

【译文】

齐景公得了隔日疟，又发展成重症疟疾。痁，是疟疾。过了一年也没痊愈，诸侯派来问候疾病的使者有很多留在齐国。很多在齐国。梁丘据跟裔款二人是齐王宠爱的大夫。对景公说："我们事奉鬼神的祭品丰厚，比先君时更多。现今君王您病重，使得诸侯担忧，这是祝人、史官的罪过，诸侯不知道，还认为我们不敬奉鬼神。君王为什么不诛杀祝固、史嚚两人来向问候的使者做解释？"想要杀掉史嚚、祝固二人来向前来问候探病的使者做解释。景公很赞同，告诉给晏婴。晏婴回答说："往日宋国盟会时，屈建向赵武寻问范会的德行。赵武回答说：'夫子家中的事务处理得很好，在晋国进言，更是尽心无私。他的祝、史祭祀时陈说实情，并无愧疚；他的家族中没有让人猜疑之事，所以他的祝、史不用向鬼神祈祷。家中没有猜疑的事情，所以祝人、史官对鬼神没有祈求。'屈建把这话跟楚康王说了。是楚王。康王说：'神跟人都没有怨恨，难怪夫子能辅佐五位君主，成为诸侯的霸主。'五位君主是文公、襄公、灵公、成公、景公。"

公曰："据与款谓寡人能事鬼神，故欲诛于祝、史。子称是语也，何故？"对曰："若有德之君，外内不废，无废事也。上下无怨，动无违事，祝、史荐信，无愧心矣。君有功德，祝、史陈说之无所愧。是以鬼神用飨①，国受其福，祝、史与焉。与受国福也。其所以蕃祉老寿者②，为信君使也。其适遇淫君，外内颇邪，上下怨疾，动作辟违③，斩刈民力④，暴虐淫纵，肆行非度⑤，不思谤讟⑥，不惮鬼神，神怒民痛，无悛于心⑦，其祝、史荐信，是言罪也。以实白神，是为言君之罪。其盖失数美，是矫诬也⑧。盖，掩也。进退无辞，则虚以求媚，作虚辞以求媚于神。是以鬼神不飨其国以祸之，祝、史与焉。所以夭昏孤疾者⑨，为暴君使也。"公曰："然则若之何？"对曰："不可为也。言非诛祝、史所能治。山林之木，衡鹿守之⑩；泽之萑蒲⑪，舟鲛守之⑫；薮之薪蒸⑬，虞候守之⑭；海之盐蜃⑮，祈望守之⑯。衡鹿、舟鲛、虞候、祈望，皆官名也。言公专守山泽之利，不与民共。布常无艺⑰，艺，法制也。言布政无法制。征敛无度；宫室日更，淫乐不违；违，去也。内宠之妾，肆夺于市；肆，放也。外宠之臣，僭令于鄙⑱。诈为教令于边鄙也。民人苦病，夫妇皆诅⑲。祝有益也⑳，诅亦有损。聊、摄以东㉑，聊、摄，齐西界也。姑、尤以西㉒，姑、尤，齐东界也。其为人也多矣！虽其善祝，岂能胜亿兆人之诅耶？君若欲诛于祝、史，修德而后可。"公悦，使有司宽政，毁关去禁㉓，薄敛已责㉔。

【注释】

①飨，通"享"，神鬼享用祭品。

②蕃祉:多福。老寿:长寿。

③动作:行为举动。辟违:邪僻悖理。

④斩刈:断绝,灭绝。

⑤肆行:恣意妄为。非度:违反法度。

⑥谤讟(dú):怨恨诽谤。

⑦悛(quān):悔改,停止。

⑧盖失数美,是矫诬也:盖失,掩盖错失。矫诬,指假借名义以行诬罔。《春秋左传正义》:"掩盖愆失,妄数美善,是矫诈诬罔也。"

⑨夭昏:夭折,早死。孤疾:孤儿跟残疾的人。

⑩衡鹿:官名,亦作衡麓,是守护山林之官。守:看管,管理。

⑪萑(huán):芦类植物。初生名菼,幼小时叫蒹,长成后称萑。蒲:蒲草,菖蒲或香蒲。

⑫舟鲛:古代掌管薮泽的官。

⑬薮:湿地。薪蒸:薪柴。

⑭虞候:看守山林沼泽的官员

⑮盐蜃:食盐和大蛤。

⑯祈望:官名。春秋时齐置,掌鱼盐之利。《春秋左传正义》:"海是水之大神,有时祈望祭之,因以祈望为主海之官也。"

⑰布:布政,施政。艺:指法制。

⑱偪令:冒用有关命令。鄙:边鄙,边疆。

⑲夫妇:匹夫匹妇,指平民男女。诅:诅咒。

⑳祝:祝祷,祝福。

㉑聊、摄:齐国西部边境地方,在今山东聊城附近。

㉒姑、尤:齐国东部边境的地方,即今大沽河、小沽河,在胶东地区合流入海。

㉓关:指征税的关卡。禁:指前述对民众的山海禁令。

㉔薄敛:减轻赋税。已责:豁免积欠租债。

【译文】

齐景公说："梁丘据跟裔款说我能事奉鬼神，所以想诛杀祝人、史官。你说这些话，是什么缘故？"回答说："倘若是有德的君主，宫廷内外的事情都不会废怠，没有废怠的事情。上上下下没有怨恨，举动没有违背礼仪的事情，他的祝、史就会向鬼神陈说实情，心中也无愧了。君主有功德，祝人、史官陈说实情就没有愧疚。所以鬼神享用祭品，国家受到鬼神的福佑，祝、史都有份。参与国家所受到的福分。他们所以多福长寿，是因为他们乃诚信国君的使者，他的话对鬼神忠信。他们要是不巧遇上放纵淫逸的国君，宫廷内外的事情偏颇邪恶，上下怨声载道，行动邪僻背礼，任意耗用民力，暴虐放纵，胡作非为，没有顾忌，不顾人民的诅咒，不怕鬼神，神怒民恨，而无悔改之心，他的祝、史说实话，就只是报告国君的罪过。把真情实况告诉神灵，这就是陈述君主的罪过。掩盖过错虚夸好事，这是虚伪欺诈。盖，是掩盖。真假都没法说，那只能用虚伪的言辞来讨好鬼神，用造作虚伪的言辞来讨好鬼神。所以鬼神不享用国家的祭品反而降祸给他们，祝、史也跟着倒霉。他们所以会夭折患病，是因为他们是暴虐国君的使者。"齐景公说："既然如此该怎么办呢？"回答说："没什么办法了。这是说不是祝人、史官所能解决的。山林的树木，衡鹿看守它；沼泽的芦苇蒲草，舟鲛看守它；湿地的薪柴，虞候看守它；大海的食盐大蛤，祈望看守它。衡鹿、舟鲛、虞候、祈望，都是官名。这是说公家专门看守山陵水域的利益，不跟民众共享。施行政令没有法制，艺，是指法制。这是说施政没有法制。征收赋税没有限度；宫殿建筑日日更新，荒淫耽乐不肯离去；违，是去的意思。宫内宠爱的妃妾，肆意抢夺市场物品；肆，放肆。宫外的宠臣，在边荒之地冒用君令。在边远地方冒用君主的教化命令。民众痛苦困乏，平民夫妇都在诅咒。祝祷有益处，诅咒也有损害。从聊、摄往东，聊、摄是齐国西部边境地方。从姑、尤往西，姑、尤是齐国东部边境地方。那里的人可以说是数目众多了！即使有再好的祝祷，难道还能胜过亿万人诅咒吗？君王您要想诛杀祝人、史官，只有修养德行之后才可以。"齐景公听了很高兴，让主管官员放宽政令,毁掉关卡,去除山海禁令,减轻赋税,免除民众债务。

齐侯至自田,晏子侍于遄台①,子犹驰而造焉②。子犹,梁丘据。公曰:"唯据与我和夫③!"晏子对曰:"据亦同也,焉得为和?"公曰:"和与同异乎?"对曰:"异。和如羹焉④,水火醯醢盐梅⑤,以烹鱼肉,宰夫和之,齐之以味⑥,济其不及,以泄其过。济,益也。泄,减也。君子食之,以平其心。君臣亦然。亦如羹。君所谓可⑦,而有否焉⑧,臣献其否,以成其可;献君之否,以成君可。君所谓否,而有可焉,臣献其可,以去其否。是以政平而不奸⑨,民无争心。今据不然。君所谓可,据亦曰可;君所谓否,据亦曰否。若以水济水,谁能食之?若琴瑟之专壹,谁能听之?同之不可也如是。"

【注释】

①遄台:台名,又名歇马台、戏马台。在今山东淄博临淄故城宫城西南一里余。

②驰:车马疾行,泛指疾走、奔驰。造:到,去。

③和:和谐。

④和羹:配上不同调味品而制成的羹汤。羹,用肉类或菜蔬等制成的带浓汁的食物。《春秋左传正义》:"羹者,五味调和。"

⑤醯(xī):醋。醢(hǎi):用肉、鱼等制成的酱。盐梅:盐和梅子。盐味咸,梅味酸,均为调味所需。

⑥齐(jì):调剂,调和。

⑦可:指可行的政令措施。

⑧否:指不可行的政令措施。

⑨奸(gān):干犯,扰乱。

【译文】

齐景公从田猎场回来，晏子在遄台随侍，梁丘据驱车来到。子犹是梁丘据。齐景公说："只有梁丘据跟我和谐啊！"晏子回答说："梁丘据也就是相同，哪里能算和谐？"景公说："和谐跟相同不一样吗？"回答说："不一样。和谐如同羹汤，用水、火、醋、酱、食盐、梅子来烹制鱼肉，厨师把它们和在一起，用调味品调味，补益其中不够的味道，排减其中过多的味道。济，增益。泄，减少。君子吃到，可以平和内心。君臣也如此。也如同羹汤。君主认为可行，但其中有不可行的，臣子进言指出不可行的，来成就可行的；进言指出君主的不可行之处，来成就君主的可行。君主认为不可行，但其中有可行的，臣子进言指出可行之处，来去除不可行的。因此国政平和没有扰乱，民众没有争斗之心。现今梁丘据却不是这样。君主认为可行，梁丘据也说可行；君主认为不可行，梁丘据也说不可行。倘若用水来调剂水，谁能吃得下去？倘若琴瑟使用一个音调，谁能听下去？相同不可行就是如此。"

二十五年[①]

会于黄父[②]，郑子太叔见赵简子。简子问揖让周旋之礼焉[③]。对曰："是仪也，非礼也。"简子曰："敢问，何谓礼？"对曰："吉也闻诸先大夫子产，曰：'夫礼，天之经，经者，道之常也。地之义，义者，利之宜也。民之行[④]。行者，人所履行。'天地之经，而民实则之[⑤]。则天之明，日月星辰，天之明也。因地之性[⑥]，高下刚柔，地之性也。生其六气[⑦]，阴、阳、风、雨、晦、明。用其五行[⑧]。金、木、水、火、土也。气为五味[⑨]，酸、醎、辛、苦、甘。发为五色[⑩]，青、黄、赤、白、黑。发，见也。章为五声[⑪]。宫、商、角、徵、羽。淫则昏乱[⑫]，民失其性，滋味、声、色，过则伤性也。是故为礼以奉之[⑬]。制礼以奉其性。民有好、恶、喜、怒、哀、乐,生于六气[14]。此六者,皆禀阴、阳、风、雨、晦、明之气。是故审则宜类,以制六志[15]。为礼以制好、恶、喜、怒、哀、乐六志,使不过节。哀有哭泣,乐有歌舞,喜有施舍,怒有战斗。哀乐不失,乃能协于天地之性[16],是以长久。协,和也。"简子曰:"甚哉,礼之大也!"对曰:"礼,上下之纪[17],天地之经纬也[18],经纬,错居以相成也。民之所以生也,是以先王尚之。故人之能自曲直以赴礼者,谓之成人[19]。大,不亦宜乎?曲直以弼其性。"简子曰:"鞅也,请终身守此言也。"

【注释】

①二十五年:鲁昭公二十五年,前517年。

②黄父:古地名,在今山西沁水县西北。

③揖让:宾主相见的礼仪。周旋:指古代行礼时进退揖让的动作。

④行(háng):道路。

⑤则:仿效,效法。

⑥因:凭借。

⑦六气:指六种基本天象,即阴、阳、风、雨、晦、明。

⑧五行:指五种本源物质,即水、火、木、金、土。

⑨五味:指五种基本味道,即酸、甜、苦、辣、咸五种味道。

⑩发:显现,显露。五色:指五种基本色彩,即青、赤、白、黑、黄五种颜色。

⑪五声:指五种基本音阶,即宫、商、角、徵、羽五音。

⑫淫:过分,无节制。

⑬奉:奉养,保全。《春秋左传正义》:"口欲尝味,目欲视色,耳欲听声,人之自然之性也。欲之不已,则失其性。圣人虑其失性,是故为礼以奉养其性,使不失也。"

⑭民有好、恶、喜、怒、哀、乐，生于六气：这是说人的情志受天象影响。

⑮审则宜类，以制六志：《春秋左传正义》："民有六志，其志无限。是故人君为政，审法时之所宜，事之所类，以至民之六志，使之不过节也。"

⑯协：协和。

⑰纪：纲纪。

⑱经纬：织物的纵线和横线。这里意为条理，秩序。《春秋左传正义》："言礼之于天地，犹织之有经纬，得经纬相错乃成文，如天地得礼始成就。"

⑲成人：《春秋左传正义》引刘炫："礼有宜曲宜直，不可信情而行。故人之能自曲直以赴于礼者，谓之为成人；不能赴礼则不成为人，谓之为大，不亦宜乎！"

【译文】

鲁昭公二十五年

诸侯在晋国黄父会盟，郑国子太叔谒见赵简子。赵简子向他寻问揖让、周旋之礼。子太叔回答说："这是仪式，不是礼。"简子说："请问什么叫礼？"回答说："我曾听先大夫子产说：'礼，是上天的规范，经，是道的常规。大地的准则，义，是利益的适宜。人民的行动依据。行，是人所履行的道路。'天地的规范，民众就加以效法。效法上天日月星辰运行的规律，日月星辰，是上天的光明。凭借大地高低刚柔的本性，高低刚柔，是大地的本性。诞生阴阳风雨晦明这六气，六气是阴、阳、风、雨、晦、明。使用地的五行来说明宇宙的起源变化。五行为金、木、水、火、土。五行之气入口是酸咸辛苦甘这五味，五味是酸、咸、辛、苦、甘。入目展现为青黄赤白黑这五色，五色是青、黄、赤、白、黑。发，是展现。入耳彰显为宫商角徵羽这五声。五声是官、商、角、徵、羽。过分就会昏乱，民众就会失却本性，滋味、声、色，过分就会伤害本性。因此要制礼来奉养保全它。制礼来奉养保全人性。民众有好、恶、喜、怒、哀、乐的情志，这都产生于六气。这六种情志都秉承自阴、阳、风、雨、晦、明这六气。所以要审慎地效法、恰当地模仿，以制约六志。用礼来节制好、恶、喜、怒、哀、乐这六志，使它不超过节度。哀伤就有哭泣，快乐就有歌舞，喜悦就有施舍，愤怒就有战斗。哀伤快乐不失于礼，才能协和天地本性，因此能够长久。协，是协和的意思。”简子说：“礼的宏大真是到了极点！”回答说：“礼，是上下的纲纪，天地的秩序，经纬，互相交错互相成就。民众生命的源泉，因此先代的君王崇尚它。因此人们能够委屈自己或率由本性以到达礼，就称为成人。它的宏大不也很适宜吗？委屈自己或率由本性以矫正人的性情。”简子说：“我啊，要终身信守这些话。”

二十六年①

齐有彗星②，出齐之分野③。齐侯使禳之④。禳，除。晏子曰：“无益也，只取诬焉⑤。诬，欺也。天道不谄⑥，谄，疑也。不贰其命⑦，若之何禳之？且天之有彗，以除秽也。君无秽德⑧，又何禳焉？若德之秽，禳之何损？《诗》曰⑨：‘惟此文王，小心翼翼。昭事上帝⑩，聿怀多福。厥德不回⑪，以受方国⑫。’翼翼，恭也。聿，惟也。回，违也。言文王德不违天人，故四方之国归往之。君无违德，方国将至，何患于彗？诗曰⑬：‘我无所监⑭，夏后及商⑮。用乱之故，民卒流亡。’若德回乱⑯，民将流亡，祝史之为，无能补也。”公悦，乃止。

【注释】

①二十六年：鲁昭公二十六年，前516年。

②齐有彗星：旧谓彗星主除旧布新，其出现又为重大灾难的预兆。

③分野：与星次相对应的地域。古以十二星次的位置划分地面上州、国的位置与之相对应。就天文说，称作分星；就地面说，称作分野。

④齐侯：指齐景公。禳：除去邪恶或灾异。

⑤诬：欺骗。

⑥天道：天理，天意。謟（tāo）：疑惑。

⑦贰：变更。

⑧秽德：污秽的德行。

⑨《诗》：引自《诗经·大雅·大明》。

⑩昭事：勤勉地服事。昭，通“劭”，勤勉。上帝：天帝。

⑪回：违背。

⑫方国：指四方诸侯国，四邻之国。

⑬诗：此为逸诗。

⑭监：通“鉴”，借鉴。

⑮夏后：夏后氏，即夏朝。

⑯回乱：邪乱。

【译文】

鲁昭公二十六年

齐国出现彗星，出现在齐国的分野。齐景公让人祭祷消灾。禳，是除的意思。晏子说：“没有用，只能招来欺骗。诬，欺骗。天道不可怀疑，謟，疑惑。不能使它改变运行，又怎么能禳除呢？况且天上出现彗星，是要去除污秽。君王没有污秽的德行，又禳除什么呢？倘若德行污秽，禳除能减损污秽吗？《诗经》说：‘就是这位周文王，小心翼翼真善良。光明正大事上帝，求取福禄无限量。他的德行顺天命，各国归附民所望。’翼翼，恭敬。聿，是句首的惟。回，违背。这是说文王的德行不违背天、人，所以四方的诸侯国都来归附。君王没有背德，诸侯国将来归附，又担忧什么彗星呢？逸诗说道：‘我没什么可作借鉴，要有就是夏后和商。因为政事混乱，百姓终致流亡。’倘若德行邪乱，民众将要流亡，祝史的作为也不能补救啊。”齐景公认为他说得对，就停止祭祷。

齐侯与晏子坐于路寝[①],公叹曰:"美哉室,其谁有此乎?"景公自知德不能久有国,故叹也。晏子曰:"敢问,何谓也?"公曰:"吾以为在德。"对曰:"如君之言,其陈氏乎[②]!陈氏虽无大德,而有施于民。公厚敛焉,陈氏厚施焉,民归之矣。《诗》曰:'虽无德与汝,式歌且舞[③]。'义取虽无大德,要有喜悦之心。式,用也。陈氏之施,民歌舞之矣。后世若少惰,陈氏而不亡,则国其国也已[④]。"公曰:"善哉,是可若何?"对曰:"唯礼可以已之。在礼,家施不及国[⑤],大夫不收公利[⑥]。"不作福也[⑦]。公曰:"善哉,我不能矣。吾今而后知礼之可以为国也。"对曰:"礼之可以为国也久矣,与天地并。君令臣恭[⑧],父慈子孝,兄爱弟敬,夫和妻柔[⑨],姑慈妇听[⑩],礼也。君令而不违,臣恭而不贰,父慈而教,子孝而箴[⑪],箴,谏也。兄爱而友,弟敬而顺,夫和而义,妻柔而正,姑慈而从,从,不自专也。妇听而婉,婉,顺也。礼之善物也。"公曰:"善哉!"

【注释】

①齐侯:指齐景公。路寝:古代天子、诸侯的正厅。

②陈氏:据称出自舜帝姚重华裔孙陈胡公妫满,属于以先祖封地为氏。陈国始建都于株野(今河南柘城),后迁都于宛丘(今河南周口淮阳区城关一带)。前707年陈国发生宫廷内乱,陈氏公被杀,太子完避祸奔齐,其后裔于前386年取代了姜姓齐国,并使周天子承认自己为诸侯,成为大国,都临淄。史称陈氏(田氏)代齐。

③虽无德与汝,式歌且舞:引自《诗经・小雅・车舝》。郑笺:"虽无其德,我与女用是歌舞相乐,喜之至也。"歌舞,指且歌且舞予以颂扬。

④国其国:把齐国变成自己的国家。

⑤家：指大夫之家。国：指全国。

⑥公：指公室。

⑦作福：指做善事而获福祉。

⑧令：善。

⑨和：和气，和蔼。

⑩姑：婆婆。妇：儿媳。听：听从，接受。

⑪箴：规谏，告诫。

【译文】

齐景公跟晏子坐在正厅中，景公感叹说："这厅堂多美丽啊，谁会拥有它呢？"景公自己知道他的德行不能长久拥有齐国，所以感叹。晏子说："我冒昧地问询，这说的是什么意思？"景公说："我认为它将转入有德之人手中。"回答说："如果像君王您说的那样，恐怕是陈氏吧！陈氏虽然没有大的恩德，但对民众有所施舍。公室对民众征税，陈氏对民众大加施舍，民众都归服他了。《诗经》说道：'虽然没有大的恩德给你，也要喜悦又歌唱又跳舞。'取《诗经》义虽然没有大的恩德，也要有喜悦之心。式，是用。陈氏的施恩，民众已经为之载歌载舞了。您的后代倘若稍有怠惰，陈氏又没有灭亡，那么陈氏就将拥有齐国了。"景公说："好啊，这可怎么办呢？"回答说："只有礼可以制止此事发生。依礼来说，大夫的施恩不扩大到全国，大夫不能占取公室利益。"不能自己做好事获得福气。景公说："好啊，但我不能做到了。我从今往后知道礼是能治国的了。"回答说："礼能够治国已经很久了，跟天地同样长久。国君发令臣下恭从，父亲慈爱儿子孝顺，哥哥仁爱弟弟恭敬，丈夫和顺妻子温柔，婆婆仁慈媳妇听话，这是礼。国君发令而没有违背，臣子谦恭而没二心，父亲慈爱而能教诲，子女孝顺而能规谏，箴，是规谏的意思。兄长仁爱而友善，弟弟恭敬而顺从，丈夫和气而正义，妻子温柔而端正，婆婆慈祥而听从规劝，从，是不独断专行。媳妇听话而婉顺，婉，是顺的意思。这都是礼的好内容啊。"齐景公说："你说得太好了！"

二十七年[①]

楚左尹郤宛直而和[②],国人悦之。以直事君,以和接类[③]。鄢将师为右领[④],右领,官名。与费无极比而恶之[⑤]。谓子常曰[⑥]:“子恶欲饮子酒。子恶,郤宛。”又谓子恶:“令尹欲饮酒于子氏。”子恶曰:“令尹将必来辱[⑦],为惠已甚,吾无以酬之,若何?酬,报献。”无极曰:“令尹好甲兵[⑧],子出之,吾择焉。”取五甲五兵,曰:“寘诸门[⑨],令尹至,必观之,而从以酬之。”及飨日,帷诸门左[⑩]。张帷陈兵甲其中。无极谓令尹曰:“吾几祸子。子恶将为子不利,甲在门矣。子无往!”令尹使视郤氏,则有甲焉。不往,召鄢将师而告之。将师退,遂令攻郤氏,且爇之[⑪]。爇,烧也。子恶闻之,自杀。国人弗爇,令尹炮之[⑫],炮,燔也。尽灭郤氏之族党[⑬],杀阳令终与晋陈及其子弟[⑭]。皆郤氏党。

【注释】

①二十七年:鲁昭公二十七年,前515年。

②左尹:楚卿,次于令尹。郤宛:伯氏,又为郤氏,字子恶,楚大夫,祖父伯宗是晋国郤氏的别支,父亲为伯州犁。

③类:众。

④鄢将师:费无极的同党。

⑤比:勾结。

⑥子常:即囊瓦,楚国大夫,字子常。

⑦辱:谦辞,承蒙。

⑧甲兵:铠甲和兵器。

⑨寘:安置,安放。

⑩帷：帷帐，用如动词，张开帷帐。

⑪爇（ruò）：烧。

⑫令尹炮之：孔颖达："是鄢将师令众之辞。服虔云：'民弗肯爇也，鄢将师称，令尹使女燔炮之。燔、炮、爇，皆是烧也。'"

⑬族党：聚居的同族亲属。

⑭阳令终：楚国人，阳氏，与阳完、阳佗皆为阳匄之子，任中厩尹。晋陈：楚大夫。

【译文】

鲁昭公二十七年

楚国左尹郤宛正直谦和，国人喜欢他。用正直事奉君主，用谦和接待众人。鄢将师担任右领，右领，是官名。跟费无极勾结而厌恶郤宛。费无极对子常说："子恶想要请您喝酒。子恶，是郤宛。"又对子恶说："令尹想要到您家喝酒"子恶说："承蒙令尹前来，是对我的极大恩惠，我没有什么进献的，怎么办？酬，进献。"无极说："令尹喜好铠甲兵器，您拿出来，我来挑拣。"于是取来五张铠甲、五件兵刃，无极说："把它们放在门口，令尹来到，必定看它，跟着就能进献了。"到了宴享的日子，子恶把甲兵放在左边的帷幕里。张开帷帐把兵甲摆在其中。无极对令尹说："我差点害了您。子恶要做对您不利的事，铠甲都在门那里了。您一定别去！"令尹让人到郤家察看，果然有铠甲在。就不去了，并召见鄢将师告知情况。鄢将师退出后，下令攻打郤家，并且放火烧房。爇，是烧的意思。子恶听到消息，就自杀了。民众不肯烧房，鄢将师说："是令尹下令要烧的。"炮，是燔烧的意思。全部杀死郤氏族人，还杀死阳令终、晋陈及其子弟。都是郤宛的党徒。

国言未已[①]，进胙者莫不谤令尹[②]。进胙，国中祭祀也。谤，诅也。沈尹戌言于子常曰[③]："夫左尹与中厩尹[④]，莫知其罪，而子杀之，以兴谤讟[⑤]，至于今不已。左尹，郤宛也。中厩尹，阳令终。戌也惑之。仁者杀人以掩谤，犹弗为也，今吾子杀人以兴谤，而弗图，不亦异乎？夫无极，楚之谗人也，民莫不知。去朝吴[⑥]，在十五年。出蔡侯朱[⑦]，在二十一年。丧太子建，杀连尹奢[⑧]，在二十年。屏王之耳目，使不聪明。不然，平王之温惠恭俭，有过成、庄，所以不获诸侯，迩无极也。迩，近也。今又杀三不辜，以兴大谤，三不辜，郤氏、阳氏、晋陈氏。几及子矣。子而不图，将焉用之？夫鄢将师矫子之命，以灭三族。三族，国之良也。吴新有君，光新立[⑨]。疆埸日骇[⑩]，楚国若有大事，子其危哉！智者除谗以自安，今子爱谗以自危，甚矣，其惑也！"子常曰："是瓦之罪，敢不良图[⑪]！"子常杀费无极与鄢将师，尽灭其族，以说于国，谤言乃止。

【注释】

①国言：国人的谤言。

②进胙者：指国中祭祀分到胙肉的卿大夫。胙，祭祀时供神的酒肉。

③沈尹戌：一作沈尹戍，楚左司马，芈姓，名戌（一作戍），原为沈县（今安徽临泉古城子）尹，称沈氏，别出楚宗。楚庄王曾孙。

④中厩尹：官名，管理宫中的车马房。

⑤谤讟：怨恨毁谤。

⑥朝吴：即蔡朝吴，是蔡国太师子朝的孙子，大夫声子的儿子。

⑦出：驱逐。蔡侯朱：蔡平侯之子。前521年，蔡平侯病逝，蔡侯朱继位。平侯长兄蔡隐太子友的儿子东国，派人贿赂楚平王的大夫费无极。费无极于是宣称蔡侯朱背叛楚国，希望东国继位。蔡国贵族只好赶走蔡侯朱，拥立东国继承蔡国君位，是为蔡悼侯。

⑧连尹：楚国官名。奢：即伍奢，伍子胥之父。

⑨光：指公子光，即吴王阖闾，一作阖庐。春秋末期吴国君主。

⑩疆埸（yì）：边界。

⑪良图：妥善的谋划。

【译文】

国内怨言不断，那些在国中祭祀分到胙肉的卿大夫没有不指责令尹的。进胙，指国中祭祀。谤，是诅咒、咒骂的意思。沈尹戌对子常说："左尹跟中厩尹，没人知道他们有什么罪，您却杀了他们，以至招致怨恨诽谤，到现在也没有平息。左尹，是郤宛。中厩尹，是阳令终。我感到很疑惑。仁德的人用杀人来制止毁谤，尚且不做，现今您杀人兴起毁谤，而没有什么考虑，不也奇怪吗？费无极是楚国的谗佞人，民众没有谁不知道。他除去朝吴，在鲁昭公十五年。驱逐蔡侯朱，在鲁昭公二十一年。使楚国失去了太子建，杀死了连尹伍奢，在鲁昭公二十年。遮蔽了君王的耳目，使得君王耳不聪目不明。不然的话，平王温和惠爱，恭敬节俭，超过成王、庄王，却没有获得诸侯拥戴，是因为接近费无极呀。迩，接近。现今又杀害三个无辜者，引起极大的不满，三个无辜者，指郤氏、阳氏、晋陈氏。几乎要拖累您了。您还不考虑解决，哪里还用得着您这位令尹呢？鄢将师假传您的命令，灭掉三族。这三族，都是楚国的忠良。吴国又有了新的君主，公子光新立为吴王。吴楚边界局势一天比一天令人惊惧，倘若楚国发生大的战事，您就危险了！聪明人去除谗佞者以使自己安全，现在您却喜爱进谗者而使自己危险，您也太过昏聩糊涂了！"子常说："的确是我的罪过，怎敢不妥善策划！"子常杀掉费无极跟鄢将师，灭绝了他们家族，以取悦国人，指责的言论才平息下来。

二十八年①

晋魏献子为政②，魏舒也。以司马弥牟为邬大夫③，贾辛为祁大夫④，司马乌为平陵大夫⑤，魏戊为梗阳大夫⑥。戊，魏舒庶子。谓贾辛、司马乌为有力于王室⑦，二十二年，辛、乌帅师纳敬王。故举之⑧。魏子谓成鱄⑨：鱄，晋大夫。"吾与戊也县,人其以我为党乎[⑩]?”对曰:“何也?戊之为人也,远不忘君[⑪],远,疏远也。近不偪同[⑫],不偪同位。居利思义,不苟得。在约思纯[⑬],无滥心。虽与之县,不亦可乎?昔武王克商,光有天下[⑭]。其兄弟之国者十有五人[⑮],姬姓之国者四十人,皆举亲也。夫举无他,唯善所在,亲疏一也。”

【注释】

①二十八年:鲁昭公二十八年,前514年。

②魏献子:姬姓,魏氏,名舒,亦名荼。晋名将魏昭子绛之孙,晋军步战的创始者。为政:主持国政。当时晋宗室祁氏、羊舌氏失和,六卿联合起来灭其族,分其地,并分别派自己的儿子到这些地方做大夫,即邑长。

③邬:在今山西介休附近。

④祁:在今山西祁县附近。

⑤平陵:在今山西文水县附近。

⑥梗阳:在今山西清徐附近。

⑦有力:有功劳。王室:此指周王室。

⑧举:举荐。

⑨成鱄(zhuān):晋国大夫。

⑩党:结党营私。

⑪远:被疏远。

⑫近:被亲近。

⑬在约思纯:约,贫困。《春秋左传正义》:“在约思纯,处贫匮而思纯,固无叨滥之心也。”

⑭光有:广有。

⑮之国:前往封地,指封国。

【译文】

鲁昭公二十八年

晋国魏献子主持国政,是魏舒。任命司马弥牟为邬大夫,贾辛为祁大夫,司马乌为平陵大夫,魏戊为梗阳大夫。魏戊,是魏舒庶子。认为贾辛、司马乌对周王室有功劳,鲁昭公二十二年,贾辛、司马乌率领军队接周敬王回归。所以举荐他们。魏献子对成鱄说:成鱄,是晋国大夫。"我把县邑给了魏戊,别人大概会说我是结党吧?"回答说:"为什么?魏戊的为人,被疏远了也不忘记君主,远,疏远。被亲近了也不会逼迫同僚,不逼迫相同位置的官员。在得利时想到正义,不随便苟且得到。在贫困时思想纯正,没有昏乱的心理。即使给他一个县邑,不也行吗?从前周武王战胜商朝,广有天下。他的兄弟封国的有十五人,同为姬姓封国的有四十人,都是举荐亲族。举荐没有别的要求,只在于贤能,关系亲近疏远都一样。"

贾辛将适其县①,见于魏子。魏子曰:"辛来,今汝有力于王室,吾是以举汝。行乎!敬之哉,毋堕乃力②。堕,损也。"仲尼闻魏子之举也③,以为义,曰:"近不失亲,谓举魏戊。远不失举,以贤举。可谓义矣。"又闻其命贾辛也,以为忠,先赏王室之功,故为忠也。曰:"魏子之举也义,其命也忠,其长有后于晋国乎!"

【注释】

①适:去,往。

②堕:损伤,败坏。力:指功劳。

③举:举荐。

【译文】

贾辛将要到自己的县邑去上任,被魏献子接见。魏献子说:"贾辛过来,现今你对周王室有功劳,我因此举荐你。走吧!要恭敬慎重,别损伤了你的功劳。堕,损伤。"孔子听说魏献子举拔人才的事情,认为合乎道义,说:"举荐离得近的不失亲族,指举荐魏戊。离得远的不失应该举荐的人,按贤能举荐。可以算得上道义了。"又听说他命令贾辛的话,认为是忠,先奖赏救王室的功劳,所以叫忠。说:"魏献子的举荐是义,对贾辛的告诫是忠,大概他的后嗣会在晋国长享禄位吧!"

梗阳人有狱,魏戊不能断,以狱上[①]。上魏子。其大宗赂以女乐[②],讼者之大宗。魏子将受之。魏戊谓阎没、女宽二人,魏子属大夫。曰[③]:"主以不贿闻于诸侯,若受梗阳人,贿莫甚焉。吾子必谏!"皆许诺。退朝,待于庭。魏子之庭。馈入[④],召之。召二大夫食。比置,三叹。魏子曰:"吾闻诸伯叔,谚曰:'唯食忘忧。'吾子置食之间三叹,何也?"同辞而对曰:"或赐二小人酒,不夕食。言饥甚。馈之始至,恐其不足,是以叹。中置,自咎曰[⑤]:'岂将军食之[⑥],而有不足?'是以再叹。及馈之毕,愿以小人腹,为君子心,属厌而已[⑦]。属,足也。言小人之腹饱,犹知厌足,君子心亦宜然。"献子辞梗阳人。言魏氏所以兴。

【注释】

①狱:讼案,案件。

②大宗:宗法社会以嫡系长房为大宗,余子为小宗。女乐:歌舞伎。

③阎没:名明,晋顷公时大夫,执政上卿魏舒的下臣。女宽:一名叔宽、叔褒,是晋顷公时代晋国执政上卿魏舒的下臣。

④馈:进食于人。

⑤自咎：自责。

⑥将军：杜注："魏子中军帅，故谓之将军。"

⑦属厌：满足。

【译文】

梗阳人有诉讼，魏戊断不了，把案件上报。上报给魏献子。诉讼方的大宗用女乐贿赂魏献子，诉讼方的大宗。魏献子将要接受。魏戊对阎没、女宽二人是魏献子的属大夫。说："主上以不收贿赂闻名诸侯，倘若接受梗阳人的女乐，没有比这更大的贿赂了。您二位必须劝谏！"两人都答应了。退朝后，他们等在魏献子的庭院里。魏献子的庭院。送食物的进来，魏献子召他们进来。召二大夫进食。饭菜摆上时，二人三次叹气。魏献子说："我听伯父叔父说过，谚语说：'吃饭时要忘记忧虑。'二位在摆放好饭菜时三次叹息，为什么？"二人异口同声回答说："有人赐酒给我们二人，我们就没吃晚饭。这是说饿的厉害。食物刚到，害怕不够，因此叹息。放置到中间，自己责怪自己说：'难道将军请我们吃饭，食物还会不够吗？'因此二次叹息。等到食物放完，希望把我们的肚腹，换成君子的内心，饱了就满足了。属，满足。这是说小人的肚腹饱了，尚且知道满足，君子之心也应该这样。"魏献子拒绝了梗阳人。这是说魏氏兴盛的原因。

定公①

四年②

郑子大叔卒。晋赵简子为之临③，甚哀，曰："黄父之会④，在昭二十五年。夫子语我九言⑤，曰：'无始乱，无怙富⑥，无恃宠，无违同，无敖礼⑦，无骄能，以能骄人。无复怒，复，重也。无谋非德，非所谋。无犯非义。'"言简子能用善言，所以遂兴也。

【注释】

①定公:鲁定公,姬姓,名宋,是鲁国第二十五任君主。他为鲁昭公的弟弟,承袭鲁昭公担任国君。

②四年:鲁定公四年,前506年。

③临:哭吊死者。

④黄父之会:《左传》:"夏,叔诣会晋赵鞅、宋乐大心、卫北宫喜、郑游吉、曹人、邾人、滕人、薛人、小邾人于黄父。"

⑤夫子:指子太叔。

⑥怙:依靠,仗恃。

⑦敖礼:不要傲视有礼的人。敖,同"傲"。

【译文】

鲁定公四年

郑国子太叔去世。晋国赵简子去给他吊丧,非常哀痛,说:"黄父之会的时候,在鲁昭公二十五年。夫子跟我说了九句话,说:'不要成为祸乱的开端,不要依仗财富,不要依赖宠信,不要违背同盟,不要傲视有礼之人,不要仗着有才干而骄傲,因有才能对人骄傲。不要为同一件事重复发怒,复,重复。不要谋划不合道德的事,不是图谋的对象。不要犯下不义的错误。'"这是说赵简子能听从好话,所以就能兴盛。

吴子伐楚[①],陈于柏举[②],败之,五战及郢[③]。楚子济江[④],入于云中。入云梦泽中。王寝,盗攻之,以戈击王。王孙由于以背受之,中肩。王奔郧[⑤],郧公辛之弟怀将弑王,曰:"平王杀吾父,我杀其子,不亦可乎?"辛,蔓成然之子斗辛也。昭十四年,楚平王杀成然也。辛曰:"君讨臣,谁敢仇之[⑥]?君命,天也。若死天命,将谁仇?《诗》曰[⑦]:'柔亦不茹[⑧],刚亦不吐。不侮鳏寡[⑨],不畏强御[⑩]。'唯仁者能之。言仲山甫不避强凌弱也。违强凌弱⑪，非勇也；乘人之约⑫，非仁也；灭宗废祀，非孝也；杀君，罪应灭宗。动无令名⑬，非智也。必犯是，余将杀汝！”斗辛与其弟巢，以王奔随⑭。

【注释】

①吴子：指吴王阖闾。伐楚：吴王阖闾九年（前506），吴军在孙武、伍子胥率领下，从淮水流域西攻到汉水，五战五胜，攻克楚国都城郢都，迫使楚昭王出逃。

②柏举：亦作“柏莒”，古地名，春秋楚地。故址在今湖北麻城境内。

③郢：楚都城，在今湖北江陵西北纪南城。

④楚子：指楚昭王。芈姓，熊氏，名壬，又名轸（珍），楚平王之子。济江：渡过长江。

⑤郧：古国名。在今湖北安陆。

⑥仇：报复。

⑦《诗》：引自《诗经·大雅·烝民》。

⑧茹：吃，吞咽。

⑨鳏寡：老而无妻或无夫的人。引申指老弱孤苦等弱势群体。

⑩强御：豪强，有权势的人。

⑪违强：指避开强者。凌弱：欺凌弱小。

⑫约：困境。

⑬令名：好名声。

⑭随：国名，姬姓，故城在今湖北随县南。

【译文】

吴王阖闾征伐楚国，在柏举设立战阵，打败楚军，经过五次战役，攻到郢都。楚昭王渡过长江，进入云梦泽中。进入云梦泽中。昭王就寝，强盗进攻，用戈攻击昭王。王孙由于用背挡住戈，击中肩部。昭王出奔到郧，郧公斗辛的弟弟斗怀要杀昭王，说：“平王杀了我们父亲，我杀他的儿子,不也可以吗?”辛,是蔓成然的儿子斗辛。鲁昭公十四年,楚平王杀了成然。斗辛说:“君主讨伐臣下,谁又敢报复呢?君命,是上天的意志。倘若死于天命,又能报复谁?《诗经》说:‘柔弱也不吞咽,刚硬也不吐出。不欺负老弱孤苦,不畏惧权势豪强。’只有仁德的人才能这样。这是说仲山甫不躲避豪强不欺凌弱小。避开强者欺凌弱者,不是勇敢;乘人之危,不是仁德;灭掉宗族废除祭祀,不是孝道;杀死君主,罪应灭宗。行动却没有好名声,不是智慧。你一定要触犯这些,我就杀了你!”斗辛跟他的弟弟巢陪着昭王跑到随。

申包胥如秦乞师①,曰:“吴为封豕、长蛇②,以荐食上国③。荐,数也。言吴贪害如蛇豕。寡君失守社稷,越在草莽④,使下臣告急。”秦伯使辞焉⑤,曰:“寡人闻命矣⑥。子姑就馆,将图而告。”对曰:“寡君越在草莽,未获所伏⑦,伏,犹处也。下臣何敢即安?”立依庭墙而哭,日夜不绝声,勺饮不入口七日⑧,秦师乃出。

【注释】

①申包胥:申氏,名包胥,又称王孙包胥,楚国大夫。乞师:请求出兵援助。

②封豕、长蛇:大猪与长蛇,比喻贪暴者。

③荐食:不断吞食,不断吞并。上国:春秋时称中原各诸侯国为上国,与吴楚诸国相对而言。

④越:颠沛,流亡。草莽:草丛,也指草木丛生的荒原。

⑤秦伯:指秦哀公。辞:推辞。

⑥闻命:接受教导。

⑦所伏:指处所。

⑧勺饮：一勺汤水，形容极少的饮水。

【译文】

申包胥到秦国请求救兵，说："吴国好像大猪长蛇，不断吞食中原各国。荐，屡次。这是说吴国贪婪有害如同蛇猪。敝国国君丧失江山，逃亡到荒野，特意让下臣前来告急。"秦哀公让人推辞说："寡人听到命令了。您姑且到馆舍休息，我们考虑之后告诉您。"申包胥回答说："敝国国君逃亡在荒野，没有藏身之所，伏，处所。下臣哪里敢安处休息？"于是站在那里，靠着庭墙痛哭，日日夜夜哭声不断，一勺汤水也不入口，这样过了七天，秦军出兵前去救援楚国。

五年[①]

申包胥以秦师至。吴师大败，吴子乃归。楚子入于郢。初，楚王之奔随也，将涉于成臼[②]，江夏竟陵县西有臼水。蓝尹亹涉其帑[③]，亹，楚大夫。不与王舟。及宁，王欲杀之。宁，安定也。子西曰[④]："子常唯思旧怨以败，君何效焉？"王曰："善！使复其所，吾以志前恶[⑤]。恶，过。"王赏斗辛、王孙由于、申包胥、斗怀。皆从王有大功。子西曰："请舍怀也！"以初谋杀王故。王曰："大德灭小怨[⑥]，道也。"终从其兄，免王大难，是大德也。申包胥曰："吾为君也，非为身也。君既定矣，又何求？且吾尤子旗[⑦]，其又为诸？"子旗，蔓成然也。以有德于平王，求无厌，平王杀之。遂逃赏。

【注释】

①五年：鲁定公五年，前505年。

②涉：泛指渡水。成臼：指成臼河。故道由今湖北京山市西流至钟祥南旧口入汉水。

③蓝尹亹(xìn):楚大夫,蓝尹是复姓,亹是名字。帑:妻儿。

④子西:楚令尹,即公子申,字子西,楚平王的庶长子,楚昭王的异母兄。

⑤志:记住。

⑥大德:指追随其兄楚昭王患难。

⑦尤:怨尤,责难。子旗:据杜注,子旗就是蔓成然,因为他对楚平王有恩,贪求无厌,被平王所杀。

【译文】

鲁定公五年

申包胥领着秦军来到。吴军大败,吴王阖闾就回去了。楚昭王进入郢都。当初,楚昭王奔逃到随,将要渡过成白河,在江夏竟陵县西有白水。大夫蓝尹亹把自己的妻儿渡过去,蓝尹亹,是楚大夫。不给楚王船。等到安定了,楚王想要杀掉他。宁,安定。令尹子西说:"子常就因为总想到旧的怨恨才失败的,君王您何必仿效他呢?"昭王说:"好啊! 让他恢复原来的官职,我以此记住以前的过错。恶,过错。"楚王赏赐斗辛、王孙由于、申包胥、斗怀。都跟从楚王有大功。子西说:"请不要赏赐斗怀!"因为其当初图谋杀害楚王。昭王说:"大恩德可以消灭小怨恨,这是合于道义的。"最终跟从他的兄长,免除楚王大难,这是大德。申包胥说:"我是为了国君,不是为了自身。君王既然安定了,我还求什么呢? 况且我责备过子旗贪得无厌,难道又要学他吗?"子旗,是蔓成然。因为他对楚平王有恩,但贪求无厌,平王杀了他。于是就避开了赏赐。

九年①

郑驷歂杀邓析②,而用其《竹刑》③。邓析,郑大夫,欲改郑所铸之旧制,不受君命,而私造刑法,书之于竹简,故言"竹刑"也。君子谓:"子然于是不忠。苟有可以加于国家者④,弃其邪可也[⑤]。加，犹益。弃，不责其邪恶也。故用其道，不弃其人。《诗》云[⑥]：'蔽芾甘棠[⑦]，勿剪勿伐，召伯所茇[⑧]。'召伯决讼于甘棠之下，诗人思之，不伐其树。茇，草舍也。思其人，犹爱其树，况用其道而不恤其人乎[⑨]？子然无以劝能矣。"

【注释】

①九年：鲁定公九年，前501年。

②驷歂（sì chuǎn）：郑桓公后裔子孙，姬姓，驷氏，名歂，字子然，郑国上卿，是继子产、子太叔之后的执政大夫。邓析：郑国大夫，春秋末期思想家，"名学"倡始人之一，与子产同时。

③《竹刑》：古代刑书，因写在竹简上，故名。

④加：有益。

⑤弃：舍弃。

⑥《诗》：引自《诗经·邵南·甘棠》。

⑦蔽芾（fèi）：植物幼嫩或树叶初生貌。甘棠：木名，即棠梨。

⑧召伯：即邵伯，指邵康公姬奭（shì），武王时，邵公是西伯，在所封的南国执政。据说，他曾在常棣树下判决案件。茇（bá）：草舍，此指在草房住宿。

⑨恤：体恤，怜悯。

【译文】

鲁定公九年

郑国执政驷歂杀了邓析，而采用了他的《竹刑》。邓析，是郑国大夫，想要改变郑国原来铸造的旧刑书，没有得到国君的命令，私下造了一部刑法，书写在竹简上，所以叫"竹刑"。君子说："驷歂在这件事上表现不忠。如果有人对国家有利，就可以不责罚他无关宏旨的罪过。加，有益。弃，指不责罚他的罪过。所以用了他的主张，就不惩罚这人。《诗经》说道'小小的甘棠树啊，不要剪枝不要砍伐,那是召伯住草房断案时倚靠的呀。'召伯在甘棠树下断案,诗人思念他,不砍伐甘棠树。茇,是草房。思念那个人,尚且喜爱那棵树,何况用他的主张怎能不体恤那个人呢?驷歂没有办法勉励贤能了。"

哀公①

元年②

吴王夫差败越于夫椒③,遂入越。越子以甲楯五千保于会稽④,上会稽山。使大夫种因吴太宰嚭以行成⑤。吴子将许之,伍员曰⑥:"不可。臣闻之:'树德莫如滋,去疾莫如尽。'勾践能亲而务施⑦,施不失人,所加惠赐,皆得其人。亲不弃劳。推亲爱之诚,则不遗小劳。与我同壤,而世为仇雠,于是乎克而弗取,将又存之,违天长寇仇⑧,后虽悔之,不可食已⑨。食,消也。已,止也。"弗听。退而告人曰:"二十年之外,吴其为沼乎!"谓吴宫室废坏,当为污池。二十二年,越入吴。越及吴平⑩。

【注释】

①哀公:鲁哀公,姬姓,名将,鲁定公之子,春秋时期鲁国第二十六任君主,前494年—前468年在位。

②元年:鲁哀公元年,前494年。

③夫差:姬姓,吴氏,春秋时期吴国末代国君,阖闾之子。夫差登位之初,励精图治,大败勾践,使吴国达到鼎盛。在位后期,生活奢华无度,对外穷兵黩武,屡次北上与齐晋争锋。黄池之会,勾践趁虚攻吴,吴国一蹶不振。夫椒:越国地名,在今浙江绍兴附近。

④越子:指越王勾践。甲楯:也写作甲盾,盔甲和盾牌。会稽:山名。在浙江绍兴东南。相传夏禹大会诸侯于此计功,故名。

⑤大夫种：文种，是越王勾践的谋臣。太宰：相传殷置太宰，周称冢宰，为天官之长，掌建邦之六典，以佐王治邦国，春秋列国亦多置太宰之官，职权不尽相同。嚭（pǐ）：即伯嚭，是楚国名臣伯州犁之孙。父亲伯郤宛，是楚王左尹，后来被楚国令尹囊瓦（子常）所杀，并株连全族。伯嚭逃难到吴国，得到吴王宠信，屡有升迁，直至宰辅。其为人，好大喜功，贪财好色，为一己私利而不顾国家安危，内残忠臣，外通敌国，使吴国逐步走向灭亡。行成：议和。

⑥伍员：即伍子胥。

⑦务施：乐善好施。

⑧违天：谓违背天意。长寇仇：使仇敌滋长。

⑨食：消除。

⑩平：媾和。

【译文】

鲁哀公元年

吴王夫差在夫椒大败越军，于是进入越国。越王勾践带着五千甲兵退守到会稽山，上会稽山。派遣大夫文种通过吴国太宰伯嚭去求和。吴王夫差将要答应，伍子胥说："不可以。我听说：'建树德行莫如不断培植，去除毒害莫如铲除净尽。'勾践能亲近民众乐善好施，施恩不会错施，施加恩惠的对象，都很合适。亲近有功劳的人，且不会抛弃他们。诚心亲爱，就不会遗漏小小功劳。越国跟我们接壤，是世代仇敌，现在战胜他们却不去占领，还要保存他们，违背天意滋长仇敌，以后即使后悔，也不能消除祸患了。食，消除。已，制止。"吴王不听。退朝后伍子胥告诉别人说："二十年以后，吴国大概会成为池沼吧！"是说吴国宫殿废弃毁坏，应当成为池沼。鲁哀公二十二年，越军攻进吴国。越国跟吴国媾和。

吴之入楚，在定四年。使召陈怀公[①]。怀公朝国人而问焉，曰："欲与楚者右，欲与吴者左。"陈人从田[②]，无田从党。

无田者从党而立。逢猾当公而进[③]，不左不右。曰："臣闻国之兴也以福，其亡也以祸。今吴未有福，楚未有祸，楚未可弃，吴未可从也。"公曰："国胜君亡，非祸而何？楚为吴所胜也。"对曰："国之有是多矣，何必不复？小国犹复，况大国乎？臣闻国之兴也，视民如伤[④]，是其福也；如伤，恐惊动。其亡也，以民为土芥，是其祸也。芥，草也。楚虽无德，亦不艾杀其民[⑤]。吴日敝于兵[⑥]，暴骨如莽[⑦]，而未见德焉。祸之适吴，其何日之有？言今至也。"陈侯从之。及夫差克越，乃修旧怨。言吴不修德而修怨，所以亡。"

【注释】

①陈怀公：妫姓，名柳，春秋时期陈国君主，是陈惠公的儿子。前505年，吴破楚，召其往会于郢。其大夫以楚与陈有故，不可背，谏止。乃称病谢。后，吴复召，恐而赴吴。吴怒其前不听命，留之。卒于吴，在位四年，谥怀。

②陈人从田：在西居右面对楚国，在东居左面对吴国。杜注："都邑之人无田者，随党而立，不知所与，故直从所居。田在西者居右，田在东者居左。"

③当：正当，正对。

④如伤：如同伤者那样照顾。或云，如同自身伤痛一样。

⑤艾（yì）杀：斩割，芟除。

⑥敝：衰败。

⑦暴骨：暴露尸骨，指死于郊野。

【译文】

吴军进入楚国，在鲁定公四年。派人召见陈怀公。怀公召集国人问道："想要跟楚国的站在右边，想要跟吴国的站在左边。"陈人有田地的按照田地所在分立,没有田地的跟从乡党邻里。没有田地的跟从乡党确立。逢猾正对着陈怀公进前,不左不右。说:“我听说国家的兴盛是因为福分,灭亡是因为祸患。现今吴国没有福分,楚国没有祸患,楚国还不能放弃,吴国还不能依从。”怀公说:“国家被战胜、君主流亡,不是祸患是什么?楚国被吴国战胜。”逢猾回答说:“国家有这种情况的很多,怎么就必定不能恢复?小国尚且能恢复,何况大国呢?我听说,国家兴盛时,看待民众如同伤患那样照顾,这是它的福分;如同伤患,恐怕惊动。它要灭亡时,把民众看成土块草棍,这是它的祸患。芥,是草。楚国虽说没有德政,也不至于斩杀它的民众。吴国天天用兵走向衰败,尸骨暴露多如杂草,而看不见它有什么德政。祸患来到吴国,还会有几天吗?这是说今天就到来。”陈怀公听从了他的话。等到夫差战胜越国,就开始报宿怨。这是说吴国不修养德行却重修怨恨,所以灭亡。

吴师在陈,楚大夫皆惧,曰:“阖庐惟能用其民,以败我于柏举。今闻其嗣又甚焉,将若之何?”子西曰:“二三子恤不相睦[①],无患吴矣[②]。昔阖庐食不二味,居不重席,室不崇坛[③],平地作室,不起坛。器不彤镂,彤,丹也。镂,刻也。宫室不观,观,台榭也。舟车不饰,衣服财用[④],择不取费[⑤]。选取坚厚,不尚细靡。在国,天有灾疠[⑥],亲巡孤寡,而供其乏困;在军,熟食者分,而后敢食。分,犹遍。其所尝者,卒乘与焉[⑦];所尝甘珍非常食。勤恤其民[⑧],而与之劳逸。是以民不疲劳,死知不旷[⑨]。知身死不见旷弃。吾先大夫子常易之,所以败我。易,犹反。今闻夫差次有台榭陂池焉[⑩],宿有妃嫱、嫔御焉;妃嫱,贵者。嫔御,贱者。皆内官也。一日之行,所欲必成,玩好必从。珍异是聚,观乐是务,视民如仇,而用之日新。

夫先自败也已,安能败我?"

【注释】

①二三子:诸位、诸君。恤:忧虑。睦:亲善,和睦。

②患:担心。

③坛:用土堆成的平台,指高起的地基。

④财用:材料跟用具。

⑤费:指奢靡浮华。

⑥灾疠(lì):病疫,病灾。

⑦卒乘:士兵与战车。后多泛指军队。

⑧勤恤:忧悯,关怀。

⑨旷:徒然,徒劳。

⑩次:留宿。台榭:台和榭,亦泛指楼台等建筑物。陂(bēi)池:池塘,池沼。

【译文】

吴军来到陈国,楚大夫都很惧怕,说:"阖闾能够使用他的民众,在柏举打败我们。现今又听说他的后嗣更厉害,将要怎么办呢?"子西说:"您几位应该忧虑的是不能和睦,不要担心吴国。从前阖闾吃饭没有两个菜,居处没有双重席,造房子不起高台,平地建造房屋,不起土台。器皿不用丹漆雕花,彤,是朱红。镂,雕刻。宫室没有观阙台榭,观,是台榭。车船没有修饰,衣服器用,取其实用而不讲究华丽。选取坚固厚实之物,不崇尚细致靡丽。在国内,天降灾病,就亲自巡视慰劳孤寡人群,供应他们缺乏的物资;在军队,煮熟的食物大家都分到,然后自己才敢吃。分,普遍之意。他吃的一些珍肴美味,兵士们也都有份;吃到的珍馐美味不是平常的美食。他勤恳地体恤人民,并和他们同甘共苦。所以人民不感到疲劳,为国效死知道不会白死。知道自己死了也不会被抛弃。我们故去的大夫子常反其道而行之,所以他打败了我们。易,相反。现今听说夫差临时住地都有台榭池塘，睡觉都有妃妾女御；妃嫱，指地位高贵的。嫔御，指地位低的。都是宫内的女官。即使一天的行程，想要的一定要得到，喜好赏玩的东西必定带上。他积聚珍异，一心只在玩乐，把人民看成寇仇，而役使他们却又没完没了。他先自己使自己失败了，哪里能打败我们？”

六年①

楚有云如众赤鸟，夹日而飞三日。楚子使问诸周太史②。周太史曰：“其当王身乎。日为人君，妖气守之，故为当王身。若禜之③，可移于令尹、司马④。禜，禳祭。”王曰：“除腹心之疾而寘诸股肱⑤，何益？不穀不有大过，天其夭诸？有罪受罚，又焉移之？”遂不禜。孔子曰：“楚昭王知大道矣！其不失国也，宜哉！”

【注释】

①六年：鲁哀公六年，前489年。

②楚子：指楚昭王。太史：官名，春秋时太史掌记载史事、编写史书、起草文书，兼管国家典籍和天文历法等。

③禜（yǒng）：古代禳灾之祭。为禳除风雨、雪霜、水旱、疠疫而祭日月星辰、山川之神。

④司马：官名。相传少昊始置。周时为六卿之一，掌军旅之事。

⑤腹心：指楚王自己。股肱：指令尹与司马。

【译文】

鲁哀公六年

楚国有云如同许多红色的鸟，在太阳两旁飞了三天。楚昭王派人询问周太史。周太史说：“大概会应验在君王身上吧。日象征君王，妖气守在两旁，所以应在王身。倘若进行禜祭，可以转移到令尹、司马身上。禜，是禳除灾异的祭祀。”昭王说:“去除心腹的疾患,却移至大腿和胳膊,有什么好处? 我没有大的过错,上天还会让我夭折吗? 有了罪就应当受罚,又怎么能转移呢?”于是没有举行禜祭。孔子说:“楚昭王知道大道了! 他没有失去国家,真是应该啊!”

十一年[①]

吴子将伐齐[②]。越子率其众以朝焉[③],王及列士皆有馈赂[④]。吴人皆喜,唯子胥惧,曰:“是豢吴也夫!”豢,养也。若人养牺牲,非爱之,将杀之。谏曰:“越在我,心腹之疾也。壤地同而有欲于我。欲得吴也。得志于齐,犹获石田也,无所用之。石田不可耕。越不为沼,吴其泯矣[⑤]。使医除病,而曰:‘必遗类焉者。’未之有也。”弗听。使于齐,属其子于鲍氏[⑥],为王孙氏。欲以避吴祸。反役[⑦],王闻之,使赐之属镂以死。属镂,剑名。将死,曰:“树吾墓槚[⑧],槚可材也,吴其亡乎! 三年,其始弱矣。盈必毁,天之道也。”越人朝之,伐齐胜之,盈之极。

【注释】

①十一年:鲁哀公十一年,前484年。

②吴子:指吴王阖闾。

③越子:指越王勾践。

④列士:即元士。古称天子之上士。别于诸侯之士。一说,古时上士、中士和下士的通称。

⑤泯:消失,丧失。

⑥属:委托,托付。鲍氏:齐国大夫鲍牧。

⑦役:指艾陵之役,是同年吴国在艾陵(今山东莱芜东南)打败齐国

军队的一次著名战役。

⑧树：栽种。檟（jiǎ）：即楸，落叶乔木。木材密致，古人常以为棺椁。

【译文】

鲁哀公十一年

吴王阖闾将要征伐齐国。越王勾践率领部下来朝见，从王一直到士都有财物馈赠。吴人都很高兴，只有伍子胥畏惧，说："这是在豢养吴国啊！"豢，豢养。好像人饲养供祭祀宰杀的纯色牲畜一样，不是爱它，而是将要杀掉它。劝谏道："越国对于我们来说，是心腹的疾患。与我们同在一块土地上并对我们有欲望。想要得到吴国。我们在齐国实现愿望，就好像得到石头田地，没有用处。石头田地不能耕作。越国不变成池沼，吴国恐怕就要消失了。让医生去除疾病，却说：'一定要留下病根。'这是从未有过的。"吴王不听。伍子胥出使齐国，把自己的孩子嘱托给鲍氏，姓氏改成王孙氏。想借此避开吴国覆灭的灾祸。艾陵战役返回后，吴王听说了，让人赐给伍子胥属镂剑自杀而死。属镂，剑的名字。将死时，伍子胥说："在我的坟墓上种植檟树，等到成材时，吴国大概灭亡了吧！三年之后，吴国就开始衰弱了。盈满之后必定毁坏，这是天道啊。"越人朝见吴王，吴军伐齐胜利，是盈满至极。

季孙欲以田赋[①]，丘赋之法[②]，因其田财，通出马一匹，牛三头。今欲别其田及家财各为一赋，故言田赋。使冉有访诸仲尼[③]。仲尼不对，不公答。而私于冉有曰："君子之行也，行政事。度于礼[④]，施取其厚[⑤]，事举其中，敛从其薄[⑥]，如是，则丘亦足矣。丘，十六井。若不度于礼，而贪冒无厌[⑦]，则虽以田赋，将又不足。且子季孙若欲行而法[⑧]，则周公之典在；若欲苟而行之，又何访焉？"

【注释】

①季孙:指季康子,当时鲁国公室衰弱,以季氏为首的三桓强盛,季氏宗主季康子位高权重,是鲁国的正卿、权臣。田赋:按田亩征收的赋税。

②丘赋:春秋时郑国按田亩征发的军赋。《春秋左传正义》:"《司马法》方里为井,四井为邑,四邑为丘。丘出马一匹,牛三头。四丘为甸,甸乃有马四匹,牛十二头,是为革车一乘。今用田赋,必改其旧,但不知若为用之。……旧制丘赋之法,田之所收及家内资财,井共一马三牛。今欲别其田及家资各为一赋,计一丘民之家资令出一马三牛,又计田之所收,更出一马三牛,是为所出倍于常也。旧田与家资官赋,今欲别赋其田,故言欲以田赋也。"

③冉有:即冉求,字子有,通称冉有,尊称冉子,鲁国人。孔门七十二贤之一,以政事见称,擅长理财,曾担任季氏宰臣,孔子称其"可使治赋"。访:咨询。

④度:衡量。

⑤施:给与。

⑥敛:征收。

⑦贪冒:贪图财利。

⑧法:指合乎法度。

【译文】

季康子想要征收田赋,丘赋的方法,是按照田地家财,通出一匹马,三头牛。现今想要区别田地以及家财,各自缴纳赋税,所以叫田赋。让冉有去咨询孔子。孔子没有回答,不在公开场合回答。私下对冉有说:"君子实施政事,实行政事。要用礼制来衡量,施与要丰厚,办事要适中,征收钱财要微薄,像这样,那么按照丘征税也够了。一丘是十六井。倘若不按照礼制衡量,贪图财利没有满足,那么即使按田亩征收赋税,恐怕还是不够。况且季康子如果想合乎法制,那么有周公制定的典章在;要是想随意行事,又何必来征求意见呢?"

十四年[①]

小邾射以句绎来奔[②],曰:"使季路要我[③],吾无盟矣[④]。"子路信诚,故欲得与相要誓而不须盟也。使子路,子路辞。季康子使冉有谓之曰:"千乘之国,不信其盟,而信子之言,子何辱焉[⑤]?"对曰:"鲁有事于小邾[⑥],不敢问故,死其城下可也。彼不臣而济其言[⑦],是义之也[⑧]。由弗能。济,成也。"

【注释】

①十四年:鲁哀公十四年,前481年。

②小邾:国名,邾或作郳,它是西周晚期至战国时期地处齐、鲁、宋、楚等大国之间的一个诸侯国,故址在今山东滕州。射:杜注:"小邾大夫。"句绎:小邾国地名。在今山东邹城东南。

③季路:即仲由,字子路,又字季路,"孔门十哲"之一。仲由以政事见称,曾为季氏的家臣。为人伉直,好勇力,跟随孔子周游列国。要:约言。以明誓的方式就某事做出庄严的承诺或表示某种决心。

④盟:盟誓,结盟立约。

⑤辱:感到羞辱。

⑥有事:指发生战争。

⑦不臣:不守臣节。济其言:成就他的话。

⑧义之:认为他正义。

【译文】

鲁哀公十四年

小邾国大夫射带着句绎之地来投奔鲁国,说:"让子路跟我约言,我就不用盟誓了。"子路诚信,所以想要跟他相约誓言,就不用盟誓了。让子路去,子路推辞。季康子让冉有去对他说:"对千乘之国,都不相信它的盟誓,却相信您的话,您有什么感到羞辱的呢?"子路回答说:"鲁国跟小邾国有战事,我不敢询问缘故,可以战死在小邾城下。那个家伙不守臣节来投奔我们,我却让他的约言得以落实,这是认为他正义啊。我不能干。济,是成就。"

二十四年[①]

公子荆之母嬖[②],荆,哀公庶子。将以为夫人,使宗人衅夏献其礼[③]。宗人,礼官。对曰:"无之。"公怒曰:"汝为宗司[④],立夫人,国之大礼也,何故无之?"对曰:"周公及武公娶于薛[⑤],武公敖也。孝、惠娶于商[⑥],孝公称、惠公弗皇也。商,宋。自桓以下娶于齐[⑦],桓公始娶文姜[⑧]。此礼也则有。若以妾为夫人,则固无其礼也。"公卒立之,而以荆为太子。国人始恶之。恶公也。

【注释】

①二十四年:鲁哀公二十四年,前471年。

②公子荊:鲁哀公庶子。嬖:得宠。

③宗人:古代官名。掌宗庙、谱牒、祭祀等。衅夏:人名。

④宗司:执掌王室祭祀与礼仪者。

⑤武公:即鲁武公,姬姓,名敖,鲁献公之子,鲁真公之弟。薛:周初分封的诸侯国之一,在今山东滕州东南。

⑥孝:即鲁孝公,姬姓,名称,鲁武公之子,鲁懿公之弟。惠:即鲁惠公,姬姓,名弗湟,一作弗皇、弗生,鲁孝公之子。商:即宋国。周初周公封殷纣王的庶兄微子启于商朝的旧都商丘,建立宋国,被周天子封为公爵,国君子姓,宋氏。

⑦桓：即鲁桓公，姬姓，名允，一作轨，鲁惠公嫡长子，鲁隐公之弟。

⑧文姜：姜姓，齐僖公之女，齐襄公异母妹。

【译文】

鲁哀公二十四年

公子荊的母亲得宠，公子荊，是哀公的庶子。哀公想要立她为夫人，让宗人衅夏进献礼仪。宗人，是礼官。衅夏回答说："没有这样的礼仪。"哀公愤怒地说："你是管理礼仪的宗司，立夫人，是国家大典礼，为什么说没有呢？"衅夏回答说："周公旦跟鲁武公从薛国娶妻，鲁武公姬敖。鲁孝公、鲁惠公从宋国娶妻。鲁孝公姬称、鲁惠公姬弗皇。商，是宋国。从鲁桓公往下都从齐国娶妻，从鲁桓公娶文姜开始。这个礼仪确实有。倘若把妾立为夫人，那么确实没有这个礼仪啊。"鲁哀公最终立了她，把公子荊立为太子。国人开始厌恶他了。厌恶哀公。

卷七

礼记

【题解】

中国是礼仪之邦，关于礼仪的核心文献有《仪礼》《周礼》《礼记》这三部经典。《仪礼》本名《礼》，全书共十七篇，它是礼的本经，汉时称为《礼经》。《周礼》原名《周官》，它分为六官，每官各下辖六十官，共三百六十官，记录了一个宏大的官制体系。汉末经学大师郑玄为之作注，取用《周礼》之名。《礼记》是《礼经》之“记”，即是对《礼经》的补充和阐发，汉时有一百三十一篇，后来刘向增至二百一十四篇。戴德从中选了八十五篇教学生，即《大戴礼记》；他的侄子戴圣，选了四十九篇，比较简要，即《小戴礼记》。《小戴礼记》由于郑玄作了出色的注，而畅行于世，故后人径称之为《礼记》。

魏徵在《隋书·经籍志》中叙述礼学源流时说：“自大道既隐，天下为家，先王制其夫妇、父子、君臣、上下、亲疏之节。至于三代，损益不同。周衰，诸侯僭忒，恶其害己，多被焚削。自孔子时，已不能具，至秦而顿灭。汉初，有高堂生传十七篇，……自高堂生至宣帝时后苍，最明其业……苍授梁人戴德，及德从兄子圣、沛人庆普，于是有大戴、小戴、庆氏，三家并立。后汉唯曹元传庆氏，以授其子褒。然三家虽存并微，相传不绝。汉末，郑玄传小戴之学，后以古经校之，取其于义长者作注，为郑氏学。……今《周官》六篇、古经十七篇、《小戴记》四十九篇，凡三种。

唯《郑注》立于国学,其余并多散亡,又无师说。"

《礼记》在唐代更成为礼经,是孔颖达《五经正义》所确定的"经"之一。《仪礼》记载了先秦的冠、婚、丧、祭诸礼的"礼法"的仪式,它几乎不涉及仪式背后的"礼义"。而《礼记》一书,则围绕儒家的政治理想、治国方略、天人关系、典章文物等深入探究礼乐文明奥蕴。郑玄说:"礼者,体也,履也。统之于心曰体,践而行之曰履。"这也是《礼记》所要着重阐释的内容。《礼记》还引用了大量的孔子语录,而且大多不见于《论语》,所以对于研究儒家思想来说弥足珍贵。《礼记》一书,《汉书·艺文志》说是"七十子后学者所记也",孔颖达说:"其《礼记》之作,出自孔氏。但正《礼》残缺,无复能明……至孔子没后,七十二之徒共撰所闻,以为此《记》。或录旧礼之义,或录变礼所由,或兼记体履,或杂序得失,故编而录之,以为《记》也。"

戴圣,字次君,梁国(今河南商丘)人。西汉时期官员、学者、礼学家、汉代今文经学的开创者,后世称其为"小戴"。戴圣与叔父戴德曾跟随后苍学《礼》,两人被后人合称为"大小戴"。据郑玄《六艺论》:"案《汉书·艺文志》《儒林传》云,传《礼》者十三家,唯高堂生及五传弟子戴德、戴圣名在也。""今礼行于世者,戴德、戴圣之学也。"又云"戴德传《记》八十五篇",则《大戴礼》是也;"戴圣传《礼》四十九篇",即今本《礼记》。汉宣帝时,戴圣以博士参与石渠阁论议,官至九江太守。其辑录的《礼记》,为儒家经典著作之一,即《小戴礼记》。

《群书治要》从《礼记》中摘选了二十二篇的一些章节,主要侧重于君子修身、为政,治国、用人诸方面,摘录者还强调了礼乐的重大意义。魏徵本人就曾经引用过《礼记》中《曲礼》篇的"傲不可长,欲不可从,志不可满,乐不可极"来告诫唐太宗李世民不要重蹈桀纣的覆辙。在病危的遗稿中,魏徵还引用了《曲礼》篇的"爱而知其恶,憎而知其善",劝谏李世民要"去邪勿疑,任贤勿贰",以此作为兴国的指导。

《十三经注疏》中的《礼记正义》收录了郑玄的"注"和孔颖达的"正义"(即孔疏)。孔颖达《礼记正义·序》:"爰从晋、宋,逮于周、隋,其传《礼》业者，江左尤盛。其为义疏者，南人有贺循、贺玚、庾蔚（之）、崔灵恩、沈重、（范）宣、皇侃等，北人有徐道明、李业兴、李宝鼎、侯聪、熊安（生）等，其见于世者，唯皇、熊二家而已。……仍据皇氏以为本，其有不备，以熊氏补焉。”可知孔颖达《礼记正义》多以皇侃的义疏为参考。皇侃是南北朝礼学研究的集大成者之一，通五经，尤精于“三礼”。其礼学当时在国子学备受推崇，曾给礼学造诣很深的梁武帝讲《礼记》。《隋书·经籍志》记载皇侃有《礼记义疏》一书，当即孔疏所据之本，然今已散佚。但《礼记正义》也有自己的独到之处。《礼记正义》遵循“疏不破注”的原则，对皇疏之误，或皇疏有违郑注时则多予批驳，强调解经言之有据，提倡语言简朴。《礼记正义》训诂内容丰富，方法多样，可视为训诂学著作之典范。《礼记正义》对《礼记》及郑注中所涉及的历史与传说人物，皆有所训释，据统计达数百人之多；而其所考证的名物，范围极广，种类众多，重点是礼仪制度。古礼名目繁杂，文献残缺，《礼记正义》考证翔实，学术价值极高，大有功于礼学。据此，我们在注释时多所引用，译文也尽量与之相统一。

曲礼①

《曲礼》曰：毋不敬②，礼主于敬。俨若思③，言人坐思，貌必俨然。安定辞④，审言语也。安民哉！此三句可以安民也。

【注释】

①曲礼：《礼记》的第一篇。曲，委曲婉转而又周遍详尽。陆德明说：“《曲礼》者，是《仪礼》之旧名，委曲说礼之事。”孔颖达《礼记正义》引郑玄《三礼目录》说：“名曰《曲礼》者，以其篇记五礼之事。祭祀之说，吉礼也。丧荒去国之说，凶礼也。致贡朝会之说，宾礼也。兵车旌鸿之说，军礼也。事长敬老、执贽纳女之说，

嘉礼也。”其前半部分，多讲述日常生活的规范，相当于“幼仪”。其后半部分，多为成人之礼仪。开始一节孔颖达解释说：“人君立治之本，先当肃心谨身，慎口之事”。

②毋不敬：敬，严肃认真，尊重谨慎。《礼记正义》：“人君行礼，无有不敬，行五礼皆须敬也。”

③俨：俨然，庄严持重的样子。

④安定：合理，审慎。《礼记正义》：“安定，审也。辞，言语也。人君出言，必当虑之于心，然后宣之于口，是详审于言语也。”

【译文】

《曲礼》说：不要不恭敬，礼主要就是应严肃认真地对待一切事物。**举止像是端坐思考一样庄严，**这是说人坐着思考，外貌一定是庄重严肃的样子。**说话时态度安详，言辞合理、审慎，**言辞谨慎。**这样就能安定民心！**践行这三句就可以使民众安定了。

傲不可长①，欲不可从②，志不可满③，乐不可极。此四者慢游之道④，桀、纣所以自祸也。

【注释】

①傲不可长：按孔颖达说，此一节说明人君要恭谨克制，所以郑玄引桀、纣来佐证。傲，内心矜慢。

②欲：欲望，多指贪欲、情欲等负面欲望。从：同“纵”，放纵。

③志：意志，感情。满：自满。《礼记正义》：“六情遍睹，在心未见焉志。凡人各有志意，但不得自满。故《六韬》云：‘器满则倾，志满则覆。’”

④慢游：浪荡遨游。

【译文】

傲慢不可以滋长，欲望不可以放纵，情志不可以满足，享乐不可以至

极。这四样是浪荡遨游的行为，夏桀、殷纣因此而招致灾祸。

贤者狎而敬之[①]，狎，习也，近也。习其所行。**畏而爱之**[②]。心服曰畏。**爱而知其恶，憎而知其善。**不可以己心之爱憎，诬人以善恶[③]。

【注释】

①贤者狎而敬之：按孔说，这一节总的说明爱敬安危忠信之事。狎，亲近。

②畏：敬畏。

③诬：以不实之辞诬蔑。

【译文】

有德行的贤人要亲近并且尊敬他，狎，是熟习、亲近的意思。熟习他的言行。敬畏而又爱戴他。心服叫畏。对喜爱的人要了解他的缺点，对憎恶的人要了解他的优点。不能用自己内心的爱憎，凭空说他人的好坏。

夫礼者[①]**，所以定亲疏、决嫌疑、别同异、明是非也**[②]。

【注释】

①夫礼者：按孔说，这一节总的说明修身实践。待人接物合适与否，都是由于礼。

②嫌疑：疑惑难辨的事理。

【译文】

礼，是用来确定人际关系的亲近疏远、决断疑惑难明的事理、区别事类的相同差异、明辨是非对错的。

道德仁义[①]，非礼不成；教训正俗[②]，非礼不备；分争辨讼[③]，非礼不决；君臣上下，父子兄弟，非礼不定；宦学事师[④]，非礼不亲；班朝治军[⑤]，莅官行法[⑥]，非礼威严不行；祷祠祭祀[⑦]，供给鬼神，非礼不诚不庄。班，次也。莅，临也。庄，敬也。

【注释】

①道德仁义：按孔说，这一节说明礼是一切事物的根本。有礼，是人跟禽兽的最大区别。

②正俗：端正习俗。

③讼：诉讼，控告。

④宦学事师：宦，指学做官的事。学，指学习礼、乐、射、御、书、数六艺。二者都需要向老师学习。

⑤班朝：指上朝时按位次排列站立。

⑥莅官：指官员到任各有职掌。行法：指司寇士师公正执行刑法。

⑦祷祠：指向神求福及得福而后举行谢神的祭祀。

【译文】

道德仁义，没有礼就不能成就；教导训诫，端正风俗，没有礼就不能完备；纠纷争端，控告诉讼，没有礼就不能解决；君臣、上下级官员、父子、兄弟间的关系，没有礼就不能确定卑尊；向前辈见习官员职务，向老师学习知识技能，没有礼就不能亲近和睦；上朝排列百官位次、治理军队，官员到任、执行法令，没有礼就不能体现威严；祈祷神灵，祭祀先祖，没有礼就不能表现诚挚庄重。班，按次序排列。莅，莅临。庄，庄严恭敬。

富贵而知好礼[①]，则不骄不淫[②]；贫贱而知好礼，则志不慑[③]。慑，犹怯惑[④]。

【注释】

①富贵而知好礼：这一节阐明无论贵贱，必须用礼端正补足自己。

②淫：过分而不合礼的。此指骄纵，恣肆。

③慑：恐惧，困惑。孔颖达："慑，怯也，惑也。贫者之容，好怯惑畏人，使心志不遂，若知礼者，则持礼而行之，故志不慑怯。"

④怯：怯懦。惑：糊涂，迷惑。

【译文】

如果富贵者知晓并喜好礼，就不会骄奢放纵；如果贫贱者知晓并喜好礼，就不会怯懦困惑。慑，相当于怯懦迷惑。

国君春田不围泽[①]，大夫不掩群[②]，士不取麛卵[③]。生乳之时，重伤其类。

【注释】

①国君春田不围泽：这一节说明身份贵贱决定田猎的方式。泽，泛指山泽猎场。《礼记正义》："国君，诸侯也。春时万物产孕，不欲多伤杀，故不合围绕取也。"

②掩：掩取，乘其不意而夺取或捕捉。群：禽兽聚集的群落。《礼记正义》："群，谓禽兽共聚也。群聚则多，不可掩取之。"

③麛（mí）：幼鹿，泛指幼兽。

【译文】

春天田猎时，诸侯国国君不可合围猎场，大夫不可成群猎杀，士不可猎取幼兽、拿走鸟蛋。生育哺乳之时猎杀，会严重地伤害野生动物族群。

岁凶[①]，年谷不登[②]，登，成也。君膳不祭肺[③]，马不食谷，驰道不除[④]，祭事不县[⑤]，大夫不食粱[⑥]，士饮酒不乐[⑦]。皆自为贬损,忧民也。礼,食则祭所先,不祭肺则不杀。除,治也。县,乐器,钟磬之属也。

【注释】

①岁:年成。凶:指灾害。

②登:谷物收成。

③祭肺:周人祭祀要用牺牲的肺充作祭品。周人重肺,故以肺祭之,不祭肺,亦即不杀牲。

④驰道:正道,国家的大道,御路。除:指清除修整道路。《礼记正义》:"除,治也。不除,谓不治于草莱也。所以不除者,凶年,人各应采蔬食,今若使人治路,则废取蔬食,故不除也。"

⑤县:同"悬",指悬挂的编钟、编磬等乐器。

⑥粱:精细的主食。

⑦乐:泛指音乐舞蹈。《礼记正义》:"士平常饮酒奏乐,今凶年犹许饮酒,但不奏乐也。"

【译文】

灾害年成,谷物没有收获,登,是收成。国君膳食不杀牲,马匹不吃谷物,驰道不清除修整,祭祀典礼不用编钟编磬,大夫不吃精细粮食,士人宴饮不奏乐。这些都是减少自我的享受、待遇,是因为担忧民众的缘故。礼规定,享用食物前要先祭祀先祖,不用牺牲的肺充作祭品就是不杀牲。除,是整治的意思。县,指乐器,是钟磬一类悬挂起来的乐器。

檀弓[①]

知悼子卒[②],未葬,悼子,晋大夫,荀盈也。平公饮酒[③],师旷、李调侍[④],鼓钟[⑤]。杜蒉自外来[⑥],历阶而升堂[⑦],酌曰[⑧]:

“旷饮斯！”又酌曰：“调饮斯！”又酌，堂上北面坐饮之[9]，降，趋而出。三酌，皆罚爵[10]。平公呼而进之，曰：“蒉！尔饮旷何也？”曰：“子、卯不乐[11]。纣以甲子死，桀以乙卯亡，王者谓之疾日[12]，不以举乐，所以自戒惧也。知悼子之丧在堂[13]，未葬，斯其为子、卯也大矣。言大夫丧重于疾日。旷也大师也[14]，不以诏[15]，是以饮之。诏，告也。太师，典司奏乐也[16]。”“尔饮调何也？”曰：“调也，君之亵臣也[17]，为一饮一食，忘君之疾[18]，是以饮之。言调贪酒食也。亵，嬖也。近臣亦当规君。疾，忧也。”“尔饮何也？”曰：“蒉也宰夫也[19]，非刀匕是供[20]，又敢与知防[21]，是以饮也。防，禁放溢者也[22]。”平公曰：“寡人亦有过焉，酌而饮寡人！”闻义则服。杜蒉洗爵而扬觯[23]。举爵于君。公谓侍者曰：“如我死，则必无废斯爵！”欲后世以为戒。至于今，既毕献[24]，斯扬觯，谓之“杜举”。此爵遂因杜蒉为名。毕献，献宾与君也。

【注释】

①檀弓：春秋战国时鲁国人，姓檀名弓，善礼。《礼记正义》：“案郑《目录》云：‘名曰《檀弓》者，以其记人善于礼，故著姓名以显之。姓檀名弓，今山阳有檀氏。此于《别录》属《通论》。’此檀弓在六国之时，知者，以仲梁子是六国时人，此篇载仲梁子，故知也。案子游讥司寇惠子废適立庶，又《檀弓》亦讥仲子舍適孙而立庶子，其事同，不以子游名篇，而以《檀弓》为首者，子游是孔门习礼之人，未足可嘉，檀弓非是门徒，而能达礼，故善之，以为篇目。”其遣词造句独特，为后世所称道。篇中的丧礼，可补《士丧礼》的不足，天子诸侯之礼，也有所记载。

②知悼子：即荀盈，春秋时晋国人，字伯夙，智氏（知氏）第四代家

主。悼子是其谥号。

③平公:指晋平公,姬姓,名彪,晋悼公之子,春秋时晋国国君,前557—前532年在位。

④师旷:春秋时晋国乐师,字子野。生而无目,博学多才,尤精音乐。李调:《左传》作“外嬖嬖叔”,晋平公的宠臣。

⑤鼓:演奏。钟:编钟。

⑥杜蒉(kuài):《左传》作“屠蒯”,晋国的宰夫。

⑦历阶:越阶而上。古人每上一级台阶,两脚要并一下,历阶是一步一个台阶,两脚不并。升堂:登上厅堂。

⑧酌:斟酒。

⑨北面:面向北。古礼,臣拜君,卑幼拜尊长,都是面向北行礼。

⑩罚爵:罚酒。爵,古代一种盛酒礼器,也用为饮酒器。

⑪不乐:不演奏音乐。

⑫疾日:恶日,不吉之日。

⑬丧:人的尸体、骨殖,这里指停棺待葬的灵柩。

⑭大师:古代乐官之长。大,同“太”。

⑮诏:告诉,告诫。

⑯典司:主管,主持。

⑰亵臣:亲近宠幸的臣子。

⑱疾:忧虑。

⑲宰夫:古代掌管膳食的小吏,厨师。

⑳刀匕:刀和匙,指食具。供:侍奉,伺候。

㉑与:参与。知:预知。防:防止,指谏诤。

㉒放溢:泛滥。

㉓扬觯(zhì):举杯。扬,举起。觯,古代青铜制饮酒器,形似尊而小,本文泛指酒杯。献酒于君,应先将酒器盥洗清洁。

㉔献:进酒,向宾客敬酒。

【译文】

知悼子去世，还没有埋葬，知悼子，是晋国大夫荀盈。晋平公喝酒，师旷、李调在旁侍奉，演奏编钟。杜蒉从外面进来，一步一个台阶地登上厅堂，斟酒说："师旷，喝了它！"又斟酒说："李调，喝了它！"又斟酒，在堂上面向北坐着喝酒，然后下堂，快步出去。三次斟酒，都是罚酒。晋平公喊他进来，说："杜蒉！你为何罚师旷喝酒？"说："子日、卯日不应奏乐。夏桀在甲子日死，商纣在乙卯日亡，君王把子日、卯日称为不吉之日，不能奏乐，好用来自我警戒畏惧。知悼子的灵柩还在堂上，还没有下葬，这要比子日、卯日饮酒的问题更大。这是说大夫的丧礼比不吉之日更重要。师旷是主管乐师的太师，没有告诉君王，因此罚他喝酒。诏，是告诉。太师，是主管奏乐的官员。""为何罚李调喝酒？"说："李调啊，是君王亲近宠幸的臣子，为了一杯酒一碗饭，就忘掉君王的忧虑，因此罚他喝酒。这是说李调贪图酒食。亵，是受宠幸。国君亲近的臣子也应当规劝国君。疾，是忧虑。""为何罚你自己喝酒？"说："我是个厨师，不去拿着刀匙做菜伺候，却越职谏诤，因此罚自己酒喝。防，本是用来防止泛滥的。"晋平公说："我也有过错啊，斟酒罚我一杯！"晋平公听到合乎道义的话就信服。杜蒉把酒杯清洗举起给国君。举杯给国君。平公对侍者说："如果我死了，一定不要扔掉这个酒杯！"想让后代将其作为警戒。直到今天，给宾客敬酒完毕，就要举起酒杯，把这个叫做"杜举"。这个酒杯就因为杜蒉而得名。毕献，敬酒给宾客君主。

孔子过泰山侧，有妇人哭于墓者而哀，夫子式而听之①。怪其哀甚也。使子贡问之②，曰："昔吾舅死于虎③，吾夫又死焉，今吾子又死焉。夫之父曰舅。"夫子曰："何为不去？"曰："无苛政④。"夫子曰："小子识之⑤，苛政猛于虎也！"

【注释】

①式：通"轼"，古代设在车箱前供立乘者凭扶的横木。这里用作动

词，在车上俯身扶轼致敬。

②子贡：即端木赐，复姓端木，字子贡，春秋末期卫国人。他是孔子的学生，“孔门十哲”之一，以言语闻名，有干济才，办事通达，曾任鲁国、卫国之相。他还善于经商之道，富致千金，为孔子弟子中首富。按，有的《礼记》版本作“子路”，我们按天明本处理。

③舅：指丈夫的父亲，公公。

④苛政：指繁重的赋税、苛刻的法令。

⑤小子：学生，晚辈，这里是孔子叫子贡。识（zhì）：记住。

【译文】

孔子经过泰山旁，有一位妇人在坟墓前哭得非常悲哀，孔夫子俯身扶轼倾听。奇怪她悲哀得这样厉害。让子贡问她，她说：“从前我公公被老虎咬死了，我丈夫又被咬死了，现今我儿子也死了。丈夫的父亲叫舅。”孔夫子说：“为什么不离开呢？”她说：“没有暴政啊。”孔夫子说：“学生们记住了，暴政比老虎还凶猛呀！”

阳门之介夫死[①]，阳门，宋国门也。介夫，甲胄卫士[②]。司城子罕入而哭之哀[③]。子罕，乐喜也。晋人之觇宋者[④]，反报于晋侯曰：“阳门之介夫死，而子罕哭之哀，而民悦[⑤]，殆不可伐也。觇，窥视也。”孔子闻之曰：“善哉，觇国乎！善其知微。”

【注释】

①阳门：宋国国都的城门。介夫：甲士。

②甲胄：铠甲与头盔。

③司城：宋国官名，主管营建城郭，相当于其他国家的司空。宋国执政正卿。子罕：即乐喜，子姓，乐氏，字子罕，是春秋时期宋国贤卿相。

④觇（chān）：窥视，侦察。

⑤悦：指感动。《礼记正义》："介夫匹庶之贱人，而子罕是国之卿相，以贵哭贱，感动民心，皆喜悦，与上共同死生。"

【译文】

宋国国都阳门的一个卫士死了，阳门，是宋国国都的城门。介夫，是穿戴铠甲头盔的卫士。司城子罕去了他家哭得很哀痛。子罕，是乐喜。晋国派来窥伺宋国情况的人，回报晋侯说："阳门的卫士死了，子罕去他家哭得很哀痛，因而民众都很感动，恐怕还不能征伐宋国吧。觇，是窥视的意思。"孔子听到说："好啊，真是一位善于侦查国情的人啊！认为他善于见微知著。"

王制[①]

凡官民材[②]，必先论之[③]。论，谓考其德行道艺也[④]。论辨[⑤]，然后使之；辨，谓考问得其定也。任事，然后爵之[⑥]；爵，谓正其秩次[⑦]。位定，然后禄之。爵人于朝[⑧]，与士共之；刑人于市，与众弃之。必共之者，所以审慎之。

【注释】

①王制：本篇据郑玄《三礼目录》，是记录儒家传承中"先王班爵、授禄、祭祀养老之法度"，所以叫《王制》。卢植说："汉孝文皇帝令博士诸生作此《王制》之书。"《礼记正义》："《王制》之作，盖在秦汉之际。"这一节论述选择贤材，爵禄任命。

②官：选择任命官员。民材：指庶民中的人才。

③论：衡量，评定。

④道艺：指学问和技能。

⑤论辨：指考定才能品德，评定能力高下。

⑥爵之：把官爵授予他。《礼记正义》："'爵，谓正其秩次'，言虽考问，知其实有德行道艺，未明其干能，故试任以事；事又干了，然后正其秩次，除授位定，然后与之以禄。"

⑦秩次：指秩禄等级的高低。

⑧爵人：指以爵位或官职授人。

【译文】

凡是从庶民中选拔人才、任命官员，必须首先评定他们的德行才能。论，是指考核他们的德行和学问技能。考核确定品德才能的高下，然后任用他们；辨，是指考察询问确定品德才能的高下。任命工作，然后授予不同等级的官爵；爵，指正式授予不同等级的官爵。位次确定了，然后发放俸禄。授予人官职要在朝廷上，让众人一起参与；处决犯人要在市集上，和民众一起抛弃他。一定要众人共同参与的原因，是要审慎对待这些事。

獭祭鱼①，然后虞人入泽梁②；豺祭兽③，然后田猎；鸠化为鹰④，然后设罻罗⑤；草木零落⑥，然后入山林；昆虫未蛰⑦，不以火田⑧。取物必顺时候也⑨。昆虫者，得阳而生，得阴而藏也。

【注释】

①獭（tǎ）祭鱼：这一节谈天子以下田猎要顺应季节。獭，水獭，一种哺乳动物，鼬科。头部宽而扁，尾巴长，四肢短粗，趾间有蹼，毛褐色，密而柔软，有光泽。穴居在河边，昼伏夜出，善于游泳和潜水，吃鱼类和青蛙、水鸟等。皮毛很珍贵。祭鱼，指水獭常捕鱼陈列在水边，如同陈列供品祭祀。据《月令》，獭祭鱼在一月、十月，本节当指十月。

②虞人：古时掌山泽苑囿之官。泽梁：在水流中用石筑成的拦水捕鱼的堰。

③豺：俗名豺狗，犬科，形似狼而小，性凶猛，常成群围攻牛、羊等家

畜。祭兽：豺将捕获的野兽陈列在地上，如同献祭。《礼记正义》："案《月令》九月'豺乃祭兽'，《夏小正》'十月，豺祭兽'。则是九月末十月之初豺祭兽之后，百姓可以田猎。"

④鸠化为鹰：这是古人的说法。郑众说，"中秋鸠化为鹰"，那就是八月。

⑤罻（wèi）：捕鸟的小网。

⑥零落：凋零，凋谢。《礼记正义》："谓十月时。案《月令》季秋'草木黄落'，其零落芟折则在十月也。故《毛诗传》云：'草木不折，不操斧斤，不入山林。'此谓官民总取林木。若依时取者，则《山虞》云'仲冬斩阳木，仲夏斩阴木'，不在零落之时。"

⑦蛰（zhé）：动物冬眠，潜伏起来不食不动。

⑧火田：用火焚烧草木而田猎。《礼记正义》："谓未十月之时，十月则以火田。故《罗氏》云'蜡则作罗襦'，注云：'今俗放火张罗。'从十月以后至仲春，皆得火田。"

⑨时候：季节，节候。

【译文】

十月，水獭把捕捉到的鱼陈列到水边，然后掌管山泽的虞人在水流中筑起围堰捕鱼；九月，豺狗将捕杀的野兽陈列在地上，然后人们才开始田猎；八月，鸠化成鹰，然后设置捕鸟的网罗；十月，草木凋零，然后进入山林砍伐；昆虫还没有蛰伏，就不要用火焚烧草木田猎。这是说获取物类必须顺应节候。昆虫，得到阳气就生存，得到阴气就蛰藏。

国无九年之蓄[①]，曰不足；无六年之蓄，曰急；无三年之蓄，曰国非其国也。三年耕，必有一年之食；九年耕，必有三年之食。以三十年之通[②]，虽有凶旱水溢，民无菜色[③]。然后天子食，日举以乐[④]。民无食菜之饥色，天子乃日举乐以食也。

【注释】

①国无九年之蓄:这一节谈国家用度与年成积累。蓄,积聚,储藏。

②通:合计,总计。

③菜色:指饥民营养不良的脸色。

④举以乐:演奏音乐。

【译文】

国家没有九年的储藏,叫做不充足;没有六年的储藏,叫做危急;没有三年的储藏,那就是国家不像国家了。耕作三年,必定有可供一年食用的余粮;耕作九年,必定有可供三年食用的余粮。将国家三十年的收获合计起来,即使有大的水旱灾害,民众也不会有营养不良的脸色。然后天子才能放心吃饭,每一天都可以演奏音乐。民众没有只能吃菜的饥饿脸色,天子才日日演奏音乐吃饭。

月令①

孟春之月②,立春之日,天子亲率三公、九卿、诸侯、大夫③,以迎春于东郊④。命相布德和令⑤,行庆施惠⑥,下及兆民。相,谓三公相王之事者也。德,谓善教也。令,谓时禁也。庆,谓休其善也。惠,谓恤其不足也。是月也,天子乃以元日⑦,祈谷于上帝⑧。谓以上辛郊祭天也⑨。郊祀后稷,以祈农事也。上帝,太微之帝也⑩。乃择元辰⑪,天子亲帅三公、九卿、诸侯、大夫,躬耕帝籍⑫。元辰,盖郊后吉辰也。帝籍,为天神借民力所治之田也。禁止伐木;盛德所在。毋覆巢,毋杀孩虫、胎夭、飞鸟⑬,毋麛毋卵⑭;为伤萌幼之类。毋聚大众,毋置城郭;为妨农之始也。掩骼埋胔⑮;为死气逆生气也。骨枯曰骼,肉腐曰胔也。不可称兵⑯,称兵必有天殃⑰。逆生气也。

【注释】

①月令：月是天文，令是政令。本篇记述了每个月的时令变化，及天子每月应办的大事。郑玄《三礼目录》说："名曰《月令》者，以其记十二月政之所行也。"本文的天文制度多符合秦制，陆德明说："此是《吕氏春秋·十二纪》之首，后人删合为此记。"

②孟春之月：春季的第一个月。孟，排行第一。这是采用夏历。《礼记正义》："以夏数得天正，故用之也。"

③三公：古代中央三种最高官衔的合称，周以太师、太傅、太保为三公。九卿：古代中央政府的九个高级官职。周以少师、少傅、少保、冢宰、司徒、宗伯、司马、司寇、司空为九卿。

④迎春：古代祭礼之一，古人以春配应五方之东、五色之青，故于立春日，天子率百官出东郊祭青帝，迎接春季到来。郑玄注："迎春，祭苍帝灵威仰于东郊之兆也。"

⑤相：指三公。布德：实施德教。和：宣布。令：指节令时禁。

⑥行庆：褒扬善行。行，施行。庆，奖励，褒扬。施惠：施加恩惠，抚恤不足。

⑦元日：第一个辛日。

⑧祈谷：祈祷农事丰收。上帝：天帝。

⑨上辛：农历每月上旬的辛日。郊祭：古代于郊外祭祀天地，南郊祭天，北郊祭地。

⑩太微：古代星官名。三垣之一。位于北斗之南，轸、翼之北，大角之西，轩辕之东。诸星以五帝座为中心，作屏藩状，指天帝所在。

⑪元辰：良辰，吉辰，指东郊祭祀之后的亥日。《礼记正义》："甲乙丙丁等谓之日，郊之用辛，上云元日。子丑寅卯之等谓之为辰，耕用亥日，故云元辰。""知用亥者，以阴阳式法，正月亥为天仓，以其耕事，故用天仓也。"

⑫躬耕：古代帝王亲自率领大臣在籍田举行耕种仪式以劝农。帝

籍：天子象征性的亲耕之田。

⑬孩虫：幼虫。胎夭：指刚出生及尚未出生的小动物。胎，谓在腹中未出。夭，为生而已出者。

⑭麛（mí）：幼鹿，指幼兽。

⑮骼：枯骨，尸骨。也作为骨的通称。胔（zì）：肉还没有烂尽的骨殖。亦泛指人的尸体。

⑯称兵：举兵。

⑰天殃：上天降下的祸殃。

【译文】

孟春正月，立春日，天子亲自率领三公、九卿、诸侯、大夫出东郊祭祀，迎接春季的到来。命令三公实施德教，宣布节令时禁，奖励善行，抚恤施加恩惠，下及广大民众。相，指三公辅佐天子的事情。德，指好的德教。令，指时节禁令。庆，指褒扬美善。惠，指抚恤不足。这个月，天子就在正月上旬第一个辛日，祭祀天帝，祈祷农事丰收。指在上旬第一个辛日祭天。在郊外祭祀后稷，祈祷农事丰收。上帝，是太微之帝。于是选择亥日良辰，天子亲自率领三公、九卿、诸侯、大夫，在籍田举行耕种仪式来鼓励农耕。元辰，是指郊祭后的吉辰。帝籍，是说天神借助民众之力所耕种的田地。禁止砍伐树木；体现盛德。不要倾覆鸟巢，不要杀害幼虫、怀孕的母兽、刚出生的幼兽、学飞的小鸟，不要捕杀小兽，不要掏取鸟蛋；这些是伤害新生命之类的事情。不要聚集大众，不要修建城池；这些是妨害开始农事耕作的事情。掩埋好尸体骨殖；是因为死亡气息与万物生长的状态相背逆。骨头干枯了叫骼，肉腐烂了叫胔。不能兴兵作战，兴兵必定会遭天灾。这与万物生长的状态相背逆。

仲春之月[①]，养幼少，存诸孤，助生气也。命有司省囹圄[②]，去桎梏[③]，毋肆掠[④]；顺阳气也。省，减也。肆，谓死刑暴尸。毋竭川泽，毋漉陂池[⑤]，毋焚山林。顺阳养物。

【注释】

①仲春之月：这一节论述助养生气，止狱减刑。仲春之月，春季的第二个月，夏历二月。仲，排行第二。

②有司：官吏。囹圄（líng yǔ）：监狱。

③桎梏（zhì gù）：脚镣手铐。在足曰桎，在手曰梏。

④肆掠：一般指鞭挞。这里指死后陈尸示众。

⑤漉（lù）：滤，使干涸，竭尽。陂（bēi）池：池塘。

【译文】

仲春二月，抚养幼小孩童，存恤无助孤儿，助力生命成长。命令主管官员减少监狱犯人，去除手铐脚镣，不要鞭挞犯人和处死后陈尸示众；顺应阳气生长。省，是减少的意思。肆，指执行死刑后陈尸示众。不要让河湖枯竭，不要让池塘干涸，不要焚烧山林。顺应阳气，养育万物。

季春之月[①]，天子布德行惠，命有司发仓廪[②]，赐贫穷[③]，振乏绝[④]；振，犹救也。开府库[⑤]，出币帛[⑥]，聘名士[⑦]，礼贤者[⑧]。聘，问也。名士，不仕者。命司空曰[⑨]："时雨将降[⑩]，下水上腾[⑪]。修利堤防[⑫]，导达沟渎[⑬]；开通道路，毋有障塞[⑭]。所以除水潦便民事也[⑮]。田猎罝罘[⑯]，罗罔毕翳[⑰]，餧兽之药[⑱]，无出九门[⑲]。为逆天时也，天子九门也。"命野虞毋伐桑柘[⑳]。爱蚕食也。野虞，谓主田及山林之官。后妃斋戒[㉑]，亲帅东向躬桑，禁妇女无观[㉒]，省妇使以劝蚕事[㉓]。后妃亲采桑，示帅先天下也。东向者，向时气。无观，去容饰也。妇使，缝线组之事[㉔]。命工师[㉕]，百工咸理，监工日号[㉖]，无悖于时，毋或作为淫巧[㉗]，以荡上心。咸，皆也。于百工皆治理其事之时，工师则监之。日号令戒之，以此二事。百工作器物各有时，逆之则功不善也。淫巧，谓伪饰不如法也。荡,谓动之使生奢泰㉘。

【注释】

①季春之月:春季的第三个月,三月。季,四季中每季的最后一个月。

②发:打开。仓廪:指粮食仓库。仓,储藏谷物的库房。廪,储藏米的库房。

③赐:上对下、长对幼的给予。

④振:救济。乏绝:穷乏,断绝。二者均指粮米。《礼记正义》引蔡氏云:"谷藏曰仓,米藏曰廪,无财曰贫,无亲曰穷,暂无曰乏,不续曰绝。"引皇氏云:"长无谓之贫穷,暂无谓之乏绝。"

⑤府库:指国家贮藏财物、兵甲的处所。

⑥币帛:缯帛。古代用于祭祀、进贡、馈赠的礼物。

⑦聘:聘请。名士:隐居不仕的高人。

⑧礼:礼遇,以礼相待。贤者:次于名士的隐者。《礼记正义》引蔡氏云:"名士者,谓其德行贞纯,道术通明,王者不得臣,而隐居不在位者也。贤者,名士之次,亦隐者也。名士优,故加束帛,贤者礼之而已。"

⑨司空:官名,周时为六卿之一,即冬官大司空,掌管工程。

⑩时雨:应季的雨水。

⑪下水:降下的水。

⑫修利:指因地势之利而修治。

⑬导达:疏通。沟渎(dú):指田间水道。

⑭障塞:障碍堵塞,指沟渠、道路上的障碍、阻塞等。

⑮水潦(lào):水淹。潦,同"涝"。

⑯罝罘(jū fú):泛指捕兽网。

⑰罗罔:指捕鸟网。罔,同"网"。毕:长柄捕兽网。翳(yì):射猎者用以隐藏自己的帐幕。郑注:"罔小而柄长谓之毕。翳,射者所以

自隐也。”

⑱倭：同“喂”，饲。药：指毒药。

⑲九门：禁城中的九座门。按照古代宫室制度，天子设九门，即路门、应门、雉门、库门、皋门、城门、近郊门、远郊门、关门。《礼记正义》：“自路门、皋门已内皆宫室所在，非田猎之处，亦禁罗网、毒药不得出者，此等门内虽是宫室所在，亦有林苑及空间之处，得有罗网及毒药所施。”

⑳野虞：主管田野及山林的官员。柘（zhè）：木名，又叫黄桑。叶可喂蚕（如今之柞蚕），木质密致坚韧，木汁能染赤黄色。

㉑斋戒：在祭祀前沐浴更衣、整洁身心，以示虔诚。

㉒妇：指宫中女官及诸臣之妻。女：郑注：“女，外内子女也。”孔颖达疏：“外子女，谓王外姓甥之女者。内子女者，王之同姓子女。”无观：指去掉饰物。

㉓省：减少。妇使：妇女之事，如缝纫纺织等。蚕事：养蚕的工作。

㉔组：编织，编结。

㉕工师：古官名。上受司空领导，下为百工之长。专掌营建工程和管教百工等事。

㉖日号：每日宣布一次号令。

㉗淫巧：指过于精巧而无益的技艺与制品。

㉘奢泰：奢侈。

【译文】

季春三月，天子广兴德教，施加恩惠，命令主管官员打开粮仓，赐给贫苦民众，赈济无米少粮的穷人；振，意为救。打开府库，拿出馈赠礼品，聘问名士，礼遇贤才。聘，是聘问。名士，指不出仕做官的士人。命令司空说：“雨季将要到来，水位上涨。要顺因地势修建堤防，疏通田间沟渠水道；开通大小道路，不要有任何障碍堵塞。用来消除水灾，方便民众生活。田猎所用到的捕兽网、捕鸟网、长柄捕兽网及隐藏自己的帐幕，还有毒饵毒

药，都不要带出九门。这是背逆时节的。天子设有九门。”**命令主管田野山林的野虞不要砍伐桑树柘树。**是要爱惜蚕的食物。野虞，是指主管田野山林的官员。**后妃整饬身心斋戒，亲自面向东采摘桑叶，禁止妇女佩戴饰物，减少缝纫编织之事，好集中力量鼓励桑蚕。**后妃亲自采桑，来作为天下的表率。面向东，是因为感应春季升起的阳气。无观，是去掉饰物。妇使，指缝纫编织之事。**让工师命令工匠们都从事生产，监理工程并日日号令警戒他们，不要违背时令，不要制作浮华而没有实际价值的器物，来蛊惑君上之心。**咸，是都。工匠们都在劳作的时候，工师要监理他们，每日号令并告诫他们这两件事。工匠们制作器物都有各自的时令，违反时令则徒劳无功。淫巧，指虚浮巧饰不依照正规做法。荡，指引诱他生出奢侈的念头。

孟夏之月①，无起土功②，毋发大众。为妨蚕农之事。命野虞劳农③，命农勉作，毋休于都④。急趣农事。

【注释】

①孟夏之月：夏季的第一个月，夏历四月。

②土功：指治水、筑城、建造宫殿等工程。

③劳：慰问，慰劳。

④都：都城，都邑。

【译文】

孟夏四月，不要兴建土木工程，不要征发大批劳役。因为这会妨害养蚕农耕等事情。**命令主管田野山林的野虞慰问农民，让农民努力耕作，不要老在都邑休息。**赶紧去干农活。

仲夏之月①，命有司为民祈祀山川百原②，大雩帝③；乃命百县雩祀百辟卿士有益于民者④，以祈谷实。阳气盛而恒旱，山川百源，能兴云雨者也。雩帝，谓雩五精之帝也[5]。百辟卿士，古者上公以下[6]，若句龙、后稷之类[7]。

【注释】

①仲夏之月：夏季的第二个月，夏历五月。

②祈祀：祈祷祭祀。山川百原：掌管雨水的山川河流众神明。百原，指各种河流的源头，须先祭祀河水的源头才得以求雨。原，同“源”。

③大雩（yú）：古求雨祭名。帝：天帝。

④百辟卿士：指古之能立功有益于人的君主、百官等。辟，君主。《礼记正义》：“正以将欲雩祭，故先命有司为祈祀山川百源，为将雩之渐，重民之义也。故先为民‘大雩帝，用盛乐’者，为民祈谷后，天子乃大雩天帝，用上鞀鞞之等，故云用盛乐。‘乃命百县雩祀百辟卿士’者，谓天子既雩之后，百县谓诸侯也，命此诸侯以雩祀古之百辟及卿士等，生存之日，能立功有益于人者。”

⑤五精：五方之星。

⑥上公：周制，三公（太师、太傅、太保）八命，出封时，加一命，称为上公。

⑦句龙：人名。相传为共工之子，能平水土，后世祀为后土之神。

【译文】

仲夏五月，命令主管官员为民众祈祷祭祀名山大川与河流源头，向天帝举行求雨的雩祭；然后让所有官员举行雩祀，祭祀古代那些立下功劳有益于民众的君主、卿士，用来祈求谷物丰收。阳气旺盛就常常干旱，山川百源，是能够带来降雨的。雩帝，指求雨祭祀五方之星的天帝。百辟卿士，指古代上公以下的君主、卿士，像句龙、后稷等人。

季夏之月[1]，树木方盛，无有斩伐。为其未坚韧也。毋发令而待，以妨神农之事[②]。发令而待，谓出徭役之令以豫惊民。民惊则心动，是害土神之气也。土神称曰神农者，以其主于稼穑也。水潦盛昌[③]，举大事则有天殃[④]。

【注释】

①季夏之月：夏季的最后一个月，夏历六月。

②神农之事：指农耕。神农，传说中的太古帝王名，开始教民为耒耜，务农业，故称神农氏。又传他曾尝百草，发现药材，教人治病。

③水潦（lǎo）：大雨，雨水。

④天殃：天降祸殃。

【译文】

季夏六月，树木正当茂盛，不要砍伐。因为树木还不够坚韧。不要发布劳役命令让百姓等待召集，妨碍农耕之事。发令而待，是指发出徭役命令来事先惊动民众。民众惊动内心不安，这就会妨害土神的灵气。土神称作神农，是因为他主持种植收获等农事。这个月雨水多，如果兴师动众就会遭受上天的祸殃。

孟秋之月[①]，乃命将帅选士厉兵[②]，命大理审断刑[③]，命百官完堤防，谨壅塞，以备水潦。

【注释】

①孟秋之月：秋季的第一个月，夏历七月。

②选士：选择士卒，亦指精选出来的兵士。厉兵：磨砺兵器，使其锋利。

③大理：掌管刑罚的官职。审：指审理案件。断刑：判刑。

【译文】

孟秋七月，就要命令将帅挑选士卒、磨快兵器，命令主管刑罚的大理审案判刑，命令百官建好堤防，谨慎检查水道阻塞之处，用来防备水灾。

仲秋之月①，养衰老，授几杖②。乃命有司趣民收敛③，务蓄菜，多积聚。为御冬之备也④。乃劝民种麦⑤，毋或失时。麦者，接绝续乏之谷，尤重之也。

【注释】

①仲秋之月：秋季的第二个月，夏历八月。

②几杖：坐几和手杖，皆老者所用，古代常用为敬老之物。几，坐几，设置在坐席之后低矮的凭依用具。

③趣（cù）：催促。收敛：收获农作物。

④御冬：抵御冬天的饥寒。

⑤麦：冬小麦。当时种植较少，不是主粮，但它是夏收作物收获早，所以郑注说是“接绝续乏之谷”。

【译文】

仲秋八月，奉养衰弱老人，授予敬老的坐几和手杖。于是命令主管官员催促民众收割，致力于储藏菜蔬，多多积聚粮食。为抵御冬季饥寒做准备。于是鼓励农民播种小麦，不要错过农时。麦子，在粮食缺乏断绝时正好能接续上，要特别重视。

季秋之月①，命冢宰举五谷之要②，定其租税簿。藏帝籍之收于神仓③。霜始降，百工咸休。寒而胶漆作④，不坚好。

【注释】

①季秋之月：秋季的最后一个月，夏历九月。

②冢宰：周官名，为六卿之首，也叫太宰。举：提出，检查。要：会计

之簿书。

③帝籍：天子象征性的亲耕之田。神仓：古时藏祭祀用谷物的处所。《礼记正义》："神仓者，贮祀鬼神之仓也。"

④胶漆作：指用胶漆这些黏性物质去粘。今本《礼记正义》作："寒而胶漆之作，不坚好也。"

【译文】

季秋九月，命令冢宰检查五谷会计的簿册，确定租税簿册。把天子亲自耕作的籍田收成放入专收祭祀用谷物的神仓。霜开始降下，工匠们都停工休息。天气寒冷时，胶漆无法黏固结实。

孟冬之月①，赏死事②，恤孤寡③。死事，谓以国事死也。命百官谨盖藏，谓府库囷仓也。固封疆，备边境，完要塞，谨关梁④，大饮烝⑤。十月农功毕，天子、诸侯与其群臣饮酒于大学，以正齿位⑥，谓之大饮。天子乃祈来年于天宗⑦，祀于公社及门闾⑧，腊先祖五祀⑨。此周礼所谓蜡祭也。天宗，谓日月星辰也。五祀，门、户、中霤、灶、行。劳农以休息之⑩。党正属民饮酒⑫，正齿位是也。天子乃命将帅讲武⑪，习射御。

【注释】

①孟冬之月：冬季的第一个月，夏历十月。

②死事：指死于国事的人。

③孤寡：指烈士的妻子、儿女。

④"命百官谨盖藏"几句：盖藏，指国家仓库的储藏。《礼记正义》："封疆理当险阻，故云'固'。边竟防拟盗贼，故云'备'。要塞理宜牢固，故云'完'。关梁禁御奸非，故云'谨'……皆随事戒约，故设文不同也。"

⑤大饮烝:《礼记正义》:“于是月之时,天子诸侯与群臣大行饮酒为飨礼,以正齿位。烝,升也。升此牲体于俎之上,故云‘大饮烝’。”

⑥齿位:指按年龄大小所定的席次。按《礼记·乡饮酒义》:“乡饮酒之礼,六十者坐,五十者立侍,以听政役,所以明尊长也。六十者三豆,七十者四豆,八十者五豆,九十者六豆,所以明养老也。”

⑦天宗:指日月星辰。蔡邕云:“日为阳宗,月为阴宗,北辰为星宗也。”一说天宗指天、地、春、夏、秋、冬,又称六宗。

⑧公社:古代官家祭祀的处所。《礼记正义》:“以上公配祭,故云公社。”门闾:指宫门,闾本里巷之门,宫中有永巷,所以有闾门。

⑨腊:祭名。年终合祭百神。五祀:指向门、户、中霤、灶、行诸神的祭祀。《礼记正义》:“腊,猎也。谓猎取禽兽,以祭先祖五祀也。此等之祭,总谓之‘蜡’。若细别言之,天宗、公社、门闾谓之‘蜡’,其祭则皮弁素服,葛带榛杖。其腊先祖五祀,谓之息民之祭,其服则黄衣黄冠。”

⑩休息:使他们休息。《礼记正义》:“按《党正职》‘国索鬼神而祭祀,则以礼属民’。此亦祭众神之后,劳农休息,文正相当,故云是此等休息,是正齿位。”

⑪党正:周时地方组织的长官。

⑫讲武:讲习武事。

【译文】

孟冬十月,要赏赐为国牺牲的人,抚恤死者的孤儿寡妇等家属。死事,指为国事而死的人。命令百官要谨慎检查国家的储藏,指储物的府库、藏粮的囷仓。加固疆界,防备边境,完善要塞,严查关口桥梁,十月农事结束,举行大饮烝礼。十月农事完毕,天子、诸侯以及群臣在太学饮酒,来确定年龄大小的座次,这叫做大饮。天子于是向日月星辰祈祷来年丰收,在官家祭祀后土的公社以及宫门举行祭祀,用猎物向先祖以及五神祭祀。这是周礼所说的蜡祭。天宗，是指日月星辰。五祀，是指对于门、户、中霤、灶、行诸神的祭祀。祭神之后慰劳农民，让他们休息。让地方上的党正聚集民众饮酒，按年龄进行排位。天子于是命令将帅讲习武事，教导士卒练习射箭驾驭。

仲冬之月[①]，天子乃命有司，祈祀四海大川、山林薮泽[②]。有能取蔬食、田猎禽兽者[③]，野虞教导之。务收敛野物也。大泽曰薮，草木之实为蔬食。

【注释】

①仲冬之月：冬季的第二个月，夏历十一月。

②四海：古以中国四境有海环绕，各按方位为东海、南海、西海和北海，但亦因时而异，说法不一。大川：江、河、淮、汉等大河。薮（sǒu）泽：指水草茂密的沼泽湖泊地带。

③蔬食：指草木的果实。

【译文】

仲冬十一月，天子命令主管官员，祈祷祭祀四海大河，山林湿地。有能够采摘蔬果、田猎捕兽的人，让野虞去教导他们。务必要收获野生动植物。大的沼泽叫作薮，草木的果实叫作蔬食。

季冬之月[①]，命取冰，冰已入，令告民出五种[②]。命田官告民出五种，明大寒气过，农事将起。命农计耦耕事[③]，修耒耜[④]，具田器[⑤]。天子乃与公卿大夫共饬国典[⑥]，论时令[⑦]，以待来岁之宜。饬国典者，和六典之法也。周礼，以正月为之也。

【注释】

①季冬之月：冬季的最后一个月，夏历十二月。

②令：指命令田官。五种：指黍（黄米）、稷（小米）、菽（大豆）、麦、稻五种谷物的种子。

③耦（ǒu）耕：古代用耒耜犁田，二人并耕。后亦泛指农事或务农。

④耒耜（lěi sì）：古代耕地翻土的农具，耒是耒耜的柄，耜是耒耜下端的起土部分。

⑤田器：指农具。

⑥饬：整饬，整顿。国典：国家的典章制度，这里指治典、教典、礼典、政典、刑典、事典六典。

⑦时令：古时按季节制定有关农事的政令。

【译文】

季冬十二月，命令凿取冰块，冰块放入冰窖后，命令田官告诉民众取出五谷的种子。命令田官告诉民众取出五谷的种子，说明大寒已经过去，农忙季节即将到来。**命令农民计划耕种的事情，修好犁杖，准备好农具。天子于是跟公卿大夫一起研讨修订国家的六典，讨论按季节安排农事的政令，来准备明年不失时宜的颁行。**饬国典，是调和六典中的法令。按照周礼，应该在正月进行。

文王世子①

文王之为世子，朝于王季日三②。鸡初鸣而起，衣服至于寝门外③，问内竖之御者曰④：“今日安否何如？”内竖，小臣之属，掌外内之通令者。御，如今小吏直日也。内竖曰：“安！”文王乃喜。及日中又至，亦如之。及暮又至，亦如之。其有不安节⑤，则内竖以告文王，文王色忧，行不能正履⑥。节，谓居处故事也⑦。履，蹈地也。王季复膳⑧，然后亦复初。食上⑨，必在视寒暖之节⑩；在，察也。食下⑪，问所膳，膳，所食也。然后退[12]。武王帅而行之[13]。帅，循也。文王有疾，武王不脱冠带而养；言常在侧。文王壹饭[14]，亦壹饭；文王再饭[15]，亦再饭。欲知气力箴药所胜[16]。

【注释】

①文王世子：文王即周文王姬昌，季历之子，西周奠基人。季历死后由他继承西伯侯之位，又称伯昌。在位五十年。世子，太子，帝王和诸侯的嫡长子或继承王位的儿子。这一篇之所以叫做《文王世子》，是因为记述了文王为世子之时的礼法。郑玄注："以其善为世子之礼，故著谥号标篇，言可法也。"本篇内容涵括了文王世子、周公践阼、教世子、庶子正公族之法、天子视学、世子之记等等，记载了文王、武王、成王为世子时善守世子之礼的言行。

②朝：朝见。王季：即季历，姬姓，名历，季是排行，所以称季历。周文王之父，周武王和周公旦之祖父。日三：一日三次。郑玄注："三皆曰朝，以其礼同。"

③衣服：用如动词，穿好衣服。寝门：古礼天子五门，诸侯三门，大夫二门。最内之门曰寝门，即路门。后泛指内室之门。

④内竖：官内小臣。御者：值班的人。

⑤节：睡眠起居饮食等情况。

⑥正履：指正常走路。

⑦故事：以前的事。

⑧膳：进食。

⑨上：献上。

⑩在：观察。

⑪下：撤下。

⑫退：退回私寝。

⑬武王：周武王姬发，周文王的儿子，西周的开国国君。帅：遵循。

⑭壹饭：指吃一口饭。

⑮再：二。

⑯箴：同“针”，针灸治病所用的针形器具。

【译文】

文王作为世子的时候，每日要朝见王季三次。鸡初次打鸣就起床，穿好衣服来到寝门之外，问宫内值日小臣说：“父亲今天身体好不好？”内竖，属于小臣一类，是掌管王宫内外通报传令的。御，就像今天小官吏值日一样。小臣说：“好！”文王就喜悦。等到中午又到来，也如同上次一样。等到晚上又到来，也如同上次一样。如果王季起居饮食有不安适的，那么内竖就报告文王，文王神色忧虑，行走都不能正常迈步。节，是指正常饮食起居。履，是踩地。王季又能进食了，然后文王也恢复原样。食物献上，文王必定要查看冷热的情况；在，是察。食物撤下来，问进食的情况。膳，指吃的食物。然后文王才退回私寝。武王也遵循文王的孝道践行。帅，是遵循。文王有病，武王不脱冠冕、不解衣带地在旁伺候奉养；这是说常在身旁。文王吃一口饭，武王也吃一口；文王吃两口饭，武王也吃两口。想要知道文王体力耐受针药的程度剂量。

凡三王教世子[①]，必以礼乐。乐，所以修内也[②]；礼，所以修外也[③]。礼乐交错于中[④]，发形于外[⑤]。立太傅、少傅以养之[⑥]，养，犹教也。言养者，积浸成长。太傅审父子、君臣之道以示之[⑦]，为之行其礼也。少傅奉世子，以观太傅之德行而审谕之[⑧]。为之说其义也。太傅在前，少傅在后，谓其在学时也。入则有保[⑨]，出则有师[⑩]，谓燕居出入时也[⑪]。是以教谕而德成也[⑫]。以有四人维持之。师也者，教之以事而谕诸德者也；保也者，慎其身以辅翼之，而归诸道者也[⑬]。慎其身者，谨安护之。是故知为人子，然后可以为人父；知为人臣，然后可以为人君；知事人，然后能使人。君之于世子也，亲则父也，尊则君也。有父之亲，有君之尊，然后兼天下而有之。是故养世子不可不慎也。处君父之位，览海内之士，而近不能以教其子，则其余不足观之也。

【注释】

①三王：指夏禹、商汤、周文王。《礼记正义》："此一节是第三节中，论三王教世子礼乐，及立师传教以道德既成，教尊、官正、国治之事。"

②乐，所以修内也：按孔疏，乐是喜乐之事，喜乐从内产生，可以和谐性情，所以说"修内"。

③礼，所以修外也：按孔疏，礼是恭敬之事，恭敬就要端正容体，容体在表面，所以说是"修外"。

④交错：交相错杂。

⑤发形：散发成形。

⑥太傅："三公"之一，辅弼天子治理天下。少傅："三孤"之一，为君国辅弼之官。养：教养，涵养。

⑦审：详审。

⑧审谕：明白地告知，周密地讲解。

⑨保：太保，古代辅导天子和诸侯子弟的官员。

⑩师：太师，周代辅佐国君的官员。

⑪燕居：退朝而处，闲居。

⑫谕：晓谕。

⑬"师也者"几句：《礼记正义》："作《记》者，更明师保之德，故云'师也者，教之以事而喻诸德者'，谓教世子以所行之事。喻，晓也。诸，于也。而每事之上，使世子晓喻于德义也。'保也者，慎

其身以辅翼之而归诸道者也’，保是护也。辅，相也。翼，助也。谓护慎世子之身，辅相翼助，使世子而归于道。案《老子》先道后德，则道尊德卑。此师喻诸德，保归诸道，先德后道者，以道德无定据，各有大小。《老子》谓无为自然之道故在先，德谓人所法行故在后，皆谓大道大德也。”

【译文】

夏商周三朝开国君王教导世子，必定用礼乐。乐，是用来修养内心的；礼，是用来规范外表的。乐由心中发散于外表，礼由外表深入到内心，礼乐交相错杂在性情之中，又散发展现在外表。设立太傅、少傅来教养世子，养，相当于教养。用养字，是渐渐成长。太傅明辨父子、君臣之道以教育世子，为他践行这些礼法。少傅在旁奉侍世子，让他观察太傅的德行，并且为世子讲述明白。为世子讲说其中的义理。太傅展示在前，少傅解说在后，这是指在学习道德礼法的时候。入宫有太保保护，出宫有太师辅佐，这是指闲居出入宫廷的时候。因此能够教导喻解来成就道德。因为有太傅、少傅、太保、太师四个人维护保持。所谓师，是用事实来教导世子，让他明白道德的人；所谓保，是要谨慎地保护并辅佐世子，使他的言行合乎道德规范的人。慎其身，指要谨慎地保护他。因此，知道如何为人子，然后可以为人父；知道如何为人臣，然后可以为人君；知道如何事奉人，然后可以使唤人。国君对于世子来说，亲疏关系上是父亲，尊卑关系上是国君。有为父之亲，又有为君之尊，然后才能兼有统治天下的权力。因此教养世子不能不谨慎。处在国君、父亲的地位，观览考察天下的士人，如果连近在身边的儿子都不能教导好，那么其余的更没有可取之处。

行一物而三善皆得者[①]，唯世子而已，其齿于学之谓也[②]。物，犹事也。故世子齿于学，国人观之曰：“将君我而与我齿让[③]，何也？”曰：“有父在则礼然[④]。”然而众知父子之道矣。其二曰：“将君我而与我齿让，何也？”曰：“有君在则礼然。”然而众知君臣之义也。其三曰:“将君我而与我齿让,何也?”曰:“长长也。”然而众知长幼之节[⑤]。故父在斯为子,君在斯谓臣,居子与臣之节,所以尊君亲亲也。故学之为父子焉,学之为君臣焉,学之为长幼焉。学,教也。父子、君臣、长幼之道得而国治。语曰:“乐正司业[⑥],父师司成[⑦]。一有元良[⑧],万国以贞[⑨]。”世子之谓也。司,主也。一,一人也。元,大也。良,善也。贞,正也。

【注释】

①三善:按孔颖达的解释,指的是后文所说的国人知父子、君臣、长幼之道这三善。《礼记正义》:“一事而三善者,谓众知父子,众知君臣,众知长幼,是其三善,则下经所云者是也。”

②齿于学:指在学校按年龄排序,谦让年长之人。齿,年齿,年龄。

③齿让:以年岁大小相让,表示长幼有序。

④有父在则礼然:这是说父亲在的时候,就应该谦退,不敢在人之前。

⑤节:等级,地位。

⑥乐正:古时乐官之长。司业:主持世子的学业。业,指世子《诗》《书》之业。

⑦父师:世子的师傅大司成。司成:负责世子的品德教育。

⑧一:一人,指世子。元良:大善。

⑨万国以贞:天下都能循从正道。贞,正。

【译文】

能够做一件事而得到让众人知道父子、君臣、长幼之道这三个好结果的,只有世子罢了,这是说在学校中行事按照年龄排序。物,相当于事。所以世子在学校礼让学长,国人看到说:“世子将要成为我的国君,却与我们一样按年龄的长幼讲究谦让,为什么呢?”回答说:“因为有父亲在,为人子女必须谦退，不应居于人前，那就要礼让。”这样众人就知道父子之道了。又有国人说：“将要成为我的国君，却与我们一样按年龄的长幼讲究谦让，为什么呢？”回答说：“有国君在必须谦让，自己与大家同朝为臣，那就要礼让。”这样众人就知道君臣之义了。还有国人说：“将要成为我的国君，却与我们一样按年龄的长幼讲究谦让，为什么呢？”回答说：“尊重长者，做晚辈的礼应如此。”这样众人就知道长幼之节了。所以父亲健在就是为子的身份，国君健在就是为臣的身份，处在儿子跟臣子的地位上，因此要尊敬国君、敬爱父亲。所以要教导世子学习怎样为父为子，学习怎样为君为臣，学习怎样为长为幼。学，指教导。懂得了父子、君臣、长幼的道理，国家就安定。古语说：“乐正主管世子《诗》《书》的教育，父师主导世子的德行教育。世子一人贤良，天下都走上正道。”这说的就是对世子教育的重要性啊！司，是主管。一，是指一个人。元，是大的意思。良，是善的意思。贞，是正的意思。

礼运[①]

昔者仲尼与于蜡宾[②]，蜡者，索也。岁十二月，合聚万物而索飨之[③]，亦祭宗庙。时孔子仕鲁，而在助祭之中。事毕，出游于观之上[④]，喟然而叹。观，阙也。言偃在侧[⑤]，曰：“君子何叹？”言偃，孔子弟子子游也。孔子曰：“大道之行也，天下为公，选贤与能，公，犹共也。禅位授圣[⑥]，不家之也。故人不独亲其亲，不独子其子，孝慈之道广也。使老有所终，幼有所长，鳏寡、孤独、废疾者皆有所养[⑦]。无匮乏者。是故谋闭而不兴[⑧]，盗窃乱贼而不作[⑨]，是谓大同[⑩]。同，犹和平。

【注释】

①礼运：本篇记载了曾子、子游询问有关礼的内容。郑玄《三礼目录》云："名曰'礼运'者，以其记五帝、三王相变易、阴阳转旋之道。"礼运，即礼的运转，其意义有二，一是演变，二是旋转。演变，是就时代生活的沿革来说的；旋转，是就五行四时的更迭而言的。四时的更迭，周而复始，礼制依次而行。因此"礼运"所指的是礼制的起源、因缘变革与运行。

②仲尼：孔子的字。与：参加。蜡（zhà）：古代年终大祭。宾：指助祭人。

③索飨（xiǎng）：指求索所有的神而尽祭之。飨，通"享"。

④观（guàn）：古代宫门外的双阙，上悬国家典章法令。

⑤言偃：即子游，姓言，名偃，字子游，春秋末吴国人。孔子弟子，"孔门十哲"之一。

⑥禅（shàn）：把帝位让给别人。

⑦鳏（guān）：老而无妻的人。寡：老而无夫的人。孤：幼而无父的人。独：年老无子女的人。

⑧谋：指奸邪狡诈之心。《礼记正义》："'是故谋闭而不兴'者，兴，起也。夫谋之所起，本为鄙诈。今既天下一心，如亲如子，故图谋之事闭塞而不起也。"

⑨乱贼：叛乱。《礼记正义》："'盗窃乱贼而不作'者，有乏辄与，则盗窃焉施？有能必位，则乱贼何起作也？"

⑩大同：当时的儒家学派提出的一种理想社会，与"小康"相对。这种理想社会曾为许多人所向往。

【译文】

从前孔子作为助祭参加了鲁君主持的年终大祭——蜡祭，蜡，是求索。年终十二月，聚合万物求索所有的神全部加以祭祀，也祭祀宗庙。当时孔子在鲁国出仕当官，以助祭的身份参加。**祭完，登上宫门外的观阙游览，长长地叹**

气。观，是观阙。言偃在旁问道："先生为何叹气？"言偃，是孔子的弟子子游。孔子说："大道施行的时候，天下为人们共有，选拔出贤才与能人为君长，公，相当于公共。把帝位授让给圣人，不把帝位当作自家私有物品。所以人们不只是孝敬自己的父母，不只是慈爱自己的子女，孝顺慈爱的道理广泛推行。使老人能颐养天年，使幼童能健康成长，鳏夫、寡妇、孤儿与年老独身、残疾患病的人都能得到供养。不让他们缺乏生活所需。因此，奸诈权谋就不会兴起，偷盗叛乱就不会发生，这就叫大同。同，相当于和平。

"今大道既隐，隐，犹去也。天下为家，传位于子也。各亲其亲，各子其子，大人世及以为礼[①]，城郭沟池以为固[②]，乱贼繁多，为此以服之。大人，诸侯也。礼义以为纪，以正君臣，以笃父子，以睦兄弟，以和夫妇，以设制度，以功为己。故谋用是作，兵由此起[③]。以其违大道敦朴之本，其弊则然。老子曰：'法令滋章，盗贼多有也。'禹、汤、文、武、成王、周公，由此其选也[④]。由，用也。能用礼义成治者也。此六君子者，未有不谨于礼者[⑤]。"

【注释】

①大人：指天子、诸侯。

②城：内城。郭：外城。沟池：环绕城郭的护城河。固：本是城池坚固，这里指保障。

③兵：指战乱。

④禹、汤、文、武、成王、周公，由此其选也：选，指选拔出来的人，也就是卓越人才。《礼记正义》："以其时谋作兵起，递相争战，禹、汤等能以礼义成治，故云'由此其选'。由，用也。此，谓礼义也。用此礼义教化，其为三王中之英选也。"

⑤谨：谨慎地从事。

【译文】

“现今大道已经衰微，隐，相当于隐去、消失。天下成为一家所有，指传位给儿子。各自孝顺自己的父母，各自慈爱自己的子女，天子诸侯世代相传成为礼制，修建高大城池作为保障，乱臣贼子繁多，建造这些来征服他们。大人，指诸侯。将礼义作为纲纪，用来端正君臣关系，用来加深父子感情，用来使兄弟和睦，用来使夫妻和谐，用来设立制度，把功劳归于自己。所以奸诈权谋由此产生，战乱因此兴起。因为这违背了大道敦厚淳朴的根本，它的弊端就是如此。老子说：‘法律条令越来越多，盗贼就会更多。’夏禹、商汤、周文王、周武王、周成王、周公，就是用礼义治国的卓越人才。由，是用。能用礼义成功治国的人。这六位君子，没有不谨慎守礼的。”

言偃复问曰：“如此乎，礼之急也①？”孔子曰：“夫礼者，先王以承天之道，以治人之情，故失之者死②，得之者生③。《诗》云：‘人而无礼，胡不遄死④！’故圣人以礼示之，天下国家可得而正⑤。民知礼，则易教也。

【注释】

①礼之急：言偃听到孔子讲的三王得礼就兴盛，失礼就败亡，所以说“礼之急”。

②失之者死：失去礼就会灭亡，如夏桀、殷纣。

③得之者生：得到礼就会生存，如夏禹、商汤。

④人而无礼，胡不遄（chuán）死：见《诗经·鄘风·相鼠》。遄，迅疾。《礼记正义》：“胡，何也。遄，疾也。何不疾死，无所侵害。”

⑤正：指走上正道。

【译文】

言偃又问道：“既然如此，礼是如此的急需吗？”孔子说：“礼，先代的君王用它来承接天道，治理民情，所以失去它就灭亡，得到它就生存。《诗经》说道：‘一个人如果没有了礼，为什么不快点去死！’所以圣人用礼来昭示万民，国家就能走上正道。民众知道了礼，就容易教导。

“是故礼者，君之大柄①，所以治政安君。故圣王修义之柄、礼之序，以治人情。治者，去瑕秽，养精华也。故人情者，圣王之田也，修礼以耕之，和其刚柔。陈义以种之，树以善道。讲学以耨之②，存是去非类也。本仁以聚之，合其所盛。播乐以安之③。感动使之坚固。故治国不以礼，犹无耜而耕也；无以入之也。为礼不本于义，犹耕而不种也④；嘉谷无由生也。为义而不讲以学，犹种而不耨也⑤；苗不殖，草不除。讲之以学而不合之以仁，犹耨而不获也⑥；无以知收之丰荒也。合之以仁而不安之以乐，犹获而不食也⑦；不知味之甘苦。安之以乐而不达于顺，犹食而不肥也⑧。功不见也。

【注释】

①是故礼者，君之大柄：因此，礼是君王治国的权柄。柄，本指器物的把柄，供人掌握，此比喻权柄。《礼记正义》：“用礼为柄，如前诸事，故治国得政，君获安存。故《孝经》云：‘安上治民，莫善于礼。’”

②耨（nòu）：古代锄草的农具。这里用为动词，指用耨除草。

③播：指配乐以广流传。

④为礼不本于义，犹耕而不种也：治国即使用礼，若不本于义，就如同农夫只犁地而不播种子。

⑤为义而不讲之以学，犹种而不耨也：是说治国即使有了义，而不推行讲学，使民众知晓道理，就好像农夫虽然种了好谷子却不耕耘

除草，那么禾苗就不能生长茂盛。

⑥讲之以学而不合之以仁，犹耨而不获也：这是说治国即使推行教育，但是不能和仁德结合，就好像农夫虽然耕耘除草，但是谷物成熟后却不去收获。

⑦合之以仁而不安之以乐，犹获而不食也：这是说治国即使和仁德相结合，倘若不演奏音乐来调和，那么仁心不坚牢，就好像农夫虽然收获了谷物却不食用，那么好谷子白白丧失。

⑧安之以乐而不达于顺，犹食而不肥也：这是说即使演奏音乐来调和，却没有达到自然而然的境界，就好像人虽然食用五味，但是调和不顺，那么即使吃了身体也不肥壮。

【译文】

"因此，礼是君王最大的权柄，可以用来治理国政、巩固君位。所以圣明的君王操着义这件工具，根据礼的次序，来治理人的性情。治，是要除去缺陷杂质，保养精华。所以人的性情，就像是圣王的田地，要修治礼来耕作，调和它的刚柔。陈说义来种植，用善道来种植。讲习学问来除草，留存正确去除错误。本着仁来收获聚合，聚合盛大的仁德。配上乐使其安定。内心感动使他坚固。所以治理国家不用礼，就好像不用犁铧来耕种；没有办法破开土地。行礼不本于义，就好像犁完地不播种；好谷子无法产生。实行义而不讲习教育，就好像种植却不除草；禾苗不会生长，杂草不会除掉。讲习教育而不与仁爱结合，就好像除草而不收获；没办法知道收成的丰欠。与仁爱结合而不用音乐来安定，就好像收获了却不食用；不知道味道的好坏。用音乐来安定了，但是没有达到和顺的境界，就好像虽然吃了粮食身体也不肥壮。功劳没有完全显现。

"四体既正，肤革充盈[①]，人之肥也；父子笃，兄弟睦，夫妇和，家之肥也；大臣法，小臣廉，官职相序，君臣相正，国之肥也。天子以德为车[②]，以乐为御[③]，诸侯以礼相与[④]，大夫以法相序，士以信相考[⑤]，百姓以睦相守，天下之肥也。是谓大顺。

【注释】

①肤革：皮肤，包括皮肤的表皮和真皮、皮下组织。孔疏："肤是革外之薄皮，革是肤内之厚皮革也。"

②天子以德为车：这是说用孝悌来自我承载。德，指孝悌。

③以乐为御：这是说用乐来践行。践行孝悌必须用礼乐，就好像车行驶必须用人驾驭。

④相与：相处，相交往。

⑤考：成就，成全。

【译文】

"四肢健全，皮肤丰满，人体就健壮；父子亲情笃厚，兄弟关系亲睦，夫妇相处和谐，家庭就健康；大臣奉公守法，小臣廉洁自爱，官员职责有序，君臣相互匡正，国家就繁荣。天子用孝悌美德当做车，用乐教来驾驭，诸侯用礼来相处，大夫用法来排序，士人用诚信来成全，百姓用和睦来守护，天下就兴盛。这就叫做大顺。

"故无水旱昆虫之灾，民无凶饥妖孽之疾[①]，言大顺之时，阴阳和也。昆虫之灾，螟螽之属也[②]。故天不爱其道[③]，地不爱其宝[④]，人不爱其情[⑤]；言嘉瑞出，人情至也。故天降膏露[⑥]，地出醴泉[⑦]，山出器车，河出马图[⑧]，凤皇、骐驎皆在郊椒[⑨]，龟、龙在宫沼，其余鸟兽之卵胎皆可俯而窥也。膏，犹甘也。器，谓若银瓮丹甑也[⑩]。马图，龙马负图而出也。椒，丛草也。沼，池也。则是无故，非有他故使之然。先王能修礼以达义，体信而达顺，故此顺之实也[⑪]。"

【注释】

①妖孽：指物类反常的现象，古人以为是不祥之兆。

②螟（míng）：螟蛾的幼虫。一种蛀食稻心的害虫。螽（zhōng）：虫名。有阜螽、草螽、蜇螽、蟹螽、土螽等。旧说认为是蝗类的总名。

③故天不爱其道：下面说明天地为至顺之主，产生瑞应。“四时和”，“甘露降”，这是天不吝其道。爱，吝惜。

④宝：指五谷丰登，醴泉产生，车器出现。

⑤情：全部的感情。

⑥膏露：相当于甘露，指其沾溉惠物。

⑦醴泉：甜美的泉水。

⑧山出器车，河出马图：器车，指天然产生的器与车，古代认为是盛世出现的祥瑞之物。马图，指龙马、河图、洛书。《礼记正义》：“按《礼纬斗威仪》云：‘其政大平，山车垂钩。’注云：山车，自然之车。垂钩，不揉治而自圆曲。‘河出马图’，按《中侯·握河纪》：‘尧时受河图，龙衔赤文绿色。’注云：龙而形象马，故云马图。是龙马负图而出。又云：伏羲氏有天下，龙马负图出于河，遂法之，画八卦。又龟书，洛出之也。”

⑨骐驎：即麒麟，传说中的神兽。郊棷（zōu）：郊外草泽地区。棷，通“薮”。

⑩银瓮：银质盛酒器，古代传说常以为祥瑞之物。政治清平，则银瓮出。丹甑（zèng）：炊器，古代传说丰年所出的一种瑞物。

⑪实：郑玄注：“实，犹诚也，尽也。”

【译文】

“所以没有水灾、旱灾、虫灾，民众没有荒年饥饿和异常瘟疫的疾患，这是说大顺时代，阴阳调和。昆虫之灾，指螟虫蝗虫之类。所以上天不吝啬天道四季调和，大地不吝啬宝物五谷丰登，人们不吝啬感情孝悌仁爱；这是说出现祥瑞，人情至善。所以上天降下甘露，大地涌出甘泉，深山出现宝器、车辆，黄河现出龙马驮着的河图洛书，凤凰、麒麟出现在郊外的草泽，龟、龙出现在宫内的池塘，其余各种鸟兽的卵、胎随处可见。膏，意为甘甜。器，指像银瓮、丹甑一类的祥瑞。马图，指龙马驮着图书出现。棷，草丛。沼，池塘。这并没有其他缘故，不是有别的缘故使它如此。是先代的君王能够修治礼来达到义，通过信来达到顺，所以这些就是顺的必然结果。”

礼器[①]

礼，释回[②]，增美质，措则正，施则行[③]。释，犹去也。回，邪僻也。质，犹性也。措，犹置也。其在人也，如竹箭之有筠[④]，如松柏之有心。二者居天下之大端[⑤]，故贯四时，而不改柯易叶[⑥]。箭，篠也。端，本也。四物于天下，最得气之本也。或柔韧于外[⑦]，或和泽于内，以此不变易，人之得礼亦犹然。君子有礼，则外谐而内无怨[⑧]。故物无不怀仁，鬼神飨德[⑨]。怀，归。

【注释】

①礼器：本篇阐述如何用礼，使人成器。器，就是孔子所说的子贡是瑚琏之器的器。《礼记正义》引郑玄《三礼目录》云：“名为《礼器》者，以其记礼，使人成器之义也。故孔子谓子贡：‘汝，器也。’曰‘何器也’？曰‘瑚琏也’。此于《别录》属《制度》。”“此一节论礼能使人成器，则于外物无不备。”

②释回：除去邪恶。回，邪恶，奸回。《礼记正义》：“用礼为器，以耕人情之事也。用礼为器，能除去人之邪恶也。”

③措则正，施则行：措，施行，运用。《礼记正义》：“‘措则正’者，措，置也。言置礼在身，则身正也。‘施则行’者，施，用也。若以礼用事，事皆行也。”

④竹箭:大竹、小竹。箭,即篠(xiǎo),细竹。筠(yún):竹子的青皮。《礼记正义》:"礼道既深,此为设譬也。"

⑤二者:指竹、松。端:本,节。

⑥柯:枝茎。

⑦韧:通"韧",柔软而坚实,不易折断。

⑧外谐而内无怨:是说对在外疏远之处,与人谐和;对在内亲近之处,没有怨恨。因为待人接物有礼,所以内外协服。

⑨飨:通"享"。

【译文】

礼,可以除去邪恶,增加美的品质,以礼修身则言行端正,以礼行事则畅通无阻。释,相当于除去。回,是邪僻。质,相当于性。措,相当于置放。礼对于人来说,就像竹篠有青皮因而四季葱翠,又像松柏有树心在寒冬也茂盛。天下只有松、竹有此大本大节,所以历经四季,也不改变枝叶。箭,是篠竹。端,是本根。竹、箭、松、柏这四种事物对于天下来说,最能获得根本的天地正气。有的在外柔软坚韧,有的在内和谐润泽,因此永久不变,人获得礼也是这样。君子有礼,那么对外和谐,对内没有怨恨。因此万物都归于仁,鬼神也愿意享用有德者的祭品。怀,是归的意思。

先王之立礼也,有本有文①。忠信,礼之本;义理②,礼之文。无本不立,无文不行。言必外内具也。礼也者,合于天时,设于地财③,顺于鬼神,合于人心,理万物者④。故天不生,地不养,君子不以为礼⑤,鬼神弗飨。天不生,谓非其时物也。地不养,谓非其地所生也。

【注释】

①先王之立礼也,有本有文:本,指礼的根本内容,忠信。文,指礼的

文饰，义理。《礼记正义》："此一节论因上礼则人外内谐和，遂云礼须信义，兼说行礼之事。""礼之为本，即忠信是也。忠者内尽于心也，信者外不欺于物也。内尽于心，故与物无怨；外不欺物，故与物相谐也。义理，礼之文也。礼虽用忠信为本，而又须义理为文饰也。得理合宜，是其文也。无本不立，解须本也。无忠信，则礼不立也。无文不行，解须文也。行礼若不合宜得理，则礼不行也。"

②义理：此处指的是礼的具体的仪式和制度。

③地财：土地之物，行礼所设用。财，指物。

④理万物者：理，与上文"顺"的意思相同。《礼记正义》："若能使事事如上，则行苇得所，豚鱼戴赖，是万物各得其理也。"

⑤以为礼：用它来行礼。指在行礼时使用。

【译文】

先代君王所制定的礼，有内在本质，也有外在形式。忠信，是礼的内在本质；义理，是礼的外在形式。没有内在本质，礼就不能确立；没有外在形式，礼就无法实行。这是说必须内外全都具备。礼啊，是上合天时，下合地利，顺应鬼神，合乎人心，能治理协调万物的。所以那些不合天时的物产，并非本地的土产，君子就不会在行礼时使用它，鬼神也不会享用。天不生，是说不是这个季节能产生的物品。地不养，是说不是该地所生产的物品。

是故昔者先王之制礼也，因其财物，而致其义焉①。故作大事必顺天时②，大事，祭祀也。为朝夕必放于日月③，日出东方，月生西方也。为高必因丘陵④，谓冬至祭天于圆丘之上。为下必因川泽⑤。谓夏至祭地于方泽之中。

【注释】

①因其财物，而致其义焉：财物相当于才性，礼既然是一切万物的极

至，所以圣人制礼，要顺应万物的才性，而得到它的义理。

②大事：指祭祀。

③朝夕：祭名。朝，指天子在春分日，祭日于东门之外。夕，指天子在秋分夕，祀月于西门之外。放：依据。

④为高：祭天神。《礼记正义》："谓冬至祭皇天大帝耀魄宝也。"丘陵：指圆丘，天圆而高，所以祭祀天神要在圆丘之上。

⑤为下：祭地神。《礼记正义》："谓指夏至祭昆仑之神也。"川泽：指方泽。地方而下，所以祭祀地祇要在方泽。方泽，即方丘，古代夏至祭地祇的方坛。因为坛设于泽中，故称。

【译文】

因此从前先代君王制礼的时候，要顺应万物的特性而赋予意义。所以举行祭祀必须顺应天时，大事，是祭祀。春分祭日、秋分祭月必须依照日月运行的方向，日出东方，月生西方。冬至祭天神必定在圆丘之上，指冬至在圜丘祭天。夏至祭地神必定在方泽之中。指夏至祭祀地神要在方泽之中。

是故因天事天，天高，因高者以事之。因地事地，地下，因下者以事之。因名山[①]，升中于天[②]。名，犹大也。升，犹上也。中，犹成也。谓巡狩至于方岳，燔柴祭天，告以诸侯之成功也。因吉土[③]，以飨帝于郊[④]。吉土，王者所卜而居之土也。飨帝于郊，以四时所兆祭于四郊者也[⑤]。升中于天，而风皇降，龟龙格[⑥]；功成而太平，阴阳气和而致象物也[⑦]。飨帝于郊，而风雨节，寒暑时。五帝，主五行。五行之气和，而庶征得其序[⑧]。五行，木为雨，金为旸[⑨]，火为燠[⑩]，水为寒，土为风。是故圣人南面而立，而天下大治。

【注释】

①名山：指五岳。

②升中：郑玄注："谓巡守至于方狱，燔柴祭天，告以诸侯之成功也。《孝经说》曰：'封乎泰山，考绩燔燎，禅乎梁甫，刻石纪号也。'"这是指封禅之事。

③吉土：指占卜的吉土，要在这里建立国都。

④帝：指五方之帝。

⑤兆：应验。这里指设坛祭祀。《礼记正义》："祭五方之帝，因其所卜吉土以为都，飨祭五方之帝于都之四郊。"

⑥格：至。

⑦象物：指麟、凤、龟、龙四灵。

⑧庶征：各种征候。《尚书·洪范》："庶征：曰雨，曰旸，曰燠，曰寒，曰风。"

⑨旸（yáng）：日出。

⑩燠（yù）：热，暖。

【译文】

所以因天高，就在高处的圆丘祭祀上天；天高，就在高处来祭祀它。**因地低，就在低处的方泽祭祀大地。**地低下，就在低处祭祀它。**登上五岳，祝告上天成功之事。**名，相当于大。升，相当于上。中，相当于成。指天子巡狩来到五岳，焚烧木材祭天，报告各个诸侯的功业。**选择占卜所得宜居之地建立国都，在国都四郊祭祀天帝。**吉土，指君王占卜得到的宜居土地，建立国都。飨帝于郊，用四季应验物品，在四郊祭祀五方之帝。**祝告上天成功之事，因而凤凰降落，龟龙到来；**君王功成而天下太平，阴阳调和而四灵到来。**在郊外祭祀天帝，风雨应时节而来，寒暑按季节而至。**五帝，主管五行。五行之气调和，各种节气征候有序出现。五行，木是雨，金是旸，火是燠，水是寒，土是风。**因此圣明的君王南面而立，天下就会长久太平。**

是故先王制礼也，以节事，动反本也。修乐以导志。劝之善也。故观其礼乐，而治乱可知。乱国礼慢而乐淫也[①]。

【注释】

①慢：简慢。

【译文】

因此先代君王通过制礼来节制事物。举动返回民心这一根本。通过制乐来引导心志，成就王业。鼓励向善。所以观察一个国家的礼乐，就可以知道这个国家治理的好坏。混乱的国家礼制简慢，音乐烦乱。

内则①

子事父母②，鸡初鸣，咸盥漱③，冠、緌、缨、端、韠、绅、搢笏④。咸，皆也。緌，缨之饰也。端，玄端，士服也，庶人深衣也⑤。绅，大带也。左右佩用，必佩者，备尊者使令也。以适父母、舅姑之所⑥。及所，下气怡声⑦，问所欲而敬进之，柔色以温之⑧。温，藉也⑨。承尊者必和颜色也。

【注释】

①内则：本篇在《别录》中属于“子法”。篇名按孔颖达的说法，是记述“闺门之内，轨仪可则”，所以叫《内则》。闺门之内的轨仪，按郑玄《三礼目录》说，就是“记男女居室事父母舅姑之法”。闺门，是宫苑、内室的门，也借指宫廷、家庭。全篇共四部分：一内则，二养老，三食谱，四育幼。按对象又可分为四种：一、子、妇服事父母、舅姑的礼节，二、舅姑对待子、妇之礼，三、家庭的通礼，四、夫妇之礼。《群书治要》选录了有关子女事奉父母之礼的五个章节的部分内容连缀成篇。

②子：男孩子。

③盥（guàn）：指洗手。漱：指漱口。

④冠（guàn）：戴帽子。緌（ruí）：古代帽带的下垂部分。“冠、緌、缨”指着冠过程，戴上冠，系上带子（缨），下垂是緌。端：玄端，古代的黑色礼服。韠（bì）：古代礼服上的护膝，围于衣服前面的大巾，用以蔽护膝盖。古时席地而坐，故用蔽膝。绅：古代士大夫束于腰间，一头下垂的大带。搢笏：插笏于绅带间，旧时官宦的装束。搢，插。笏，古代臣朝见君时所执的狭长板子，用玉、象牙、竹木制成，也叫手板。

⑤深衣：古代上衣、下裳相连缀的一种服装。为古代诸侯、大夫、士家居常穿的衣服，也是庶人的常礼服。

⑥以适父母、舅姑之所：适，前往。舅姑，公婆。按此段《群书治要》连缀《礼记·内侧》中“子事父母”“妇事舅姑”二章而成，故此处有“舅姑”之说。

⑦下气：指态度恭顺，平心静气。怡声：和悦的声调。

⑧温（yùn）：通“蕴”，积蓄，含蓄。

⑨藉：宽厚有涵养。《礼记正义》：“藉者，所以承藉于物，言子事父母，当和柔颜色，承藉父母，若藻藉承玉然。”

【译文】

儿子事奉父母，鸡初次鸣叫就都要起床，洗手、漱口，戴上冠，系上帽带，垂下緌，穿着黑色礼服玄端，围上护膝，系好衣服的大带，并把手板插进衣带。咸，都。緌，是帽带的饰物。端，是玄端，士的礼服，庶人穿着的深衣。绅，是衣服的大带。身上左右佩带常用之物，之所以佩带常用之物，是以备父母吩咐使用。这样前往父母、公婆的处所。到了地方，平心静气和颜悦色，柔声询问父母、公婆想要什么，然后恭恭敬敬献上，脸色和柔语言含蓄。温，是藉，宽厚含蓄。侍奉父母一定要和颜悦色。

父母有过，下气怡色，柔声以谏；谏若不入，起敬起孝[①]，悦则复谏。父母怒，不悦而挞之流血[②]，不敢疾怨[③]，起敬起孝。挞，击也。父母虽没[4]，将为善，思贻父母令名[5]，必果[6]。曾子曰："孝子之养老，乐其耳目，安其寝处[7]，以其饮食忠养之[8]。父母之所爱亦爱之，父母之所敬亦敬之，至于犬马尽然，而况于人乎？"

【注释】

①起：更，更加。

②挞（tà）：用鞭子或棍子打。

③疾怨：怨恨。

④没：去世。

⑤贻：遗。令名：好的名声，美名。

⑥果：果断，果决。《礼记正义》："子事父母，父母虽没，思行善事，必果决为之。"

⑦寝处：坐卧，止息。

⑧忠养：指尽心奉养父母，而不只是照顾身体。忠，尽力。

【译文】

父母有了过错，要平心静气和颜悦色，语音柔和地进谏；谏言倘若不听，就要更加恭敬更加孝顺，等到父母高兴了再进谏。父母生气了，不高兴，甚至把自己鞭打至流血，也不敢怨恨，而要更加恭敬更加孝顺。挞，是击打的意思。父母即使去世，将要做善事的时候，想到留给父母好名声，就要果决地去做。曾子说："孝子奉养父母，要让他们耳目愉悦，居处安适，饮食各方面都要尽力奉养。父母喜爱的，自己也喜爱，父母恭敬的，自己也恭敬，犬马都能做到，何况是人呢？"

玉藻[1]

年不顺成[2]，则天子素服[3]，乘素车[4]，食无乐。自贬损也。**君无故不杀牛[5]，大夫无故不杀羊，士无故不杀犬豕。**故，谓祭祀之时。**君子远庖厨[6]，凡有血气之类，弗身践也[7]。**践当为剪，声之之误。剪，犹杀也。

【注释】

①玉藻：本篇是记载服冕的事情。冕旒紃藻，用玉作为饰物，所以叫玉藻。《礼记正义》引郑玄《三礼目录》云："名曰《玉藻》者，以其记天子服冕之事也。冕之旒以藻紃为之，贯玉为饰。此于《别录》属《通论》。"首记天子、诸侯的衣服、饮食、居处之法，中间是专记服饰之制，前后又杂记礼节、容貌、称谓之法。《群书治要》所录，以示上自天子、诸侯国君、大夫，下至士人、君子，凡衣食用度均须时时以仁爱存心，自为节制。

②年：年成。顺成：指风调雨顺，五谷丰收。

③素服：本色或白色的衣服，居丧或遭遇凶事时所穿。

④素车：古代凶、丧事所用之车，以白土涂刷，没有漆和装饰。

⑤君子：指诸侯。《礼记正义》："此君非一。据作《记》之时言之，此君得兼天子，以天子日食少牢；若据《周礼》正法言之，此君唯据诸侯，以天子日食大牢，无故得杀牛也。大略此文谓诸侯也。"故：指祭祀。

⑥庖厨：厨房，屠杀牲畜的地方。孟子曰："君子之于禽兽也，见其生，不忍见其死；闻其声，不忍食其肉，是以君子远庖厨也。"

⑦践：相当于杀。

【译文】

年成不好，那么天子要穿着素色衣服，乘坐白土涂刷的素车，进膳时不奏乐。这是天子减损自己的用度。**没有祭祀之事，国君就不杀牛，大夫就不杀羊，士就不杀狗、猪。**故，指祭祀的时候。**君子要远离宰杀烹饪牲畜的厨房，凡是有血肉喘气的动物，不要亲自宰杀。**"践"应当是"剪"，是由于声音的错误。剪，相当于杀。

大传[1]

圣人南面而听天下[2]，所且先者有五[3]，民不与焉[4]。且先，言未遑余事[5]。一曰治亲，二曰报功，三曰举贤，四曰使能，五曰存爱[6]。功，功臣也。存，察也。察有仁爱者。五者一得于天下[7]，民无不足、无不赡。五者一物纰缪[8]，民不得其死[9]。物，犹事。纰，犹错也。五事得则民足，一事失则民不得其死，明政之难也。圣人南面而治天下，必自人道始矣。人道，谓此五事也。

【注释】

①大传：本篇篇名据郑玄《三礼目录》说是“以其记祖宗人亲之大义，故以《大传》为篇”。《礼记正义》：“此一节广明圣人受命，以临天下，有不可变革及有可变革之事，各随文解之。”

②圣人：指天子。南面：古代君主坐北朝南，故称。

③且：将。

④与：参与其中。

⑤遑：闲暇，余裕。

⑥“一曰治亲”几句：治亲，古代指依礼法端正亲属之间的关系。报功，酬报有功劳的人。举贤，选用有德的隐士等入朝为官。使能，任用有道艺专长的人。存爱，明察和奖励有善心善行的民众。《礼记正义》：“‘一曰治亲’者，此治亲即乡者三事（按，即上治祖祢，下治子孙，旁治昆弟），三事若正，则于家国皆正，故急在前。‘二曰报功’者，既已正亲，故下又报于有所功劳者，使为诸侯之

属是也。缓于亲亲，故次治亲。‘三曰举贤’者，虽已报于有功，若岩穴有贤德之士，未有功者，举而用之。报功宜急，此又次也。‘四曰使能’者，能谓有道艺，既无功德，又非贤能，而有道艺，亦禄之，使各当其职也。轻于贤德，故次之。‘五曰存爱’者，存，察也。爱，仁也。治亲、报功、举贤、使能，为政既足，又宜察于民下侧陋之中者，若有虽非贤能而有仁爱之心，亦赏异之。”

⑦一得：尽得，全得。

⑧纰缪（pī miù）：错误。

⑨死：指寿终正寝。

【译文】

圣人受命君临天下，首先要做五件事，治理民众还不在其中。且先，是说没空处理别的事。一是依照礼法端正亲属关系，二是报答有功劳的人，三是举荐隐居的贤才，四是任用有才能的人，五是察举有仁爱之心的民众。功，指功臣。存，是察举。察举有仁爱之心的人。这五件事都施行于天下，民众就没有不充足、没有不丰赡的了。这五件事中如果有一件事失误，民众就无法安享天年而死。物，相当于事。纰，相当于错。如果五件事都做到，民众就丰足；如果有一件事失误，民众就不得安享天年，这说明了政事的困难。圣人受命君临天下，必定从治亲、报功、举贤、使能、存爱这五个方面开始。人道，就指这五件事。

是故人道亲亲[①]，言先有恩。亲亲故尊祖，尊祖故敬宗[②]，敬宗故收族[③]，收族故宗庙严[④]，宗庙严故重社稷[⑤]，重社稷故爱百姓[⑥]，爱百姓故刑罚中[⑦]，刑罚中故庶民安，庶民安故财用足，财用足故百志成[⑧]，百志成故礼俗刑[⑨]，礼俗刑然后乐[⑩]。收族，序以昭穆也[⑪]。严，犹尊也。百志，人之志意所欲也。刑，犹成也。《诗》云：“不显不承，无斁于人斯[⑫]。”此之谓也。

斁，厌也。言文王之德不显乎？不承先人之业乎？言其显且承之，乐之无厌。

【注释】

①是故人道亲亲：《礼记正义》："此一节论人道亲亲，从亲己以至尊祖，由尊祖，故敬宗，以收族人，故宗庙严，社稷重，乃至礼俗成，天下显乐而无厌倦，各依文解之。"

②宗：宗子，古代宗法制度称大宗的嫡长子。《礼记正义》："'尊祖故敬宗'者，祖既高远，无由可尊，宗是祖之正胤，故敬宗。"

③收族：指以上下尊卑、亲疏远近之序团结族人。《礼记正义》："'敬宗故收族'者，族人既敬宗子，宗子故收族人，故《丧服传》云'大宗，收族者也'是其事。"

④宗庙严：团结族人，必能使宗庙肃穆庄严。严，尊。《礼记正义》："若族人散乱，骨肉乖离，则宗庙祭享不严肃也。若收之，则亲族不散，昭穆有伦，则宗庙之所以尊严也。"

⑤重社稷：重视国家。社，土地神。稷，谷神。社稷，国家的代称。《礼记正义》："此以下并立宗之功也。始于家邦，终于四海，若能先严宗庙，则后乃社稷保重也。"

⑥百姓：指百官。《礼记正义》："'重社稷故爱百姓'者，百姓者，百官也。既有社稷可重，故有百官可爱也。"

⑦刑罚中：刑罚合适。中，得当，无偏颇。《礼记正义》："'爱百姓故刑罚中'者，百官当职，更相匡辅，则无淫刑滥罚，刑罚所以皆得中也。"

⑧百志：指君王和民众的志向。《礼记正义》："'财用足故百志成'者，百姓足，君孰与不足？既天下皆足，所以君及民人百志悉成，是谓'仓廪实，知礼节；衣食足，知荣辱'也。"

⑨礼俗刑：礼节风俗形成。刑，形成。《礼记正义》："刑亦成也。天

下既足，百志又成，则礼节风俗，于是而成，所以太平告功成也。”

⑩乐：指不厌。

⑪昭穆：古代宗法制度，宗庙或宗庙中神主的排列次序，始祖居中，以下父子（祖、父）递为昭穆，左为昭，右为穆。

⑫不显不承，无斁（yì）于人斯：出自《诗经·周颂·清庙》。斁，厌。《礼记正义》：“此《周颂·清庙》之篇，祀文王之庙，美文王之功，言文王之德岂不光显乎？言光显矣。文王岂不承先父之业乎？言承之矣。‘无斁于人斯’，斁，厌也。文王之德，既能如此，无见厌于人，谓人无厌倦之者。”

【译文】

因此人之道首先是亲爱其父母，这是说先有生养之恩。亲爱父母所以能尊敬祖先，尊敬祖先所以能敬爱宗子，敬爱宗子所以能团结聚合族人，团结聚合族人所以宗庙得到崇敬，宗庙得到崇敬所以重视社稷，重视社稷所以能爱惜百官，爱惜百官所以能刑罚公正，刑罚公正所以能百姓安定，百姓安定所以能财用充足，财用充足所以能百事如愿，百事如愿所以能礼俗大成，礼俗大成所以能天下同乐。收族，指按照昭穆排序。严，相当于尊。百志，指人的意志所想要达到的。刑，相当于成。《诗经》说道：“文王的美德光明显赫，承接了先代君王的功业，人们永远不会厌烦。”说的就是这个意思。斁，是厌倦的意思。这是说文王的道德不显赫吗？不承接先代君王的功业吗？是说显赫而且承接，所以快乐没有厌倦。

乐记①

凡音之起，由人心生也。人心之动，物使之然也。感于物而动，故形于声②。宫、商、角、徵、羽杂比曰音③，单出曰声。形，犹见也。乐者④，音之所由生也，其本在人心之感于物⑤。

是故其哀心感者，其声噍以杀[⑥]；其乐心感者，其声啴以缓[⑦]；其喜心感者，其声发以散[⑧]；其怒心感者，其声粗以厉；其敬心感者，其声直以廉[⑨]；其爱心感者，其声和以柔。六者非其性也，感于物而后动[⑩]。言人声在所见，非有常也。噍，踧也[⑪]。啴，宽绰貌。发，犹扬也。是故先王慎所以感之者，故礼以导其志，乐以和其声，政以一其行[⑫]，刑以防其奸。礼乐刑政，其极一也，所以同民心而出治道。

【注释】

①乐记：据郑玄《三礼目录》，本篇记述乐的意义，所以叫《乐记》；于《别录》属《乐记》。《礼记正义》："盖十一篇合为一篇，谓有《乐本》、有《乐论》、有《乐施》、有《乐言》、有《乐礼》、有《乐情》、有《乐化》、有《乐象》、有《宾牟贾》、有《师乙》、有《魏文侯》。今虽合此，略有分焉。案《艺文志》云：'黄帝以下至三代，各有当代之乐名。孔子曰："移风易俗，莫善于乐也。"周衰礼坏，其乐尤微，以音律为节，又为郑、卫所乱，故无遗法矣。'"本篇或说是先秦公孙尼子所写。流传至东汉，马融始将其编入《礼记》。本篇亦见于《史记·乐书》。

②形于声：孔疏："其心形见于声。"也就是把心情用声音体现出来，或者说具象化、形体化。声，单纯的声音。

③杂：错杂。比：排列。

④乐：由音组合而成。孔疏："合音乃成乐，是乐由比音而生。"

⑤本：起初。物：外物，指外界事物、外部环境。

⑥噍（jiāo）：声音急促。杀（shài）：衰微，凋零。

⑦啴（chǎn）：宽绰的样子。

⑧发以散：发扬放散，无碍状。发，发扬。

⑨直以廉：正直而有廉隅，不邪曲。直，正直，不邪恶。廉，廉隅，棱角。

⑩六者非其性也，感于物而后动：《礼记正义》："'六者非性也，感于物而后动'者，结外感物也。人生而静，天之性也。性本静寂，无此六事。六事之生，由应感外物而动，故云'非性'也。所以知非性者，今设取一人，以此六事触之，言此人必随触而动，故知非本性也。"

⑪踧（cù）：通"蹙"，急迫，窘迫。

⑫政：政法，法度。一：齐一，使……一致。

【译文】

乐音的起源，是从人心产生。人心的活动，是外界事物触发的结果。人心既然感受到外物而有所触动，所以用声音表现出来。宫、商、角、徵、羽错杂排列叫做音，单纯出现叫做声。形，相当于体现、展现。乐，是由音组合而产生的，它源于人心对外部事物的感受。因此哀感在心，声音必然急促细弱；欢乐在心，声音必然宽绰舒缓；喜悦在心，声音必然开朗畅达；恚怒在心，声音必然粗犷猛厉；严敬在心，声音必然正直而有棱角；热爱在心，声音必然调和温柔。这六种声音不是天性，而是感受外物心情波动的结果。这是说人声在于看见感觉到的，并不是恒常如此。噍，是急促的意思。啴，是宽绰的样子。发，相当于扬。所以先代君王对于能触动人心的事物会谨慎对待，用礼来引导人们的情志，用乐来调和人们的声音，用政令统一人们的行为，用刑罚防止人们的奸邪。礼、乐、刑、政，它们的终极目标是一致的，就是统一民心，实现天下大治。

凡音者，生人心者也。情动于中，故形于声。声成文①，谓之音。是故治世之音安以乐②，其政和；乱世之音怨以怒③，其政乖；亡国之音哀以思④，其民困。音声之道，与政通矣。言八音和否随政⑤。宫为君，商为臣，角为民，徵为事，羽为物。五者不乱，则无怗懘之音矣[⑥]。五者，君、臣、民、事、物也。凡声浊者尊，清者卑。怗懘，弊败不和之貌也。宫乱则荒[⑦]，其君骄；商乱则陂[⑧]，其臣坏；角乱则忧，其民怨；徵乱则哀，其事勤[⑨]；羽乱则危，其财匮。五者皆乱，迭相陵，谓之慢，如此，则国之灭亡无日矣[⑩]。君、臣、民、事、物，其道乱则其音应而乱也。荒，犹散也。陂，倾也。

【注释】

①成文：指合成为一定的形式，即曲调。文，文采。

②治世：指太平之世。

③乱世：指祸乱之世。

④亡国：指即将灭亡的国家。思：深沉，忧郁。

⑤八音：我国古代对乐器的统称，通常为金、石、丝、竹、匏、土、革、木八种不同质材所制，这里泛指音乐。

⑥怗懘（chì）：不流畅，不和谐。

⑦荒：散。

⑧陂（bì）：偏颇，邪僻不正。

⑨勤：指徭役繁重。

⑩“五者皆乱”几句：慢，陵慢，欺凌轻慢。《礼记正义》：“迭，互也。陵，越也。若五声并和，则君臣上下不失。若五声不和，则君臣上下互相陵越，所以为慢也。崔氏云：‘前是偏据一乱以为义，未足以为灭亡。今此以五者皆乱，故灭亡无日矣。’”

【译文】

凡是乐音，都是从人的内心产生的。情感在心中激荡，所以发出声。声排列组合成曲调，叫做音。因此太平之世，乐音安静而欢快，这是由于政治和谐；祸乱之世，乐音怨恨而恚怒，这是由于政治混乱；即将灭亡之国，乐音悲哀而忧郁，这是由于民众流离困苦。音声变化之道，与国政相连通。这是说音乐和谐与否是与国政相关的。五音中的宫代表君，商代表臣，角代表民，徵代表事，羽代表物。倘若君、臣、民、事、物各得其用而不混乱，那么就不会有不和谐的声音了。五音，指君、臣、民、事、物。凡声属浊的为尊，清的为卑。怗懘，是弊败不和的样子。倘若宫音混乱，那么音调放散，于是知道国君骄纵；倘若商音混乱，那么音调邪恶，于是知道吏治败坏；倘若角音混乱，那么音调忧愁，于是知道国政暴虐，民众怨恨；倘若徵音混乱，那么音调哀苦，于是知道繇役不休；倘若羽音混乱，那么音调倾危，于是知道财用匮乏。倘若五音混乱不和，那么君臣上下互相陵越，这就叫欺凌轻慢之音，那么国家离灭亡就没有几天了。君、臣、民、事、物如果混乱，那么相应的音也就混乱。荒，相当于散。陂，是倾斜的意思。

郑、卫之音[①]，乱世之音，比于慢矣[②]。比，犹同也。桑间、濮上之音[③]，亡国之音，其政散，其民流，诬上行私而不可止也[④]。濮水之上，地有桑间者，亡国之音于此水出也。是故知声而不知音者，禽兽是也；知音而不知乐者，众庶是也[⑤]。唯君子为能知乐。禽兽知此为声耳，不知其宫商之变[⑥]。八音并作，克谐曰乐[⑦]。审声以知音，审音以知乐，审乐以知政，而治道备矣。是故不知声者，不可与言音；不知音者，不可与言乐；知乐者，则几于礼矣[⑧]。礼乐皆得，谓之有德。几，近也。听乐而知政之得失，则能正君、臣、民、事、物之礼也。乐之隆非极音[⑨]，食飨之礼非致味[⑩]。隆，犹盛。极，犹穷。是故先王之制礼乐，非以极口腹耳目之欲，将以教民平好恶，而反人道之正。教之使知好恶。

【注释】

①郑、卫之音:《礼记正义》:“郑国之音,好滥淫志,卫国之乐,促速烦志,并是乱世之音也。”

②比:相同,相当。

③桑间、濮上之音:桑间,地名,在濮水之上。据《史记·乐记》之《正义》,从前殷纣让师延作靡靡之乐以致亡国,师延自沉于濮水。后来春秋时晋国乐师师涓路过此地,夜间于水中闻此乐,归国后为晋平公演奏。帅况说:“此亡国之音也,得此必于桑间濮上乎?纣之所由亡也。”

④诬上:诬罔于上,即欺君罔上。诬,欺罔。

⑤众庶:凡夫,平民。

⑥宫商:指乐音音阶。

⑦克谐:能和谐。

⑧几:接近,差不多。

⑨乐之隆非极音:极音,指崇重音律之美,极尽听觉上的享受,如当时的钟鼓之音。《礼记正义》:“隆,谓隆盛。乐之隆盛,本在移风易俗,非崇重于钟鼓之音,故云‘非极音也’。案《论语》云‘乐云乐云,钟鼓云乎哉’是也。”

⑩食飨:指宗庙祭祀祖先。致:极。

【译文】

春秋时期郑国、卫国的音乐,就是乱世之音,已接近于慢音了。比,相当于同。桑间、濮上的音乐,是亡国之音,反映出政教荒散,民众流亡,下级欺君罔上,图谋私利而无法禁止。濮水之上,有一个地方叫桑间,亡国之音从这里的河水出现。知道声,但不知五音的应和变化,禽兽就是这样;知道歌曲之音,但不知乐的意义,平民就是这样。只有圣人君子,才能知道乐的意义。禽兽只知道这是声罢了,不知道音阶的应和变化。各种乐器一起演奏,能够和谐叫做乐。审识声,然后可以知晓曲调;知晓曲调,然后可以懂得音乐；懂得音乐然后可以推知政事，那么治国之道就具备了。因此不知道声的，不能跟他谈曲调；不知道曲调的，不能跟他谈音乐；知晓音乐就接近于懂得礼了。君王能让礼乐都各得其所，就叫做有德之君。几，是近的意思。听到音乐就知国政得失，知国政得失，就能端正君、臣、民、事、物之礼。音乐演奏的隆盛，不是为了穷尽音乐的美；宗庙祭祀祖先，不在于奉献极致的美味。隆，相当于盛。极，相当于穷尽。因此先代君王制定礼乐，不是为了满足人们口腹耳目的极端欲望，而是将要教导民众辨别善恶，从而返回做人的正道。教导他们，让他们知道善恶。

先王之制礼乐，人为之节[①]。言为作法度以遏其欲也。衰麻哭泣[②]，所以节丧纪也[③]；钟鼓干戚[④]，所以和安乐也；婚姻冠笄[⑤]，所以别男女也；射乡食飨[⑥]，所以正交接也。男二十而冠，女许嫁而笄，成人之礼也。射，大射。乡，乡饮酒也。食，食礼。飨，飨礼也。礼节民心，乐和民声，政以行之[⑦]，刑以防之。礼、乐、刑、政，四达而不悖[⑧]，则王道备矣。

【注释】

①人为：意思是为人做法度节制。

②衰（cuī）：衰衣，古代丧服。用粗麻布制成，披在胸前。麻：麻绖，服丧期间系在头部或腰部的葛麻布带。

③丧纪：丧事。

④钟鼓干戚：敲钟击鼓、手执盾斧而舞的乐舞。钟鼓，古代礼乐器。干戚，盾与斧。古代的两种兵器。亦为武舞所执的舞具。

⑤冠：冠礼，古代男子二十岁（天子、诸侯可提前至十二岁）举行的加冠之礼，表示其成人。笄（jī）：指女子十五岁成年，亦特指成年之礼。

⑥射：指大射，为祭祀择士而举行的射礼。乡：指乡饮酒礼，周代乡学三年业成大比，考其德行道艺优异者，荐于诸侯。将行之时，由乡大夫设酒宴以宾礼相待，叫做乡饮酒礼。食：指食礼，古代宴请之礼的一种。飨：指飨礼，古代一种隆重的宴饮宾客之礼。

⑦政：指政令。

⑧达：通达。

【译文】

先代君王制定礼乐，是为人制作法度节制。这是说制作法度来遏制欲望。穿戴衰衣麻绖而哭泣，是用来节制丧事的；钟鼓齐鸣盾斧起舞，是用来调和安乐的；男女嫁娶冠笄典礼，是用来区别男女的；大射礼、乡饮酒礼、食礼、飨礼，是用来规范交际行为的。男子二十举行冠礼，女子允许出嫁前要举行笄礼，都是成人礼。射，是大射礼。乡，是乡饮酒礼。食，是食礼。飨，是飨礼。用礼来节制民心，用乐来调和民声，用政令推行仁德，用刑罚防范犯罪。倘若这四件事通达四方而不悖逆，那么王道之治就完备了。

乐由中出[①]，和在心也。礼自外作[②]。敬在貌也。大乐必易，大礼必简[③]。易、简，若于《清庙》[④]，大飨然也[⑤]。乐至则无怨，礼至则不争[⑥]。揖让而治天下者，礼乐之谓也[⑦]。至，犹达、行。大乐与天地同和[⑧]，大礼与天地同节[⑨]。言顺天地之气与其数也。和，故百物不失；不失性也。节，故祀天祭地。成万物有功报焉也。明则有礼乐，教人者也。幽则有鬼神。助天地成物者也。如此，则四海之内，合敬同爱[⑩]。

【注释】

①中：内心。

②外：外表。

③大乐必易，大礼必简：最盛大之乐舒缓，仅一唱三叹，最盛大的祭礼只用玄酒及生鱼、生肉罢了。《礼记正义》："大乐必易者，朱弦而疏越是也。大礼必简者，玄酒腥鱼是也。"按：本篇前文云："《清庙》之瑟，朱弦而疏越，一倡而三叹，有遗音者矣。大飨之礼，尚玄酒而俎腥鱼。大羹不和，有遗味者矣。"郑玄注："《清庙》，谓作乐歌《清庙》也。朱弦，练朱弦，练则声浊。越，瑟底孔也，画疏之，使声迟也。倡，发歌句也。三叹，三人从叹之耳。大飨，袷祭先王，以腥鱼为俎实，不臑熟之。大羹，肉湆，不调以盐菜。遗，犹余也。"孔疏："大飨，谓袷祭，尚玄酒在五齐之上，而俎腥鱼。腥，生也。俎虽有三牲，而兼载腥鱼也。大羹，谓肉湆也。不和，谓不以盐菜和之。此皆质素之食，而大飨设之，人所不欲也。虽然，有遗余之味矣，以其有德质素，其味可重，人爱之不忘，故云有遗味者矣。"

④《清庙》：《诗经·周颂》篇名，这里指古帝王祭祀祖先的乐章。

⑤大飨：合祀先王的祭礼。

⑥礼至则不争：礼乐通行，民众就不会争斗。《礼记正义》："礼行于民，由于谦敬，谦敬则不争也。"

⑦揖让而治天下者，礼乐之谓也：百姓没有怨恨纷争的心，则君王无为而治，揖让垂拱而天下自治，这个功效都是由于礼乐的教化。揖让，宾主相见的礼仪，拱手相揖，互相谦让。《礼记正义》："民无怨争，则君上无为，但揖让垂拱而天下自治。其功由于礼乐，故云'礼乐之谓也'。"

⑧同和：和睦同心。

⑨同节：同样设限节制。

⑩合敬同爱：《礼记正义》："圣人若能如此上事行，礼乐得所，以治天下，故四海之内，合其敬爱。以行礼得所，故四海会合其敬，行乐得所，故四海之内，齐同其爱矣。"

【译文】

乐从心中涌出，和合存在于心内。礼从外表体现。尊敬表现在外表。大乐必然平易，大礼必然简单。易、简，就像《清庙》之乐舒缓，大飨礼用清水生鱼一样。乐教施行，人心就没有怨恨了；礼教施行，民众就没有纷争了。君上谦让拱手就能够治理天下，这说的就是礼乐的作用啊。至，相当于达到、行至。盛大的乐与天地一样和谐万物，盛大的礼与天地一样节制万物。这是说顺应天地生气与节奏。因为能协和，所以万物不失本性；不失自己的本性。因为有节度，所以要按礼节祭祀天地。生成万物的功业要上报天地。人间有礼乐教化，用来教导人民。在幽冥之处有鬼神扶助。用来帮助天地化成万物。这样，则天下民众就会相敬相爱。

王者功成作乐[①]，治定制礼[②]。功，主于王业[③]。治，主于教民。五帝殊时[④]，不相沿乐；三王异世[⑤]，不相袭礼。言其有损益也。故圣人作乐以应天，制礼以配地。礼乐明备，天地官矣[⑥]。官，犹事也，各得其事。地气上跻[⑦]，天气下降，鼓之以雷霆，奋之以风雨，动之以四时，暖之以日月，而百化兴焉[⑧]。如此，则乐者天地之和也，礼者所以缀淫也[⑨]。缀，犹止也。是故先王有大事，必有礼以哀之；有大福，必有礼以乐之。哀乐之分，皆以礼终。大事，谓死丧也。是故先王本之情性[⑩]，稽之度数[⑪]，制之礼义，合生气之和[⑫]，道五常之行[⑬]，使之阳而不散[⑭]，阴而不密[⑮]，刚气不怒，柔气不慑[⑯]，四畅交于中[⑰]，而发作于外，皆安其位而不相夺也。生气，阴阳气也。五常，五行也。密之言闭也。慑，犹恐惧也。

【注释】

①功成：指天子功业既成。

②治定：指民众得到教导，政治安定。

③王业：帝王的事业。指统一天下，建立王朝。

④五帝：中国古代的五位帝王，司马迁《史记·五帝本纪》中的五帝是黄帝、颛顼、帝喾、帝尧、帝舜。

⑤三王：夏、商、周三代的开国君王。

⑥天地官矣：天地各司其职。官，各得其职。《礼记正义》："官，犹事也。言圣人能使礼乐显明备具，则天地之事各得其利矣。"

⑦地气上跻：地气向上升天。跻，升。今本《礼记·乐记》作"齐"。《礼记正义》："'地气上齐'者，齐，升也。谓地气上升天。"

⑧百化：指百物。兴：生。

⑨缀：通"辍"，止。淫：指过分放纵的行为。

⑩本之情性：先代的君王制作礼乐是依据人的情性。本，依据。情，凭借外物触动的叫做情。性，自然产生的叫做性。《礼记正义》："言自然所感谓之性，因物念虑谓之情。言先王制乐，本人性情。"

⑪稽：考察。度数：标准，规则。这里指五音十二律上下损益的度数。

⑫生气：指阴气、阳气。《礼记正义》："言圣人裁制人情，使合生气之和，道达人情以五常之行，谓依金木水火土之性也。"

⑬五常之行：指依金、木、水、火、土之性。

⑭阳而不散：阳主发动，失在流散，所以先王教导感受到阳气，就不要让它放散。

⑮密：闭。

⑯慑：恐惧。

⑰四畅：指天地之阴阳，人心之刚柔，全都和畅通达。

【译文】

天子成就功业后就要作乐，政治安定后就要制礼。功，主要指统一天下的王业。治，主要指教导民众。**五帝时代不同，乐不相沿用；三王世代相异，礼不相因袭。**这是说他们有所减损增益。**所以圣王作乐顺应上天，制礼**

配合大地。礼乐彰明而齐备，那么天地各尽职守。官，相当于事，各自做该做的事。地气上升，天气下降，雷霆震动，刮风下雨，四时更迭，日月照耀，万物就兴旺生长。像这样，乐是与天地相和谐的，礼是用来防止淫逸的。缀，相当于止。因此，先代君王有死丧大事，必定用礼来哀悼；有大的吉庆，必定用礼来庆祝。悲哀与欢乐的程度，都以合乎礼仪为终结。大事，指死丧大事。所以说先代君王制乐，是根据人的情性，审核音律度数，制定礼义制度，使其阴阳和谐，遵循五行规律，让阳气不失散，让阴气不闭塞，让刚气不至暴怒，柔气不至恐惧。让阴阳刚柔四者通畅，交错在心中，表现在外部，让它们各得其所，互不侵犯。生气，指阴阳气。五常，是五行。密，是说闭。慑，相当于恐惧。

土弊则草木不长[①]，水烦则鱼鳖不大[②]，气衰则生物不遂[③]，世乱则礼慝而乐淫[④]。是故其声哀而不庄，乐而不安，慢易以犯节，流湎以忘本[⑤]，感条畅之气，而灭平和之德[⑥]，是以君子贱之也。遂，犹成也。慝，秽也。感，动也。动人条畅之善气，使失其所也。凡奸声感人，而逆气应之[⑦]；逆气成象[⑧]，而淫乐兴焉。正声感人[⑨]，而顺气应之[⑩]；顺气成象，而和乐兴焉[⑪]。唱和有应，回邪曲直[⑫]，各归其分，而万物之理各以类相动。成象，谓人乐习焉。是故君子反情以和其志[⑬]，比类以成其行[⑭]。奸声乱色，不留聪明；淫乐慝礼，不接心术[⑮]；惰慢邪僻之气，不设于身体[⑯]，使耳目、鼻口、心智、百体皆由顺正，以行其义。反，犹本也。术，犹道也。

【注释】

①土弊则草木不长：土弊，地力贫瘠。弊，低劣。《礼记正义》："此经论圣王作乐，不得其所，则灭和平之德，故君子贱之。"

②水烦则鱼鳖不大：烦，频繁搅动，烦扰。《礼记正义》："水之烦扰，故鱼鳖不大。"

③气衰则生物不遂：阴阳时气衰竭，生物就无法培植和繁育。遂，生长，顺心如意。《礼记正义》："阴阳之气衰乱，故生物不得遂成。"

④世乱则礼慝而乐淫：慝，邪恶。淫，过分。《礼记正义》："慝，恶也。淫，过也。世道衰乱，上下无序，故礼慝；男女无节，故乐淫。"

⑤慢易以犯节，流湎以忘本：慢易，怠忽，轻慢。流缅，沉湎，沉迷于声色。《礼记正义》："朋淫于家，是'慢易以犯礼节'也。淫酗肆虐，是'流湎以忘根本'也。"

⑥感条畅之气，而灭平和之德：《礼记正义》："感，谓感动也。条，远也。畅，舒也。言淫声感动于人，损长远舒畅之善气，而损灭平和之善德矣。"按，条畅，《史记》及《说苑》皆作"涤荡"，跌宕的意思。条畅之气，跌宕不平的情绪。

⑦逆气：指违逆之气，即奸邪之气。

⑧成象：此指人们喜爱习惯。

⑨正声：纯正的乐声。

⑩顺气：和顺正直之气。

⑪和乐：和谐的音乐。

⑫回：乖违。邪：邪辟。曲直：是非。

⑬反情：去除人性中的淫逸之情，恢复天生的善性。

⑭比类：比拟善类。

⑮心术：指内心。

⑯设：设置，施加。

【译文】

土地贫瘠，草木就不能生长；水域烦扰，鱼鳖就养不大；生气衰乱，生物就不能顺利长成；世道混乱，礼仪就会败坏，音乐就会淫靡。因此，音乐哀怨而不庄重，欢快而不安定，迟缓而失去节度，流连沉湎而忘却根本，损伤长远舒畅的正气，毁灭平和的善德，所以君子鄙弃这种音乐。遂，相当于成。慝，是污秽。感，动的意思。动摇人长远舒畅的善气，让它失去根本。如果有奸邪淫荡之声惑乱人，就会有败逆之气与之应和；人们喜爱习惯了败逆之气，淫靡的音乐就会兴起。如果有纯正无邪的乐声感染人，就会有和顺正直之气与之应和；人们喜爱习惯了和顺之气，那么和谐的音乐就会兴起。唱与和彼此相应，乖违邪辟、曲直善恶各自回归本分，而世上万事万物的道理，也一样是同类相互触动应答的。成象，指人喜爱习惯它。因此君子要去除人性中的淫靡之情恢复善性以和谐心志，比照善类来成就自身的德行。使奸邪之声、邪戾之气不在耳朵、眼睛驻留，淫乱之声、邪恶之礼不与心志相接，怠惰、邪辟之气不沾染身体，这样耳目、口鼻、心智跟整个身体都和顺正直地施行道义。反，相当于本。术，相当于道。

然后发以声音[①]，而文以琴瑟[②]，动以干戚[③]，饰以羽旄[④]，从以箫管[⑤]；奋至德之光，动四气之和[⑥]，以著万物之理。奋，犹动。动至德之光，谓降天神、出地祇、格祖考也[⑦]。著，犹成也。故乐行而伦清[⑧]，耳目聪明，血气和平，移风易俗，天下皆宁[⑨]。言乐用则正人理、和阴阳也。伦，谓人道也。

【注释】

①然后发以声音：《礼记正义》："前经明君子去奸声，行正声，故此一节明正声之道，论大乐之德，可以移风易俗，安天下也。发以声音者，谓其动发心志以声音也。"

②文以琴瑟：文，指声音琴瑟相和而成章。琴瑟，是弦乐器琴与瑟的合称。传说，伏羲发明琴瑟。琴与瑟均由桐木制成，丝绳为弦。琴初为五弦，后为七弦；瑟二十五弦。据称琴瑟可以顺畅阴阳之气、纯洁人心。《礼记正义》："'而文以琴瑟'者，谓文饰声音以琴

瑟也。”

③干戚：盾牌与斧子，武舞所执。

④羽旄：装饰乐具的雉羽和旄牛尾。据称，文舞左手执龠（一种乐器），右手秉翟（雉羽）。

⑤从以箫管：用箫管伴随音乐。从，伴随。箫，竹制的单管直吹乐器。管，形状像箎而有六孔之竹制乐器。

⑥动四气之和：四气，四时之气。一说指阴阳刚柔四气。《礼记正义》：“谓感动四时之气序之和平，使阴阳顺序也。”

⑦祖考：祖先。

⑧伦：类。《礼记正义》：“伦，类也。以其正乐如上所为，故其乐施行而伦类清美矣。”

⑨“耳目聪明”几句：血气，指气质，感情。《礼记正义》：“人听之，则耳目清明，血气和平也。乐法既善，变移敝恶之风，改革昏乱之俗，人无恶事，故‘天下皆宁’矣。”

【译文】

然后，用声音来抒发，用琴瑟来演奏，用干戚来舞动，用羽旄来装饰，用箫管来伴奏；发扬最高之德的光辉，感应四时之气的和谐，彰显天地万物的道理。奋，相当于动。动至德之光，指天神下降，地祇升出，祖先来到。著，相当于成。所以当正乐一经实施而人事伦理清明，人会耳聪目明，情感平和，就能够变移恶风，改革乱俗，天下都安宁。这是说乐是用来端正人伦道理，调和阴阳。伦，指人道。

魏文侯问于子夏曰[①]：“吾端冕而听古乐[②]，则唯恐卧；听郑、卫之音[③]，则不知倦。敢问古乐之如彼，何也？新乐之如此，何也？”古乐，先王之正乐也。对曰：“今君之所问者乐也，所好者音也，相近而不同。”铿锵之类皆为音，应律乃为乐。

【注释】

①魏文侯:姬姓魏氏,名斯,一名都,战国时期魏国开国君主。曾拜孔子的学生子夏为师,受经艺之教。子夏:即卜商,字子夏,孔子的弟子,“孔门十哲”之一。

②端冕:玄衣和大冠,是古代帝王、贵族行朝仪、祭礼时的礼服。古乐:指先王的音乐。

③郑、卫之音:春秋、战国时郑、卫两国的民间音乐,后作为淫靡丽俗音乐的代称。

【译文】

魏文侯问子夏说:“我穿着礼服戴着礼帽,恭敬地聆听古乐,唯恐打瞌睡;听郑、卫之音,却心中欢喜,不知疲倦。请问听古乐为何会是那样的感受?听新乐为何会是这样的感受?”古乐,是先代君王的正乐。子夏回答说:“现今国君您问的是乐,但您所喜爱的却是音,两者相近却并不相同。”铿锵响亮之类都是音,顺应乐律才是乐。

文侯曰:“敢问何如?”欲知音、乐异意。对曰:“夫古者天地顺而四时当,民有德而五谷昌①,疾疢不作而无妖祥②。此之谓大当③。然后圣人作,为父子君臣,以为纲纪④。纲纪既正,天下大定;天下大定,然后正六律、和五声⑤,弦歌《诗》《颂》⑥。此之谓德音⑦。德音之谓乐。当,谓乐不失其所也。今君之所好者,其溺音乎⑧?郑音好滥淫志⑨,宋音燕女溺志⑩,卫音趋数烦志⑪,齐音敖僻骄志⑫。四者淫于色而害于德⑬,是以祭祀弗用也。言四国出此溺音也。为人君者,谨其所好恶而已矣。君好之,则臣为之;上行之,则民从之。《诗》云:‘诱民孔易⑭。’此之谓也。诱,进也。孔,甚也。民从君之所好恶,进之于善,无难也。”

【注释】

①昌:指丰收。

②妖祥:吉兆和凶兆,这里偏指凶兆。

③大当:天下太平。孔疏:"大得其所当也。"

④纲纪:指三纲六纪。三纲,指君为臣纲,父为子纲,夫为妻纲。六纪,指诸父有善,诸舅有义,族人有叙,昆弟有亲,师长有尊,朋友有旧。

⑤六律:古代乐音标准。相传黄帝时伶伦截竹为管,以管之长短分别声音的高低清浊,乐器的音调皆以此为准。乐律有十二,阴阳各六,阳为律,阴为吕。六律即黄钟、太簇、姑洗、蕤宾、夷则、无射。

⑥弦歌:依琴瑟而咏歌。《诗》《颂》:泛指古代诗歌。《颂》,《诗经》的一类,为庙堂祭祀所用舞曲歌辞。

⑦德音:道德之音,指正乐。

⑧溺音:指淫溺的音乐,与正音、雅音相对言。

⑨好滥:指好为轻佻流曼的歌舞。淫志:使心志趋于淫邪放纵。

⑩燕女溺志:意为纤柔之声使人心智沉溺颓废。燕,安。溺,埋没,沉溺。

⑪趋数:指节奏短促急速。

⑫敖僻:指音调傲慢怪僻。敖,高傲。僻,僻戾。

⑬淫于色:沉迷美色。

⑭诱民孔易:引自《诗经·大雅·板》。诱,诱导,引导。孔,甚,很。

【译文】

魏文侯说:"请问这究竟是怎么一回事?"想要知道音与乐的不同。子夏回答说:"古时候天地和顺,四季适宜,民众有德,五谷丰登,疾病瘟疫不流行,没有怪异之事。这就叫天下太平。然后圣人出现,给父子、君臣规定了名分,也就是三纲六纪。纲纪端正了以后,天下就很安定;天下安定之后,然后确定六律,调和五声,演奏歌唱诗歌。这就叫德音。德音就叫做乐。当，指乐不失去它的意义。现今国君您所喜好的，大概是让人沉溺的‘音’吧？郑音轻浮使人心志放荡，宋音亵柔使人心志沉迷，卫音急促使人心情烦躁，齐音傲僻使人心志骄横。这四种方国之音沉迷声色妨害道德，所以不用来祭祀。这是说这四国产生这些令人沉溺的“音”。作为国君，谨慎对待自己的喜好厌恶就行了。如果是国君喜好的，那么臣子就会跟着做；如果是上层施行的，那么民众就会跟随。《诗经》说：‘引导民众很容易。’说的就是这样的事啊。诱，是让他前进的意思。孔，是很的意思。民众跟从国君的好恶，引导他们向善，没有什么困难。”

君子曰：“礼乐不可斯须去身①。”致乐以治心②，乐由中出，故治心也。致礼以治躬③。礼自外作，故治身也。心中斯须不和不乐，而鄙诈之心入之矣；鄙诈入之，谓利欲生也。外貌斯须不庄不敬，而易慢之心入之矣④。易，轻易也。故乐也者，动于内者也；礼也者，动于外者也。乐极则和，礼极则顺。内和而外顺，则民瞻其颜色而不与争也，望其容貌而民不生易慢焉。是故，乐在宗庙之中，君臣上下同听之，则莫不和敬；在族长乡里之中，长幼同听之，则莫不和顺；在闺门之内⑤，父子、兄弟同听之，则莫不和亲。故乐者，所以合和父子、君臣⑥，附亲万民⑦。是先王立乐之方也。

【注释】

①礼乐不可斯须去身：斯须，须臾，片刻。去，离开。《礼记正义》：“言礼乐是治身之具，不可斯须去离于身也。”

②致：指深致详审。治心：指修养思想品德。

③治躬：治身，调整身体与言行。

④易慢：轻率怠慢。

⑤闺门：宫苑、内室的门。借指宫廷、家庭。

⑥合和：和谐，和睦。

⑦附亲：使之归附亲近。

【译文】

君子说："礼乐片刻也不能离身。"致力于以乐修养内心品德，乐从心中生出，所以能修养心胸。致力于以礼修养自身言行。礼是从外部要求的，所以能修身。如果心中有片刻的不和谐、不喜乐，就会有贪鄙诈伪之心乘虚而入；贪鄙诈伪入内，指利欲产生。如果外貌有片刻的不庄重、不严敬，就会有轻易怠慢之心乘虚而入。易，是轻易的意思。所以说，乐是从心中涌起，感动内心；礼是从外部要求，发动在外。乐的极致是和谐，礼的极致是恭顺。内心和谐，外貌恭顺，那么民众瞻望他的面色就不跟他相争，瞻望他的容貌就不会轻率怠慢。因此，乐在宗庙之中演奏，君臣上下一同聆听，就没有不温和恭敬的；在宗族乡里之中演奏，长幼一同聆听，就没有不和顺的；在内室之中演奏，父子、兄弟一同聆听，就没有不和睦亲善的。所以说乐，作用在于使父子君臣和谐，使万民归附亲近。这就是先代君王确立乐的原则方法啊。

祭法[①]

夫圣王之制祭祀也，法施于民则祀之[②]，以死勤事则祀之[③]，以劳定国则祀之[④]，能御大灾则祀之，能扞大患则祀之[⑤]。是故厉山氏之有天下也[⑥]，其子曰农[⑦]，能殖百谷[⑧]；夏后氏之衰，周弃继之，故祀以为稷[⑨]；共工氏之霸九州也[⑩]，其子曰后土[⑪]，能平九州，故祀以为社[⑫]。帝喾能序星辰[⑬]，尧能赏均刑法[⑭]，舜能勤众事[⑮]，鲧障洪水[⑯]，禹能修鲧之功，黄帝正名百物[⑰]，颛顼能修之[⑱]，契为司徒而民成[⑲]，冥勤其官而水死[20]，汤以宽治民而除其虐[21]，文王以文治，武王以武功去民之灾，此皆有功烈于民者也[22]。及夫日月星辰，民所瞻仰也[23]；山林、川谷、丘陵，民所取财用也。非此族也[24]，不在祀典[25]。祀典，谓祭礼也。

【注释】

①祭法：本篇是记述从有虞氏到周天子以下所制定的祭祀群神的方法。《礼记正义》引郑玄《三礼目录》："以其记有虞氏至周天子以下所制祀群臣之数也。"

②法施于民则祀之：指有功于民众的，即文中提到的神农及后土，帝喾与尧，及黄帝、颛顼与契等人应予以祭祀。《礼记正义》："此经总明其功，有益于民，得在祀典之事，从此至'能捍大患则祀之'，与下诸神为总也。"

③以死勤事：如舜及鲧、冥。

④以劳定国：如禹。

⑤能御大灾则祀之，能扞大患则祀之：如汤及周文王、周武王。扞，保卫，抵抗。

⑥厉山氏：炎帝，上古时期姜姓部落首领尊称，因起于厉山，或曰"烈山氏"，传说他由于懂得用火而得到王位，所以称为炎帝。

⑦农：据说炎帝后世子孙名柱，能殖百谷，做农官，所以叫做农。

⑧百谷：谷类的总称。百，举成数而言，谓众多。

⑨"夏后氏之衰"几句：周弃，即周人始祖姜嫄之子后稷。稷，指谷神。《礼记正义》："以夏末汤遭大旱七年，欲变置社稷，故废农祀弃。'故祀以为稷'者，谓农及弃，皆祀之以配稷之神。"

⑩共工氏之霸九州：共工氏，传说中的帝王名。郑玄说："共工氏无录而王，谓之霸。在大昊、炎帝之间。"《淮南子·天文》记载，共工氏曾与颛顼夺帝位，怒而触撞不周山，竟使天崩地裂。

⑪后土：上古掌管有关土地事务的官。相传共工之子句龙为此官，死后奉为社神。

⑫社：指土神。

⑬帝喾（kù）：古帝名，传说为黄帝的曾孙，号高辛氏，五帝之一。序星辰：观测天空星辰运行次序。

⑭尧能赏均刑法：赏，赏善，指禅舜，封禹、稷等。刑法，刑罚按照法度实施。《礼记正义》："尧以天下位授舜，封禹、稷，官得其人，是能赏均平也。五刑有宅，是能刑有法也。"

⑮舜能勤众事：指舜征有苗，巡守四方而死在苍梧之野。《礼记正义》："舜征有苗，仍巡守陟方而死苍梧之野，是勤众事而野死。"

⑯鲧（gǔn）：上古时代神话传说人物，据说是颛顼之子，夏禹之父，曾经用堵塞的方法治理洪水，最终被舜流放至羽山而死。障：防堵。

⑰正名百物：确定百物名称。

⑱颛顼（zhuān xū）：上古部落联盟首领，五帝之一，号高阳氏，相传为黄帝之孙。

⑲契（xiè）：传说是帝喾之子，有功被封于商，是商的先祖。司徒：官名，掌管国家的土地和人民的教化。

⑳冥：契六世孙，官玄冥，是水官。后以治水殉职。

㉑除其虐：指把桀流放到南巢。

㉒功烈：功勋业绩。

㉓瞻仰：仰望。

㉔族：类。

㉕祀典：祭祀的仪礼。

【译文】

圣王制定祭祀的原则是，将惠民之法施加于民的要祭祀，为民勤劳至死的要祭祀，用功劳安定国家的要祭祀，能抵御大灾的要祭祀，能保护民众抵御大祸的要祭祀。因此在厉山氏统治天下的时候，后世子孙叫农,能种植各种谷物;夏朝衰亡,周弃继承农的事业,所以他们被当作谷物之神来祭祀;在共工氏称霸九州的时候,他的儿子成为后土之官,能平治九州,所以将他作为土神祭祀。帝喾能纪序星辰位次来制定农作历法,尧能赏赐公平、依法行刑,舜勤勉于民众事务,鲧为民堵塞洪水,禹能修正鲧治水的功业,黄帝为各种事物确定了名称,颛顼能继续增修发展,契为司徒而能教化人民,冥勤政尽职而死于治水,汤治国宽和又能除去暴虐之政,文王用文德治国,武王用武功除掉民众的祸害,这都是为民众建立功勋业绩的人。至于日月星辰,是民众所仰望的;山林、河谷、丘陵,是民众获取财用的地方。这些都不属于上述这一类,因此不包括在此类祭祀中。祀典,指祭礼。

祭义[①]

祭不欲数[②],数则烦,烦则不敬;祭不欲疏,疏则怠,怠则忘。是故君子,合诸天道,春禘秋尝[③]。忘与不敬,违礼莫大焉。合于天道,因四时之变化,孝子感时而念亲,则以此祭之也。霜露既降,君子履之,必有悽怆之心[④],非其寒之谓也。春雨露既濡,君子履之,必有怵惕之心[⑤],如将见之。非其寒之谓,谓凄怆及怵惕,皆为感时念亲也。乐以迎来,哀以送往[⑥]。

【注释】

①祭义:本篇主要是记述祭祀、斋戒以及进献的美味,所以叫“祭义”。《礼记正义》引郑玄《三礼目录》云:“名曰《祭义》者,以其记祭祀斋戒荐羞之义也,此于《别录》属《祭祀》。”

②祭不欲疏:数,屡次,频繁。《礼记正义》:“此一节总论祭祀。其事既杂,义相附者结为一节,各随文解之。此一节明孝子感时念亲,

所以四时设祭之意。”

③禘（dì）：古代帝王、诸侯举行各种大祭的总名。凡祀天、宗庙大祭与宗庙时祭均称为“禘”。郑注：“春禘者，夏、殷礼也。周以禘为殷祭，更名春祭曰祠。”尝：古代秋祭名。董仲舒《春秋繁露·四祭》：“四祭者，因四时之所生孰而祭其先祖父母也。故春曰祠，夏曰礿，秋曰尝，冬曰蒸……尝者，以七月尝黍稷也。”

④悽怆：悲伤，悲凉。

⑤怵惕（chù tì）：戒惧，惊惧。

⑥乐以迎来，哀以送往：《礼记正义》：“不知鬼神来去期节，故祭初似若来，故乐；祭末似去，故哀。据孝子之心，虽春有乐及钟鼓送尸，孝子之心，祭末犹哀也。”

【译文】

祭祀不能太频繁，太频繁就会让人厌烦，厌烦就不会恭敬；祭祀不能太稀疏，太稀疏就会让人怠慢，怠慢就会遗忘。因此君子使祭祀合于天道，春季举行禘祭，秋季举行尝祭。遗忘与不敬，没有比这更违背礼的了。合乎天道，是根据四季变化，孝子感应季节思念父母，于是就应季祭祀他们。秋季霜露降落地面，君子脚踏霜露，就会生出凄怆悲凉之心，并非是因为寒冷，而是想到已逝的亲人。春季雨露浸润大地，君子脚踏雨露，必有悲凉惊惧之心，好像即将见到已逝的亲人。并非是因为寒冷，是说凄怆与怵惕，都是因为感应季节思念亲人。人们以快乐的心情迎接亲人的到来，以悲哀的心情送亲人离去。

致斋于内[①]，散斋于外[②]。斋之日，思其居处，思其笑语，思其志意，思其所乐，思其所嗜；斋三日，乃见其所为斋者。见其所为斋，思之熟也。祭之日，入室，僾然必有见乎其位[③]；周旋出户[④]，肃然必有闻乎其容声；出户而听，忾然必有闻乎其叹息之声⑤。是故先王之孝也，色不忘乎目，声不绝乎耳，心志嗜欲不忘乎心，安得不敬乎？

【注释】

①致斋于内：指斋戒时致力于内心思念对象（思念后文所说的五点）。斋，斋戒。祭祀前或举行典礼前清心洁身。《礼记正义》："此一节明祭前齐日之日。"

②散斋于外：指拒绝嗜好欲望。

③僾（ài）然：隐约，仿佛的样子。

④周旋出户，肃然必有闻乎其容声：周旋，指古代行荐俎酌献之礼时进退揖让的动作。《礼记正义》："谓荐馔时也。孝子荐俎酌献，行步周旋，或出户，当此之时，必有悚息肃肃然，如闻亲举动容止之声。"

⑤忾（xì）然：感慨的样子，叹息的样子。

【译文】

祭祀之前要内外斋戒，内斋就是调整内心意念，外斋就是隔绝嗜好欲望。斋戒之日，要想念死者生前的起居，思念他的言语笑貌，思念他的志向，思念他的喜乐，思念他的爱好；这样斋戒三天，好像见到了为之斋戒的亲人的形象。见到为之斋戒的亲人形象，是因为思念太深。祭祀之日，进入庙室，孝子仿佛能看见亲人就在神位上；行礼结束转身出门，神情肃然，定会听到亲人的动静；出门静听，心怀感慨，一定会听到亲人深深的叹息声。所以说先代君王的孝顺是，亲人的面容不曾从眼中忘却，亲人的声音不曾从耳中断绝，亲人的心意喜好不曾从心中遗忘，哪里能有丝毫的不敬呢？

君子生则敬养，死则敬享①。享，犹祭也，飨也。唯圣人为能飨帝，孝子为能飨亲。谓祭之能使之飨之也。帝，天也。

【注释】

①君子生则敬养，死则敬享：《礼记正义》："此一经覆说孝子祭时念亲之事。"

【译文】

君子对父母，活着要恭敬地奉养，死去要恭敬地祭祀。享，相当于祭祀，也就是飨。只有圣人能真诚地祭飨天帝，只有孝子能真诚地祭飨双亲。这是说祭飨他就能够让他享用。帝，是天帝。

先王之所以治天下者五[①]：贵有德也[②]，贵贵也，贵老也，敬长也，慈幼也。此五者，先王之所以定天下也。贵有德，为其近于道也[③]；贵贵，为其近于君也；贵老，为其近于亲也；敬长[④]，为其近于兄也；慈幼，为其近于子也。言治国有家道也。

【注释】

①先王之所以治天下者五：《礼记正义》："此一节论贵德及孝弟之事。"

②贵：尊重。

③贵有德，为其近于道也：尊重有德行的人，是因为他接近大道。《礼记正义》："德是在身善行之名，道者于物开通之称。以己有德，能开通于物，故云近于道也。凡言近者，非是实到，附近而已。"

④长：指比自己年长的人。

【译文】

先代君王能够治理天下的原则有五条：尊重有道德的人，尊重有地位的人，尊重老年人，尊敬比自己年长的人，慈爱年幼小辈。这五条，是先代君王用来安定天下的。尊重有道德的人，是因为他们接近大道；尊重有地位的人，是因为他们接近国君；尊重老年人，是因为他们近似于父母；尊敬比自己年长的人，是因为他们近似于兄长；慈爱年幼小辈，是因为他们近似于子女。这是说治理国家有似于治理家庭。

曾子曰[①]："身也者，父母之遗体也[②]。行父母之遗体，敢不敬乎？居处不庄[③]，非孝也；事君不忠，非孝也；莅官不敬[④]，非孝也；朋友不信，非孝也；战陈无勇[⑤]，非孝也。五者不遂，灾及于亲，敢不敬乎？遂，犹成也。夫孝，置之而塞乎天地，敷之而横乎四海[⑥]，施诸后世而无朝夕。《诗》云：'自西自东，自南自北，无思不服[⑦]。'此之谓也。孝有三：小孝用力，中孝用劳，大孝不匮[⑧]。劳，犹功。思慈爱忘劳，可谓用力矣；尊仁安义，可谓用劳矣；博施备物，可谓不匮矣[⑨]。思慈爱忘劳，思父母之慈爱己，而自忘己之劳苦。父母爱之，喜而弗忘；父母恶之，惧而无怨；无怨，无怨于父母之心也。父母有过，谏而不逆；顺而谏之。父母既没，必求仁者之粟以祀之[⑩]。此之谓礼终。喻贫困犹不取恶人之物以事己亲。"

【注释】

①曾子：名参，字子舆，春秋末年鲁国人。与其父曾点同师孔子，是孔子的晚期弟子之一，也是儒家学派的重要代表。《礼记正义》："此一节以下……广明为孝子之事，今各依文解之。"

②遗体：以前认为子女的身体为父母所生，所以称子女的身体为父母遗留下来的遗体。

③居处：指平日的仪容举止。

④莅官：担任官职。莅，临视、治理的意思。

⑤战陈：即战阵，服兵役之事。陈，同“阵”。

⑥置之而塞乎天地，敷之而横乎四海：置，指措置，安放。敷，散布，扩展。《礼记正义》：“置，谓措置也。言孝道措置于天地之间，塞满天地。言上至天，下至地，谓感天地神明也。敷，布也。布此孝道横被于四海，言孝道广远也。”

⑦“自西自东”几句：引自《诗经·大雅·文王有声》，是一首赞美武王的诗。《礼记正义》：“美武王也。言武王之德能如此，今孝道亦然，四海之内，悉以准法而行之，与武王同，故引以证之。”

⑧不匮：不竭，不缺乏，无穷无尽。

⑨博施备物，可谓不匮矣：博施，以仁德广施天下，德教加于百姓。备物，指四海之内，各自凭借自己的职务前来助祭。《礼记正义》：“广博于施，则德教加于百姓，刑于四海是也。备物，谓四海之内，各以其职来助祭，如此即是大孝不匮也。”

⑩粟：谷子，泛指粮食。

【译文】

曾子说：“身体，是父母生养所遗留的部分。用父母给予我们的身体去行事，怎敢不恭敬呢？平日仪容举止不庄重，就是不孝；事奉君王不忠贞，就是不孝；担任官职不恭谨，就是不孝；与朋友交往不诚信，就是不孝；上阵没有勇气，就是不孝。这五件事情做不到，灾祸就会延及父母，怎敢不恭敬呢？遂，相当于做到、完成。孝道，树立在天地之间就会充塞天地，传播它就会布满四海，施行于后世，就没有片刻的停止。《诗经》说：‘自西向东，自南向北，没有不服从的。’说的就是这个意思。孝道有三种：小孝用体力，中孝用功劳，大孝永不匮乏。劳，相当于功劳。平常人想到父母的慈爱，忘掉了自己的劳苦，可以算得上用体力的孝；诸侯、卿、大夫、士尊重仁德，安行义理，心无劳倦，这可以算是用功劳的孝；天子广博施恩，让四海之内丰衣足食，人人备物前来助祭，这样就是永不匮乏的大孝。思慈爱忘劳，是说思念父母对自己的慈爱，而忘掉自己的劳苦。父母爱护自己，即使欢喜也不会忘记父母的恩惠；父母厌恶自己，即使惧怕也没有怨恨；无怨，内心对父母没有怨恨。父母有了过失，委婉劝谏而不忤逆；顺从再委婉劝谏。父母去世，必须要求得仁德之人的粮食来祭祀。这就叫做终生奉行孝礼。比喻即使穷困，还是不能用恶人的东西来事奉双亲。”

乐正子春下堂而伤其足[①]，数月不出，犹有忧色。门弟子曰：“夫子之足瘳矣[②]，数月不出，犹有忧色，何也？”曰：“吾闻诸曾子[③]，父母全而生之，子全而归之，可谓孝矣；不亏其体，不辱其身，可谓全矣。故君子跬步弗敢忘孝也[④]。今予忘孝之道，予是以有忧色也。壹举足而不敢忘父母，壹出言而不敢忘父母。壹举足而不敢忘父母，是故道而弗径，舟而不游，不敢以先父母之遗体行危殆；一出言而不敢忘父母，是故恶言不出于口，忿言不及于身。不辱其身，不羞其亲，可谓孝矣！径，步邪趋疾也。”

【注释】

①乐正子春下堂而伤其足：乐正子春，姓乐正，字子春，春秋时鲁国人。曾参弟子。《礼记正义》：“此一节论乐正子春伤其足而忧，因明父母遗体不可损伤之事。”

②瘳（chōu）：痊愈。

③闻诸曾子：郑玄注：“曾子闻诸夫子，述曾子所闻于孔子之言。”

④跬（kuǐ）步：半步，跨一脚。

【译文】

乐正子春从堂上下来伤了脚，几个月没出门，脸上还有忧惧的神色。门下弟子说：“老师的脚伤已经好了，几个月没出门，脸上还有忧惧的神色，这是为什么呢？”乐正子春说：“我听曾子转述夫子的话，父母完整地把孩子生下来，孩子就要完整地归还他，这可以叫做孝了；不亏损这一形体，不辱没自己的名声，可以算是全孝了。所以君子即使只迈出一只脚也不敢忘记孝。现今我忘记了孝道，因此我才有忧惧的脸色。每走一步路都不敢忘记父母，每说一句话都不敢忘记父母。每走一步路都不敢忘记父母，因此只走正道，不走邪路捷径，渡水必须乘坐舟船，不浮游水中，不敢拿先父母遗留给自己的身体去冒险；每说一句话都不敢忘记父母，因此口不出恶言，也就不会招致别人怨愤的话。不辱没这具身体，不让父母蒙受羞辱，可以算得上是孝了！径，指走小路捷径。”

虞、夏、殷、周[①]，天下之盛王也，未有遗年者[②]。是故天子巡狩[③]，诸侯待见于境，天子先见百年者。问其国君，以百年者所在，而往见之。

【注释】

①虞：指虞舜。

②遗：遗弃，忽略。年者：指年老的人。《礼记正义》：“言虞、夏、殷、周虽是明盛之王也，未有遗弃其年者，悉皆尚齿，更无他善以加之。”

③巡狩：指谓天子出行，视察邦国。

【译文】

虞、夏、殷、周之时，天下最明盛的君王，也没有遗弃忽略年老的人。因此天子巡行邦国，诸侯在边境等候，天子到达后，就先去见百岁老人。询问国君百岁老人的住址，前去见他们。

祭统[1]

凡治人之道[2]，莫急于礼。礼有五经[3]，莫重于祭。礼有五经，谓吉、凶、宾、军、嘉也。莫重于祭，谓以吉礼为首也。夫祭者，非物自外至也，自中出生于心也，心怵而奉之以礼[4]。是故唯贤者能尽祭之义[5]。

【注释】

①祭统：《礼记正义》引郑玄《三礼目录》云："名曰《祭统》者，以其记祭祀之本也。统，犹本也。此于《别录》属《祭祀》。"

②凡治人之道：《礼记正义》："此一节总明祭事。但祭礼既广，其事又多，记者所说，各有部分，今各随文解之。此一节明祭祀于礼中最重，唯贤者能尽祭义。凡祭为礼之本，礼为人之本，将明礼本，故先说治人，言治人之道，于礼最急。"

③礼有五经：指吉、凶、宾、军、嘉，这五种，是"礼所常行"，所以叫"五经"。经，常。《礼记正义》："吉礼之别十有二，凶礼之别有五，宾礼之别有八，军礼之别有五，嘉礼之别有六，总有三十六礼。"

④心怵（chù）：指感念亲人的样子。怵，凄怆，悲伤。

⑤是故唯贤者能尽祭之义：《礼记正义》："言非贤者不能怵惕，怵惕之义，唯必贤人，故能尽恭敬祭。"

【译文】

在治理民众的方法中，没有什么比礼更重要的了。礼有吉、凶、宾、军、嘉五种常礼，没有比祭礼更重要的了。礼的"五经"是吉礼、凶礼、宾礼、军礼、嘉礼。"莫重于祭"，是说以吉礼为首。祭礼，并非外部施加的事物，而是由衷地出自人的内心。人们心中感念着亲人，用祭祀之礼来表达。因此，只有贤人才能理解对亲人的感怀追念而必须表达崇敬加以祭祀的意义。

是故君子之教也，外则教之以尊其君长，内则教之以孝于其亲；是故君子之事君也，必身行之。所不安于上，则不以使下[1]；所恶于下，则不以事上。非诸人[2]，行诸己，非教之道也。必身行之，言恕己乃行之。是故君子之教也，必由其本，顺之至也，祭其是与！故曰："祭者，教之本也已。"教由孝顺生。祭而不敬，何以为也[3]？

【注释】

①所不安于上，则不以使下：《礼记正义》："谓在上所为之事，施之于己，己所不安，则不得施于下。"

②非：认为不对。人：他人。

③祭而不敬，何以为也：《礼记正义》："谓志意既轻，疑惑于祭祀之义，皆不能尽心致敬。身既危疑，而欲求祭，使之必敬，不可得已。"

【译文】

因此，君子施行教化，对外要教导民众尊敬君上，对内要教导民众孝顺父母；因此君子事奉君王，必须身体力行。上级所做的事使自己不安，就不该施加给下级；下级所做的不好的事，使自己憎恶，就不该以此对待上级。斥责别人不该做的事，自己却去做，这样就不符合教化之道。必须身体力行，这是说必须有了仁恕之心，才能去做。因此，君子的教化，必须从根本入手，这就会到达和顺的极致，祭祀就是这样的吧！所以说："祭祀，是教化的根本啊。"教化从孝顺产生。祭祀却不恭敬，还拿什么来祭祀呢？

经解[1]

天子者，与天地参焉[2]，故德配天地，兼利万物[3]，与日月并明，明照四海，而不遗微小。其在朝廷，则道仁圣礼义之序[4]；燕处[5]，则听《雅》《颂》之音[6]；行步，则有环佩之声；升车，则有鸾和之响[7]。居处有礼[8]，进退有度，百官得其宜，万事得其序。《诗》云：“淑人君子，其仪不忒。其仪不忒，正是四国[9]。”此之谓也。道，犹言也。发号出令而民悦，谓之和；上下相亲，谓之仁；民不求其所欲而得之[10]，谓之信；除去天地之害，谓之义。义与信，和与仁，霸王之器也[11]。有治民之意，而无其器则不成。器，谓所操以作事者。义、信、和、仁，皆在于礼也。

【注释】

①经解：这一篇记述六经政教得失，所以叫“经解”。《礼记正义》引郑玄《三礼目录》云：“名曰《经解》者，以其记六义政教之得失也，此于《别录》属《通论》。”

②天子者，与天地参焉：参，即三。天子参配天地而为三。《礼记正义》：“此一节盛明天子霸王，唯有礼为霸王之器，言礼之重也。‘与天地参’者，天覆地载，生养万物，天子亦能载生养之，功与天地相参齐等，故云‘与天地参’。”

③兼利：使天下万物一并受到利益。

④道：说。

⑤燕处：退朝而处，闲居。

⑥《雅》《颂》之音：《诗经》分为《风》《雅》《颂》三部分。此处指纯正的音乐——雅乐，古时用于郊庙朝会等重大典礼的音乐的总称。

⑦鸾和：鸾与和，古代车上的两种铃子。鸾，在车辕上横木挂着的铃铛。和，系在马车前轼上的铃铛。人坐到车上马就开始动，马一动鸾铃就响，鸾铃一响，和铃就跟着响。

⑧居处：平日的仪容举止。

⑨“淑人君子”几句：引自《诗经·曹风·鸤鸠》。淑人，好人，善人。忒（tè），差忒，差错。四国，四方诸侯国。

⑩民不求其所欲而得之：《礼记正义》：“明君在上，周赡于下，民不须营求所欲之物，自然得之，是在上信实，恩能覆养故也。”

⑪霸王之器：成为霸者与王者的工具。霸王，指霸者与王者，古称有天下者为王，诸侯中最强大者为霸。器，指工具，也就是郑玄所说的“所操以作事者”。《礼记正义》：“‘霸王之器’者，器，谓人所操持以作事物者。欲为其事，必先利其器。言欲作霸王，必须义、信、和、仁，是霸王之器也。”

【译文】

天子，与天、地并列为三，所以他的德行与天地等齐，恩泽惠及万物，光芒与日月同辉，光明照彻四海，而不遗漏细微事物。天子在朝廷上，就讲说仁圣、礼义的规范；退朝闲居，就聆听《雅》《颂》这些典雅敦厚的音乐；散步行路，身上系着的佩环佩玉发出和谐声响；登上车驾，车上的鸾铃和鸣。起居符合礼仪，进退举止都有法度，百官各得其所，万事井然有序。《诗经》言道：“善人君子心均平，堂堂威仪无差错。堂堂威仪无差错，就能端正诸侯国。”说的就是这个意思。道，相当于说。发号施令而民众喜悦，这就叫和；上下相亲，这就叫仁；民众不用求告就能得到所需，这就叫信；除去天地间的祸害，这就叫义。义与信，和与仁，是霸者、王者治理天下的工具。如果只有治理民众的意愿，却没有相应的工具，那就不能成功。器，指用来操作以完成工作的器具。义、信、和、仁，都存在于礼中。

夫礼之于国也[①]，犹衡之于轻重也[②]，绳墨之于曲直也[③]，规矩之于方圆也[④]。故衡诚悬，不可欺以轻重[⑤]；绳墨诚陈，不可欺以曲直；规矩诚设，不可欺以方圆；君子审礼，不可诬以奸诈[⑥]。衡，称也。县，锤也。陈，设也。孔子曰：“安上治民,莫善于礼⑦。”此之谓也。

【注释】

①夫礼之于国也:《礼记正义》:“此一节赞明礼事之重,治国之急。”

②衡:秤。

③绳墨:墨线,木工用来画直线的工具。

④规矩:画圆形的圆规和画方形的矩。

⑤故衡诚悬,不可欺以轻重:悬,指秤锤。《礼记正义》:“衡,谓称衡;悬,谓锤也;诚,审也。若称衡详审悬锤,则轻重必正,故云‘不可欺以轻重’。”

⑥君子审礼,不可诬以奸诈:审,详知,明悉。诬,欺骗。《礼记正义》:“设譬既毕,故以此言结之。言君子之人,若能审详于礼,则奸诈自露不可诬罔也。”

⑦安上治民,莫善于礼:引自据说是孔子所作《孝经》。

【译文】

礼对于国家来说,就像秤对于称轻重,墨线对于定曲直,圆规直角尺对于画方圆一样。所以秤要公平地挂起秤锤,不能在轻重上欺骗人;墨线要准确地展开,不能在曲直上欺骗人;圆规角尺要准确地设置,不能在方圆上欺骗人;君子如果明礼、懂礼,那么奸诈自露,不会被骗。衡,是秤。县,是秤锤。陈,是陈设的意思。孔子说:“要让君上安宁,要让民众太平,没有什么比礼更好的了。”说的就是这个意思。

故朝觐之礼①,所以明君臣之义也;聘问之礼②,所以使诸侯相尊敬也;丧祭之礼③,所以明臣子之恩也;乡饮酒之礼④,所以明长幼之序也;婚姻之礼,所以明男女之别也。夫礼,禁乱之所由生⑤,犹防止水之所自来也⑥。故以旧防为无所用而坏之者，必有水败；以旧礼为无所用而去之者，必有乱患⑦。

【注释】

①故朝觐（jìn）之礼：朝觐，指臣子诸侯向天子朝贡和拜谒。《礼记正义》："此一经明礼之所用，各有所主，又明旧礼不可不用之意。但自此以下，上承孔子曰'此之谓也'，以后则是记者广明安上治民之义，非复孔子之言也。"

②聘问：指各诸侯国之间或大夫访问诸侯之礼。

③丧祭：古丧礼。葬后之祭称丧祭。

④乡饮酒：即乡饮酒礼，周代乡学三年业成大比，考其德行道艺优异者，荐于诸侯。将行之时，由乡大夫设酒宴以宾礼相待，叫做乡饮酒礼。

⑤夫礼，禁乱之所由生：礼的制定是为了防止逆乱之事的发生，对于可能产生逆乱的地方，则事先有所预防和禁止。《礼记正义》："由，从也。礼禁乱之所从生，乱生之处，则豫禁之。若深宫固门，阍寺守之；诸侯夫人父母没，不得归宁之类是也。"

⑥防：堤防，这里用如动词，筑堤。

⑦"故以旧防为无所用而坏之者"几句：水败，相当于水害。《礼记正义》："譬言旧礼不可去也。防以止水，忽有无知之人，谓旧防为无所用而坏之，防坏则水必来，败于产业也。……礼本防乱，忽有愚人，谓旧礼为无所用而坏去之者，则必有乱患之事也。"

【译文】

所以臣子朝见君主的朝觐礼，是用来阐明君臣大义的；诸侯国派遣使臣访问的聘问礼，是用来让诸侯互相尊敬的；葬后的丧祭礼，是阐明臣下、人子的感恩之情的；乡饮酒礼，是用来明确长幼尊卑的；婚姻之礼，是用来表明男女区别的。礼，能防止祸乱产生，就像修筑堤防能防止水患的发生。因此，认为旧堤没用就损坏它，必定会发生水害；认为旧礼没用而废弃它，必定会发生祸乱。

故婚姻之礼废[①]，则夫妇之道苦，而淫僻之罪多矣[②]；乡饮酒之礼废，则长幼之序失，而斗争之狱繁矣[③]；丧祭之礼废，则臣子之恩薄，而背死忘生者众矣；聘觐之礼废，则君臣之位失，而背叛侵陵之败起矣[④]。苦，谓不至、不答之属[⑤]。

【注释】

①故婚姻之礼废：《礼记正义》："此明礼诸事不可阙废，若其阙废，则祸乱兴也。"

②淫僻之罪：淫乱邪僻的罪行。

③而争斗之狱繁矣：不明伦常长幼礼让，所以容易发生冲突，诉讼就会繁多。狱，官司。《礼记正义》："以乡饮酒之礼，明上下长幼共相敬让。今若废而不行，则尊卑无序，故争斗之狱繁多矣。"

④背叛：指背叛天子。侵陵：指侵陵邻国。败：祸害，祸乱。

⑤谓不至、不答之属：《礼记正义》："'不至'者，谓夫亲迎而女不至；'不答'者，谓夫不答耦于妇。"

【译文】

所以，如果废弃婚姻礼，夫妇结合方式就将粗疏不敬，淫乱邪僻的罪行就会增多；废弃乡饮酒礼，长幼尊卑的次序就难以维持，互相争斗的案件就会繁多；废弃丧祭礼，臣下、儿子对君主、父亲的恩义就会淡薄，背叛先祖、遗忘君父的人就会多起来了；废弃聘问礼、朝觐礼，君臣上下关系就会遭到破坏，背叛天子、侵害欺凌邻国的祸乱就会出现了。苦，指夫妻间互不理睬、互不尊敬之类。

故礼之教化也微[①]，其正邪于未形，使人日徙善远罪而不自知也[②]，是以先王隆之也。《易》曰：“君子慎始，差若毫厘，谬以千里[③]。”此之谓也。隆，谓尊盛之也。始，谓其微时也。

【注释】

①故礼之教化也微：微，看不见的地方。《礼记正义》：“言礼之教人，豫前事微之时豫教化之；又教化之时依微，不甚指斥。”

②其正邪于未形，使人日徙善远罪而不自知也：在邪恶还没有发生的时候就加以导正，才能让人每天远离罪恶而自己却不知道。正邪，纠正制止邪恶。徙善，迁善，趋向好的方面。远罪，远避罪行。《礼记正义》：“谓止人之邪，在于事未形著，是教化于事微者也，使人至之也。又使人日日徙善、远于罪恶而不自觉知。是教化依微，不甚指斥。为此之故，是以先世之王隆尚之也。”

③“君子慎始”几句：引自《周易·系辞》。《礼记正义》：“言君子谨慎事之初始，差错若豪牦之小，至后广大错缪以至千里之大。引之者，证礼之防人在于未形著之前。若初时不防，则后致千里之缪，故云‘此之谓也’。”

【译文】

所以，礼的教化作用是细微而潜移默化的，它能使邪恶的念头还没形成时就得到纠正，使人在不知不觉中日日走向良善，远离罪恶，因此先世君王特别尊崇它。《周易》说道：“君子谨慎地对待事情的初始，开始若有一丝一毫的偏差，最后导致的错误会有千里之远。”说的就是这个意思。隆，指尊崇它。始，指它还在微小的时候。

仲尼燕居[①]

子曰：“礼者何也？即事之治也[②]。治国而无礼，譬犹瞽之无相与[③]，伥伥乎其何之[④]？譬如终夜有求幽室之中，非烛何以见之？若无礼，则手足无所措，耳目无所加，进退揖让无所制⑤。是故以之居处，长幼失其别，闺门三族失其和⑥，朝廷官爵失其序，军旅武功失其制⑦，宫室失其度量，丧纪失其哀⑧，政事失其施⑨，凡众之动失其宜。”

【注释】

①仲尼燕居：这一篇是仲尼闲居时，子张、子贡、子游三弟子侍侧，孔子跟他们谈说礼事，所以叫“仲尼燕居”。《礼记正义》：“案郑《目录》云：‘名曰《仲尼燕居》者，善其不倦，燕居犹使三子侍之，言及于礼。著其字，言事可法。退朝而处曰燕居。此于《别录》属《通论》。’此之一篇是仲尼燕居，子张、子贡、言游三子侍侧，孔子为说礼事，各依文解之。”本篇涉及郊、社、禘、尝、食、飨诸礼，尤其是大飨之礼，只在本篇有较详细的论述。《群书治要》本篇仅录孔子的一段话，论述离开了礼，国家就会陷入混乱，家族就会失去亲和，一切皆失所宜。极言失去礼的害处。《礼记正义》：“前经明诸事得礼，则有其功。此经明诸事失礼，则其事有害。”

②即事之治也：就是事情的治理。《礼记正义》：“夫子更广明礼事，更自设问云礼者何也，即事之治理。言万物之治，皆由礼。”

③瞽（gǔ）：指没有眼睛的盲人。相：指搀扶盲人的辅助者。

④伥伥乎：茫茫然，无所适从的样子。

⑤揖让：宾主相见的礼仪。

⑥三族：指父、子、孙。

⑦武功：指武力。

⑧丧纪：指丧事。

⑨失其施：失去应有的措施。

【译文】

孔子说：“礼是什么？就是对事情的治理。治理国家如果没有礼，就好像盲人没人搀扶，迷迷糊糊能往哪儿去？好像整夜在幽暗的屋子里找寻，没有蜡烛能看见什么？倘若没有礼，那么手脚不知往哪儿放，耳朵不知该听什么，眼睛不知该看什么，进退揖让就会失去节制。因此在日常生活中，没有礼，长幼会失去分别，家族三代就会失去和睦，朝廷官爵就会失去秩序，军队攻守就失去了控制，宫室建筑就会失去制度，丧事就会失去合度的悲哀，国政大事就会错误实施，众人举动都会失去合适的分寸。”

中庸[①]

天命之谓性[②]，率性之谓道[③]，修道之谓教[④]。性者，生之质也。命者，人所禀受。率，循，循性行之，是曰道。修，治也。治而广之，人仿效之，是曰教。道也者，不可须臾离也，可离非道也。道，犹道路也。出入动作由之，须臾离之，恶乎从。是故君子戒慎乎其所不睹[⑤]，恐惧乎其所不闻。莫见乎隐，莫显乎微[⑥]，故君子慎其独也[⑦]。慎其独者，慎其闲居之所为也。小人于隐者，动作言语自以为不见睹、不见闻，则必肆尽其情。若有占听之者[⑧]，是为显见，甚于众人之中为之也。子曰：“中庸其至矣乎！民鲜能久矣[⑨]！”鲜，罕也。言中庸为道至美，故人罕能久行之者。

【注释】

①中庸：《礼记正义》引郑玄《三礼目录》云：“名曰《中庸》者，以其记中和之为用也。庸，用也。孔子之孙子思伋作之，以昭明圣祖之德。此于《别录》属《通论》。”

②天命之谓性：天命，人的禀赋不同是天生的，似乎出自天意命定，所以叫天命。性，本性。《礼记正义》：“此节明中庸之德，必修道而行；谓子思欲明中庸，先本于道。”

③率性之谓道：率，遵循。《礼记正义》："依循性之所感而行，不令违越，是之曰道。感仁行仁，感义行义之属，不失其常，合于道理，使得通达，是'率性之谓道'。

④修道之谓教：修，修行，从事，进行。《礼记正义》："谓人君在上修行此道以教于下，是'修道之谓教'也。"

⑤是故君子戒慎乎其所不睹：戒慎，警惕谨慎。《礼记正义》："言君子行道，先虑其微。若微能先虑，则必合于道，故君子恒常戒于其所不睹之处。人虽目不睹之处犹戒慎，况其恶事睹见而肯犯乎？故君子恒常戒慎之。"

⑥莫见乎隐，莫显乎微：见，同"现"。隐，暗处。微，细微之所。《礼记正义》："莫，无也。言凡在众人之中，犹知所畏，及至幽隐之处，谓人不见，便即恣情，人皆占听，察见罪状，甚于众人之中，所以恒须慎惧如此。以罪过愆失无见于幽隐之处，无显露于细微之所也。"

⑦故君子慎其独也：即使隐微之处，罪恶也会彰显，所以君子独处时更要谨慎守道。《礼记正义》："以其隐微之处，恐其罪恶彰显，故君子之人恒慎其独居。言言虽曰独居，能谨慎守道也。"

⑧占：窥察，察看，看到。

⑨中庸其至矣乎！民鲜能久矣：中庸之德达到极致了，民众很少能长久地实行。至，至极，至美。《礼记正义》："前既言君子、小人不同，此又叹中庸之美，人寡能久行，其中庸之德至极美乎！民鲜能久矣者，但寡能长久而行。鲜，罕也。言中庸为至美，故人罕能久行之。"

【译文】

上天赋予的叫性，遵循本性运行叫道，修行并推广此道叫教。性，是天生的品质。命，人被赋予的命数。率，是遵循，遵循本性去行动，这就叫道。修，是治。修治它推广它，别人仿效它，这就叫教。**道，是不能片刻离开的，能够离开**

的就不是道了。道，相当于道路。进来出去行动必须经由道，离开它片刻，要到哪里去。**因此，君子在别人看不到的地方都要警惕谨慎，在别人听不见的地方也畏惧小心。没有什么比在幽隐之处更容易暴露，没有什么比在细微之处更容易显露，所以君子独处时也非常审慎。**慎独，是在闲居独处时也要谨慎地对待自己的作为。小人在幽隐之处，自以为别人看不见、听不到自己的动作言语，那就必定会肆无忌惮。倘若有人暗中窥伺他，就会暴露得很明显，比众人在身边都更明显。**孔子说："中庸之德是最美好的啊！民众很少能长久地去实行啊！"**鲜，是罕见、少有的意思。这是说中庸的道德最美好，所以很少有能长久地施行的人。

子曰[①]："无忧者其唯文王乎[②]！以王季为父，以武王为子，父作之，子述之[③]。圣人以立法度为大事，子能述成之，则何忧乎？尧、舜之父子则有凶顽[④]，禹、汤之父子则寡令闻。父子相成，唯有文王也。武王缵大王、王季、文王之绪[⑤]，一戎衣而有天下[⑥]，身不失天下之显名，尊为天子，富有四海之内，宗庙飨之，子孙保之。"缵，继也。绪，业也。子曰："武王、周公，其达孝矣乎[⑦]！夫孝者，善继人之志，善述人之事者也。"

【注释】

①子曰：《礼记正义》："此一节明夫子论文王、武王圣德相承王有天下，上能追尊大王、王季，因明天子以下及士、庶人葬、祭祀之礼，各随文解之。"

②文王：姬昌，姬姓，名昌，周太王之孙，季历之子，周朝奠基者。其父死后，继承西伯侯之位，故称西伯昌。

③"以王季为父"几句：他的父亲是王季，儿子是周武王，父亲能制作礼乐，儿子（文王）就能称述奉行。武王又能继承文王之道，所

以说文王无忧。王季，名季历，文王的父亲，古公亶父的少子。武王，周武王姬发，文王的儿子。作，创始。述，遵循，继承。《礼记正义》："言文王以王季为父，则王季能制作礼乐，文王奉而行之。文王以武王为子，武王又能述成文王之道，故无忧也。"

④尧、舜父子则有凶顽：帝尧之子丹朱，尧因其不肖，傲慢荒淫，禅位于舜。舜的父亲瞽叟和他的弟弟象，不止一次想要暗害舜。

⑤缵（zuǎn）：继承。大王：指古公亶父。绪：事业，基业。

⑥一戎衣：《礼记正义》："一戎衣，谓一著戎衣而灭殷。"

⑦达孝：最大的孝道。达，通"大"。

【译文】

孔子说："没有忧虑的大概只有周文王了吧！他的父亲是王季，他的儿子是武王，父亲能够制作礼乐，儿子能够继承他。圣明天子把建立法度当做大事，儿子能够继承成功，那么还忧虑什么呢？尧、舜的父亲儿子就有凶恶顽劣的，禹、汤的父亲儿子很少听说有好的声誉。父子能够互相成就的，只有文王。武王能继承父亲、祖父的事业，一用兵伐殷就成功拥有天下，自身不失去天下显赫的名声，成为尊贵的天子，富有整个天下，有宗庙供奉，子子孙孙都要祭享。"缵，是继承。绪，是事业。孔子说："武王、周公，那是最大的孝啊。孝子，是善于继承先人的志向，善于遵循先人事业的人。"

表记①

子曰："仁有三②，与仁同功而异情③。利仁、强仁，功虽与安仁者同④，本情则异也⑤。与仁同功，其仁未可知也；与仁同过，然后其仁可知也⑥。仁者安仁⑦，智者利仁，畏罪者强仁。功者，人所贪；过者，人所避。"

【注释】

①表记:《礼记正义》引郑玄《三礼目录》云:“名曰《表记》者,以其记君子之德,见于仪表。此于《别录》属《通论》。”

②仁有三:郑玄认为是指“安仁,利仁,强仁”。孔颖达则认为:“一则无所求为而安静行仁,一则规求其利而行仁,一则畏惧于罪而行仁。”

③与仁同功而异情:功,功效。情,心情,动机。

④安仁:安心于实行仁道。《礼记正义》:“此明仁道有三,其功虽同,其情则异,以终能泛爱,其功同也。”

⑤本情:本心。

⑥与仁同过,然后其仁可知也:仁者虽然秉性忠厚,也难免会有过失。过,指利害。《礼记正义》:“过,谓利之与害。若遭遇利害之事,其行仁之情则可知也。”

⑦仁者:仁爱的人,有德行的人。

【译文】

孔子说:“仁有三种,虽说功用相同,但动机却不一样。求利行仁、强迫行仁,功效虽说跟静心行仁都是仁爱,但是本心却不一样。与仁同样泛施博爱,但是不是仁心却未必可知;倘若在行仁中遭遇利害,那么行仁的动机就可以知道了。仁者安心仁爱,智者贪求利益而仁爱,怕犯罪的人畏惧罪过而勉强仁爱。功,是人贪求的;过,是人避开的。”

子曰:“君子不以辞尽人[①]。不见人之言语则以为善,言其余行,或时恶也。故天下有道,则行有枝叶;天下无道,则辞有枝叶[②]。行有枝叶,所以益德也;言有枝叶,是众虚华也。枝叶依干而生,言行亦由礼出也。是故君子于有丧者之侧,不能赙焉[③],则不问其所费;于有病者之侧,不能馈焉,则不问其所欲;有客不能馆焉[④],则不问其所舍[⑤]。皆避有其言而无其实也。故君子之接如水,小人之接如醴[⑥];君子淡以成,小人甘以坏。水相得合而已,酒醴相得则败[⑦]。淡,无酸酢[⑧],少味也。不以口誉人,则民作忠[⑨]。故君子问人之寒,则衣之[⑩];问人之饥,则食之[⑪];称人之美,则爵之[⑫]。皆为有言,不可以无实也。"

【注释】

①君子不以辞尽人:君子不用言辞断定整个人。辞,言辞。尽人,认定人是否贤明。《礼记正义》:"言君子与人之交,必须验行,不得以其言辞之善,则谓行之尽善,或发言善而行恶也。"《礼记正义》:"此明君子之行,不可虚用其辞。以事殊于上,故言'子曰'。"

②"故天下有道"几句:枝叶,指局部。《礼记正义》:"'故天下有道,则行有枝叶'者,言有道之世,则依礼所行外,余有美好,犹如树干之外更有枝叶也。'天下无道,则辞有枝叶'者,无道之世,人皆无礼,行不诚实,但言辞虚美,如树干之外耳更有枝叶也。"

③赙(fù):送给丧家的布帛、钱财等。

④馆:指安置住宿。

⑤所舍:住处。

⑥君子之接如水,小人之接如醴:醴,甜酒。《礼记正义》:"言君子相接,不用虚言,如两水相交寻合而已。小人以虚辞相饰,如似酒醴相合,必致败坏。"

⑦相得:相配,相合。

⑧酢(cù):同"醋"。

⑨作忠:尽忠。

⑩衣:给衣穿。

⑪食:给东西吃。

⑫爵:把爵位或官职给人。

【译文】

孔子说:"君子与人交往,不能仅仅用言辞来断定他的为人。不能只见人的言语就认为他良善,是说他余下的行为,有时却是作恶。天下有道之时,在依礼而行的诚信树干之外,还有美好行为的枝叶;天下无道之时,在无礼而行的不诚实树干之外,更有言辞虚美的枝叶。行为有枝叶,是用来增益德行的;言辞有枝叶,是众多的虚华。枝叶倚靠树干生长,比喻言行也都要从礼出发。因此,君子在治丧者的身旁,如果不能送给他布帛钱财,就不要问他的花费;在患者的身旁,如果不能赠送周济,就不要问他的需求;如果不能为客人安排住宿,就不要问他的住所。这都是要避开有言论却没有相应的实际行动。所以君子相交清淡如水,小人相交浓甜如甜酒;君子之交淡如水,但能成就事业,小人之交甜如酒,却会招致失败。两水相互融合罢了,酒跟酒相配就会败坏。淡,没有酸醋,没有味道。不在口头赞誉别人,那么民众就会尽忠。所以君子问候别人寒冷,就要给他衣穿;问候别人饥饿,就要给他饭吃;称誉别人的优点,就要给他相应的官爵。这些都是因为有了说出的言辞,不能够没有相应的实际行为。"

缁衣[①]

子言之曰:"为上易事也[②],为下易知也,则刑不烦矣。"言君不苛虐[③],臣无奸心,则刑可以措也。

【注释】

①缁衣:《诗经·郑风》中的诗篇名,《毛序》说是赞美郑武公喜好贤者并厚待他们的诗。本篇就以好恶言行作为宗旨,论述治国安民的思想,于是以诗名作为篇名。《礼记正义》引郑玄《三礼目录》云:"名曰《缁衣》者,善其好贤者,厚也。《缁衣》,郑诗也。

其诗曰：'缁衣之宜兮，敝予又改为兮。适子之馆兮，还予授子之粲兮。'粲，餐也。设餐以授之，爱之欲饮食之。言缁衣之贤者，居朝廷，宜其服也。我欲就为改制其衣，反欲与之新衣，厚之而无已。此于《别录》属《通论》。"缁衣，古代用黑帛做的朝服。

②为上易事也：《礼记正义》："为上谓君。君上以正理御物，则臣事之易也。"

③苛虐：严厉残暴。

【译文】

孔子这样说："做君王的让臣下容易侍奉，做臣下的让君王容易了解，这样就不必多用刑罚了。"这是说君上不苛刻暴虐，臣子没有奸诈之心，那么刑罚就可以放置一边了。

子曰[①]："夫民，教之以德，齐之以礼，则民有格心[②]；教之以政，齐之以刑，则民有遁心。格，来也。遁，逃也[③]。故君民者，子以爱之，则民亲之；信以结之，则民不背；恭以莅之，则民有逊心。莅，临也。逊，犹顺也。"

【注释】

①子曰：《礼记正义》："此一节明教民以德不以刑也。"

②"教之以德"几句：用道德来教导民众，用礼仪来约束民众，那么他们就会有向善之心。齐，治理。格心，向善的心。格，来，至，指至于善。《礼记正义》："格，来也。君若教民以德，整民以礼，则民有归上之心，故《论语》云'有耻且格'。"

③遁心：逃避刑罚的心。

【译文】

孔子说："对待人民，要用道德来教育他们，用礼仪来约束他们，人民才会有向善的心理；如果用政令来教导他们，用刑罚来约束他们，人民就会产生逃避政令和刑罚之心。格，是来。遁，是逃。所以统治人民的人，如果能够以爱护儿女的心来爱护人民，人民就会亲附他；能够以诚信来团结人民，人民就不会背叛他；能够恭敬地面对人民，人民就会自然生起归顺敬服之心。莅，是来到。逊，相当于顺从。”

子曰[①]：“下之事上也，不从其所令，而从其所行。言民化行不拘于言也。上好是物，下必有甚矣。甚者，甚于君也。故上之所好恶，不可不慎也，是民之表也[②]。言民之从君，如影之逐表。”子曰：“禹立三年，百姓以仁遂焉，岂必尽仁[③]？言百姓效禹为仁，非本性能仁也。”

【注释】

①子曰：《礼记正义》：“此一节申明上文，以君者民之仪表，不可不慎，故此兼言上有其善，则下赖之。”

②表：本是古代天文仪器圭表的组成部分，为直立的标竿，用以测量日影的长度。这里是标志、表率的意思。

③“禹立三年”几句：禹即位才三年，民众都践行仁道，难道他们一定都是仁人吗？遂，达到，完成。《礼记正义》：“遂，达也。言禹立三年，百姓悉行仁道，达于外内，故云‘百姓以仁遂焉’。‘岂必尽仁’者，言禹之百姓，岂必本性尽行仁道，只由禹之所化，故此禹立三年，则百姓尽行仁道。《论语》称‘如有王者，必世而后仁’者，禹承尧、舜禅代之后，其民易化。《论语》所称者，谓承离之后，故必世乃后仁，是以注《论语》云‘周道至美，武王伐纣，至成王乃致太平’，由承殷纣敝化之后故也。”

【译文】

孔子说：“臣下事奉君上，不是服从他的命令，而是服从他的行动。

这是说民众被行动教化而不是拘泥于言辞。君上喜好事物，臣下必定有人会更加喜好。甚，是说比君上更甚。所以君上的喜好与憎恶，不能不谨慎啊，这是民众的表率。这是说民众依从君上，就像影子追逐圭表一样。”孔子说：“禹即位才三年，百姓就都依仁道行事了，难道是所有的人本性都能有仁道吗？这是说百姓仿效禹行仁，并非本性就能行仁。”

子曰[①]：“上好仁，则下之为仁争先人。”

【注释】

①子曰：《礼记正义》：“此一节赞结上经在上行仁之事。”

【译文】

孔子说：“君上若是喜好仁，那么臣下就会争先恐后地抢着行仁道。”

子曰[①]：“王言如丝，其出如纶[②]；王言如纶，其出如綍[③]；言言出弥大也。纶今有秩、啬夫所佩也[④]。綍，引棺索也。故大人不倡游言[⑤]。游，犹浮也。不可用之言也。可言也，不可行，君子弗言也；可行也，弗可言，君子弗行也[⑥]。则民言不危行，而行不危言矣。危，犹高也。言不高于行，行不高于言，言行相应。”

【注释】

①子曰：《礼记正义》：“此一节明王者出言，下所效之，其事渐大，不可不慎，意与前经同也。”

②纶：由丝线编绞而成的绶带。

③綍（fú）：同“绋”，引棺的大绳索。

④有秩：古代乡官名。汉承秦制，乡五千户则置有秩，秩百石，掌管一乡。啬夫：古代乡官，秦制，乡置啬夫，职掌听讼、收取赋税，汉

晋及南朝宋因之。

⑤大人不倡游言：大人，尊贵的大人物，指居高位者。游言，指浮夸不实的言辞。《礼记正义》："游言，谓浮游虚漫之言，不可依用。出言，则民皆师法，故尊大之人不倡道此游言，恐人依象之。"

⑥"可言也"几句：能说出但做不到，这类话，君子是不会说的。而君子和贤人可以做得到的事，但是不可以说出来给普通老百姓效法，那么君子就不当施行。《礼记正义》："'可言也不可行，君子弗言也'，谓口可言说，力不能行，则君子不言也。若'有客不能馆，则不问其所舍'之类是也。'可行也不可言，君子弗行也'，熊氏云：'可行，谓君子贤人可行此事，但不可言说为凡人作法。如此之事，则君子不当行。若曾子有母之丧，水浆不入于口七日，不可言说以为法，故子思非之。'是君子不行也。"

【译文】

孔子说："天子讲的话，假如像丝那么细，传播到外边会变得像绶带那么粗；天子讲的话，假如像绶带那么粗，传播到外边会变得像拉棺材的绳子那么粗；这是说言语出口后越来越大。纶是现今有秩、啬夫等乡官佩戴的绶带。綍，是牵引棺木的绳索。所以在上位者不能提倡那种虚浮不实的话。游，相当于浮。游言，是不可用的言辞。可以言说，不可以实行，这样的话君子不说；可以实行，不可以言说，这样的行为君子不做。那么民众言就不会高于行，行也就不会高于言。危，相当于高。言辞不高于行为，行为不高于言辞，言行相应。"

子曰："君子道人以言，而禁人以行[①]。禁，犹谨也。故言必虑其所终，而行必稽其所弊[②]，则民谨于言而慎于行。稽，犹考也。《诗》云：'慎尔出话，敬尔威仪[③]。'话，善言也。"

【注释】

①君子道人以言，而禁人以行：《礼记正义》："此一节亦赞明前经言行之事。""道人以言者，在上君子诱道在下以善言，使有信也。而禁人以行者，禁，犹谨也，言禁约谨慎人以行，使行顾言也。"

②故言必虑其所终，而行必稽其所弊：出言必须要先考虑它的后果，行动必须要先考虑它的弊端。所终，后果。稽，考校，考察。敝，弊端。《礼记正义》："'故言必虑其所终'者，谓初出言之时，必思虑其此言得终末，可恒行以否。而'行必稽其所敝'者，稽，考也。言欲行之时，必须先考校此行至终敝之时，无损坏以否。"

③慎尔出话，敬尔威仪：引自《诗经·大雅·抑》，是刺周厉王的诗篇。威仪，尊严的容貌和庄重的举止。

【译文】

孔子说："君子以言语引导人们向善，而以行动让人们谨慎。禁，相当于谨慎。所以说话时必定考虑最终的结果，行动时必定核查可能的弊端，那么人们就会谨言慎行。稽，相当于考。《诗经》言道：'你说出话语要谨慎，你显示仪态要端庄。'话，指善言。"

子曰："为上可望而知也①，为下可述而志也②，则君不疑于其臣，而臣不惑于其君矣。志，犹知也。上人疑，则百姓惑；下难知③，则君长劳。难知，有奸心也。故君民者，章好以示民俗④，慎恶以御民之淫⑤，则民不惑矣。淫，贪侈也。《孝经》曰：'示之以好恶，而民知禁也。'"

【注释】

①为上可望而知也：人君居上而能望见容貌就知道心情。《礼记正义》："谓貌不藏情，可望见其貌，则知其情。"

②为下可述而志也：述，叙述，述说。志，知。《礼记正义》："志，知也。为臣下率诚奉上，其行可述叙而知。"

③难知：指心怀欺诈难以知晓他的想法。

④章：同"彰"，昭彰，彰显。

⑤淫：指贪多奢侈，放纵欲望。

【译文】

孔子说："做人君的臣子一望即可知其思想，做臣子的诚恳坦然，可以表明心志让人知晓，那么人君就不会怀疑他的臣子，而臣子也不会对人君感到困惑。志，相当于知道。君上有所怀疑而好恶不明，那么下民就疑惑不知所从；下民心怀欺诈而难知其心，那么君上就会长久劳苦。难知，指藏有奸诈之心。所以，统治民众的人，要表彰良善以昭示人们良好的风俗，要惩戒罪恶以防止人们放纵奢侈，这样民众不会疑惑了。淫，是贪多奢侈。"《孝经》说：'把喜好厌恶显示给民众，民众就会知道禁令了。'"

子曰："大臣不可以不敬也，是民之表也[①]；迩臣不可以不慎也，是民之道也[②]。民之道，言民循从也。"子曰："大人不亲其所贤，而信其所贱，民是以亲失，而教是以烦[③]。亲失，失其所当亲也。教烦，由信贱者也，贱者无壹德也。"

【注释】

①表：表率。

②迩臣不可以不慎也，是民之道也：迩臣，近臣。《礼记正义》："迩，近也。言亲近之臣不可不慎择其人。道，谓道路。言迩臣是民之道路，迩臣好则人从之好，迩臣恶则人从之恶也。"

③"大人不亲其所贤"几句：这是说居上者不亲近贤德之人，却相信卑贱无德者，这样来教化民众，民众会失去亲近榜样，政教将会因

此烦乱。《礼记正义》："谓在上不亲任其所贤有德之人，而信用其所贱无德者，民是以亲失者，言以此化民，民效于上，失其所当亲，惟亲爱群小也。而教是以烦者，言群小被亲，既无一德，政教所以烦乱也。"

【译文】

孔子说："不可以不尊敬大臣，他们是民众的表率；不可以不慎重选择近臣，他们是民众的向导。民之道，这是说民众遵循顺从。"孔子说："在上者不亲近信用贤德的人，而亲近信用卑贱无德的人，民众因而失去了他们所应亲近的准则，政教因此烦乱。亲失，是失去应当亲近的人。教烦，是由于信任卑贱的人，而卑贱者没有一点德行。"

子曰："民以君为心，君以民为体①；心庄则体舒②，心肃则容敬。心好之，身必安之；君好之，民必欲之。心以体全，亦以体伤；君以民存，亦以民亡。庄，齐庄也③。"

【注释】

①民以君为心，君以民为体：这是论述君主跟民众相互依存。心，比喻君主。体，比喻民众。《礼记正义》："此论君人相须，言养人之道，不可不慎也。"

②心庄则体舒：君主庄重恭敬，那么民众就安舒。

③齐（zhāi）庄：严肃诚敬。齐，同"斋"，庄重，严肃。

【译文】

孔子说："民众把君主当作自己的心，君主把民众当作自己的身体。内心庄重那么肢体舒展，内心严肃那么容色恭敬。内心喜好的，身体必能安适；君主喜好的，民众必定盼望。心在身体之内而受到保护，也因身体牵累而受到伤害；君主靠民众而生存，也因民众而灭亡。庄，是严肃诚敬的意思。"

大学[①]

尧、舜率天下以仁，而民从之；桀、纣率天下以暴，而民从之。其所令反其所好，而民不从[②]。言民化君行也。君好货，而禁民淫于财利，不能止也。是故君子有诸己，而后求诸人；无诸己，而后非诸人[③]。所藏乎身不恕，而能喻诸人者，未之有也[④]。故上老老而民兴孝[⑤]，上长长而民兴悌[⑥]，上恤孤而民不倍[⑦]。所恶于上，毋以使下[⑧]；所恶于下，毋以事上[⑨]；所恶于前，毋以先后；所恶于后，毋以从前[⑩]；所恶于右，毋以交于左[⑪]；所恶于左，毋以交于右。《诗》云："乐只君子，民之父母[⑫]。"民之所好好之[⑬]，民之所恶恶之[⑭]，此之谓民之父母。言治民之道无他，取于己而已。好人之所恶[⑮]，恶人之所好[⑯]，是谓拂人之性[⑰]，灾必逮夫身[⑱]。拂，犹佹[⑲]。逮，及也。

【注释】

①大学：郑玄解释本篇篇名说："《大学》者，以其记博学，可以为政也。"内容是大家所熟悉的"三纲八目"的"大人之学"。《礼记正义》："此《大学》之篇，论学成之事，能治其国，章明其德于天下，却本明德所由，先从诚意为始。"

②其所令反其所好，而民不从：《礼记正义》："言欲平天下，先须修身，然后及物。自近至远，自内至外，故初明絜矩之道，次明散财于人之事，次明用善人、远恶人。此皆治国、治天下之纲，故总而详说也。今各随文解之。"

③非：非议，谴责。

④“所藏乎身不恕”几句:指自身不能行恕道,而能晓谕他人,这种事是没有的。藏,隐匿,怀着。恕,恕实,真实,老实。喻,使人通晓,开导。

⑤老老:尊敬老人。孝:孝顺父母。

⑥长长:敬奉长者。悌:尊敬兄长。

⑦上恤孤而民不倍:恤孤,抚恤孤弱。恤,体恤,周济。《礼记·王制》:“少而无父者谓之孤,老而无子者谓之独,老而无妻者谓之矜,老而无夫者谓之寡。此四者,夫民之穷而无告者也。”《礼记正义》:“孤弱之人,人所遗弃,是上君长若能忧恤孤弱不遗,则下民学之,不相弃倍此人。”

⑧所恶于上,毋以使下:《礼记正义》:“譬诸侯有天子在于上,有不善之事加己,己恶之,则不可回持此恶事,使己下者为之也。”

⑨所恶于下,毋以事上:《礼记正义》:“言臣下不善事己,己所有恶,则己不可持此恶事,回以事己之君上也。”

⑩“所恶于前”几句:先,引导,施加。《礼记正义》:“前,谓在己之前,不以善事施己,己所憎恶,则无以持此恶事施于后人也。”“后,谓在己之后,不以善事施己,己则无以恶事施于前行之人也。”

⑪所恶于右,毋以交于左:交,交给。《礼记正义》:“谓与己平敌,或在己右,或在己左,以恶加己,己所憎恶,则无以此恶事施于左人。举此一隅,余可知也。”

⑫乐只君子,民之父母:引自《诗经·小雅·南山有台》,是赞美周成王的诗。《礼记正义》:“此记者引之,又申明洁矩之道,若能以己化从民所欲,则可谓民之父母。此《小雅·南山有台》之篇,美成王之诗也。只,辞也。言能以己化民,从民所欲,则可为民之父母矣。”

⑬民之所好好之:《礼记正义》:“谓善政恩惠,是民之原好,己亦好

之，以施于民，若发仓廪、赐贫穷、赈乏绝是也。”

⑭民之所恶恶之：《礼记正义》：“谓苛政重赋，是人之所恶，己亦恶之而不行也。”

⑮好人之所恶：《礼记正义》：“人，谓君子。君子所恶者，凶恶之事。今乃爱好凶恶，是好人之所恶也。”

⑯恶人之所好：《礼记正义》：“君子所好仁义善道。今乃恶此仁义善道，是恶人之所好也。”

⑰是谓拂人之性：拂，背逆，悖逆。《礼记正义》：“若如此者，是谓拂戾善人之性。”

⑱灾必逮夫身：逮，到来。《礼记正义》：“逮，及也。如此，灾必及夫身矣。”

⑲佹（guǐ）：背离，乖戾。

【译文】

尧、舜用仁爱统领天下，民众跟从他们学习仁爱；桀、纣用残暴率领天下，民众也跟从他们学习残暴。国君的政令如果和自己的喜好正相反，那民众是不会服从的。这是说民众被君主的行为教化。君主喜好财货，却禁止民众追求更多财利，那是不能制止的。所以君上要自己做善事，才能要求别人做善事；自己不做坏事，才能谴责别人做坏事。如果自己没有忠恕之心、没有做善行，而要晓谕别人有忠恕之心、做善行，这是从来都没有过的事。所以君上如能尊敬老人，民众就会兴起孝道；君上如能敬奉长者，民众就会敬重长上；君上如能优恤孤弱，民众就会不相背弃。厌恶自己的上级对付自己的行为，就不会以此对待自己的下级；厌恶自己的下级对付自己的行为，就不会以此对待自己的上级；厌恶前面的人对付自己的行为，就不会以此对待自己后面的人；厌恶后面的人对付自己的行为，就不会以此对待自己前面的人；厌恶自己右边的人对付自己的行为，就不会以此对待自己左边的人；厌恶自己左边的人对付自己的行为，就不会以此对待自己右边的人。《诗经》言道：“和怡快乐的君子，是民众的父母。”民众喜好的自己也喜好，民众厌恶的自己也厌恶，这就叫做民众的父母。这是说治理民众的方法没有别的，取之于自身罢了。喜好君子厌恶的恶行，厌恶君子喜好的善行，这叫背逆人的本性，灾难必然会落到他身上。拂，相当于背离。逮，是及的意思。

昏义[①]

昏礼者，将合二姓之好，上以事宗庙，而下以继后世也，故君子重之[②]。男女有别，而后夫妇有义；夫妇有义，而后父子有亲；父子有亲，而后君臣有正[③]。故曰：“婚礼者，礼之本也[④]。”夫礼，始于冠[⑤]，本于婚[⑥]，重于丧祭[⑦]，尊于朝聘[⑧]，和于乡射。此礼之大体也[⑨]。

【注释】

①昏义：昏，同“婚”。《礼记正义》：“案郑《目录》云：‘名曰《昏义》者，以其记娶妻之义，内教之所由成也。此于《别录》属《吉事》也。’谓之昏者，案郑《昏礼目录》云：‘娶妻之礼，以昏为期，因名焉。’必以昏者，取其阴来阳往之义。日入后二刻半为昏。以定称之，婿曰昏，妻曰姻，故《经解》注云‘婿曰昏，妻曰姻’是也。谓婿以昏时而来，妻则因之而去也。若婿之与妻之属，名婿之亲属名之曰姻，女之亲属名之为昏，故郑注《昏礼》云‘女氏称昏，婿氏称姻’。”

②“昏礼者”几句：《礼记正义》：“此一节总明昏礼之义。”

③正：指合乎法度、规律或常情。

④昏礼者，礼之本也：《礼记正义》：“夫妇昏姻之礼，是诸礼之本。所以昏礼为礼本者，昏姻得所，则受气纯和，生子必孝，事君必忠。

孝则父子亲，忠则朝廷正，故《孝经》云：‘丧则致其哀，祭则致其严。’是昏礼为诸礼之本也。”

⑤始：郑玄注：“始，犹根也。”冠：指冠礼，古代成人礼，男子二十岁（天子、诸侯可提前至十二岁）举行的加冠之礼。

⑥本：郑玄注：“本，犹干也。”乡，乡饮酒。婚：指婚礼，婚姻的礼节，古代包括纳采、问名、纳吉、纳征、请期、亲迎六礼。

⑦丧：指丧礼，有关丧事的礼仪、礼制。祭：指祭礼，古代祭祀或祭奠的仪式。

⑧朝：指朝觐，臣子朝见君主。聘：指聘礼，古代诸侯间相互聘问之礼。

⑨此礼之大体也：《礼记正义》：“此经因昏礼为诸礼之本，遂广明礼之始终。始则在于冠、昏，终则重于丧、祭，其间有朝聘、乡射，是礼之大体之事也。”

【译文】

婚礼，是要用以结合成两姓家族之好，对上得以祭祀宗庙祖先，对下得以传宗接代延续子嗣，所以君子重视它。男女有别，而后确保夫妇之间有道义；夫妇之间有道义，而后父子之间就能亲和；父子之间能亲和，而后才有正确的君臣关系。所以说：“婚礼，是礼的根本。”礼，从冠礼开始，以婚礼为根本，以丧礼、祭礼为最隆重，以朝礼、聘礼为最尊贵。这就是礼的主要内容。

古者天子后立六宫、三夫人、九嫔、二十七世妇、八十一御女[①]，以听天下之内治[②]，以明章妇顺[③]，故天下内和而家理也。天子立六官、三公、九卿、二十七大夫、八十一元士[④]，以听天下之外治，以明章天下之男教，故外和而国治也。故曰：“天子听男教[⑤]，后听女顺[⑥]；天子理阳道，后治阴德[⑦]；天子听外治，后听内治。教顺成俗，外内和顺，国家理治[8]，此之谓盛德也。"是故男教不修，阳事不得[9]，谪见于天[10]，日为之食；妇顺不修，阴事不得，谪见于天，月为之食。是故日食，则天子素服而修六官之职，荡天下之阳事[11]；月食，则后素服而修六宫之职，荡天下之阴事。故天子之与后，犹日之与月，阴之与阳，相须而后成者也[12]。谪之言责也。荡，荡涤，去秽恶也。

【注释】

①六宫：在王六寝之后，有大寝一，小寝五，九嫔以下，分居在这里。三夫人：古代天子后宫分主六宫之官。九嫔：宫中女官，也是帝王的妃子。夫人、嫔，属于宫中高层女官。世妇：掌管祭祀、宾客、丧祭之事。御女：宫中下层女官。《礼记正义》："此一经因上夫妇昏礼之事，故此明天子与后各立其官，掌内外之事，法阴阳所为。但后之所立六宫，周之法也，天子所为立六官，夏之制也。欲见其数相当，故以夏、周相对为内、外也。""按《宫人》云：'掌王之六寝之修。'注云：路寝一，小寝五。是天子六寝也。云'六宫在后'者，后之六宫在王之六寝之后，亦大寝一，小寝五。其九嫔以下，亦分居之。其三夫人，虽不分居六宫，亦分主六宫之事，或二宫则一人也，或犹如三公分主六卿之类也。"

②听：治理。内治：郑玄注："妇学之法也。"孔疏："案《九嫔职》云'掌妇学之法'，故知内治是妇学也。"

③明章：彰明。妇顺：指妇女顺从孝敬的美德。

④六官：周六卿之官。元士：周代称天子之士为元士。郑玄注："天子六寝，而六宫在后，六官在前，所以承副，施外内之政也。三夫人以下百二十人，周制也。三公以下百二十人，似夏时也。合而言之，取其相应，有象大数也。"

⑤男教：男子的教化。

⑥女顺：女子和顺之道。

⑦后治阴德：郑玄注："阴德，谓主阴事、阴令也。"孔疏："案《内宰》：'掌王之阴事阴令。'注云：'阴事，谓群妃御见之事。阴令为王所求，为于北宫也。'"

⑧理治：得到治理，相当于安定太平。

⑨阳事：阳刚之道。得：得当，恰当。

⑩谪：指上天的谴责，相当于灾祸。

⑪"是故日食"几句：荡，荡涤，除去。《礼记正义》："谓救日之食者素服，荡除天下之阳事。"

⑫相须：互相依存，互相配合。

【译文】

古代的天子，在王后下面设立六宫，置三夫人、九嫔、七十二世妇、八十一御女，以管理天下的家政、家务，以彰显妇女顺从的德行，所以天下所有的家庭都能内部和谐而治理有方。天子设立六官，置三公、九卿、二十七大夫、八十一元士，以管理天下的政事、政务，来彰明天下对男子的教化，所以外部和顺而国家安定。所以说："天子负责对男子进行教化，王后负责令女子顺从；天子治理阳刚之道，王后治理阴柔之德；天子负责王宫之外的国政、国务，王后负责王宫之内的家政、家务。男子受到良好的教化，女子养成顺从的品行，全国形成良好风俗；王宫内外和睦和顺，国家治理井井有条，这就是天子与王后伟大的德行。"因此男子的教化不修治，阳刚之事不能顺畅，灾祸显现在上天，发生日食；妇人的和顺不修治，阴柔之事不能顺畅，灾祸显现在上天，发生月食。因此发生日食，天子就要身穿素服，并检讨改进六官的职事，对天下阳事中的污秽加以清除；发生月食，王后就要身穿素服，并检讨改进六宫的职事，对天下阴事中的污秽加以清除。所以天子与王后，就像太阳与月亮，阴气与阳气那样，彼此互相依存辅佐才能成功。谪，是说谴责。荡，是荡涤，除去秽恶的意思。

射义[1]

古者诸侯之射也，必先行燕礼[2]；卿、大夫、士之射也，必先行乡饮酒之礼[3]。故燕礼者，所以明君臣之义也[4]；乡饮酒之礼者，所以明长幼之序也[5]。言别尊卑老稚，乃后射，以观德行也。

【注释】

①射义：古代重武习射，常举行射礼。射礼有大射、宾射、燕射、乡射四种。将祭择士为大射；诸侯来朝燕饮之后而射为宾射；宴饮之射为燕射；卿大夫举士后所行之射为乡射。《礼记正义》引郑玄《三礼目录》云："名曰《射义》者，以其记燕射、大射之礼，观德行取于士之义。此于《别录》属《吉事》。""此一篇之义广说射礼，明天子以下射之乐章，上下之差；又明天子、诸侯选士与祭之法，因明孔子矍相之圃，简贤选士誓众之事；又明君臣、父子正鹄之义，是男子有事于射，故男子初生，设桑弧蓬矢之义；又明志正射中之义，饮酒养老之事。今各随文解之。此经明将射之时，天子、诸侯先行燕礼，所以明君臣之义；卿、大夫将射，先行乡饮酒之礼，所以明长幼之序也。"

②燕礼：古代天子诸侯与群臣宴饮之礼。

③乡饮酒之礼：周代乡学三年业成大比，考其德行道艺优异者，荐于诸侯。将行之时，由乡大夫设酒宴以宾礼相待，谓之"乡饮酒礼"。

④故燕礼者，所以明君臣之义也：《礼记正义》："谓臣于堂下再拜稽首，升成拜，君答拜，似若臣尽竭其力致敬于君，君施惠以报之也。"明，彰明。

⑤乡饮酒之礼者，所以明长幼之序也：乡饮酒之礼，六十者坐，五十

者立，以少事长之序，以次明长幼之序。《礼记正义》："此'乡饮酒'谓党正饮酒，以乡统名，则前篇云'六十者坐，五十者立侍'是也。"

【译文】

古代诸侯的大射礼前，必须先举行燕礼；卿、大夫、士举行射礼前，必须先举行乡饮酒礼。所以说燕礼，是用来彰明君臣大义的；乡饮酒礼，是用来彰明长幼秩序的。这是说区别尊卑老幼，然后举行射礼，用来观察德行。

故射者[①]，进退周还必中礼[②]。内志正，外体直，然后持弓矢审固[③]；持弓矢审固，然后可以言中。此可以观德行也。内正外直，习于礼乐有德行者。

【注释】

①故射者：《礼记正义》："此一经明射者之礼，言内志审正，则射能中。故见其外射，则可以观其内德，故云'可以观德行矣'。"

②周还：周旋，古代行礼时进退揖让的动作。

③审固：瞄准。审，详细内省自身姿态。固，稳固射箭动作。

【译文】

所以射礼要求，进退揖让必须符合礼仪。内心正直，身体端正，然后手持弓箭才能坚实稳固地瞄准；手持弓箭坚实稳固地瞄准，然后才可以谈得上射中。所以说从一个人外部的举止就能看得出内在的德行。内心正直，身体端正，这是熟悉礼乐有德行的人。

其节[①]，天子以《驺虞》，诸侯以《狸首》，大夫以《采蘋》，士以《采蘩》[②]。故明乎其节之志，以不失其事[③]，则功成而德行立。德行立，则无暴乱之祸[④]；功成则国安。故曰：

“射者，所以观盛德也。”《驺虞》《采蘋》《采蘩》，今诗篇名也，《狸首》，亡也。

【注释】

①其节：《礼记正义》：“此节明天子以下射礼乐章之异。”节，节拍，节奏。歌唱诗篇，堂下击鼓，每一曲终为一节，作为射箭时速度的限制。

②“天子以《驺虞》”几句：《驺虞》《采蘋（pín）》《采蘩》都是《诗经·召南》篇名。《狸首》是逸诗，其节拍，《射人》云：“《驺虞》九节，《狸首》七节，《采蘋》《采蘩》皆五节。”射者因尊卑不同，先歌五节、三节或一节以听，余四节连发四矢。《正义》：“案《乡射》注云：‘五节，歌五终。四节四拾。其一节先以听也。’若然，则九节者，五节先以听，七节者，三节先以听，皆以四节应乘矢拾发也。”按，此下《礼记·射义》原文有“《驺虞》者，乐官备也；《狸首》者，乐会时也；《采蘋》者，乐循法也；《采蘩》者，乐不失职也。是故天子以备官为节，诸侯以时会天子为节，卿大夫以循法为节，士以不失职为节。”《驺虞》中有“壹发五豝”之句，《礼记正义》：“谓射一发而得五豝，喻得贤人多。”贤才众多，则足以备朝廷之官。《狸首》已佚，《礼记正义》：“‘《狸首》者，乐会时也’者，诸侯不来朝射其首，是乐会及盟也。”《采蘋》中有“于以采蘋，南涧之滨”之句，循涧以采蘋，喻循法度以成君事。《采蘩》中有“被之僮僮，夙夜在公”之句，《礼记集解》曰：“言教成之祭，其女子能齐敬以主其事，是不失职之义。”

③故明乎其节之志，以不失其事：指明了节拍代表的意义，而不失其应当尽力的职事。志，志趣，意义。《礼记正义》：“其节之志，谓天子以备官为志，诸侯以时会为志，卿大夫以循法度为志，士以不失职为志。是各明达其乐节之志，故能不失其所为之事也。”

④暴乱：行凶作乱，以武力破坏社会秩序。

【译文】

射礼的节拍，天子用《驺虞》，诸侯用《狸首》，大夫用《采蘋》，士用《采蘩》。所以说，明了各自伴奏音乐节拍的志趣，对各自的职事不玩忽职守，那么功业就能成就，德行就能树立。德行树立，那就没有行凶作乱的祸患；功业成就，那就国家安定。所以说："射礼，是成就盛德的方法。"《驺虞》《采蘋》《采蘩》，是现存《诗经》的篇名，《狸首》，是亡逸之诗。

是故古者[①]，天子以射选诸侯、卿、大夫、士。射者，男子之事，因而饰之以礼乐也。故事之尽礼乐，而可数为以立德行者，莫若射，故圣王务焉。选士者，先考德行，乃后决之射也。男子生而有射事[②]，长学礼乐以饰之。

【注释】

①是故古者：《礼记正义》："此一节明天子以射礼简选诸侯以下德行能否。故圣王所以务以射选诸侯、卿、大夫者，诸侯虽继世而立，卿、大夫有功乃升，非专以射而选。但既为诸侯、卿、大夫，又考其德行，更以射辨其才艺高下，非谓直以射选补始用之也。"

②男子生而有射事：古代风俗尚武，家中生男，则于门左挂弓一张，称为悬弧。可见男子从小就要学射。《礼记正义》："男子生有县弧之义，故云射者，男子之事。"《礼记・内则》："子生，男子设弧于门左。"

【译文】

因此在古代，天子用射礼简选诸侯、卿、大夫、士。射箭，是男子的事情，因而要用礼乐来修饰。所以在所有事情中，尽情地用礼乐加以修饰，而且可以多次反复地进行，并能够树立德行的，没有什么能比得过射礼了，所以圣明的君王重视并致力于这项礼仪。选士，要先考校德行，然后才用射来决断。男子生下来就要学习射箭，长大学习礼乐来修饰。

是故古者天子之制①，诸侯岁献贡士于天子②，天子试之于射宫③。观其容体比于礼④，其节比于乐⑤，而中多者，得与于祭⑥；其容体不比于礼，其节不比于乐，而中少者，不得与于祭。数与于祭，而君有庆⑦；数不与于祭，而君有让⑧。数有庆而益地，数有让而削地。故曰："天子之大射，谓之'射侯'⑨。"射侯者，射为诸侯也。射中则得为诸侯，射不中则不得为诸侯。大射，谓将祭择士之射也。得为诸侯，谓有庆也；不得为诸侯，谓有让也。

【注释】

①是故古者天子之制：《礼记正义》："此一节明射为诸侯之事，又明诸侯君臣尽志于射，以习礼乐，无流亡之患。"

②诸侯岁献贡士于天子：岁献，指每年献其职贡以供天子祭礼。古代诸侯或属国，每年都要向朝廷进贡礼品，亦称"岁贡"。郑注："岁献，献国事之书，及计偕之物。"贡士，指地方诸侯向天子朝廷荐举人才，郑注："三岁而贡士。"《礼记正义》："诸侯岁献者，谓诸侯每岁献国事之书，及献计偕之物于天子也。贡士于天子者，诸侯三年一贡士于天子也。"

③射宫：指天子考核射箭的处所。

④容体：指射箭时的容貌身姿。比：相当于合乎，一样。

⑤节：指射箭时音乐的节拍。

⑥与于祭：可以参加祭祀之礼。与，参与。

⑦庆：赏赐，褒美。

⑧让：责备，责让。

⑨射侯:本来指用箭射靶,侯是用兽皮或布做成的靶子。这里用侯字谐音诸侯的侯。

【译文】

因此古代天子的制度是,诸侯每年要向天子贡献方物、三年一次推荐士人,天子在射宫之中考核这些士人。如果观察到他们的仪容体态合乎礼节,动作节奏合乎音乐,射中的又多,那就能参加天子的祭祀;如果他们的仪容体态不合乎礼节,动作节奏不合乎音乐,射中的又少,就不能参加天子的祭祀。多次参与祭祀的,君主有赏赐;多次不能参与祭祀的,会受到君主的责让。多次得到赏赐的,会增加封地;多次受到责让的,会削减封地。所以说:"天子举行的大射,叫做'射侯'。"射侯,就是射箭成为诸侯。射中就能成为诸侯,射不中就不能成为诸侯。大射,指将要祭祀时用射箭来选择士人。能成为诸侯,叫做有庆赏;不能成为诸侯,叫做有责让。

故射者①,仁之道也。求正诸己,己正而后发;发而不中则不怨胜者,反求诸己而已矣②。孔子曰:"君子无所争,必也射乎③?"

【注释】

①故射者:《礼记正义》:"此一经明射是仁恩之道,唯内求诸己,不病害于物。既求诸己,耻其不胜,乃有争心矣。"

②反求诸己:反省自己的过失,加以改正,而不责怪别人。参见《孟子·离娄》:"行有不得者,皆反求诸己。"

③君子无所争,必也射乎:见《论语·八佾》。

【译文】

所以说射是仁恩之道。首先要端正自己,端正自己之后才能发射;发射没射中,不抱怨胜利的人,而要反过来对自己加以检讨。孔子说:"君子没有什么争的,一定要争的话,那就是射了吧?"

卷八

周礼

【题解】

《周礼》是儒家经典“三礼”之一，传说为周公所作，是一部有关国家政制的书。孔子不止一次地表示过对周公的崇敬，并把恢复周礼当作自己的理想。秦朝之后，儒家有关礼制的典籍散逸，汉兴之后逐步搜罗。《汉书·艺文志》记载：“《经》十七篇。”这里说的是《仪礼》十七篇。又说：“《记》百三十一篇。七十子后学者所记也。”这就包括了今天的大小戴《礼记》。又说：“《周官经》六篇。王莽时刘歆置博士。”这就是今天的《周礼》。魏徵说：“汉时有李氏得《周官》。《周官》盖周公所制官政之法，上于河间献王，独阙《冬官》一篇。献王购以千金不得，遂取《考工记》以补其处，合成六篇奏之。至王莽时，刘歆始置博士，以行于世。河南缑氏及杜子春受业于歆，因以教授。是后马融作《周官传》，以授郑玄，玄作《周官注》。”尽管《周礼》后出，但却是我们了解先秦政治、经济、文化、礼法制度的重要典籍。

《周礼》设官分职，记载了周王室各种官职三百七十七个，并且列出其职守、人员，通过各个官职具体职责的说明，体现了相当成熟的政治思想体系。其官职记叙被后人引述甚多。如魏徵在《隋书·经籍志》谈到经济产生的过程中史官的作用时，就引用了《周礼》。他说：“下逮殷、周，史官尤备，纪言书事，靡有阙遗，则《周礼》所称，太史掌建邦之六典、八法、八则，以诏王治；小史掌邦国之志，定世系，辨昭穆；内史掌王之八柄，策命而贰之；外史掌王之外令及四方之志，三皇、五帝之书；御史掌邦国都鄙万民之治令，以赞冢宰。此则天子之史，凡有五焉。”

《周礼》全书共分六篇，即《天官冢宰》《地官司徒》《春官宗伯》《夏官司马》《秋官司寇》《冬官司空》。其中《冬官司空》早已亡逸，汉人用《考工记》补入，称为《冬官考工记》。六官的分工大致是：天官主管朝廷官员，地官主管民政邦教，春官主管宗族礼仪，夏官主管军队战事，秋官主管刑罚，冬官主管营造。

《隋书·经籍志》列举了《周礼》注书十五部。其中郑玄注《周官礼》十二卷，《四库提要》说：“郑《注》《隋志》作十二卷，贾《疏》文繁，乃析为五十卷，新、旧《唐志》并同。今本四十二卷，不知何人所并。”“郑注”或称引先郑，也就是郑司农，即指东汉经学家郑众，河南开封（今属河南）人。明帝时为给事中，章帝时为大司农，为著名经学家。《群书治要》选录了部分郑玄注。《群书治要》所节录的注释有不见于今本《周礼注疏》中的郑玄注，我们也照录而不加说明。我们的注释翻译还参考了贾公彦的《周礼注疏》，这是因为时代相近的缘故。

《群书治要》辑录了《周礼》中有关六卿的主要内容，体现以礼治国、以刑辅政的治国理念。

天官①

惟王建国，辩方正位②，别四方，正君臣之位，君南面，臣北面之属。**体国经野③**，体，犹分，邦畿之度④。经野，疆理其井庐也⑤。**设官分职⑥**，置冢宰、司徒、宗伯、司马、司寇、司空，各有所职，而百官事举⑦。**以为民极⑧**。极，中也。令天下之人，各得其中，不失其所也。

【注释】

①天官：本篇是《周礼》第一篇，天官冢宰是总领百官的。冢宰，即太宰，西周置，位次三公，为六卿之首。太宰原为掌管王家财务及官内事务的官。周武王死时，成王年少，周公曾以冢宰之职摄政。冢宰为天官之长，掌建邦之六典，以佐王治邦国。贾公彦疏引郑《目录》云："象天所立之官。冢，大也。宰者，官也。天者统理万物，天子立冢宰使掌邦治，亦所以总御众官，使不失职。不言司者，大宰总御众官，不主一官之事也。"

②辩方：根据圭表日影来辨别四方。正位：确定君臣、宫室朝廷的位置。贾公彦疏："谓建国之时辨别也，先须视日景以别东、西、南、北四方，使有分别也。正位者，谓四方既有分别，又于中正宫室、朝廷之位，使得正也。"

③体国经野：分划国都，丈量田野。体，分划。郑注："体，犹分也。经，谓为之里数。郑司农云：'营国方九里，国中九经九纬，左祖右社，面朝后市。野则九夫为井，四井为邑之属是也。'"祖指宗庙。社为社稷。

④邦畿（jī）：指王城及其所属周围千里的地域。

⑤井庐：古代井田制，八家共一井，因用以指井田和房舍。

⑥设官分职：设立官府和治理政事的机构，让他们各司其职。

⑦"置冢宰、司徒、宗伯、司马、司寇、司空"几句：司徒，官名，周六卿之一，即地官大司徒，掌管国家的土地和人民的教化。宗伯，官名，周六卿之一，即春官大宗伯，掌宗庙祭祀等事，即后世礼部之职。司马，官名，周六卿之一，即夏官大司马，掌军旅之事。司寇，官名，周为六卿之一，即秋官大司寇，掌管刑狱、纠察等事。司空，官名，周六卿之一，即冬官大司空，掌管工程。郑司农云："置冢宰、司徒、宗伯、司马、司寇、司空，各有所职而百事举。"贾公彦疏："既体国经野，此须立官以治民，故云设官分职也。此谓设天

地四时之官，即六卿也。既有其官，须有司职。职谓主也。天官主治，地官主教，春官主礼，夏官主政，秋官主刑，冬官主事。六官，官各六十，则合有三百六十官。官各有主，故云百事举。”

⑧极：中正。

【译文】

天子选择吉土建立国都，需要先辨别国都所在地的方向，确定宗庙、朝廷所在的位置，辨别四方，端正君臣位置，如君面向南、臣面向北之类。**主次有别地划分国都、郊野的界限，进行建设经营，**体，相当于划分，对王都及周围千里的地域进行量度。经野，指划定井田跟房舍的疆界。**设置官员，确定职守，**设置冢宰、司徒、宗伯、司马、司寇、司空，各有职守，而百官事物得以进行。**作为天下民众有所取法的榜样。**极，是中的意思。让天下人民，各自居于合适的位置，不会失去自己的职分。

乃立天官冢宰，使帅其属而掌其邦治①，以佐王均邦国。掌，主也。邦治，王所以治邦国者。佐，犹助也。建邦之六典，以佐王治邦国：一曰治典②，以经邦国，以治官府，以纪万民；二曰教典③，以安邦国，以教官府，以扰万民；三曰礼典④，以和邦国，以统百官，以谐万民；四曰政典⑤，以平邦国，以正百官，以均万民；五曰刑典⑥，以诘邦国⑦，以刑百官，以纠万民；六曰事典⑧，以富邦国，以任百官，以生万民。典，常也，法也。王谓之礼经，常所秉以理天下者也。邦国官府，谓之礼法，常所守以为法式也⑨。扰，犹驯也。统，犹合也。诘，犹禁也。任，犹倳也⑩。生，犹养也。

【注释】

①乃立天官冢宰，使帅其属而掌其邦治：于是设立天官冢宰，让他率

领属下百官掌管建邦六典佐助天子治国。天官冢宰，官名，为六卿之首，总御百官。亦称太宰。帅，率领。邦治，古代指掌建邦的六典，以佐王治邦国。郑玄注："邦治，王所以治邦国也。"又引郑司农云："邦治，谓总六官之职也。故《大宰职》曰'掌建邦之六典，以佐王治邦国'。"《尚书·周官》："冢宰掌邦治，统百官，均四海。"孔传："天官卿称太宰，主国政治，统理百官，均平四海之内。"

②治典：治国的法典。六官中冢宰之职。

③教典：教育法规。六官中司徒之职。郑玄注："教典，司徒之职，故立其官，曰：'使帅其属，而掌邦教，以佐王安扰邦国。'"

④礼典：即礼法。六官中宗伯之职。

⑤政典：记载治国的典章或制度的书籍。六官中司马之职。

⑥刑典：刑法，法典。六官中司寇之职。

⑦诘：整治。

⑧事典：治事的规章。六官中司空之职。

⑨法式：法度，制度。

⑩倳（zì）：建立，树立。贾公彦疏："倳，谓立也。使民之业得立。"

【译文】

于是设立天官冢宰，让他统率他的属官，掌管国家政务治理，辅佐周王治理天下。掌，是主管。邦治，指周王治理邦国的政事。佐，相当于助。太宰制定邦国的六典，用来辅佐周王统治天下：第一是治典，用来确立邦国的法纪，治理官员，统系万民；第二是教典，用来安定邦国，教导官员，安抚万民；第三是礼典，用来协和邦国，统领百官，和谐万民；第四是政典，用来平治邦国，端正百官，均衡万民；第五是刑典，用来整治邦国，惩罚百官的违法分子，纠察万民；第六是事典，用来使天下各国富强，百官胜任职事建立功勋，生养万民。典，是恒常，是法则。周王称为礼经，是经常用来秉政治理天下的。对邦国官府来说，典指的是礼法，经常值守作为法度。扰，相当于驯顺。统，相当于统合。诘，相当于禁止。任，相当于任命。生，相当于生养。

以八柄诏王驭群臣[①]**：一曰爵，以驭其贵；二曰禄，以驭其富；三曰予，以驭其幸**[②]**；四曰置，以驭其行**[③]**；五曰生，以驭其福；六曰夺，以驭其贫；七曰废**[④]**，以驭其罪；八曰诛**[⑤]**，以驭其过。**柄，所秉执以起事者也。诏，告也，助也。爵，谓公侯伯子男卿大夫士也。禄，所以富臣下也。幸，谓言行偶合于善，则有以赐与之劝后也。生，犹养也，贤臣之老者，王有以养之也。夺，谓臣有大罪，没人家财者也。诛，责让也。**以八统诏王驭万民**[⑥]**：一曰亲亲，二曰敬故，三曰进贤，四曰使能，五曰保庸**[⑦]**，六曰尊贵，七曰达吏**[⑧]**，八曰礼宾**[⑨]**。**统，所以总物者也。亲亲，若尧亲九族也[⑩]。敬故，不慢旧也。贤，有善行也。能，多才艺也。保庸，安有功也。尊贵，尊天下之贵者也。达吏，察举勤劳之小吏也。礼宾，宾客诸侯，所以示民亲仁善邻也。

【注释】

①以八柄诏王驭群臣：冢宰用这八柄帮助君王统治群臣，贾公彦疏："大宰以此八柄诏告于王驭群臣，余条皆不言诏，独此与下八统言诏王者，余并群臣职务常所依行，岁终致事，乃考知得失，此乃王所操持，王不独执，群臣佐之而已，故特言诏也。言驭者，此八者皆是驱群臣入善之事，故皆言驭也。"柄，本为斧柄，引申为用以掌权的权杖、权柄。郑玄注："所秉执以起事者也。"驭，驾驭，比喻控制，制约。郑玄注："凡言驭者，所以驱之，内之于善。"

②三曰予，以驭其幸：贾公彦疏："谓言语偶合于善，有以赐予之，故云以驭其幸。"

③四曰置，以驭其行：贾公彦疏："有贤行，则置之于位，故云以驭其行。"

④废：流放。

⑤诛：诛责。

⑥八统：八项施政的总则。统，统领，纲纪。

⑦保庸：酬赏有功之人，使之心安。郑玄注："保庸，安有功者。"贾公彦疏："保，安也；庸，功也。有功者上下俱赏之以禄，使心安也。"保，安保，使心安。庸，功劳。

⑧达吏：向上举荐官吏。达，使发达，提拔。

⑨礼宾：合乎礼仪地接待宾客诸侯。郑玄注："礼宾，宾客诸侯，所以示民亲仁善邻。"贾公彦疏："天子待朝聘之宾，在下皆当礼于宾客。"

⑩九族：以自己为本位，上推至四世之高祖，下推至四世之玄孙为九族。

【译文】

大宰用八大权柄诏告辅助周王驾驭制约群臣：第一是爵位，以使得爵位者尊贵；第二是俸禄，以使得俸禄者富裕；第三是赐予，以使得赐予者受到恩宠；第四是官位，以使被提拔者砥砺贤行；第五是赦免死罪的权柄，以使被赦免者得免死存活之福；第六是抄夺，以使被抄家者陷入贫穷；第七是流放，以使被削职者因罪受罚；第八是诛责，以使被处死者因过遭祸。柄，是用以办事的凭据。诏，是告诉、辅助的意思。爵，指公、侯、伯、子、男，卿、大夫、士这些爵位与官位。禄，用来使臣下富裕的俸禄。幸，指言行偶尔跟善相合，就有赏赐用来鼓励以后。生，相当于供养，贤臣老了，君王厚厚奉养。夺，指犯了大罪的臣子，抄没家庭财产。诛，是责让的意思。用八项统领之术诏告辅助周王驾驭万民：第一是亲近九族亲人，第二是敬重故旧朋友，第三是荐举有善行的贤人，第四是任用有才艺的能人，第五是奖励有功劳者让他心安，第六是尊敬有声望、地位的尊贵之人，第七是提拔勤劳小吏，第八是礼遇朝聘宾客。统，是用来总领事物的。亲亲，像尧那样亲近九族。敬故，不慢待故旧朋友。贤，指有善行的人。能，指多才多艺的人。保庸，使有功者心安。尊贵，尊敬天下高贵的人。达吏，察举勤劳的小吏。礼宾，礼遇宾客诸侯，用来向民众表示亲近仁德友善邻邦。

岁终，则令百官府各正其治①，受其会②。正，正处也。会，大计也③。三岁，则大计群吏之治而诛赏④。三载考绩也⑤。

【注释】

①正：正确处理。贾公彦疏："言正，正处也者，经云令百官府各正其治，谓正处其所治文书，大宰乃受其计会也。"

②会：会总核计。贾公彦疏："云会，大计者，一岁计会，即《宰夫职》云'岁计曰会'是也。"

③大计：官吏每三年一次的考绩。

④诛赏：责罚与奖赏。郑注引郑司农云："三载考绩。"贾公彦疏："此《尚书·舜典》文。彼云'三载考绩，黜陟幽明'。彼三年一考，与此同，故引证三岁大计也。"

⑤考绩：按规定标准考核官吏的成绩。

【译文】

年终之时，命令百官实事求是地整理办公文书资料，接受他们的会计总账。正，是正确处理。会，是大的总计考核。每过三年，就要对内外百官政绩进行全面考核，而提请王对他们予以惩罚或奖励。三年要考核政绩，就像唐舜的"三载考绩"之法。

膳夫①，掌王之食饮膳羞②，大丧则不举③，大荒则不举④，大札则不举⑤，天地有灾则不举⑥，邦有大故则不举⑦。大荒，凶年也。大札，疫疠也。天灾，日月晦食也。地灾，崩动也。大故，刑杀也。《春秋传》曰："司寇行戮，君为之不举。"

【注释】

①膳夫：古官名，掌宫廷饮食。郑玄注："膳夫，上士也，掌王之饮食

膳羞。”

②膳羞：美味的食品。膳，指牲肉。羞，指美味。郑玄注：“膳，牲肉也；羞，有滋味者。”贾公彦疏：“膳夫掌王之食饮者，此一经以其职首，故略举其目，下别叙之。云以养王及后世子者，举尊者而言，其实群臣及三夫人已下亦养之。”

③大丧：指天子、王后、世子之丧。郑玄注：“大丧，王、后、世子之丧也。”不举：古代逢大的天灾人事，皆除去盛馔，偃息声乐，称作不举，对膳夫而言，主要是不杀牲，不办盛馔。

④大荒：凶年。

⑤大札：厉害的疫病。

⑥天地有灾：如日食月食，地震山崩。

⑦大故：指敌寇入侵、处以死刑等杀戮。郑玄注：“大故，寇戎之事。郑司农云：‘大故，刑杀也。《春秋传》曰：“司寇行戮，君为之不举。”’”

【译文】

膳夫，掌管君王伙食所需的饭食，有大丧事不杀牲，有大荒凶年不杀牲，瘟疫流行不杀牲，遇到天象变异、地震山崩等不杀牲，国家有大的战事或罪犯行刑不杀牲。大荒，指凶年。大札，指厉害的疫病。天灾，指日食月食。地灾，指山崩地震。大故，指刑场杀戮。《春秋传》说：“司寇施行杀戮，君王为此不举。”

地官[①]

大司徒之职[②]：掌建邦之土地之图与其人民之数，以佐王安扰邦国。教所以亲百姓，训五品也[③]。扰，亦安也，言饶衍也[④]。而施十有二教焉：一曰以祀礼教敬，则民不苟[⑤]；二曰以阳礼教让[⑥]，则民不争；三曰以阴礼教亲[⑦]，则民不怨；四曰以乐礼教和，则民不乖；五曰以仪辨等，则民不越；六曰以俗教安[8]，则民不愉[9]；七曰以刑教中，则民不虣[10]；八曰以誓教恤[11]，则民不怠；九曰以度教节[12]，则民知足；十曰以世事教能，则民不失职；十有一曰以贤制爵，则民慎德；十有二曰以庸制禄[13]，则民兴功。阳礼，谓乡射饮酒也。阴礼，谓男女之礼也。昏姻以时，则男不旷，女不怨也。仪，谓君南面臣北面，父坐子伏之属也。俗，谓土地所生习也。愉，谓朝不谋夕也。恤，谓灾厄相忧也。民有凶患忧之，则民不懈怠也。度，谓宫室车服之制也。世事，谓士农工商之事。少而习焉，其心安焉，因教以能，不易其业也。慎德，谓矜其善德，劝为善也。庸，功也。爵以显贤、禄以赏功也。

【注释】

①地官：是掌管国家土地与民众教化的，司徒是其长官，属下各官有乡师、乡老、乡大夫、遂人、遂师、遂大夫等。贾公彦疏引《郑目录》云："象地所立之官。司徒主众徒。地者载养万物，天子立司徒掌邦教，亦所以安扰万民。"本篇节录了大司徒、乡师、师氏、保氏、司救的职责，可见教育的重要作用。

②大司徒之职：掌建邦之土地之图与其人民之数。郑玄注："土地之图，若今司空郡国舆地图。"贾公彦疏："司徒既欲佐王安扰邦国，故先须知土地之图人民之数。"

③五品：五常，指当时的五种伦常道德。

④饶衍：富饶。

⑤苟：苟且对付。

⑥阳礼：指乡饮酒礼。贾公彦疏："酒入人身，散随支体，与阳主分散相似，故号乡射饮酒为阳礼也。"

⑦阴礼：指婚礼。贾公彦疏："昏姻之礼，不可显露，故曰阴礼也。"

⑧俗：指这片土地产生的习俗。

⑨不愉：不苟且。愉，通“偷”，苟且。

⑩虣（bào）：同“暴”，暴乱。

⑪誓：盟誓。恤：指在灾难中互相同情怜悯。

⑫度：指法度所规定的衣服宫室等的等级尊卑不同。

⑬庸：功劳。

【译文】

大司徒的职责是：执掌天下土地图册跟人民的数目，来辅佐君王安定邦国。教化是用来亲近百姓，训导仁、义、礼、智、信这五常道德的。扰，也是安定的意思，是说使他们富饶。实施十二种教化：第一是通过祭祀之礼来教民恭敬，那么民众就不会马虎随便；第二是通过乡射礼、乡饮酒礼等阳礼教民谦让，那么民众就不会争斗；第三通过婚礼那样的阴礼来教民相亲，那么民众就不会有失时之怨；第四是通过音乐教民和同，那么民众就不会乖戾；第五是用礼仪来教民分辨上下尊卑等级差别，那么民众就不敢逾越；第六是用习俗教民安居乐业，那么民众生活就不会苟且马虎；第七是用刑法教民中正，那么民众就不会暴乱；第八是用盟誓教民敬慎，那么民众就不会懈怠；第九是通过制度教民节制，那么民众就会知足；第十是用世代相传的事业教民掌握谋生技能，那么民众就不会失业；第十一是根据贤德高低颁授不同的爵位，那么民众都会谨慎修养善德；第十二是用功劳确定俸禄，那么民众都会致力于建立功业。阳礼，指乡射饮酒。阴礼，指男女婚礼。婚姻及时，那么男子不会成为旷夫，女子不会成为怨妇。仪，指君王面向南、臣子面向北，父亲正坐、儿子侧伏之类。俗，指这片土地产生的习俗。愉，指朝不谋夕，苟且对付。恤，指在灾难中互相担忧怜悯。民众有凶险忧患，担忧他们，那么就不会懈怠。度，指宫室车辆服饰的制度。世事，指士、农、工、商所有的事业。少年学习它，就会心安，于是教导技能，不改变职业。慎德，指称赞他的善德，鼓励向善。庸，功劳。用爵位来使贤才显赫，用俸禄来奖赏功绩。

以保息六养万民①：一曰慈幼，二曰养老，三曰振穷②，四曰恤贫，五曰宽疾，六曰安富。保息，谓安之使蕃足也。慈幼，爱少也。养老，七十养于乡，五十异粻之属也。振穷，救天民之穷者也。恤贫，贫无财业，禀食贷之也。宽疾，若今癃不可事[③]，不筭卒也[④]。安富，平徭役，不专取之也。以乡三物教万民而宾兴之：一曰六德：智、仁、圣、义、忠、和；二曰六行：孝、友、睦、姻、任、恤；三曰六艺：礼、乐、射、御、书、数。物，犹事也。兴，犹举也。民三事之教成，乡大夫举其贤者、能者，以饮酒之礼宾客之，既则献其书于王矣。智，明于事也。仁，爱人以及物也。圣，通而先识也。义，能断时宜也。忠，言以中心也。和，不刚不柔也。善于父母为孝，善于兄弟为友。睦，亲于九族也。姻，亲于外亲也。任，信于友道也。恤，振忧贫者。礼，五礼之仪也[⑤]。乐，六乐之歌舞也[⑥]。射，五射之法也[⑦]。御，五御之节也[⑧]。书，六书之品也[⑨]。数，九数之计也[⑩]。以五礼防万民之伪而教之中。礼，所以节止民之侈伪，使其行得中也。五礼，谓吉、凶、宾、军、嘉。以六乐防万民之情而教之和。乐，所以荡正民之情思[⑪]，使其心应和也。六乐，谓《云门》《咸池》《大韶》《大夏》《大濩》《大武》也。

【注释】

①以保息六养万民：用六条保障百姓繁衍生息的政策来养护万民。贾公彦疏："此经陈安养万民之道。云以保息六养万民者，民不安即不得蕃息，安则蕃息。保，安也。民使蕃息有六条，以养万民，故云以保息六养万民也。"保，保障，使安全。息，生息，蕃息。

②振：同"赈"。穷：指鳏寡孤独这类人。

③癃（lóng）：衰老病弱。

④筭（suàn）：同"算"，征税。

⑤五礼：指古代的五种礼制，即吉礼、凶礼、军礼、宾礼、嘉礼。

⑥六乐：指黄帝、尧、舜、禹、汤、周武王六代的古乐，即《云门》《咸池》《大韶》《大夏》《大濩》《大武》。

⑦五射：古代行射礼时的五种射法，即白矢、参连、剡注、襄尺、井仪。

⑧五御：驾车的五种技术，即鸣和鸾、逐水曲、过军表、舞交衢、逐禽左。

⑨六书：古人分析汉字造字的理论，即象形、会意、转注、处事、假借、谐声。

⑩九数：古代的算法，即方田、粟米、差分、少广、商功、均输、方程、嬴不足、旁要。

⑪荡：相当于引导、感化。

【译文】

用六项安定民心的政策养育万民、使其繁衍生息：第一是慈爱幼小，第二是奉养老人，第三是救济鳏寡孤独等穷困的人，第四是抚恤贫民，第五是对残疾人优待、宽免其赋役，第六是平等对待、不苛刻索取，使富人安心。保息，指保障他们安全，使其蕃息。慈幼，是爱护幼年人。养老，指七十以上老人由乡里学官供养，五十以上给予特殊照顾之类。振穷，救济民众中那些天然弱势而穷困的人。恤贫，指对贫困无业的人，给予食物救济。宽疾，像现在那些衰老病弱之人不能干活，不再对他们征税征兵。安富，指平均徭役，不专取富人。用乡学中三方面内容来教育万民，而举荐优异的贤能者，并举行饮酒礼表达敬意：第一是六德：智、仁、圣、义、忠、和；第二是六行：孝父母、友兄弟、睦九族、姻妻族、任朋友、恤贫困；第三是六艺：礼、乐、射、御、书、数。物，相当于事务。兴，相当于举荐。教导成功乡民三事之后，乡大夫举荐其中的贤才、能人，用饮酒礼对待宾客的方式对待他们，然后把他们记载入书册献给君王。智，是明了事物的意思。仁，是爱人及万物的意思。圣，是通晓事物拥有先见卓识的意思。义，是能断定合适时机的意思。忠，是说出自内心的中正。和，是不刚不柔。对父母好是孝，对兄弟好是友。睦，指亲睦九族。姻，指亲近妻族。任，信任朋友之道。恤，赈济怜悯贫民。礼，指五礼的仪礼。乐，指六乐的歌舞。射，指五种射法。御，指五种驾车的节奏。书，指六书的品类。数，指九数的计算。**用五礼防止万民诈伪，教导他们能够中正。**礼，是用来防止放纵僭伪，使他们走上正道。五礼，指吉礼、凶礼、宾礼、军礼、嘉礼。**用六乐防控万民的情欲，而教导他们性情平和。**乐，是用来引导端正民众的情思的，让他们从内心响应和乐。六乐，指《云门》《咸池》《大韶》《大夏》《大濩》《大武》。

乡师以岁时巡国及野[①]，而赒万民之艰厄[②]，以王命施惠。岁时者，随其事之时，不必四时也。艰厄，饥乏者也。

【注释】

①乡师：司徒属官，每三乡设乡师二人，掌管乡里的教化与治理，并监督乡以下各级行政长官处理政务。贾公彦疏："以岁之困厄之时，乡师巡于国及至野外，赒给万民之有艱厄者。云以王命施惠者，言于其时，以王命施布恩惠于下民也。"野：指六乡。后文有"岁终，则者六乡之治，以诏废置。"六乡，周制：王城之外百里以内，分为六乡，每乡设乡大夫管理政务。

②赒（zhōu）：周济，救济。艰厄：困乏，困苦。

【译文】

乡师在每年之中，巡视王城以及城外六乡四郊，周济艰难困苦的广大民众，用君王的名义施布恩惠。岁时，是指随时发生事件的时候，不一定是四季。艰厄，指饥饿困乏。

师氏掌以美诏王[①]，告王以善道也，《文王世子》曰："师者，教之以事，而谕诸德者也。"以三德教国子[②]：一曰至德[③]，以为道本；二曰敏德[④]，以为行本；三曰孝德[⑤]，以知逆恶也。教三行：一曰孝行，以亲父母；二曰友行，以尊贤良；三曰顺行，

以事师长。德行，外内之称也，在心为德，施之为行也。至德，中和之德[⑥]，覆焘持载含容者也[⑦]。敏德，仁义顺时者也。孝德，尊祖爱亲，守其所以生者也。孔子曰："武王、周公其达孝矣乎[⑧]。"夫孝，善继人之志，善述人之事也。

【注释】

①师氏：周代官名。掌辅导王室，教育贵族子弟以及朝仪得失之事。贾公彦疏："师氏掌以前世美善之道，以诏告于王，庶王行其美道也。"

②国子：郑玄注："国子，公卿大夫之子弟。"

③至德：中和之德。贾公彦说是指至极之德。贾公彦疏："一曰至德，以为道本者，至德谓至极之德，以为行道之本也。"

④敏德：顺应四季的仁义之德。贾说是指敏捷反映之德。贾公彦疏："二曰敏德，以为行本者，谓敏达之德，以为行行之本也。"

⑤孝德：尊敬先祖、亲爱父母之德。贾说是孝顺父母之德。贾公彦疏："三曰孝德，以知逆恶者，善父母为孝，以孝德之孝以事父母，则知逆恶不行也。"

⑥中和之德：即中庸之德。

⑦覆焘：天的覆被，指施恩，加惠。持载：地的承载。含容：容纳。

⑧武王、周公其达孝矣乎：见《礼记·中庸》。是说武王继承文王志愿，伐纣而安定天下；周公制礼作乐，赞述文王的文德。

【译文】

师氏负责用前世美善之道诏告君王，把前代善道告诉君王，《文王世子》说："师氏，是要教世子君臣、父子、长幼等事，用道德来晓谕他。"**用三德来教导国子：第一是至德，作为行道的根本；第二是敏德，作为力行的根本；第三是孝德，用来知晓悖逆犯上等邪恶的事。用三行教国子：第一是孝行，用来亲敬父母；第二是友行，用来尊敬才德高尚的人；第三是顺行，用来侍奉师长**。德和行，是区分内外的称呼，在内心的叫做德，实施出来的叫做行。至德，是中和之德，如覆盖施恩承载一切的天地。敏德，是及时行仁义之德。孝德，就是尊敬祖上敬爱双亲，守护生养自己的亲人。孔子说："武王、周公可以称为达孝了吧！"孝，是要善于继承前人的志意，善于遵循前人的事业。

保氏养国子以道[①]**，乃教之六艺：一曰五礼，二曰六乐，三曰五射，四曰五驭，五曰六书，六曰九数；乃教之六仪：一曰祭祀之容，二曰宾客之容，三曰朝廷之容，四曰丧纪之容**[②]**，五曰军旅之容，六曰车马之容。**养国子以道者，以师氏之德行审谕之[③]，而后教之以艺仪也。五射，白矢、参连、剡注、襄尺、井仪也[④]。五驭，鸣和銮、逐水曲、过君表、舞交衢、逐禽左也[⑤]。六书，象形、会意、转注、指事、假借、谐声也。九数，方田、粟米、差分、少广、商功、均输、赢不足、旁要、方程。今有重差[⑥]，夕桀句股也[⑦]。祭祀之容，穆穆皇皇[⑧]；宾客之容，严恪矜庄[⑨]；朝廷之容，济济跄跄[⑩]；丧纪之容，累累颠颠[⑪]；军旅之容，暨暨谘谘[⑫]；车马之容，匪匪翼翼[⑬]。

【注释】

①保氏：古代职掌以礼义匡正君王、教育贵族子弟的官员。《礼记·文王世子》："保也者，慎其身以辅翼之而归诸道者也。"养国子以道，用学问和技能教养王族子弟。养，教养。贾公彦疏："以师氏之德行审谕之，而后教之以艺仪也。"

②丧纪：丧事。

③审谕：指太子师傅对太子的明白开导。

④白矢：古代射礼的五种箭法之一，指箭射穿靶子而露出其镞。参连：先射一箭，然后三箭连发。剡（yǎn）注：指箭矢尾羽高而箭镞低这样射出去。襄尺：臣子跟君王射，不跟君王并立，比君王高一尺而后退。襄，高。井仪：四箭贯穿箭靶，像口井一样。

⑤和銮：古代车上的铃铛。挂在车前横木上称和，挂在轭首或车架上称銮。逐水曲：指驾车追逐水势弯弯曲曲而不落水。过君表：赶车经过国君的位置时，应有致敬的表示。舞交衢：指在交叉道路赶车，车应和歌舞节拍。衢，道路。逐禽左：指赶车迎着驱逐禽兽到车左，让国君从左边射箭。

⑥重（chóng）差：汉代天文学家测量太阳高、远的方法。魏晋时刘徽著文讲述这一方法，也以重差作篇名，附于所注《九章算术》后。

⑦夕桀：是一种借圆形来测量的技术。重差、夕桀都是运用勾股的测量术。

⑧穆穆皇皇：形容仪容或言语和美。

⑨严恪：庄严恭敬。矜庄：严肃庄敬。

⑩跻跻跄跄：进退有节，恭敬有礼。

⑪累累：连续不断的样子。颠颠：忧思的样子。

⑫暨暨：果断刚毅的样子。詻詻（è）：严肃的样子。

⑬匪匪：车马行走不停貌。匪，通“骓”。翼翼：整齐的样子。

【译文】

保氏用道艺来教养国子，教导他们六艺：第一是五礼，第二是六乐，第三是五射，第四是五驭，第五是六书，第六是九数；并用六仪来教导：第一是祭祀的仪容，第二是接待宾客的仪容，第三是朝廷上的仪容，第四是参加丧事的仪容，第五是军旅的仪容，第六是车马驾驭的仪容。养国子以道，是先用师氏的德行明白开导他，然后由保氏用六艺六仪来教导他。五射，是白矢、参连、剡注、襄尺、井仪。五驭，是鸣和銮、逐水曲、过君表、舞交衢、逐禽左。六书，是象形、会意、转注、指事、假借、谐声。九数，是方田、粟米、差分、少广、商功、均输、嬴不足、旁要、方程。现在有重差、夕桀等运用句股的测量术。祭祀之容，仪容和美；宾客之容，严肃恭敬；朝廷之容，进退有节，恭敬有礼；丧事之容，忧思连绵；军旅之容，果敢严肃；车马之容，整齐有序。

司救[①]：掌凡岁时有天患民病，则以节巡国中及郊野[②]，而以王命施惠。天患，谓灾害也。节，旌节也。施惠，赒恤[③]。

【注释】

①司救：《周礼》职官名，主管惩罚民众的邪恶过失，用礼法防患挽救，禁止他们为非作恶。也负责赈灾等事务。

②节：指旌节，古代使者所持的节，以为凭信。

③赒（zhōu）恤：周济救助。

【译文】

司救：凡一年四季之中有天灾人祸而使民困病，就要手持旌节，巡视王城和郊野，而以王的名义对灾民施行慰问救济。天患，指自然灾害。节，指使者所持的旌节。施惠，周济救助。

春官[①]

大司乐[②]：以乐德教国子中、和、祗、庸、孝、友[③]。中，犹忠也。和，刚柔适也。祗，敬也。庸，有常也。凡日月食、四镇五岳崩、大傀异灾、诸侯薨[④]，令去乐。四镇，山之重大者也，谓会稽、沂山、医无间、霍山也。五岳，岱、衡、华、嵩、恒也。傀，犹怪也。大怪异灾，谓天地奇变，若星辰奔霣及震裂为害者也[⑤]。去乐，藏之也。大札、大凶、大灾、大荒、大臣死[⑥]，凡国之大忧[⑦]，令弛县[⑧]。札，疫疠。凶，凶年也。灾，水火也。弛，释下之也。凡建国，禁其淫声、过声、凶声、慢声[⑨]。淫声，若郑、卫也。过声，失哀乐节也。凶声，亡国之声，若桑间、濮上也[⑩]。慢声，惰慢不恭之声。

【注释】

①春官：其长官是大宗伯，执掌国家礼制、典礼、祭祀、历法等。所属有肆师、大司乐、大祝、大史等官。贾公彦疏引《郑目录》云："象春所立之官也。宗，尊也。伯，长也。春者生万物，天子立宗伯，使掌邦礼，典礼以事神为上，亦所以使天下报本反始。不言司者，鬼神示人之所尊，不敢主之故也。"官之长，执掌教导国子乐舞等。本段只节录了大司乐职责的部分内容，说明音乐对治国的重要性。

②大司乐：《周礼》官名，又称大乐正。为乐官之长，以乐舞教导国子。

③乐德：指古代音乐教育中的中、和、祗、庸、孝、友等六种品德。

④四镇：四座大山，据称是扬州之会稽山，青州之沂山，幽州之医无闾，冀州之霍山。镇，一方的主要山岳。五岳：我国五大名山的总称，一般指东岳泰山、南岳衡山、西岳华山、北岳恒山、中岳嵩山。傀（guī）：珍奇，怪异。

⑤霣（yǔn）：古通"陨"，降，落下。这里指陨星坠落如雨。

⑥大札：大的疫病。凶：凶年。灾：指水旱灾害。大荒：大灾之年。

⑦大忧：大忧患，大灾祸，如亡国、战败之类。

⑧弛县：收藏编钟编磬等悬挂的乐器，指罢乐。

⑨淫声：淫邪的乐声。过声：过分的乐声。凶声：指亡国的乐声。慢声：懒惰怠慢的乐声。

⑩桑间、濮上：桑间，古卫地，在濮水之上。春秋时以侈靡之乐闻名于世，男女亦多于此处幽会，故后用以指代侈靡淫乱的音乐、风俗的流行地。《史记·乐书》："桑间濮上之音，亡国之音也，其政散，其民流，诬上行私而不可止。"

【译文】

大司乐：用乐中之德来教导国子忠诚、和同、恭敬、恒常、孝顺、友爱。中，相当于忠。和，指刚柔合适。祗，是尊敬。庸，指恒常。凡是遇见日食、月食，

四镇大山、五岳名山崩塌，以及天地奇变等大怪异的灾害，或有诸侯死亡等，下令收起乐器不许演奏。四镇，重要的山，指会稽、沂山、医无闾、霍山。五岳，指泰山、衡山、华山、嵩山、恒山。傀，相当于怪。大怪异灾，指天地奇怪的变化，比如流星陨落及地震开裂等灾害。去乐，指把乐器收藏起来。**遇大瘟疫、大饥馑、大水灾或火灾、大臣死，凡是遇到此类国家的大忧患，就下令暂时解下悬挂的乐器。**札，是疫疠传染病。凶，是凶年。灾，指水灾火灾。弛，解开放下。**凡是新封的诸侯国，要禁止这四种音乐：淫邪的乐声，过分的乐声，亡国的乐声，懒惰怠慢的乐声。**淫声，像郑、卫之声。过声，失去哀乐节制的乐声。凶声，指亡国之声，像桑间、濮上那样的乐声。慢声，指惰慢不恭敬的乐声。

夏官[①]

大司马之职：掌建邦国之九法，以佐王平邦国。平，成也，正也。制畿封国[②]，以正邦国；封，谓立封于疆为界。设仪辨位[③]，以等邦国；仪，谓诸侯诸臣之仪。进贤兴功[④]，以作邦国[⑤]；作，起也，起其进善乐业之心[⑥]。建牧立监[⑦]，以维邦国；维，犹连结。制军诘禁[⑧]，以纠邦国；诘，穷治也。纠，正也。施贡分职[⑨]，以任邦国；职，谓赋税也。任，犹事也。简稽乡民[⑩]，以用邦国；稽，计也。均守平则[⑪]，以安邦国；均，谓尊者守大，卑者守小也。比小事大，以和邦国。比，犹亲。使大国亲小国，小国事大国。

【注释】

①夏官：与天子共同治理国政，主管军事，其长官是大司马，主管六军，用来纠正违背王命的诸侯。所属有小司马、军司马、军将、师帅、旅帅以及虎贲氏、旅贲氏、方相氏、大仆、职方氏等。贾公彦疏引郑云："象夏所立之官。马者，武也，言为武者也。夏整齐万物，

天子立司马，共掌邦政，政可以平诸侯，正天下，故曰统六师平邦国。”本段节录大司马职责的部分文字，说明“掌建邦国之九法”和“九伐之法”。贾公彦疏：“此九法已下，皆言邦国，则施于诸侯为主，故云邦国也。云以佐王平邦国者，九法以纠察诸侯，使之成正，故以平言之也。但此九法，据殷同之时建之，故《大行人》云‘殷同以施天下之政’，注云：‘政谓邦国之九法。’则殷同之时，司马明布告之，故云建也。”本段还节录“司勋”的职责，说明要根据功劳给予奖赏。

②畿（jī）：古指王畿之外的九畿，即各级诸侯所领辖以及外族所居的九等各以五百里为界的地面。《周礼·地官·大司徒》：“乃建王国焉，制其畿，方千里而封树之。”贾公彦疏：“王畿千里，以象日月之大，中置国城，面各五百里。”本段贾公彦疏：“谓制诸侯五百、四百里之等，各有封疆，界分乃得正，故云‘以正邦国’。”封：培土植树作为疆界的标志。

③仪：指九仪，是天子接待不同来朝者而制定的九种礼节。郑玄注：“仪，谓命者五：公、侯、伯、子、男也；爵者四：公、卿、大夫、士也。”

④进：进用，提拔。兴：举荐。

⑤作：兴起，使兴起。

⑥进善：向善。乐业：指愉快地从事本业。

⑦监：监国，即诸侯国君。郑玄注：“牧，州牧也。监，监一国，谓君也。维犹连结也。”贾公彦疏：“二百一十国以为州，州有牧，使维持诸侯。又一国立一监，以监察一国，上下相维，故云以维邦国也。此则《大宰》云‘建其牧，立其监，亦一也’。”

⑧军：军队的编制单位。《周礼·夏官·序官》：“凡制军，万有二千五百人为军。”大国三军，次国二军，小国一军。诘：查究，究办。贾公彦疏：“按：上文大国三军，次国二军，小国一军也。诘禁者，按《士师》有五禁，天子礼。此诸侯国，亦当有五禁以相穷治、相

纠正，故云以纠邦国也。”禁：指五禁。按《周礼·秋官·士师》：“一曰宫禁，二曰官禁，三曰国禁，四曰野禁，五曰军禁。”

⑨施贡：指由天子决定施行的进贡额度，即九贡。贾公彦疏：“九贡谓诸侯九贡，自然有金玉曰货、布帛曰贿。”职：指九职，周时的九种职业。据《周礼·天官·大宰》，九职是三农、园圃、虞衡、薮牧、百工、商贾、嫔妇、臣妾、闲民。贾公彦疏：“施贡多少，据国地大小，故《地官》大国贡半，次国三之一，小国四之一，皆由天子施之。此《大宰》九贡，并《小行人》春令入贡，皆是岁之常贡，与《大行人》因朝而贡者异也。分职者，即《大宰》所云九职是也。彼据畿内，此据诸侯。诸侯邦国亦由天子分之，使民有职业，因使税之。所税者，市之以充贡。若然，言贡，据向天子而言。云税，据民所为为说。事相因，皆所以任邦国，故云‘以任邦国’也。”

⑩简稽：查核，考察。郑玄注：“简谓比数之。稽犹计也。”

⑪均守平则：均衡诸侯土地大小与其职贡的常法。郑玄注：“诸侯有土地者均之，尊者守大，卑者守小。则，法也。”贾公彦疏：“言均守，谓五等诸侯有五等受地，‘五百里’已下是均守也。平则者，则，法也，谓五等职贡之等皆有常法，邦国获安，故云‘以安邦国’。”

【译文】

大司马的职责是：掌管建立有关诸侯国的九项法则，来辅佐君王平治邦国。平，是成就功业，正其名位。划定诸侯国的封域，以明确诸侯国之间的疆界；封，指培土植树作为疆域的界限。为诸侯国设立仪法、区别君臣的尊卑之位，确立他们的等级；仪，指诸侯臣子的礼仪。进用和荐举贤能有功的人，以激发诸侯国臣民的进取心；作，振起，振起邦国之内鼓励向善喜爱本业的心理。设立州牧和国君，以维系邦国的臣民；维，相当于连结。建立军队，惩治和追究违法者，以纠正邦国的失误；诘，是穷治的意思。纠，是纠正的意思。分配诸侯国应缴的贡赋，以确定诸侯国的合理负担；职，指按照职业缴纳赋税。任，相当于任事。查核诸侯国的乡民数，以便在用得着时征召；稽，是计算的意思。**根据诸侯国爵位的尊卑和拥有土地的大小，建立合理的守卫土地之法，以安定诸侯国；**均，指位尊者守土大，位卑者守土小。**让大国亲近小国，让小国事奉大国，以使各诸侯国和睦相处。**比，相当于亲近。让大国亲近小国，小国事奉大国。

以九伐之法正邦国[①]，诸侯有违王命，则出兵征伐而正也。冯弱犯寡[②]，则眚之[③]；眚，犹人眚瘦也，四面削其地。贼贤害民[④]，则伐之；有钟鼓曰伐，以声其罪。暴内陵外[⑤]，则坛之[⑥]；置之空坛之中，别立君也。野荒民散[⑦]，则削之；田不治，民不附，则削其地也。负固不服[⑧]，则侵之；侵，用兵浅侵之而已。贼杀其亲，则正之[⑨]；正，杀也。放弑其君[⑩]，则残之[⑪]；残灭其为恶者。犯令陵政，则杜之；犯令，逆命也。陵政，轻法也。杜，塞，使不得与诸侯通。外内乱[⑫]，鸟兽行，则灭之。

【注释】

①九伐：即下文的九种征伐。贾公彦疏："按下文九者，唯有'贼贤害民'一者称伐，其余八者皆不言伐。此经总言伐者，侵灭二者亦是伐之例，其余六者，皆先以兵加其境，服乃眚之、墠之、削之、正之、残之、杜之，故皆以伐言之。"

②冯弱：以强凌弱。冯，同"凭"。

③眚（shěng）：通"省"，削减。

④贼：杀戮，杀害。

⑤暴内陵外：对国内残暴，对外欺凌他国。郑玄注："内谓其国，外谓诸侯。"

⑥坛（shàn）：通"墠"，清除土地，也泛指清除。

⑦野荒：田亩荒芜。

⑧负：依仗。

⑨正：指杀。

⑩放：放逐。

⑪残：指消灭。

⑫外内：指在国内外。乱：指淫乱。

【译文】

用九伐的方法端正诸侯邦国，诸侯有违背王命的，那就出兵征伐纠正他们。对以强凌弱、以大侵小的，就要减损他的土地；眚，就像人减省消瘦，从四面削减他的土地。对杀戮贤人残害民众的，就要讨伐他；有钟鼓军乐的正式出征叫伐，用来声讨他的罪行。对内暴虐、对外欺凌的，就要幽禁他而更立新君；放置在空无的祭坛中，另立新君。田野荒芜民众离散的，那就削减他的封地；田地不耕种，民众不归附，就削减他的土地。有依仗险固地形而不服从的，就派兵进入他的国境以示惩罚；侵，用兵浅浅地入侵罢了。残害虐杀亲族的，那就杀死他；正，是杀的意思。放逐杀害自己的君主的，就要灭掉他；残灭那些作恶的人。违犯君命、轻视国家法令的，就要封锁他跟邻国的交通；犯令，指背逆命令。陵政，蔑视法令。杜，是杜塞，让他不能跟诸侯交通。在家庭内外恣行淫乱、行为如同禽兽的，就诛灭他。

仲春教振旅①，师出曰治兵，入曰振旅，皆习战也。四时猎，各教民，以其一焉。遂以蒐田②；蒐，择也。择取禽兽不孕者。仲夏教茇舍③，茇舍，犹草舍，军有草止之法④。遂以苗田；夏田为苗，简取禽兽不孕任⑤，若治苗去不秀实者也。仲秋教治兵⑥，遂以狝田；狝，犹杀也，中杀者多⑦。仲冬教大阅，大阅，简军实⑧，备礼不如出军时。遂以狩田。冬田为狩，言守取之，无所择也。

【注释】

①振旅：整顿部队，操练士兵。

②蒐（sōu）田：春天的田猎，是春季打猎和习兵之礼。田，指田猎，四季有不同称呼：春蒐，夏苗，秋狝（xiǎn），冬狩。《周礼·春官·甸祝》："甸祝掌四时之田。"郑玄注："田者，习兵之礼。"本段贾公彦疏："按下大阅礼'遂以狩田'以下云'以旌为左右和之门，群吏各帅其车徒以叙和出，左右陈车徒，有司平之'，'既陈，乃设驱逆之车，有司表貉于陈前'。此亦当如彼，但春非大备，故亦略言也。"

③茇（bá）舍：在草野息宿。茇，草野。

④草止：特指军队在草野宿息。

⑤任：通"妊"。

⑥治兵：相当于出兵。

⑦中杀：指适宜猎获。

⑧简：检查，核实。军实：指军用器械和粮饷等。

【译文】

仲春时节田猎，操练士兵，军队出外叫治兵，军队入内叫振旅，都是练习战斗。四季田猎，各自教授其中一种战法。于是进行春季田猎的蒐田；蒐，是择的意思。选择那些没有怀孕的鸟兽捕猎。仲夏季节田猎，教授军队野营休息的方法；茇舍，相当于草舍，军队在草野宿营休息的方法。于是进行夏季田猎的苗田；夏季田猎叫苗，选取那些没有怀孕的鸟兽，如同选取不秀穗结实的禾苗一样。仲秋季节教授出兵的方法，于是进行秋季田猎的狝田；狝，相当于杀，适宜捕杀的很多。仲冬季节农闲教习大阅兵，大阅，检查军器粮饷的情况，具备军中礼仪，但赶不上出征之时。于是进行冬季田猎的狩田。冬季田猎叫狩，是说守住捕捉，没有选择。

司勋①：掌等其功②。等，犹差也。以功大小为差等。凡有功者，铭书于王之大常③，祭于大烝④。铭之言名也。生则书于王旌，以识其人与其功也；死则于烝，先王祭之。冬祭曰烝。王旌画日月为大常也。凡赏无常，轻重视功[⑤]。无常者，功之大小不可豫。

【注释】

①司勋：《周礼》官名，掌管封赏等事。

②等：等差。

③大常：古代旌旗名，据说天子旌旗画日月名叫大常。

④大烝：祭名，冬时祭先王，以功臣配享。贾公彦疏："凡有功，谓上六者，故云凡以该之。使司勋诏之者，以其司勋知功之有无大小故也。诏之，谓诏司常书之，又以辞使春官告神。"上六者，指被省略的前文所说的王功、国功、民功、事功、治功、战功。

⑤凡赏无常，轻重视功：贾公彦疏："赏地在远郊之内，有疆界，未给者空之，待有功乃随功大小给之，故云不可豫也。"

【译文】

司勋：根据功劳大小决定封赏等级。等，相当于等差。按功劳大小划分等级。**凡建立功勋的，将他的名字写在天子的旌旗大常上，死后就在冬季祭祀宗庙时让他配享，司勋向神报告他的功劳。**铭，相当于名。活着的时候书写在天子的旌旗上，来标志这个人和他的功绩；死后配享先王，与先王一同接受祭祀。冬祭叫做烝。天子的旌旗画有日月叫做大常。**赏赐田地的多少没有一定数额，赏赐的轻重依据功劳的大小。**无常，是说功劳的大小不可预测。

秋官[①]

大司寇之职：掌建邦之三典[②]，以佐王刑邦国、诘四方[③]：一曰刑新国用轻典，新国，谓新辟地立君之国也。二曰刑平国用中典，三曰刑乱国用重典。乱国，谓篡杀叛逆之国也。

以圆土聚教疲民[④]，圆土，狱城也，聚疲民其中，困苦以教之为善也。民不愍作劳[⑤]，有似于疲也。凡害人者，置之圆土而施职事焉[⑥]，以明刑耻之。明刑，谓明书其罪于大方板，以著背也。职事，谓役使之也。其能改者，反于中国[⑦]，不齿三年[⑧]；其不能改而出圆土者，杀。

【注释】

①秋官：执掌法典，辅助天子以刑治国。其长官是大司寇。掌刑狱，所属有小司寇、士师、司刺、司厉、大行人、小行人等官。贾公彦疏引郑《目录》云："象秋所立之官。寇，害也。秋者，遒也，如秋义杀害收聚敛藏于万物也。天子立司寇，使掌邦刑，刑者所以驱耻恶，纳人于善道也。"本段节录了大司寇、小司寇、司刺、小行人的职责。

②三典：即下文刑法的三典。贾公彦疏："《大宰》云以六典治邦国，今此更言'建三典'者，彼六典自是六官之典，此三典是刑之三典，与彼别，故司寇别施之。"

③以佐王刑邦国、诘四方：辅佐君王对各邦国施行刑法，督察四方。刑，用刑治理。诘，追问，严禁。郑玄注："典，法也。诘，谨也。《书》曰：'王耗荒，度作详刑，以诘四方。'"

④圆土：指监狱。疲民：疲弊之民。

⑤愍（mǐn）：勉力，努力。贾公彦疏："疲谓困极疲弊，此圜土被囚而役，是不愍强作劳之民，有似疲弊之人也。"

⑥职事：指让他服劳役。

⑦中国：指国中，王城之中。

⑧不齿：不叙年齿，不与同列，不收录，表示鄙视。

【译文】

大司寇的职责是：掌管建立和颁行治理天下的三种法典，辅佐君王用刑法惩罚违法的诸侯国，禁止四方诸侯国为非作歹：第一是惩罚违法的新建立国家用轻典，新国，指新开辟土地建立的国家。第二是惩罚违法的承平守成的国家用中典，第三是惩罚叛乱篡弑的国家用重典。乱国，指篡逆弑杀的国家。用狱城将那些不从教化的不良之民聚集起来进行教导。圜土，是牢狱，在其中聚集疲困民众，让他们劳苦服役，教他们向善。民众不努力劳作，就像疲惫已极的人。凡是过失伤人触犯法律的，把他关入狱城而罚做工，写明罪行让他感受羞耻。明刑，是说明显地在大方板上书写他的罪行，挂在背上。职事，指让他服劳役。那些能够改正的人，放回王城，三年之内不能与平辈的人按年龄大小排列位次；那些不能改正却越狱逃跑的，抓住就杀死。

以嘉石平疲民①，疲民，谓为邪恶者也。凡万民之有罪过，而未丽于法，而害于州里者②，桎梏而坐诸嘉石③，役诸司空，州里任之④，则宥而舍之⑤。有罪过，谓邪恶之人所罪过者也。丽，附也。未附于法，未著于法也。役诸司空，坐日讫，使给百工之役；役月讫，使其州里之人任之，乃赦之也。以肺石达穷民⑥，肺石，赤石也。穷民⑦，天民之穷而无告者⑧。凡远近惸独老幼之欲有复于上而其长弗达者⑨，立于肺石三日，士听其辞⑩，以告于上而罪其长。复，白也。长，谓诸侯及所属吏。

【注释】

①嘉石：有纹理的石头，上古惩戒罪过较轻者时，于外朝门左立嘉石，命罪人坐在石上示众，并让他思善改过。

②州里：古代二千五百家为州，二十五家为里。本为行政建制，后泛指乡里或本土。

③桎梏（zhì gù）：刑具，脚镣手铐。

④任：担保。

⑤宥：宽恕，赦免。

⑥肺石：古时设于朝廷门外的赤石，民众不平，可以击石鸣冤，石形如肺，所以叫肺石。

⑦穷民：指贫苦无路可走的百姓。

⑧天民：平民，普通人。

⑨惸（qióng）：指没有兄弟的人。独：指没有子孙的人。郑玄注："无兄弟曰惸，无子孙曰独。"复：告诉，回答。长：长官，指诸侯和乡遂大夫等属吏。

⑩士：次于大夫的官员。

【译文】

用嘉石来感化有恶习的人改过向善，疲民，是指做事邪恶的人。凡民众犯有罪过而尚未犯法，却为州里所痛恶的，就给他们戴上手镣脚铐坐在嘉石上，然后交给司空罚服一定时间的劳役，使州长里宰担保，就可以宽宥释放。有罪过，指邪恶之人中犯有罪过的人。丽，附丽。未附于法，是未触犯法。役诸司空，指在嘉石上坐了一日完毕，让他接着从事百工劳役；服役月份完结，让他州里之人担保，就可以宽赦。用肺石来传达穷途末路民众的冤情，肺石，是一种赤石。穷民，普通民众中那些无路诉冤情的人。不管远近畿外畿内的民众，只要是没有兄弟、子孙的，年老、年幼的，想要向上申诉冤屈，而其地方长官又不予转达的，只要在肺石上站三天，朝士就要听他的言辞，报告上级，并惩治不报告的长官。复，是告诉的意思。长，指诸侯及其下属官吏。

小司寇[①]：凡命夫命妇[②]，不躬坐狱讼[③]。命夫，谓大夫也。命妇，谓大夫妻也。若有罪，不自身坐，使其属及子弟也。凡王同族有罪，不即市[④]。刑于甸师氏也[⑤]。以五声听狱讼[⑥]，求民情：一曰辞听，辞不直则烦也[⑦]。二曰色听，色不直则赧也[⑧]。三曰气听，气不直则喘也。四曰耳听，耳不直则惑也。五曰目听。目不直则眊然[9]。以八辟丽邦法[10]，辟，法也。丽，附也。附于刑罚：一曰议亲之辟[11]，若今时宗室有罪[12]，先请是也。二曰议故之辟，故，谓旧知也。三曰议贤之辟，若今时廉吏有罪先请是也。四曰议能之辟，能，谓有道艺者。五曰议功之辟，谓有大勋力、立功者也。六曰议贵之辟，若今时吏墨绶有罪[13]，先请是也。七曰议勤之辟，谓憔悴事国者。八曰议宾之辟。谓所不臣者，三恪二代之后与[14]？

【注释】

①小司寇：周官名，是司寇的属官，为司寇的副贰。

②命夫：古称受有天子爵命的男子，这里指大夫。命妇：古称受封号的妇人，这里指大夫之妻。在宫廷中则妃嫔等称为内命妇，在宫廷外则臣下之母妻称为外命妇。贾公彦疏："内命夫，卿、大夫、士之在宫中者，谓若宫正所掌者也。对在朝卿、大夫、士为外命夫。"

③不躬坐狱讼：不需要亲自对质供诉。躬，亲。坐，争讼，对质。狱讼，讼事，讼案。郑玄注："争罪曰狱，争财曰讼。"贾公彦疏："狱讼相对，故狱为争罪，讼为争财。若狱讼不相对，则争财亦为狱。"郑玄注："为治狱吏亵尊者也。躬，身也。不身坐者，必使其属若子弟也。"

④即市：指在市朝刑杀，即弃市。

⑤刑于甸师氏也：在甸师氏田场的屋子里隐蔽行刑。甸师氏，古官名，即甸师或甸人，负责耕种天子亲耕的籍田。其场上多屋，能够在隐蔽处行刑。《周礼·天官·甸师》："甸师，主共野物官之长。王之同姓有罪，则死刑焉。"孔颖达说："甸师掌耕耨王籍，其场上多屋，就隐处刑之。"

⑥听：指审察，断决。

⑦不直：不正，无理。

⑧赧（nǎn）：惭愧脸红。

⑨眊（mào）然：眼睛失神视物不清的样子。

⑩八辟：周制规定八种人的犯罪须经特别审议，并可减免刑罚，称为“八辟”。它后来成为历代封建帝王的亲族、近臣减刑免刑的特权规定。汉代改名为八议，三国时魏国正式写入法典，一直沿用到清代。贾公彦疏：“案《曲礼》云：‘刑不上大夫。’郑注云：‘其犯法，则在八议轻重，不在刑书。’若然，此八辟为不在刑书，若有罪当议，议得其罪，乃附邦法而附于刑罚也。”辟，法。丽：附着。

⑪亲：指五服内的亲属。

⑫宗室：特指与君主同宗族之人，相当于王族。

⑬墨绶：结在印钮上的黑色丝带，秦汉制度，县令县长都是铜印墨绶。后用以指代县官。贾公彦疏：“先郑推引汉法，墨绶为贵，若据周，大夫以上皆贵也。”

⑭三恪：周朝新立，封前代三王朝的子孙，给以王侯名号，称三恪，以示敬重。二代：贾公彦疏引《郊特牲》有“尊贤不过二代”之语，故郑云“三恪二代之后”。

【译文】

小司寇：凡是命夫命妇，审判时不亲自到场对坐受审。命夫，指大夫。命妇，指大夫的妻子。倘若有罪，不用自己对质，让他的属下或子弟代替争讼。凡是君王的族人有罪，不在闹市上行刑。是在甸师那里隐蔽行刑。根据五种方法来听断诉讼，求得诉讼人的实情：第一是审察言辞，没有道理则言辞烦乱。第二是审察容色，无理脸色就会羞惭。第三是审察气息，无理就会吐气长喘。第四是审查听力，无理就会疑惑糊涂。第五是审查视力。无理就会游移不定视物不清。用八种议罪法附以国家的八法来对特殊人物议论减罪，辟，是法。丽，附丽。而后再附着于刑罚：第一是议处亲属法，比如现今宗室有罪,先要请示按此议处。**第二是议处故旧法**,故,指老交情。**第三是议处贤良法**,比如现今清廉正直的官员有罪先要请示按此议处。**第四是议处能人法**,能,是指有学问技艺的人。**第五是议处功臣法**,指有大的功勋或立下功劳的人。**第六是议处贵人法**,比如现今县令县长以上的官员有罪,先要请示按此议处。**第七是议处勤政法**,指那些勤劳国事至于憔悴的人。**第八是议处贵宾法**。指那些不必称臣的人,也还有前朝君王的子孙吧?

司刺①:掌三刺、三宥、三赦之法②,以赞司寇③,听狱讼。刺,杀也。致三问之,然后杀。一刺曰讯群臣,再刺曰讯群吏,三刺曰讯万民。讯,言问也。一宥曰不识④,再宥曰过失,三宥曰遗忘⑤。不识,谓愚民无所识也。宥,宽也。一赦曰幼弱,再赦曰老耄,三赦曰蠢愚。蠢愚,生而痴骏也⑥。赦,谓免其罪也。以此三法者求民情,然后刑杀。

【注释】

①司刺:《周礼》官名,帮助司寇审理死刑案件。刺,杀。

②宥:宽恕。赦:赦免。

③赞:辅佐,帮助。

④不识:不审,不清楚。

⑤遗忘:疏忽遗忘或精神恍惚。郑玄注:"遗忘,若间帷薄,忘有在焉,而以兵矢投射之。"

⑥骏(ái):愚,无知。

【译文】

司刺:**掌管三次讯问、三种宽宥、三项赦免之法,来帮助司寇,审理狱讼案件**。刺,是杀的意思。完成三次讯问,然后决定杀不杀。**第一刺叫做讯问群臣,第二刺叫做讯问群吏,第三刺叫做讯问民众**。讯,相当于问。**第一宥**

是宽恕没有清楚了解禁令而犯罪的，第二宥是宽恕无心过失而犯罪的，第三宥是宽恕由于疏忽遗忘或精神恍惚而犯罪的。不识，是指愚民不了解禁令法律。宥，是宽恕。第一赦是赦免年幼弱小者，第二赦是赦免年老者，第三赦是赦免愚蠢者。蠢愚，是指生下来就痴呆的人。赦，指免去他的罪过。用这三种方法求得当事人犯罪的实情，然后执行刑罚或死刑。

小行人[①]：若国札丧[②]，则令赙补之[③]；赙丧家，补其不足。若国凶荒，则令赒委之[④]；委，输也。若国师役[⑤]，则令槁禬之[⑥]；犒，劳也。合助相振为会。若国有福事，则令庆贺之；若国有祸灾，则令哀吊之。

【注释】

①小行人：《周礼》官名，执掌国家宾客的礼仪，接待四方使者。贾公彦疏："大行人待诸侯身，小行人待诸侯之使者。"

②札丧：指遭疫病而死亡。札，疫病。《周礼·地官·司市》："国凶荒札丧，则市无征而作布。"贾公彦疏："札谓疫病，丧谓死丧。"

③赙（fù）补：赠送丧家布帛、钱财以助其不足。赙，赠送财物助人治丧。郑玄注引郑司农曰："赙补之，谓赙丧家，助其不足也。"

④赒（zhōu）委：指用财物相救助。

⑤师役：指军队侵袭，导致财物匮乏、百姓艰难。郑玄注："师役者，国有兵寇以匮病者。"

⑥槁禬（guì）：犒劳军队并聚财援助。《周礼·春官·大宗伯》："以禬礼哀围败。"郑玄注："同盟者合会财货以更其所丧。"槁，通"犒"，用酒食或财物慰劳。禬，古指消除灾病。也指为消除灾病战祸而由邻国会聚财物救济。

【译文】

小行人：倘若国家因发生瘟疫而造成国人丧亡，就命令其他国家资助他们财物以帮助办理丧事；赠送财物给丧家，补助他的不足。倘若国家遇受凶年灾荒，就命令其他国家开仓救济他们粮食；委，是输送。倘若国家遭受军队侵袭以致财物匮乏、百姓艰难，就要下令各国聚集财物慰劳除灾；犒，是慰劳的意思。邻国合会财货来赈济叫会。倘若国家有喜庆福事，就命令其他国家都为他们庆贺；倘若国家有灾祸，就命令其他国家都对他们哀悼吊问。

掌客[①]：凡礼宾客，国新杀礼[②]，凶荒杀礼，札丧杀礼，祸灾杀礼，在野在外杀礼。杀，减也。国新，新建国也。凶荒，无年也。札丧，疫疠也。祸灾，新有兵寇及水火也。在野，行军在外也。

【注释】

①掌客：《周礼》官名，掌管宾客接待的礼仪。

②杀（shài）礼：减省礼仪。

【译文】

掌客：凡是以礼接待宾客，新建国家要减省礼仪，凶年荒岁要减省礼仪，疫病死丧要减省礼仪，遭受兵寇侵犯或水火灾害要减省礼仪，在外服役野战要减省礼仪。杀，是减少的意思。国新，指新建立的国家。凶荒，指没有年成。札丧，指厉害的疫病。祸灾，指新发生军事入侵以及水火灾害。在野，指行军在野外。

周书

【题解】

《周书》，今称《逸周书》，是我国古代历史文献汇编。全书基本上按所记事的时代早晚编次，记载了周文王、周武王、周公、成王、康王、穆王、厉王及景王的时事。《汉书·艺文志》将其列入"六艺书家"，后人多入经部，如《清正续经解》。魏徵在《隋书·经籍志》中将其列入杂史类，记载说："《周书》十卷（《汲冢书》，似仲尼删书之余。）"刘知几《史通》也以为是孔子删削《尚书》之余篇。因为《隋书·经籍志》误注为"汲冢书"，宋人李焘等考定汲冢未出《周书》，应为历代所传，故清代刊本均作《逸周书》。其中一部分是西周文献，如《克殷》《世俘》《商誓》《度邑》《作雒》《皇门》《祭公》，大部分保存了西周史料，或为春秋战国时人写成，小部分近于战国文字，个别篇章可能还经汉人改易或增附。

该书在汉代已散佚不全。刘向校书，即谓存者四十五篇。今实存五十九篇，盖又经后人改编。注本以清人朱右曾《周书集训校释》流传最广。今人陈怀信《逸周书汇校集注》可供参看。

《群书治要》从本书《文传解》等三篇中节录了部分内容。

文传解[①]

天有四殃，水、旱、饥、荒[②]，其至无时，非务积聚，何以备之？《夏箴》曰[③]："小人无兼年之食[④]，遇天饥，妻子非其有也；大夫无兼年之食，遇天饥，臣妾舆马非其有也[⑤]；国无兼年之食，遇天饥，百姓非其百姓也。戒之哉，不思祸咎无日矣[⑥]。言不远也。明开塞禁舍者[⑦]，其取天下如化；变化之顿[⑧]，谓其疾。不明开塞禁舍者，其失天下如化。不明，谓失其机。兵强胜人，人强胜天。胜天，胜有天命。能制其有者[⑨]，能制人之有；不能制其有者，人制之。令行禁止[⑩]，王之始也。"

【注释】

①文传：指文王传示后人。

②饥：谷物不成熟。荒：果实不成熟。《尔雅·释天》："谷不熟为饥，蔬不熟为馑，果不熟为荒。"一说，二谷不熟为饥，四谷不熟为荒。

③《夏箴》：据说是夏人的箴体文献，今亡逸。

④小人：野人，平民。兼年：两年。

⑤臣妾：指男女奴仆。古时对奴仆男曰臣，女曰妾。舆马：车马。

⑥无日：指为时不远。

⑦开塞：开启和阻塞。禁：指禁止非法交易。舍：指施舍。

⑧顿：顿时，顷刻。

⑨制：控制，制服。

⑩令行禁止：有令即行，有禁即止。形容法令或纪律严明。

【译文】

上天有四种灾殃：水灾、旱灾、谷物不成、瓜果不熟，灾殃到来没有一定的时候，如果平时不努力积聚储藏，拿什么来防备？《夏箴》说："平民没有两年的粮食储藏，遇到天灾饥荒，妻子儿女就不能为他所有了；大夫没有两年的粮食储藏，遇到天灾饥荒，男女奴仆车马就不能为他所有了；国家没有两年的粮食储藏，遇到天灾饥荒，百姓就不是自己的百姓了。要警惕啊！不居安思危，祸患的到来就没有几天了。这是说不远了。懂得开源、塞漏、禁止黑市、施舍赈济的人，取得天下就如同雪化冰消一样迅速；顿时就发生变化，是说迅速。不懂得开源、塞漏、禁止黑市、施舍赈济的人，失去天下也如同雪化冰消一样迅速。不明，是说失去机会。军队强大就战胜别人，人心强大就战胜天命。胜天，战胜有天命的。能控制自己所拥有的人力物力，就能制服别人拥有的人力物力；不能控制自己所拥有的人力物力，就会被别人控制。必须做到有令即行，有禁即止，这是称王治国的开始。"

官人[①]

富贵者，观其有礼施[②]；贫穷者，观其有德守[③]；嬖宠者[④]，观其不骄奢；隐约者[⑤]，观其不慑惧；其少者，观其恭敬好学而能弟；其壮者，观其洁廉务行而胜其私；其老者，观其思慎，强其所不足而不逾。父子之间，观其慈孝；兄弟之间，观其和友；君臣之间，观其忠惠；乡党之间，观其信诚；设之以谋，以观其智；示之以难，以观其勇；烦之以事，以观其治；临之以利，以观其不贪；滥之以乐，以观其不荒[⑥]。喜之，以观其轻[⑦]；怒之，以观其重；醉之，以观其失[⑧]；纵之，以观其常；远之，以观其不贰；昵之，以观其不狎[⑨]。复征其言，以观其精[⑩]；曲省其行，以观其备[⑪]。此之谓观诚。

【注释】

①官人：文中提出了观察识别人才的十一条行为标准和十一条考核人才的方法。官人，选取人才给以适当官职。《尚书·皋陶谟》："知人则哲，能官人。"孔传："哲，智也。无所不知，故能官人。"

②施：施予，施舍。

③德守：道德操守。

④嬖（bì）宠：指受君主宠爱的人。

⑤隐约：指困厄，俭约。

⑥荒：纵欲迷乱，逸乐过度。

⑦轻：轻佻，轻狂。

⑧失：指失态。

⑨狎：轻忽，轻慢。

⑩精：相当于真。

⑪备：指德行完备。

【译文】

富贵的人，看他是否有礼；贫穷的人，看他是否有道德操守；受到君王宠爱的人，看他是否骄傲奢侈；困厄无路的人，看他是否恐惧；年少的人，看他是否恭敬好学，尊敬年长的人，友爱兄弟；壮年的人，看他是否廉洁勤劳，能克制私心；老年的人，看他是否思虑谨慎，弥补不足，不逾越规矩法度。父子之间，看他们是否慈爱孝顺；兄弟之间，看他们是否和睦友善；君臣之间，看他们是否忠诚互惠；同乡之间，看他们是否诚实守信；让他出谋划策，看他是否聪明；让他面对困难，看他是否勇敢；让他处理事务，看他是否有能力处理；让他面对利益，看他是否贪婪；让他陷入没有节制的快乐，看他是否荒废政事。让他喜悦，看他是否轻佻；让他愤怒，看他是否稳重；让他醉酒，看他是否失态；让他放纵，看他是否遵从常规；对他疏远，看他是否有二心；对他亲昵，看他是否轻慢。反复征求他的言词，看是否真实；委曲周详省视他的行为，看是否德行完备。这就叫作观察实情。

芮良夫解[①]

厉王失道[②]，芮伯陈诰[③]，作《芮良夫》。芮伯若曰[④]：“余小臣良夫，稽首谨诰：天子惟民父母，致厥道[⑤]，无远不服；无道，左右臣妾乃违。道，谓德政[⑥]。违，叛之。民归于德，德则民戴，否德民仇，兹允效于前[⑦]，斯不远。信验于前世，不远也。商纣弗改夏桀之虐，肆我有周有家[⑧]。举桀行恶灭亡，以为戒也。

【注释】

①芮良夫解：本段主要内容是芮良夫对周厉王的谏言。芮良夫，姬姓，字良夫，西周时期周朝的卿士，芮国国君。相传《诗经·大雅·桑柔》为其著作。芮，古国名，也作“内”。周文王时建立，姬姓。

②厉王：即周厉王，姬姓，名胡，周夷王姬燮之子，西周第十位君主，在位三十七年。周厉王在位期间，任用荣夷公实行“专利”，借以剥削人民。他违背周人共同享有山林川泽以利民生的典章制度，致使百姓起来反叛，袭击周厉王，周厉王逃亡并最终死于彘地。

③伯：古代五等爵位的第三等。《礼记·王制》：“王者之制禄爵，公、侯、伯、子、男，凡五等。”《孟子·万章下》：“天子之制，地方千里，公、侯皆方百里，伯七十里，子、男五十里。”诰：告诫。《尚书》的六种文体（典、谟、训、诰、誓、命）之一。

④若曰：这样说，是一种庄重的说法。

⑤厥道：指先王之道。

⑥德政：指有仁德的政治措施。

⑦允：确实，果真。

⑧家：指国家。

【译文】

周厉王残暴无道，芮伯陈词告诫，写了《芮良夫解》。芮伯这样说："小臣我芮良夫，叩拜恭谨陈辞：天子是民众的父母，只要致力于治国正道，远方的人就会来归服；如果残暴无道，左右亲信奴仆也会背叛。道，指德政。违，指背叛。民众是归附仁德的，有仁德的人，民众就拥戴他；没有仁德的人，民众就仇视他，这确实有前代的例子验证过了，距今并不遥远。已有验证，并不遥远。商纣没有改正夏桀的暴虐，所以我周朝才拥有国家。举夏桀作恶灭亡的例子，作为警戒。

"呜呼！惟尔天子，嗣文、武之业；惟尔执政小子[①]，同先王之臣。昏行内顾，道王不若[②]。同，谓位同也。昏，暗也，言教王为不顾。专利作威[③]，佐乱进祸，民将弗龛[④]。专利侵乱，进不善也。治乱信于其行，惟王暨尔执政小子攸闻。行善则治，行恶则乱，皆所闻知也。古人求多闻以鉴戒[⑤]，弗闻是惟弗知。言古人患不闻，故有所不知也。尔闻尔知，弗改厥度[⑥]，亦惟艰哉。知而不改，无可如何，故曰难也。夫后除民害[⑦]，不惟民害，害民乃非后，惟其仇。是与民为怨仇。民至亿兆[⑧]，后一而已，寡弗敌众，后其殆哉！言上下无义，对共相怨，则寡者危已。

【注释】

①小子：称宗亲中男性同辈年轻者及下辈。此盖指王之近臣，当时执政之人。

②若：顺从。

③专利：指周厉王任用荣夷公实行专利，即以国家名义垄断山林川泽，不准国人靠山泽谋生，借以剥削民众。作威：指利用威权滥施

刑罚。

④龛(kān):同“堪”,忍受。

⑤鉴戒:引为教训,使人警惕。

⑥度:法度,规范。

⑦后:君王。

⑧亿兆:极言其数之多。亿,古代或以十万为亿,或以万万为亿。兆,数词,极言众多,近代多以百万为兆。

【译文】

“唉!您位居天子之位,继承了文王、武王的事业;你的这些执政小臣,等同于先王的大臣。君王德行昏乱,只顾念自己,你们却诱导君王不顺从正道。同,指地位相同。昏,昏暗,是说教导君王去做不顺从治道的事。实行专利政策滥施刑罚,民众无法忍受。专利侵犯民众权益,导致社会混乱,是进献不善之言。国家的太平与混乱确实在于君王的行为,这是君王和你那些执政的人所知道了的。行善就太平,行恶就混乱,都是你们所知道的。古人希望多听到意见作为鉴戒,以鉴戒不曾闻知的,这是因为有所不知的。这是说古人担忧没有见闻,所以会有不知晓的教训。你已经有所听闻,却不改变态度,也是很难了。知道却不改正,也是没有办法,所以说难。君王要除去民众的祸害,不能祸害民众,祸害民众就不再是君王,而是仇敌了。这是跟民众成为怨仇。民众数目多至亿兆,君王只有一个罢了,寡不敌众,君王的地位不就危险了吗!这是说上下没有了道义,互相怨恨,那么人少的一方就危险了。

“乌虖[①]!野禽驯服于人,家畜见人而奔。非禽畜之性,实惟人民亦如之。人养之,故扰服[②]。虽家畜,不养则畏人,治民亦然也。今尔执政小子,惟以贪谀事王[③],专利为贪,面从为谀。不对以备难,下民胥怨,财单力竭[④],手足靡措,弗龛戴上,不其乱而?言民相与怨上,上加之罪,民不堪命,必作乱也。

惟祸发于人之攸忽⑤，咎起于人攸轻⑥。心不存焉⑦，变之攸伏⑧。言人所轻忽，则祸之所起。尔执政小子，弗图大艰，偷生苟安，爵以贿成。苟安，无远虑。贿成，不任德。贤智拑口⑨，小人鼓舌⑩，逃害要利⑪，并得其求，惟曰哀哉！贤者隐黜以逃害，小人佞谄以要利，各得其求，故君子为之哀也。我闻曰：'以言取人，人饰其言；以行取人，人竭其行。饰言无庸⑫，竭行有成⑬。'惟尔小子，饰言事王，实蕃有徒⑭。尔自谓有余，余谓尔不足，敬思以明德，备乃祸难。言其不足于道义也。以，用。乃，汝。难至而悔，悔将安及？"

【注释】

①乌虖（hū）：同"呜呼"。

②扰服：驯服。

③贪谀：聚敛财物和逢迎阿谀。

④财单：指空无所有，极其贫穷。单，寡，少。

⑤攸忽：所忽略的。攸，通"悠"。

⑥咎：灾祸，不幸之事。

⑦心不存焉：指对上文攸忽、攸轻毫无察觉。

⑧伏：指潜藏。

⑨拑（qián）口：因有所顾忌而闭口不言。

⑩鼓舌：掉弄口舌，多指花言巧语。

⑪要利：求取利益。

⑫饰言：谓花言巧语。饰，修饰，装点。庸：指民功，治民有劳绩。

⑬竭：指竭尽心力。《周礼·夏官·司勋》："王功曰勋，国功曰功，民功曰庸。"郑玄注："辅成王业，若周公；保全国家，若伊尹；法施于民，若后稷。"

⑭实蕃有徒：亦作“实繁有徒”。是说确实有不少这样的人。一般用为贬义。

【译文】

“哎呀！野鸟被人驯服，家畜看到人却奔跑。这并非禽畜生来的本性，其实人民也同样如此。人喂养它，所以就驯服。即使是家畜，不喂养它就畏惧人，治理民众也是这样。现今你们这些执政小臣，只会用贪聚钱财阿谀奉承来事奉君王，专利就是贪财，当面顺从就是阿谀。不调整方略来防备患难，下层民众都在怨恨，钱财寡少，力量竭尽，上上下下手足无措，民众不再拥戴君上，这样能不混乱吗？这是说民众一起怨恨上面，上面施加罪责，民众受不了君命，一定会兴起祸乱。祸乱由人们的疏忽而生，过失自人们的轻心而起，内心对此丝毫不忧虑，变故就潜藏在其中。这是说人们所轻视忽略的，那就是祸乱所兴起的绪端。你的那些执政小臣，不考虑大难将要来到，只知道苟且偷生寻求一时的安乐，靠贿赂得到爵位。苟安，是没有远虑。贿成，指凭借贿赂得到。贤能智者闭口不言，奸佞小人花言巧语，贤人逃避祸害，小人谋取利益，一并得到自己寻求的东西，只能说悲哀呀！贤人隐藏罢退来逃避祸害，小人谗佞谄媚来谋取利益，各自实现自己的目的，所以君子对此深感悲哀。我听说：‘用言辞来选拔人，人就会装点他的言词；用行为来选拔人，人就会竭尽气力去做事。装点过的言辞毫无用处，竭尽其力的行为才会有所成就。’你们这些执政小臣，装点言辞来事奉君王，这样的人确实很多。你自以为巧智有余，我认为你远远不够，要静心思考修明德行，防备祸患降临到你身上。这是说厉王在道义上不够。以，是用的意思。乃，你。患难到来才后悔，后悔又有什么用？”

国语

【题解】

《国语》是按国别汇集的“语”类著作，全书二十一篇，分为周王室和鲁国、齐国、晋国、郑国、楚国、吴国、越国等八个国别，上起周穆王西征犬戎，下至智伯被灭，包括各国贵族间朝聘、宴飨、讽谏、辩说、应对之辞以及部分历史事件与传说。其史料价值不一，大致以《周语》《楚语》为高，《晋语》次之。魏徵在《隋书·经籍志》中列出六种《国语》注本，《群书治要》所用注释或为三国吴人韦昭的注释。

司马迁最早提到《国语》的作者是左丘明，其后班固、刘知几等都认为是左丘明所著，还把《国语》称为《春秋外传》或《左氏外传》。但是在晋朝以后，许多学者都怀疑《国语》不是左丘明所著，认为《国语》是战国初期一些熟悉各国历史的人，根据当时周朝王室和各诸侯国的史料，经过整理加工汇编而成。

本书从这三部分选录了片段内容，强调其对从政者的劝诫作用。

周语

景王二十一年[①]，将铸大钱[②]。单穆公曰[③]：“不可。古者天灾降戾[④]，降，下也。戾，至也。灾，谓水旱、蝗螟之属[⑤]。于

是乎量资币[6]，权轻重，以振救民[7]。量，犹度也。资，财也。权，称也。振，拯也。**民患轻则为之作重币以行之[8]。**民患币轻而物贵，则作重以行其轻。**于是乎有母权子而行[9]，民皆得焉，**重曰母，轻曰子。贸物，物轻则子独行，物重则以母权而行之也。子母相权，民皆得其欲也。**若不堪重，则多作轻而行之，亦不废重。于是乎有子权母而行，小大利之[10]。**堪，任也。不任之者，币重物轻，妨其用也，故作轻币杂而用之，以重者贸其贵，以轻者贸其贱也。子权母者，母不足，则以子平之而行之也。故钱小大，民皆以为利也。

【注释】

①景王：即周景王，姓姬，名贵，东周君主，周灵王第二子，在位二十五年。周景王在位时，财政困难。周景王太子寿早死，后又立王子猛为太子，却宠爱庶长子王子朝。前520年，周景王病重，嘱咐宾孟要扶立王子朝。王子朝未及立为嗣君，景王却突然病死。周景王二十一年，即鲁昭公十八年，公元前524年。

②大钱：比旧钱重的铸币。韦昭注："钱者，金币之名，所以贸买物、通财用者也。古曰泉，后转曰钱。"又引贾逵云："虞、夏、商、周金币三等：或赤、或白、或黄。黄为上币，铜铁为下币。大钱者，大于旧，其价重也。"

③单穆公：春秋时期单国国君，周王卿士，单靖公的曾孙。名旗，为伯爵。

④戾：至，到。

⑤蝗：蝗虫，啃食谷物的害虫。螟：螟蛾的幼虫，是一种蛀食稻心的害虫。

⑥资币：财物，泉币。

⑦振：同“赈”，赈济。

⑧轻：指钱币的重量轻，比不上财物价值。

⑨母：母钱，指重币。子：子钱，指轻币。权：指权衡折算母钱子钱。货币贬值、物价上涨时，以重钱为主，叫做“母权子”。反之叫做“子权母”。

⑩小大：轻重。

【译文】

周景王二十一年，将要铸造更重的钱币。单穆公说：“不行。古时候天灾降下，降，降下。戾，至。灾，指水灾、旱灾、蝗灾、螟灾之类。于是衡量国库财物钱币，称量轻重，来赈济民众。量，相当于量度。资，资财。权，称量。振，拯救。如果民众担忧钱币轻，那就制作重币以便通行。民众担忧钱币轻而财物贵，那就制作重币来代替轻币。于是，有重币配合轻币流通，民众都能从中获利，重的叫母钱，轻的叫子钱。贸易物资，货物轻就用子钱，货物重就用母钱权衡折算流通。子钱母钱权衡互通，民众都能满足意愿。倘若民众不能忍受币重而物轻，那就多制作轻的子钱去流通，也不废弃重的母钱。于是有轻的子钱配合重的母钱流通，不管大小轻重民众都能方便利用。堪，承受重任。不能承受的情况，是钱币重财物轻，这就妨碍使用，所以又制作轻的子钱杂在一起使用，用重钱交易贵重物品，用轻钱交易低贱的物品。子钱权衡折算母钱，就是在母钱不够方便时，就用子钱平衡来配合流通。所以钱的大小轻重，都有利于民众。

“今王废轻而作重，民失其资①，能无匮乎？废轻而作重，则本竭而末寡也，故民失其资。若匮，王用将有所乏。民财匮，无以供上，故王用将乏也。乏则将厚取于民②。厚取，厚敛也。民不给③，将有远志④，是离民也。给，共也。远志，逋逃也⑤。且夫备⑥，有未至而设之，备，国备也。未至而设之，谓豫备不虞，安不忘危。有至而后救之，至而后救之，谓若救火疗疾，量资币平轻重之属。是不相入也[7]。二者前后各有宜。不相入，不相为用。可先而不备，谓之怠[8]；怠，缓也。可后而先之，谓之召灾。谓民未患轻而重之，离民匮财，是为召灾。周固羸国也[9]，天未厌祸焉[10]，而又离民以佐灾，无乃不可乎！言周故已为羸病之国[11]，天降祸灾未厌已。将民之与处而离之[12]，将灾是备御而召之，则何以经国[13]？君以善政为经，臣奉而成之为纬也。国无经，何以出令？令之不从，上之患也。故圣王树德于民以除之[14]。树，立也。除，除令不从之患也。

【注释】

①失其资：失去他的资财。单穆公认为，轻币是根本，废弃轻币就是消除交易根本的做法，因而会造成民众资财的损失。资，天明本作“货”，据镰仓本、元和活字本改。

②厚取：厚敛，重重地征收，索取。

③不给：供给不足，匮乏。

④远志：逃离的意愿。

⑤逋（bū）逃：逃亡。

⑥备：指国家储备。

⑦不相入：不能互相纳入。相入，互相为用，彼此投合。

⑧怠：怠惰，懈怠。

⑨固：原本。羸国：弱国。羸，衰病，困惫。

⑩厌祸：谓停止降下灾祸。

⑪故：通“固”。

⑫将：应该。与：相与，相处。处：聚集。

⑬经国：治理国家。

⑭除之：指除去不听从的祸患。

【译文】

“现今君王您废弃轻币而制作重币，民众失去他的资财，能够不匮乏吗？废弃轻币制作重币，那就造成根本衰竭末梢也寡少的情况，所以民众会失去资财。倘若民众财用匮乏，君王也会因此而匮乏。民众财物匮乏，没有办法供应君上，所以君王的用度也将缺乏。君王一旦匮乏，就会厚敛于民。厚取，厚敛。民众无法供给，将会有逃亡的意愿，这是驱离民众啊。给，供给。远志，逃亡之心。况且国家储备，一是在灾害尚未来到之前就要事先设防，备，国家储备。未至而设之，是说预先防备预料不到的灾害，平安不忘危险。二是灾害来到之后就能救济，至而后救之，是说比如像救火、治疗疾病、衡量资产钱币轻重缓急之类。这是不能互相替代的。二者在灾害发生前后各自有合适的位置。不相入，不互相作用。可以预先防备却没有防备，这叫做怠惰；怠，是缓的意思。可以事后补救而先为设防，这叫做召灾。这是说民众没有担忧轻的小钱君王却用重的大钱，离散民众，使财务匮乏，这是召灾。我们周朝原本就是一个疲弱的国家，上天不断降祸，王室又离散民众来加重灾害，这恐怕不行吧！这是说周原本就是疲病弱国，上天降下灾祸没完没了。本应与民众共同生活却要离散民心，本来是要防御灾难却要招祸，怎么治理国家呢？君王施行善政是经，臣子奉行成功是纬。治国没有常道，凭什么发出号令？民众不听号令，这是君上的祸患。所以圣明的君王在民众中树立道德，来消除民众不听从的祸患。树，树立。除，指除去不听从的祸患。

“绝民用，以实王府①。绝民用，谓废小钱，敛而铸大也。犹塞川原为潢污也②，其竭也无日矣。大曰潢，小曰污。竭，尽也。无日，无日数也。若民离财匮，灾至备亡③，王其若之何？备亡，无救灾之备也。”王弗听。

【注释】

①王府：指帝王收藏财物或文书的府库。

②川原：江河之源。潢污：聚积不流之水。积水叫做潢，停水叫做污。

③亡：无，没有。

【译文】

“断绝民众财用，聚敛搜集来充实君王的府库。绝民用，指废弃民间的小钱，聚集起来铸造大钱。就好像堵住河川源头而使它成为一潭死水，水的枯竭也就为期不远了。大水塘叫潢，小水塘叫污。竭，是竭尽的意思。无日，没有多少天了。倘若民众离散、财物匮乏，一旦灾害来到却没有防备，君王打算怎么办呢？备亡，指没有救灾的准备。”景王不听。

二十三年[①]，王将铸无射[②]。无射，钟名。律中无射。单穆公曰：“不可。作重币以绝民资[③]，又铸大钟以鲜其继。鲜，寡也。寡其继者，用物过度，妨于财也。若积聚既丧，又鲜其继，生何以殖[④]？积聚既丧，谓废小钱也。生，财也。殖，长也。今王作钟也，无益于乐，而鲜民财，将焉用之？

【注释】

①二十三年：周景王二十三年，鲁昭公二十一年，即前522年。

②无射（yè）：钟名，敲击钟声符合乐律无射（古十二律之一，位于戌）。

③资：天明本、元和活字本作“货”，据镰仓本改。

④生：指生财。

【译文】

周景王二十三年，景王将要铸造无射钟。无射，是钟名。它的音律符合十二律中的无射。单穆公说：“不行。已经制作重币来断绝民间资财，又要铸造大钟让民众生活难以为继。鲜，是寡少的意思。寡其继，是指使用物品超过限度，妨害资财。民众的积聚由于铸重币而丧失，又少有继续生存之道，资财何以生长？积聚已经丧失，是说废弃小钱。生，指资财。殖，指生长。现今君王您制作乐钟，对音乐无益，却耗费民众资财，造它有什么用呢？

“夫乐不过以听耳，而美不过以观目。若听乐而震[①]，观美而眩[②]，患莫甚焉。夫耳目，心之枢机也[③]。枢机，发动也。心有所欲，耳目发动也。故必听和而视正[④]。听和则聪，视正则明。习于和正，则不眩惑也。聪则言听[⑤]，明则德昭。听言昭德，民歆而德之[⑥]，则归心焉。歆，犹欣歆，喜服也。言发德教。是以作无不济，求无不获，然则能乐[⑦]。夫耳纳和声，而口出美言，耳闻和声，则口有美言，此感于物也。以为宪令[⑧]，宪，法也。而布诸民。民以心力，行之不倦，成事不贰，乐之至也。贰，变也。若视听不和，而有震眩，于是乎有狂悖之言，有眩惑之明，出令不信，有转易也。刑政放纷[⑨]，动不顺时，民无据依，不知所力，各有离心。不知所为尽力。上失其民，作则不济，求则不获，其何以能乐？三年之中，而有离民之器二焉，二，谓作大钱、铸大钟。国其危哉！”

【注释】

①震：震撼。

②眩：眼昏发花。

③枢机：枢与机，比喻事物的关键部分。枢，原指旧式门的转轴或承轴臼，泛指转轴，又指主制动的机关，比喻枢纽，中心，关键。机，古代弩上发箭的装置。

④和：应和，和谐。正：指正色。

⑤言：指善言，德音。

⑥歆：悦服，欣喜。

⑦乐：和乐。

⑧宪令：法令。

⑨放纷：放任纷乱。

【译文】

“音乐不过是悦耳，美色不过是悦目。倘若听音乐听到震撼，看美色看到眩晕，祸患没有比这更大的了。耳朵眼睛，是触发心灵的关键。枢机，指发生触动。心中有欲望，耳朵眼睛就能被触动。所以必须要做到耳听和声，目视正色。耳听和声就会听觉清聪，目视正色就会视觉明亮。熟悉和谐正色，那就不会眩晕迷惑了。耳朵清聪就会便于听谏，视觉明亮就会德行昭彰。听清善言，昭明德行，民众就会欣喜感念他的恩德，那就会诚心归附。歆，相当于欣喜，喜悦归服。善言发扬德行教化。所以施政无不成功，所求无不有获，这样才能真正快乐。耳朵听到和谐的音声，口里发出美妙的善言，耳朵听到和谐的音声，那么口里就有美妙的善言，这是感受到外物的结果。制定法令，宪，是法。而向民众公布。民众尽心尽力，行动孜孜不倦，成事专一不贰，这是乐的极致。贰，是变更。倘若视听不和谐，感到耳震目眩，于是口就会说出狂妄悖逆的言辞，目就会产生眩乱迷惑的感觉，朝廷发出的命令失去信用，有所改动变易了。刑法政令放任纷乱，举动不顺应时令，民众没有了依靠，不知道如何效力，各自离心离德。不知道为什么尽力。君上失去了民众，施政就不会成功，所求就没有收获，如何能够快乐呢？君王在三年之中，就出现了离散民众的两件利器。二，指的是制作大钱、铸造大钟。国家大概要危险了吧！”

王弗听，问之伶州鸠[①]。伶，司乐官。州鸠，名也。对曰：“夫匮财用、疲民力，以逞淫心[②]，逞，快也。听之不和，比之不度[③]，无益于教，而离民怒神，非臣之所闻也。”王不听，卒铸大钟。财匮，故民离。乐不和，故神怒也。

【注释】

①伶州鸠：周景王的乐官，名叫州鸠。伶，司乐官。据记载，周景王曾问乐律于伶州鸠，他的回答成了中国乐律学史上最早的名篇，他将七律的出现和周武王伐纣的时期联系起来。

②淫心：贪心。

③度：指计量的标准。

【译文】

景王不听，就问司乐官州鸠。伶，司乐官。州鸠，名字。回答说："让财用匮乏，民力疲惫，来满足自己的淫逸之心，逞，快意。这样的音乐听起来不和谐，比照起来也不合先王法度，对教化没有益处，却离散民众触怒神灵，不是我所听说过的啊。"景王不听，最终还是铸造大钟。财用匮乏，所以民众离散。乐音不和谐，所以神灵愤怒。

二十四年钟成，伶人告和。伶人，乐人。王谓伶州鸠曰："钟果和矣。"对曰："未可知也。州鸠以为钟实不和，伶人媚王谓之和，故曰'未可知也'。"王曰："何故？"对曰："上作器[①]，民备乐之，则为和。言声音之道，与政通也。今财亡民疲，莫不怨恨，臣不知其和也。乱世之音怨以怒，故曰'不知其和'。且民所曹好[②]，鲜其不济；曹，群也。其所曹恶[③]，鲜其不废。谚曰：'众心成城[④]，众心所好，莫之能败，其固如城。众口铄金[⑤]。铄，销也。众口所毁，虽金石犹可销。'今三年之中，而害金再兴焉，害金，害民之金，谓钱、钟也。惧一之废也。二金中，其一必废也。"王曰："尔老耄矣[⑥]，何知？"二十五年王崩，钟不和。王崩而言不和，明乐人之谀。

【注释】

①器:指乐器。

②曹好:众人所爱好的。

③曹恶:众人所厌恶的。

④众心成城:指万众一心,如坚固城堡。比喻众人团结一致,力量无比强大。

⑤众口铄金:众口一词,能够熔化金属。比喻谣言多,可以混淆是非。铄金,熔化金属。

⑥老耄(mào):七八十岁的老人。亦指衰老。

【译文】

景王二十四年大钟落成,乐工报告说乐声和谐。伶人,是乐工。景王对伶州鸠说:"钟声果然和谐。"回答说:"还不知道啊。州鸠认为钟声实际不和谐,乐工对景王献媚说成和谐,所以说'还不知道啊'。"景王说:"是什么缘故?"回答说:"君上制作乐器,民众普遍为之欢乐,才可以称为和谐。这是说声音的道理,跟政治相通。现今财用匮乏民众疲惫,没有人不怨恨,我不知道和谐在哪里。乱世的音声怨恨愤怒,所以说'不知道和谐在哪里'。况且民众所共同喜好的东西,很少有不成功的;曹,群。民众所共同厌恶的东西,很少有不废弃的。谚语说:'众心成城,众人心中所喜好的,没有谁能毁败,它坚牢如城墙。众口铄金。铄,消融,众人之口一齐诋毁,即使金石也能消融。'现今三年之中,就两次铸造害人之金,害金,祸害民众的铜金,指钱、钟。我害怕大钱、大钟其中一个会被废弃。两种铜金器用中,有一种必然废弃。"景王说:"你老糊涂了,知道什么?"景王二十五年,周景王去世,钟声没有和谐。景王去世却说不和谐,说明以前乐工的话是阿谀奉承之言。

晋语

武公伐翼[①],弑哀侯[②],止栾共子[③],曰:"苟无死,共子,晋大夫共叔成也。吾以子为上卿[④]，制晋国之政。”辞曰：“成闻之，民生于三[⑤]，事之如一。三，君、父、师也。如一，服勤至死也[⑥]。父生之，师教之，君食之[⑦]。食，谓禄也。唯其所在，则致死焉，在君父为君父，在师为师也。人之道也。臣敢以私利废人道乎？私利，谓不死为上卿也。君何以训矣？无以教为忠也。从君而贰，君焉用臣？贰，二心也。”遂斗而死。

【注释】

①武公：即晋武公，又称曲沃武公，姬姓，名称，春秋时期晋国国君。继承父亲的爵位成为曲沃的国君，后杀死晋侯缗，吞并晋国，并以珍宝贿赂周釐王，周釐王便封其为晋国国君，列位诸侯。曲沃武公改称晋武公，纪年仍沿用曲沃武公纪年。翼：晋旧都，在今山西翼城东南。

②哀侯：姬姓，名光，是春秋时期晋国国君，晋鄂侯之子，晋国第十五任国君。哀侯八年（前710），曲沃武公入侵其都城以南的小邑陉廷，次年哀侯被俘。晋人立哀侯之子小子为君，是为晋小子侯。小子侯元年（前709），曲沃武公派人杀了晋哀侯。

③栾共子：姬姓，栾氏，名成，又称栾共叔，共叔成，春秋时期晋哀侯大夫，其子为栾枝。当初，共叔成的父亲栾宾曾辅佐武公的祖父桓叔为曲沃伯，所以武公劝阻共叔成不要去死。

④上卿：古官名。周制，天子及诸侯皆有卿，分上、中、下三等，最尊贵者谓“上卿”。

⑤三：指君、父、师。

⑥服勤：指服事职事勤劳。

⑦食（sì）：指俸禄。

【译文】

武公征伐晋国旧都翼城，杀死晋哀侯，不让哀侯的大夫栾共子去死，说："如果你不去死，共子，是晋大夫共叔成。我让你当上卿，执掌晋国国政。"栾共子推辞说："我听说，民众一生有三位恩人，事奉他们要始终如一。三位，是指君王、父亲、老师。如一，指服事职事勤劳至死。父亲给人以生命，老师教人成才，君主赐人食禄。食，指俸禄。只要是他们所在之处，那就是人们效死之地，在君王父亲那儿，就是为了君王父亲；在老师那儿，就是为了老师。这是做人的道理。我怎敢为了私利而废弃做人的道理呢？私利，指不死并担任上卿。君王您又拿什么来教化民众呢？没有教人忠贞的方法。跟从君王却有二心，您怎么能任用我这样有二心的人呢？贰，指二心。"于是就抵抗战死。

文公问于郭偃郭偃，卜偃。曰[①]："始也吾以国为易，易，易治也。今也难。"对曰："君以为易，其难也将至矣；君以为难，其易也将至矣。以为难而勤修之，故其易将至。"

【注释】

①文公：即晋文公，姬姓，名重耳，是春秋时期晋国的君主，晋献公之子，母亲为狐姬。因其父献公立幼子为嗣，曾流亡国外十九年，在秦国援助下回国继位。晋文公文治武功卓著，是"春秋五霸"之一。后因平定周室内乱，接襄王复位，获尊王美名。郭偃：即卜偃，春秋时期晋国大夫兼卜官。郭偃有高超的占卜技巧，而且知识广博，头脑清醒，主张从经济领域入手实施改革，进而扩展到用人制度。

【译文】

晋文公问占卜大臣郭偃郭偃，是卜偃。说："开始我以为治国容易，易，指容易治理。现今却觉得困难。"回答说："君王以为容易，那困难就会到来；君王以为困难，那容易就会到来。以为难就会勤奋修养，所以容易将会到来。"

赵宣子言韩献子于灵公为司马[①]。宣子，赵宣孟也。献子，韩厥也。司马，掌军大夫也。河曲之役[②]，赵孟使人以其乘车干行[③]，干，犯也。行，军列也。献子执而戮之。宣子召而礼之，曰："吾闻事君者，比而不党。比，比义也。阿私曰党。夫周以举义[④]，比也；忠信曰周。举以其私，党也。夫军事有死无犯[⑤]，犯而不隐[⑥]，义也。在公为义。吾言汝于君，惧汝不能也；举而不能，党孰大焉。事君而党，吾何以从政？勉之！苟从是行也，勉之，劝修其志。是行，今所行也。临长晋国者[⑦]，非汝其谁？临，监也。长，帅也。"皆告诸大夫曰："二三子可以贺我矣[⑧]，吾举厥也而中[⑨]，吾乃今知免于罪矣。"

【注释】

①赵宣子：即赵盾，嬴姓，赵氏，名盾，谥号宣孟，春秋时晋国执政。赵盾仕晋襄、灵、成三世，政绩卓越，孔子称之为"良大夫"。韩献子：即韩厥，姬姓，韩氏，名厥，因其谥号献，故亦称韩献子，春秋中期晋国卿大夫。韩厥始为晋国赵氏家臣，后位列八卿之一，至晋悼公时，升任晋国执政。一生侍奉晋灵公、晋成公、晋景公、晋厉公、晋悼公五朝。灵公：指晋灵公，姬姓，名夷皋，晋文公之孙，晋襄公之子，春秋时期晋国国君。为人奢侈暴虐，后被赵盾之弟赵穿杀于桃园。司马：官名，掌管军旅之事。

②河曲之役：前615年的晋秦争霸战争中，晋、秦两军战于河曲。河曲，晋国地名，在今山西永济南，黄河自此折向东，所以叫河曲。

③干：干犯，冲犯。

④周：忠信。举义：举荐正义的人。

⑤有死无犯：死了也不能冒犯。

⑥不隐：不徇私包庇。

⑦临：监视，引申为统治，治理。

⑧二三子：相当于诸君，几个人。

⑨中：合适。

【译文】

赵宣子对晋灵公说让韩献子当司马。宣子，是赵宣孟。献子，是韩厥。司马，是掌管军队的大夫。河曲战役时，赵宣子让人乘坐他的战车冲犯军队行列，干，干犯。行，是军队行列。韩献子将这个违纪的人抓起来杀了。宣子召见韩献子，以礼相待，说："我听说事奉君王的人，亲近道义而不结党营私。比，是靠近道义。偏私不公叫做党。用忠信之心揭示大义，是比；忠信叫做周。举动出于私心，是党。军事行动不能犯纪，犯纪之后决不徇私隐瞒，就是义。对公而言是义。我向国君举荐你，怕你不能胜任；举荐人却不能胜任，没有比这更大的结党了。事奉君王却结党，我凭什么从政？努力啊！假如你一直坚持这样做下去，勉之，鼓励他修养心志。是行，现今所施行的。将来要治理执掌晋国的，不是你还是谁呢？临，监视。长，率领。"赵宣子告诉诸位大夫说："你们各位可以祝贺我了。我举荐的韩厥很合适，从今以后我知道可以免罪了。"

叔向见司马侯之子[①]，抚而泣之，曰："自其父之死，吾莫与比而事君矣。昔者其父始之，我终之。谓有所造为[②]，及谏争，相为终始成其事也。我始之，夫子终之，无不可。无不可，言皆从。"藉偃在侧[③]，曰："君子有比乎？君子周而不比，故偃问之。"叔向曰："君子比而不别[④]。比德以赞事，比也；赞，佐。引党以封己[⑤]，引，取也。封，厚也。利己而忘君，别也。别，为朋党。"

【注释】

①叔向：即羊舌肸（xī），复姓羊舌，名肸，字叔向。晋国大夫，历事晋悼公、晋平公、晋昭公三世，执掌晋国国政近五十年，以正直和才识著称于世。司马侯：春秋时晋国大夫，向晋悼公推荐叔向，使他成为太子彪（晋平公）傅。

②造为：制作，创制。

③藉偃：即藉游，藉季之子，春秋时期晋国大夫。

④别：结党。

⑤引党：援引私党。引，招引。封己：厚待自己。封，同“丰”，富厚。

【译文】

叔向见到司马侯的儿子，抚摸着他哭了，说：“自从这孩子的父亲死去，我就没有能一起事奉君王的人了。从前他的父亲开始进谏，我就随后接着进谏。指有所创制，还有谏诤，两人一起有始有终成就事情。我开始进谏，他的父亲随后接着进谏，没有哪一次进谏不为君主采纳的。无不可，说的是君王都能遵从。”藉偃在旁边，说：“君子有亲近在一起的‘比’吗？君子团结但不‘比’，所以藉偃发问。”叔向说：“君子在一起但不结为私党。与有德的人合作以成其事，是比；赞，辅佐。招引同党使自己获得厚利，引，是选取的意思。封，是富厚的意思。有利于自己却忘记了君王，是别。别，是结为朋党的意思。”

楚语

灵王为章华之台[①]，章华，地名。与伍举升焉[②]。曰：“美夫？”对曰：“臣闻国君服宠以为美[③]，服宠，谓以贤受宠服，以是为美。安民以为乐，以能安民为乐。听德以为聪，听用有德也。致远以为明，能致远人。不闻其以土木之崇高彤镂为美[④]。

彤，谓丹楹。镂，谓刻桷也[⑤]。

【注释】

①灵王：即楚灵王，芈姓，熊氏，初名围，杀了侄儿郏敖自立为楚王，即位后改名虔。是春秋时代有名的穷奢极欲、昏暴之君。章华之台：即章华台，离宫名。一说在今湖北监利西北。

②伍举：楚国大夫，又称椒举，曾任楚庄王右司马。因避祸奔郑、晋。子伍奢，孙伍子胥。

③服宠：犹宠服，引申为重用贤人。

④彤镂：涂丹漆和雕刻花纹，亦泛指装饰。

⑤桷（jué）：方的椽子。

【译文】

楚灵王建造了章华台，章华，地名。跟伍举一起登台。说："美吧？"伍举回答说："我听说国君以贤人受到表彰任用为美，服宠，指凭借贤能受到表彰任用，把这个当作美。以安定民众为乐，把能够安定民众当作乐。把听用有德行的人当作聪，听用有德行的人。以能够使远方人归服为明，能让远方的人归服。没听说过以土木建筑崇高、彩绘雕饰为美。彤，指用丹漆涂饰楹柱。镂，指雕刻方形椽子。

"先君庄王为匏居之台[①]，匏居，台名。高不过望国氛[②]，氛，祲气也[③]。大不过容宴豆[④]，言宴有折俎笾豆之陈[⑤]。木不妨守备，不妨城郭守备之材。用不烦官府，财用不出府藏也。民不废时务[⑥]，官不易朝常[⑦]，先君是以除乱克敌，而无恶于诸侯。今君为此台也，国民疲焉，财用尽焉，年谷败焉，败，废其时务也。百官烦也，为之征发。数年乃成，臣不知其美也。

【注释】

①庄王：即楚庄王，芈姓，熊氏，名旅，一作侣、吕。春秋时期楚国国君，是“春秋五霸”之一。

②国氛：即国中出现预示吉凶的云气。氛，古指预示吉凶的云气。多指凶象之气。

③祲（jìn）：不祥之气。

④宴豆：古代宴饮时盛食品的器具。豆，古代食器，亦用作装酒肉的祭器。形似高足盘，大多有盖。多为陶制，也有青铜、木、竹制成的。

⑤折俎笾（biān）豆之陈：指宴席上会陈列各类礼器。折俎，古代祭祀、宴会时，杀牲肢解而后置于俎上。俎，盛牺牲的礼器。笾豆，笾和豆，古代祭祀及宴会时常用的两种礼器。竹制为笾，木制为豆。

⑥时务：按时应做的事情。多指农事。

⑦朝常：朝廷的常规。

【译文】

“先代的君王庄王修建匏居台，匏居，是台名。高度不过是便于观望国家吉凶云气，氛，日旁云气。大小不过能容纳饮食用具，是说宴席上陈设的一些饮食用具。建台所需木料不会妨害城池守备，不妨害城池守备使用材料。财用不动用官府库藏支出，财用不是出自官家府库。民众不至于荒废时务，官员不改变上朝常规，庄王因此清除祸乱，战胜敌人，而各国诸侯对此并不厌恶。现今君王您修建这个台，国家民众都疲惫不堪，财用枯竭，年成谷物为此歉收，败，废弃农事劳作。百官为此厌烦，为了修建而忙于征发徭役。好几年才落成，我不知道章华台美在哪里。

“夫美也者，上下外内，小大远迩，皆无害焉，故曰美也。若于目观则美，于目则美，德则不也。财用则匮，是聚民利，以自封而瘠民也①，胡美之为？封，厚也。胡，何。何以为美。夫君国者，将民之与处，民实瘠，君安得肥？安得独肥，言将有患。

【注释】

①瘠民：使民众贫瘠。

【译文】

“所谓美，是对上下内外，大小远近，都没有害处，所以才叫做美。倘若肉眼看上去舒服就是美，对眼睛来说是美，对德行来说却不是。而财用因此匮乏，这是聚敛民财，让自己富厚而让民众贫穷，哪里算得上美？封，是富厚的意思。胡，何。拿什么当作美。作为国家的君王，应该与民共处，民众这样贫穷，君王怎么能独自肥厚？哪里能够独自肥美，这是说要有祸患。

“故先王之为台榭也[①]，积土为台，无室曰榭。榭不过讲军实[②]，讲，习也。军实，戎事也。台不过望氛祥，凶气为氛，吉气为祥。其所不夺穑地，稼穑之地。其为不匮财用，为，作也。其事不烦官业，业，事也。其日不废时务。以农隙也。瘠硗之地[③]，于是乎为之；不害谷土也。硗，确[④]。城守之木，于是乎用之；城守之余，然后用之。官寮之暇，于是乎临之；暇，闲也。四时之隙，于是乎成之。隙，空闲时。夫为台榭，将以教民利也，台，所以望氛祥，而备灾害。榭，所以讲军实，而御寇乱。皆所以利民也。不知其以匮之也。知，犹闻也。若君谓此美，而为之正，以为得事之正也。楚其殆矣。殆，危也。”

【注释】

①榭：建在高台上的木屋，多为游观之所。

②军实：兵戎之事。

③瘠硗（qiāo）：贫瘠硗薄，谓土地坚硬不肥沃。硗，指土质坚硬瘠薄。

④确(què):石多土薄。亦指石多土薄之地。

【译文】

“所以先君庄王修建台榭时,积土堆成台,没有内室叫做榭。榭不过用来讲习军事,讲,讲习。军实,指兵戎。台不过是用来望吉凶之气,凶气叫氛,吉气叫祥。台榭的场所不应该侵夺耕地,穑地,指庄稼地。修建台榭不至于造成财用匮乏,为,指建造。建造台榭的事务不至于影响官员行政,业,事业。施工日期不至于荒废农时。在农闲时做。贫瘠硗薄的土地,可以作为台榭的场所;不妨害谷物农田。硗,石多土薄之地。筑城守备的剩余木料,可以用做建造台榭的材料;守城有剩余,然后使用。官员在空闲时间,可以光临台榭观赏;暇,闲暇。四季农时的空闲,可以作为建造台榭的时机。隙,空闲的时候。修建台榭,是要让民众获得利益,台,用来望吉凶之气,防备灾害。榭,用来讲习军事,抵御敌寇入侵。都是为了有利于民众。没听说为建造台榭而让民众匮乏。知,相当于听闻。倘若君王说这座台美丽而认为是正确的,以为得到事物的正道。楚国大概就危险了。殆,危险。”

斗且廷见令尹子常[①],斗且,楚大夫。子常,囊瓦。子常与之语,问畜货聚马。归以语其弟曰:“楚其亡乎!不然,令尹其不免乎!吾见令尹,问畜聚积实,实,财也。如饿豺狼,殆必亡者。昔斗子文三舍令尹[②],无一日之积,恤民之故也。积,储也。成王每出子文之禄[③],必逃,王止而后复。人谓子文曰:‘人生求富,而子逃之,何也?’对曰:‘夫从政者,以庇民也。庇,覆也。民多旷者,旷,空也。而我取富焉,是勤民以自封也,勤,劳也。封,厚也。死无日矣。我逃死,非恶富也。’故庄王之世,灭若敖氏[④],唯子文之后在[⑤],至于今为楚良臣,是不先恤民而后己之富乎?

【注释】

①斗且：楚国大夫。令尹：春秋战国时楚国执政官名，相当于宰相。子常：即囊瓦，楚国大夫，字子常，曾任令尹。楚国王族，为人奸诈，贪财。

②斗子文：即斗谷於菟，芈姓，字子文，斗伯比之子，楚国令尹，期间几次被罢免又被任用。三舍：《论语·公冶长》："令尹子文，三仕为令尹，无喜色；三已之，无愠色。"

③成王：即楚成王，芈姓，熊氏，名恽。出：高出，超出。

④若敖氏：春秋时期楚国的芈姓家族，祖先为楚国国君熊仪，若敖氏即是以他的谥号若敖为族称，在其内部又分斗氏和成氏两个支系。若敖族的成员长期担任军政要职。子文作乱，若敖氏一族被楚庄王所灭。

⑤子文之后：楚庄王灭若敖氏时，说："子文要是断了后代，又怎么鼓励别人为善？"便赦免了子文之孙。

【译文】

斗且在朝廷见到令尹子常，斗且，是楚国大夫。子常，是囊瓦。子常跟他谈话，问怎么积聚财货畜养好马。斗且回来对弟弟说："楚国要灭亡了吧！否则，令尹大概免不了灾难吧！我去见令尹，令尹问蓄积财物之事，实，是财物。好像饥饿的狼，恐怕必定灭亡。从前斗子文三次辞去令尹，家里没有一天的积蓄，这是体恤民众的缘故啊。积，是储蓄。楚成王每次要增加他的俸禄，子文必定逃跑，直到成王停止给他增加俸禄，他才返回朝廷任职。有人对子文说：'人生就是求富贵，你却逃避富贵，为什么？'回答说：'从政，就是要庇护民众。庇，覆盖。民众家中空空，旷，空无。我却获取丰厚，这是使民众辛劳来增加我自己的财富，勤，劳苦。封，富厚。那么我离死亡没几天了。我是在逃避死亡，不是厌恶富裕。'所以到楚庄王在位的时候灭了若敖氏家族，只有子文的后裔存活了下来，直到现在还是楚国的良臣，这不就是先体恤民众后想到自己富裕吗？

“今子常先大夫之后，先大夫，子囊也[1]。而相楚君，无令名于四方[2]，四境盈垒，盈，满也。垒，壁也。言垒壁满四境之内。道殣相望[3]，道冢曰殣。是之不恤，而畜聚不厌，其速怨于民多矣。速，召也。积货滋多，蓄怨滋厚，不亡何待？”期年，子常奔郑。

【注释】

①子囊：芈姓，熊氏，名贞，字子囊，春秋时楚国令尹，楚庄王之子。

②令名：好名声。

③道殣（jìn）相望：路上饿死的人很多。道殣，指饿死于道路者。

【译文】

“现今子常是先大夫令尹子囊的后代，先大夫，是子囊。身为楚王辅佐，却没有将美名传播到四方，四面边境满是营垒，盈，盈满。垒，壁垒。是说壁垒布满四方边境之内。道路上饿死的尸体到处可见，道路上的坟墓叫殣。子常不能体恤这些国情，反而蓄聚财物不知满足，招致太多民怨了。速，招致。积累的财货越多，蓄积的怨恨越大，不灭亡还等什么？”一年后，子常就逃奔郑国。

王孙圉聘于晋[1]，王孙圉，楚大夫也。定公飨之[2]，赵简子相[3]，问于王孙圉曰：“楚之白珩犹在乎[4]？珩，佩上之横者。”对曰：“然。”简子曰：“其为宝也几何矣[5]？几何世也。”曰：“未尝为宝。楚之所宝者观射父[6]，言以贤为宝也。能作训辞[7]，以行事于诸侯，言以训辞交结诸侯也。使无以寡君为口实[8]。口实，毁弄也。又有左史倚相[9]，能道训典[10]，以叙百物，叙，次也。物，事也。以朝夕献善败于寡君[11]，无忘先王之业，又能上下悦于鬼神，悦，媚也。使神无有怨痛于楚国[12]。痛，疾也。又有薮曰云[13]，金木竹箭之为生也[14]，楚有云梦之薮泽也。龟珠角齿皮革羽毛，所以备赋以戒不虞者也[15]，龟，所以备吉凶。珠，所以卫火灾。角，所以为弓弩。齿，所以为弭[16]。赋，兵赋也。所以供币帛[17]，以享于诸侯。享，献也。寡君其可以免罪于诸侯，而国民保焉，保，安也。此楚国之宝也。若夫白珩，先王之玩也，何宝焉？玩，玩弄之物也。"

【注释】

①王孙圉（yǔ）：楚国大夫。聘：聘问，遣使访问。

②定公：即晋定公，姬姓，名午，晋顷公之子。飨：以隆重的礼仪宴请宾客。

③赵简子：春秋时期晋国赵氏的领袖，晋国正卿。相：赞礼者。

④白珩（héng）：古代佩玉上部的横玉，形似磬，或似半环。楚国著名的佩玉。珩，佩玉上面的横玉，形状像磬。

⑤几何：多少代。

⑥观射父：楚昭王时代的巫师，也是大夫，地位极为显赫，被楚国奉为第一国宝。

⑦训辞：训教之言，这里指外交辞令。

⑧口实：指话柄，谈笑的借口。

⑨左史：官名，周代史官有左史、右史之分。左史记行动，右史记言语。一曰左史记言，右史记事。倚相：楚国史官，熟谙楚国历史，常以往事劝谏楚君，使之不忘先王之业。

⑩训典：指先王典制之书，后泛指奉为典则的书籍。

⑪善败：成败。

⑫怨痛：亦作"怨恫"，怨恨，哀痛。

⑬薮（sǒu）：水少而草木丰茂的湖泽。云：古楚国云梦泽的省称。

⑭竹箭：细竹。

⑮不虞：意料不到，不测。

⑯弭（mǐ）：末端饰以角、骨的弓。

⑰币帛：指古代用于祭祀、进贡、聘问的礼品。

【译文】

楚国大夫王孙圉出使晋国，王孙圉，是楚国大夫。晋定公设宴款待他，赵简子担任赞礼者，问王孙圉说："楚国的白玉珩还在吗？珩，是玉佩上横着的玉。"回答说："是的。"简子说："它作为国宝，有多久时间了？多少年了。"回答说："楚国人从来没有将白珩当做宝物。楚国的国宝是观射父，这是说把贤人当作国宝。他能作外交辞令，用来结交诸侯，这是说用训辞来结交诸侯。使他们没有攻击楚君的话柄。口实，是诋毁玩弄。还有左史倚相，能够讲述先王典制之书，讲论百事井然有序，叙，排列次序。物，是事物。每天随时给我们国君献上前代成败的事例，让国君不要忘记先王的事业，又能上下取悦于天地鬼神，悦，就是取悦。使鬼神不会埋怨痛恨楚国。痛，疾恨。楚国又有大湖叫云梦泽，这里生长金、木、竹箭，楚国有云梦大泽。龟甲、珍珠、犀角、象牙以及各种皮革、羽毛，可以作为军备取用，以便防备不测事件，龟甲，用来预示吉凶。珍珠，用来防御火灾。犀角，用来制作弓弩。象牙，用来制作角弓的饰品。赋，是兵赋。又可以用来提供馈赠礼品，用来接待和进献各国诸侯。享，献给。我们国君可以不被诸侯怪罪，楚国民众也得到安全保障，保，安保。这是楚国的国宝。至于说白玉珩，不过是先代君王的玩物，有什么宝贵的呢？玩，玩弄的物件。"

韩诗外传

【题解】

《韩诗外传》是“三家诗”仅存的一部书。《韩诗》据说是汉人韩婴所撰。全书共十卷，由360条不同内容杂编而成。韩婴说《诗》，主要是借《诗》阐发他的政治思想，多叙述孔子逸闻、诸子杂说和春秋故事，引《诗》以证事，并非述事以明《诗》。《史记·儒林传》说：“韩生推《诗》之意而为内、外《传》数万言，其语颇与齐、鲁间殊，然其归一也。”而《汉书·艺文志》则认为韩婴作《诗》传，“或取《春秋》，采杂说，咸非其本义”。褒贬不同，但都说明《韩诗》着力于传，而非训诂。

《韩诗外传》说《诗》，都是断章取义，触类引申，与《诗》本意相径庭，使诗句成为一种比喻，借以附会叙事说理。其文章体制大多先叙事或议论，一般每条篇末都以一句恰当的《诗经》引文作结论，以支持政事或论辩中的观点。而同一两句诗，往往有两则以上的事例或理论，分条阐述。

《韩诗外传》的思想，大致以荀子思想为主，反复强调隆礼重法，尊士养民，也间采孟子及韩非有关言论。全书取《荀子》文多达44条，因而许多学者都认为《韩诗》出于《荀子》。而书中引《荀子·非十二子》文，则删除子思、孟子，也可见其不薄孟子，有所折中。

韩婴，西汉燕（今属河北）人。文帝时为博士，景帝时至常山王刘舜太傅。武帝时，与董仲舒辩论，不为所屈。治《诗》兼治《易》，西汉“韩诗学”的创始人。《汉书·儒林传》说：“婴推诗人之意而作内、外《传》数万言。”根据《汉书·艺文志》记载，汉代关于《韩诗》的文献有四种：《韩故》三十六卷，《韩内传》四卷，《韩外传》六卷，《韩说》四十一卷。《韩诗内传》亡于两宋之际，只有《韩诗外传》尚存，但已经不是汉时之旧。其佚文散见《文选》李善注及唐、宋类书。

《群书治要》从《韩诗外传》中节录了二十一段文字，均无标题或篇目，亦未注明出处，且其先后次序亦有变化。重点讲述为君之道，有一定的借鉴和警醒作用。

楚庄王听朝罢晏①。樊姬下堂而迎之②，曰：“何罢之晏乎？”庄王曰：“今者听忠贤之言，不知饥倦也。”姬曰：“王之所谓忠贤者，诸侯之客与？中国之士与③？”庄王曰：“则沈令尹也④。”樊姬掩口而笑。王曰：“姬之所笑者何等也？”姬曰：“妾得侍于王十有一年矣，然妾未尝不遣人求美人而进于王也，与妾同列者十人，贤于妾者二人。妾岂不欲擅王之爱、专王之宠哉？不敢以私愿蔽众美也。今沈令尹相楚数年矣，未尝见进贤而退不肖也，又焉得为忠贤乎？”庄王以樊姬之言告沈令尹，令尹进孙叔敖⑤。叔敖治楚三年，而楚国霸，樊姬之力也。

【注释】

①楚庄王听朝罢晏：本段节录自卷二。楚庄王，芈姓，熊氏，名旅，“春秋五霸”之一。听朝，在朝廷治理国家的政事。罢，完毕。晏，晚。

②樊姬：楚庄王的王后。下堂：指离开殿堂或堂屋。

③中国：中原。按，或作"国中"，那就是楚国了。

④沈令尹：即沈尹筮，字子桱，号虞丘子，沈是其氏，或是其食邑，楚穆王的儿子，楚庄王的兄弟，曾任楚国的令尹。

⑤孙叔敖（áo）：芈姓，蔿（wěi）氏，名敖，字孙叔，所以称孙叔敖，楚国著名政治家，曾任楚国令尹，辅佐楚庄王施教导民，宽刑缓政，发展经济，政绩赫然。

【译文】

楚庄王在朝廷处理政事，退朝回来晚了。樊姬走下厅堂迎接他，说："怎么结束得这么晚？"庄王说："今天听到忠贤之人的言语，忘记饥饿疲倦了。"樊姬说："君王所说的忠贤之人，是诸侯国的宾客呢，还是中原的人士？"庄王说："就是沈令尹。"樊姬捂住嘴笑。庄王说："樊姬，你笑什么啊？"樊姬说："我侍奉君王十一年了，但我不曾不让人寻求美女进献给君王，跟我同等的有十个人，比我贤惠的有两个人。我难道不想独揽君王的宠爱吗？但我不敢因为个人的愿望而掩盖了众人的贤美。现今沈令尹担任楚国的国相好几年了，不曾见到他举荐贤良、罢免不贤的官员，又怎么能算忠贤之人呢？"庄王把樊姬的话告诉了沈令尹，沈令尹举荐了孙叔敖。孙叔敖治理楚国三年，楚国称霸于诸侯，这是樊姬的力量啊。

高墙丰上激下①，未必崩也；降雨兴，流潦至②，则崩必先矣。草木根荄浅③，未必撅也④；飘风兴⑤，暴雨坠，则撅必先矣。君子居是国也，不崇仁义，尊其贤臣，以理万物⑥，未必亡也；一旦有非常之变，诸侯交争，人趋车驰，迫然祸至⑦，乃始愁忧，干喉焦唇，仰天而叹，庶几乎望天之救也⑧，不亦晚乎！

【注释】

①高墙丰上激下：本段节录自卷二。丰上，指物体的上部或头部宽广或肥大。丰，大。激，抑制，阻挡。或云即“墽”字，训薄。

②流潦（lǎo）：地面流动的积水。

③根荄（gāi）：植物的根。荄，草根。

④撅：拔起。

⑤飘风：旋风，暴风。

⑥万物：万人。

⑦迫然：急匆匆的样子。

⑧庶几：希望。

【译文】

高大的墙，上面宽厚，下面单薄，不一定会崩塌；下了大雨，流动的积水冲过来，高墙就必定会崩塌。草木的根系浅，不一定会被拔起；大风刮起，暴雨落下，那草木一定很快就会被拔起。君子在这个国家，不崇尚仁义，不尊重贤臣，来治理民众，不一定会灭亡；一旦发生非常的变故，诸侯交相征战，百姓奔走，车马驱驰，祸患突然降临，这才开始忧愁，急得喉咙干燥，嘴唇焦裂，仰天长叹，希望上天救助自己，不也太晚了吗？

田饶事鲁哀公[①]，而不见察[②]，谓哀公曰：“臣将去君，黄鹄举矣[③]！”哀公曰：“何谓也？”田饶曰：“君独不见夫鸡乎？头戴冠者，文也；足傅距者[④]，武也；敌在前敢斗者，勇也；见食相告者，仁也；守夜不失时者，信也。鸡虽有此五德，君犹烹而食之者，何也？则以其所从来者近也。夫黄鹄一举千里，止君园池，食君鱼鳖，啄君黍粱，无此五者，君犹贵之者，何也？以其所从来者远也。臣将去君，黄鹄举矣。”哀公曰：“止，吾书子之言也。”田饶曰：“臣闻，食其食者，不毁其器[⑤]；荫其树者[⑥]，不折其枝。有臣不用，何书其言为？”遂去之燕，燕以为相，三年燕政大平[⑦]。哀公喟然大息[⑧]，为之避寝三月[⑨]，曰：“不慎其前，而悔其后，何可复得！”

【注释】

①田饶事鲁哀公：本段节录自卷二。田饶，春秋末燕国大臣，原事鲁哀公，后离鲁去燕，任相。鲁哀公，姬姓，名将，鲁定公之子，鲁国第二十六任君主。

②察：知道，了解。

③黄鹄（hú）：一种据说一飞千里的鸟。

④傅：依附，安上。距：雄鸡爪子后面突出像脚趾的部分。

⑤器：指食器。

⑥荫：乘阴凉。

⑦大平：太平，谓时世安宁和平。

⑧喟（kuì）然：感叹、叹息貌。大息：亦作太息，大声长叹，深深地叹息。

⑨避寝：谓避正殿。古代国家有灾异急难之事，帝王避离正殿，表示自我贬责，以期消灾弥难。

【译文】

田饶事奉鲁哀公，但是不被赏识，他对鲁哀公说：“我将要离开您，像黄鹄一样高飞走！”哀公说：“你说这话是什么意思啊？”田饶说：“您难道没见过鸡吗？头上戴着鸡冠，这是有文采；脚上有后距，这是英武；敌人在前敢去争斗，这是勇敢；看见食物招呼同伴，这是仁义；守夜不会错过打鸣报时，这是诚信。鸡即使有这五大德行，您还是每天烹了它吃，为什么呢？那是因为它离得近。黄鹄一飞千里，栖息在您的园林水池，吃了您的鱼鳖水产，啄食您的谷子黄米，没有那五大德行，君王您还是看重它，为什么呢？就是因为它来自远方。我请求离开君王您，像黄鹄一样起飞了。”哀公说：“等一下，我要写下你的话。”田饶说：“我听说，吃了人家食物的人，不会毁坏人家的食具；在树下避阴凉的人，不会折断那些树枝。有臣子却不任用，写下他的话有什么用呢？”于是离开前往燕国了，燕国任用他做宰相，经过三年，燕国国政非常安宁和平。哀公长长地叹息，为此三个月不进正殿，说：“开始不谨慎对待，事后再去后悔，哪里还能补救啊！”

孔子曰[①]：“士有五：有埶尊贵者[②]，有家富厚者[③]，有资勇悍者[④]，有心智慧者，有貌美好者。埶尊贵，不以爱民行义理[⑤]，而反以暴傲；家富厚，不以振穷救不足[⑥]，而反以侈靡无度；资勇悍，不以卫上攻战，而反以侵凌私斗；心智慧，不以端计数[⑦]，而反以事奸饰诈；貌美好，不以统朝莅民，而反以蛊女从欲[⑧]。此五者，所谓士失其美质也！”

【注释】

①孔子曰：本段节录自卷二。

②埶：同“势”，权势。

③富厚：谓物质财富雄厚。

④资：禀赋，才质。勇悍：勇猛强悍。

⑤义理：合于伦理道德的行事准则。

⑥振穷：救助困穷的人。

⑦端：正直，公正。计数：指谋略权术。

⑧蛊：诱惑，迷乱。从欲：纵欲。从，同“纵”。

【译文】

孔子说：“士人有五种：有权势尊贵的，有家境富裕的，有资质勇敢的，有内心聪慧的，有外貌美好的。权势尊贵者，不用来爱护民众、施行礼义，反而横征暴敛；家境富裕者，不用来赈济贫穷、救助困难，反而奢侈浪费没有限度；资质勇敢者，不用来保卫君上、进攻作战，反而欺凌弱者为私搏斗；内心聪慧者，不用来公正地出谋划策，反而去从事奸诈权术；外貌美好者，不用来统率朝臣、治理民众，反而蛊惑女子放纵淫欲。这五种士人，就是所说的丧失美好禀赋的人呀！”

原天命①，治心术②，理好恶，适情性，而治道毕矣。原天命，则不惑祸福，不惑祸福，则动静修理矣③；治心术，则不妄喜怒，不妄喜怒，则赏罚不阿矣④；理好恶，则不贪无用，不贪无用，则不以害物性矣；适情性，则欲不过节，欲不过节，则养性知足矣⑤。四者不求于外，不假于人，反诸己而已！

【注释】

①原天命：本段节录自卷二。原，推究，考究。天命，指上天的意志，也指上天主宰之下的人们的命运。

②心术：指人认识事物的方法和途径。

③动静：运动与静止，行动与止息。

④阿（ē）：徇私，偏袒。

⑤养性：指修养身心，涵养天性。知足：谓自知满足，不作过分的企求。

【译文】

推究天命规律，修治思考方法，理清喜好厌恶，调适本性情感，治理国家的方法就完备了。推究天命规律，就不会被祸福迷惑，不被祸福迷惑，那么行动就都会遵循道理了；修治思考方法，就不会妄生喜怒，不会妄生喜怒，那么奖赏惩罚就不会徇私偏袒了；理清喜好厌恶，就不会贪图无用之物，不贪图无用之物，那么就不会因为外物而损害自己的本性；调适本性情感，就不会欲望超过节制，欲望不会超过节制，那么就修养心性知道满足了。这四种修养的方法，不能向外界寻求，不能借助他人，只是反省自己罢了！

天设其高[①]，而日月成明；地设其厚，而山陵成居；上设其道，而百事得序。

【注释】

①天设其高：本段节录自卷五。

【译文】

天布设得那么高，因此日月才能够光明；地布设得那么厚，因此山陵才能够高大；君上设定了为政之道，让千百事务能够有序进行。

人有六情[①]，失之则乱，从之则睦。故圣王之教其民也[②]，必因其情，而节之以礼；必从其欲，而制之以义。义简而备，礼易而法，去情不远。故民之从命也速。

【注释】

①人有六情：本段节录自卷五。六情，据《韩诗外传》未节录之文阐释，是指眼、耳、鼻、口、身体的感受欲望以及对衣服美丽轻暖的欲望。《韩诗外传》卷五："人有六情：目欲视好色，耳欲听宫商，鼻欲嗅芬香，口欲嗜甘旨，其身体四肢欲安而不作，衣欲被文绣而轻暖。此六者，民之六情也。"

②圣王：古指德才超群达于至境的帝王。

【译文】

人有六种欲望，失掉它就会混乱，顺从它就会和睦。所以圣明的君王教导他的民众，一定顺应他们的情感，再用礼法节制；一定顺应他们的欲望，再用道义节制。道义简单而完备，礼法容易而有节度，礼义与人情相距不远。所以民众遵从君主命令很迅速。

智如原泉①，行可以为表仪者②，人师也；智可以砥砺，行可以为辅弼者，人友也；据法守职，而不敢为非者，人吏也；当前快意③，一呼再诺者，人隶也。故上主以师为佐，中主以友为佐，下主以吏为佐，危亡之主以隶为佐。欲观其亡，必由其下④。故同明者相见，同听者相闻，同志者相从，非贤者莫能用贤，故辅佐左右所任使⑤，有存亡之机、得失之要也，可无慎乎！

【注释】

①智如原泉：本段节录自卷五。原泉，源泉，水源。

②表仪：表率，仪范。

③当前：相当于当面，对面。快意：指迎和他人心意。

④下：指下属，下级。

⑤任使：差遣，委用。

【译文】

智慧如泉水的源头永不枯竭，行为可以成为表率的人，是老师；智慧可以跟人切磋，行为可以辅佐他人的人，是朋友；依据法律遵照职责，不敢为非作歹的人，是官吏；在人面前迎合他人的心意，别人呼唤就连声应诺的人，是仆隶。所以上等君王用老师当辅佐，中等君王用朋友当辅佐，下等君王用官吏当辅佐，亡国之君用仆隶当辅佐。想要看他的兴亡，必须看他的下属。所以同样眼明的人才会相互看见，同样耳聪的人才会相互听闻，志趣相同的人相互依从，不是贤人不能任用贤人，所以君主身边的辅佐大臣、任事的人，是国家生存毁灭的关键，是政治得失的要领，能不谨慎吗！

昔者不出户而知天下[①]，不窥牖而知天道者[②]，非目能见乎千里之前，非耳能闻乎万里之外，以己之度度之也[③]，以己之情量之也。己欲衣食焉，亦知天下之欲衣食也；己欲安逸焉，亦知天下之欲安逸也；己有好恶焉，亦知天下之有好恶也。此三者，圣王之所以不降席而匡天下者也[④]。故君子之道，忠恕而已矣[⑤]！夫饥渴苦血气，寒暑动肌肤，此四者，民之大害也。大害不除，未可敢御也。四体不掩，则鲜仁人；五藏空虚[⑥]，则无立士[⑦]。百姓内不乏食，外不患寒，乃可御以礼矣。

【注释】

①昔者不出户而知天下：本段节录自卷五。

②牖（yǒu）：窗户。天道：天意。

③度（duó）：计算，推测。

④降席：座席的西头。古代宾主相见，以西为尊，主东而宾西。这里指从座席上走下来。

⑤忠恕：儒家的一种道德规范。忠，谓尽心为人。恕，谓推己及人。

⑥五藏：亦作五脏，指心、肝、脾、肺、肾。

⑦立士：能自立、有节操的人。

【译文】

从前，圣明的君王不出门就知晓天下之事，不开窗就知晓天道的运行，并非是他的眼睛能看见千里之外，耳朵能听到万里之外，而是用自己的准则去揣度天下的事物，用自己的情感去揣度他人的情感。自己想要衣服食物，也就知道天下人都要衣服食物；自己想要安逸，也就知道天下人都想要安逸；自己有喜好厌恶，也就知道天下人都有喜好厌恶。这三样，就是圣明的君王不用离开座席就能匡正天下的原因。所以君子为人处世的准则，忠恕罢了！饥饿干渴使人精力困苦，寒冷暑热使人肌肤受损，这四样，是民众的大害。大害不除掉，就不能很好地教化和统治人民。没有衣服遮掩四肢，那就很少出现仁人；没有食物滋养五脏，那就没有自立而有节操的士人。百姓肚里不缺乏食物，身上不担忧寒冷，才能够用礼义去教化统治他们了。

蓝有青①，而丝假之青于蓝；地有黄②，而丝假之黄于地。蓝青地黄，犹可假也，仁义之士，可不假乎哉！东海之鱼，名曰鲽③，比目而行；北方有兽，名曰娄④，更食更候⑤；南方有鸟，名曰鹣⑥，比翼而飞⑦。夫鸟兽鱼犹知假，而况万乘之主乎？而独不知比假天下之英雄俊士，与之为伍，则岂不痛哉！故曰："以明扶明，则升于天；以明扶暗，则归其人；两瞽相扶⑧，不触墙木，不陷井阱，则其幸也。"

【注释】

①蓝有青：本段节录自卷五。蓝，蓝草。青，靛青，青色颜料。

②黄：土黄，黄色矿物颜料。

③鲽（dié）：鱼名，是比目鱼的一类。体侧扁，像薄片，长椭圆形，有细鳞，两眼都在右侧。生活在浅海中，左侧向下卧在沙底。《尔雅·释地》："东方有比目鱼焉，不比不行，其名谓之鲽。"郭璞注："状似牛脾，鳞细，紫黑色，一眼，两片相合乃得行。"

④娄：传说中兽名。《尔雅·释地》："北方有比肩民焉，迭食而迭望。"郭璞注："此即半体之人，各有一目、一鼻、一孔、一臂、一脚，亦犹鱼鸟之相合，更望备惊急。"

⑤候：当斥候，放哨。

⑥鹣（jiān）：即鹣鹣，比翼鸟。

⑦比翼：翅膀挨着翅膀飞翔。

⑧瞽（gǔ）：失明的人，盲人。

【译文】

蓝草含有靛青，而丝用蓝草来染，它的青色要胜过蓝草；土地含有土黄，而丝用泥土来染，它的黄色要胜过泥土。蓝草的青色、泥土的黄色，尚且可以借来染丝，仁义之士，难道不能借来用吗！东海有一种鱼，名字叫做鲽，两条鱼的眼睛组合起来游动；北方有一种野兽，名字叫做娄，更替吃食，更替放哨；南方有一种鸟，名字叫做鹣，两只鸟翅膀组合起来一起飞。鸟兽鱼类都知道互相借助，何况拥有万乘兵车的君主呢？君主唯独不知道借用天下英雄豪杰的才能，和他们交往，这样岂不是很大的过失！所以说："用眼睛明亮的人扶助眼睛明亮的人，那就能登高望向天际；眼睛明亮的人扶助盲人，那就能送他归家；两个盲人相互扶助，不碰到墙壁树木，不掉进水井陷坑，那就是幸运了。"

福生于无为[①]，而患生于多欲。故知足，然后富从之；德宜君人[②]，然后贵从之。故贵爵而贱德者[③]，虽为天子不贵矣；贪物而不知止者[④]，虽有天下不富矣。夫土地之生物不益，山泽之出财有尽。怀不富之心，而求不益之物；挟百倍之欲，而求有尽之财，是桀、纣之所以失其位也。

【注释】

①福生于无为：本段节录自卷五。无为，指清静虚无，顺应自然。

②君人：成为人君，统治民众。

③贵爵：看重爵位。贱德：看轻德行。

④知止：谓懂得适可而止，知足。

【译文】

幸福生于清静无为，忧患生于欲望太多。所以说知道满足，然后富裕就会到来；德行适合做君主，然后尊贵就会到来。所以重视爵位轻视德行的人，即使当了天子也不尊贵；贪图财物而不知休止的人，即使拥有天下也不富裕。土地生长的物资不会增益，山林沼泽出产的财物会有穷尽。怀着不知满足的心理，寻求不能增益的物资；携带千百倍的欲望，寻求有尽头的财物，这就是夏桀、商纣失去王位的原因啊。

古者必有命民[①]。民有能敬长怜孤、取舍好让、居事力者[②]，命于其君。命然后得乘饰车并马[③]；未得命者不得乘，乘皆有罚。故其民虽有余财侈物，而无礼义功德，则无所用其余财物。故其民皆兴仁义而贱财利。贱财利则不争，不争则强不凌弱、众不暴寡。是唐、虞之所以象典刑[④]，而民莫犯法；民莫犯法，而乱斯止矣。

【注释】

①古者必有命民：本段节录自卷六。命民，指平民受帝王赐爵者。《尚书大传》："古之帝王必有命民，能敬长矜孤、取舍好让者，命于其君，然后得乘饰车骈马、衣文锦。未有命者，不得衣，不得乘，乘、衣者有罚。"

②取舍：行止。

③饰车：古代大夫乘的鞔革为饰的车子。

④象典刑：相当于象刑，相传上古唐虞时代无肉刑，仅用与众不同的服饰加之犯人以示辱。

【译文】

古代一定有受君王赏赐爵位的平民。民众中有能够尊敬长者、怜悯孤苦、举止谦让、做事尽力的人，君主就赐命他。受到赐命后，就能乘坐大夫的饰车和并行的双马；没有受到赐命的人不能乘坐，乘坐的话都有惩罚。所以民众即使有多余的钱财、奢侈的物品，但是如果行为不符合礼义，没有功绩和德行，那么就没有使用多余财物的地方。所以民众都崇尚仁义，而轻视钱财利益。轻视钱财利益就不争斗，不争斗则强大的就不会欺凌弱小的，人多的就不会凌辱人少的。这是唐尧、虞舜采用象征性惩罚的象刑，而民众不犯法的原因；民众不犯法，那么混乱也就平息了。

赵王使人于楚①，鼓瑟而遣之②，曰："必如吾言，慎无失吾言。"使者受命，伏而不起，曰："大王鼓瑟未尝若今日之悲也。"王曰："然，瑟固方调③。"使者曰："调则可记其柱④。"王曰："不可。天有燥湿，弦有缓急，柱有推移，不可记也。"使者曰："臣请借此以喻。楚之去赵也，千有余里，且有凶则吊之，吉则贺之，犹柱之有推移，不可记也。故明王之使人也，必慎其所使；既使之，任之以心，不任以辞也。"

【注释】

①赵王使人于楚：本段节录自卷七。

②鼓：演奏，弹奏。瑟：弦乐器，似琴。长近三米，古有五十弦，后为二十五或十六弦，平放演奏。

③固：原本。调：指调弦。

④柱：瑟柱，瑟每弦有一柱，上下移动，以定声音。

【译文】

赵王派遣使者出使楚国，弹着瑟送他，说："你一定要按照我的话去做，千万小心不要跟我的言语有误差。"使者接受命令，伏在地上不起身，说："大王弹瑟，从来不曾像今天这样悲伤。"赵王说："是的，瑟本来刚刚调过弦。"使者说："瑟音调和，就可以把弦柱的位置标记下来。"赵王说："不行。天气有干燥湿润，瑟弦有舒缓急促，瑟柱有推挤移动，不可以记下固定的位置。"使者说："请允许我借这个来比喻。楚国距离赵国，有一千多里地，况且有凶险就哀吊，有吉庆就祝贺，就像瑟柱有推挤移动，不能标记一样。所以英明的君王派遣使臣，必须谨慎地挑选使臣；既然已经任命了使臣，就要把内心想要办的事委托给他，而不是交代他具体的外交辞令。"

赵简子有臣曰周舍[①]，立于门下三日三夜。简子使问之曰："子欲见寡人何事？"周舍对曰："愿为愕愕之臣[②]，墨笔操牍[③]，从君之过[④]，而日有记也，月有成也，岁有效也。"简子居则与之居，出则与之出。居无几何，而周舍死。简子后与诸大夫饮于洪波之台[⑤]，酒酣，简子涕泣，诸大夫皆出走，曰："臣有罪而不自知也！"简子曰："大夫无罪。昔者吾友周舍有言，曰：'千羊之皮，不若一狐之腋[⑥]；众人之唯唯，不若直士之愕愕。'昔者纣默默而亡[⑦]，武王愕愕而昌。今自周舍之死，吾未尝闻吾过也，吾亡无日矣，是以寡人泣也。"

【注释】

①赵简子有臣曰周舍：本段节录自卷七。赵简子，晋国赵氏的领袖，原名赵鞅，又名志父，亦称赵孟，晋国卿大夫，长期执政，为正卿。臣，指家臣。周舍，赵简子的家臣，好直谏。

②愕愕（è）：直言的样子。

③墨笔：濡墨于笔。牍：木牍，当时写字用的木板。

④过：经过，交往。

⑤洪波之台：即洪波台，位于河北邯郸，背依赵长城，是战国时赵国观兵操练演习之处。

⑥一狐之腋：一只狐狸腋下的皮毛。喻指少而珍贵的皮毛。

⑦默默：缄口不言。

【译文】

赵简子有个家臣叫周舍，他在简子的门前站立了三天三夜。简子让人问他说："你想要见我，有什么事吗？"周舍回答说："希望成为直言之臣，拿起墨笔木牍，跟随在您的身后，观察您的过失，每天都有记录，每月都有成就，每年都有成效。"此后，简子起居，周舍就跟随他起居，简子出门，周舍就跟他出门。过了不久，周舍死了。简子后来跟众位大夫在洪波台喝酒，酒喝到畅快时，简子垂泪，众大夫都起身走出去，说："我们众臣有罪自己却不知道。"简子说："大夫们没有罪过。从前我的友人周舍说过：'一千只羊的皮毛，不如一只狐狸腋下的皮毛；众人的唯唯诺诺，不如耿直士人的直言。'从前，商纣王因为臣子都沉默不敢劝谏而亡国，周武王因为有臣子直言争辩而兴盛。现在自从周舍死后，我不曾听到过别人指责我的过失，看来我离灭亡没几天了，因此我哭泣啊。"

晋平公游于河而乐[①]，曰："安得贤士与之乐此也！"船人盖胥跪而对曰[②]："主君亦不好士耳[③]。夫珠出于江海，玉出于昆山[④]，无足而至者，犹主之好之也。士有足而不至者，盖主君无好士之意耳，何患于无士乎？"平公曰："吾食客[⑤]，门左千人，门右千人。朝食不足，夕收市赋[⑥]；暮食不足，朝收市赋。吾可谓不好士乎？"盖胥对曰："夫鸿鹄一举千里[⑦]，所恃者六翮耳[⑧]。背上之毛，腹下之毳[⑨]，益一把飞不为加高，损一把不为加下。今君之食客，将皆背上之毛、腹下之毳耳！《诗》曰：'谋夫孔多，是用不就[⑩]。'此之谓也。"

【注释】

①晋平公游于河而乐：本段节录自卷六。晋平公，姬姓，名彪，晋悼公之子，春秋时晋国国君。河，黄河。

②船人：船夫。盖胥：或作“盍胥”“盖桑”“孟胥”等。

③主君：对一国之主的称呼。

④昆山：即昆仑山。

⑤食客：寄身于豪门权贵家为主人谋划办事的人。

⑥市赋：向商市征收的赋税。

⑦鸿鹄：天鹅。因飞得很高，所以常用来比喻志向远大的人。

⑧六翮（hé）：指鸟类双翅中的正羽，代指鸟的两翼。

⑨毳（cuì）：鸟兽的细毛。

⑩谋夫孔多，是用不就：引自《诗经·小雅·小旻》。谋夫，谋划事情的人。孔多，很多。就：成。《毛诗》作“集”，毛传：“集，就也。”

【译文】

晋平公在黄河出游，非常快乐，说：“哪里可以得到贤士，和他一起共享这样的快乐呢！”船夫盖胥跪下回答说：“不是得不到贤士，只是君主不喜欢贤士罢了。珍珠产出在长江大海，玉石产出在昆仑山，它们没有脚却能到这里来，不过是因为主上喜好罢了。贤士有脚却不到来，那是主上没有喜好贤士的心意罢了，何必担忧没有士人呢？”平公说：“寄食在我家里的门客，大门左边有一千人，大门右边有一千人。早上的食物不够，晚上就去市场征收赋税来改善伙食；晚上的食物不够，早上就去市场征收赋税来改善伙食。还能说我不喜好贤士吗？”盖胥回答说：“鸿鹄一飞千里，依仗的就是六支粗壮的翮羽罢了。至于背上的羽毛，腹部的绒毛，多一把不会飞得更高，少一把不会飞得更低。现今您的食客，大概都是背上的羽毛、腹部的绒毛罢了！《诗经》说道：‘谋划的人很多，因此不能成功。’说的就是这个吧。”

宋燕相齐见逐[①]，罢归之舍，召门尉陈饶等二十六人曰[②]："诸大夫有能与我赴诸侯者乎？"陈饶等皆伏而不对。燕曰："悲乎哉，何士大夫易得而难用也！"陈饶对曰："非士大夫易得而难用，君弗能用也。君不能用，则有不平之心，是失之己，而责诸人也。"燕曰："其说云何？"对曰："三斗之稷[③]，不足于士，而君雁鹜有余粟[④]，是君之一过也；果园梨栗，后宫妇女以相提掷，而士曾不得一尝，是君之二过也；绫纨绮縠[⑤]，靡丽于堂[⑥]，从风而弊，士曾不得以为缘[⑦]，是君之三过也。且夫财者，君之所轻也；死者，士之所重也。君不能行君之所轻[⑧]，而欲使士致其所重，譬犹铅刀畜之[⑨]，干将用之[⑩]，不亦难乎？"宋燕曰："是燕之过也。"

【注释】

①宋燕相齐见逐：本段节录自卷七。宋燕，战国时齐国人，又名"管燕""宗卫"等。见逐，被驱逐。

②陈饶：又名"田需""田饶"。

③稷（jì）：谷子。

④雁鹜（wù）：鹅和鸭。粟：谷子，泛指粮食。未去皮壳者为粟，已舂去糠者则为小米。

⑤绫：一种薄而细，纹如冰凌、光如镜面的丝织品。纨（wán）：白色细绢。绮（qǐ）：有花纹的丝织品。縠（hú）：绉纱。

⑥靡丽：奢华，奢靡。

⑦缘：衣服边上的饰边。

⑧行：赏赐，给与。

⑨铅刀：铅制的刀。铅质软，作刀不锐，用来比喻无用的人和物。

⑩干将：古剑名。相传春秋吴有干将、莫邪夫妇善铸剑，为阖闾铸阴

阳剑，阳曰"干将"，阴曰"莫邪"。干将藏阳剑献阴剑，吴王视为重宝。

【译文】

宋燕任齐国的国相，被驱逐，免职回家，召见守门官员陈饶等二十六人说："诸位大夫有能跟我一起去诸侯各国的吗？"陈饶等人伏在地上不回答。宋燕说："悲哀呀！为什么士大夫容易得到却难以任用呢？"陈饶回答说："不是士大夫容易得到却难以任用，是您不能任用他们。您不能任用他们，他们就有不满之心，这是你自己有过失，却责怪别人。"宋燕说："这是什么意思？"陈饶回答说："你给士人的薪俸都不足三斗黍稷，而你的鹅、鸭却有吃不完的粟子，这是您的第一个过失；果园的梨子栗子，后宫妇女拿来互相投掷，可是士人却不能尝一尝，这是您的第二个过失；细绢绫绸绉纱，奢华地布满殿堂，随风飘荡而败坏，士人却不能拿来做衣服的饰边，这是您的第三个过失。况且财物，是您所轻视的；死亡，是士人所看重的。您不能给予士人您所轻视的，却想要让士人献出自身所看重的，就好比收藏的铅刀，要当宝剑干将来使用，岂不是很困难吗？"宋燕说："这确实是我的过失啊。"

魏文侯问狐卷子曰[①]："父贤足恃乎？"对曰："不足。""子贤足恃乎？"对曰："不足。""兄贤足恃乎？"对曰："不足。""弟贤足恃乎？"对曰："不足。""臣贤足恃乎？"对曰："不足。"文侯勃然作色而怒曰[②]："何也？"对曰："父贤不过尧，而丹朱放[③]；子贤不过舜，而瞽叟顽[④]；兄贤不过舜，而象敖[⑤]；弟贤不过周公[⑥]，而管叔诛[⑦]；臣贤不过汤、武，而桀、纣伐。望人者不至，恃人者不久。君欲治，亦从身始。人何可恃乎？《诗》云：'自求伊祐[⑧]。'此之谓也。"

【注释】

①魏文侯问狐卷子曰：本段节录自卷八。魏文侯，姬姓，魏氏，名斯，一名都，战国时期魏国开国君主。狐卷子，战国时期魏国人，口才出众，头脑机敏。

②勃然：因愤怒或心情紧张而变色的样子。作色：脸上变色，指神情变严肃或发怒。

③丹朱：尧的长子，名朱，封于丹渊，故称丹朱。据说因为丹朱不肖，尧把首领之位禅让给了舜。

④瞽（gǔ）叟：亦作瞽瞍。舜的父亲，因眼瞎所以叫瞽叟，不能辨别是非，曾多次设计陷害甚至杀害舜。顽：愚顽，固执。

⑤象：舜的异母弟。敖：倨慢。

⑥周公：姓姬，名旦，周武王之弟，成王之叔。因他的采邑在周地，故后世称周公。

⑦管叔：姬姓，名鲜，周文王第三子，周武王死后，其子周成王继位。周成王年幼，由管叔鲜四弟周公旦摄政。管叔鲜与蔡叔度、霍叔处不满周公旦摄政，于是挟持武庚发动叛乱，史称三监之乱。不久，周公旦平定叛乱，诛杀管叔鲜。

⑧自求伊祐：引自《诗经·鲁颂·泮水》。

【译文】

魏文侯问狐卷子说："父亲贤良，足够依仗吗？"回答说："不够。""儿子贤良，足够依仗吗？"回答说："不够。""兄弟贤良，足够依仗吗？"回答说："不够。""臣子贤良，足够依仗吗？"回答说："不够。"文侯愤怒地变了脸色说："为什么？"回答说："父亲贤良不会超过尧，而他的儿子丹朱放纵；儿子贤良不会超过舜，而他的父亲瞽叟凶顽；兄长贤良不会超过舜，而他的弟弟象傲慢不逊；兄弟贤良不会超过周公，而他三哥管叔被诛杀；臣子贤良不会超过商汤、周武，而夏桀、商纣被征伐。指望别人的人，不能达到目的；依靠别人的人，不能长久。君王您想国家大治，应该从自身做起。别人怎么能依仗呢?《诗经》言道:‘自己求得福佑。’说的就是这个意思。”

昔者田子方出[①],见老马于道,喟然有志焉,以问于御曰:“此何马?”御曰[②]:“故公家畜也,疲而不为用,故出放之。”田子方曰:“少尽其力,而老弃其身,仁者不为也。”束帛而赎之[③]。穷士闻之,知所归心矣[④]。

【注释】

①昔者田子方出:本段节录自卷八。田子方,名无择,字子方,魏国人,拜孔子弟子端木赐为师,执礼甚恭,闻名于诸侯。

②御:驾车的人。

③束帛:捆为一束的五匹帛,古代用为聘问、馈赠的礼物。

④归心:诚心归附。

【译文】

从前田子方外出,在路上看见一匹老马,非常感慨地长叹,问赶车的马夫说:“这是什么马?”马夫回答说:“以前公家养的马,疲惫衰老不能用了,所以放出来。”田子方说:“年少时用尽它的力气,衰老了丢弃它的身体,仁德的人不会这样做。”拿出五匹帛把老马赎出来。贫困的士人听到这件事,心里知道应该归附谁了。

魏文侯问李克曰[①]:“人有恶乎?”对曰:“有。夫贵者则贱者恶之,富者则贫者恶之,智者则愚者恶之。”文侯曰:“行此三者,使人勿恶,可乎?”对曰:“可。臣闻贵而下贱,则众弗恶也;富能分贫,则穷乏士弗恶也;智而教愚,则童蒙者不恶也[②]。”文侯曰:“善!”

【注释】

①魏文侯问李克曰：本段节录自卷八。李克，又作李悝，是战国时期魏国大臣，汇集各国刑典，著成《法经》一书。魏武侯时期任中山相。

②童蒙：幼稚愚昧。这里泛指不明事理的人。

【译文】

魏文侯问李克说："人有被别人厌恶的吗？"回答说："有。尊贵的人被卑贱的人厌恶，富贵的人被贫穷的人厌恶，智慧的人被愚昧的人厌恶。"文侯说："成为尊贵的人、富贵的人、智慧的人，让人不厌恶，行吗？"回答说："行。我听说，尊贵的人能谦让卑贱的人，那么众人就不厌恶他；富裕的人能把财物分给贫穷的人，那么贫穷的人就不厌恶他；智慧的人教导愚昧的人，那么愚昧的人就不厌恶他。"文侯说："真好啊！"

人主之疾十有二发[①]，非有贤医，莫能治也。何谓十二发？曰：痿、蹶、逆、胀、满、支、膈、肓、烦、喘、痹、风[②]，此之谓也。贤医治之若何？曰：省事轻刑[③]，则痿不作；无使小民饥寒，则蹶不作；无令财货上流，则逆不作；无使仓廪积腐[④]，则胀不作；无使府库充实[⑤]，则满不作；无使群臣纵恣，则支不作；无使下情不上通[⑥]，则膈不作；上振恤下，则肓不作；法令奉用，则烦不作；无使下怨，则喘不作；无使贤人伏匿，则痹不作；无使百姓歌吟诽谤，则风不作。夫重臣群下者[⑦]，人主之心腹支体也。心腹支体无害，则人主无疾矣！故非有贤医，莫能治也。人主皆有此十二疾，而不用贤医，则国非其国也。

【注释】

①人主之疾十有二发：本段节录自卷三。

②痿：肌肉萎缩，行动无力。以下借人体所发生的病，譬喻国君在政治上错误的措施。蹶：通“厥”，晕厥，指寒气逆冷而足病。逆：气不顺，指气血反逆所致病症。胀：腹腔肿胀。满（mèn）：指胀满，壅滞。支：指支撑胀满，拒压触。膈：指横膈膜病变，隔塞不通。肓（huāng）：指心脏与膈膜之间的病变，阻塞。烦：指热头痛，烦乱。喘：指哮喘。痹：指风、寒、湿侵袭肌体导致麻木不仁的病症。风：指风邪入体、狂惑妄言等。

③省事：减少事务。

④仓廪：指国家储藏米谷之所。

⑤府库：指国家贮藏财物、兵甲的处所。

⑥下情：指下级或群众的情况或心意。上通：谓下情上达于君。

⑦重臣：国家倚重的、有崇高声望的大臣。群下：泛指僚属或群臣。

【译文】

君主的疾病有十二种症状，如果没有好医生，就不能治好这些病。什么叫十二种症状？回答说：痿、蹶、逆、胀、满、支、膈、肓、烦、喘、痹、风，说的就是这些。好医生怎么治疗这些疾病呢？回答说：减少徭役，减轻刑罚，那么痿症就不发作；不要让百姓饥饿寒冷，那么蹶症就不发作；不要让财货流向上层，那么逆症就不发作；不要让粮库储藏堆积腐朽，那么胀症就不发作；不要让府库里装满财货，那么满症就不发作；不要让群臣恣意放纵，那么支症就不发作；不要让民间的实情不能通报给国君，那么膈症就不发作；国君赈济抚恤百姓，那么肓症就不发作；法令畅行，那么烦症就不发作；不要让百姓有怨恨，那么喘症就不发作；不要让贤人隐居不出，那么痹症就不发作；不要让百姓通过歌谣来讽刺统治者，那么风症就不发作。大臣和下面各级官吏，是君主的心腹和肢体。心腹和肢体没有疾病，那么君主就没有疾病了！所以没有好医生，就不能治好这些病。君主有这十二种疾患，却不找好医生，那么国家就不再是他的国家了。

齐景公使使于楚[①]，楚王与之上九重之台，顾使者曰："齐亦有台若此者乎？"使者曰："吾君有治位之堂[②]，土阶三尺，茅茨不剪[③]，采椽不斫[④]，犹以为为之者劳，居之者泰。吾君恶有若此者乎！"于是楚王悒如也[⑤]。

【注释】

①齐景公使使于楚：本段节录自卷八。齐景公，姜姓，吕氏，名杵臼，齐灵公之子，齐庄公之弟。好治宫室，厚赋重刑。

②位（lì）：同"莅"，临。

③茅茨：茅草盖的屋顶。

④采椽（jué）：栎木或柞木椽子。椽，方形的椽子。斫（zhuó）：雕凿，砍削。

⑤悒（yì）如：忧郁不安的样子。

【译文】

齐景公派遣的使者出使楚国，楚王跟他登上九层高台，回头看着使者说："齐国也有这样的高台吗？"使者说："我们国君有治理国事的厅堂，土台阶三尺高，茅草的屋顶没有修剪，栎、柞木椽子没有砍削树皮，尚且认为造房的人太辛苦，而住房的人太舒适。我们国君哪里有像这样的楼台啊！"于是楚王内心感到不安。

卷九

孝经

【题解】

《孝经》是儒家的伦理著作,“儒家十三经”之一。传说是孔子为弟子曾参讲解孝道的一部重要经典。从南宋到近代多有怀疑者,或言曾子作、子思作。《史记》以为曾子作。《孝经》称曾子,或为曾子弟子作。但此书在汉代颇受重视,实有传授。孔子说:“吾志在《春秋》,行在《孝经》。”《孝经》精要阐述了儒家对于孝道的见解,昭示了孝道与和谐天下的深层关系。《孝经》认为孝是一切德行的根本,提出了以孝为本的治国理念。此书文义浅白,易于阅读,用来教导民众最为适宜。此书文本有今、古两种,今文注出郑玄,传自晋荀昶;古文本为孔安国注(或云出自刘炫),多出《闺门章》四百余字。

唐玄宗李隆基注用今文,刻石太学,诏天下家藏其书,元行冲为之作疏。现在流行的版本是唐玄宗李隆基注,宋代邢昺疏。

本经篇幅简短,计1799字,共分18章。《群书治要》所节录的部分,除《丧亲章》外,几乎全部收录。这说明魏徵等人对此书的重视。原文注释当为郑玄注。

仲尼居①,仲尼,孔子字。曾子侍②。曾子,孔子弟子也。子曰:“先王有至德要道③,子者,孔子。以顺天下,民用和睦,上下无怨。以,用也。睦,亲也。至德以教之,要道以化之,是以民用和睦,上下无怨也。汝知之乎?"曾子避席曰[④]:"参不敏[⑤],何足以知之?"参,名也。参不达。子曰:"夫孝,德之本也,人之行,莫大于孝,故曰德之本也。教之所由生也。教人亲爱,莫善于孝,故言教之所由生。复坐,吾语汝。身体发肤,受之父母,不敢毁伤,孝之始也;立身行道[⑥],扬名于后世,以显父母,孝之终也。夫孝,始于事亲,中于事君,终于立身。《大雅》云:'无念尔祖,聿修厥德[⑦]。《大雅》者,《诗》之篇名。无念,无忘也。聿,述也。修,治也。为孝之道,无敢忘尔先祖,当修治其德矣。'"

【注释】

①仲尼居:本段节录自《开宗明义章第一》。本章是全经主旨,开宗明义,总述孝的宗旨和根本,阐明事亲、事君、立身之孝道三层次。仲尼,孔子的字。居,平常家居闲坐。

②曾子:名参(shēn),字子舆,春秋末年鲁国人。孔子的弟子,与其父曾点同师孔子,是儒家学派的重要代表人物。侍:卑者在尊者之侧陪从或侍奉尊长。侍有坐有立,此处当为侍坐在侧。

③先王:指古代的圣德之王,如夏禹、商汤、周文王、周武王。至德:最高的道德,盛德。要道:重要的道理。

④避席:古人席地而坐,离席起立,表示尊敬。

⑤不敏:谦辞,不明达,不敏捷。

⑥立身:处世,为人。

⑦无念尔祖,聿修厥德:引自《诗经·大雅·文王》。聿,述。

【译文】

孔子家居闲坐,仲尼,是孔子的字。曾子在旁伺候。曾子,是孔子的弟子。孔子说:"先代的君王有至高无上的德行和最为重要的原则,子,是孔子。以此使天下人心归顺，人民和睦相处，上上下下都没有怨恨。以，用。睦，亲近。用至高无上的德行教导他，用最重要的道理教化他，因此民众和睦，上上下下都没有怨恨。你知道这圣王的美德与原则吗？”曾子离开座席站起来回答说：“学生我不聪敏，哪里能够知道呢？”参，是曾子的名。曾参不明达。孔子说：“孝，是德行的根本，人的行为，没有比孝更重要的了，所以说是德行的根本。是教化产生的根源。教导人相亲相爱，没有比孝更好的了，所以说是教化产生的根源。你坐下，我跟你说。人的身体连同四肢、毛发、皮肤，都是父母给予的，因此不敢对它们有任何损毁伤害，这是孝的开始；人生处世遵循仁义道德，扬名于后世，使自己的父母荣耀显赫，这是孝的终极。所谓孝，开始于侍奉父母，然后是尽忠于国君，最终立身社会、建功立业。《诗经·大雅》说道：‘常常思念你的先祖，修养发扬这些德行。《大雅》，是《诗经》的篇名。无念，是不要忘记。聿，是叙述的意思。修，是修治的意思。尽孝的道理，不敢忘记你的先祖，应当修治自己的德行。’”

子曰①：“爱亲者，不敢恶于人②；爱其亲者，不敢恶于他人之亲。敬亲者，不敢慢于人③。己慢人之亲，人亦慢己之亲，故君子不为也。爱敬尽于事亲，尽爱于母，尽敬于父。而德教加于百姓，敬以直内，义以方外，故德教加于百姓也。形于四海④，形，见也。德教流行，见四海也。盖天子之孝也。《吕刑》云⑤：‘一人有庆，兆民赖之⑥。《吕刑》，《尚书》篇名。一人，谓天子。天子为善，天下皆赖之。’”

【注释】

①子曰：本段节录自《天子章第二》。这一章讲述天子的孝道，说明天子如何把爱敬双亲之心扩展至天下百姓，让人民受到感化，都能效法天子而去尽孝。本章至第六章，分别论说天子、诸侯、卿

大夫、士、庶人这五种贵贱不同者应如何落实孝道，统称“五孝”。子曰，本章承接上章之文，还是孔子对曾参的讲话。自此及以下四章，皆为孔子一次所讲的话。故正文不再出“子曰”。

②不敢恶于人：是说天子爱自己的父母，就要扩大去爱天下人的父母。

③慢：慢待，轻侮。

④形：使具形，显现。

⑤《吕刑》：《尚书》篇名。

⑥一人有庆，兆民赖之：引自《尚书·吕刑》。一人，指天子。庆，指善。兆，有上中下三种数目，分别是百万、十亿、一万亿，这里极言其多。

【译文】

孔子说：“天子爱父母，就不会厌恶人家的父母；爱自己父母的人，不敢厌恶别人的父母。尊敬父母的人，也不会慢待人家的父母。自己慢待人家的父母，人家也慢待自己的父母，所以君子不会去做。用热爱恭敬的心情尽心尽力地侍奉双亲，尽心热爱母亲，尽心尊敬父亲。而把德行教化施加给百姓，用恭敬严肃修正内心，用道义端方处理外事，所以把德行教化施加给百姓。让天下百姓见到效法，形，是显现的意思。德行教化流布推行，在天下显现。这就是天子的孝道。《尚书·吕刑》说：‘天子一人有善行，天下万民都仰赖。《吕刑》，是《尚书》篇名。一人，指天子。天子行善，天下都依赖。’”

“在上不骄[①]，高而不危；诸侯在民上，故言在上。敬上爱下，谓之不骄，故居高位，而不危殆也。制节谨度[②]，满而不溢。费用约俭，谓之制节。奉行天子法度，谓之谨度，故能守法，而不骄逸也[③]。高而不危，所以长守贵也；居高位能不骄，所以长守贵也。满而不溢，所以长守富也。虽有一国之财，而不奢泰，故能长守富。富贵不离其身，富能不奢，贵能不骄，故云不离其身。然后能保其社稷，上能长守富贵，然后乃能安其社稷。而和其民人，薄赋敛，省徭役，是以民人和也。盖诸侯之孝也。《诗》云：'战战兢兢，如临深渊，如履薄冰[④]。战战，恐惧。兢兢，戒慎。如临深渊，恐坠。如履薄冰，恐陷。'"

【注释】

①在上不骄：本段节录自《诸侯章第三》。这一章是讲述诸侯的孝道。在上，诸侯为列国之君，贵在一国臣民之上，故言"在上"，即处于高位的意思。

②制节：节俭克制。谨度：指言行谨慎而合乎礼法。

③骄逸：骄纵放肆。

④"战战兢兢"几句：引自《诗经・小雅・小旻》。战战兢兢，因戒惧而小心谨慎的样子。

【译文】

"诸侯身份高贵而不傲慢，即使身居高位也不会有倾覆的危险；诸侯在民众之上，所以说在上。尊敬上层，爱护下层，叫做不骄，所以处在高位，却不危险。诸侯节俭克制、谨守法度，即使财富充盈也不会损失浪费。费用节约俭省，叫做制节。奉行天子的法度，叫做谨度，所以能够守法，而不骄傲放纵。处在高位而没有倾覆的危险，所以能够长久保守自己的尊贵；处在高位而不骄傲，所以能长久地保守自己的尊贵。财富充盈而不损失浪费，所以能够长久地保守自己的财富。即使拥有一国的财物，也不奢侈浪费，所以能够长久地保守自己的财富。能够让富有和尊贵不离开自身，富裕而不奢侈，尊贵而不骄傲，所以说不离开自身。然后才能保全江山社稷，上层能长久地保守富裕尊贵，然后才能安定江山社稷。使自己的百姓和睦相处，轻征赋税，减少徭役，因此百姓和睦。这大概就是诸侯的孝道吧。《诗经》说道：'战战兢兢，就像面临深潭，又像脚踩薄冰。战战，恐惧。兢兢，惩戒谨慎。如临深渊，是说恐怕坠落。如履薄冰，是说恐怕陷落。'"

“非先王之法服[①]，不敢服；非先王之法言[②]，不敢道；不合《诗》《书》，不敢道。非先王之德行，不敢行。不合礼乐，则不敢行。是故非法不言，非《诗》《书》，则不言。非道不行。非礼乐，则不行。口无择言[③]，身无择行。言满天下无口过[④]，行满天下无怨恶。三者备矣[⑤]，然后能守其宗庙，法先王服，言先王道，行先王德，则为备矣。盖卿、大夫之孝也。《诗》云：‘夙夜匪懈，以事一人[⑥]。夙，早也。夜，暮也。一人，天子也。卿、大夫当早起夜卧，以事天子，勿懈惰。’”

【注释】

①非先王之法服：本段节录自《卿大夫章第四》。这一章讲述卿大夫的孝道。先王之法服，先王制定的各种等级的服饰。法服，当时根据礼法规定的不同等级的服饰。

②法言：合乎礼法的言论，即《诗经》《尚书》等书中的言论。

③言：败言或不合法度的议论。择，通“殬”，败坏。

④口过：言语的过失，失言。

⑤三者：指服饰、言语、行为。

⑥夙夜匪懈，以事一人：引自《诗经·大雅·烝民》。夙夜，朝夕，日夜。匪，同“非”，不。懈，怠惰，松懈。

【译文】

“卿、大夫不是先代君王所规定的服饰，不敢穿；不是先代君王合乎礼法的言论，不敢说；跟《诗经》《尚书》不相符合的，不敢说。不是先代君王践行的德行，不敢做。跟礼乐不相符合，那就不敢做。因此不合乎礼法的话不说，不合乎《诗经》《尚书》的话，就不说。不合乎道德的行为不做；不合乎礼乐，就不做。口中没有道德败坏的言论，自身没有道德败坏的行为。这样就能够做到言谈传遍天下而从无语言过失，在天下到处做事而从不会招致人们的怨恨与厌恶。衣饰、言语、行为这三点都能完备，然后就能保守祖宗的庙宇，效法先代君王的服饰，言说先代君王的道理，践行先代君王的德行，那就是完备。这就是卿、大夫的孝道啊！《诗经》言道：'从早到晚勤勉不懈，专心事奉天子。夙，早。夜，晚。一人，指天子。卿大夫应当早起晚睡，来事奉天子，不要懈怠懒惰。'"

"资于事父以事母[①]，而爱同；事父与母爱同，敬不同也。资于事父以事君，而敬同。事父与君敬同，爱不同。故母取其爱[②]，而君取其敬[③]，兼之者父也。兼，并也。爱与母同，敬与君同，并此二者，事父之道也。故以孝事君，则忠；移事父孝以事于君，则为忠也。以敬事长，则顺。移事兄敬以事于长，则为顺矣。忠顺不失，以事其上，事君能忠，事长能顺，二者不失，可以事上也。然后能保其禄位[④]，而守其祭祀，盖士之孝也。《诗》云：'夙兴夜寐，无忝尔所生[⑤]。忝，辱也。所生，谓父母。士为孝，当早起夜卧，无辱其父母也。'"

【注释】

①资于事父以事母：本段节录自《士章第五》。这一章讲述士的孝道。资，凭借，依靠。

②母：指事母。

③君：指事君。

④禄位：俸禄和爵位，借指官职。禄谓廪食，位谓爵位。

⑤夙兴夜寐，无忝尔所生：引自《诗经·小雅·小宛》。夙，早，早上。兴，起，起床做事。寐，睡觉。忝，羞辱，有愧于。尔所生，生养你的人，即你的生身父母。

【译文】

“用事奉父亲的态度去事奉母亲，对于父亲与母亲的爱是相同的；事奉父亲跟母亲的爱心相同，但尊敬不同。用事奉父亲的态度去事奉国君，对于父亲与君主的尊敬也是相同的。事奉父亲跟事奉国君尊敬相同，但爱心不同。所以事奉母亲主要是取其爱心，事奉国君主要是取其尊敬，兼而有之的就是事奉父亲了。兼，合并。对父亲的爱心跟母亲相同，对父亲的尊敬跟国君相同，合并这两方面的内容，就是事奉父亲的道理。因此用孝道来事奉国君，那就是忠诚；把事奉父亲的孝道转移到事奉国君，那就是忠。用尊敬来事奉长上，那就是顺从。把事奉兄长的尊敬转移到事奉长上，那就是顺从。只要能够坚守住忠诚与顺从这两种态度，用这两种态度事奉上级，事奉国君能忠诚，事奉长上能顺从，做到这两方面，就可以事奉上级了。然后就能保住俸禄和职位，维持住对祖先的祭祀，这就是士人的孝道。《诗经》说道：‘早起晚睡地努力工作，不要愧对你的父母。忝，羞辱。所生，指父母。士人的孝，应当早起晚睡，不要辱及父母。’”

“因天之道[①]，春生、夏长、秋收、冬藏，顺四时以奉事天道。分地之利，分别五土[②]，视其高下，此分地之利。谨身节用[③]，以养父母，行不为非为谨身，富不奢泰为节用，度财为费，父母不乏也。此庶人之孝也。故自天子至于庶人，孝无终始，而患不及己者，未之有也。”总说五孝，上从天子，下至庶人，皆当孝无终始，能行孝道，故患难不及其身。未之有者，言未之有也。

【注释】

①因天之道：本段节录自《庶人章第六》。这一章是天子、诸侯、卿大夫、士、庶人五孝的最后一条，讲述普通百姓的孝道。本章对天子、诸侯、卿大夫、士、庶人的孝道做总结，说明虽有尊卑贵贱的不

同，但事亲尽孝的心是没有分别、没有终始的。如果有人担心能力不够，无法尽孝，那是没有道理的。因天之道，顺应春、夏、秋、冬四季变化的自然规律。因，凭借，顺应。

②五土：山林、川泽、丘陵、水边平地、低洼地等五种土地。《周礼·大司徒》："五土：一曰山林，二曰川泽，三曰丘陵，四曰坟衍，五曰原隰。"

③谨身节用：做事谨慎，节约财用。

【译文】

"**顺应大自然的变化规律**，春季萌生，夏季生长，秋季收获，冬季储藏，顺应四季来事奉天道。**分辨土地的不同情况以谋取财利**，分别五种不同土地，看它们肥力高低进行种植，这是分别土地的利益。**行为谨慎，节俭用度，用来奉养父母**，行动上不为非作歹算是谨身，富裕而不奢侈浪费，算是节用，测度财物多少进行消费，父母就不会缺乏了。**这就是平民百姓的孝道。所以从天子到平民百姓，只要能够始终遵行孝道，就不用担心自己做不到行孝。**"总体说五种孝道，上从天子，下到平民百姓，都应当无始无终地尽孝，能够奉行孝道，所以患难不会落到自身。未之有，是说不曾有过。

曾子曰[①]："甚哉，孝之大也！"上从天子，下至庶人，皆当为孝无终始，曾子乃知孝之为大。子曰："夫孝，天之经也，春秋冬夏，物有死生，天之经也。地之义也，山川高下，水泉流通，地之义也。民之行也[②]。孝悌恭敬，民之行也。天地之经，而民是则之[③]。天有四时，地有高下，民居其间，当是而则之[④]。则天之明，则，视也。视天四时，无失其早晚也。因地之利，因地高下，所宜何等。以顺天下。是以其教不肃而成[⑤]，以，用也。用天四时地利，顺治天下，下民皆乐之，是以其教不肃而成也。其政不严而治。政不烦苛，故不严而治也。先王见教之可以化民也，见因天地教化民之易也。**是故先之以博爱，而民莫遗其亲**；先修人事，流化于民也[⑥]。**陈之以德义，而民兴行**；上好义，则民莫敢不服也。**先之以敬让，而民不争**；若文王敬让于朝，虞、芮推畔于野[⑦]，上行之，则下效法之。**道之以礼乐，而民和睦**；上好礼，则民莫敢不敬。**示之以好恶，而民知禁**。善者赏之，恶者罚之，民知禁，不敢为非也。”

【注释】

①曾子曰：本段节录自《三才章第七》。这一章孔子以天、地、人“三才”作为章名，进一步阐明孝道之含义。

②行：品行，德行。

③则：效法，作为准则。

④当：面对，朝向。

⑤肃：严厉。指用严厉惩治的办法去强制民众接受。

⑥流化：流布教化。

⑦虞、芮：周初二国名。相传两国有人曾因争地兴讼，到周求西伯姬昌平断。进入国界，看见农夫谦让田界，民俗谦让长者，于是息讼。

【译文】

曾子说：“多么的博大精深啊，孝道真是太伟大了！”上从天子，下到平民百姓，都应当无始无终地尽孝，曾子于是就知道孝道的伟大。**孔子说：“孝道，就像上天的运行那样恒常**，春夏秋冬，万物有生长死亡，这是上天恒常的规律。**犹如大地运行的法则一般**，山河高低，源泉汇聚河水奔流，这是大地的法则。**是人最根本的行为准则**。孝顺友爱谦恭尊敬，是人的德行。**孝道是天地的规律与原则，因此人们就应该效法**。上天有四季，大地有高低，民众处在中间，面对着这些就要效法它。**效法天上日、月、星的运行规律**，则，是效法的意思。效法上天四季，不要错过它的时间。**凭借大地上出产的各种财富**，顺应地势高低，适宜种植什么样的作物。**来保证天下民众和谐相处。因此教化不必严厉就可以成功，**以，是用的意思。用上天四季的规律、大地物产的效益，顺应治理天下，天下民众都乐于接受教化，因此教化不必严厉就成功。**政令不必严苛就可以治理好。**政令不烦多严苛，所以不必严厉就能治理好。**先代的君王看到教育可以感化民众，**见到凭借天地教化民众的容易。**因此首先施行博爱的行为，于是民众没有谁敢遗弃父母的；**先修治人际关系事务，再流布教化民众。**向民众陈述清楚美德与正义的内涵，民众会产生仰慕德义之心而且付诸行动；**君上喜好德义，那么民众没有谁敢不服。**先代圣王率先尊敬别人、恭己谦让，于是民众就不争斗；**就像文王在朝廷礼让，虞、芮在田野推让田界，君上施行的，那么下民就会效法。**用礼仪音乐引导他教育民众，于是民众就和睦相处；**君上喜好礼法，那么民众没有谁敢不恭敬。**对民众讲清楚什么是善什么是恶，那么民众就知道不应该去做什么。**善良好事获得奖赏，丑恶坏事得到惩罚，民众知道禁令，就不敢为非作歹。”

子曰[①]：“昔者明王之以孝治天下[②]，不敢遗小国之臣，古者诸侯岁遣大夫聘问天子，天子待之以礼，此不遗小国之臣者也。而况于公、侯、伯、子、男乎？古者诸侯，五年一朝天子，天子使世子郊迎[③]，刍禾百车[④]，以客礼待之。故得万国之欢心，以事其先王。诸侯五年一朝天子，各以其职来助祭宗庙，是得万国之欢心，事其先王也。治国者，不敢侮于鳏寡，而况于士民乎[⑤]？治国者，诸侯也。故得百姓之欢心，以事其先君。治家者，不敢失于臣妾之心[⑥]，而况于妻子乎？故得人之欢心，以事其亲。夫然，故生则亲安之，养则致其乐，故亲安之也。祭则鬼飨之[⑦]。祭则致其严，故鬼飨之。是以天下和平，上下无怨，故和平。灾害不生，风雨顺时，百谷成熟。祸乱不作。君惠臣忠，父慈子孝，是以祸乱无缘得起也。**故明王之以孝治天下也如此。**故上明王所以灾害不生、祸乱不作，以其孝治天下，故致于此。**《诗》云：'有觉德行，四国顺之[8]。**觉，大也。有大德行，四方之国，顺而行之也。'"

【注释】

①子曰：本段节录自《孝治章第八》。本章叙述明王以孝治天下。

②明王：英明圣睿的天子，即首章所说的先王。

③世子：太子，帝王和诸侯的嫡长子。郊迎：古代出郊迎宾，以示隆重、尊敬。

④刍：饲草。禾：粮食。

⑤士民：士大夫和普通百姓的并称，相当于士庶。

⑥臣妾：古时对奴隶的称谓。男叫臣，女叫妾，后来泛指统治者所役使的民众和藩属。

⑦鬼：人死后魂灵不灭，称之为鬼。飨：通"享"，祭祀，祭献。指鬼神享用祭品。

⑧有觉德行，四国顺之：引自《诗经·大雅·仰》。有觉，很大的样子。四国，四方的国家，指全天下。

【译文】

孔子说："从前圣明的君王用孝道治理天下，不敢遗漏轻视小国的使臣，古代诸侯每年派遣大夫作为使者来聘问天子，天子以礼相待，这就是不遗漏轻视小国的使臣。**何况对于公、侯、伯、子、男五等诸侯呢？**古代诸侯每五年朝见一次天子，天子让太子出郊迎接，装载饲草粮食一百车，用贵宾礼仪款待他们。**所以得到各国的爱戴和拥护，能够顺利继承先祖的王位并世代祭祀先祖。**诸侯每五年朝见一次天子，各自用自己的职守承担祭祀天子宗庙的助祭人，这是获得各国的欢心，来事奉先王。**治理一个封国的诸侯，连鳏夫寡妇都不敢欺侮，何况对于士大夫和百姓呢？**治国者，是诸侯。**因此这些诸侯就能够得到百姓的爱戴和拥护，能够顺利继承先祖的君位并世代祭祀先祖。治理**

自己封邑的大夫，连奴仆婢妾都不失礼，何况对妻子儿女呢？所以能够得到人们的爱戴和拥护，能够顺利继承父母的家业并侍奉、祭祀自己的父母。这样，才会让父母双亲在世的时候安乐，奉养就要让他们得到快乐，所以双亲安乐。死后鬼魂也能够高高兴兴地享受子女的祭品。祭祀那就要做到严肃认真，所以鬼魂才能享用献祭。因此天下祥和太平，上上下下没有怨恨，所以祥和太平。灾害不会发生，风雨按季节来到，各种谷物都有收成。祸乱不会出现。君主施惠，臣子忠诚，父亲慈爱，孩子孝顺，因此祸乱没有缘由兴起发生。所以圣明的天子以孝道治理天下，因此会出现这样的太平景象。因此君上是英明的王，所以灾害不会发生，祸乱不会兴起，因为用孝治理天下，所以致力于此。《诗经》说道：‘天子有伟大的德行，四方的国家都会归顺他。觉，是大的意思。有大的德行，四方国家，归服顺从他。’”

曾子曰[①]：“敢问圣人之德，无以加于孝乎[②]？”子曰：“天地之性，人为贵。贵其异于万物也。人之行，莫大于孝。孝者，德之本，又何加焉？孝莫大于严父[③]，莫大于尊严其父。严父莫大于配天[④]，尊严其父，莫大于配天，生事爱敬，死为神主也[⑤]。则周公其人也。尊严其父，配食天者，周公为之。昔者周公郊祀后稷以配天[⑥]，郊者，祭天名。后稷者，周公始祖。宗祀文王于明堂以配上帝[⑦]。文王，周公之父。明堂，天子布政之宫。上帝者，天之别名。是以四海之内，各以其职来祭[⑧]。周公行孝朝[⑨]，越裳重译来贡[⑩]，是得万国之欢心也。夫圣人之德，又何以加于孝乎？孝悌之至，通于神明，岂圣人所能加？圣人因严以教敬[⑪]，因亲以教爱。因人尊严其父，教之为敬；因亲近于其父，教之为爱。顺人情也。圣人之教不肃而成，圣人因人情而教民，民皆乐之，故不肃而成也。其政不严而治，其身正，不令而行，故不严而治。其所因者本也。本，谓孝也。父子之道，天性也，性，常也。君臣之义也。君臣非有天性，但义合耳。父母生之，续莫大焉[12]。父母生子，骨肉相连属，复何加焉？君亲临之[13]，厚莫重焉。君亲择贤，显之以爵，宠之以禄，厚之至也。故不爱其亲，而爱他人者，谓之悖德[14]；人不能爱其亲，而爱他人亲者，谓之悖德。不敬其亲，而敬他人者，谓之悖礼。不能敬其亲，而敬他人之亲者，谓之悖礼也。以顺则逆，以悖为顺，则逆乱之道也。民无则焉[15]。则，法。不在于善，而皆在于凶德，恶人不能以礼为善，乃化为恶，若桀、纣是也。虽得之，君子所不贵。不以其道，故君子不贵。君子则不然，言思可道，君子不为逆乱之道，言中《诗》《书》，故可传道也。行思可乐，动中规矩，故可乐也。德义可尊，可尊，法也。作事可法，可法，则也。容止可观，威仪中礼，故可观。进退可度，难进而尽忠，易退而补过。以临其民[16]。是以其民畏而爱之，畏其刑罚，爱其德义。则而象之[17]。故能成其德教，而行其政令。《诗》云：'淑人君子，其仪不忒[18]。淑，善也。忒，差也。善人君子威仪不差，可法则也。'"

【注释】

①曾子曰：本段节录自《圣治章第九》。本章说明圣人如何用德行教化百姓，治理天下。

②加：更加，在其上。

③严父：尊崇、尊敬父亲。严，尊敬。

④配天：古帝王祭天时以先祖配祭。周代礼制，每年冬至在郊外祭祀上天，同时祭祀父祖先王，这就是配天之礼。配，有匹配和配享二义。这里是配享，是在主要祭祀对象之外附带祭祀的对象。

⑤神主：古代为已死的君主、诸侯作的牌位，用木或石制成。

⑥郊祀：古代于郊外祭祀天地，南郊祭天，北郊祭地。郊谓大祀，祀为群祀。

⑦宗祀：指对祖宗的祭祀。明堂：古代帝王宣明政教的地方。凡朝会、祭祀、庆赏、选士、养老、教学等大典，都在此举行。

⑧职：职贡，四方向王朝的贡献。诸侯向王朝进贡的物品主要是用于祭天地祖宗的。来祭：前来助祭。

⑨朝：指在朝廷。

⑩越裳：古南海国名。

⑪因：凭借。

⑫续：指宗族延续。

⑬君亲临之：李隆基注云："谓父为君，以临于己。恩义之厚，莫重于斯。"临之，到我这里来。临，以上对下。

⑭悖德：违背公认的道德准则。悖，违逆，违背。

⑮则：效法。

⑯临：统治，管理。

⑰象：效法，仿效。

⑱淑人君子，其仪不忒：引自《诗经·曹风·鸤鸠》。淑人，有德行的人。君子，指有道德、有才干的人。忒，差错。

【译文】

曾子说："我冒昧地请教圣人的德行，没有比孝道更大的了吗？"孔子说："在天地之间的所有生灵中，人最为尊贵。尊贵在于跟万物不同。人的行为，没有比孝道更大的了。孝，是道德的根本，又怎么能有更大的呢？孝道没有什么比让父亲崇高威严更大的了，没有什么比让父亲崇高威严更大的了。让父亲崇高威严，没有比让祖先配祭天帝更大的了，让父亲尊贵威严，没有比祭天时让先祖配祭更重大的了，活着时奉养敬爱，死后成为神主。那么周公就是这样的人。让父亲崇高威严，祭天时让先祖配祭，周公做到了这些。从前，周公在郊外祭祀天地的时候，用始祖后稷配祭天帝，郊，是祭天的名称。后稷，是周公始祖。在明堂祭祀祖先，用父亲文王配祭天帝。文王，是周公的父亲。明堂，是天子宣布政教的地方。上帝，是天的别名。因此天下诸侯，各自按自己的职守携带贡品前来助祭。周公在朝廷行孝，南海越裳国通过重重翻译前来朝贡，这是获得了各国的欢心。圣人的德行，又有什么能比孝道更大的呢？孝悌的极致，跟神明相通，难道是圣人就能越过的吗？圣人就顺应着子女尊敬父母的天性，引导他们去进一步地尊敬父母；顺应着子女爱护父母的天性，教导他们去进一步地爱护父母。顺应人们尊敬父母的天性，教导民众做到尊敬；顺应人们亲近父亲的本性，教导他们做到仁爱。这是顺应人情。圣人的教化不用严厉推行就可以成功，圣人顺应人的情感来教导民众，民众都乐意接受，所以不用严厉推行就能成功。国家的政事不必严厉苛求就可以太平，自身端正，不用下令就能推行，所以不用严厉苛求就能太平。就是凭借孝道这一根本啊。本，指的是孝道。父子之间相亲相爱的关系，是出自天生的本性，性，是恒常的。君臣相互的关系，是出自大义。君臣之间没有天生本性，大义相合罢了。父母生下儿女，儿女承续父母的血缘与衣钵，这是最为重要的事情。父母生下子女，骨肉相连，还有什么更重大呢？如君王威严，如父亲慈爱，双重身份的加持，没有比这个更厚重的了。君主亲自选择贤才，用爵位让他显赫，用俸禄表示宠爱，这是恩义深厚的极致啊。所以那种不爱自己的父母却去爱别人的行为，叫做违背道德；人不爱自己的父母，却爱别人的父母，叫做背逆道德。不尊敬自己的父母而尊敬别人的行为，叫做违背礼法。人不能尊敬自己的父母，却尊敬别人的父母，叫做背逆礼法。把背逆当做顺应，那就是逆乱，把背逆当做顺应，那就是逆乱之道。民众就没有效法的了。则，效法。有些人不能具备善德带头行孝，总是去做一些不善不孝的事情，恶人不能用礼法行善，将其化为凶恶，像夏桀、商纣就是如此。即使得志一时，君子也不会敬重他们。不行正道，所以君子不敬重他们。君子却不是这样，君子讲话时要考虑这些话是可以讲的，君子不从事逆乱之道，言语符合《诗经》《尚书》典籍，所以能够传授道理。做事时要考虑到这些事情能够获取民众的欢心，举动符合规矩，所以能够欢乐。**君子的品德和原则值得民众尊敬**，可尊，是效法的意思。**君子的所作所为值得民众效法**，可法，是效法的意思。**容貌举止值得民众观瞻**，威仪符合礼法，所以值得观看。**一举一动都可以成为法度**，危难时刻进前效忠，平易无事时退后补救过失。**君子能够这样去统领民众。因此民众敬畏又爱戴他**，畏惧他的刑罚，敬爱他的德义。**效法他，把他作为榜样来学习。所以君子能够顺利地推行他们的道德教育，使他们的政令能够顺畅地得到贯彻执行。《诗经》言道：'品德美好的君子，容貌举止没差错。**淑，是善的意思。忒，是差错。善人君子威仪没有差错，可以效法学习。'"

子曰[①]："孝子之事亲，居则致其敬，养则致其乐，乐，竭欢心以事其亲。病则致其忧，丧则致其哀，祭则致其严。五者备矣，然后能事亲。事亲者，居上不骄，虽尊为君，而不骄也。为下不乱，为人臣下，不敢为乱也。在丑不争[②]。丑，类也，以为善不忿争。居上而骄则亡，富贵不以其道，是以取亡也。为下而乱则刑，为人臣下好作乱，则刑罚及其身。在丑而争则兵。朋友中好为忿争者，惟兵刃之道。三者不除，虽日用三牲之养[③]，犹为不孝。夫爱亲者，不敢恶于人之亲，今反骄乱分争，虽日致三牲之养，岂得为孝子？"

【注释】

①子曰：本段节录自《纪孝行章第十》。这一章是记录孝子事亲的行为。

②丑：同类。

③三牲：一牛一猪一羊，是一太牢，俗称大三牲，是最高等级的供奉。

【译文】

孔子说："孝子事奉父母亲，在平时家居的时候，要充分表现出自己对父母的恭敬；在供养父母衣食的时候，要充分表现出自己照顾父母的快乐，乐，是指竭尽欢心来事奉父母。在父母生病的时候，要充分表现出对父母身体的担忧关切；在父母去世的时候，要充分表现出自己的悲伤哀痛；在祭祀父母的时候，要充分表现出自己的严肃认真态度。这五方面完备了，然后才能叫能够侍奉父母尽了孝道。事奉父母，身居高位而不骄傲，即使尊贵如国君，也不骄傲。为人下级而不犯上作乱，做人臣下，不敢作乱。在与地位相等的人相处的时候，不与他们争斗。丑，是类的意思，与人为善而不气忿争斗。身居高位而骄傲就会灭亡，不能以正道取得富贵，这是自取灭亡。为人下级犯上作乱就会遭受刑罚，做人臣下却喜好作乱，那就会让刑罚落在自己身上。与地位相等的人争斗不休，就会动用兵器，相互残杀。朋友中喜好愤怒相争的，只会走上动用兵刃的道路。这三种行为不能消除，即使天天用牛羊猪三牲去供养父母，也还是不孝啊。爱父母双亲，不敢厌恶别人的父母双亲，现今反而骄傲、作乱、纷争，即使天天用三牲奉养，难道还能成为孝子吗？”

子曰[①]：“五刑之属三千，五刑者，谓墨、劓、膑、宫、大辟也[②]。而罪莫大于不孝。要君者无上[③]，事君，先事而后食禄，今反要君，此无尊上之道。非圣人者无法，非侮圣人者，不可法。非孝者无亲。己不自孝，又非他人为孝，不可亲。此大乱之道也。事君不忠，侮圣人言，非孝者，大乱之道也。”

【注释】

①子曰：本段节录自《五刑章第十一》。这一章说明了不孝是最大的罪恶，并指出引致社会大乱的三个根源。

②墨：刺字于被刑者的面额上，染以黑色，作为处罚的标志。劓（yì）：割鼻。膑：削去膝盖骨的酷刑。宫：阉割男子生殖器，破坏妇女生殖机能（一说将妇女禁闭宫中为奴）的刑罚。大辟：指死刑。

③要：要挟，强迫，有所依仗而强硬要求。无上：藐视君上，即目无君长，反对或凌辱君长。

【译文】

孔子说："五刑所属的条例有三千条，五刑，是指墨刑、劓刑、膑刑、宫刑、大辟。其中没有比不孝更大的了。敢于威胁君主的，是为目无长上；事奉国君，先事奉然后再享用俸禄，如今反而要挟国君，这是目无尊上的做法呀。敢于非议、反对圣人的，是为无法无天；非议侮辱圣人的人，是不可效法的。敢于批评、反对孝道的，是为目无父母。自己不孝顺，又非议别人尽孝，不可亲近。这三种恶行，是天下大乱的根源。事奉君王不忠诚，侮辱圣人的言论，非议孝道，这是大乱之道。"

子曰[①]："教民亲爱，莫善于孝；教民礼顺，莫善于悌；移风易俗，莫善于乐；夫乐者，感人情，乐正则心正，乐淫则心淫也。安上治民，莫善于礼。上好礼，则民易使。礼者，敬而已矣。敬，礼之本，有何加焉？故敬其父则子悦，敬其兄则弟悦，敬其君则臣悦，敬一人而千万人悦。所敬者寡，悦者众。所敬一人，是其少。千万人悦，是其众。此之谓要道也。孝悌以教之，礼乐以化之，此谓要道也。"

【注释】

①子曰：本段节录自《广要道章第十二》。这一章详细说明"要道"的意义。

【译文】

孔子说："教导民众相亲相爱，没有比孝道更好的了；教导民众懂得礼仪、和睦相处，没有比尊敬兄长更好的了；改变旧习俗而树立新风尚，没有比音乐更好的了；音乐，能感动人的情绪，音乐雅正那么心灵雅正，音乐淫邪那么心灵淫邪。要想使君主平安无忧,把百姓治理好,没有比礼法更好的了。君上喜好礼法,那么民众就容易驾驭。所谓礼,就在于敬罢了。敬,是礼的根本,有什么能超过它呢?因此尊敬别人的父亲,他的儿子就会高兴;尊敬别人的兄长,他的弟弟就会高兴;尊敬别人的君主,他的臣子就会高兴,敬爱一个人能使千万人喜悦。我们只需去尊敬少数的人,就能够使许许多多的人感到高兴。尊敬一个人,这是少。千万人喜悦,这是多。推行孝道、尊敬别人可以说是最重要的原则啊。用孝悌来教育百姓,用礼乐来教化百姓,这就叫作要道。"

子曰[①]:"君子之教以孝[②],非家至而日见之也。但行孝于内,流化于外也。教以孝,所以敬天下之为人父者也;天子父事三老[③],所以敬天下老也。教以悌,所以敬天下之为人兄者也;天子兄事五更,所以教天下悌也。教以臣,所以敬天下之为人君者也。天子郊,则君事天,庙则君事尸,所以教天下臣。《诗》云:'恺悌君子,民之父母[④]。'以上三者,教于天下,真民之父母。非至德,其孰能顺民如此其大者乎?至德之君,能行此三者,教于天下也。"

【注释】

①子曰:本段节录自《广至德章第十三》。这一章是阐明扩展推广"至德"的意义。

②君子:由下文看,此处君子指圣人君子,也就是天子。

③三老:古代设三老五更之位,天子以父兄之礼养之。掌管教化,由年老的长者担任。

④恺悌(kǎi tì)君子,民之父母:引自《诗经·大雅·泂酌》。恺悌,和乐平易。

【译文】

孔子说："君子用孝道教化民众，并不是要亲自跑到每家每户去，天天当面监督着人们去行孝。只要在家中行孝，德行流布使外面的百姓被感化。用孝道教化民众，这就是让天下所有做父亲的人都能够受到尊敬的办法；天子用事奉父亲的礼节事奉三老，是用来敬重天下的老人。用悌道教化民众，这就是让天下所有做兄长的人都能够受到尊敬的方法；天子用事奉兄长的态度事奉五更，是用来教导天下尊敬兄长。用做臣子的原则去教育民众，这就是让天下所有做君主的人都能够受到尊敬的途径。天子郊祭，像事奉君主一样对待天帝，在宗庙祭祀，像事奉君主一样对待尸主，是用来教导天下那些做臣子的人。《诗经》言道：'和乐平易的君子，可以做民众的父母。'以上三条，推行教化于天下，真的是民众的父母。除了那些品德最为美好的君子，谁又能够使民众和睦相处，建立如此伟大的事业呢？至高无上德行的君主，能够实行这三条，就能教化天下了。"

子曰[①]："君子之事亲孝，故忠可移于君；欲求忠臣，出孝子之门，故可移于君。事兄悌，故顺可移于长；以敬事兄则顺，故可移于长也。居家理[②]，故治可移于官。君子所居则化，所在则治，故可移于官也。是以行成于内，而名立于后世矣。"

【注释】

①子曰：本段节录自《广扬名章第十四》。首章略言扬名之义，而这一章是详细说明孝道"扬名"的意思，这是孝的终极。

②居家理：指处理家事有条有理。理，正，治理。

【译文】

孔子说："君子事奉父母能尽孝，因此他就能够把对父母的孝心，转换为对君主的忠诚；要求得忠臣，必出自孝子之门，所以可以转移到国君那里。

事奉兄长能尊敬，所以他就能够把对兄长的尊敬、服从，转换为对上级的尊敬、服从；尊敬事奉兄长就和顺，所以能转移到长者那里。在家能够把家庭管理得井然有序，因此他就能够把管理家庭的经验，转换为管理国家的方略。君子所居住的地方民众就被教化，所在的地方就得到治理，所以能转移到做官方面。君子如果能够在内心修养好自己的美好品行，那么他的美好名声就能够流传于后世。”

曾子曰[①]：“若夫慈爱、恭敬、安亲、扬名，则闻命矣[②]，敢问子从父之命，可谓孝乎？”子曰：“是何言与！是何言与！昔者天子有争臣七人[③]，虽无道，不失其天下；七人者，谓大师、大保、大傅、左辅、右弼、前疑、后丞[④]，维持王者，使不危殆。诸侯有争臣五人，虽无道，不失其国[⑤]；大夫有争臣三人，虽无道，不失其家[⑥]；尊卑辅善，未闻其官。士有争友，则身不离于令名；令，善也。士卑无臣，故以贤友助己。父有争子[⑦]，则身不陷于不义。故当不义则争之，从父之命，又焉得为孝乎？委曲从父命，善亦从善，恶亦从恶，而心有隐，岂得为孝乎？”

【注释】

①曾子曰：本段节录自《谏诤章第十五》。本章说为臣为子之道，倘若遇到君父有过失，都要谏争。

②闻命：听过先生的教诲。因曾参为孔子弟子，故用此谦词表示听过老师的讲解。闻，听到。命，命令，指教。

③争臣：相当于诤臣，谏诤之臣，敢于直言诤谏的臣子。引申为能指正先辈缺失的后辈。

④大师、大保、大傅：古代的三公，是古代中央三种最高官衔的合称。左辅、右弼、前疑、后丞：古代的四辅，相传古代天子身边的四个辅佐。

⑤国：诸侯有国。

⑥家：大夫有家。

⑦争子：即诤子，能直言劝谏父亲的儿子。

【译文】

曾子说："至于说慈爱、恭敬、安亲、扬名这些道理，已经听到了您的教诲，我想再冒昧地问一下，做儿子的遵从父亲的命令，可以叫做孝吗？"孔子说："这是什么话啊！这是什么话啊！从前天子有七位直言谏诤的臣子，即使无道，也不会失去天下；七人，是指大师、大保、大傅、左辅、右弼、前疑、后丞，他们维持君王的统治，让他不陷入危险之中。诸侯有直言谏诤的臣子五人，即使无道，也不会失去他的诸侯国；大夫有三位直言劝谏的臣子，即使无道，也不会失去他的家；尊贵卑贱都辅佐向善，没听说那些官名。士人有直言规劝的朋友，自身就不会失去美好的名声；令，指美善。士人地位低没有臣属，所以用贤良的朋友帮助自己。父亲有敢于直言规劝的儿子，就能使自身不会陷入不义。因此面对不义，就要直言劝谏；如果只是遵从父亲的命令，又怎么能称得上孝呢？委婉周全地听从父亲的命令，善就跟从善，恶也跟从恶，但是心中有异议却隐瞒不说，难道还是孝吗？"

子曰[①]："昔者明王，事父孝，故事天明；尽孝于父，则事天明。事母孝，故事地察；尽孝于母，能事地，察其高下，视其分察也。长幼顺，故上下治。卑事于尊，幼顺于长，故上下治。天地明察，神明彰矣。事天能明，事地能察，德合天地，可谓彰也。故虽天子，必有尊也，言有父也；虽贵为天子，必有所尊，事之若父，三老是也。必有先也[②]，言有兄也。必有所先，事之若兄，五更是也。宗庙致敬，不忘亲也；设宗庙，四时斋戒以祭之[③]，不忘其亲。修身慎行，恐辱先也。修身者，不敢毁伤；慎行者，不历危殆，常恐其辱先也。宗庙致敬，鬼神著矣[④]。事生者易，事死者难，圣人慎之，故重其文。**孝悌之至，通于神明，光于四海，无所不通。**孝至于天，则风雨时；孝至于地，则万物成；孝至于人，则重译来贡。故无所不通也。《诗》云：'**自西自东，自南自北，无思不服**⑤。孝道流行，莫敢不服。'"

【注释】

①子曰：本段节录自《感应章第十六》。本章所论，都是应感之事。承接前章论人主若随从谏争之善，必能修身慎行，得到感应之福。所以如此命名。

②先：指先出生。

③斋戒：古人在祭祀前沐浴更衣、整洁身心，以示虔诚。

④鬼：指死去的祖先。神：指各种神灵。

⑤"自西自东"几句：引自《诗经·大雅·文王有声》。

【译文】

孔子说："从前，圣明的君王事奉父亲的时候非常孝顺，所以在事奉上天的时候也能够明白天道；对父亲尽孝，那么事奉上天就明白。事奉母亲的时候非常孝顺，所以在事奉大地的时候也能够洞察地理；对母亲尽孝，能事奉大地，察看它的高低，看清它适宜的情况。能够使长辈与晚辈之间的关系和顺融洽，所以也能够使官员上下级之间的关系井然有序。卑贱者事奉尊贵者，年幼者顺从年长者，所以上下安定。能够明白、洞察天道与地理，于是天神地祇就会降下许多的福佑。事奉上天能明白，事奉大地能清楚，道德合乎天地，可以说得上彰显了。所以即使是天子，也必然有他所尊敬的人，这就是他的父亲；即使高贵如天子，必定有尊敬的对象，事奉他跟父亲一样，三老就是这样的人。必然有先于他出生的人，这就是兄长。必然有先他出生的人，事奉他跟兄长一样，五更就是这样的人。宗庙祭祀要竭尽恭敬，是不忘记祖先；设立宗庙，四季斋戒来祭祀，不忘记祖先亲人。修养身心，谨慎行事，是恐怕辱没先人。修身，是不敢毁伤身体；慎行，是不去经历危险，常常恐怕辱没先人。宗庙祭祀要竭尽恭敬，先祖的灵魂就会降下许多福佑。事奉活人容易，事奉死者很难，圣人要谨慎从事，所以重复说明。在孝悌方面做到了极至，就能感动一切神灵，光照天下，孝悌的美名也会传遍整个天下。孝心达于上天，那么风雨按季节来到；孝心达于大地，那么万物成长；人人都有孝心，那么远方的人通过重重翻译来献贡品。所以说没有地方不通达。《诗经》言道：'从西到东，从南到北，没有人不愿归服。孝道流布施行，没有谁敢不服从。'"

子曰①："君子之事上也，进思尽忠②，退思补过③，将顺其美，匡救其恶，故上下能相亲也④。君臣同心，故能相亲。"

【注释】

①子曰：本段节录自《事君章第十七》。本章叙述君子事上，进思尽忠，退思补过，都是事君之道。

②进：指在朝廷为官。思：考虑。尽忠：竭尽对国家的忠诚。

③退：退职闲居家中。补过：弥补国君政事的不当之处。

④上：国君。下：臣僚。

【译文】

孔子说："君子事奉君上，在上朝进见的时候，要想着竭尽忠心；退居回家的时候，要想着补救君上的过失，顺从地去执行君主的美好政令，努力地去纠正君主的错误，所以君臣才能够相亲相爱。君臣同心，所以能互相亲近。"

论语

【题解】

《论语》辑录了孔子及其弟子的言行，是儒家学派的经典著作。《汉书·艺文志》云："《论语》者，孔子应答弟子时人及弟子相与言而接闻于夫子之语也。当时弟子各有所记。夫子既卒，门人相与辑而论纂，故谓之《论语》。"刘熙《释名·释典艺》云："论，伦也，有伦理也。语，叙也，叙己所欲说也。"一般从班固之说，是孔子门人及其再传弟子辑成的。

班固又说："《论语》古二十一篇。出孔子壁中……《齐》二十二篇。""汉兴，有齐、鲁之说。……张氏最后而行于世。"古《论》孔安国曾为之作训解，但已失传；齐《论》为齐人所学（海昏侯墓出土的《论语》据说就是齐《论》，但与刘向、刘歆父子所见并不相同）；鲁《论》为鲁人所传。东汉郑玄就鲁《论》篇章，参考齐、古，为之作注，今亦残佚（有吐鲁番唐人写本）。魏时的何晏集汉儒以来各家之说，成《论语集解》。魏徵在《隋书·经籍志》中说："至隋，何（何晏）、郑（郑玄）并行，郑氏盛于人间。"但是我们今天所看到的最早的《论语》注本完整的只有何晏本。至唐文宗时，《论语》被列入经书。宋朱熹又把它与《大学》《中庸》（《礼记》中的两篇）、《孟子》合为《四书章句集注》，并为《论语》《孟子》作了集注，成为官定的读本，《论语》从此更为一般人所重视了。

孔子，名丘，字仲尼，春秋鲁国陬邑（今山东曲阜）人。本为殷商后裔，先世为宋国贵族，曾祖逃难至鲁，父叔梁纥曾为陬邑宰。孔子自称“吾少也贱，故多能鄙事”。孟子说他“尝为委吏（管理粮仓）矣，曰会计当而已矣；尝为乘田（主管畜牧的小吏）矣，曰牛羊茁壮而已矣”。他曾在鲁国做过官，曾任相礼（司仪）、委吏、司职吏（管理畜养），鲁定公时任中都宰、司寇，因其政不行，离开鲁国，周游列国。于哀公十一年（前484）自卫返鲁，致力于教育事业，从事整理古籍等工作，编订整理了《诗》《书》《礼》《乐》《易》《春秋》等文化典籍，这就是汉代儒家常说的“六经”。于鲁哀公十六年（前479）去世，终年七十三岁，葬于曲阜城北泗水边上（今孔林所在地）。

孔子主张仁，拥护礼制，其核心思想是仁，外在表现为礼。其仁礼情怀有保守处，亦有进步处。在文化史上，他删订“六经”，保存了三代旧典。他变官学为私学，广授徒众，创立了儒家学派，形成了中国传统文化的核心。

《群书治要》把《论语》排在《孝经》之后，是想要人们在力行孝道之后，再深入领会《论语》所记载的孔门思想。

学而①

有子孔子弟子有若也。曰②：“君子务本③，本立而道生④。孝悌也者，其仁之本与⑤！先能事父兄，然后仁可成。”

【注释】

①学而：《论语》篇名。《论语》本来没有篇名，后人摘取每篇第一句的两个字作为篇名。

②有子：孔子弟子有若。

③务本：指修身。务，致力于，从事。

④本立而道生：根本树立了大道就可以产生。或云，此乃逸《诗》。

《中庸》："修身则道立。"是说其所学有所树立，内外兼有显现而且知道践行。

⑤其仁之本与：孝悌是仁之本。用"与"字，是谦退而不敢直言。

【译文】

有子是孔子弟子有若。说："君子行事致力于根本，根本确立了大道就会产生。孝和悌，大概就是仁的根本吧！先能够事奉父亲兄长，然后才能成就仁德。"

子曰："巧言令色[①]，鲜矣仁！子，孔子。巧言，好其言语；令色，善其颜色。皆欲令人悦之，少能有仁也。"

【注释】

①巧言：表面上好听而实际上虚伪的话。令色：伪善、谄媚的脸色。

【译文】

孔子说："虚伪的好话，伪善的脸色，这样的人很少有仁德！子，是孔子。巧言，让言语好听；令色，让脸色好看，都是让别人喜欢自己，很少能有仁。"

曾子孔子弟子曾参也。曰[①]："吾日三省吾身[②]：为人谋而不忠乎[③]？与朋友交而不信乎？传不习乎[④]？言凡所传之事，得无素不讲习而传之者也？"

【注释】

①曾子：名参（shēn），字子舆，春秋末年鲁国人，孔子晚期弟子之一，与其父曾点同师孔子，是儒家学派的重要代表人物。

②三：泛指多次。省：反省。

③忠：尽心竭力。

④传：传授的内容。习：练习，复习。

【译文】

曾子是孔子的弟子曾参。说："我每天多次反省自己：给人家办事是不是尽心竭力呢？同朋友交往是不是诚信呢？老师传授的学业是不是复习了呢？这是说凡是老师传授的事物，该不会是平素没有讲习就传承下去的吧？"

子曰："导千乘之国①，导，谓为之政教也。敬事而信②，为国者，举事必敬慎，与民必诚信也。节用而爱人③，节用，不奢侈也。国以民为本，故爱养之。使民以时④。不妨夺农务也。"

【注释】

①导：为政，治理。千乘之国：拥有一千辆兵车的国家在春秋初期是大国，此时则指中等偏上的国家。

②敬事：敬慎处事。信：诚信。

③节用：财物出自民间，必须节用。

④以时：农民在农忙时，不要妨碍。

【译文】

孔子说："治理拥有一千辆兵车的国家，导，是说施行政教。就要严肃认真，诚信无欺，治理国家的人，行事必须严肃谨慎，跟百姓相处必须要诚信。节约费用，爱护民众，节用，是不奢侈。国家把民众当作根本，所以要爱护养活他们。百姓服役要在农闲之时。不妨害农事。"

子曰："弟子入则孝①，出则悌②，谨而信③，泛爱众④，而亲仁⑤。行有余力⑥，则以学文⑦。文者，古之遗文。"

【注释】

①弟子：为人弟者与为人子者，这里泛指年幼的人。入：指在家。

②出：指离家出外。

③谨：谨慎，特指谨慎言语。

④泛爱：相当于博爱。

⑤亲仁：亲近仁人。仁，指仁人。

⑥行：指实行孝悌等行为。

⑦文：指文献经典。

【译文】

孔子说："年幼小辈，在家就要孝顺父母，外出就要尊敬兄长，谨慎而有诚信，博爱民众，亲近仁人。做到这些之后，还有余力，就去学习文献经典。文，是古代流传下来的文献。"

子夏孔子弟子卜商也。曰[①]："事父母，能竭其力；事君，能致其身[②]；尽忠节，不爱其身也[③]。与朋友交，言而有信。虽曰未学，吾必谓之学矣。"

【注释】

①子夏：孔子学生，姓卜，名商，字子夏，晋国人。

②致其身：致尽忠节，不惜其身。致，奉献，献纳。

③爱：吝啬，舍不得。

【译文】

子夏是孔子弟子卜商。说："事奉父母，能尽心竭力；事奉君上，能不惜生命；竭尽忠心，不吝啬自身性命。同朋友交往，说话诚信。这样的人即使没有学习过，我也一定说他有学问。"

子曰："君子不重则不威[①]，学则不固；主忠信，无友不如己者；过则勿惮改[②]。主，亲也。惮，难也。"

【注释】

①重：庄重。威：威仪。

②惮：畏难，畏惧。

【译文】

孔子说："君子如果不庄重那就没有威严，即使学习了也不牢固；做人要以忠信为主，不要跟不如自己的人交朋友；有了过错那就别怕改正。主，是亲密的意思。惮，是畏难的意思。"

曾子曰："慎终追远[①]，民德归厚。慎终者，丧尽其哀；追远者，祭尽其敬。人君行此二者，民化其德，皆归于厚也。"

【注释】

①慎终追远：指居父母丧，祭祀祖先，要依礼尽哀，恭敬虔诚。慎终，父母寿终时，要遵照丧礼，谨慎治理丧事。终，指父母丧。远，指祖先。

【译文】

曾子说："谨慎地遵照丧礼处理父母丧事，追念远代祖先，就会让百姓趋于忠厚了。慎终，是指办理父母的丧事要竭尽哀痛；追远，是说祭祀远祖要竭尽恭敬。君主实施这两样教化，民众被德行感化，都归于忠厚。"

有子曰："礼之用，和为贵。先王之道，斯为美，小大由之。有所不行，知和而和，不以礼节之，亦不可行也。人知礼贵和，而每事从和，不以礼为节，亦不可行也。"

【译文】

有子说："礼的运用，以和谐为可贵。过去先代君王的治国之道，这一点最为美好，无论小事大事都这样来实行。但如果有行不通的地方，只是为了和谐而求和谐，不用一定的礼法来加以节制，也是不行的。人知道礼法以和谐为贵，于是每件事都追求和谐，不用礼法节制，也不可以实行。"

为政

子曰："为政以德，譬如北辰[①]，居其所而众星共之[②]。"德者，无为，犹北辰之不移，而众星共之。

【注释】

①北辰：北极星。

②共：通"拱"，拱卫，环绕。

【译文】

孔子说："用道德来治理国政，就像北极星一样，处在中心的位置上，众多星辰都环绕着它。"德，是无为的，好像北极星不移动，而众多的星辰都围绕着它。

子曰："诗三百[①]，篇之大数。一言以蔽之[②]，曰：'思无邪[③]。'归于正也。"

【注释】

①诗三百：今本《毛诗》共三百零五篇，另有六篇"笙诗"有目无词，不计算在内，说三百，是举其整数。

②蔽：概括。

③思无邪：这是《诗经·鲁颂·駉（jiōng）》里的一句诗，原意是感叹马群奔跑得整齐，孔子用《诗经》采用春秋"断章取义"的习

惯，用来说明《诗经》的思想纯正无邪。

【译文】

孔子说："《诗经》三百篇，这是篇数的整数。用一句话来概括它，就是'思想纯正无邪'。是说归结于正道。"

子曰："导之以政①，政，谓法教。齐之以刑②，民免而无耻；苟免。导之以德，德，谓道德。齐之以礼，有耻且格。格，正也。"

【注释】

①导：引导。政：法制教化。

②齐：整齐，使整齐。

【译文】

孔子说："用政令来引导民众，政，指政教。用刑罚来制约百姓，百姓会为苟免刑罚而服从政令，却没有羞耻心；苟且免于损害。如果用道德来引导他们，德，指道德。用礼法来整顿他们，民众不但有廉耻心，而且诚心归服。格，归向正道。"

子曰："君子周而不比①，忠信为周，阿党为比。小人比而不周。"

【注释】

①周：基于道义的团结。比：因私人利益而勾结。

【译文】

孔子说："君子是团结，而不是勾结；基于忠信是周，结党营私是比。小人是勾结，而不是团结。"

哀公哀公，鲁君谥也。问曰[①]："何为则民服[②]？"孔子对曰："举直错诸枉[③]，则民服；错，置也。举正直之人用之，废置邪枉之人，则民服其上。举枉错诸直，则民不服。"

【注释】

①哀公：鲁哀公，姓姬，名蒋，鲁国国君。

②何谓：做什么。

③错：放置，废置。枉：曲，邪曲。

【译文】

鲁哀公哀公，是鲁国国君的谥号。问道："做什么才能让民众服从呢？"孔子回答说："举用正直的人，置于邪恶的人之上，那么民众就服从了；错，是放置的意思。举荐正直的人任用他们，废置邪曲的人，那么民众就服从他们的君上。若举用邪恶的人，置于正直的人之上，民众就不会服从。"

季康子康子，鲁卿季孙肥也。问[①]："使民敬、忠以劝，如之何？"子曰："临之以庄[②]，则敬；庄，严也。君临民以严，则民敬上也。孝慈，则忠；君能上孝于亲，下慈于民，则民忠矣。举善而教不能，则劝。举用善人，而教不能者，则民劝。"

【注释】

①季康子：即季孙肥，鲁哀公时正卿，当时最有权势的人，谥号康。

②庄：严肃庄重。

【译文】

季康子康子，是鲁国正卿季孙肥。问："要使百姓恭敬、忠诚而努力，应该怎么办呢？"孔子说："你庄重地对待他们，他们就对你恭敬；庄，是严肃认真。君主治理民众严肃认真，那么民众就会尊敬君上。你孝顺慈爱，他们就对你忠诚；君主能对上孝顺父母，对下慈爱民众，那么民众就会忠诚。你举荐善人，教育能力弱的人，那他们就会勤奋努力。举荐任用好人，教导能力弱的人，那么民众就会勤奋努力。”

子曰：“人而无信，不知其可也。无信，其余终无可也。大车无輗[①]，小车无軏[②]，其何以行之哉？大车，牛车。輗，辕端横木以缚轭者。小车，驷马车。軏，辕端上曲钩衡者也。”

【注释】

①大车：指牛车。輗（ní）：牛车上车辕与横木连接处的活销，可衔接横木以驾牲口。

②小车：指马车。軏（yuè）：性质与輗同，用于马车上称“軏”。

【译文】

孔子说：“一个人如果没有信用，不知道他还可做什么。没有信用，其余的也就没有可取之处了。譬如大车没有安横木的輗，小车没有安横木的軏，怎么能行走呢？大车，牛车。輗，牛车上车辕与横木连接处的活销。小车，驷马车。軏，古代车上置于辕前端与车横木衔接处的销钉。”

八佾

林放问礼之本[①]，林放，鲁人。子曰：“礼，与其奢也，宁俭；丧，与其易也，宁戚[②]。易，和易。言礼之本意，失于奢，不如俭也；丧失于和易，不如哀戚。”

【注释】

①林放问礼之本：林放请问礼的根本。林放，鲁国人，或以为孔子

弟子。古礼有五，即吉、凶、军、宾、嘉。吉礼是祭祀，凶礼是丧事等。孔子略举礼与丧，为林放解答根本之问。

②"丧"几句：丧礼，与其失之温和平易，宁可哀戚。易，和易，温和平易。

【译文】

林放问礼的本意，林放，鲁国人。孔子说："礼，与其铺张浪费，宁可俭朴；丧礼，与其温和平易，宁可过度悲哀。易，是和易的意思。这是说铺张浪费有违礼的本意，不如节俭；温和平易有违丧礼的本意，不如哀痛深重。"

"祭如在[①]，言事死如事生。祭神如神在。谓祭百神。"

【注释】

①祭：指祭祀祖先。如在：是说祭祀宗庙必竭尽恭敬，就如同先人神灵亲临一样。这就是"事死如事生"。

【译文】

"在祭祀祖先的时候，便好像祖先真在那里；这是说事奉死者如同事奉生者一样。祭神的时候，便好像神真在那里。指祭祀各种神灵。"

定公定公[①]，鲁君谥。问："君使臣，臣事君，如之何？"孔子对曰："君使臣以礼，臣事君以忠。"

【注释】

①定公：鲁定公，姬姓，名宋，昭公之弟。

【译文】

鲁定公定公，是鲁国国君的谥号。问："君主使唤臣子，臣子事奉君主，应该怎么做？"孔子回答说："君主应该依礼来使唤臣子，臣子应该忠心事奉君主。"

子曰："居上不宽，为礼不敬，临丧不哀，吾何以观之哉？"

【译文】

孔子说："处在上位统治时不宽宏大量，行礼时不严肃认真，参加丧礼时不悲哀，这样，我怎么看得下去呢？"

里仁

子曰："君子无终食之间违仁[①]，造次必于是[②]，颠沛必于是[③]。造次，急遽也。颠沛，僵仆也[④]。虽急遽僵仆，不违仁也。"

【注释】

①终食：吃完一顿饭的时间。违：离开。

②造次：仓猝，匆忙。

③颠沛：困顿挫折。

④僵扑：倒下，死亡。

【译文】

孔子说："君子即使是一顿饭的时间也不会违背仁德，就是在仓猝匆忙时也一定实行仁德，虽颠沛流离也一定实行仁德。造次，急遽匆忙。颠沛，倒下。即使急遽匆忙倒下，也不离开仁德。"

子曰："民之过也，各于其党[①]。观过，斯知仁矣。此党，谓族亲也。过厚则仁，过薄则不仁也。"

【注释】

①党：朋党，亲族。

【译文】

孔子说："民众犯的错误，各自跟他偏护同族的亲友有关。仔细考察某人所犯的错误，就可以知道他的仁德了。这个党，说的是亲族。过于宽厚就有仁德，过于刻薄就没有仁德。"

子曰："朝闻道①，夕死可矣。"

【注释】

①道：大道，真理。

【译文】

孔子说："早晨得知真理，要当晚死去都可以。"

子曰："能以礼让为国乎①？何有？何有者，言不难也。不能以礼让为国乎？如礼何？如礼何者，言不能用礼也。"

【注释】

①为国：治理国家。

【译文】

孔子说："能够用礼让来治理国家吗？这有什么困难呢？何有，是说不认为有什么困难。如果不能用礼让来治理国家，又能把礼法怎么样呢？如礼何，是说不能用礼法。"

子曰："见贤思齐焉①，见不贤而内自省也。"

【注释】

①思齐：想跟他齐等的意思。齐，看齐。

【译文】

孔子说："看见贤人，就想着向他看齐；看见不贤的人，就应该反省自己做得怎么样。"

子曰："以约失之者鲜矣[①]。"俱不得中，奢则骄溢招祸，俭约则无忧患也。

【注释】

①约：俭约，约束。

【译文】

孔子说："对自己加以约束而犯过失的情况是很少的。"都不合适，奢侈就会骄横招来祸患，节俭就会没有忧患。

子曰："君子欲讷于言而敏于行[①]。讷，迟钝也。言欲迟，行欲疾。"

【注释】

①讷：出言迟钝，口齿笨拙。敏：疾速，敏捷。

【译文】

孔子说："君子要出言迟钝而行事敏捷。讷，是迟钝的意思。言语要迟钝，行动要迅疾。"

公冶长

子贡问曰[①]："孔文子何以谓之'文'[②]？孔文子，卫大夫孔圉。"子曰："敏而好学，不耻下问[③]，是以谓之'文'。敏者，识之疾也。”

【注释】

①子贡：孔子学生，姓端木，名赐，字子贡，卫国人。

②孔文子：卫大夫孔圉，“文”是其谥号，这是一个好的谥号，而孔圉生前乱于家室。子贡以为其为人不足道，所以问孔子为什么谥之为“文”。

③下问：向不如自己的人发问。如以能问于不能，以多问于寡，以上问于下，都叫下问。

【译文】

子贡问：“孔文子为什么谥号为‘文’呢？孔文子，是卫国大夫孔圉。”孔子说：“他聪敏机智而爱好学问，谦虚地向不如自己的人请教，并不以之为耻，所以用‘文’字做他的谥号。敏，指认识得快捷。”

子谓子产[①]：子产，公孙侨也。“有君子之道四焉：其行己也恭，其事上也敬，其养民也惠，其使民也义。”

【注释】

①子产：即公孙侨，字子产，郑穆公之孙，是春秋时郑国的贤相。子产在郑国简定二公时代执政，长达二十二年。

【译文】

孔子评论子产说：子产，是公孙侨。“他有四种行为符合君子之道：他自己的行为庄严恭敬，他事奉君上负责认真，他教养人民有恩惠，他役使民众合于道理。”

子曰：“巧言、令色、足恭[①]，足恭，便僻貌也[②]。左丘明耻之[3]，丘亦耻之。丘明，鲁大史也。”

【注释】

①巧言：表面上好听而实际上虚伪的话。令色：伪善、谄媚的脸色。足恭：过度谦敬，取媚于人。

②便僻：谄媚逢迎。

③左丘明：鲁国史官。一般认为左丘明为《左传》的作者，又说他是《国语》的作者，疑非是。

【译文】

孔子说：“虚伪的好话，伪善的脸色，谄媚逢迎的样子，足恭，是谄媚逢迎的样子。这种行为，左丘明认为可耻，我也认为可耻。丘明，是鲁国的太史。”

子曰：“已矣乎[1]！吾未见能见其过而内自讼者也[2]。讼，犹责也。言人有过，莫能自责也。”

【注释】

①已：停止，止息。

②自讼：自责。

【译文】

孔子说：“算了吧！我没有见过看到自己的错误就能自我责备的人。讼，相当于责。这是说人有过失，没有谁能自我责备。”

雍也

哀公问：“弟子孰为好学？”孔子对曰：“有颜回者好学[1]，不迁怒[2]，不贰过[3]。不幸短命死矣。颜回，孔子弟子也。

迁者，移也。不贰过，有不善，未尝复行也。”

【注释】

①颜回：字子渊，孔子的弟子，鲁国人。孔子对颜回称赞最多，赞其好学仁人。

②迁怒：把怒气转移发泄到别人身上。

③贰过：两次犯同样的过错。

【译文】

鲁哀公问：“你的弟子中，哪一个好学？”孔子回答：“有个叫颜回的学生好学，他有怒气不会发到别人身上，也不会再犯同样的过失。他不幸短命死了。颜回，是孔子弟子。迁，是转移的意思。不贰过，指虽有不好的行为，不曾重犯。”

述而

子曰：“德之不修，学之不讲，闻义不能徙也[①]，不善不能改也，是吾忧也。夫子常以此四者为忧也。”

【注释】

①徙：迁移。这里指迁而从义。

【译文】

孔子说：“德行不加修养，求学问不去讲习，听到义不能相从，有缺点不能改正，这都是我的忧虑啊！孔子经常把这四点当做忧虑。”

子之所慎：齐，战，疾[①]。慎齐，尊祖考[②]；慎战，重民命；慎疾，爱性命也。

【注释】

①“子之所慎”几句:孔安国曰:“此三者,人所不能慎,而夫子独能慎之。”齐,同“斋”,斋戒。

②祖考:祖先。

【译文】

孔子谨慎对待三件事:斋戒,战争,疾病。谨慎对待斋戒,是尊敬祖先;谨慎对待战争,是爱惜民众生命;谨慎对待疾病,是爱惜生命。

子曰:“我三人行①,必得我师焉。择其善者而从之,其不善者而改之。”言我三人行,本无贤愚,择善从之,不善改之,故无常师。

【注释】

①我三人:指我在内的三个人。

【译文】

孔子说:“我们三人一起行走,其中一定有人可以做我的老师。我选取他们的优点去学习,看到他们的缺点而去改正。”这是说我们三人行走,本来没有聪明愚笨的区别,选择优点跟从学习,看到不好的就想改正,所以说对于好学的人来说,老师无处不在,没有特定的老师。

子曰:“仁远乎哉?我欲仁,斯仁至矣。”仁道不远,行之则是。

【译文】

孔子道:“仁德离我们难道很远吗?我想行仁,仁就来了。”仁德离我们不远,只要躬行就能得到它。

太伯

子曰："恭而无礼则劳，慎而无礼则葸[①]，葸，畏惧之貌也。言慎而不以礼节之，则常畏惧。勇而无礼则乱，直而无礼则绞[②]。绞，刺。君子笃于亲[③]，则民兴于仁；故旧不遗，则民不偷[④]。兴，起也。能厚于亲属，不遗忘其故旧，行之美者也，则皆化之，起为仁厚之行，不偷薄。"

【注释】

①葸（xǐ）：胆怯，害怕。

②绞：急切，尖刻。

③君子：指有位者。笃：厚。

④偷：浇薄，不敦厚。

【译文】

孔子说："只知恭敬，却不知礼，就会劳苦；只知谨慎，却不知礼，就会懦弱；葸，是畏惧的样子。这是说谨慎却不用礼节制，就会经常畏惧不前。只讲勇敢，而不知礼，就会犯上作乱；心直口快，却不知礼，就会尖刻伤人。绞，是尖刻刺伤。在上位的君子能厚待亲族，民众就会兴起仁德；君子不遗弃故交旧友，民众就不会冷淡无情。兴，是兴起的意思。能厚待亲属，不遗忘故人旧友，是美好的行为，都能感化民众，让他们兴起仁厚的行为，有敦厚之风。"

曾子曰："士不可以不弘毅[①]，任重而道远。弘，大也。毅，强而能断也。士弘毅，然后能负重任，致远路也。仁以为己任，不亦重乎？死而后已，不亦远乎？仁以为己任，重莫重焉。死而后已，远莫远焉。"

【注释】

①弘毅：宽宏坚毅，指抱负远大，意志坚强。

【译文】

曾子说："士人不可以不宽弘刚毅，意志坚定，因为他责任沉重，路程遥远。弘，是大的意思。毅，指刚强而能决断。士弘毅，然后才能担负重任，走远路。把实现仁德作为自己的责任，不也沉重吗？到死才停止，不也遥远吗？把仁作为自己的责任，没有比这更重的了。死了之后才停止，没有比这更远的了。"

子曰："如有周公之才之美，使骄且吝，其余不足观也已。"

【译文】

孔子说："假如一个人有周公那样优秀的才能，但他骄傲且吝啬，剩下的也就不值得一看了。"

子曰："不在其位[①]，不谋其政[②]。"欲各专一于其职也。

【注释】

①位：职位，地位。

②政：政事，政务。

【译文】

孔子说："不处在那个职位上，便不考虑那方面的政事。"想要各人恪守本分专一自己的职务。

子曰："学如不及[①]，犹恐失之。"言此者，勉人学也。

【注释】

①及：追赶上。

【译文】

孔子说："学习时总觉得像赶不上，学得了还总怕再丢失。"说这些，是勉励人学习的。

子曰："巍巍乎①，舜、禹有天下而不与焉②！"美其有成功，能择任贤臣。

【注释】

①巍巍：高高的样子。

②舜、禹有天下而不与焉：指舜、禹作为明君，并不亲自参与具体的政事。舜，是传说中的上古帝王，他跟尧是孔子心目中的榜样。禹，是夏朝开国之君。据传说，他受虞舜的禅让而即帝位。

【译文】

孔子说："多么崇高呀，舜和禹拥有天下，一点也不据为私有！"赞美他们的成功，能够选择任用贤臣。

子曰："大哉尧之为君也！巍巍乎！唯天为大，唯尧则之①。则，法也。美尧能法天而行化也。荡荡乎②，民无能名焉③。荡荡，广远之称也。言布其德广远，民无能识名焉。焕乎其有文章也④！焕，明也。其立文垂制，又著明。"

【注释】

①则：效法，取法。

②荡荡：广大的样子，博大的样子。

③名：命名，称赞。

④焕乎：光辉灿烂的样子。文章：指礼仪制度昭彰显著。

【译文】

孔子说："尧这样的君王多么伟大啊！多么崇高啊！只有天是最崇高的，只有尧能够效法天。则，是效法的意思。赞美尧能效法天施行教化。多么宽广啊，民众都不知道怎样称赞他。荡荡，是指广阔辽远。这是说他的德行传布得广阔辽远，民众都找不到言辞称赞他。他真是光辉灿烂呀，他的礼仪制度太美好了！焕，是明亮的意思。他立下文字记载制度流传，又使其昭彰显著。"

舜有臣五人而天下治。禹、稷、契、皋陶、伯益也①。武王曰："予有乱臣十人②。乱，治也。治官者十人：谓周公、召公、太公、毕公、荣公、大颠、闳夭、散宜生、南宫适③，其一人，谓文母也④。"孔子曰："才难⑤，不其然乎？唐、虞之际，于斯为盛，有妇人焉，九人而已。斯，此也。言尧、舜交会之间，比于此周，周最盛多贤，然尚有一妇人，其余九人而已。人才难得，岂不然乎？"

【注释】

①稷：即后稷，传说是周的始祖。善于种植各种粮食作物，曾在尧、舜时代当农官，教民耕种。契（xiè）：是帝喾与简狄之子，被帝尧封于商主管火正，是商的先祖。皋陶：帝舜的臣子，掌刑狱之事。伯益：帝舜的大臣，东夷部落的首领。

②予有乱臣十人：语出《尚书·泰誓》，武王曰："予有乱臣十人。"这是周武王伐纣誓众之辞。乱臣，能治乱的臣子，相当于能臣。

③周公：名旦，武王之弟，封于鲁，食邑于周，谓之周公。召公：名奭，封于燕，食邑于召，谓之召公。太公望：即吕尚，姓姜。毕公：周文王庶子。毕、荣，都是国名。大颠、闳夭、散宜生、南宫适：都是周

武王的臣子。大、闳、散、南宫都是氏名，颠、夭、宜生、适都是名。
④文母：文王的王后，就是大姒，是武王的母亲。或以为武王之妻邑姜。
⑤才难：指得到人才困难。

【译文】

舜有五位贤臣而天下太平。是禹、稷、契、皋陶、伯益。武王说："我有十位能治理天下的臣子。乱，治乱。这十位治理官员是：周公、召公、太公、毕公、荣公、大颠、闳夭、散宜生、南宫适，以及一位妇女文母。"孔子说："人才不易得，不就是这样吗？唐尧、虞舜之际以及周武王时代，人才最兴盛。不过武王十位人才之中还有一位妇女，实际上只是九位罢了。斯，是此的意思。这是说尧、舜交会之际，直到这时的周朝，贤才最多，但是还有一位妇女，剩下只有九位罢了。人才难得，难道不是这样吗？"

子曰："禹，吾无间然矣[①]。菲饮食而致孝乎鬼神[②]，恶衣服而致美于黻冕[③]，卑宫室而尽力沟洫。禹，吾无间然矣。间，非也。菲，薄也。致孝于鬼神，谓祭祀丰洁也。黻，祭服之衣。冕，冠名也。"

【注释】

①无间：无可非议，无懈可击。间，非议。
②菲：使菲薄。
③黻（fú）冕：天子临朝或祭祀时穿戴的礼服、礼帽。

【译文】

孔子说："禹啊，我对他是没有什么可批评的了。他自己饮食粗陋，却把对先祖祭祀的祭品办得极丰盛；穿着破旧，却把祭服做得很华美；住房低矮，却尽力于沟渠水利。禹啊，我对他是没有什么可批评的了。间，非议。菲，菲薄。致孝于鬼神，这是指祭祀丰盛洁净。黻，是祭祀的礼服。冕，是礼帽的名称。"

子罕

子曰："譬如为山，未成一篑[①]，止，吾止也。篑，土笼也。此劝人于道德也。为山者，其功虽已多，未成一笼而中道止者，我不以其前功多而善之，见其志不遂，故不与也[②]。譬如平地，虽覆一篑[③]，进，吾往也。平地者，将进加功，虽始覆一篑，我不以其功少而薄之[④]，据其欲进而与之。"

【注释】

①篑（kuì）：盛土的竹筐。

②与：称赞。

③覆：倾倒。

④薄之：轻视他。

【译文】

孔子说："好比堆土山，只要再加一筐土便可堆成了，如果停止了，就是我自己停止的。篑，装土的竹筐。这是鼓励人修养道德。堆土山的人，虽然已经做了很多工作了，差一筐而停止了，我不会因为以前干得多而认为他好，看到他的志向没有实现，所以不会称赞他。好比平整土地，即使是刚刚倒下一筐土，如果能够继续，自己也算努力前往了。平整土地，想要取得成果，即使开始只倒下一筐土，我不会因为他工作少而批评他，而是依据他想要进步而称赞他。"

颜渊

颜渊问仁。子曰："克己复礼为仁[①]。克己，约身。一日克己复礼，天下归仁焉。一日犹见归，况终身乎？为仁由己，而由人乎哉？行善在己，不在人。"曰："请问其目。知其必有条目，故请问之。”子曰：“非礼勿视，非礼勿听，非礼勿言，非礼勿动。此四者，克己复礼之目。”曰：“回虽不敏，请事斯语矣[②]。敬事此语，必行之。”

【注释】

①克己复礼：指克制约束自己，使每件事都归于“礼”。克，克制。复，回复，回归。

②请事斯语：让我遵照孔子的话去奉行。

【译文】

颜渊问怎样才是仁。孔子说：“克制约束自己，使言语行动都合于礼，就是仁。克己，是要约束自身。只要有一天能做到约束自己而合于礼，天下的人就会称许你是仁人。一天都能让他们归往，何况终身呢？实践仁德，全在于自己，难道还在于别人吗？行善在于自己，不在于别人。”颜渊说：“请问具体的条目。知道这一定有条目，所以请问。”孔子说：“不合礼的不看，不合礼的不听，不合礼的不说，不合礼的不做。这四条，是克己复礼的条目。”颜渊说：“我虽然不聪敏，也要按您的话去做。严肃地从事这些话，必须践行。”

仲弓问仁[①]。子曰：“出门如见大宾，使民如承大祭[②]。仁之道，莫尚乎敬。己所不欲，勿施于人。在邦无怨，在家无怨。在邦为诸侯，在家为卿大夫。”

【注释】

①仲弓：冉雍，字仲弓，孔子学生，鲁国人。

②大祭：指古代重大祭祀，包括天地之祭、禘祫之祭等。

【译文】

仲弓问怎样才是仁。孔子说："出门就像去接待贵宾，役使民众就像去承当重大祭礼。仁德的道理，没有比严肃认真更崇尚的了。自己所不喜欢的，就不要强加给别人。在诸侯国做事没有怨恨，在卿大夫家做事也没有怨恨。在邦指诸侯，在家指大夫。"

子张问明①。子曰："浸润之谮②，肤受之诉，不行焉，可谓明也已。子张，孔子弟子颛孙师也。谮人之言，如水之浸润，以渐成之。肤受，皮肤外语，非其内实也。浸润之谮，肤受之诉，不行焉，可谓远也已。无此二者，非但为明，其德行高远，人莫之及也。"

【注释】

①子张：即颛孙师，复姓颛孙，字子张，孔子学生。

②谮（zèn）：谗毁，诬陷。

【译文】

子张问怎样才叫做明察。孔子说："日积月累渗透的谗言，肌肤切身积累的毁谤，在你这里都行不通，那你可以说是明察了。子张，是孔子的弟子颛孙师。谮人之言，如同水渗透那样浸润，渐渐积累而成。肤受，皮肤外的言语污垢，不是内里切实的东西。日积月累渗透的谗言，肌肤切身积累的毁谤，也都在你这里行不通，那你可以说是看得很远了。没有这两样，不仅仅是明察，他高远的德行，没有人能赶得上。"

子贡问政。子曰："足食，足兵，民信之矣。"子贡曰："必不得已而去，于斯三者何先？"曰："去兵。"曰："必不得已而去，于斯二者何先？"曰："去食。自古皆有死，民无信不立。死者，古今常道，人皆有之，治邦不可失信。"

【译文】

子贡问怎样治理政事。孔子说："粮食充足，军备充实，民众相信政府。"子贡说："如果迫不得已，一定要在这三样中去掉一样，先去掉哪一样？"孔子道："去掉军备。"子贡说："如果迫不得已，一定要在剩下这两样中去掉一样，先去掉哪一样？"孔子说："去掉粮食。自古以来谁都会死亡，但民众不信任政府，国家是立不起来的。死亡，从古到今都不变，人人都有一死，治理国家不成能让民众失去信任。"

哀公问于有若曰："年饥①，用不足，如之何？"对曰："盍彻乎②？盍，何不也。周法什一而税，谓之彻也。"曰："二，吾犹不足，如之何其彻也？二，谓什二而税。"对曰："百姓足，君孰与不足？百姓不足，君孰与足？"

【注释】

①年饥：年成不好。

②彻：税率十分之一的税法。

【译文】

鲁哀公向有若问道："年成不好，用度不够，该怎么办？"回答说："为什么不实行十分抽一的税率呢？盍，相当于何不。周朝的税法是十分抽一，叫做彻。"哀公道："十分抽二，我还不够，怎么能十分抽一呢？二，指十抽二的税率。"答道："如果百姓用度够了，您怎么会不够？如果百姓用度不够，您又怎么会足够？"

子张问崇德辨惑①。辨，别。子曰："主忠信，徙义②，崇德也。徙义，见义则徙意从之。爱之欲其生，恶之欲其死。既欲其生，又欲其死，是惑也。爱恶当有常。一欲生之，一欲死之，是心惑也。"

【注释】

①崇德:使德崇高,提高德行。

②徙义:追随正义。

【译文】

子张问如何提高德行,辨别疑惑。辨,辨别的意思。孔子说:"主要是忠实诚信,追随正义,这就能提高德行。徙义,见到正义就转移心意去追随它。爱一个人,希望他长生;厌恶他,恨不得让他马上去死。既要长生,又要死去,这就是疑惑。喜爱厌恶应当有常道。一会儿想让他长生,一会儿想让他死亡,这是内心疑惑。"

子曰:"听讼[①],吾犹人。与人等。必也使无讼乎!化之在前。"

【注释】

①听讼:听理诉讼,判定是非,即审理审案。

【译文】

孔子说:"审理诉讼,我跟别人一样。跟别人相等。一定要使诉讼的事不发生才好啊!问题化解在诉讼之前。"

子曰:"君子成人之美[①],不成人之恶。小人反是。"

【注释】

①成人之美:成全别人的好事,帮助别人实现愿望。

【译文】

孔子说:"君子成全别人的好事,不促成别人的坏事。小人却与此相反。”

季康子康子，鲁上卿，诸臣之帅。问政孔子。孔子对曰：“政者，正也[1]。子帅而正，孰敢不正？”

【注释】

①政者，正也：季康子问政事如何治理，孔子是用音训解释这个字。

【译文】

季康子康子，是鲁国上卿，众位臣子的领导。问孔子如何处理国政。孔子回答说：“政，就是正。你带行正道，谁还敢不正？”

季康子患盗[1]，问孔子。孔子对曰：“苟子之不欲，虽赏之，不窃。”言民化于上，不从其令，从其所好。

【注释】

①患：担忧，忧虑。

【译文】

季康子因为鲁国盗贼太多而忧虑，向孔子求教。孔子回答说：“假若您不贪求太多，就是奖赏，他们也不会偷窃。”这是说民众服从上层的教化，不追随他的政令，追随他的喜好。

季康子问于孔子曰：“如杀无道[1]，以就有道[2]，何如？就，成也。欲多杀以止奸也。”对曰：“子为政，焉用杀？子欲善而民善矣。君子之德风也，小人之德草也。草上之风，必偃。亦欲康子先自正也。偃，仆也。加草以风，无不仆者，犹民之化于上也。”

【注释】

①无道：指不行正道的坏人或暴君。

②就：指主动亲近。有道：行正道的好人。

【译文】

季康子向孔子请教说："如果杀掉无道之人来亲近有道之人，怎么样？就，成就。想要多杀人来制止奸恶。"孔子回答说："您治理政事，哪里用得着杀戮？您想行善，百姓就会从善。君子的德行好比风，百姓的德行好比草。草迎着风必定扑倒。也是想让康子先端正自己。偃，扑倒。用风吹草，没有不扑倒的，就像民众被上层教化一样。"

樊迟曰①："敢问崇德、修慝、辨惑②。孔子弟子樊须也。慝，恶也。修，治也。治恶为善。"子曰："先事后得，非崇德与？先劳于事，然后得报。攻其恶，毋攻人之恶，非修慝与？一朝之忿，忘其身以及其亲，非惑与？"

【注释】

①樊迟：名须，字子迟，孔子学生。

②崇德：增进自己的德行。修慝（tè）：修去心中之恶。慝，邪恶。

【译文】

樊迟说："请问怎样提高自己的品德、消除邪恶、辨别疑惑？是孔子弟子樊须。慝，是邪恶。修，是治。将恶治理为善。"孔子说："先做事，后考虑所得，不就是提高品德了吗？先劳动做事，然后得到报答。攻击自己的过错，不去攻击别人的过错，不就消除邪恶了吗？一下子无法抑制的忿怒，便忘记自己以及父母，不是迷惑吗？"

樊迟问智。曰："知人。"樊迟未达。子曰："举直错诸枉，能使枉者直[①]。举正直之人用之，废邪枉之人，则皆化为直也。”樊迟退，见子夏曰：“何谓也？”子夏曰：“舜有天下，选于众，举皋陶，不仁者远矣；汤有天下，选于众，举伊尹，不仁者远矣。言舜、汤有天下，选择于众，举皋陶、伊尹，则不仁者远，仁者至矣。”

【注释】

①举直错诸枉，能使枉者直：把正直的人选举出来，安置在邪恶的人之上，就能使邪恶的人学得正直。直，指正直的人。枉，弯曲，这里指不正直的人。错，置。

【译文】

樊迟问什么是智。孔子道：“了解人的才能品行。”樊迟还不明白。孔子说：“把正直的人提拔出来，置于邪恶的人之上，就能够让邪恶的人变正直。举荐正直的人任用他们，废置邪恶的人，那么就都变成正直的人了。”樊迟退下，看到子夏说：“老师的话是什么意思？”子夏道：“舜有了天下，在众人之中选举，选用了皋陶，不仁的人就远离了；汤有了天下，在众人之中选举，选用了伊尹，不仁的人就远离了。这是说舜、汤拥有天下，在众人中选举，举荐了皋陶、伊尹，那么不仁的人就远离了，仁人就来到了。”

子路

子路问政[①]。子曰：“先之劳之。孔子弟子仲由也。先导之以德，使人信之，然后劳之。《易》曰：‘悦以使民，民忘其劳[②]。’”请益。曰：“毋倦。”子路嫌其少，故请益。曰“毋倦”者，行此上事无倦则可矣。

【注释】

①子路：仲由，字子路，又字季路，孔子学生，鲁国人。

②悦以使民，民忘其劳：引自《周易·兑卦》。意思是先要愉悦安抚民众，然后让他们做事，那么民众都会竭力从事，忘掉劳苦。

【译文】

子路问怎样处理政事。孔子说："自己带头努力劳作，然后让民众努力劳作。是孔子弟子仲由。先用德行引导，使人相信，然后让他们劳作。《周易》说道：'用喜悦让民众劳作，民众就会忘记劳苦。'"子路请孔子多讲一些。孔子又说："永远不要懈怠。"子路嫌孔子说得少，所以请他多说。说"不要懈怠"，是按照这样办事就可以了。

仲弓为季氏宰①，问政。子曰："先有司②，孔子弟子冉雍也。言为政当先任有司，而后责其事也。赦小过，举贤才。"曰："焉知贤才而举之？"曰："举尔所知。尔所不知，人其舍诸？汝所不知者，人将自举之。各举其所知，则贤才无遗矣。"

【注释】

①宰：古代官吏的通称，春秋卿大夫的家臣和采邑的长官，也都称宰。这里冉雍做了季氏的邑宰，因此请问为政之道。

②有司：邑宰之下各司其事的属官。

【译文】

仲弓做了季氏的封邑长官，向孔子请问政事。孔子说："先使办事人员各任其事，是孔子的弟子冉雍。这是说当政要先任命官员，然后要求他们完成职守。宽赦别人的小过失，举荐优秀的人才。"仲弓问："怎么识别并提拔优秀人才呢？"孔子说："提拔你所知道的人才。那些你所不知道的，别人难道会舍弃不举用吗？你所不知道的贤才，别人会自己举荐。各自举荐自己知道的，那么贤才就没有被遗漏的了。"

子路曰："卫君待子而为政，子将奚先[①]？问往将何所先行之也。"子曰："必也正名乎[②]！正百事之名也。名不正，则言不顺；言不顺，则事不成；事不成，则礼乐不兴；礼乐不兴，则刑罚不中；礼以安上，乐以移风，二者不行，则有淫刑滥罚矣。刑罚不中，则民无所措手足。故君子名之必可言，言之必可行也。所名之事，必可得而明言也；所言之事，必可得而遵行。"

【注释】

①卫君待子而为政，子将奚先：卫君，指卫灵公的孙子出公辄。据《史记·孔子世家》，孔子自楚返卫，当时卫君辄的父亲无法被立为国君，在外流浪，因此事不合礼法，诸侯多次对卫国提出谴责。当时孔子弟子多在卫国出仕，卫君非常希望孔子能够来卫国做官，故子路有此问。

②正名：端正名分。

【译文】

子路对孔子说："卫君等着您去治理国政，您准备先干什么？问前去将先要干什么事。"孔子道："那一定是端正名分吧！端正各种事物的名分。名称不正当，言语就不能顺理成章；言语不能顺理成章，事情就不可能做好；事情做不好，国家的礼乐制度也就不能兴起；礼乐制度不能兴起，刑罚也就不会得当；用礼来安定君上，用乐来改变风俗，这两者不实行，那就会有繁多滥用的刑罚。刑罚不得当，百姓就会手足无措。所以君子定下名分，一定可以言之成理；而言之成理，就一定行得通。所命名的事情，必须是能够明确说出来的；所说出的事情，必须是能够遵照执行的。"

子曰："上好礼，则民莫敢不敬；上好义，则民莫敢不服；上好信，则民莫敢不用情[①]。情，情实也。言民化上，各以实应也。夫如是，则四方之民，襁负其子而至矣[2]。"

【注释】

①用情：用心，以诚相待的意思。

②襁（qiǎng）负：用布将小儿束负于背上。襁，背负婴儿用的宽带。

【译文】

孔子说："在上位者重视礼，百姓就没有人敢不尊敬；在上位者行事合理，百姓就没有人敢不服从；在上位者诚恳守信，百姓就没有谁敢不诚实。情，是情实。这是说民众被上层教化，各自用实情回应。如果做到这样，四方的百姓都会背着儿女前来投奔。"

子曰："其身正，不令而行[1]；其身不正，虽令不从。令，教令也[2]。"

【注释】

①其身正，不令而行：当政者本身行得正，自然就能获得民众拥护，所以说不令而行。

②教令：教化，命令。

【译文】

孔子说："上层本身行为正当，不用下达命令事情也能实行；他本身不正当，即使下达命令，百姓也不会听从。令，是教令。"

子适卫，冉子仆[1]。冉有御也。子曰："庶矣哉！庶，众也。言卫民多也。"冉有曰："既庶矣，又何加焉？"曰："富之。"曰："既富矣，又何加焉？"曰："教之。"

【注释】

①仆：仆夫，车夫。

【译文】

孔子到卫国，冉有给他赶车。冉有驾驭车辆。孔子说："人真的很多呀！庶，众多，这是说卫国人口众多。"冉有说："人口已经众多了，还要做什么呢？"孔子说："让他们富起来。"冉有道："已经富了，还要做什么呢？"孔子道："教育他们。"

子曰："'善人为邦百年[①]，亦可以胜残去杀矣。胜残，胜残暴之人，使不为恶也。去杀，不用刑杀也。'诚哉是言也！古有此言，孔子信之。"

【注释】

①为邦：治理国家。

【译文】

孔子说："'善人治理国家一百年，也可以遏制残暴免除刑杀了。胜残，是战胜残暴的人，让他们不再作恶。去杀，是不用刑杀。'这句话说得真好啊！古代有这话，孔子相信。"

子曰："如有王者，必世而后仁[①]。三十年曰世。如有受命王者，必三十年仁政乃成。"

【注释】

①世：三十年为一世。

【译文】

孔子说："如果有王者兴起，必须要三十年才能使仁政成功。三十年叫一世。如果有受命成为王的人,必须实行三十年的仁政才能成功。”

子曰:“苟正其身,于从政乎何有?不能正其身,如正人何?”

【译文】

孔子说:“如果自身端正了,治理国政还有什么困难呢?如果不能自正其身,还能端正别人吗?”

定公问:“一言而可以兴国,有诸?”孔子对曰:“言不可以若是,其几也[①]。以其大要,一言不能兴国也。几,近也。有近一言兴国也。人之言曰:‘为君难,为臣不易。’如知为君之难也,不几乎一言而兴邦乎?事不可一言而成,知如此则可近之。”曰:“一言而丧邦,有诸?”孔子对曰:“言不可以若是,其几也。人之言曰:‘予无乐乎为君,唯其言而莫予违也。言无乐于为君,所乐者,唯乐其言而不见违也。’如善而莫之违也,不亦善乎?如不善而莫之违也,不几乎一言而丧邦乎?人君所言善,无违之者则善也;所言不善,而无敢违之者,则近一言而丧国矣。”

【注释】

①几:接近,几乎。

【译文】

鲁定公问:“一句话就可以使国家兴盛,有这事吗?”孔子回答说:“话不可以这样说,不过也差不多。按一般的话说,一句话是不能使国家兴盛。几,是接近的意思。有接近一句话使国家兴盛的。有人说过:‘做君上很难,做臣子也不容易。’如果知道做君上的艰难,不就接近一句话就能使国家兴盛吗？事情不能凭一句话就成功，知道这个那就可以接近了。”定公又说：“一句话可以使国家丧亡，有这事吗？”孔子回答说：“话不可以这样说，不过也差不多。有人说过：‘我做国君没有别的快乐，只是我说的话没有谁敢违抗我。这是说做国君没有别的快乐，所快乐的，只是说话没有谁敢违背。’如果说的话正确而没有人违背，不也好吗？如果说的话不正确而也没有人敢违背，不就接近一句话便使国家丧亡吗？国君说得好，没有违背的就是好；说得不好，没有敢于违背的人，那就接近一句话就使国家丧亡了。”

叶公问政①。叶公名诸梁。子曰：“近者悦，远者来②。”

【注释】

①叶公：沈诸梁，字子高，是叶这个地方的县长。

②近者悦，远者来：为政之道，要使近者欢悦，远者来归。

【译文】

叶公问政事。叶公名叫诸梁。孔子说：“国内的人要让他高兴，国外的人要让他来归附。”

子夏为莒父宰①，莒父，鲁下邑也②。问政。子曰：“毋欲速，毋见小利。欲速则不达，见小利则大事不成。事不可以速成，而欲其速则不达矣；小利妨大，则大事不成矣。”

【注释】

①莒父：鲁国的城邑，或在今山东高密东南。

②下邑：国都以外的城邑。

【译文】

子夏做了莒父的县长，莒父，是鲁国国都外的城邑。向孔子请教政事。

孔子说："不要图快，不要顾小利。想图快反而不能达到目的，顾小利那就办不成大事。事情不能够迅速成功，要想迅速那就做不成了；小的利益妨害大事，那么大事就不能成功了。"

樊迟问仁。子曰："居处恭[①]，执事敬[②]，与人忠，虽之夷狄[③]，不可弃也。虽之夷狄无礼义之处，犹不可弃去而不行之。"

【注释】

①居：平居，平常。

②执事：办事。

③夷狄：指边远非华夏族群地区。

【译文】

樊迟问怎样才是仁。孔子说："平日起居端庄恭敬，工作严肃认真，跟人交往忠心诚意。即使到边远夷狄那里去，这些品格也是不能废弃的。即使到夷狄那样没有礼仪的地方，还是不能放弃这一原则不去践行。"

子曰："南人有言曰：'人而无恒，不可以作巫医[①]。南国之人也[②]，言巫医不能治无常之人。'善夫！善南人之言也。"

【注释】

①巫医：古代以祝祷为主或兼用一些药物来为人消灾治病的人。

②南国：古指江汉一带的诸侯国。

【译文】

孔子说："南方人有句话说：'人如果没有恒心，连巫医都治不好了。是南国的人，说巫医不能治疗没有恒常的人。'这句话很好呀！认为南国之人的话很好。"

子曰:“君子和而不同[①],小人同而不和。君子心和,然其所见各异,故曰不同;小人所嗜好者同,然各争利,故曰不和也。”

【注释】

①和:指不同的个体却能成为和谐的整体。

【译文】

孔子说:“君子行事讲究和谐,但不盲目附从;小人盲目附从,却不能和谐。君子内心和谐,但是见解不同,所以就叫不同;小人嗜好相同,但各自争夺利益,所以说不和谐。”

子贡问曰:“乡人皆好之,何如?”子曰:“未可也。”“乡人皆恶之,何如?”子曰:“未可也。不如乡人之善者好之,其不善者恶之。善人善己,恶人恶己,是善善明,恶恶著也。”

【译文】

子贡问道:“一乡的人都喜欢他,这个人怎么样?”孔子道:“还不行。”子贡便又道:“一乡的人都厌恶他,这个人怎么样?”孔子道:“还不行。最好是一乡的好人都喜欢他,一乡的坏人都厌恶他。善人喜欢自己,恶人厌恶自己,这样善人的善就明明白白,恶人的恶就清清楚楚。”

子曰:“君子易事而难悦也。不责备于一人,故易事也。悦之不以道,不悦也;及其使人也,器之[①]。度才而官之。小人难事而易悦也。悦之虽不以道,悦也;及其使人也,求备焉。”

【注释】

①器:指量才使用。

【译文】

孔子说："事奉君子很容易，却难以让他喜欢。不对一个人求全责备，所以容易事奉。如果不用正当的方式去取悦他，他不会喜欢的；等到他使用人的时候，他则量才而用。衡量才能而任官。事奉小人很难，让他喜欢却容易。用不正当的方式去让他喜欢，他会喜欢；等到他使用人的时候，便会求全责备。"

子曰："君子泰而不骄①，小人骄而不泰。"君子自纵泰，似骄而不骄；小人拘忌，而实自骄矜也②。

【注释】

①泰：安泰，安宁。

②骄矜：骄傲自负。

【译文】

孔子说："君子安泰却不骄横，小人骄横却不安泰。"君子舒泰，像是骄傲却不骄傲；小人拘谨忌讳，其实骄纵傲慢。

子曰："以不教民战，是谓弃之。"言用不习之民，使之战，必破败，是为弃之。

【译文】

孔子说："用没有受过教习的民众去作战，这就叫抛弃他们。"这是说任用没有受过教习的民众，让他们作战，必然败亡，这就是抛弃他们。

宪问

子曰:“有德者必有言①,有言者不必有德;仁者必有勇,有勇者不必有仁。”

【注释】

①言:指名言、善言。何晏注:“德不可以亿中,故必有言。”

【译文】

孔子说:“有德行的人一定有出色的言论,但有出色言论的人不一定有德行;有仁德的人一定有勇气,但有勇气的人不一定有仁德。”

子曰:“君子而不仁者有矣夫,未有小人而仁者也。虽曰君子,犹未能备也。”

【译文】

孔子说:“君子中违背仁德的人会有的吧,小人中却不会有仁人。虽说是君子,还是没有具备德行。”

子问公叔文子公叔文子,卫大夫。于公明贾曰①:“信乎,夫子不言不笑不取②?”对曰:“以告者过也。夫子时然后言③,人不厌其言也;乐然后笑,人不厌其笑;义然后取,人不厌其取也。”

【注释】

①公叔文子:卫大夫公孙拔,文是谥号。公明贾:姓公明,名贾,卫国人。

②取:指收取财物等,即有所取的意思。

③时：适得其时。

【译文】

孔子向公明贾问公叔文子公孙文子，是卫国大夫。说："是真的吗，据说他老人家不言语，不笑，不取于人？"公明贾回答说："这是传话的人弄错了。他老人家在合适的时候才说话，别人就不厌恶他的话；快乐了才笑，别人就不厌恶他的笑；在合道义的时候才有所取，别人就不厌恶他的取。"

子谓卫灵公之无道也，季康子曰："夫如是，奚而不丧？"孔子曰："仲叔圉治宾客①，祝鮀治宗庙②，王孙贾治军旅③。夫如是，奚其丧？"言虽无道，所任者各当其才，何为当亡也？

【注释】

①仲叔圉（yǔ）：孔文子。

②祝鮀（tuó）：卫国的大夫，字子鱼，祭祀中负责赞词。有口才，当世贵之。

③王孙贾：卫灵公的大臣。

【译文】

孔子谈到卫灵公昏乱无道，季康子说："既然这样，为什么卫国还不灭亡？"孔子说："他有仲叔圉接待宾客，祝鮀管理宗庙祭祀，王孙贾统率军队，像这样，怎么会败亡？"这是说虽然卫灵公昏乱无道，但是各个职位任命的都是合适的人才，为什么该灭亡呢？

子路问事君。子曰："勿欺，而犯之①。"事君之道，义不可欺，当犯颜谏争。

【注释】

①犯：冒犯，触犯。指冒犯君主的威严而谏诤。

【译文】

子路问怎样事奉国君。孔子说："不要欺骗他，却可以当面触犯他。"事奉国君的方法，绝不能欺骗他，应当冒犯他的颜面去谏诤。

子曰："不逆诈[1]，不亿不信[2]，抑亦先觉者，是贤乎[3]？"有人来，不逆之以为诈；不亿疑之以为有不信。然而人有诈不信，有以先发知之，是人贤逆诈亿不信，所以恨耻之也。

【注释】

①逆诈：指事先就猜疑别人存心欺诈。逆，逆料，预料。

②亿：臆测，揣测。

③是贤乎：《集解》引孔曰："先觉人情者，是宁能为贤乎？或时反怨人。"

【译文】

孔子说："不事先就猜疑别人存心欺诈，也不臆测别人不诚信，不过也能及早发觉，这样的人是贤者吗？"有人来，不预先认为他欺诈，不臆测他不诚信。但是有人欺诈不诚信，能够有办法先发觉，这是贤人对预先认为欺诈跟臆测不诚信，非常痛恨羞耻的原因。

子路问君子。子曰："修己以敬[1]。敬其身也。"曰："如斯而已乎？"曰："修己以安百姓。修己以安百姓，尧、舜其犹病诸？病，犹难也。"

【注释】

①敬：严肃认真。

【译文】

子路问怎样才算是君子。孔子说："修养自己来严肃认真工作。用严肃认真来修身。"子路道："就这样吗？"孔子说："修养自己来使百姓安乐。修养自己来使百姓安乐，尧、舜大概都觉着困难呢！病，相当于困难。"

卫灵公

子曰："无为而治者，其舜也与？夫何为哉？恭己正南面而已矣[①]。"言任官得其人，故无为也。

【注释】

①南面：古代以坐北朝南为尊位，所以帝王诸侯见群臣，或卿大夫见僚属，皆面向南而坐，这里指居天子之位。

【译文】

孔子说："安静无为而能使天下太平的人，大概只有舜了吧？他干了什么呢？恭恭敬敬地当天子罢了。"这是说任命官员合适，所以可以无为。

子张问行。子曰："言忠信，行笃敬，虽蛮貊之邦[①]，行矣。言不忠信，行不笃敬，虽州里[②]，行乎哉？行乎哉，言不可行也。"子张书诸绅[③]。绅，大带也。

【注释】

①蛮貊（mò）：古代称南方和北方非华夏部族，也泛指四方非华夏部族。

②州里：古代二千五百家为州，二十五家为里。本为行政建制，后泛指乡里或本土。

③绅：古代士大夫束于腰间，一头下垂的大带。

【译文】

子张问如何做事才行得通。孔子说："言语忠实诚信，行为笃厚恭敬，即使到了别的部族国家，也能行得通。言语不忠实诚信，行为不笃厚恭敬，就是在本乡，能行得通吗？行乎哉，这是说不可行。"子张把这些话写在衣裳的大带上。绅，是大带。

子曰："志士仁人[①]，无求生以害仁，有杀身以成仁[②]。"无求生而害仁，死而后成仁，则志士仁人不爱其身也。

【注释】

①志士：有远大志向和高尚节操的人。仁人：有仁德的人。

②成仁：成就仁德。

【译文】

孔子说："志士仁人，不会为了求生而损害仁德，只会用勇敢牺牲来成就仁德。"不能为了求生而损害仁德，如果死了之后成就仁德，那么志士仁人就不吝啬自身了。

颜渊问为邦。子曰："行夏之时[①]，据见万物之生，以为四时之始，取其易知也。乘殷之辂[②]，大辂越席[③]，昭其俭也。服周之冕[④]，取其黈纩塞耳[⑤]，不任视听。乐则《韶》《舞》[⑥]。《韶》，舜乐也。尽善尽美，故取之。放郑声，远佞人[⑦]。郑声淫，佞人危，俱能惑人心，使淫乱危殆，故当放远之也。"

【注释】

①行夏之时：据古史，夏历以建寅之月（旧历正月）为每年的第一

月，春、夏、秋、冬合乎自然现象。周历则是以建子之月（旧历十一月）为每年的第一月，用冬至日为元日。在实用性上不如夏历便于农业生产，所以在周朝，也有很多国家仍旧使用夏历。

②乘殷之辂（lù）：殷商时的大车是木辂，比较质朴。辂，大车。

③大辂：即玉辂，古时天子所乘之车。亦即木辂，指古代帝王所乘的一种车，只涂漆而不覆以革，亦无金、玉、象牙之饰。越席：用蒲草编织的席。

④服周之冕：冕是礼帽，此处代表衣冠。周冕有垂旒，用来遮眼；有黈纩，用来塞耳。取意是人君不听谗言，不须苛察为明，而是要无为清静，教化民众。

⑤黈（tǒu）纩：黄色的丝绵。塞：堵住。

⑥则：效法。《韶》：据说是虞舜时的音乐。《舞》："舞"通"武"，据说是周代贵族用于祭祀的"六舞"之一，是颂扬周武王战胜商纣王的乐舞。一说"韶""舞"合称，即指舜乐。

⑦放郑声，远佞人：抛弃郑国的乐声，不用巧言的佞人。放，舍弃，废置。郑声，原指春秋战国时郑国的音乐。因与雅乐不同，故受排斥，后来凡不是雅乐都被称为郑声。

【译文】

颜渊问怎样治理国家。孔子说："**用夏朝的历法**，夏历根据万物的生长，将其作为四季的开始，选取夏历是因其符合自然、容易了解。**坐殷商的车子**，殷商天子的车都用蒲草编的席子，以显示殷商的节俭。**戴周朝的礼帽**，取用它以黄色丝绵堵住耳朵，不放任视听的意思。**音乐就效法虞舜的《韶》《舞》**。《韶》，虞舜时的音乐。极其美好，所以选用它。**舍弃郑国的乐曲，让小人远离**。郑国乐曲没有节制，小人危险，他们都能蛊惑人心，使人走向淫乱危险，所以应当舍弃远离。"

子曰："人而无远虑，必有近忧。"

【译文】

孔子说："一个人没有长远的考虑，一定会有眼前的忧患。"

子曰："臧文仲[1]，其窃位者与？知柳下惠之贤而不与立也[2]。文仲，鲁大夫也。柳下惠，展禽也。知贤不举，为窃位也。"

【注释】

①臧文仲：鲁国大夫臧孙辰。

②柳下惠：鲁国贤者，本名展获，字禽，又叫展季。

【译文】

孔子说："臧文仲，他大概是窃居官位却不称职的人吧？明明知道柳下惠贤良，却不给他朝廷的官位。文仲，是鲁国大夫。柳下惠，是展禽。知道贤良不举荐，这就是窃取职位。"

子曰："躬自厚[1]，而薄责于人，则远怨矣。"责己厚，责人薄，所以远怨咎也。

【注释】

①自厚：相当于自厚责，对自己从重责备。

【译文】

孔子说："多责备自己，而少责备别人，怨恨自然就远离了。"责备自己多，责备别人少，这就是怨恨远离的原因。

子曰："君子求诸己，小人求诸人。"君子责己[1]，小人责人。

【注释】

①责：要求，期望。

【译文】

孔子说："君子要求自己，小人要求别人。"君子责求自己，小人责求别人。

子曰："君子不以言举人，有言者，不必有德，故不可以言举人也。不以人废言①。"

【注释】

①废：废弃，鄙弃。

【译文】

孔子说："君子不因为别人的言语就举荐他，有好的言语的人，不一定有德行，所以不可以用言语举荐人。不因为是坏人的言语就全部废弃。"

子贡问曰："有一言而可终身行者乎？"子曰："其'恕'乎①！己所不欲，勿施于人。"

【注释】

①恕：推己及人，仁爱待物。

【译文】

子贡问道："有没有一个字可以终身奉行呢？"孔子说："大概就是'恕'吧！自己不想要的，就不要施加给别人。"

子曰："巧言乱德。小不忍①，乱大谋。"巧言利口，则乱德义；小不忍，则乱大谋。

【注释】

①小不忍:小事都不能忍。

【译文】

孔子说:"花言巧语能败坏道德。小事情不忍耐,便会扰乱大计谋。"花言巧语嘴尖舌快,那就会扰乱德义;小事不能忍耐,那就会扰乱大计谋。

子曰:"众恶之,必察焉[1];众好之,必察焉。"或众阿党比周[2],或其人特立不群,故好恶不可不察也。

【注释】

①察:仔细观察,考察。

②阿党:逢迎上意,徇私枉法;比附于下,结党营私。比周:结党营私。

【译文】

孔子说:"大家厌恶他,一定要仔细考察;大家喜爱他,也一定要仔细考察。"或是众人阿谀逢迎结党营私,或是那个人卓然特立并不合群,所以众人的喜好厌恶不能不仔细考察。

子曰:"人能弘道[1],非道弘人。"材大者,道随大;材小者,道随小,故不能弘人也。

【注释】

①弘:弘扬,扩大。

【译文】

孔子说:"人能够弘扬道,不是用道来弘扬人。"才能高的人,道随着阔大;才能低的人,道随着微小,所以不能弘扬人。

子曰："过而不改，是谓过矣。"

【译文】

孔子说："有过错而不改正，那个过错便真叫做过错了。"

子曰："吾尝终日不食[1]，终夜不寝，以思，无益，不如学也。"

【注释】

①终：自始至终。

【译文】

孔子说："我曾经整天不吃，整夜不睡，来思考，没有益处，还是不如去学习。"

季氏

季氏将伐颛臾[1]。冉有、季路见于孔子[2]，孔子曰："求！无乃尔是过与？"冉有曰："夫子欲之[3]，吾二臣者皆不欲也。归咎于季氏[4]。"孔子曰："求！周任有言曰[5]：'陈力就列[6]，不能者止。'周任，古之良史也。言当陈才力，度己所任，以就其位，不能则当止。危而不持，颠而不扶，则将焉用彼相矣[7]？言辅相人者，当能持危扶颠，若不能，何用相为也？且尔言过矣。虎兕出于柙[8]，龟玉毁于椟中[9]，是谁之过与？柙，槛也。椟，柜也。失虎毁玉，非典守者过耶？"冉有曰："今夫颛臾，固而近于费[10]。固，城郭完坚，兵甲利也。费，季氏邑。今不取，后世必为子孙忧。"孔子曰："求！君子疾夫疾如汝言。舍曰'欲之'而必为之辞[11]。舍其贪利之说，而更作他辞，是所疾。丘也闻，有国有家者[12],不患寡而患不均,不患土地人民之寡少,患政治之不均平。不患贫而患不安[13]。忧不能安民耳,民安国富。盖均无贫,和无寡,安无倾。政教均平[14],则不患贫矣;上下和同,则不患寡矣;大小安宁,不倾危矣。夫如是,故远人不服,则修文德以来之[15]。既来之,则安之[16]。今由与求也,相夫子[17],远人不服而不能来也,邦分崩离析而不能守也[18],而谋动干戈于邦内。吾恐季孙之忧,不在颛臾,而在萧墙之内也[19]。萧之言肃也。墙,谓屏也。君臣相见之礼,至屏而加肃敬焉,是以谓之萧墙。后季氏家臣阳虎,果囚季桓子也。”

【注释】

①季氏:季孙氏,指鲁国权臣季康子。颛臾(zhuān yú):本是鲁国的附庸,当时臣属鲁国。

②冉有、季路:二人是孔子弟子,此时又是季氏家臣。

③夫子:指季氏,即季康子。

④归咎:归罪,把过错推脱给别人。

⑤周任:古代的史官。

⑥陈力:贡献、施展才力。列:指官位。

⑦相:指盲人的辅佐。

⑧兕(sì):古代兽名,独角犀或雌犀牛。柙(xiá):关动物的大笼子、栅栏。

⑨椟(dú):木柜。

⑩固:城池坚固。费(bì):鲁国季氏采邑,在今山东费县。

⑪辞:托辞,借口。

⑫有国:指诸侯。有家:指大夫。

⑬不患寡而患不均,不患贫而患不安:董仲舒《春秋繁露·度制》引

此句为“孔子曰:不患贫而患不均”。这两句可据《春秋繁露》订正为:“不患贫而患不均,不患寡而患不安。”

⑭政教:政治和教化。

⑮来:招徕,招致。

⑯安之:使之安,让他们安心。

⑰相:辅佐。

⑱守:保守,保全。

⑲萧墙之内:指君主。萧墙是王宫内的屏风,里面就是国君,所以臣子到了这里,就要肃然起敬,所以叫做萧墙(上古音萧、肃相近可通)。

【译文】

季氏准备攻打颛臾。冉有、子路两人谒见孔子,孔子说:“冉求!这难道不应该责备你吗?”冉有说:“季氏想要这样做,我们两个做家臣的本来都是不同意的。归罪给季氏。”孔子说:“冉求!周任有句话说:‘能够施展才力,这再任职,不行的话就该辞职。’周任,是古代的好史官。是说应当展示才力,估计自己的能力能不能胜任,再去任职,不能那就辞职。譬如盲人的助手,当盲人遇到危险时却不去扶持他,要摔倒了却不去搀扶他,那盲人又何必用助手呢?是说辅佐一个人,应当能像这样在危险来临时扶持他,要跌倒时搀扶他。倘若不能,为什么还要用辅佐的人呢?况且你的话错了。老虎犀牛从笼子里逃了出来,龟甲美玉在柜子里毁坏了,这是谁的责任呢?柙,是关猛兽的笼子。椟,木柜。老虎跑了美玉毁坏,不就是主管人的责任吗?”冉有说:“颛臾,城池坚牢,而且离季孙的封邑费地很近。固,是城墙完整坚固,军队装备精良。费,是季氏封邑。现今不把它占领,日子久了,一定会给子孙留下祸害。”孔子道:“冉求!君子就讨厌那种态度痛恨像你说的话那种态度。不说自己贪得无厌,却一定要找借口。舍弃自己贪图利益的真话,却说另外的托辞,这是被痛恨的。我听说过,无论是有国的诸侯还是有家的大夫,不担忧人民太少,只担忧财富不均;不担忧土地人民数目少,担忧国政治理不平均。不担忧财富太少,只担忧国家不安。担忧不能安定民众罢了,民众安定国家才能富裕。要是财富平均，就无所谓贫穷；民众安定和睦，就不再觉得人少；国家平安，就不会倾危。政治教化公允，就不担忧贫穷了；上下和睦同心，那就不担忧人少了；大小事务都安宁，那就不会有倾覆的危险了。做到这样，远方的人不归服，就加强仁义文德的修养来招徕他们。他们已经来了，就要让他们安心。如今仲由和冉求你们辅佐季孙氏，远方的人不归服，却不能招徕；国家支离破碎，而不能保全，却想在国内使用武力。我担忧季孙的忧患不在颛臾，而是萧墙之内啊。萧相当于肃。墙，指屏风。君臣相见的礼仪，臣子到了屏风跟前要更加肃敬，因此叫萧墙。后来季氏的家臣阳虎，果然囚禁了季桓子。”

孔子曰：“益者三友，损者三友。友直，友谅①，友多闻，益矣；友便辟②，便辟，巧避人所忌，以求容媚③。友善柔，面柔者也。友便佞④，损矣。便，辩也，谓佞而辩。”

【注释】

①谅：诚实，诚信。

②便辟（biàn pì）：谄媚逢迎。

③容媚：奉承谄媚。

④便佞：巧言善辩，阿谀逢迎。

【译文】

孔子说：“有益的朋友有三种，有害的朋友有三种。交正直的朋友，交诚信的朋友，交见闻广博的朋友，这是有益的；交谄媚奉承的朋友，便辟，巧妙地避开人的忌讳，求得奉承谄媚。交当面柔顺说好话的朋友，是当面柔顺的人。交夸夸其谈的朋友，这是有害的。便，是善辩，指花言巧语善辩。”

孔子曰：“益者三乐，损者三乐。乐节礼乐①，动则得礼乐之节。乐道人之善，乐多贤友，益矣；乐骄乐，恃尊贵以自恣。乐佚游[2]，佚游，出入不节。乐宴乐，损矣。宴乐，沉荒淫黩也[3]。三者，自损之道。”

【注释】

①乐（lè）节礼乐（yuè）：快乐来自合乎礼乐的法度。节，法度，调节。

②佚游：放纵游荡而无节制。

③沉荒：沉迷于逸乐，荒废事务。淫黩（dú）：超越分际而亵渎轻慢。黩，轻慢不敬。

【译文】

孔子说：“有益的快乐有三种，有害的快乐有三种。快乐来自礼乐调节，举动就受到礼乐的节制。快乐来自称扬别人的好处，快乐来自交了很多有益的朋友，这是有益的；快乐来自骄傲，依靠尊贵自我放纵。快乐来自游荡忘返，佚游，指出入没有节制。快乐来自沉迷酒食，这是有害的。宴乐，沉迷逸乐亵渎轻慢。这三种，是伤害自身的方法。”

孔子曰：“侍于君子有三愆[1]：言未及之而言，谓之躁；躁，不安静。言及之而不言，谓之隐；隐，匿不尽情实[2]。未见颜色而言[3]，谓之瞽。未见君子颜色所趣向[4]，而便逆先意语者[5]，犹瞽者也。”

【注释】

①愆（qiān）：罪过，过失。

②慝（nì）：隐匿。情实：实情，真相。

③颜色：表情，脸色。

④趣向：归向。

⑤意语：顺着自己的主观想象无的放矢地乱说一气。意，主观臆测。

【译文】

孔子说："陪从君子说话容易有三种过失：没轮到他说话却先说，叫做急躁；躁，是不安静。该说话了却不说，叫做隐瞒；隐，隐匿，不说实情。不看到君子的脸色便贸然开口，叫做目盲。没有看见君子脸色所表现出来的喜好，就事先臆测而说话，就像盲人一样。"

孔子曰："君子有三戒：少之时，血气未定，戒之在色；及其壮也，血气方刚，戒之在斗；及其老也，血气既衰，戒之在得①。得，贪得也。"

【注释】

①得：贪得，贪得对象可以包括名誉、地位、财物等一系列精神、物质利益。

【译文】

孔子说："君子有三点应该警惕戒备：年轻的时候，血气未定，要警戒的是迷恋女色；等到壮年，血气旺盛，要警戒的是争强好斗；到了老年，血气衰弱，要警戒的是贪得无厌。得，指贪得无厌。"

孔子曰："君子有三畏：畏天命，顺吉逆凶，天之命。畏大人①，大人，即圣人，与天地合德也。畏圣人之言②。小人不知天命而不畏，狎大人③，侮圣人之言。"

【注释】

①大人：是对在高位者的称呼。

②圣人之言：圣人的话。皇侃疏："圣人之言，谓五经典籍、圣人遗文

也。其理深远，故君子畏也。”圣人，是对道德高尚的人的称呼。

③狎：轻忽，轻慢。

【译文】

孔子说：“君子敬畏的有三点：敬畏天命，顺从就吉利，背逆就凶险，这就是天命。敬畏王公大人，大人，是圣人，跟天地大德相合。敬畏圣人的言语。小人不懂天命因而不怕，轻视王公大人，轻侮圣人的言语。”

孔子曰：“生而知之者，上也；学而知之者，次也；困而学之[①]，又其次也；困，谓有所不通也。困而不学，民斯为下矣。”

【注释】

①困：阻碍，窘迫，困难。

【译文】

孔子说：“生下来就知道的，是上等；学习之后知道的，是次一等；遇到困难再去学，是再次一等；困，指有不通的地方。遇见困难还不学，平民百姓就是这种最下等的了。”

孔子曰：“君子有九思：视思明[①]，听思聪[②]，色思温[③]，貌思恭，言思忠，事思敬，疑思问，忿思难，见得思义。”

【注释】

①明：看明白。

②聪：听清楚。

③色：脸色。

【译文】

孔子说：“君子有九种考虑：看的时候考虑是否看明白了，听的时候考虑是否听清楚了，对于脸色考虑是否温和，对于容貌考虑是否恭敬，对于言谈考虑是否忠诚，做事时考虑是否认真，遇到疑问考虑如何向人请教，发怒时考虑有何后患，见有可得的时候考虑是否合乎道义。”

孔子曰：“见善如不及，见不善如探汤[①]。”

【注释】

①汤：热水，沸水。

【译文】

孔子说：“看见好的德行，就像自己赶不上一样地努力追求；看见不好的德行，像手伸入沸水那样急忙摆脱。”

齐景公有马千驷[①]，死之日，民无得而称焉；千驷，四千匹也。伯夷、叔齐饿于首阳之下[②]，首阳，山名。民到于今称之。其斯之谓与！此所谓以德为称。

【注释】

①驷：古代同驾一辆车的四匹马。

②伯夷、叔齐：孤竹君的两个儿子，父亲死了，互相让位，后来都逃到周文王那里。周武王起兵讨伐商纣，他们拦住车马劝阻。周朝统一天下，他们以吃周朝的粮食为可耻，饿死于首阳山。

【译文】

齐景公有四千匹马，死的时候，民众都不觉得他有什么善行值得称述；千驷，是四千匹马。伯夷、叔齐两人饿死在首阳山下，首阳，是山名。民众到现在还称颂他。大概就是这个道理吧！这就是所说的用道德来称颂。

阳货

子曰："性相近也[1]，习相远也[2]。君子慎所习。"

【注释】

①性：天生的本性。

②习：习俗，风习。

【译文】

孔子说："人的天性本来相近，因为习惯的影响才相去甚远。君子要谨慎地对待自己的习惯。"

子张问仁于孔子。孔子曰："能行五者于天下[1]，为仁矣。""请问之。"曰："恭、宽、信、敏、惠。恭则不侮，不见侮也。宽则得众，信则人任焉，敏则有功，应事疾，则多成功。惠则足以使人。"

【注释】

①行：实践，施行。

【译文】

子张向孔子问仁。孔子说："能够在天下践行五种品德，便是仁人了。"子张说："请问是哪五种？"孔子道："恭敬，宽厚，诚信，勤敏，慈惠。恭敬就不会遭受侮辱，不被侮慢。宽厚就得到大众拥护，诚信就被别人任用，勤敏就会取得业绩，做事反应快，多半会获得成功。慈惠就足够使唤人。"

子曰："由！汝闻六言六蔽乎[1]？"对曰："未。""居[2]！吾语汝。好仁不好学，其蔽也愚；仁者爱物，不知所以裁之[3]，则愚也。好智不好学，其蔽也荡；荡，无所适守。好信不好学，其蔽也贼；父子不知相为隐之辈。好直不好学，其蔽也绞[4]；好勇不好学，其蔽也乱；好刚不好学，其蔽也狂。狂，妄抵触人也。”

【注释】

①六言：六个字，指六种性格，即仁、智、信、直、勇、刚。蔽：遮挡，蔽塞。

②居：踞坐，坐。

③裁：鉴别，识别，估量。

④绞：急切。

【译文】

孔子说：“仲由，你听过六个字概括的品德以及六种弊病吗？”子路答道：“没有。”孔子说：“坐下！我告诉你。爱仁德，却不爱学习，那弊病就是愚笨；仁德的人爱物，不知道用什么办法鉴别，那就是愚笨。爱小聪明，却不爱学习，那弊病就是放荡而无根基；荡，没有据守的立场。爱诚信，却不爱学习，那弊病就是自己反受伤害；如同是父子却不知道应该相互隐瞒的人。爱直率，却不爱学习，那弊病就是说话急切伤人；爱勇敢，却不爱学问，那弊病就是作乱惹祸；爱刚强，却不爱学习，那弊病就是轻率狂妄。狂，是狂妄抵触别人。”

子曰：“礼云礼云，玉帛云乎哉[1]？言礼非但崇此玉帛而已，所贵者，乃贵其安上治民。乐云乐云，钟鼓云乎哉？乐之所贵者，移风易俗也，非但谓钟鼓而已。”

【注释】

①玉帛：圭璋和束帛，古代祭祀、会盟、朝聘等使用，这里指重要的礼

仪用品。

【译文】

孔子说："礼呀礼呀，只是指玉帛这些礼品而言吗？这是说礼不仅仅是崇尚这些玉帛罢了，所看重的是安宁君上、治理民众。乐呀乐呀，只是指钟鼓这些乐器而言吗？乐的可贵之处，是移风易俗，不仅仅是演奏钟鼓罢了。"

子曰："鄙夫可与事君也哉[①]？言不可与事君。其未得之也，患得之；患得之者，患不能得之。既得之，患失之。苟患失之，无所不至矣。无所不至者，言邪媚无所不为。"

【注释】

①鄙夫：没有品行、庸俗浅陋的人。

【译文】

孔子说："庸俗浅陋的人可以跟他一起事奉君主吗？这是说不可以跟他一起事奉君主。当他没有得到职位的时候，担心得不到；患得之，是说担心不能得到它。已经得到职位了，又担心失去。如果担心失去，就会无所不用其极了。无所不至，是说邪恶献媚等没有什么是不能干的。"

子曰："恶紫之夺朱也[①]，恶其邪好而夺正色。恶郑声之乱雅乐也[②]，恶其邪音而乱雅乐。恶利口之覆邦家也。利口之人，多言少实，苟能悦媚时君，倾覆国家也。"

【注释】

①紫：是一种间色，即两种以上正色合成的颜色。朱：是正色，正色指青、赤、黄、白、黑五种纯正的颜色。

②雅乐：指古代帝王祭祀天地、祖先及朝贺、宴享时所用的舞乐。

【译文】

孔子说："憎恶紫色取代了朱色，厌恶它邪恶又漂亮，夺去了正色的鲜亮跟地位。憎恶郑国的乐曲破坏了典雅的古乐，厌恶它用淫邪音乐扰乱雅乐。憎恶嘴尖舌快颠覆了国家。嘴尖舌快的人，言语多，实事少，如能取悦献媚当时的君主，就会倾覆国家。"

子贡曰："君子亦有恶乎？"子曰："有恶：恶称人恶者，好称说人恶，所以为恶也。恶居下流而讪上者[①]，讪，谤毁也。恶勇而无礼者，恶果敢而窒者[②]。窒，塞。"曰："赐也亦有恶乎？""恶徼以为智者[③]，徼，抄也。抄人之意以为己有。恶不逊以为勇者，恶讦以为直者[④]。讦，谓攻发人之阴私[⑤]。"

【注释】

①下流：指地位微贱。讪（shàn）：毁谤，讥讽。

②窒：闭塞不通。

③徼（jiāo）：抄袭。

④讦（jié）：揭发、攻击他人的隐私、过错或短处。

⑤阴私：隐秘不可告人的事。

【译文】

子贡说："君子也有憎恶的事情吗？"孔子道："有憎恶的：憎恶喜欢传播别人坏处的人，喜欢传播别人坏处，这就是被憎恶的原因。憎恶在下位而毁谤上位的人，讪，是毁谤的意思。憎恶勇敢却不懂礼节的人，憎恶勇于果决却顽固不化的人。窒，是堵塞的意思。"孔子又说："赐，你也有憎恶的事吗？"子贡回答说："我憎恶抄袭别人却自作聪明的人，徼，是抄袭的意思。抄袭别人的意图当做自己所有。憎恶毫不谦逊却自以为勇敢的人，憎恶揭发别人阴私却自以为直率的人。讦，指攻击揭发别人的阴私。"

微子

柳下惠为士师[①]，士师，典狱之官也。三黜[②]。人曰："子未可以去乎？"曰："直道而事人[③]，焉往而不三黜？苟直道以事人，所至之国，俱当复三黜。枉道而事人，何必去父母之邦？"

【注释】

①士师：古代执掌禁令刑狱的官名。

②黜：贬降，罢退。

③事人：指充任下属。

【译文】

柳下惠做监狱长，士师，是掌管监狱的官员。多次被撤职。有人对他说："您不可以离开鲁国吗？"他道："坚守正道而事奉人，到哪里去不会多次被撤职？假如坚守正道而事奉人，所到的国家，都会被多次罢免。以邪道事奉人，何必要离开祖国呢？"

周公谓鲁公鲁公，周公之子伯禽也。曰[①]："君子不施其亲，施，易也。不以他人之亲，易己之亲。不使大臣怨乎不以。以，用也。怨不见听用也。故旧无大故，则不弃也。无求备于一人！大故，谓恶逆之事也。"

【注释】

①周公：周公旦，周武王之弟，辅佐成王。鲁公：是周公的儿子伯禽。

【译文】

周公对鲁公鲁公，是周公的儿子伯禽。说："君子不变易他的亲族，施，是变易的意思。不把别人的亲族，变易为自己的亲族。不让大臣抱怨自己没得到任用。以，是用的意思。埋怨不被任用。**老友故人没有严重过失，就不要抛弃他们。不要对一个人求全责备！**大故，指奸恶叛逆之类事情。”

子张

子夏曰：“小人之过也必文①。”文饰其过，不言情实也。

【注释】

①文：文饰，遮盖。

【译文】

子夏说：“小人对于错误一定会加以掩饰。”掩盖他的过错，不说真情实话。

子夏曰：“君子信而后劳其民，未信，则以为厉己也①。厉，病。信而后谏，未信，则以为谤己也。”

【注释】

①厉：祸害，虐待。

【译文】

子夏说：“君子必须得到信任以后才去让民众劳作，没有得到信任，那百姓就会以为在祸害他们。厉，是祸害的意思。必须得到信任以后才去进谏，没有得到信任，那君上就会以为你在毁谤他。”

孟氏使阳肤为士师①，阳肤，曾子弟子也。士师，典狱官也。问于曾子。曾子曰：“上失其道，民散久矣。如得其情②，则哀矜而勿喜！”民之离散，为轻漂犯法，乃上之所为，非民之过也。

当哀矜之，勿自喜能得其情也。

【注释】

①孟氏：原三桓之一。三桓，指仲孙氏、叔孙氏、季孙氏，都出自鲁桓公，所以叫三桓。仲孙氏后来改称孟氏。阳肤：曾子的弟子。

②得其情：指了解到案件的实情。

【译文】

孟氏任命阳肤做监狱长，阳肤，是曾子的弟子。士师，是监狱长。阳肤向曾子求教。曾子说："现今在上位的人失去正道，民心早就离散了。你假若能够审出罪犯的实情，便应该同情可怜他，而不要高兴自己的明察！"民心离散，就会轻易犯法，这是在上位者导致的，不是民众的过失。应当哀怜他们，不能因为察觉案件实情而欣喜。

子贡曰："纣之不善也，不如是之甚也。是以君子恶居下流[①]，天下之恶皆归焉。"纣为不善，以丧天下，后世憎之甚，皆以天下之恶，归之于纣也。

【注释】

①下流：比喻众恶所归的地位。

【译文】

子贡说："商纣王的坏，也不像传说中的这么厉害。所以君子憎恶居于下流，一旦居于下流，天下所有的坏名声都会集中在他身上了。"商纣王行为不善，丧失了天下，后代非常憎恶他，把天下所有的坏事，都归到商纣王的身上。

子贡曰："君子之过也[①]，如日月之食焉。过也[②]，人皆见之；更也，人皆仰之。更，改也。"

【注释】

①过：过失，错误。

②过：犯错误。

【译文】

子贡说："君子的过失，如同日食月食。有过失的时候，每个人都看得见；更改的时候，每个人都仰望着。更，是更改的意思。"

尧曰

"朕躬有罪[①]，无以万方[②]；万方有罪，罪在朕躬。无以万方，万方不与也。万方有罪，我身之过。""虽有周亲[③]，不如仁人。亲而不贤不忠，则诛之，管、蔡是也[④]；仁人箕子、微子[⑤]，来则用之。百姓有过，在予一人。"谨权量[⑥]，审法度[⑦]，修废官[⑧]，四方之政行焉。权，秤也。量，斗斛。兴灭国[⑨]，继绝世[⑩]，举逸民[⑪]，天下之民归心焉。所重：民、食、丧、祭[⑫]。重民，国之本也；重食，民之命也；重丧，所以尽哀也；重祭，所以致敬也。宽则得众，敏则有功[⑬]，公则悦。言政公平则民悦矣，凡此五帝、三王所以治，故传以示后世也。

【注释】

①朕躬：这是商汤自称。朕，我。躬，自身。

②万方：万邦，各国诸侯。方，邦国。

③周亲：至亲。这是周武王说的。

④管、蔡：即管叔、蔡叔，周文王之子，周公之兄弟，管叔鲜、蔡叔度于武王死后散布流言中伤周公，并裹挟纣王之子武庚叛乱，周公东征，杀武庚与管叔鲜，流放蔡叔度。

⑤箕子：名胥余，是纣王的叔父，官太师，封于箕，因直言劝谏纣王不听，佯狂为奴。微子：子姓，名启，是商王帝乙的长子，纣王的庶兄，早年在微子国做诸侯国君。启因封国为微，姓氏为子，故后来被称为微子。后来成为宋国第一代国君。世称微子、微子启、宋微子。

⑥权量：测定物体大小、轻重的器具，这里指度量衡标准。

⑦法度：指礼仪制度。

⑧废官：指有职而无其官，或有官而不称其职。

⑨兴：使复兴，恢复。灭国：已灭亡的国家。

⑩绝世：已经断绝禄位的世家。

⑪逸民：指遁世隐居的人。

⑫食：指粮食。

⑬敏：指勤政。

【译文】

商汤说：“我如果有罪，就不要连累天下万邦；天下万邦如果有罪，罪过都在我一个人身上。无以万方，是说万方不参与。万方有罪，是我自身的过失。**”周武王说：“我虽然有至亲，却不如有仁德之人。**亲属如果不贤明不忠诚，那就要惩治，管叔、蔡叔就是这样；仁人如同箕子、微子，来到那就要任用。**百姓如果有罪过，应该由我来承担。”谨慎检查测量器具，审定礼仪制度，重新设置已废弃的官府职守，全国的政令就都通行了。**权，是秤。量，是斗斛等标准容器。**复兴被灭亡的国家，再续已断绝的世家后代，提拔隐居的人才，天下的民众就都会诚心归附了。所重视的是：民众、粮食、丧礼、祭祀。**重视民众，这是国家的根本；重视粮食，这是民众的生命；重视丧礼，来对死者竭尽哀思；重视祭祀，来对鬼神表达敬意。**宽厚就会得到民众的拥护，勤敏就会有功绩，公平就会让民众高兴。**这是说政治公平那么民众就喜悦了，这基本就是五帝、三王安定天下的方法，所以将其传给后代。

子张问政于孔子曰："何如斯可以从政矣？"子曰："尊五美，屏四恶，斯可以从政矣。屏，除也。"子张曰："何谓五美？"子曰："君子惠而不费，劳而不怨，欲而不贪，泰而不骄[①]，威而不猛。"子张曰："何谓惠而不费？"子曰："因人所利而利之，斯不亦惠而不费乎？利民在政，无费于财。择可劳而劳之，又谁怨？欲仁而得仁，又焉贪？君子无众寡，无小大，无敢慢，言君子不以寡小而慢之。斯不亦泰而不骄乎？君子正其衣冠，尊其瞻视[②]，俨然人望而畏之[③]，斯不亦威而不猛乎？"子张曰："何谓四恶？"子曰："不教而杀谓之虐，不戒视成谓之暴，不宿戒，而责目前成，为视成也[④]。慢令致期谓之贼，与民无信，而虚刻期[⑤]。犹之与人也，出纳之吝谓之有司[⑥]。谓财物俱当与人，而吝啬于出内惜难之，此有司之任耳，非人君之道。"

【注释】

①泰：安舒，安宁。

②瞻视：观瞻，指外观。

③俨然：严肃庄重的样子。

④视成：指责其成功。

⑤刻期：限定日期。刻，通"剋"。

⑥有司：官吏。古代设官分职，各有专司，所以有这个称呼。皇侃疏："有司，犹库吏之属。人君若物与人而吝，即与库吏无异。"

【译文】

子张向孔子问政事："怎样可以治理政事呢？"孔子说："尊崇五种美德，屏除四种恶行，这就可以治理政事了。屏，是屏除的意思。"子张说："什么是五种美德?”孔子说:“君子给民众恩惠而自己没有耗费,役使民众却没有怨恨,有欲望却不贪求,安泰却不骄傲,威严却不凶猛。”子张道:“什么叫做给民众好处而自己没有耗费?”孔子说:“顺应民众的利益所在而使他们得利,这不也是给民众好处而自己没有耗费吗?用政务让民众得到利益,不用耗费钱财。选择可以劳动的季节去役使他们,谁又来怨恨呢?自己想要仁德就得到了仁德,又贪求什么呢?君子无论人多人少,无论势大势小,都不敢慢待,这是说君子不因为人少、势力小就慢待他。这不也是安泰却不骄傲吗?君子衣冠整齐,仪容尊严,庄重的神情令人望见就生出敬畏之心,这不也是威严却不凶猛吗?”子张说:“四种恶行又是什么呢?”孔子说:“不加教育就杀戮叫做虐,不加告诫就要求成功叫做暴,不事先告诫,而要求马上成功,叫做视成。缓慢发布命令后突然限期紧迫叫做贼,指跟民众没有诚信,虚假地限定日期。像是给人财物却非常悭吝,这是具体办事人员的作派。指应当把财物都给别人,却吝啬发出,内心难受,这是具体办事人员的作派,不是人君之道。”

卷十

孔子家语

【题解】

《孔子家语》又名《孔氏家语》，或简称《家语》。原书二十七卷，今本为十卷，共四十四篇，魏王肃注，书后附有王肃序和《后序》。《孔子家语》详细记录了孔子与其弟子门生的问对诘答和言谈行事，对研究儒家学派的哲学思想、政治思想、伦理思想和教育思想，有巨大的理论价值。本书作者，据王肃注《孔子家语》所附汉孔安国后序说："《孔子家语》者，皆当时公卿士大夫及七十二弟子之所咨访交相对问言语也。既而诸弟子各自记其所问焉，与《论语》《孝经》并时，弟子取其正实而切事者，别出为《论语》，其余则都集录之，名之曰《孔子家语》。"后来"《孔子家语》乃散在人间，好事者或各以意增损其言"，孔安国"于是因诸公卿大夫私以人事募求其副，悉得之，乃以事类相次，撰集为四十四篇"。至于《汉书·艺文志》著录《孔子家语》二十七卷与今本不同，这实际是因为刘向与孔安国的矛盾导致刘向删节《孔子家语》所致，而孔安国之孙孔衍奏请皇帝得以恢复原本，并流传后世。

判定《孔子家语》真伪是中国学术史上的重要案例，如宋王柏《家语考》、清姚际恒《古今伪书考》、范家相《家语证伪》、孙志祖《家语疏证》均认为是伪书。20世纪"疑古思潮"兴起后，更被判定为王肃伪造之书。但从20世纪70年代以来，1973年，河北省定州八角廊汉简《儒家者言》，内容与今本《孔子家语》相近。1977年，安徽省阜阳双古堆也出土了篇题与《儒家者言》相应的简牍，内容同样和《家语》有关。此外“上博简”“北大藏汉简”等简帛古书中也陆续发现与《孔子家语》有关的材料。这些考古发现说明，今本《孔子家语》并非伪书，更不能直接说成是王肃所撰著，而是孔氏家学的产物。本书应为孟子以前的文献，应当承认它在有关孔子和孔门弟子及古代儒家思想研究中的重要价值。

魏徵在《隋书·经籍志》中说：“其《孔丛》《家语》，并孔氏所传仲尼之旨。”正是基于这一认识，《群书治要》从《孔子家语》王肃注本中摘录了《始诛》等二十二篇，较为集中地阐释了儒家政治伦理思想与治国理念。诸如“君者，舟也；民者，水也。水所以载舟，亦所以覆舟”“良药苦于口而利于病，忠言逆于耳而利于行”“入芝兰之室，久而不闻其香；入鲍鱼之肆，久而不闻其臭”等，都成为脍炙人口的名言。

王肃，字子雍，东海郡郯（今山东郯城）人。三国时期魏国大臣、经学家，司徒王朗的儿子，晋文帝司马昭岳父。曾遍注群经，对今古文经学加以综合。凭借深厚的文化底蕴，借鉴《礼记》《左传》《国语》等，编撰《孔子家语》宣扬道德价值，将儒家精神理念纳入官学，其所注经学被称作“王学”。唐代时，作为“二十二先贤”配享孔庙。其所注经学在魏晋时期被称作“王学”。

始诛[①]

孔子为鲁大司寇[②]，朝政七日，而诛乱法大夫少正卯[③]，戮之于两观之下[④]，两观，阙也[⑤]。尸于朝三日[⑥]。子贡进曰[⑦]：“夫少正卯，鲁之闻人也[⑧]。今夫子为政而始诛之，或者为失之乎？”孔子曰：“天下有大恶者五，而盗窃不与焉[⑨]。一曰心逆而险[⑩]，二曰行僻而坚，三曰言伪而辨，四曰记丑而博⑪，丑，谓非义。五曰顺非而泽⑫。此五者，有一于人，则不免于君子之诛，而少正卯皆兼有之。其居处足以撮徒成党⑬，撮，聚也。其谈说足以饰袤荧众⑭，其强御足以反是独立⑮。此乃人之奸雄也⑯，不可以不除。”

【注释】

①始诛：该篇记录了孔子的两个判案之例，叙述了孔子对于刑罚、诉讼的态度和主张。

②大司寇：掌管刑狱、纠察等事，为周六卿之一。

③少正卯：春秋时期鲁国的大夫，名卯，姓少正，一说少正为官名。能言善辩，和孔子都曾经在鲁国讲学，招收学生。孔子的学生多次被卯吸引过去听讲。孔子任鲁国大司寇后，将少正卯以“君子之诛”杀死在两观之下，曝尸三日。

④两观：宫门前两边的望楼。

⑤阙：宫门两侧的高台，中间有道路，台上起楼观。

⑥尸：指陈尸示众。朝：指中央治理政务之处。

⑦子贡：孔子学生，姓端木，名赐，字子贡，卫国人。他善于雄辩，且有干济才，办事通达，曾任鲁、卫两国之相。是孔门十哲之一。

⑧闻（wèn）人：有名望的人。

⑨与：参与其中。

⑩逆：悖逆。

⑪丑：指怪异之事。博：广大，宽广。

⑫泽：润泽，美化。

⑬撮：聚集。

⑭袤：同“邪”。镰仓本、元和活字本作“褎”。天明本眉批云：“袤旧作褎，改之。”饰褎，夸美。荧：眩惑。

⑮强御：强暴。

⑯奸雄：本指淆乱是非的辩士，后多指弄权欺世、窃取高位的人。

【译文】

孔子担任鲁国的大司寇，执掌朝政七天，就诛杀了扰乱朝政的大夫少正卯，在宫殿门前的两座望楼杀了他，两观，是阙。还在朝廷陈尸示众三天。子贡向孔子进言说："少正卯，是鲁国有名望的人。现在老师您刚开始执掌朝政就杀掉他，也许有些失当吧？"孔子说："天下称得上大恶的有五种，盗窃就不包括在内了。一是心存悖逆又险恶，二是行为邪僻而坚定，三是言语虚伪又善辩，四是对不义的事知道的过多，丑，指不义之事。五是顺从错误言论还要为之润泽美化。这五种，只要是有其中之一恶的人，就免不了受到君子的诛杀，而少正卯兼而有之。他身居之处足以聚集徒众结党营私，撮，是聚集的意思。他的言谈足以伪饰邪恶迷惑众人，他的强大足以反对正理独立异端。这就是人中的奸雄啊，不可不除掉。"

孔子为鲁大司寇，有父子讼者，夫子同狴执之[①]，狴，狱牢也。三月不别[②]。其父请止，夫子赦焉。季孙闻之，不悦，曰："司寇欺余。曩告余曰'为国家者，必先以孝'，今戮一不孝，以教民孝，不亦可乎？而又赦之。何哉？"孔子喟然叹曰："呜呼！上失其道[③]，而杀其下[④]，非理也。不教以孝，而听其狱[⑤]，是杀不辜也。三军大败，不可斩也；狱犴不治[⑥]，不可刑也。何者？上教之不行，罪不在民故也。夫慢令谨诛[⑦]，贼也[⑧]；征敛无时，暴也；不诫责成[⑨]，虐也。政无此三者，然后刑可即也。既陈道德以先服之[⑩]，而犹不可，则尚贤以劝之，又不可，则废不能以惮之[⑪]。若是，百姓正矣。其有邪民不从化者，然后待之以刑，则民咸知罪矣。是以威厉而不试[⑫]，刑措而不用也。今世不然，乱其教，烦其刑，使民迷惑而陷罪焉，又从而制之，故刑弥繁而盗不胜也[13]。世俗之陵迟久矣[14]，虽有刑法，民能勿逾乎？”

【注释】

①同狴（bì）：关在同一监狱。狴，牢狱。

②别：辨，治。

③上：指上层统治者。

④下：指民众。

⑤狱：讼狱。

⑥狱犴（àn）：牢狱。

⑦慢令谨诛：法令松弛而刑杀甚严。

⑧贼：残害。

⑨责成：苛求完成。责，求。

⑩陈：陈述，陈说。

⑪废：废弃，放逐。惮：畏难，畏惧。

⑫威厉：威严。

⑬不胜：不尽。

⑭陵迟：败坏，衰败。

【译文】

孔子担任鲁国的大司寇，有父子二人来打官司，孔子把他们羁押在同一间牢房里，狴，是牢狱。过了三个月也不处理。父亲请求撤诉，孔子就放了他们。季孙氏听到这件事，很不高兴，说：“司寇欺骗我。从前他告诉我：‘治理国家首先一定要提倡孝道。’现在我要杀掉一个不孝的人来教导民众孝道，不也可以吗？司寇却又赦免了他们，这是为什么呢？”孔子叹息说：“唉！上位者失去治国正道，却去杀民众，这是违背情理的。不用孝道来教化民众，而随意判决官司，这是杀害无辜者。军队打了败仗，是不能用斩杀士卒来解决的；刑事案件不断发生，是不能用严酷的刑罚来制止的。为什么呢？是上层的教化没有施行，罪责不在民众的缘故。法令松弛而刑杀严酷，是残害；随意横征暴敛，是暴政；不加教化而苛求百姓遵守礼法，是酷虐。施政中没有这三种弊害，然后才可以使用刑罚。先陈说道理使百姓明白敬服，如果还不行，就应该以贤良的人为表率引导鼓励他们，还不行，才放逐废黜那些违犯者，还不行，才可以用威力让他们畏惧。像这样，百姓就会走上正道。其中有些不从教化的顽劣之徒，就可以对他们使用刑罚，那么，民众就都知道什么是犯罪了。因此就不必用严刑峻法，刑法也可搁置不用了。现今之世却不是这样，教化紊乱，刑法繁杂，使民众迷惑而陷入陷阱，官吏又用繁多的刑律来控制约束，所以刑罚越频繁，盗贼越抓不尽。社会风气已经败坏很久了，即使有严刑苛法，百姓能不违犯吗？”

王言①

孔子闲居②，谓曾子曰③：“参，汝可语明王之道与④？居，吾语汝。夫道者，所以明德也；德者，所以尊道也。是故非德，道不尊也；非道，德不明也。虽有国之良马，不教服乘，不可以取道里；虽有博地众民，不以其道治之，不可以致霸王⑤。是故，昔者明王内修七教⑥，外行三至⑦。七教修而可以守；三至行而可以征。明王之道，其守也，则必折冲千里之外⑧；其征也，还师衽席之上⑨。故曰：内修七教而上不劳，外行三至而财不费。此之谓明王之道也。”

【注释】

①王言：本篇讲的是“明王之道”，即圣明君王的治国之道。

②闲居：闲坐。

③曾子：名参，字子舆，春秋末年鲁国人。孔子弟子，儒家学派的重要代表人物。

④明王：圣明的君主。

⑤致霸王：指成为霸主，称王。

⑥七教：古指敬老、尊齿、乐施、亲贤、好德、恶贪、廉让七种道德规范。

⑦三至：三条原则。至礼不让，至赏不费，至乐无声。

⑧折冲：使敌人的战车后撤，即制敌取胜。冲，冲车，战车的一种。

⑨衽席：卧席、座席，这里借指太平安居的生活。

【译文】

孔子在家闲坐，对曾子说："参啊！大概可以对你谈谈古代圣明君主的治国之道吧？你坐下，我跟你说。所谓道，是用来彰明德行的；德，是用来尊崇道义的。所以没有德行，道义不能被尊崇；没有道义，德行也无法光大。即使有最好的马，如果不能正确地驾驭，它就不可能奔驰在道路上；国家即使有广阔的土地和众多的民众，如果不用正确的方法来治理，也不可能称霸天下。因此，古代圣明君主在内修行七教，对外实施三至。七教修成，就可以守卫基业；三至实施，就可以征伐不义。圣明君主的治国之道，守卫国家，一定能击败千里之外的敌人；对外征伐，也一定能得胜还朝。所以说：在内修行七教，君主就不会因政事烦劳；对外实施三至，财力就不会靡费。这就叫做圣明君主的治国之道。"

曾子曰："不劳不费之为明王，可得而闻乎？"孔子曰："昔者帝舜左禹，右皋陶①，不下席而天下治。夫如此，何上之劳乎？若乃十一而税，用民之力，岁不过三日，入山泽以其时而无征，此则生财之路也而明王节之，何财之费乎？"

【注释】

①皋陶：传说虞舜时的司法官。

【译文】

曾参说："不为政事而烦劳、不耗费资财就叫做圣明君主，其中的道理能讲给我听吗？"孔子说："从前帝舜左边是禹，右边是皋陶，他不用离开座席就天下太平。就这样，君上还有什么烦劳呢？至于说实行十分之一的税率，民众服劳役一年不超过三天，让百姓按季节进入山林湖泊伐木渔猎而不滥征税，这就是生财之路，而圣明的君主节制使用这些办法，怎么还会靡费钱财呢？"

曾子曰："敢问何谓七教？"孔子曰："上敬老则下益孝，上尊齿则下益悌①，上乐施则下益宽，上亲贤则下择友，上好德则下无隐，上恶贪则下耻争，上廉让则下知节。此之谓七教也。七教者，治民之本也。政教定，则本正矣。凡上者，民之表也②，表正则何物不正！"

【注释】

①齿：年齿，这里指比自己年长的人。悌（tì）：尊敬哥哥，引申为顺从长上。

②表：表率，榜样。

【译文】

曾参问："请问什么是七教呢？"孔子说："居上位的人尊敬老人，那么下层百姓就会更孝顺；居上位的人尊敬比自己年长的人，下层百姓就会更加敬爱兄长；居上位的人乐善好施，下层百姓就会更加宽厚；居上位的人亲近贤人，下层百姓就会选择良友；居上位的人喜好道德，下层百姓就不会隐瞒自己的观点；居上位的人憎恶贪婪，下层百姓就会耻于争利；居上位的人廉洁谦让，下层百姓就会知道保守气节。这就是所说的七教。这七教，是治理民众的根本。政治教化确定了，那么根本就正确了。凡是居上位的人，都是百姓的榜样，榜样端正了还有什么不端正的呢！"

曾子曰："道则至矣！弟子不足以明之。"孔子曰："参，汝以为姑止此乎？昔者明王之治民也有法，必裂地而封之[①]，分属而理之，然后贤民无所隐，暴民无所伏。使有司日省而时考之[②]，进用贤良，退贬不肖[③]，则贤者悦，而不肖者惧。哀鳏寡，养孤独，恤贫穷，诱孝悌，选才能。此七者修，则四海之内无刑民矣。上之亲下也，如手足之于腹心；下之亲上也，如幼子之于慈母矣。上下相亲如此，故令则从，施则行。民怀其德，近者悦服，远者来附，政之致也。田猎罩弋[④]，罩，掩网也。弋，缴射也。非以盈宫室也；征敛百姓，非以充府库也。慘怛以补不足[⑤]，礼节以损有余，多信而寡貌[⑥]，其礼可守，其言可覆[⑦]，其迹可履[⑧]。其于信也，如四时；其博有万民也，如饥而食，如渴而饮；民之信之，如寒暑之必验也。故视远若迩[⑨]，非道迩也，见明德也。是故兵革不动而威，用利不施而亲[⑩]。此之谓明王之守，折冲乎千里之外者也。"

【注释】

①裂地而封之：把土地划分疆域分封诸侯。裂地，划分属地。封，君主把土地或爵位赐给臣子。

②有司日省：主管的官员每天去各地视察。有司，主管官员，即《周礼》所说的乡大夫这类官员。省，省察，视察。

③不肖：不成材，不贤。

④田猎：君王贵族围猎。罩：罩网，可捕鱼或兽。弋：带丝绳的箭，可射鸟。

⑤慘怛（dá）：忧伤，悲痛。

⑥寡貌：指朴质自然，不加矫饰。

⑦覆：重复审查。

⑧履：履行，踏勘。

⑨迩：近。

⑩用：指资用。

【译文】

曾子说："这样的治国方法确实最好了！只是弟子我还不足以理解它。"孔子说："参，你以为仅仅做到这些就够了吗？从前圣明的君主治理百姓是有方法的，一定要划分土地分封诸侯，分别属地来治理。然后贤良的人不会被埋没，暴民也无处潜藏。让主管官员天天到各地视察并按时考核，进用贤良，罢免贬斥不成材的官员，那么贤良的人就会愉悦，而不成材的官员就会害怕。哀怜无妻无夫的鳏夫寡妇，抚养孤儿和独身老人，抚恤贫穷的人，鼓励百姓孝敬父母尊重兄长，选拔有才能的人。这七个方面做到了，那么四海之内就没有触犯刑法的人了。居上位的人亲近下层百姓，如同手足保护腹心；下层百姓爱戴居上位的人，如同幼儿对慈母一样。上下如此相亲，所以上面的命令百姓就会听从，有措施也得以实行。民众会感怀他的德政，附近的人心悦诚服，远方的人会来归附，这是善政所导致的。使用罩网绳箭捕猎野兽鱼鳖，罩，是罩网。弋，是用带着丝绳的箭射鸟。不是为了充盈宫室；征敛赋税，也不是为了充实国库。用悲悯之心来补救灾年的不足，用礼节教化来防范奢靡，多一些诚信少一些文饰，那礼法就会得到遵守，国君的话百姓就会听信，国君的行为就会成为百姓的表率。百姓信任国君，就像相信四季的规律一样；君主拥有民众，就像饿了要吃饭，渴了要喝水一样；民众信任君主，就像相信寒来暑往的规律一样。国君离百姓虽远，可觉得就像在身边一样，这不是距离近，而是四海之内都可看到圣明的德政。所以不动用武力就有威慑之力，不必赏赐财物臣民自然亲附，天下民众都感受到国君的恩惠。这就是所说的圣明国君守御国家的方法，是能战胜敌人于千里之外的原因。"

曾子曰："敢问何谓三至？"孔子曰："至礼不让而天下治[①]，至赏不费而天下之士悦，至乐无声而天下之民和。明王笃行三至，故天下之君可得而知也，天下之士可得而臣也，天下之民可得而用也。"

【注释】

①至礼：指达到最高境界的礼。不让：不谦让。礼本谦让而至礼不让。

【译文】

曾参说："敢问什么是三至呢？"孔子说："最高的礼节是不用谦让而天下太平，最高的奖赏是不耗费财物而天下士人都高兴，最美妙的音乐是没有声音而民众和谐。圣明的君主努力做到这三种极致，就可以知道谁是能治理好天下的国君，天下的士人就可以成为他的臣子了，天下的民众就能接受他的役使了。"

曾子曰："敢问此义何谓也。"孔子曰："古者明王必尽知天下良士之名。既知其名，又知其实。既知其实，然后因天下之爵以尊之，此之谓至礼不让而天下治；因天下之禄，以富天下之士，此之谓至赏不费而天下之士悦：如此，则天下之明誉兴焉[①]，此之谓至乐无声而天下之民和。故曰：所谓天下之至仁者，能合天下之至亲者也[②]；所谓天下之至智者，能用天下之至和；所谓天下之至明者，能举天下之至贤。此三者咸通，然后可以征[③]。是故仁者莫大于爱人，智者莫大于知贤，政者莫大于官能。有土之君，能修此三者，则四海之内供命而已矣[④]。夫明王之所征，必道之所废者也。是故诛其君而改其政，吊其民而不夺其财[⑤]。故曰：明王之征也，犹时雨之降也[⑥]，至则民悦矣。是故行施弥博[⑦]，得亲弥众[⑧]，此之谓还师衽席之上[⑨]。言安而无忧也。”

【注释】

①明誉：美誉，好名声。

②合：聚合，和合。

③征：征伐。

④供（gòng）命：执行命令，听从差遣。

⑤吊：吊慰，抚慰。

⑥时雨：应时的雨水。

⑦行：指德行教化。施：教。

⑧亲：指亲附。

⑨衽席之上：借指太平安居的生活。衽席，泛指卧席。

【译文】

曾子说："敢问这是什么意思呢？"孔子说："古代圣明的君主必定知道天下所有贤良士人的名字。既然知道他们的名字，又知道他们的实际才能。既然知道他们的实际才能，然后把天下的爵位封给他们使他们得到尊崇，这就叫做最高的礼节不用谦让而天下太平；用天下的禄位，让天下的士人得到富贵，这就叫做最高的奖赏是不耗费财物而天下的士人都高兴。如此，天下的人就会重视名声和荣誉，这就叫做最美妙的音乐没有声音而民众和谐。所以说，天下最仁慈的人，能亲和天下至亲的人；天下最明智的人，能任用天下使百姓和睦的人；天下最英明的人，能任用天下最贤良的人。这三方面都做到了，然后可以向外征伐。因此，仁慈者莫过于爱护人民，有智者莫过于知道贤人，善于执政的君主莫过于选拔贤能的官吏。拥有疆土的君主，能做到这三点，那么全天下都听从他的差遣罢了。圣明君主征伐的国家，必定是废弃道义的国家。所以要杀掉他的国君来改变他的国政，抚慰他的民众而不掠夺他的财物。所以说，圣明君主的征伐，就像应季的雨水降下，一降下民众就愉悦了。因此教化施行得越广博，能够亲附的民众就越多，这就叫做征伐得胜回到太平安居的生活。这是说平安没有忧患。”

大婚[1]

孔子侍座于哀公[2]，公问曰：“敢问人道谁为大[3]？”孔子对曰：“夫人道，政为大。夫政者，正也。君为正，则百姓从而正矣。君之所为，百姓之所从也；君之不为，百姓何从？”

【注释】

①大婚：本篇强调，夫妇关系是影响君王为政的关键之一。正天下首正人伦，正人伦首正夫妇。

②哀公：鲁哀公，姬姓，名将，鲁定公之子，春秋时期鲁国君主。

③人道：为人之道。

【译文】

孔子陪鲁哀公坐着说话，哀公说：“请问治理民众的措施中，哪一个最重要？”孔子回答说：“治理民众的措施中，政事最重要。所谓政，就是端正。国君行为端正，那么百姓就跟着端正了。国君的作为，百姓是要跟着学的；国君不做，百姓跟他学什么呢？”

公曰：“敢问为政如之何？”孔子对曰：“夫妇别、父子亲、君臣信，三者正，则庶物从之矣[1]。内以治宗庙之礼，足以配天地之神也[2]；出以治直言之礼，足以立上下之敬也。夫妇正，则出可以治政言礼矣；身正，乃可以正人矣。物耻[3]，则足以振之；耻事不如，礼则足以振教之也。国耻，则足以兴之。耻国不如，礼则足以兴起之。故为政先乎礼，礼其政之本与？”

【注释】

①庶物：万物，众物。

②足以配天地之神：指宗庙是次于天地的神，能和天地之神相配。配，配享，古帝王祭天，以先祖配祭。

③物：人。

【译文】

哀公说：“请问为政该怎么做呢？”孔子回答说：“夫妇要有别，父子要相亲，君臣要诚信，这三件事端正了，那么万事万物就可以做好了。对内主持宗庙祭祀的礼仪，足以配享天地之神；对外直接治理国政谈论礼仪，能够树立君臣上下之间的恭敬。夫妇端正了，那么外出就可以治理国政谈论礼仪了；自身端正，才能端正别人。人能知道羞耻，那就足够拯救了；羞耻自身不如别人，礼就足以拯救教化他了。国君知道羞耻，那就足够振兴了。羞耻国家不如别人，礼就足以使他兴起。所以治理国政先要有礼，礼大概是执政的根本吧？”

孔子遂言曰：“昔三代明王之必敬妻子也，盖有道焉。妻也者，亲之主也[①]；子也者，亲之后也，敢不敬与？是故君子无不敬也。敬也者，敬身为大；身也者，亲之支也[②]，敢不敬与？不敬其身，是伤其亲；伤其亲，是伤其本也；伤其本，则支从而亡。三者，百姓之象也[③]。言百姓之所法而行。身以及身，子以及子，妃以及妃[④]。君修此三者，则大化忾于天下[⑤]。忾，满也。”

【注释】

①主：根本，主体。

②支：分支，旁支。

③百姓之象：指百姓会按照国君的做法去做。象，效法，摹拟。

④妃：配偶，妻子。

⑤大化：广远深入的教化。忾（kài）：满。

【译文】

孔子继续说："从前夏商周三代圣明君主必定敬重他们的妻子，这是有道理的。妻子是祭祀宗祧的主体，儿子是传宗接代的人，能不敬重吗？所以君子对妻子没有不敬重的。所谓敬，敬重自身最为重要；所谓自身，是双亲的后代，能不敬重吗？不敬重自身，就是伤害了双亲；伤害了双亲，就是伤害了根本；伤害了根本，支属就要随从灭绝。这三者，是百姓也跟着效法的。这是说百姓也效法去做。由自身想到民众之身，由自己的儿子想到民众的儿子，由自己的妻子想到百姓的妻子。国君能修养这三方面，那么深广的教化就通行天下了。忾，是满的意思。"

公曰："敢问何谓敬身？"孔子对曰："君子过言则民作辞[①]，过动则民作则[②]。言不过辞，动不过则，百姓恭敬以从命。若是，则可谓能敬其身；能敬其身，则能成其亲矣。"公曰："何谓成亲？"孔子对曰："君子者，乃人之成名也[③]。百姓与名，谓之君子，则是成其亲为君而为其子也[④]。"孔子遂言曰："为政而不能爱人，则不能成其身；不能成其身，则不能安其土；不能安其土，则不能乐天[⑤]；不能乐天道也。不能乐天，则不能成身。"公曰："敢问何谓成身？"孔子对曰："夫其行己不过于物，谓之成身。不过于物，合天道也。"

【注释】

①过言:错误的言论。辞:托辞,借口。

②作则:本指统治者的言行为百姓所效法,后指做榜样。

③成名:盛名,美名。

④是成其亲为君:这是成就他的双亲成为“君”。

⑤乐天:乐于顺应天命。

【译文】

哀公说:“请问什么是敬重自身?”孔子回答说:“君主说错了话,民众就有了托辞;君主做错了事,民众就效法去做。言语不要出错成为托辞,行动不要失误成为坏榜样,百姓就恭恭敬敬地服从命令了。如果能做到这点,那就可以说是能敬重自身了;能够敬重自身,那就能成就双亲了。”哀公问:“什么是成就双亲?”孔子回答道:“君子,是人的美名。百姓送给他的名称,叫作君子,那么这是成就他的双亲成为‘君’,而作为他们的儿子。”孔子接着说:“治理国家而不能爱护民众,就不能成就自身;不能成就自身,就不能安定自己的国家;不能安定自己的国家,就不能无忧无虑;不能乐于顺应天命。不能无忧无虑,就不能成就自身。”哀公说:“请问什么叫成就自身?”孔子回答说:“自己做任何事情都合乎常理不越过界限,就可以说成就自身了。不逾越常理,就是合乎天道。”

问礼[①]

哀公问于孔子曰:“大礼何如?子之言礼,何其尊也?”孔子曰:“丘闻之,民之所以生者,礼为大。非礼则无以节事天地之神焉,非礼则无以辨君臣、上下、长幼之位焉,非礼则无以别男女、父子、兄弟、婚姻、亲族疏数之交焉[②]。是故君子此为之尊敬,然后以其所能教示百姓。卑其宫室,节其服御[③]，车不雕玑[④]，器不雕镂，食不二味，心不淫志，以与万民同利。古之明王之行礼也如此。”公曰：“今之君子，胡莫之行也？”孔子对曰：“今之君子，好利无厌，淫行不倦，荒怠慢游[⑤]，固民是尽[⑥]，以遂其心，以怨其政，以忤其众，以伐有道，求得当欲，不以其所，言苟求得当其情欲而已[⑦]。虐杀刑诛，不以其理[⑧]。夫昔之用民也由前，用上所言。今之用民也由后，用下所言。是即今之君子莫能为礼也。”

【注释】

①问礼：本篇中，孔子回答鲁哀公问礼，在讲述了礼的重要性后，阐述了践行礼的关键在于要克制自己的欲望，懂得恭敬，才能受人尊敬，使社会和谐、国家兴旺。本篇又见于《礼记·哀公问》和《大戴礼·哀公问孔子》。

②疏数：稀疏和密集，这里指亲疏。

③节其服御：节省日常的用度。服御，指服饰车马器用之类。

④雕玑：刻画漆饰成凹凸花纹。

⑤荒怠：纵逸怠惰。慢游：浪荡遨游。

⑥固民是尽：固执地搜刮尽人民的财物。固，坚持。

⑦情欲：欲望，欲念。

⑧理：指法纪，法律。

【译文】

鲁哀公向孔子发问说：“隆重的礼仪是什么样的？您谈论礼，为什么把礼说得那么重要呢？”孔子说：“我听说，在民众的生活中，礼是最重要的。没有礼就没有办法有节制地侍奉天地神灵，没有礼就无法区别君臣、上下、长幼的地位，没有礼就不能分别男女、父子、兄弟、婚姻、亲族交往的亲疏远近。因此君子尊敬重视礼，然后用他所了解的礼来教化引导百姓。自己住低矮简陋的房屋，穿俭朴无华的衣服，车辆不加雕刻漆饰，器具不刻镂花纹，饮食不讲究滋味，内心没有过分的欲望，跟民众同享利益。古代的圣明君主就是这样依礼行事的。”鲁哀公说：“现在的君主，为什么没有人这样做了呢？”孔子回答说：“现在的君主贪婪爱财没有满足的时候，放纵自己的行为不感到厌倦，放荡懒散而又态度傲慢，固执地搜刮尽民众的财物，来满足自己的欲望，不顾民众的怨恨，违背众人的意志，去征伐政治清明的国家，只求个人欲望得到满足，而不择手段，这是说只追求能符合自己的欲望罢了。对民众残暴虐杀肆意刑罚，不用正确的方式使国家得到治理。以前的君主统治民众是用前面说的办法，用上面所说的。现在的君主统治民众是用后面说的办法，用下面所说的。这就是现在的君主不能修明礼教啊。”

五仪[1]

哀公问于孔子曰：“寡人欲论鲁国之士[2]，与之为治，敢问如何取之？”孔子曰：“人有五仪：有庸人，有士人，有君子，有贤，有圣。审此五者，则治道毕矣。所谓庸人者，心不存慎终之规[3]，口不吐训格之言[4]，格，法也。不择贤以托其身，不力行以自定，见小暗大[5]，而不知所务，从物如流，而不知所执，此则庸人也。所谓士人者，心有所定，计有所守，虽不能尽道术之本，必有率也[6]；率，犹述也。虽不能备百善之美，必有处也[7]。是故智不务多，务审其所知；言不务多，务审其所谓；所谓者，谓言之要也。行不务多，务审其所由。智既知之，言既得之，得其要也。行既由之，则若性命形骸之不可易也[8]。富贵不足以益，贫贱不足以损，此则士人也。

所谓君子者，言必忠信，而心不怨；忍怨害也。仁义在身，而色不伐；无伐善之色也[9]。思虑通明，而辞不专；笃行信道[10]，自强不息；油然若将可越[11]，而终不可及者，此君子也。油然，不进之貌。越，过。所谓贤者，德不逾闲[12]，闲，犹法也。行中规绳；言足法于天下而不伤于身，言满天下，无口过也[13]。道足化于百姓而不伤于本，本，亦谓身。富则天下无宛财[14]，宛，积也。施则天下不病贫[15]，此贤者也。所谓圣者，德合天地，变通无方，穷万事之终始，协庶品之自然[16]，敷其大道[17]，而遂成情性[18]。明并日月，化行若神，下民不知其德，睹者不识其邻，此圣者也。邻，以喻畔界也[19]。”

【注释】

①五仪：就是五等。鲁国国君向孔子求教怎样用人，孔子向鲁哀公介绍了五种人——庸人、士人、君子、贤人、圣人——的标准。领导者最重要的能力之一是知人善任，而“欲知人者先自知”，自知后方可知人。

②论：衡量，评定，调查。

③慎终：谨慎地考虑到事情的始终。也泛指谨慎、慎重。

④训格：规范，典范。训，准则，典范。格，效法，法则。

⑤见小暗大：意谓小事明白大事糊涂。暗，糊涂，愚昧。

⑥率：遵循，继承。

⑦处：立身行事的原则，立足点。

⑧性命：指人的天赋和禀受，人的生命。形骸：人的躯体。骸，指身体。

⑨伐善：夸耀自己的长处。

⑩笃行：切实履行。信道：信奉正道。

⑪油然：自然舒缓的样子。

⑫逾闲：越出法度，界限。

⑬口过：言语的过失，失言。

⑭宛（yùn）财：积聚财物。宛，通“蕴”，积聚。

⑮病：忧虑。

⑯庶品：众物，万物。

⑰敷：传布，散布。

⑱遂成：养成，成就。情性：指天生本性。

⑲畔：边界，疆界。

【译文】

鲁哀公向孔子问道：“我想考查一下鲁国的人才，和他们一起治理国家，请问该怎么选拔人才呢？”孔子说：“人分五个等级，有庸人，有士人，有君子，有贤人，有圣人。仔细分辨这五类人，那治理的方法就具备了。所谓庸人，他们心中没有谨慎行事、善始善终的原则，口中说不出有道理的话，格，是效法的意思。不选择贤人来作为自己的依靠，不努力行事使自己得到安定的生活，往往小事明白大事糊涂，不知自己在忙些什么，凡事随大流，不知自己所追求的是什么，这就是庸人。所谓士人，他们心中有确定的原则，有明确的计划，即使不能尽到行道义治国家的本分，也一定有所遵循；率，相当于遵循。即使不能具备众善，也一定有自己的立场。因此他们的智慧不致力于广博，但一定要审察知识的来由；言语不一定说得多，但一定要审察所说的内容；所谓，是指言语的纲要。路不一定走得很多，但一定要明白所走的路是不是正道。知道自己具有的知识是正确的，言语已经得当，得其要领。行走的路是正道，那么这些正确的原则就像性命对于形骸一样不可改变了。富贵不能够有所补益，贫贱不能够有所损害，这就是士人。所谓君子，言语必定忠信，内心没有怨恨；能够克制怨恨的害处。身有仁义的美德，但是脸色没有自我的夸耀；没有夸耀自己优点的脸色。思虑通达明智，言语委婉含蓄；切实履行信奉正道，努力实现自己的理想，自强不息；他那从容的样子好像很容易超越，但最终也赶不上他，这就是君子。油然，是不前进的样子。越，是越过的意思。所谓贤人，他们的品德不逾越常规，闲，相当于法度。行为符合礼法；他们的言论足够让天下人效法而不会伤害自身，言论满天下，但是没有失言。道德足以感化百姓而不会伤害自身，本，也是指自身。他若富有，那天下没有积聚的财物；宛，积聚的意思。他若施恩，那天下人都不忧虑贫穷，这就是贤人。所谓圣人，德行符合天地之道，变通自如，能探究万事万物的始终，协同万事万物的自然法则，传布大道，养成天生的本性。光明如同日月，教化如同神灵，下层民众不知道他的德行，看到的人也不知道他就在身边，这就是圣人。邻，用来比喻边界。”

公曰：“善哉，非子之贤，则寡人不得闻此言也。虽然，寡人生于深宫之中，长于妇人之手，未尝知哀，未尝知忧，未尝知劳，未尝知惧，未尝知危，恐不足以行五仪之教，若何？”孔子曰：“君入庙而右[①]，登自阼阶[②]，仰视榱桷[③]，俯察机筵[④]，其器皆存，而不睹其人，君以此思哀，则哀可知矣。昧爽夙兴[⑤]，正其衣冠，爽，明也。昧明，始明也。夙，早也。兴，起也。平旦视朝，虑其危难，一物失理，乱亡之端，君以此思忧，则忧可知矣。日出听政，至乎中昃[⑥]，中，日中也。昃，日昳也[⑦]。诸侯子孙，往来为宾，行礼揖让，慎其威仪，君以此思劳，则劳可知矣。缅然长思[⑧]，出乎四门[⑨]，周章远望[⑩]，睹亡国之墟，必将有数焉，言亡国故墟，非但一也。君以此思惧，则惧可知矣。夫君者，舟也；民者，水也。水所以载舟，亦所以覆舟。君以此思危，则危可知矣。既明此五者，而又少留意于五仪之事，则于政治乎何有失哉？”

【注释】

①入庙而右：君子到宗庙里举行祭祀之礼，沿着右侧行走。

②阼（zuò）阶：东阶。主人迎接宾客的地方。

③榱桷（cuī jué）：房屋的椽子。

④机筵：几案和座席。机，通“几”。筵，古人铺在地上的座席。

⑤昧爽夙兴：天刚亮就起床。昧爽，黎明，拂晓。夙兴，早起，清晨。

⑥中昃（zè）：日中及日偏斜，泛指过午。

⑦昳（dié）：太阳过午偏西。

⑧缅然：思念深长的样子。

⑨四门：指明堂四方的门。

⑩周章：迟疑不决，徘徊。

【译文】

哀公说：“好啊！要不是先生贤明，我就听不到这些言论了。虽然如此，但我出生在深宫之内，由妇人抚养长大，不曾知道悲哀，不曾知道忧愁，不曾知道辛劳，不曾知道惧怕，不曾知道危险，恐怕不足以实行五仪之教，怎么办呢？”孔子说：“您到庙中行祭祀之礼，沿着右侧台阶行走，从东边台阶走上去，抬头看到屋顶的椽子，低头看到几案和座席，亲人使用的器物都在，却看不到他们的身影，君主您因此思念哀伤，这样就知道什么是哀伤了。拂晓早早起床，衣帽穿戴整齐，爽，是明亮的意思。昧明，是刚开始明亮。夙，是早的意思。兴，是起的意思。清晨上朝听政，考虑国家是否会有危难，想到一件事处理不当，就会成为国家混乱灭亡的开端，国君以此来忧虑国事，这样就知道什么是忧愁了。太阳出来就处理国事，直至中午过了太阳偏西，中，是太阳在正中。昃，是太阳过午偏西。接待各国诸侯子孙，还有宾客往来，宾主行礼揖让，注意让自己的仪态符合礼法，国君因此想想什么是辛劳，这样就知道什么是辛劳了。缅怀远古，走出明堂的大门，徘徊远望，看到那些亡国的废墟，可见灭亡之国不止一个，这是说灭亡国家的故城废墟，不止一处。国君因此感到惧怕，这样就知道什么是惧怕了。国君是舟,民众就是水。水可以载舟,也可以覆舟。国君由此想到危险,这样就知道什么是危险了。已经明白了这五点,又稍稍留意这五等人,那么治理国家还会有什么失误呢?”

哀公问于孔子曰:“请问取人之法?”孔子对曰:“事任之官,言各当以其所能之事,任之于官也。无取捷捷①,无取钳钳②,钳,妄对不谨诚。无取哼哼③。哼哼,多言也。捷捷,贪也;捷捷而不良,所以为贪。钳钳,乱也;哼哼,诞也④。诞,欺诈也。故弓调而后求劲焉⑤,马服而后求良焉,士必悫而后求智能焉⑥。不悫而多能,譬之豺狼,不可迩也。迩,近也。言人无智能者,虽不悫信,不能为大恶也;不悫信而有智能者,然后乃可畏也。”

【注释】

①捷捷:贪食的样子,引申指贪得无厌。

②钳钳:妄语的样子。胡乱应对,待人不真诚,语言不谨慎。

③哼哼(zhūn):多言的样子。

④诞:指言论虚妄夸诞。

⑤调:调试。

⑥悫(què):恭谨,朴实。

【译文】

哀公问孔子说:“请问选取官吏的方法是什么呢?”孔子回答说:“按他擅长的事来任用他,这是说各自按照他们所擅长的事,任命他做相应的官员。不要任用那些贪婪的人,不要任用那些胡说八道的人,钳,是胡乱对答不谨慎诚信。不要任用那些多言不谨慎的人。哼哼,是指言语多。捷捷,是贪婪;贪吃而又不好,因此是贪婪。钳钳,是乱说;哼哼,是荒诞。诞,是欺诈的意思。所以弓先要调试好之后,箭射出去才会有力;马要先套上车驯服之后，才能选到良马；士人必须诚实谨慎，然后再看他的聪明才智。不恭谨而精明多智，就像豺狼，是不能靠近的。迩，是近的意思。这是说没有智慧和才能的人，即使不恭谨诚信，也不能做大坏事；不恭谨诚信却有智慧和才能的人，那就非常可怕了。”

哀公问于孔子曰：“夫国家之存亡祸福，信有天命，非唯人耶①？”孔子对曰：“存亡祸福，皆在己而已，天灾地妖②，弗能加也。昔者殷王帝辛之世③，帝辛，纣也。有雀生大鸟于城隅焉④，帝辛介雀之德，介，助也，以雀之德为助也。不修国政，殷国以亡。此即以己逆天时，得福反为祸者也。又其先世殷太戊之时⑤，道缺法邪，以致夭孽⑥，桑穀生朝⑦，七日大拱⑧。太戊恐骇，侧身修行⑨。三年之后，远方慕义，重译至者十有六国。此即以己逆天时，得祸转为福者也。故天灾地妖，所以儆人主也⑩；寤梦征怪⑪，所以儆人臣也。儆，戒也。灾妖不胜善政，梦怪不胜善行。能知此，至治之极也，明王达此也。”

【注释】

①非唯：不只，不仅。

②地妖：指大地上所发生的反常怪异之事。

③帝辛：即商纣王。

④城隅（yú）：城墙角上作为屏障的女墙。

⑤太戊：商代国君，他执政时商已衰微，诸侯不来朝见。太戊任用伊陟、巫咸等人，商朝得以复兴。

⑥夭孽：怪异反常的现象、灾祸。夭，通“妖”。

⑦穀：落叶乔木，皮可制桑皮纸。又称构或楮。古时以桑、穀生于朝

为不祥。

⑧大拱：形容粗大。拱，两手合围。

⑨侧身：倾侧其身，表示戒惧不安。

⑩儆：告诫，警告。

⑪寤梦：指醒时有所见而成之梦，与无所见而全凭想象者异。征怪：怪异的征兆。

【译文】

哀公问孔子说："国家的存亡祸福，的确是由天命决定的，不是人力所能左右的吗？"孔子回答说："存亡祸福，全在自己罢了，上天发生的灾害，大地怪异的祸患，不能改变什么。从前，在殷纣王时代，帝辛，是商纣王。有只小雀在城墙上生下了大鸟，帝辛认为能借助小鸟生大鸟的好兆头，介，是助的意思，用雀的德行作为帮助。不理朝政，殷国因此灭亡。这就是因为自己肆意妄为违背天时，奇异的福兆反而变成灾祸的事例。又在他的祖先殷王太戊的时代，道德缺失，法律紊乱，以至于出现反常怪事，桑树、榖树生在朝堂，七天就长得两手合抱之粗。太戊恐惧惊骇，小心地修养自己的德行。三年之后，远方国家倾慕他的德义，通过重重翻译来朝贡的有十六国。这就是以自己的谨身修治改变天时，祸兆反变为福的事例。所以上天发生的灾害，大地怪异的祸患，是用来告诫君主的；梦见的怪异征兆，是用来告诫臣子的。儆，是告诫的意思。灾祸怪异胜不过良好的政令，奇梦坏兆胜不过善良的行为。能够知道这些，就是治国的最高境界，圣明的君主才能做到。"

致思[①]

季羔为卫士师[②]，士师，狱官。刖人之足[③]。俄而卫有乱，季羔逃之。刖者守门焉，谓季羔曰："彼有缺[④]。"季羔曰："君子不逾。"又曰："彼有窦[⑤]。"季羔曰："君子不隧[⑥]。隧，从窦出。”又曰：“于此有室。”季羔入焉。既而追者罢，季羔将去，谓刖者曰：“吾不能亏主之法⑦，而亲刖子之足。今吾在难，此正子报怨之时，而子逃我，何故？”刖者曰：“断足故我之罪也，无可奈何。曩者君治臣以法令，先人后臣，欲臣之免也，臣知之。狱决罪定，临当论刑⑧，君愀然不乐⑨，见于颜色，臣又知之。君岂私臣哉？天生君子，其道故然，此臣之所以悦君也。”孔子闻之，曰：“善哉为吏！其用法一也。思仁恕则树德，加严暴则树怨⑩。公以行，其子羔乎？”

【注释】

①致思：集中心思于某一方面。本篇节录的三个事例，都是讲孔夫子启发学生认真领会仁爱之心。

②季羔：即孔子弟子高柴，齐国人。他憨直忠厚，曾担任卫国的刑官，为官清廉，执法公平。士师：亦作士史，古代执掌禁令刑狱的官名。

③刖（yuè）：古代的一种肉刑，把脚砍掉。

④缺：指城墙上的缺口。

⑤窦：洞，窟窿。

⑥隧：本指地道，这里是指从洞穴通道出去。

⑦亏：违背。

⑧论刑：判刑。

⑨愀（qiǎo）然：忧愁的样子。

⑩加：施及，加以。严暴：严酷暴虐。

【译文】

孔子的弟子季羔担任卫国的士师，士师，是监狱长。砍断了犯人的脚。不久卫国发生暴乱，季羔逃走。那个被砍脚的人在守门，对季羔说：“墙那儿有个缺口。”季羔说：“君子不翻墙。”又说：“墙那儿有个洞。”季羔说：“君子不钻洞。隧，指从洞里出去。”又说：“在这有个屋子。”季羔进去了。过不久，追捕季羔的人停止了追捕，季羔将要离开，对被砍脚的人说：“我不能违背君主的法令，亲自砍断了您的脚。现今我在灾难之中，这正是您报仇雪恨的时机，您却帮我逃走，这是什么缘故？”被砍脚的人说：“砍断我的脚，本是我罪有应得，这是无可奈何的事。以前您按照法令给我审案治罪，先对别人用刑而把我放在后面，是想让我免于刑罚，这我是知道的。当判决定罪后，临到对我行刑时，您脸色很忧伤，看到您的脸色，我又了解到您的内心。您难道对我有偏私吗？您是天生的君子，本来就是这样的德行，这就是我喜欢您的原因。”孔子知道了这件事，说道：“季羔做官做得多么好啊！他执行法令标准一致。心怀仁义宽恕就能树立德行，施加暴虐那就招致怨恨。公正地执行法令，就是季羔吧！”

子路为蒲宰①，为水备②，修沟渎③，以民之烦苦也④，人与一箪食、一壶浆⑤，孔子止之。子路曰：“由也以民多匮饿者⑥，匮，乏也。是以与之箪食壶浆，而夫子使止之，是夫子止由之行仁也。”孔子曰：“尔以民为饿，何不白于君，发仓廪以给之⑦？而私以尔食馈之，是汝明君之无惠也。速已则可，不已，则尔之见罪必矣。”

【注释】

①子路：即仲由，字子路，又字季路，鲁国人，孔子学生。性情刚直，好勇尚武。后做卫国大夫孔悝的蒲邑宰，以政事见称。蒲：春秋卫地，战国属魏，在今河南长垣。宰：地方行政长官。

②水备：防止水患的设施。

③沟渎：沟渠，田间水道。

④烦苦：疲劳辛苦。

⑤箪（dān）：古代盛饭的圆竹器。以竹或苇编成，圆形，有盖。浆：稀米汤。或指水。

⑥匮：指缺粮。

⑦仓廪：储藏米谷之所。

【译文】

子路担任蒲邑长官，修建防水设施，开挖田间水道，因为民众疲劳辛苦，每个人给一箪饭、一瓢水，孔子制止了他。子路说："我因为民众有很多缺粮饥饿的人，匮，是缺乏的意思。因此给他们一箪饭、一瓢水，可是先生您让人制止我，这是先生您阻止我实行仁义啊。"孔子说："你认为民众饥饿，为什么不报告君主，打开粮库来供给？却私下拿你的食物给他们，你这是要彰显君主没有恩惠呀。你赶快停止还可以，如不停止，你必定会获罪。"

子贡问治民于孔子。孔子曰："懔懔焉①，如以腐索御扞马②。懔懔焉，诚惧之貌。扞马，突马也③。"子贡曰："何其畏也？"孔子曰："夫通达之属④，皆人也。以道导之，则吾畜也⑤；不以道导之，则吾仇也。若之何其无畏也！"

【注释】

①懔懔（lǐn）：危惧的样子，戒慎的样子。

②扞马：凶悍的烈马。

③突马：劣马，性情暴烈、不易驯服的马。

④通达：通情达理。

⑤畜：喜爱。

【译文】

子贡向孔子询问怎样治理民众。孔子说："要战战兢兢地戒备呀，就像用糟烂的绳索去套住暴烈不驯的悍马。懔懔焉，是戒惧的样子。扞马，是暴烈不易驯服的马。”子贡说：“怎么这样畏惧呢？”孔子说：“通情达理的那些，都是人呀。用正确的方法来引导，那就会是我喜爱的好人；用不正确的方法引导，那就会成为我的仇敌。像这样怎么能不畏惧呢！”

三恕[①]

孔子曰：“君子有三恕。有君弗能事，有臣而求其使，非恕也；有亲弗能孝，有子而求其报，非恕也；有兄弗能敬，有弟而求其顺，非恕也。士能明于三恕之本，则可谓端身矣。端，正也。”

【注释】

①三恕：是说在君臣、父子、兄弟间要讲恕道。恕，推己及人。本段所言三恕，都是推己及人。节录部分还介绍了“宥坐之器”的含义，说明“满招损，谦受益”的道理。

【译文】

孔子说：“君子有三恕。有国君不能事奉，有臣子却要役使，这不是恕；有双亲不能孝顺，有儿子却要他报恩，这不是恕；有兄长不能尊敬，有弟弟却要求他顺从，这不是恕。士人能明白这三恕的根本意义，就可以算得上行为端正了。端，是端正的意思。”

孔子观于鲁桓公之庙[①]，有欹器焉[②]。孔子问于守庙者曰：“此为何器？”对曰：“此盖为宥坐之器[③]。”孔子曰：“吾闻宥坐之器，虚则欹，中则正，满则覆，明君以为诫，故置于坐侧也。”顾谓弟子曰：“试注水焉。”水实之，中则正，满则覆。夫子喟然叹曰:“呜呼!夫物恶有满而不覆者哉?”子路进曰:“敢问持满有道乎?”子曰:“聪明睿智,守之以愚④;功被天下,守之以让;勇力振世,守之以怯;富有四海,守之以谦。此所谓损之又损之之道也⑤。”

【注释】

①鲁桓公:姬姓,鲁氏,名允,一名轨,为鲁惠公嫡长子,鲁隐公之弟,鲁国国君。

②攲(qī)器:容易倾斜倒下的器物。攲,同“敧”。

③宥(yòu)坐之器:放在座位右边以示警诫的器物,相当于后来的座右铭。宥坐,置于座位的右边,意思是人君可以置于座位的右边,作为借鉴。

④愚:敦厚。

⑤损:减少。

【译文】

孔子到鲁桓公庙里去参观,在那里看到一件容易倾倒的器具。孔子问守庙人说:“这是什么器物啊?”守庙人回答说:“这大概是国君放在座位右边以示警诫的攲器。”孔子说:“我听说国君放在座位右边的攲器,空虚时就倾倒,水不多不少时就端正,水满时就倾覆。圣明的国君把它作为警戒,所以常常把它放在座位旁边。”说完回头对弟子说:“灌水试试。”弟子把水灌进攲器,水不多不少时攲器就端正,水满时就倾覆。孔子感叹道:“唉,哪有盈满了却不倾覆的呢?”子路上前问道:“请问有方法保持盈满不倾吗?”孔子说:“聪明睿智的人,用愚朴敦厚来保持;功盖天下的人,用谦让来保持;勇力震世的人,用怯懦来保持;富有四海的人,用谦敬来保持。这就是退损再退损的大道。”

好生[①]

哀公问于孔子曰:“昔者舜冠何冠乎?”孔子不对。公曰:“寡人问于子,而子无言,何也?”孔子曰:“以君之问,不先其大者,故方思所以为对焉。”公曰:“其大何乎?”孔子曰:“舜之为君也,其政好生而恶杀,其任授贤而替不肖;德若天地之虚静[②],化若四时之变物[③]。是以四海承风[④],畅于异类,异类,四方之夷狄也。凤翔麟至,鸟兽驯德。驯,顺也。无他,好生故也。君舍此道而冠冕是问[⑤],是以缓对。”

【注释】

①好生:本篇叙述了孔子循循善诱鲁哀公学习舜王的好生之德。春秋无义战,生灵涂炭,所以孔子特别强调好生之德及其太平盛景,意欲促成之。

②虚静:清虚恬静。

③四时:四季。变物:指让万物变化生长。

④承风:接受教化。

⑤冠冕:古代帝王、官员所戴的帽子。

【译文】

鲁哀公向孔子问道:“过去舜帝戴的是什么样的帽子呢?”孔子没有回答。哀公说:“寡人有问于您,可是您为什么不说话呢?”孔子说:“因为您问问题不先问重要的,所以我需要思考如何回答。”哀公于是问:“那么什么是重要的事呢?”孔子说:“作为一代明君的舜帝,在他治理天下之时,珍爱生命而憎恶杀戮,任用贤能之士以取代那些德不配位之人;他的德性如同天地一样广大而又清净无欲,他的教化如同四季应时而至一样令万物自然生长。因此,天下之人都领受到他德风的感化,甚至周边未开化的民族也都仰慕他的德行，异类，指四方的少数民族。凤凰飞翔，麒麟来归，连飞禽走兽都具备了驯顺之德。驯，顺的意思。之所以有以上胜迹，不是别的原因，正是因为他以好生之德治理天下的结果。君王您放着这样的道理不问，而问戴帽子之类的小事，所以臣一时难以回答。”

观周[①]

孔子观于明堂[②]，睹四方之墉墉，墙。有尧、舜、桀、纣之象，而各有善恶之状，兴废之诫焉。又有周公相成王[③]，抱之而负斧扆[④]，南面以朝诸侯之图焉。孔子徘徊而望之，谓从者曰：“此则周之所以盛也。夫明镜者，所以察形；往古者，所以知今。人主不务袭迹于其所以安存[⑤]，而忽怠于所以危亡[⑥]，是犹未有以异于却步，而欲求及前人也，岂非惑哉？”

【注释】

①观周：是孔子观瞻周王朝礼仪大典所在。节录讲述孔子和弟子们参观周王朝举行大典的明堂以及后稷庙，读金人铭。

②明堂：是古代帝王宣明政教的地方。凡朝会、祭祀、庆赏、选士、养老、教学等大典，都在此举行。

③周公：姬姓，名旦，文王第四子，武王同母弟，成王叔。因封地在周，故称周公。辅武王灭商，武王崩，成王幼，周公摄政。相：辅佐，辅助。成王：即周成王，周武王之子，姓姬，名诵。

④斧扆（yǐ）：古代帝王朝堂所用的状如屏风的器具，高八尺，东西当户牖之间，其上有斧形图案。扆，屏风。

⑤袭迹：沿袭他人的行径，指取法。

⑥忽怠：相当于轻慢。

【译文】

孔子观看天子宣明政教的明堂，看到四面墙上墉，是墙。有尧、舜、桀、纣的画像，画像各自有善恶不同的状貌，并有关于国家兴亡告诫的话。还有周公辅佐成王，抱着成王背对着有斧形图案的屏风，面朝南接受诸侯朝见的画像。孔子徘徊瞻望，对跟从他的人说："这就是周朝兴盛的原因啊。明镜，是用来观察形貌的；往古的历史，可以用来知晓今天。君主不努力沿着使国家安定的路走，却轻视慢待国家危亡的原因，这就好像向后倒退，却又想追赶上前面的人一样，难道还不糊涂吗？"

孔子观周，遂入大祖后稷之庙[①]。庙堂右阶之前，有金人焉，参缄其口[②]，而铭其背曰："古之慎言人也。戒之哉！无多言，多言多败；无多事，多事多患。安乐必诫，虽处安乐，必警诫也。无行所悔。所悔之事，不可复行。勿谓何伤，其祸将长；勿谓何害，其祸将大；勿谓不闻，神将伺人[③]。焰焰不灭[④]，炎炎若何[⑤]；涓涓不壅，终为江河；绵绵不绝，或成网罗；绵绵微而不绝，则有成网罗者。豪末不扎[⑥]，如豪之末，言微也。扎，拔也。将寻斧柯[⑦]。寻，用。诚能慎之，福之根也[⑧]；口是何伤，祸之门也。强梁者不得其死[⑨]，好胜者必遇其敌。盗憎主人，民恶其上。君子知天下之不可上也，故下之；知众人之不可先也，故后之。温恭慎德，使人慕之；执雌持下[⑩]，人莫逾之。人皆趣彼，我独守此；人皆惑惑[⑪]，我独不徙。惑惑，东西转移之貌。内藏我智，不示人技，我虽尊高，人弗我害，唯能于此。天道无亲，常与善人。戒之哉！戒之哉！"孔子既读斯文，顾谓弟子曰："小子志之[⑫]，此言实而中、情而信[⑬]。"

【注释】

①后稷：周之先祖，虞舜时任农官，教民耕稼，称为“后稷”。

②参缄：用多层封条封闭。参，通“三”。缄，本为扎束器物的绳，用如动词为捆扎，封闭。

③伺：窥伺，观察。

④焰焰：火苗初起的样子。

⑤炎炎：火光猛烈的样子。

⑥豪末：毫毛的末端，喻微细之物。豪，通“毫”。

⑦斧柯：指斧子。

⑧根：根本。

⑨强梁者：欺凌弱小、性情残暴的人。强梁，强劲有力，勇武。

⑩执雌：指保持柔顺之德。

⑪惑惑：迷惑。

⑫志：通“识”，记住，记载。

⑬中：中肯。

【译文】

孔子在周国国都观览，就进入太祖后稷的庙宇。庙堂右边台阶前，有一尊青铜人像，嘴巴封了多层，还在像的背后刻着铭文：“这是古代说话谨慎的人。警戒啊！不要多言，多言多败；不要多事，多事多患。安乐时一定要警戒，即使处在安乐的境地，也必须要警戒。不要做后悔的事。后悔的事，不能再干。不要以为话多不会有什么伤害，祸患是长远的；不要以为话多没什么害处，祸患将是很大的；不要认为别人听不到，神灵正在窥探你。火苗初起不扑灭，变成熊熊大火怎么办？涓涓细流不堵住，终将汇集成江河；连绵延伸不断绝，或许能结成罗网；绵绵细微不断绝，那就有织成网罗的。细小的枝条不剪掉，如同毫毛的末梢，这是说细微。扎，是拔的意思。将来就要用斧子砍。寻，是用的意思。如能谨慎，是福的根源；口舌能伤害什么？是灾祸的大门。强悍有力的不得好死，争强好胜的必会遇敌。盗

贼憎恨物主,民众厌恶上层。君子知道天下的事不可事事争上,所以宁愿谦下;知道不可能总居于众人之先,所以宁愿落后。温和谦恭谨慎修德,会让人仰慕;守住柔顺保持卑下,没人能够逾越。人人全都奔向那里,我却独自坚守在这里;人人都迷惑东奔西跑,我独独寸步不移。惑惑,东西转移的样子。智慧藏在心里,不向别人炫耀技艺;我虽然尊贵高尚,人们也不会害我,只因为我能做到这些。上天不会亲近人,经常降福给善人。警戒啊!警戒啊!"孔子读完这篇铭文后,回头对弟子说:"你们要记住啊!这些话朴实又中肯,合情而可信。"

贤君[①]

哀公问于孔子曰:"当今之君,孰为最贤?"孔子对曰:"丘未之见也。抑有卫灵公乎[②]?"公曰:"吾闻其闺门之内无别[③],而子次之贤[④],何也?"孔子对曰:"臣语其朝廷行事,不论其私家之际也[⑤]。"公曰:"其事如何?"孔子曰:"灵公之弟曰公子渠牟,其智足以治千乘[⑥],其信足以守之,灵公爱而任之。又有士曰王林国者,见贤必进之,而退与分其禄[⑦]。是以卫国无游放之士[⑧],灵公知而尊之。又有士曰庆足者,国有大事,则必起而治之;国无事,则退而容贤[⑨],言其所以退,欲以容贤于朝。灵公悦而敬之。又有大夫史鳝[⑩],以道去卫,而灵公郊舍三日[⑪],琴瑟不御[⑫],必待史鳝之入而后敢入。臣以此取之,虽次之贤,不亦可乎?"

【注释】

①贤君:这一篇节录的六章都是谈如何做贤君和贤臣。

②卫灵公:姬姓,名元,春秋时期卫国国君。多猜忌且脾气暴躁,但

他擅长识人，知人善任。

③闺门：宫苑、内室的门，借指宫廷、家庭。

④次：编次，排次序。

⑤私家：与王朝、公家相对，泛指私人家室。际：指人与人之间的关系。

⑥千乘：古代以一车四马为一乘。

⑦退：引退，贬退，指离职。

⑧游放：指纵情游荡。

⑨容贤：容纳贤才。

⑩史鳍（qiū）：字子鱼，也称史鱼，春秋时卫国大夫。他一贯正直，卫灵公不用蘧伯玉而任弥子瑕，史鳍数谏不听，最终死谏成功，时谓“尸谏”。其秉笔直书，堪称史家楷模。

⑪郊舍：谓宿于城郊，表示诚敬。

⑫不御：不弹奏，不吹奏。

【译文】

鲁哀公问孔子：“当今的君主，哪一位最贤明？”孔子回答说：“我还没有看到。或许是卫灵公吧？”哀公说：“我听说他家门之内男女没有分别，而你把他列为贤人，为什么呢？”孔子说：“我是谈他在朝廷做的事，而不论他家庭内部的事情。”哀公问：“朝廷的事是怎么样的呢？”孔子说：“卫灵公的弟弟公子渠牟，他的智慧足以治理拥有千辆兵车的国家，他的诚信足以守卫这个国家，灵公喜爱并任用他。又有个士人叫王林国，发现贤才必定推荐，如果那人离职了，他还把自己的俸禄分给那人。因此在灵公的国家没有不被任用的士人，灵公了解并尊重他。又有个叫庆足的士人，卫国有大事，就必定出来帮助治理；国家无事，就辞去官职而让其他的贤人被容纳，这是说他离职的原因，是想要让朝廷容纳更多的贤人。卫灵公喜悦并尊敬他。还有个大夫叫史鳍，因为大道不能实行而离开卫国，而卫灵公在郊外住了三天，不弹奏琴瑟，一定要等到史鳍进入国都，而后他才敢回去。我因此选他，即使把他列为贤人，不也行吗？”

子贡问孔子曰："今之人臣，孰为贤乎？"子曰："齐有鲍叔[①]，郑有子皮[②]，则贤者矣。"子贡曰："齐无管仲[③]，郑无子产乎[④]？"子曰："赐，汝徒知其一，未知其二也。汝闻用力为贤乎？进贤为贤乎？"子贡曰："进贤贤哉！"子曰："然。吾闻鲍叔达管仲，子皮达子产，未闻二子之达贤己之才者也。"

【注释】

①鲍叔：即鲍叔牙，春秋时期齐国大夫。他和管仲是好朋友，推荐管仲为相，辅佐齐桓公称霸。

②子皮：即罕虎，春秋后期郑国当国、卿大夫，曾推荐子产做郑国的相。

③管仲：管氏，名夷吾，字仲。少时生活贫苦，后经鲍叔牙力荐，担任齐国上卿，辅佐齐桓公成为春秋时期的第一位霸主。

④子产：名侨，字子产，郑国著名政治家，先后辅佐郑简公、郑定公二十余年。

【译文】

子贡问孔子："当今的大臣，哪一位贤能呢？"孔子说："齐国有鲍叔，郑国有子皮，他们都是贤人。"子贡说："齐国不是有管仲，郑国不是有子产吗？"孔子说："赐，你只知其一，不知其二。你听说是自己努力成为贤人的人贤能呢，还是能举荐贤人的人贤能呢？"子贡说："能举荐贤人的人贤能！"孔子说："这就对了。我听说鲍叔使管仲显达，子皮使子产显达，却没有听说管仲和子产让比他们更贤能的人显达。"

哀公问于孔子曰："寡人闻忘之甚者，徙而忘其妻[①]，有诸？"孔子对曰："此犹未甚者，甚者乃忘其身。"公曰："可得闻乎？"孔子曰："昔夏桀贵为天子，富有四海，忘其圣祖之道，坏其典法[②]，绝其世祀，荒乎淫乐，沉湎于酒，佞臣谄谀，窥导其心，忠士钳口[3]，钳口，杜口。逃罪不言。天下诛桀而有其国，此之谓忘其身之甚者也。”

【注释】

①徙：迁移，搬家。

②典法：典章法规。

③钳口：闭口不言。

【译文】

哀公问孔子说：“我听说忘性大的人，一搬家就忘掉妻子，有这种事吗？”孔子回答说：“这还不算最厉害的，最厉害的连自身都忘记了。”哀公说：“能说给我听听吗？”孔子说：“从前夏桀贵为天子，富有天下，忘掉了他圣明先祖的治国之道，败坏了典章法规，断绝了世代祭祀，纵欲荒淫，沉湎饮酒，奸佞之臣谄媚逢迎，窥测迎合夏桀的心意，忠臣都堵住嘴，钳口，是堵住嘴。逃避罪责不敢进谏。天下人起来诛灭夏桀而占有了他的国家，这就是忘记了自身的典型啊。”

子路问于孔子曰：“贤君治国，所先者何在？”孔子曰：“在于尊贤而贱不肖。”子路曰：“由闻晋中行氏尊贤而贱不肖矣[1]，其亡何也？”子曰：“中行氏尊贤而弗能用，贱不肖而不能去。贤者知其不己用而怨之，不肖者知其必己贱而仇之。怨仇并存于国，邻敌构兵于郊[2]，中行氏虽欲无亡，岂可得乎？”

【注释】

①中行（háng）氏：晋国六卿之一，起源于荀氏。其直系先祖是中行桓子，即荀林父，因中行氏出于荀氏，故多称荀林父。多位家族成

员在晋国历史上担任过重要职务。

②构兵：交战。

【译文】

子路问孔子说："贤明君主治理国家，首先要做的是什么？"孔子说"是尊重贤才而轻视不贤的人。"子路说："我听说晋国的中行氏尊重贤才而轻视不贤的人，他却灭亡了，为什么呢？"孔子说："中行氏尊重贤才却不能任用，轻贱小人却不能驱逐。贤才知道自己不会被任用就怨恨他，小人知道他轻贱自己必然仇视他。怨恨仇视同时存在于国内，相邻的敌人在郊地兴兵，中行氏即使不想灭亡，难道还能行吗？"

哀公问政于孔子。孔子对曰："政之急者，莫大乎使民富且寿也。"公曰："为之奈何？"孔子曰："省力役[①]，薄赋敛，则民富矣；敦礼教，远罪疾，则民寿矣。"公曰："寡人欲行夫子之言，恐吾国贫矣。"孔子曰："《诗》不云乎，'恺悌君子，民之父母[②]'，未有其子富而父母贫者也。"

【注释】

①力役：征用民力。

②恺悌君子，民之父母：引自《诗经·大雅·泂酌》。恺悌，和乐平易。

【译文】

哀公向孔子问治理国政。孔子回答说："政事最急迫的，没有比让民众富裕并且长寿更重要的了。"哀公说："那怎么做呢？"孔子说："减少劳役，减轻赋税，那么民众就富裕了；敦行礼仪教化，远离罪恶疾病，那么民众就长寿了。"哀公说："我想履行先生的话，又担心我的国家会贫穷啊。"孔子说："《诗经》不是说了吗，'和乐平易好君子，他是民众父母亲'，没有儿子富裕了父母还贫穷的情况。"

卫灵公问孔子曰："有语寡人：'为国家者，计之于庙堂之上[①]，则政治矣[②]。'何如？"孔子曰："其可也。爱人者则人爱之，恶人者则人恶之；知得之己者，则知得之人。所谓不出环堵之室而知天下者[③]，知反己之谓也[④]。"

【注释】

①庙堂：朝廷，指人君接受朝见、议论政事的殿堂。

②政治：国家得到治理。

③环堵：四周环着每面一方丈的土墙。形容狭小、简陋的居室。

④反己：反回来要求自己。

【译文】

卫灵公问孔子："有人对我讲：'治理国家的君主，在朝廷之上计划好国家大事，那么国政就会得到治理。'怎么样？"孔子说："那行呀。爱别人的人别人也会爱他，厌恶别人的人别人也会厌恶他；知道自己想要什么的人，就知道人家想要什么。所说的不走出自己的屋子而能够了解天下大事，说的就是知道反过来要求自己而推己及人呀。"

辨政[①]

子贡为信阳宰[②]，将行。孔子曰："勤之慎之，奉天之时，无夺无伐，无暴无盗。"子贡曰："赐也，少而事君子，岂以盗为累哉？"孔子曰："而未之详也。夫以贤代贤，是之谓夺；以不肖代贤，是之谓伐；缓令急诛[③]，是之谓暴；取善自与，是之谓盗。盗，非窃财之谓也。吾闻之，知为吏者，善法以利民；不知为吏者，枉法以侵民。此怨所由生也。匿人之善，斯谓蔽贤；扬人之恶，斯谓小人。内不相训而外相谤，非亲睦也。言人之善,若己有之;言人之恶,若己受之。故君子无所不慎焉。"

【注释】

①辨政:这篇集中讲为政之道。子贡在任职前,夫子教诲他要勤奋工作,谨慎处事。

②宰:古代地方长官名。

③缓令急诛:命令慢,惩罚快。

【译文】

子贡担任信阳宰,将要前行。孔子说:"要勤奋,要谨慎,要顺应天时,不要夺不要伐,不要暴不要盗。"子贡说:"我呀,从年轻时就事奉先生,怎么能让盗窃成为自己的拖累呢?"孔子说:"你没有弄清我的意思。用贤良代替贤良,这就叫作夺;用不贤代替贤良,这就叫作伐;颁布命令迟缓、惩罚却非常急迫,这就叫做暴;把好处都归于自己,这就叫作盗。盗,不是指窃取财物。我听说,知道如何做官的人,善于运用法律让民众得利;不知道如何做官的人,歪曲法律来侵害民众。这就是怨恨产生的原因。隐匿别人的善,这叫做遮蔽贤才;宣扬别人的恶,这叫做小人。对内不互相教诲对外却互相诽谤,不是亲近和睦。谈到别人的优点,如同自己有这些优点;谈到别人的缺点,如同自己有这些缺点。所以君子无论做什么事都要谨慎。"

六本[①]

孔子曰:"行己有六本焉,然后为君子。立身有义矣,而孝为本;丧纪有礼矣[②],而哀为本;战阵有列矣,而勇为本;治政有理矣,而农为本;居国有道矣[③],而嗣为本[④];继嗣不立，则乱之源也。生财有时矣，而力为本。置本不固，无务农桑；亲戚不悦，无务外交；事不终始，无务多业。反本修迹，君子之道也。”

【注释】

①六本：本篇从君子立身处世的六个根本入手，主张“反本修迹”，要成就大事，必须回到根本上来，向圣人学习。文中“与善人居，如入芝兰之室，久而不闻其香……与不善人居，如入鲍鱼之肆，久而不闻其臭”，流传甚广，影响很大。

②丧纪：丧事。

③居国：统治国家。

④嗣：君位或职位的继承人。

【译文】

孔子说：“立身行事做到六个根本，然后才能成为君子。立身有仁义，孝道是根本；丧事有礼仪，哀痛是根本；作战阵法有行列，勇敢是根本；治理国家有规律，农事是根本；统治国家有大道，选定继承人是根本；继承后嗣不确立，那就是混乱的根源。创造财富有时机，努力勤劳是根本。安置根本不牢固，就不能说致力于农桑；不能让亲戚族人高兴，就不能致力于交往；办事不能有始有终，就不能致力于多种行业。返回到事物的根本，从近处做起，是君子遵循的途径。”

孔子曰：“药酒苦于口而利于病，忠言逆于耳而利于行。汤、武以谔谔而昌①，桀、纣以唯唯而亡②。君无争臣③，父无争子，兄无争弟，士无争友，其无过者，未之有也。故曰：君失之，臣得之；父失之，子得之；兄失之，弟得之；士失之，友得之。是以国无危亡之兆，家无悖乱之恶，父子兄弟无失，而交友无绝。”

【注释】

①汤、武：指商汤、周武王。谔谔：直言争辩的样子。

②桀、纣：指夏桀和商纣，分别是商朝、周朝最后的君主，都是历史上的暴君。唯唯：随声附和的应答声。

③争：同“诤”，直言规劝。

【译文】

孔子说：“良药苦口利于病，忠言逆耳利于行。商汤和周武王因为能听取直言进谏而使国家昌盛，夏桀和商纣因为只听随声附和的话而国破身亡。国君没有直言规劝的臣子，父亲没有直言规劝的儿子，兄长没有直言规劝的弟弟，士人没有直言规劝的朋友，要想没有过错，是从来没有过的事情。所以说：国君有失误，臣子能补救；父亲有失误，儿子能补救；哥哥有失误，弟弟能补救；士人有失误，朋友能补救。因此，国家就没有灭亡的危险，家庭就没有悖逆的恶事，父子兄弟不会失和，朋友也不会断交。”

孔子读《易》，至于《损》《益》[①]，喟然而叹。子夏避席问曰[②]：“夫子何叹焉？”孔子曰：“夫自损者[③]，必有益之；自益者，必有决之[④]。吾是以叹也。”子夏曰：“然则学者不可以益乎？”子曰：“非道益之谓也，道弥益而身弥损。夫学者损其自多[⑤]，以虚受之。天道成而必变，凡持满而能久者，未尝有也。故曰：自贤者，则天下之善言，不得闻其耳矣。”

【注释】

①《损》《益》：《周易》的两个卦名。

②子夏：姓卜，名商，字子夏，晋国人，孔子学生。避席：古人席地而坐，离席起立，以示敬意。

③损：减少，克制。《周易·系辞下》："损以远害，益以兴利。"孔颖达疏："自降损修身，无物害己，故远害也。"

④决：通"缺"，缺损。

⑤自多：自夸，自满。

【译文】

孔子读《周易》，读到了《损》《益》这两卦，长长地叹了口气。子夏离开座席起立问道："先生叹息什么呢？"孔子说："自己减少的，必然会有益；自己增加的，必然会缺损。我因此叹息。"子夏说："既然如此，那么学者就不能够增益了吗？"孔子说："说的不是道的增益，道越增益，人身欲望就越减损。学习的人，减损自己本来就多的东西，用虚心的态度接受别人的指教。天道发展是达成就必然改变，完满而能保持长久，不曾有过呀。所以说：自认为贤能的人，那天下的善言好话，他的耳朵再也听不到了。"

孔子曰："以富贵而下人①，何人不与？以富贵而爱人，何人不亲？发言不逆，可谓知言矣。"

【注释】

①下人：居于人之后，对人谦让。

【译文】

孔子说："身处富贵还能居于人后来谦让，什么人能不称赞他？身处富贵还能关爱他人，什么人能不跟他亲近？说出话没人反对，可以说懂得该说什么话。"

孔子曰："吾死之后，则商也日益①，赐也日损②。"曾子问曰："何谓也？"子曰："商也好与贤己者处，赐也好悦不如己者。不知其子，视其父；不知其人，视其友；不知其君，视其所使。故曰：与善人居，如入芝兰之室[3]，久而不闻其香，即与之化矣；与不善人居，如入鲍鱼之肆[4]，久而不闻其臭，亦与之化矣。是以君子必慎其所与者焉。"

【注释】

①商：指孔子弟子子夏。

②赐：指孔子学生端木赐，字子贡。

③芝兰之室：喻贤士之所居。亦指助人从善的环境。芝兰，芷和兰，都是香草。芝，通"芷"。

④鲍鱼之肆：卖咸鱼的店。以喻恶人之所或小人聚集之地。鲍鱼，盐腌的鱼，气味腥臭。

【译文】

孔子说："我死了以后，那卜商会一天天进步，端木赐会一天天退步。"曾子问道："您说的是什么意思呢？"孔子说："卜商喜好跟比自己强的人相处，端木赐喜好跟不如自己的人相处。不了解儿子，看他的父亲；不了解本人，看他的朋友；不了解君主，看他任命的臣子。所以说：跟善人相处，就好像进入种植香草的屋子，时间久了闻不出香味，这就是跟他同化了；跟不善的人相处，就像进入腌咸鱼的店铺，时间久了闻不出腥臭，也是跟他同化了。因此君子一定要谨慎选择在一起交游的人。"

哀公问政[1]

哀公问政于孔子。孔子对曰："文、武之政，布在方策[2]。其人存，则其政举；其人亡，则其政息。故为政在于得人。

取人以身，修身以道，修道以仁。仁者，人也，亲亲为大[③]；义者，宜也，尊贤为大。亲亲之杀[④]，尊贤之等，礼所生也。是以君子不可以不修身；思修身，不可以不事亲；思事亲，不可以不知人；思知人，不可以不知天。天下之达道有五[⑤]，其所以行之者三：曰君臣也、父子也、夫妇也、昆弟也、朋友之交也[⑥]，五者，天下之达道也；智、仁、勇，三者，天下之达德也[⑦]。所以行之者一也。或生而知之，或学而知之，或困而知之，及其知之，一也。或安而行之，或利而行之，或勉强而行之，及其成功，一也。好学近于智，力行近于仁，知耻近于勇。知斯三者，则知所以修身；知所以修身，则知所以治人；知所以治人，则能成天下国家矣。"

【注释】

①哀公问政：本篇鲁哀公问孔子治国之道，夫子首先总结道，人存政举，人亡政息，故为政治国在人，也就是说人是第一位的。孔子接着讲述了治国治民应该遵循的九条原则及其作用，以及具体落实的道理和方法。

②布：公布，陈述。方策：木牍与简策，当时的书籍，也指史册。

③亲亲：爱自己的亲人。

④杀（shài）：等差。

⑤达道：公认的准则。

⑥昆弟：兄弟。

⑦达德：通行不变的道德。

【译文】

鲁哀公向孔子请教治国之道。孔子回答说："周文王、周武王的施政方略，记载在史书上。这样的贤人在世，他们的政事就能施行；他们去世，他的治国措施就不能施行了。所以治国的要领就在于人。选取人才在于修养自身，修养自身要用道德，修养道德要用仁。仁，就是具有爱人之心，亲近亲人是最大的仁；义，就是事情适宜，尊重贤人是最大的义。亲近亲人要分等差，尊重贤人要有等级，这就产生了礼。因此君子不可以不修身；想要修身，不能不事奉父母；要事奉父母，不能不了解人；要了解人，不能不了解天。天下公认的准则有五条，用来实行这五条准则的德行有三种：就是君臣、父子、夫妇、兄弟、朋友的交际，这五条是天下公认的伦常准则；智、仁、勇，这三种品德，是天下通行不变的道德。实行这些的方法都是一致的。有的人天生就知道，有的人通过学习才知道，有的人陷入困境才知道，等到知道了，就是一样的。有的人安心去做，有的人为了利益去做，有的人被迫勉强去做，等到成功了，就是一样的。喜欢学习接近有智慧，努力实行接近有仁心，知道耻辱接近有勇气。知道了这三条，那就知道了如何修身；知道如何修身，那就知道如何治理人；知道如何治理人，那就能成就国家天下了。”

公曰：“政其尽此而已乎？”孔子曰：“凡为天下国家者，有九经焉[①]，曰：修身也、尊贤也、亲亲也、敬大臣也、体群臣也、子庶人也、来百工也、柔远人也、怀诸侯也[②]。修身则道立，尊贤则不惑，亲亲则诸父昆弟不怨，敬大臣则不眩[③]，体群臣则士之报礼重，子庶民则百姓劝，来百工则财用足，柔远人则四方归之，怀诸侯则天下畏之。”

【注释】

①九经：儒家治国平天下的九项准则。《礼记·中庸》：“凡为天下国家有九经。曰：‘修身也，尊贤也，亲亲也，敬大臣也，体群臣也，子庶民也，来百工也，柔远人也，怀诸侯也。’”孔颖达疏：“治天下

国家之道，有九种常行之事，论九经之目次也。”

②柔：怀柔，安抚。指笼络安抚非华夏部族的政策。怀：安抚。

③眩：迷惑，迷乱，引申为欺骗。

【译文】

哀公又问：“治理国政到此为止了吗？”孔子说：“凡是治理天下国家，有九条准则，那就是：修养自身，尊重贤人，亲近亲人，敬重大臣，体恤群臣，爱民如子，招徕工匠，笼络远客，安抚诸侯。修养自身那就能确立大道，尊重贤人那就不会迷惑，亲近亲人那叔伯兄弟就不会怨恨，敬重大臣那遇事就不会迷乱，体恤群臣那士人的回报就会厚重，爱民如子那百姓就会努力工作，招徕工匠那财物就会充足，笼络安定远客那四方之人就会归服，安抚诸侯那天下人就会敬畏。”

公曰：“为之奈何？”孔子曰：“齐庄盛服[①]，非礼不动，所以修身也；去谗远色，贱货而贵德，所以尊贤也；爵其能[②]，重其禄，同其好恶，所以笃亲亲也；官盛任使[③]，所以敬大臣也；盛其官，任而使之也。忠信重禄，所以劝士也；忠信者，与之重禄也。时使薄敛，所以子百姓也；日省月考，既禀称事[④]，所以来百工也；既禀食之，各当其职事也。送往迎来，嘉善而矜不能[⑤]，所以绥远人也；绥，安也。继绝世[⑥]，举废邦，朝聘以时[⑦]，厚往而薄来，所以怀诸侯也。治天下国家有九经焉，其所以行之者，一也。凡事豫则立，不豫则废。言前定则不跲[⑧]，跲，踬[⑨]。事前定则不困，行前定则不疚[⑩]，疚，病。道前定则不穷。”

【注释】

①齐（zhāi）庄：严肃诚敬。齐，同“斋”。

②爵其能：给能胜任的人授官位。爵，授爵或授官。

③官盛任使：隆重地对待官员的任职与出使。任使，差遣，委用。

④既禀：官府发给的作为月薪的粮食。亦泛指薪俸。

⑤嘉善：赞美善人。矜：怜悯，同情。

⑥继绝世：谓恢复已灭绝的宗祀，承续已断绝的后代。

⑦朝聘：古代诸侯亲自或派使臣按期朝见天子。春秋时期，政在霸主，诸侯朝见霸主，亦称“朝聘”。

⑧跲（jiá）：牵绊，窒碍。

⑨踬（zhì）：绊倒，跌倒。

⑩疚：长久不愈的病痛。

【译文】

哀公问：“怎么做呢？”孔子说：“像斋戒那样穿着庄重的服装静心虔诚，不符合礼仪的事坚决不做，这就是修养自身的方法；驱除小人，疏远女色，看轻财物重视德行，这就是尊重贤人的方法；给有能力的人晋爵，增加他们的俸禄，跟他们爱憎相同，这就是让亲人更为亲近的方法；官员众多足够差遣，这就是劝勉大臣的方法；增加官员，任命并差遣他们。真心诚意的人，给予优厚俸禄，这就是勉励士人的方法；忠诚守信的人，给以优厚的俸禄。劳役不误农时，减少赋税，这就是爱民如子的方法；天天省察，月月考核，已经给予的粮谷跟业绩相称，这就是招徕百工的方法；已经给予食物，就要各自完成职事。去时欢送，来时欢迎，嘉奖有善行的人而怜惜能力差的人，这就是笼络安定远人的方法；绥，是安定的意思。延续绝嗣的诸侯家族，复兴灭亡的邦国，朝见聘问按时进行，赠送丰厚，纳贡菲薄，这就是安抚诸侯的方法。治理天下国家有九条准则，实行这些准则的方法，只有一个。任何事情，事先有准备就会成功，没有准备就会失败。说话先有准备，那就不会言语磕绊；跲，是绊倒的意思。做事先有准备，那就不会困窘；行动先有准备，那就不会出问题；疚，是疾病。道路预先确定，就不会行不通。”

公曰："子之教寡人备矣，敢问行之所始？"孔子曰："立爱自亲始，教民睦也；立敬自长始，教民顺也。教以慈睦，而民贵有亲；教以敬长，而民贵用命。民既孝于亲，又顺以听命，措诸天下，无所不行。"

【译文】

哀公说："您教给我的方法已经很完备了，请问从什么地方开始实施呢？"孔子说："树立仁爱从爱父母开始，是教导民众和睦的关键；树立恭敬从尊敬年长者开始，是教导民众顺从的关键。教导慈爱和睦，民众就会认为亲人最宝贵；教导恭敬年长者，民众就会认为服从命令是最重要的。民众既孝顺父母，又顺从听命，放到整个天下，就没有行不通的。"

颜回[①]

鲁定公问于颜回曰[②]："子亦闻东冶毕之善御乎[③]？"对曰："善则善矣！虽然，其马将必逸。"公不悦。其后三日，东冶毕之马逸。公闻之，促驾召颜回[④]。颜回至，公曰："前日寡人问吾子以东冶毕之善御[⑤]，而子曰'其马将逸'，不识吾子奚以知之？"颜回对曰："以政知之而已矣。昔者帝舜巧于使民[⑥]，而造父巧于使马。舜不穷其民力，造父不穷其马力，是以舜无逸民，造父无逸马。今东冶毕之御也，历险致远，马力尽矣，然而其心犹求马不已。臣以此知之。"公曰："善哉！吾子之言，其义大矣，愿少进乎[⑦]？"颜回曰："臣闻之：'鸟穷则啄[⑧]，兽穷则攫[⑨]，人穷则诈，马穷则逸。'自古及今，未有穷其下而能无危者也。"公悦。

【注释】

①颜回：本篇节录了鲁定公问颜回东冶毕善御之事。颜回以御马比喻治理国家，御马“不穷其马力”，而治民也要“不穷其民力”，否则就会出现危险。

②鲁定公：即姬宋，春秋时期鲁国君主。

③东冶毕：春秋时善于驾车的人。

④促驾：催车速行。

⑤吾子：古时对人的尊称。

⑥巧：擅长，善于。

⑦少进：指稍作进一步的申述。

⑧噣（zhuó）：同“啄”。

⑨攫（jué）：鸟兽用爪抓取。

【译文】

鲁定公问颜回说：“您也听说过东冶毕善于驾马赶车吗？”颜回回答说：“他确实善于驾车！尽管如此，他的马必定会逃逸。”鲁定公很不高兴。过了三天，东冶毕的马逃逸了。鲁定公听了，催车速行召见颜回。颜回来到后，鲁定公说：“前天我问您东冶毕善于驾驭车马的事情，而您说‘他的马一定会逃逸’，我不明白您是怎么知道的？”颜回回答说：“我是根据政治情况知道的。从前舜帝擅长役使百姓，造父擅长驾御车马。舜帝不用尽民力，造父不用尽马力，因此舜帝没有逃逸的民众，造父没有逃逸的马。现在东冶毕驾驭车马，经历险峻奔到远处，马的力气已经耗尽，然而他还要求马不停奔跑。我因此知道马会逃逸。”鲁定公说：“说得好！你的这些话，意义很大了，希望稍稍进一步讲讲。”颜回说：“我听说：‘鸟急了会用喙啄人，兽急了会用爪抓人，人走投无路就会诈骗，马筋疲力尽就会逃逸。’从古至今，没有让下级陷入困境而自己能没有危险的。”鲁定公听了心悦诚服。

困誓[①]

卫蘧伯玉贤[②]，而灵公不用；弥子瑕不肖[③]，而反任之。史鱼骤谏[④]，公不从。史鱼病将卒，命其子曰："吾在公朝，不能进蘧伯玉退弥子瑕，是吾为臣不能正君也。生而不能正君，死不可以成礼矣[⑤]。吾死，汝置尸牖下[⑥]，于我毕矣。毕，犹足也。礼，殡于客位[⑦]。"其子从之。灵公吊焉，怪而问之，其子以其父言告公。公愕然失容[⑧]，曰："是寡人之过也。"于是命之殡于客位，进蘧伯玉而用之，退弥子瑕而远之。孔子闻之曰："古之烈谏者[⑨]，死则已矣，未有若史鱼死而尸谏，忠感其君者也。可不谓直乎！"

【注释】

①困誓：节录部分以史鱼为例，讲古代忠臣劝谏君王的风范。

②蘧（qú）伯玉：名瑗，春秋时卫国的大臣。十分正派，深得卫灵公的信赖，与孔子关系友善。

③弥子瑕：春秋时卫国的嬖幸大夫。

④史鱼：也称史鰌，名佗，字子鱼，卫国大夫。

⑤成礼：指让丧礼完备。

⑥牖（yǒu）：窗户。

⑦殡：死者入殓后把尸体装入棺木，停棺待葬。客位：指宾客的位置、席位。《孔子家语·冠颂》："郏隐公既即位，将冠，使大夫因孟懿子问礼于孔子。子曰：'其礼如世子之冠。冠于阼者，以著代也。醮于客位，加其有成。'"王肃注："户西为客位。"

⑧愕然：惊讶的样子。

⑨烈：指勇决。

【译文】

卫国蘧伯玉贤良，但是不被卫灵公任用；弥子瑕不贤，灵公反而任用他。史鱼屡次劝谏，灵公不听。史鱼重病将要死去，命令他的儿子说：“我在灵公的朝廷，不能够举荐蘧伯玉屏退弥子瑕，这是我作为臣子不能匡正君主啊。我活着的时候不能匡正君主，死了也难以礼安葬。我死后，你把尸体放在窗户下面，对我来讲就足够了。毕，相当于足够。按照丧礼，应该在门西边宾客的位置停棺待葬。”他的儿子听从了。灵公去吊丧，感到很奇怪，就问他怎么回事。史鱼的儿子把他父亲的话告诉了卫灵公。灵公惊讶地变了脸色，说：“这是我的过错呀。”于是命令把史鱼的棺木放在门西的客位停棺待葬，招进蘧伯玉而任用他，屏退弥子瑕并疏远他。孔子听到后说：“古代那些勇敢果决进谏的人，一死罢了，从来没有像史鱼这样死了还用尸体进谏，忠诚感动君主的人。难道还不能说是正直吗！”

执辔[①]

闵子骞为费宰[②]，问政于孔子。孔子曰：“以德以法。夫德法者，御民之具，犹御马之有衔勒也[③]。君者，人也；吏者，辔也；刑者，策也[④]。人君之政，执其辔策而已矣。”子骞曰：“敢问古之为政？”孔子曰：“古者天子以内史为左右手[⑤]，以德法为衔勒，以百官为辔，以刑罚为策，以万民为马，故御天下数百年而不失。善御马者，正衔勒，齐辔策，均马力，和马心，故口无声而马应辔，策不举而极千里。极，至也。善御民者，一其德法，正其百官，均齐民力，和安民心，故令不再而民顺从，刑不用而天下化治[⑥]。是以天地德之，天地以为有德。而兆民怀之。怀，归。不能御民者，弃其德法，专用刑辟[⑦]，譬犹御马，弃其衔勒，而专用箠策[⑧]，其不可制也必矣。

夫无衔勒而用箠策，马必伤，车必败；无德法而用刑辟，民必流[⑨]，国必亡。凡治国而无德法，则民无所法修；民无所法修，则迷惑失道。古之御天下者，以六官总治焉[⑩]，六官在手以为辔，故曰：御四马者执六辔，御天下者正六官。是故善御马者，正身以总辔，均马力，齐马心，回旋曲折，唯其所之，故可以取长道，可以趣急疾[⑪]。此圣人所以御天地与人事之法则也。天子以内史为左右手，以六官为辔，己与三公执六官[⑫]，均五教[⑬]，齐五法，仁义礼智信之法也。故亦唯其所引，无不如志[⑭]。”

【注释】

①执辔：本篇用譬喻来说明治国之道。辔，驾车驭马用的缰绳。驾车的关键是握好缰绳，治国的关键就是正六官。

②闵子骞：名损，字子骞，春秋时期鲁国人，孔子弟子，以孝闻名。费（bì）：费邑，春秋鲁邑，故址在今山东临沂费县。

③衔勒：马嚼口和马笼头。

④策：竹鞭，鞭子。

⑤内史：官名，先秦其主要任务是掌管法令、拟定文书，协助国君策命诸侯及卿大夫，并负责爵禄的管理废置。

⑥化治：用德化治理。

⑦刑辟：刑罚，法律。辟，刑罚。

⑧箠策：赶马的鞭子，鞭杖。

⑨流：指脱离土地而流亡。

⑩六官：指周六卿之官。《周礼》以天官冢宰、地官司徒、春官宗伯、夏官司马、秋官司寇、冬官司空分掌邦政，称为“六官”或“六卿”。

⑪趣（cù）：督促，催促。

⑫三公：古代中央三种最高官衔的合称。周以太师、太傅、太保为三公。

⑬五教：五常之教。指父义、母慈、兄友、弟恭、子孝五种伦理道德的教育。

⑭如志：实现志愿。

【译文】

闵子骞担任费邑长官，问孔子治理政事的方法。孔子说："用德政，用礼法。德政和礼法是统治民众的工具，就好像驭马用嚼口和笼头一样。国君好比驭马的人，官吏好比缰绳，刑罚好比马鞭。君王执政，只要掌握好缰绳和马鞭就可以了。"闵子骞说："请问古人是怎样执政呢？"孔子说："古代的天子把内史作为自己的左右手，把德政和礼法当做马的嚼口和笼头，把百官当做缰绳，把刑罚当做马鞭，把万民当做马，所以统治天下数百年而没有失误。善于驾驭马的人，就要安好嚼口和笼头，备齐缰绳马鞭，均衡马的力量，让马齐心合力，这样不用吆喝马就应和缰绳的松紧前进，不用扬鞭就可以跑千里之远。极，至的意思。善于统治民众的人，就得统一道德和礼法，端正百官，均衡民众的力量，和谐民众的心理，所以法令不用重复申告，民众就会顺从；刑罚不用施行，天下就会用德化治理。因此天地也认为他有德行，天地认为他有德行。民众也乐于服从。怀，归的意思。不善于统治民众的人，他们丢弃了德政和礼法，专用刑罚，这就好比驭马，丢弃了嚼口和笼头，而专用鞭杖，那事情无法控制就是必然的。驾驭马没有嚼口和笼头，而专用鞭杖，马必然会受伤，车必然会毁坏；没有德政和礼法而用刑罚，民众必然会流亡，国家必然会灭亡。治理国家而没有德政和礼法，民众就没有修养；民众没有修养，就会迷惑不走正道。古代统治天下的帝王，用六卿来总领治理，六卿控制在手中就如同有了缰绳，所以说：驾驭马车的人要控制好六根缰绳，治理天下的人要端正六卿。因此，善于驭马的人，端正身体揽好缰绳，均衡马的力量，让马齐心一致，即使走曲折婉转之路，到何处都随心所欲。所以可以走长道，可以催促迅疾奔跑。这是圣人用来掌握天地和治理民众的法则。天子把内史作为左右手，把六卿作为缰绳，自己和三公一起来控制六卿，使五常之教均齐，使五常之法齐备，五法，是仁义礼智信之法。所以只要你有所指引，没有不如愿的。”

五刑[①]

冉有问于孔子曰[②]：“先王制法，使刑不上于大夫[③]，礼不下于庶人[④]。然则大夫之犯罪，不可以加刑；庶人之行事，不可以治礼乎[⑤]？”孔子曰：“不然。凡治君子，以礼义御其心[⑥]，所以厉之以廉耻之节也[⑦]。故古之大夫，其有坐不廉污秽而退放之者[⑧]，则曰簠簋不饰[⑨]；饰，整齐。有坐淫乱男女无别者，则曰帷薄不修[⑩]；有坐罔上不忠者[⑪]，则曰臣节未著[⑫]；有坐疲软不胜任者[⑬]，则曰下官不职；言其下官不务其职，不斥其身也。有坐干国之纪者，则曰行事不请。言不请而擅行也。此五者，大夫既自定有罪名矣，而犹不忍斥然正以呼之也[⑭]，既而为之讳，所以愧耻之。是故大夫之罪，其在五刑之域者，谴发[⑮]，则白冠牦缨[⑯]，盘水加剑[⑰]，造于阙而自请罪，君不使有司执缚牵掣而加之也[⑱]。其有大罪者，闻命则北面再拜，跪而自裁，君不使人捽引而刑杀之也[⑲]，曰：‘子大夫自取之耳，吾遇子有礼矣。’是以刑不上大夫，而大夫亦不失其罪者，教使然也。凡所谓礼不下庶人者，以庶人遽其事而不能充礼[⑳]，故不责之以备礼也。”

【注释】

①五刑：这篇重点讨论礼和法的关系，节录部分论述了“刑不上于

大夫，礼不下于庶人”的道理。

②冉有：名求，字子有，春秋末年鲁国人。孔子弟子，在孔门中以政事见称。

③大夫：古代官名。西周以后先秦诸侯国中，在国君之下有卿、大夫、士三级。大夫世袭，有封地。后世遂以大夫为一般官职之称。

④庶人：众民，民众。

⑤治礼：讲习礼仪。

⑥御：控制，约束以为用。

⑦厉：磨砺，振奋。

⑧坐：指犯罪，判罪。

⑨簠簋（fǔ guǐ）不饰：贪污受贿的婉辞。簠簋，簠与簋，本来是两种盛黍稷稻粱之礼器。不饰，不整齐。指为官不清正廉洁的人。

⑩帷薄不修：家门淫乱罪的婉辞。帷薄，帷幕和帘子。古代用以障隔内外，借指内室。不修，男女不分，内外杂沓。修，整饬。

⑪罔上：欺骗君上。罔，蒙蔽，欺诬。

⑫臣节未著：没有保持住人臣的操守。著，显著。

⑬疲软：指拖沓涣散，软弱无能。

⑭斥然：公然斥责的样子。

⑮谴发：谴责揭发。

⑯白冠：白的帽子，是丧服。牦缨：以毛做成的帽带。古时大臣犯罪时所用，以示自请罪谴。

⑰盘水加剑：用盘盛水，加剑其上，表示让君主公平执法，如有罪，当自刎。

⑱牵掣：牵拉，牵制。

⑲捽（zuó）：抓住头发。亦泛指抓，揪。

⑳遽（jù）：仓猝，匆忙。充：实行。

【译文】

冉有向孔子请教说："先王制定法律，规定刑罚不加到大夫身上，礼仪不用到平民身上。既然如此，那么大夫犯罪，就不可以施加刑罚；民众行事，就不可以用礼仪约束了吗？"孔子说："不是。凡是治理君子，用礼义驾驭他的内心，用廉洁知耻的节操来磨砺振奋他。所以古代的大夫，有犯了不廉洁贪污受贿罪而被罢免流放的，就说是'簠簋不饰'；饰，是整齐的意思。有犯了淫乱、男女无别罪的，就说是'帷薄不修'；有犯了欺罔君上不忠罪的，就说是'臣节未著'；有犯软弱无能不胜任其职之罪的，就说是'下官不职'；这是说他的下级官员不称职，但不直斥其人。有触犯国家法纪之罪的，就说是'行事不请'。这是说不请示而擅自行动。这五种，大夫已经自己定有罪名了，还不忍心公然斥责当面称呼罪名，接着又为他隐讳，这是为了让他们感到羞愧。因此大夫的罪责，属于五刑领域的，知道自己要被谴责问罪，那就戴上白色帽子，系上牦牛毛绳的帽带，端起一盘水，上面放一把剑，来到宫门高台前自我请罪，君主不派有关司法官吏捆绑牵掣他或施以刑罚。其中犯有大罪的，听到君命后面向北两次下拜，跪下自杀，君主也不派人按着他身体用刑，而是说：'大夫您这是咎由自取罢了，我对您已经有礼了。'因此即使是刑不上大夫，而大夫也不会逃避罪罚，这是教化的结果。所谓礼不下庶人，是因为民众忙于生计的事不能很好地学习礼，所以不能要求他们有完备的礼仪。"

刑政[①]

仲弓问于孔子曰[②]："雍闻至刑无所用政[③]，至政无所用刑[④]。至刑无所用政，桀、纣之世是也；至政无所用刑，成康之世是也[⑤]。信乎？"孔子曰："圣人之治化也，必刑政相参焉[⑥]。太上以德教民而以礼齐之[⑦]，其次以政导民，以刑禁之。化之弗变，导之弗从，伤义败俗，于是乎用刑矣。”

【注释】

①刑政：刑罚和政令。孔子强调刑罚与政令必须相互配合使用，而最好的办法是教化，教育百姓懂得守礼。以违礼为耻，以守礼为正。用刑必须依据事实，根据情节轻重、罪行的深浅来量刑。

②仲弓：即冉雍，字仲弓，鲁国人，孔子弟子。为人度量宽宏，以德行著称。

③至刑：最严酷的刑罚。

④至政：最完美的政治。

⑤成康之世：周成王、周康王的时代。过去史家称“成康之际，天下安宁，刑措四十余年不用”。

⑥相参：相互配合。

⑦太上：最上，最高。

【译文】

仲弓问孔子说：“我听说有严酷的刑罚就不需要用政令了，有完善的政令就不需要用刑罚了。有严酷的刑罚不用政令，夏桀、商纣的时代就是这样；有完善的政令不用刑罚，周成王、周康王的时代就是这样。这是真的吗？”孔子说：“圣人治理教化民众，必须是刑罚和政令相互配合。最好的办法是用德行来教化民众，并用礼法来统一，其次是用政令来引导民众，用刑罚来禁止。经过教化还不改变，经过教导又不听从，伤害道义又败坏风俗的人，只好用刑罚来惩处。”

仲弓曰：“古之听讼①，可得闻乎？”孔子曰：“凡听五刑之讼②，必原父子之亲③，立君臣之义以权之；意论轻重之序，慎测浅深之量以别之；悉其聪明，致其忠爱以尽之。大司寇正刑明辟以察狱[4]，狱必三讯焉。一曰讯群臣，二曰讯群吏，三曰讯万民也。有指无简[5]，则不听[6]。简，诚也。有其意无其诚者，不论以为罪。附从轻，赦从重[7]。附人之罪，以轻为比[8]；赦人之罪，以重为比。疑狱则泛[9]，与众共之，众疑赦之。故爵人必于朝，与众共之也；刑人必于市，与众弃之也。古者公家不畜刑人[10]，大夫不养也；士遇之涂，弗与之言也；屏诸四方，唯其所之，弗及以政，弗欲生之故也。”

【注释】

①听讼：审判案子。

②五刑之讼：判决墨、劓、剕、宫、大辟这五种刑罚的案件。

③原：推究起因或来源。

④大司寇：周为六卿之一，为秋官大司寇，掌管刑狱、纠察等事。

⑤有指无简：指有犯罪意图却无犯罪事实。指，意指，意图。简，核实，符合事实。

⑥不听：不定罪。听：审察，断决。

⑦附从轻，赦从重：指依据刑法量刑时，可轻可重的则从轻判决；宽赦之时，可轻可重的则宽赦重罪。附，施刑。

⑧为比：相比较。

⑨疑狱：疑难案件。

⑩公家：公室，指诸侯王国。畜：收容。刑人：指犯罪受刑罚的人。

【译文】

仲弓说：“古代听取审理案件的事情，可以讲给我听听吗？”孔子说：“凡是审理判决墨、劓、剕、宫、大辟这五种刑罚的诉讼，必须要根据父子之情，按照君臣之义来衡量；意图是论证犯罪情节的轻重，谨慎地衡量量刑的深浅，以便区别；断案者用尽全部的聪明才智，拿出忠爱之心来探明案情。大司寇要公正司法，辨明法令来详细审理案件，审案时必须经过三次讯问。第一叫讯问群臣，第二叫讯问群吏，第三叫讯问万民。有指证而核实不了犯罪事实的，就不定罪。简，是真实的意思。有犯罪的意图却没有真实行为的，不以犯罪论。可轻可重的就从轻判决，赦免罪人非故意的重刑尽量宽赦。判决犯罪，从轻处理；赦免人的罪行，非故意的重刑尽量宽赦。疑难案件那就要广泛征求意见，跟大众共同解决，如果还有疑问无法裁决，就赦免他。所以赐予爵位一定要在朝廷上，是跟众人共同见证；行刑一定要在闹市上，是跟众人共同唾弃。古时诸侯不收容判过刑的人，大夫也不供养他；士人在路上遇到他，不跟他交谈；摒弃放逐到四境，任凭他到什么地方，也不让他参与政事。这是表示不想让他活着的缘故。”

仲弓曰：“听狱，狱之成①，成何官？”孔子曰：“狱成于吏，吏以狱之成告于正②；吏，狱官吏也。正，狱官长。正既听之，乃告于大司寇；大司寇听之，乃奏于王；王命三公卿士参听棘木之下③，外朝之法④。左九棘⑤，孤卿大夫位焉⑥；右九棘，公侯伯子男位焉；面三槐⑦，三公位焉。然后乃以狱之成报于王；王以三宥之法听之⑧，君王尚宽，罪虽已定，犹三宥之，不可得轻，然后刑之也。而后制刑焉，所以重之也。”

【注释】

①狱之成：指案件审理完毕。

②吏：监狱官吏。正：狱官长。

③棘木之下：是古代听讼断案的地方。《礼记·王制》：“史以狱成告于正，正听之。正以狱成告于大司寇，大司寇听之棘木之下。”棘，木名，即酸枣树。

④外朝：周制是天子、诸侯处理朝政之所，是对内朝而言。

⑤九棘：古代群臣外朝之位，树九棘为标识，以区分等级职位。

⑥孤卿：指少师、少傅、少保。

⑦三槐：相传周代宫廷外种有三棵槐树，三公朝见天子时，面向三槐而立。后因以三槐喻三公。

⑧三宥：指古代对犯罪者可从轻处理的三种情况。一是不识，二是过失，三是因精神异常遗忘。

【译文】

仲弓问："审理案件时，定案的事，由哪些官员来完成？"孔子说："案件首先由狱吏来审定，然后狱吏把完成的审理报告给监狱长；吏，监狱的官吏。正，监狱官吏的长官。监狱长审理后，再报告给大司寇；大司寇审理后，再报告给君王；君王命令三公和卿士在酸枣树下会审，外朝的法令。左边九棵酸枣树，是三孤、大夫的位置；右边九棵酸枣树，是公、侯、伯、子、男的位置；面对三棵槐树，是三公的位置。然后才把结果呈报君王；君王根据三种宽宥的情况审理，君王崇尚宽大，罪刑虽然已经确定，还要三次宽宥，不能从轻了，然后施刑。最后下令定刑，审定的程序是很慎重的。"

仲弓曰："古之禁何禁？"孔子曰："析言破律[①]，巧卖法令者也。乱名改作，变易官与物名。执左道以乱政者，左道，邪道。杀；作淫声[②]，淫逸惑乱之声。造异服，非人所常见。设奇伎奇器[③]，以荡上心者[④]，杀；怪异之伎，可以眩曜人心之器。荡，动也。行伪而坚，行诈伪而坚守。言伪而辨，学非而博，顺非而泽[⑤]，顺其非而滑泽之。以惑众者，杀；假于鬼神时日，卜筮以疑民者[⑥]，杀。此四诛者，不待时，不以听。不听于棘木之下也。"

【注释】

①析言破律：指巧说诡辩，曲解律令。

②淫声：淫邪的乐声。古代以雅乐为正声，以俗乐为淫声。

③设奇伎奇器：指制作奇装异服、设置出色的歌女和罕见的器物。

④荡：移动，摇动。

⑤顺非而泽：顺从邪恶之事，还要曲加粉饰。泽，润泽，粉饰。

⑥卜筮：古时预测吉凶，用龟甲称卜，用蓍草称筮，合称卜筮。

【译文】

仲弓又问："古代法律中都有哪些禁令呢？"孔子说："凡是用巧言诡辩曲解法律，巧妙地出卖法令的人。扰乱名义擅改法度，变易官名跟物名。拿歪门邪道搅扰国政的人，左道，是邪道。杀；凡是制作淫秽之声，纵恣淫乐迷惑混乱的乐声。制造奇装异服，不是常人见到过的。设计奇巧怪异器物，用来扰乱君心的，杀；怪异的技艺，可以炫惑人心的器物。荡，是动荡的意思。凡行为诡诈顽固，行为诡诈而冥顽不化。言辞虚伪又诡辩，学问不正又广博，顺从邪恶又曲加粉饰，顺应那些不正确的行为，而且加以润滑粉饰。用来蛊惑民众的，杀；凡利用鬼神、天时日变卜筮，来惑乱民众的，杀。犯这四类该杀罪行的人，不等待时期，不需要审理。指不在酸枣树下审理。"

问玉①

子张问圣人之所以教②。孔子曰："师乎，吾语汝。圣人明于礼乐，举而措之而已③。"子张又问，孔子曰："师，尔以为必布几筵，揖让升降④，酌献酬酢⑤，然后谓之礼乎？尔以为必行缀兆⑥，执羽籥⑦，作钟鼓，然后谓之乐乎？言而可履，礼也；行而可乐，乐也。圣人力此二者，以恭己南面。是故天下太平，万国顺服，百官承事⑧，上下有礼也。夫礼之所兴，众之所以治也；礼之所废，众之所以乱也。昔者明王圣主之辨贵贱长幼，正男女外内，序亲疏远迩，而莫敢相逾越者，皆由此涂出也。”

【注释】

①问玉：本篇文中以玉譬喻圣人的教化，诠释礼乐的真正含义。

②子张：即颛孙师，字子张，陈国人，孔子学生。圣人：指君王。

③举：提升，发扬。措：措置，处理。

④揖让：宾主相见的礼仪。

⑤酌献：指酌酒献客。酬酢：主客相互敬酒，主敬客称酬，客还敬称酢。也泛指交际应酬。

⑥缀兆：指古代乐舞中舞者的行列位置。

⑦羽籥（yuè）：古代祭祀或宴飨时舞者所持的舞具和乐器。羽，指雉羽。籥，一种编组多管乐器。羽籥象征“文”，舞者手执羽籥起舞，表现王者文治。

⑧承事：受事，治事。

【译文】

子张向孔子请问君王实施教化的方法。孔子说：“颛孙师啊，我告诉你。君王通晓礼乐，弘扬并推行它罢了。”子张又问，孔子说：“颛孙师，你以为一定要铺几设席，揖让行礼，升阶降阶，酌酒献酬回敬，那才叫做礼吗？你以为一定要排好舞者的队形行列，拿起羽毛管籥，敲击钟鼓，那才叫做乐吗？说的而能履行，是礼；履行了而感到快乐，是乐。君王努力践行这两样，凭借礼乐恭恭敬敬地南面称王。因此天下太平，万国顺从归服，百官奉行职责，是因为上下有礼来进行教化约束。礼乐能够兴盛，民众就能够得到治理；礼乐如果废弛，民众就会大乱。从前英明的君王、圣明的主上分辨贵贱长幼，端正男女内外的关系，排列亲疏远近的顺序，没有人敢超规越分，都是从这个道理出发。”

屈节[①]

宓子贱为单父宰[②]，恐鲁君听谗人，使己不得行其政，于是辞行也，故请君之近史二人与之俱至官[③]。宓子戒其邑吏[④]，令二史书。方书，掣其肘[⑤]，书不善，则从而怒之。二史患焉，辞请归。鲁君以问孔子，孔子曰："宓不齐，君子也，意者其以此谏乎[⑥]？"公寤[⑦]，大息而叹曰[⑧]："此寡人之不肖也。寡人乱宓子之政，而责其善者数矣。微二史，则寡人无以知过；微夫子，则寡人无由寤。"遽使告宓子曰："自今日以往，单父非吾有也，从子之制。有便于民者，子决为之，五年一言其要。"宓子遂得行政于单父焉。躬敦厚[⑨]，明亲亲，尚笃敬，施至仁，加恳诚，致忠信，百姓化之。

【注释】

①屈节：本段写宓子贱巧妙进谏鲁公，化君臣之嫌，而得以行其政，教化一方人民。劝谏君王可直谏，也可隐谏，当审时度势而用，最终实现胸中为善宏图。

②宓子贱：名不齐，字子贱，鲁国人，孔子弟子。在鲁国做官，曾任单父宰，弹琴而治，功绩卓著，为后世儒家所称道。单父：鲁国邑名，在今山东菏泽单县。

③近史：指帝王左右的史官。

④邑吏：地方官府的小吏。

⑤掣（chè）：牵拉，拽。

⑥意者：表示测度，大概，或许。

⑦寤：醒悟，觉醒。

⑧大（tài）息：深深地叹息。

⑨躬：亲自，亲身。

【译文】

宓子贱担任单父长官，恐怕鲁君听信谗言，让自己不能推行自己的施政方针，于是在辞行的时候，故意请求让国君身边的两位史官跟他一起到单父的官署就任。宓子贱告诫城邑的地方官吏，让两位史官记录书写。当他们正书写时，就拽他们的胳膊肘，写得不好，就对他们发怒。两位史官很害怕，请求回到鲁君身边去。鲁君拿这件事去问孔子，孔子说："宓不齐，是君子，大概他使用这个方法来向您进谏吧？"鲁君醒悟了，大声长叹说："这是我不好呀。我扰乱宓子的政事而责备他的善政，已经多次了。没有二位史官，那么我没办法知道过错；没有先生您，那么我没办法醒悟。"于是急忙派遣使者告诉宓子贱说："从今天往后，单父不再受我管辖，一切按你的方法去治理。有对民众便利的事情，您决定去做，五年向我汇报一下大概情况就行了。"宓子贱于是能在单父实行自己的施政方针。宓子贱待人诚恳宽厚，教育百姓爱自己的亲人，崇尚诚恳相敬，对人施以仁爱，更要忠厚恳诚，对人忠诚讲信用，百姓因此得到教化。

正论[①]

哀公问于孔子曰："大夫皆劝寡人，使隆敬于高年[②]，可乎？"孔子对曰："君之及此言也，将天下实赖之，岂唯鲁而已哉？"公曰："何也？"孔子曰："昔者有虞氏贵德而上齿[③]，夏后氏贵爵而上齿[④]，殷人贵富而上齿，富，谓世禄之家[⑤]。周人贵亲而上齿。虞、夏、殷、周，天下之盛王也，未有遗年者焉。年之贵于天下久矣，次于事亲，是故朝廷同爵则上齿。七十杖于朝，君问则席[⑥]；君欲问之，则为之设席。八十不仕朝，君问则就之[⑦]，而悌达于朝廷矣[⑧]。其行也，肩而不并，不敢与长者并肩也。不错则随[9]；错，雁行也[10]，父党随行，兄党雁行。见老者，则车从避[11]；见老者在道，车与步皆避之也。斑白者不以其任行于路，任，担也，少者代之也。而悌达于道路矣。居乡以齿，而老穷不匮，强不犯弱，众不暴寡，而悌达于州巷矣[12]。古之道，五十不为甸役[13]，五十始老，不从力役之事[14]，不及田猎之徒也。颁禽隆诸长者[15]，而悌达于蒐狩矣[16]。军旅什伍[17]，同爵则上齿，而悌达于军旅矣。夫圣王之教孝悌，发诸朝廷，行于道路，至于州巷，放于蒐狩，修于军旅，则众同以义，死之而弗敢犯也。”公曰：“善！”

【注释】

①正论：本段孔子讲述了尊老敬老的重要性。

②隆敬：崇敬。隆，多，盛大，丰厚。高年：老年人。

③有虞氏：即帝舜。上齿：敬老，崇尚高年。上，同“尚”。齿，指高年，年长。

④夏后氏：指禹受舜禅而建立的夏王朝，称夏后氏。

⑤世禄：指贵族世代享有爵禄。

⑥席：指设置座席。

⑦就之：到他那里去。

⑧悌：泛指敬重长上。

⑨错：并肩行走但稍后错开半步。

⑩雁行：侧身而进，形容恭谨。

⑪车从：车骑和侍从。

⑫州巷：州闾，乡里。

⑬甸（tián）役：指田猎。因为古代天子田猎要征发徒役，所以有这个称呼。甸，通“田”。

⑭力役：劳役。

⑮颁禽：古代天子将田猎所获的禽兽分赐群臣。

⑯蒐（sōu）狩：春猎为蒐，冬猎为狩，泛指狩猎。

⑰什伍：古代军队编制，五人为伍，十人为什，称什伍。亦泛指军队的基层建制。

【译文】

鲁哀公问孔子说："几位大夫都劝我，让我崇敬年岁高的老人，可以吗？"孔子回答说："君主您能做到这点的话，天下人都会依赖您，难道仅仅是鲁国吗？"哀公说："为什么呢？"孔子说："从前有虞氏的时候，重视德行而尊重长者，夏后氏重视爵位而尊重长者，殷人重视贵族而尊重长者，富，是指世代享有禄位的贵族。周人重视双亲而尊重长者。虞、夏、商、周，是天下兴盛的王朝，都没有遗弃老年人的。可见老年人被天下贵重已经很久了，仅次于侍奉自己的双亲，因此朝廷上爵位相同的话就更尊重长者。七十岁在朝廷上使用手杖，君主要询问先设好座位让他坐下；君主想要询问他，那就要给他设置座席。八十岁不必上朝，君主要询问那就去他家里，这样敬老之道就贯彻到朝廷之中了。在行走时，不要和老年人并肩，不敢跟年长的人并肩行路。不是侧身错开就是跟随在后；错，指像雁阵那样侧身向前，父辈跟随在后，兄辈侧身向前。见到老年人，那么车辆随从都要避开；看见老人在道路上，车辆和跟随步行的人都要避开他。头发花白的人，不让他担着东西行走在道路上，任，是担的意思，年轻人代替他承担了。敬老之道就贯彻到道路上了。居住在乡村中也要根据年龄论尊卑先后，年老穷困的人生活就不会匮乏了。强大不会侵犯弱小，人多不会欺负人少，敬老之道就贯彻到州巷之中了。古代的制度，年到五十就不再担当田猎和力役的差事，五十开始老，不能从事费力的劳役，不参加山野田猎的事情。分赐猎获禽兽要优待老年人，敬老之道就贯彻到田猎活动中了。在军队中，级别相同的更敬重年长者，这样敬老之道就贯彻到军队中了。圣明君王提倡的孝道，发起于朝廷，实行于道路，达到于州巷，推行到田猎，施行到军队，那么民众感受到敬老之道的重要，宁死也不会去违犯。”哀公说：“好！”

哀公问于孔子曰：“寡人闻之，东益不祥[①]，东益，东益宅也。信有之乎？”孔子曰：“不祥有五，而东益不与焉。夫损人而自益，身之不祥也；弃老而取幼，家之不祥也；释贤而用不肖，国之不祥也；老者不教，幼者不学，俗之不祥也；圣人伏匿，愚者擅权，天下不祥也。故不祥有五，而东益不与焉。”

【注释】

①东益：向东面扩充。益，增益，扩展。

【译文】

哀公问孔子：“我听说，向东边扩展住宅不吉祥，东益，是向东扩展住宅。这是真的吗？”孔子说：“不祥之事有五种，向东扩展住宅不在其中。损害别人而有益于自己，是自身不祥；遗忘老人而喜爱孩子，是家庭不祥；放弃贤人而任用不贤，是国家不祥；老年人不教导后代，幼年人不学习，是习俗不祥；圣人隐藏，蠢人专权，是天下不祥。所以说不祥之事有五种，而向东扩展住宅不在其中。”

子夏问[①]

子夏问于孔子曰：“《记》云：周公相成王[②]，教之以世子之礼，有诸？”孔子曰：“昔者成王嗣立，幼，未能莅祚[③]。周公摄政而治[④]，抗世子之法于伯禽[⑤]，欲成王之知父子君臣之道，所以善成王也。夫知为人子者，然后可以为人父；知为人臣者，然后可以为人君；知事人者，然后可以使人。是故抗世子法于伯禽，使之与成王居，使成王知父子、君臣、长幼之义焉。”

【注释】

①子夏问：本篇主要是讲待人处事、丧葬礼制方面一些具体礼仪。本问是孔子向子夏解释，周公辅佐成王要用世子之礼节的原因。

②《记》云：周公相成王：《记》指《礼记》。周公相成王，事见于《礼记·文王世子》。

③莅祚：帝王登位执政。莅，临视，治理。祚，阼阶，指君位，国统。

④摄政：代替国君处理国政。

⑤抗世子之法于伯禽：把教育世子的方法用到伯禽身上。抗，呈上，举用。《礼记·文王世子》：“抗世子法于伯禽，欲令成王之知父子、君臣、长幼之道也。”

【译文】

子夏问孔子：“《礼记》记载说：周公辅佐成王，用世子的礼仪教导他，有这回事吗？”孔子说：“从前成王继位的时候，因为年幼，不能够临朝执政。周公代替他处理国政，把教导世子的方法用在伯禽身上，想要让成王从中了解父子君臣的道理，这是为了成王好。知道怎样做人子，然后可以做人父；知道怎样做臣子，然后可以做人君；知道怎样事奉别人，然后可以使用人。因此把教导世子的方法用在伯禽身上，让他跟成王居住生活在一起，让成王了解父与子、君与臣、长与幼之间的道义。”